高等院校小学教育专业教材

小学课程与教学论

（第二版）

汪　霞◎主编

华东师范大学出版社
·上海·

图书在版编目(CIP)数据

小学课程与教学论 /汪霞主编. —2 版. —上海：华东师范大学出版社，2024. —ISBN 978 - 7 - 5760 - 3457 - 8

Ⅰ. G622. 3

中国国家版本馆 CIP 数据核字第 20243F84J2 号

小学课程与教学论(第二版)

主　　编　汪　霞
责任编辑　师　文
责任校对　樊　慧　时东明
装帧设计　俞　越

出版发行　华东师范大学出版社
社　　址　上海市中山北路 3663 号　邮编 200062
网　　址　www.ecnupress.com.cn
电　　话　021 - 60821666　行政传真 021 - 62572105
客服电话　021 - 62865537　门市(邮购)电话 021 - 62869887
地　　址　上海市中山北路 3663 号华东师范大学校内先锋路口
网　　店　http://hdsdcbs.tmall.com

印 刷 者　上海华顿书刊印刷有限公司
开　　本　787 毫米 × 1092 毫米　1/16
印　　张　28
字　　数　646 千字
版　　次　2025 年 3 月第 2 版
印　　次　2025 年 3 月第 1 次
书　　号　ISBN 978 - 7 - 5760 - 3457 - 8
定　　价　65.00 元

出 版 人　王　焰

(如发现本版图书有印订质量问题，请寄回本社客服中心调换或电话 021 - 62865537 联系)

第二版前言

党的二十大报告中指出，要全面贯彻党的教育方针，落实立德树人根本任务，培养德智体美劳全面发展的社会主义建设者和接班人，办好人民满意的教育。2023 年 5 月 26 日，教育部印发《基础教育课程教学改革深化行动方案》，提出“有组织地持续推进基础教育课程教学深化改革”的整体行动目标，明确课程教学改革的具体实施路径与方向，聚焦重点、难点问题的突破，依循教育发展规律，创新教育评价机制，促进基础教育的健康与持续发展。

课程与教学是学校教育的核心。教学是人才培养的基本途径，课程是推动学校变革、打造学生身份、塑造学生素质的重要抓手。小学教育作为基础教育之基础，其课程与教学的改革发展更是关乎基础教育改革和民族未来兴衰的大事。近年来，小学课堂教学千校一面，以及学生个性的激发、能力的培养、综合素养的提高等问题仍未得到充分的重视和广泛的研究。如何提高小学教育的质量，以更好地促进小学生的发展，不仅关乎基础教育改革的深化，更关乎民族的未来。

“小学课程与教学论”是小学教育专业学生必修的核心课，这门课程在小学教师教育课程中占据着十分重要的地位。《小学课程与教学论》应我国小学教育现代化发展的新形势、基础教育课程与教学改革向纵深推进的新任务，以及小学教育专业质量提高的新需求而编写。本书力图整合小学课程与教学研究的相关成果，着重围绕课程与教学领域中基本的、重点的问题，针对小学教育的特点，结合小学课程与教学的案例进行阐述和分析。内容充分反映时代特点、小学特色、课程与教学研究的新成果和小学课程与教学改革的新动向，将科学性、研究性、实用性和趣味性相结合，旨在弥补高等院校小学教育专业课程与教学论教材建设的不足。

本书自 2010 年出版以来，得到了全国各地广大师生的认同，形成了较好的影响。这十多年来，我国小学教育现代化发展的日趋深入，基础教育课程与教学改革的进一步深化，对小学教育专业质量提出了更高的要求，部分师范院校小学教育专业的负责人、小学教育一线教师和教研人员建议修订本书。为了满足广大读者的需要，编写组参考全国九年制义务教育教学目标和教学内容的要求，围绕课程与教学领域中基本的、重点的问题，针对小学教育的特点，在第一版的基础上进行了修订。《小学课程与教学论（第二版）》继续坚持“全面系统、夯实基础、科学合理、关注发展、助教助学”的编写原则，在编写过程中丰富内容、完善体系，力图整合小学课程与教学新的研究成果，充分反映新时代的特点。在栏目设计上，本书在每章开始，明确提出了“学习目标”；在每章结尾，设计了“关键术语”“讨论与探究”“案例分析”“进一步阅读的文献”等板块，为学生及时巩固每章所学内容、满足学生自学需要提供必要的资源和指导。

本书是多位我国课程与教学论领域的学者通力合作、集体劳动的成果。本书由汪霞主编,负责全书的构思、设计与统稿工作。各章作者共同编写、分工负责。撰稿人员具体分工如下(按章节顺序):王一军,第一章“小学课程与教学论概说”;杨明全,第二章“小学课程与教学的开发和设计”;岳刚德,第三章“小学课程与教学的目标和绩效”;蔡铁权,第四章“小学课程与教学的内容和选择”;欧璐莎,第五章“小学课程与教学的组织和类型”;吕敏霞、欧璐莎,第六章“小学课程与教学的实施和资源”;李如密、齐军,第七章“小学课程与教学的评价和实施”;朱宁波、王建,第八章“小学课程与教学的领导和管理”;汪霞、王俊、钱铭,第九章“小学课程与教学改革的理念和动向”;袁从领、母小勇,第十章“小学课程与教学研究的热点和反思”。衷心感谢各位作者认真、高效的工作,对于书稿的再版修改,大家都积极支持,全力投入,细致修改,进一步完善了自己所负责的章节。正是大家真诚的态度、负责任的精神和出色的工作保证了本书的及时交稿和顺利出版。

本书可以作为小学教育师资培养的教材,也可以作为其他教育专业学生的学习拓展阅读教材,还可以作为在职小学教师自学和进修的专业资料。对于我国从事小学课程与教学研究的学者、小学教育管理者和改革者来说,亦可将本书作为了解小学课程与教学发展状况、研究小学课程与教学改革策略之参考。在写作过程中,我们参阅、借鉴和引用了众多学者的观点与成果,感谢原作者们富有智慧的研究贡献。本书各章节中对所参阅的资料基本做了注明,但也可能有疏漏,在此一并表示感谢!

限于时间和水平,书中如有错讹,真诚地欢迎各位专家、学者不吝批评指正,欢迎所有使用本书的老师、学生和其他读者提出宝贵意见。

本书的编写、出版和再版工作得到了华东师范大学出版社领导的大力支持与帮助,在此表示诚挚的谢意。还要特别感谢责任编辑师文老师,在本书的出版与修订再版过程中,做了许多认真、细致的指导和联络工作,为本书的如期出版付出了辛勤的劳动。

汪　霞
2025 年 3 月于南京

目录

小学课程与教学论概说

• 学习目标

1. 理解课程与教学的概念及其相互关系。
2. 了解课程与教学研究与实践的历史。
3. 理解课程论与教学论的概念及相互关系。
4. 初步掌握小学课程与教学论的研究对象。
5. 结合经验，认识小学课程与教学论的学科性质。
6. 掌握小学课程与教学论学习和研究的方法。

小学教师在自己的教育生活中无不在从事课程开发与教学实践的活动，但要说清楚什么是课程与教学却不是一件容易的事。那么，究竟什么是课程与教学呢？课程与教学之间是什么关系？小学课程与教学论是一门什么样的学问？这正是本章讨论的主要问题。

课程与教学这两个复杂的概念，既相互联系又有各自的内涵，不同的历史时期、不同的学者对此都有不同的理解。概念解读不在于弄清概念本身，而在于提高对事物或实践的认识水平，我们对课程与教学、课程论与教学论等的分析，目的就在于此。

课程与教学是教育实践活动的核心，也是教育理论研究的重要领域。不同历史阶段，人们对课程与教学的理解不同，课程与教学研究的内容和方向也有明显的差异。建立在科学化基础上的课程论与教学论，是课程与教学研究系统化、理论化的产物，也是教育事业发展的必然结果。小学课程与教学论的研究和学习对小学教育工作者来说，有着重要的现实意义。

第一节　课程与教学

课程与教学是两个十分复杂的概念，不同时期、不同学者对此都有不同的理解。二者既有相对独立的含义，在内涵与外延上又相互联系。

一、课程

课程是一个使用广泛而又含义多重的术语，对于不同的人，在不同的情境里，课程可能有不同的含义。但作为课程论的核心概念,需要赋予课程一些基本的内涵。

在我国,“课程”一词始见于唐宋期间。唐代孔颖达在《五经正义》里为《诗经·小雅·巧言》中“奕奕寝庙,君子作之”句作疏:“以教护课程,必君子监之,乃得依法制也。”但他用这个词的含义与我们现在通常所说的课程的意思相去甚远。宋代朱熹在《朱子全书·论学》中多次提及课程,如“宽着期限,紧着课程”,“小立课程,大作功夫”,等等。虽说他只是提及课程,并没有明确界定,但意思还是清楚的,即课程指学习的功课。这与我们现在许多人对课程的理解基本相似。

在英语世界里,课程(curriculum)一词最早出现在英国教育家斯宾塞(Herbert Spencer)1859年所撰的《什么知识最有价值》(*What Knowledge is of Most Worth*)一文中。它是从拉丁语“currere”一词派生而来的,意为“跑道”(race-course/running course)。根据这个词源,最常见的课程定义是“学习的进程”(course of study),又称学程。这一解释在英文辞典中很普遍,无论是《牛津英语词典》,还是美国的《韦氏词典》,甚至一些教育专业辞典(如《国际教育辞典》),对课程都是这样解释的。课程既可以指一种学程,又可以指学校提供的所有学程。这与我国一些教育辞书上对狭义课程和广义课程的解释基本上是吻合的。

然而,在当代课程文献中,这种界说受到越来越多的批评、修正,甚至还有人对课程一词的拉丁文词源也提出了不同的看法。因为“currere”的名词形式意为“跑道”,重点是在“道”上。这样,为不同的学生设计不同的轨道,便成了顺理成章的事情,从而引出了一种传统的课程体系。而“currere”的动词形式是指“奔跑”,重点是在“跑”上,这样,着眼点会放在个体对自己经验的认识上。因为每个人都会从眼前的大量事物中寻找意义,并根据以往的经验发现其起因,想象并创设自己未来各种可能的方向。换言之,课程是一个人对自己生活的重新认识。由于只有在了解他人和这个世界的基础上才能更好地了解自己,所以人际互动是课程的一项重要内容。这样,就得出了一种完全不同的课程理论和实践。

可见,在理解课程时,甚至连选择哪一个词根都是很重要的,因为这会引出两种截然不同的课程思想和课程实践。事实上,对各种课程定义的辨析,确实会有助于我们理解课程。

拓展阅读 1-1

课程的多种定义

课程是一个为受教育者提供一系列学习机会的计划。

——塞勒(John G. Saylor)

课程是一系列经过组织的正式教育/培训意向。

——普莱特(David Pratt)

课程被视为一个开发过程:(1)确定一种哲学;(2)评估学生的能力;(3)思考可能的教学方法;(4)实施各种策略;(5)选择评估手段;(6)持续进行调整。

——威尔斯(Jon Wiles),邦迪(Joseph Bondi)

一个学校或一门科目或一个班级的课程,可以被看作是一系列为了对一个或更多学生产生教育性结果的有计划的事件。

——艾斯纳(Elliot W. Eisner)

课程是为实现学校教育目标而选择的教育内容的称谓。

——《教育大辞典》(教育大辞典编纂委员会编,上海教育出版社1990年版)

归纳起来,课程的定义有以下几种①。

1. 课程即教学科目

把课程等同于所教的科目,在历史上由来已久。我国古代的课程有礼、乐、射、御、书、数六艺;欧洲中世纪初的课程有文法、修辞、辩证法(逻辑)、算术、几何、音乐、天文七艺。事实上,西方的学校是在此基础上增加其他学科,而逐渐建立起各级学校的课程体系的。最早采用英文"课程"一词的斯宾塞,也是从指导人类活动各方面的诸学科的角度,来探讨其知识的价值和训练的价值的。目前,我国的《辞海》《中国大百科全书》,以及众多的教育学教材,也认为课程即学科,或者指学生学习的全部学科——广义的课程,或者指某一门学科——狭义的课程。这一定义在人们头脑中根深蒂固,只要让几位中小学教师或校长描述一下何谓课程,便可略见一斑了。然而,只关注教学科目,必然会忽视学生的心智发展、情感陶冶、创造性表现、个性培养以及师生互动等对学生成长有重大影响的维度。其实,学校为学生提供的学习,远远超出正式列入课程的学科范围。这种定义的实质,是强调学校向学生传授知识的作用。现在在一些地区的课程改革中,已把活动和社会实践正式列入课程,这说明把课程等同于学科是不周全的。

2. 课程即有计划的教学活动

这一定义把教学的范围、序列和进程,甚至教学方法和技术的设计,总之,把所有有计划的教学活动都组合在一起,试图对课程形成一种较全面的看法。但是,这一定义本身就存在疑义。何谓"有计划"? 人们对此的理解会有很大差别。例如,有人认为,课程是指有关学校教育计划的范围和安排的书面文件,诸如教学计划、各学科课程标准(有时也称教学大纲)、综合实践活动指南、教材(教科书)、教学参考书、练习册,甚至还包括教师备课的教案。但有人通过对教师教学活动进行仔细观察后认为,许多教学活动是基于非书面计划的课程。当过教师的人都知道,计划的东西比书面计划的范围要广得多。此外,把有计划的教学活动安排作为课程的主要特征,往往会把重点放在可观察到的教学活动上,而不是放在学生的心理体验上。例如,检查教师是否落实某些教学活动,容易导致把这些活动本身变成目的,忽视了这些活动为学生服务的目的,即活动对学生学习过程和个性品质的影响。

3. 课程即预期的学习结果

这一定义在北美课程理论界中有较大影响力。一些学者认为,课程不应该是活动,而应

---

① 施良方.课程理论:课程的基础、原理与问题[M].北京:教育科学出版社,1996:3—7.

该直接关注预期的学习结果或目标,把重点从手段转向目的。这要求事先制定一套有结构、有序列的学习结果,所有教学活动都是为达到这些目标服务的。然而,研究表明,预期应该发生的事情与实际发生的事情之间总是存在着差异的。在课程实践中,预期的学习目标是由课程决策者制定的,教师作为课程实施者,尽可能按照这些目标组织课堂教学活动。在客观上,课程目标的制定过程与实施过程是分离的,两者不可能完全一致。因此,有人提出,制定目标与实施目标之间的差距,应该成为课程研究的基本焦点。另外,把焦点放在预期的学习结果上,会使人忽略非预期的学习结果。而研究表明,师生互动的性质、学校文化或隐性课程对学生的成长有很大的影响。所以,尽管从表面上看,所有学生都显示出已达到预期的学习结果,但这种结果对不同的学生来说是很不相同的。

4. 课程即学习经验

美国教育家杜威(John Dewey)根据实用主义的经验论,反对"课程是活动或预先决定的目的"这类观点。在他看来,手段与目的是一个连续体。由此推衍:手段与目的是同一过程的两个不可分割的部分。所谓课程,即学生的学习经验。学生被认为是具有很大潜力的、独特的学习者,因此学生的经验是最为重要的。虽说经验要通过活动产生,但活动本身并不是关键之所在。例如,美国课程专家泰勒(Ralph W. Tyler)在他著名的《课程与教学的基本原理》(*Basic Principles of Curriculum and Instruction*)一书中,对学习内容、学习活动与学习经验做了比较、分析后认为,学习经验是指学生与环境中外部条件的相互作用。学生的学习取决于他自己做了些什么,而不是教师做了些什么。也就是说,学习经验,才是学生实际认识到的或意识到的课程。目前,西方的一些人本主义和解释学派课程论者,都趋向于这种观点,尽管他们各自的立场不同,但都开始把课程的重点从教材转向个人。把课程定义为学习经验,是试图把握学生实际学到些什么。因为经验是在学生对所从事的学习活动的反思中形成的,课程是指学生体验到的意义,而不是要再现的事实或要演示的行为。从理论上讲,把课程作为个人的经验似乎很有吸引力,但在实践中很难实行。在实际教学情境中,一个教师很难同时满足四五十个学生个人独特的成长要求,很难为每一个学生制定单独的课程计划。此外,这一课程定义过于宽泛,把学生的个人经验都包含进来,以致对其的研究无从入手。

5. 课程即文化再生产

持这一观点者认为,任何社会文化中的课程,事实上都是(也应该是)这种社会文化的反映,学校教育的职责是要再生产对下一代有用的知识和价值。政府有关部门根据国家需要来规定所教的知识、技能等,专业教育者的任务是要考虑如何把它们转换成可以传递给学生的课程。以为课程应该不加批判地再生产社会文化,实际上是假想现状已达到完满状态了,即认为社会和文化的改进已不再需要了。然而,现实的社会文化远非这些人所想象的那样合理。英美一些学者在指出了他们社会中存在的大量偏见、不公正的现象后认为,倘若教育者以为课程无须关注社会文化的变革,那就会使现存的偏见永久化。所以,课程应积极推动文化再生产。

6. 课程即社会改造的过程

一些激进的教育家认为，课程不是要使学生适应或顺从于社会文化，而是要帮助学生摆脱社会制度的束缚。持此观点的人要求课程把重点放在当代社会问题、社会主要的弊端、学生关心的社会现象，以及改造社会和社会活动规划等方面。课程应该有助于学生在社会方面得到发展，帮助学生学会如何参与制定社会规划，这些都需要学生具有批判意识。在这方面，当今最有影响的代表人物是巴西的弗莱雷(Paulo Freire)。他批评资本主义学校课程已成了一种维护社会现状的工具，充当了人民群众与权贵人物之间的调解者，使人民大众甘心处于从属地位，并将这种现状归咎于自己天性无能。所以，他主张课程应该使学生摆脱盲目依从外部强加给他们的世界观的状态，这要求学生在规划和实施课程的过程中起主要作用。然而，在社会上，学校并不是一个特别有影响力的机构，它还不足以在政治上强大到能够促使社会发生重大变革的地步。因此，认为学校课程能起到指导社会变革的作用，是不太现实的。最重要的是，不同的社会制度，对社会改造的理解有本质上的区别。

上述每一种课程定义，多少都有某些积极的特征，但也都存在明显的缺陷。可以预料，关于课程定义的争辩还会继续下去。“概括而言，课程概念的内涵主要包括三个方面，即课程作为学科，课程作为目标或计划，课程作为经验或体验。”[①]进入 20 世纪 70 年代后，课程的内涵发生了一些变化，出现了新的趋势，主要包括：从强调学科内容到强调学生的经验和体验；从强调目标、计划到强调过程本身的价值；从强调教材的单因素到强调教师、学生、教材、环境四因素的整合；从只强调显性课程到强调显性课程与隐性课程并重；从只强调学校课程到强调学校课程与校外课程并重。

许多专家寻求教育哲学与政治上的中立立场，不再坚持给课程下一个定义，而是寻找关于课程的共同概念要素。波斯纳(George J. Posner)归纳出课程的七种基本概念，具体如下。

① 范围和序列：课程是针对不同年级的客观目标矩阵(即序列)或一个共同的主题的分类组(即范围)。

② 课程纲要：课程是整个教学过程的计划，一般包括原理、话题、资源和评价。

③ 内容纲要：课程是以有组织的大纲的形式列出的一系列话题。

④ 标准：课程是要求所有学生都完成的一系列知识和技能。

⑤ 教科书：课程是用来指导课堂教学的教学材料。

⑥ 学程：课程是学生必须完成的一系列的学习经历。

⑦ 有计划的经验：课程是学校所计划的所有学生的经验，不管是学术的、运动的、情感的或是社会的经验[②]。

---

① 张华. 课程与教学论[M]. 上海：上海教育出版社，2000：71.

② [美]乔治·J. 波斯纳. 课程分析(第三版)[M]. 仇江鹏，韩苗苗，张现荣，译. 上海：华东师范大学出版社，2007：12.

拓展阅读 1-2

课程是什么[①]

一方面,课程(curriculum)就像一个过滤器起着过滤作用,即允许一些内容被纳入教学大纲之中而排除其他一些内容。另一方面,它又像一个排序机,起着对学习内容进行排序的作用。也就是说,课程不仅涉及对教学内容的选择,而且能使你和其他的教育工作者明确学习主题的先后顺序。总之,课程决策会为课程内容的编排提供指导。其实,"课程"这一术语本身就说明了它所具有的在顺序性方面的重要功能。从历史来看,这一概念的表达式是从拉丁语词派生而来的,意思是"跑道"(running course)。随着时间的推移,这一概念的意思已经演变为一系列学习经验或课程。目前,尽管人们对这一术语的历史起源已达成了一些共识,但你仍然会发现,不同的权威人士对课程的界定仍是有所不同的。

需要注意的是,不要将课程与一张简单的内容列表相混淆,而是要将它看作与学习内容的选择、学习顺序的安排、学习重点的确定、对学习内容的广度处理和对学生学习熟练水平的评价等有关的一系列决策。

二、教学

在我国,早在殷商时期的甲骨文中就已经出现了"教"与"学"二字。这两个字连接为一体,成为"教学",最早出现于《书·商书·兑命》:"斅学半"(斅 xiào,同教)。《学记》中说:"学然后知不足,教然后知困。知不足,然后能自反也;知困,然后能自强也。故曰:教学相长也。"这里的"教学相长"实际上是"斅学半"的引申。宋代蔡沈这样注释"斅学半":"斅,教也……始之自学,学也;终之教人,亦学也。"其意为:一开始自学,这自然是学;学了以后去教人,这也是学。这里的"教"与"学"实际上都是指教师的行为,是说教师的"教"与"学"是辩证的、对立统一的,是相互依赖、相互促进的。《学记》开明宗义地指出"建国君民,教学为先。"这里的"教学"含义极广,几乎是"教育"的同义词,与我们今天所讲的"课堂教学"中的"教学"一词并不相同。据考,真正指教师的"教"和学生的"学"的"教学"一词,出现在宋代欧阳修为胡瑗先生作墓表时所写:"先生之徒最盛,其在湖州之学,弟子来去常数百人,各以其经传相传授,其教学之法最备。"这里"教学之法"中的"教学"与我们今天的含义接近[②]。

在英语世界,与教学相对应的单词有"teach"(教、教导)、"learn"(学、学习)和"instruct"(教导),"teach"和"learn"最早表达的是同样的意思,也是可以通用的。

"learn"来自中世纪英语中的"lernen"一词,意思是学习或教导。"lernen"来源于盎格

① [美]David G. Armstrong. 当代课程论[M]. 陈晓端,主译. 北京:中国轻工业出版社,2007:3—4.
② 张华. 课程与教学论[M]. 上海:上海教育出版社,2000:72.

鲁—撒克逊语言中“lernian”一词，其词干是“lar”，“lar”是“lore”一词的词根。“lore”(经验知识)本来的意思是学习或教导，但现在被用来指所教的内容。因此可以说，“learn”和“teach”是由同一词源派生出来的。在古英语中，“I will learn you typewriting”(我要教你打字)的说法是正确的。派生词“learn”与所教的内容相联系。

“teach”一词还有另一种派生形式。它来源于古英语中“taecan”一词，意思是教。“taecan”是从古条顿语(古代条顿是古代日耳曼民族的一个分支)中“taikjan”一词派生而来的。“taikjan”的词根是“teik”，意思是拿给人看。与“teach”一词有关系的还有“token”(符号或象征)。“token”来源于古条顿语“taiknom”，与“taikjan”是同源词。所以，“token”(符号或象征)与“teach”(教导)从历史上看是相互联系的。根据这一派生现象，教学就是通过某些符号或象征向某人展示某事物，利用符号或象征唤起某人对事件、人物、观察、发现等的反应。在这一派生现象中，“teach”与使教学得以进行的媒介相联系。

与我国古代汉语不同，汉语中的“教”源自“学”，而英语中的“teach”与“learn”是同一词派生出来的，“learn”与所教的内容相联系，“teach”与使教学得以进行的媒介相联系。后来，词义的发展是基于分析的逻辑，即不是两者兼取(both-and)而是两者择一(either-or)，就没有像汉语涵盖教与学两方面的“教学”的概念，教与学指的是两种不同的活动，两个不同的概念。不过，我们有时会在一些英文文献中见到“teaching-learning”一词，这一合成词与我国通常所理解的教学(既包括教又包括学)形式可以等同。

至于“teach”和“instruct”这两个词的释义，确实还有分歧。如有人认为：前者多与教师的行为相联系，作为一种活动；后者多与教学的情景有关，作为一种过程。但绝大多数学者还是把它们当作同义词，可以互相替代。

1. 教学即教授

在我国，19 世纪末 20 世纪初较为流行的观点是教学即教授，意为教师的教。由于当时刚刚废除科举制度，新式学校开始兴办，又苦于没有专职教师，加之受源于德国教育家赫尔巴特(Johann F. Herbart)教学法的影响，人们非常重视教师的“教”。“怎样教”的问题便使教学演化为“教授”。在西方“teach”这个词，从其词源的词根上分析，也有“说明”的意思。这与我国的教学即教授、讲授有一致之处，偏重教师“教”的一方。

2. 教学即教学生学

针对教学即教授的思想倾向，人们发现了“教师中心”下的教师的“教”所存在的弊端，领悟到教授的目的在于学生的学习，因而，教学被强调为教学生学。这实际上是向“学生中心”地位教育观的转变。强调教源于学，教的目的是学生的学，这与西方“教学即成功”的教学词义有相同之处。

3. 教学即教师的教与学生的学

这种观点已普遍被人们所接受。从构成教学活动的要素而言，活动的主体是教师与学生，教师与学生以课程内容为中介，以一定的目的为追求而共同参与到同一活动中去，构成完整的教学活动，即教师的教与学生的学。教学的本质目的是学生的学习、学生的发展。教师的教，目的是在教师有意识的、科学的指导下加速个体社会化的进程。因此，教师的教与学生的学是教学活动同一过程的两个方面，彼此不可分割。

4. 教学即探究

教学本质上就是一种探究。因为教师从事教学专业的工作对象是有生命的、健康的、正在成长中的人，而不是相对静止的物，而且教师的社会责任是不断希望这样的人都“学有所得”“学有所长”，这是教师专业与其他专业的区别所在。这种专业特性决定了教师的专业工作生活方式必须面对教育情景中的不确定性，而且必须不断地探寻这种不确定性。教师每时每刻所面对的情景都具有即时性、可变性，因此需要面对并处理这种特性。也就是说，教学工作需要教师每时每刻去解决、探究所面对的情景中的问题。例如，从理论上说，上课之前的备课或者说计划是不可缺少的。然而，这并不是说实施就是贯彻执行计划，而是要根据课堂情景进行调整。研究表明，计划充分的教师对学生反倒不敏感，其会较多地关注到自己的预设，较少地关注到教学过程中学生的观点和学习进展。这可能导致计划详尽的教师所教的学生比计划简略的教师所教的学生在学习态度上的得分要低。这就说明，如果教师不随机应变，计划就有可能起副作用。计划毕竟是带有主观性的设计蓝图，在实施时的灵活性非常重要，新教师与熟练教师的差别往往就在于此。因此，可以说，教学即探究，教师即研究者。

拓展阅读 1-3

学校教学的两重重要意义[①]

第一，教学使正在成长的一代为社会的进一步发展做出贡献，做好准备，借此发展社会。在学校的教学中，要系统地传授高科技的一般教养与专业教养，使学生做好劳动(就业)的准备，成为一个公民。所以，教学对于生产、政治、科学、技术、文化、社会的发展来说，具有根本重要的意义。

第二，教学一方面使学生全面地做好社会生活的准备，另一方面又对身体的、智力的、道德的、人格的全面发展做出决定性的贡献。教育是发展人类全面的知识、能力，并启迪创造才能的本质性手段，对于人的人格特质形成有着决定性的作用。

所以，学校中的教育对于新一代的发展，以及对于整个社会的发展来说，都具有非常重要的意义。对社会，对个人，都拥有巨大的价值。

三、课程与教学的关系

课程与教学的关系主要有以下三种模式。

---

① [日]佐藤正夫. 教学原理[M]. 钟启泉，译. 北京：教育科学出版社，2001：51—52.

1. 独立模式

独立模式即课程、教学相对独立，各执一端，互不交叉。这种观点在教育理论界的支持者颇多。如蔡斯(Robert S. Zais)坚决主张将课程和教学分离研究，课程是一个广义的概念，教学则是一个特殊的现象或亚系统，在某种程度上，教学是课程的延续①。坦纳夫妇(Daniel Tanner and Laurel N. Tanner)说得更加明确："在当代的课程理论中，课程与教学是两个独立的领域，这种论点已经获得广泛的认可。"②也就是说，课程计划规定在教室进行的活动与教师指导下在教室进行的活动少有关系，各自在互不发生重大影响的情况下，自行发生变化。

2. 包含模式

包含模式又有两种情况。①大教学小课程，即认为教学是上位概念，课程包含于其中。这种观点在20世纪90年代以前在我国比较普遍，且曾经在苏联、现在在独联体国家仍有较大影响。这种观点隐含有课程等同于教学内容的趋向。如把课程定义为"学校教育科目及各科教材，也就是教学内容"。这样，课程就成了教学理论中的一个基本要素。由于我国和苏联长期采用中央集权制的教育体制，作为课程的教材大部分是统编的，采用教育部审查认可制度。这样对于课程的研究、认识就相对统一。②大课程小教学，即把课程理解为上位概念，课程的内涵和外延都相对扩大。这种观点在北美影响较大。美国现代课程理论奠基人泰勒把教学作为课程理论的组成部分。目前，我国有不少学者持这类观点，认为课程是实现教育目标的蓝图和规划，教学则是这种规划的具体实施过程。

3. 循环模式

循环模式即两种系统虽相对独立，但存在互为反馈的延续关系，课程不断地对教学产生影响，反之亦然。人们常用三个隐喻说明这种观点：①课程是一幢建筑的设计图纸，教学则是具体的施工。②课程是一场球赛的方案，教学则是球赛进行的过程。③课程可以被认为是一首乐谱，教学则是作品的演奏。该模式意指教学决定在课程决定之后，且在教学决定付诸实施与评价之后，根据成效，修正课程决定。这一过程周而复始，永不终止。

虽然课程与教学这一对概念联系紧密，但两者之间又存在一定程度的差异，简单地把来自不同概念框架的两者截然分开，或者将其中的一个归结于另一个的亚系统都是不科学的。这种出于两者各自理论构建的需要而强以为之的研究方式是不足取的，它们多寓于自身的理论范畴。虽然要准确地描述课程与教学的关系非常困难，但是下列几点似乎已经达成共识：①课程与教学虽然有关联，却是各不相同的两个实体。课程强调每一个学生及其学习的范围(知识或活动或经验)，教学强调教师的行为(教授或辅导或咨询)。②课程与教学存在着相互依存的交叉关系，而且这种交叉不仅仅是平面的、单向的。③课程与教学虽是可以分别进行研究和分析的实体，但是不可能在相互独立的情况下各自运作。④鉴于课程与教学之间的关系，"课程—教学"一词也已经被人们接受，且被广泛采用。

---

① ZAIS R S. Curriculum: principles and foundations [M]. New York: Harper Collins Publishers, 1976:12.

② Tanner D, Tanner L N. Curriculum development: theory into practice [M]. 2nd ed. New York: Macmillan Publishers, 1980:30.

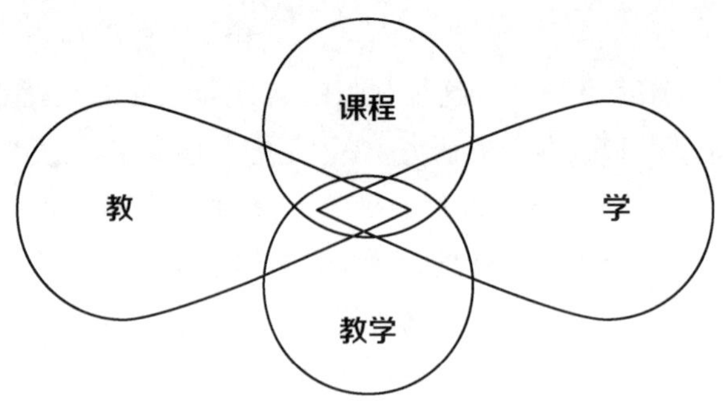

图1-1 课程与教学的关系[①]

那么,怎样在教育科学的概念系统中看待课程与教学的关系?麦克唐纳(James B. Mcdonald)在其学校教育系统模式中勾勒出的一张教育概念系统图(如图1-1所示),可以用来说明课程与教学的复杂关系。

在这个系统模式中,课程与教学是一个大系统中互动的两个子系统。课程是教育中最直接的社会系统,它为教学制定计划。而教学这一系统与教师和学生这两种主体结合后,教与学的两种个人化的系统就加入这一大系统中。这里"教"视为教师以个人方式组织学生的学,"学"则是学生以个人方式参与学习。教学系统和课程系统的结合则是课程目标的具体化。如果再与教师的教的系统和学生的学的系统相交,就产生了一个中心,即教师的教学行为和学生的学习行为的互动使课程目标在教学中得以实现。图1-1是个人化的教与学和课程与教学系统的平面展示,当许多张这种图交织起来,就形成了课程、教学、教、学之间多维的立体网络系统。

当我们把这种立体化、网络化的系统模式启动后,课程与教学的关系就更为形象地展示出来了。假设我们通过各种手段、途径确定了新课程,当它付诸实施时,教学这一主要的系统就要充分发挥出来,为完成新的课程方案,教学要适应新要求,就必须不断地自身调节,以达到课程目标。适应新的课程方案过程对于教学而言并非单向或简单的,而是一种双向的或复杂的过程,新的教学反过来又对课程提出新的要求,相对陈旧的课程又在更高层次上调整适应。这正如课程专家奥利瓦(Peter F. Oliva)所言:"课程与教学的关系是循环的,意即它们是以连续的循环关系为基础的分离实体。课程对教学产生持续影响,反之,教学又影响课程。"[②]这种循环递进、螺旋上升的运行,不仅体现在课程与教学之间,还寓于教与学加入后,四者形成于大系统的相互适应、相互磨合的过程中。这样,学校教育系统中诸因素在这种系统运作模式中充分发挥各自作用,课程与教学之间既相对独立,又互动、循环、递进的关系也得到充分展示。

关于课程与教学的关系还涉及对教学内容与课程、课程实施与教学这两对关系的理解。关于教学内容与课程,有的认为教学内容和课程含义一致;有的认为课程包含教学内容,教学内容反映在课程中。这些都是认识上的误区。将教学内容置于学校、教师、学生等组成的系统中进行动态分析,它接近于"课程内容"这一概念,即进入学校教学活动领域的文化。而课程从内容上讲,是文化选择,即结构化之后的产物。关于课程实施与教学,从外延上讲,教学是课程实施的主要途径,在课程实施中占核心地位,但课程实施还包括学生自学、社会考察等方式。

① 崔允漷.课程与教学[J].华东师范大学学报(教育科学版),1997(1):54—60.

② OLIVA P F. Developing the curriculum [M]. 3rd ed. New York: Harper Collins Publishers, 1992:12.

第二节 课程与教学研究的历史发展

课程形成的历史并不久远，但构成课程基础的学科却有悠久的历史。在我国古代，“诗、书、礼、乐以造士”（《礼记》），“孔子以六艺教人”（《史记》）。汉以后，经隋唐至宋，四书五经成了各级学校主要的，甚至是唯一的课程。孔子的“六艺”说，是我国古代学校最早的课程体系。在西方，柏拉图（Plato）在他的《理想国》中阐述道，哲学是最高的学问，其基础学科是算术、几何、天文学、修辞学。这一论述对古罗马和欧洲中世纪“七艺”的确立产生了巨大影响。“七艺”全称“七种自由艺术”，是欧洲中世纪早期古希腊、古罗马学校中所设立的一般文化课程的称谓，包括文法、修辞、辩证法（逻辑）、算术、几何、音乐、天文。智育、体育、美育、德育四者均衡课程的出现，是在14—16世纪的文艺复兴时期，课程从传统的宗教内容中摆脱出来，着眼于分析和理解人的价值本身，呈现出新的面貌。系统的教学研究则出现于启蒙时期。

一、启蒙时期的课程与教学研究

在文艺复兴的鼎盛时期，以拉丁语、希腊语为中心的人文主义课程受到高度评价。但在文艺复兴后期，这种状况逐渐地发生了变化，出现了诸多主张课程应适应现实生活的现实主义做法。第一种，以英国弥尔顿（John Milton）为代表的“人文主义现实主义”，力图通过古典语的学习，靠拢现实主义课程。第二种，以法国人文主义思想家蒙田（Michael de Montaigne）为代表的“社交现实主义”，强调把外国旅游或同别国国民接触作为教育的手段，主张通过这种实践，补充传统的课程。第三种，以夸美纽斯（Johann A. Comenius）为代表的“感性现实主义”，它对于17—18世纪课程的改革产生了巨大影响[①]。17世纪前半叶，一批教学论者登上了舞台，这就是拉特克（Wolfgang Ratke）、夸美纽斯等人。作为世界教育史上的杰出人物，他们把自己的学问称作教学论或教授法，想凭借这种理论，将历史上已经出现的各种的学校制度到教学的内容、方法，进行全面的改造。

系统教学研究的产生与启蒙运动有着密切的关系。到了启蒙期，随着近代产业的发展，新兴资产阶级需要有更广博的教养。尊重人格与人人平等，要求人类的自由、解放和社会民主化的启蒙思想运动，也随之发展。这样，在教育方面，也要求教育从少数人的特权中解放出来，向一般民众普及，毫无例外地提高每一个人的知识与能力水平。为此，教育和教学的方式与方法问题，开始得到了认真的探讨。同时，启蒙时代还是理性的时代，是理性精神占统治地位的时代，是科学技术迅速发展、在社会生活中要求普遍地运用科学技术以提高生产率的时代。处在这样一个时代的教育领域，自然需要热心地探求合乎规律、合理、效率等原理的手段与方法，借以提高人们所需的知识与能力水平，也促成了课程与教学研究朝向理论化发展。这一时期的教学论研究实际上是课程与教学的整合研究，是以教学理论研究的名

① 钟启泉. 现代课程论[M]. 上海：上海教育出版社，1989：12.

义探讨课程与教学诸问题。

在教育史上,第一个倡导教学论研究的是德国教育家拉特克,他在1612年向法兰克福诸侯呈交的学校改革奏书中,自称是“教学论者”(didacticus),称自己新的教学技术为“教学论”(didactica)①。拉特克认为,教育是人与生俱来的天赋的权利,要保障每一个人享有这一权利,要使所有国民共享统一的语言、学术和文化,以实现国家和民族的统一、和平与独立。为此,拉特克致力于探求“教授之术”,开拓教学论。

拉特克的教学研究有四个特点。①以教学的方法技术问题为教学研究的中心,即教学研究的重点在于探讨如何使所有的人最容易、最有效地获得知识和教养这一方法问题。“教什么”的问题并非全然不顾,只是研究的重心是“如何教”的问题。②认为教学方法和技术既依赖于儿童的心理,又依赖于学科知识的性质。拉特克指出:一方面,应从人类的悟性、记忆和判断的本性中引申出教学技术的依据或原则;另一方面,离开了儿童应当掌握的知识技能的内容,教学方法便无从考虑。③确立了“自然教学法”,即由易到难的方法。它要求用国语作为教学工具,要求先学习事物的整体,再学习事物的细节;要求学习应采用归纳的方法,从经验入手,然后再到事物的一般原理;要求学习应以儿童的能力、兴趣为依据,不应强迫,更不应把体罚作为教学手段。④认为如何教授语言和科学是教学研究的重要课题。他认为,为了国民的统一与国家的自主独立,无论如何必须使所有的国民掌握统一的语言和科学,因此,“教师不仅要精通语言与科学,还要懂得怎样教才能使儿童最容易、最牢固地掌握”②。

1632年,夸美纽斯用捷克语出版了《大教学论》一书,目的是阐明“把一切事物教给一切人类的全部艺术”,他进一步发展了拉特克的观点,对课程与教学研究的系统化与科学化做出了贡献。

夸美纽斯的教育目的是教授孩子学识、德行和虔敬上帝。为达到这一目的,他提出“教授泛智论”主张。所谓泛智论,是借助自然的方法归纳事物,加以体系化。教授泛智论就是教授被归纳的事物。在夸美纽斯看来,泛智学是使人懂得科学、纯于德行、习于虔敬上帝的百科全书式的知识体系。他致力于泛智论体系化,从1614年他22岁时的著作《万物之剧场》,直至1658年他66岁时的著作《世界图解》,夸美纽斯付出了毕生的精力。他设想,泛智学校的每一年级都应有三类课程。第一类,主要课程,包含智慧、辩才、正直行为和笃信宗教的本质、核心和内容。这类课程就是语言、哲学和神学。第二类,次要课程,是为主要课程服务的辅助性课程,是为更好地掌握主要课程而设计的。它包含两种:一是历史课程,二是各种练习课。第三类课程,主要不在于促进智能的发展,而在于帮助身体的灵活运动,并借此来促使头脑清醒,如游戏和戏剧表演等。

夸美纽斯的教学思想可以概括为四大原理。①教学以自然为鉴的原理。教学要遵守自然的秩序,包括两方面含义。首先,教学要根据儿童的天性、年龄、能力进行,这是一个不变的自然法则;其次,教学要遵守循序渐进的原则,包括遵循儿童心理发展的年龄特征以及知

① [日]佐藤正夫.教学原理[M].钟启泉,译.北京:教育科学出版社,2001:2—3.

② [日]佐藤正夫.教学原理[M].钟启泉,译.北京:教育科学出版社,2001:3—4.

识本身的形成顺序,一步一步、由易到难地进行。②兴趣与自发原理。对于儿童来说,求知的欲望是很自然的,不能用强制和惩罚的方法来强迫儿童学习,应当采取一切可能的办法来激发儿童对于知识和学习的强烈愿望,儿童的自发学习、自主探索处于教学的中心地位。③活动原理。教学要使儿童躬行实践,实际从事认识、探索和改造事物的活动,主张凡是应当做的都必须从实践中去学习。④直观原理。教学不应从事物的语言说明开始,而应从事物的观察开始。但这并不是使儿童停留于单纯的直观性知觉,还必须进一步经由说明,使儿童理解事物,认识事物的一般原理,认识事物整体的本质和偶然性。

由拉特克和夸美纽斯开创的以教学内容和教学方法为中心的教学研究,经由卢梭(Jean-Jacques Rousseau)和裴斯泰洛齐(Johan H. Pestalozzi)而得到了长足的发展。

卢梭是启蒙时期法国著名思想家、社会哲学家、教育理论家。他的教育名著《爱弥儿》(*Emile*)是一部教育小说,通过主人公爱弥儿从出生至成人的教育历程,表达了其教育理念和教学思想,展现了卢梭自然主义的课程思想和发现的教学观。

卢梭自然主义课程思想的核心,就在于创造性地发展儿童内部的“自然性”。这种自然性不是静止不变的,它潜藏着无止境的创造性表现的可能性。因此,教育不能无视儿童的本性与现实生活,而必须遵循儿童的“自我活动”,采取适应儿童的“年龄发展阶段”的方法。卢梭把受教育者的身心成长分为四个时期,认为教育既须适应受教育者身心成熟的阶段,还须适应众多受教育者的个性差异与两性差异。一是幼儿期(初生—5 岁)的教育。遵循自然法则,必须采取锻炼主义,使之饥饿、涸渴、疲劳,锻炼儿童的身体。二是儿童期(5—12 岁)的教育。卢梭称这个时期为“理智睡眠期”。这个时期儿童还不能思考,主要应发展儿童的“外部感觉”。他主张要培养真正的勇气,使之体会自由的喜悦,由此开始个人生活。三是少年期(12—15 岁)的教育。这是以智育为中心的教育期,这一时期应广泛发展智力,满足儿童理智方面的要求,使之将确凿的知识同生活的需要结合,来加以掌握。四是青年期(15—20 岁)的教育。这个时期为“激动和热情时期”,是学习自己与他人关系的时期,这个时期主要实施道德教育,使之受到正确教育,从自爱到他爱,由此进而发展为人类爱。卢梭非常重视“直接经验”,他强调“世界以外无书籍,事实以外无教材”,在他看来,观察和经验所得的知识最正确,印象最深刻,是构成系统的概念、知识、思想和价值体系的基础。

卢梭的自然主义课程思想在教学上表现为发现教学论。其基本观点:第一,发现是人的基本冲动。他认为人天性好动,在此基础上发展出好奇心,好奇心是人寻求知识、发现知识的动力。正是在天然的好奇心的驱使下,人不断探究、发现与他息息相关的事物。第二,发现教学的基本因素是兴趣与方法。卢梭认为,好的教学就是发现教学,发现教学的基本构成要素即“学问的兴趣”和“学问的方法”。这两个要素是获得知识、发现真理的工具,而不是知识、真理本身。第三,活动教学与实物教学是发现教学的基本形式。儿童在具体活动中,主动地观察与思考,其身体和心灵获得和谐发展,在这个过程中,他们发现了世界,也认识了自我。第四,发现教学指向培养自主的、理性的人格。在卢梭看来,发现教学是有指导的,但教师的指导是建立在儿童自发、自主基础之上的,指导的目的是培养儿童健全发展的自发性、自主性,教学就是创设问题产生的情境,就是为儿童提供自主选择的机会。他同时认为,发现教学还指向培养儿童的理性,对于要学习的知识,教师不要直接告诉儿童,而是引导他们自己理解,让他们自己去发现,从而培养儿童正确运用其理智的习惯。卢梭的教学研究抓住了现代教学研究的基本问题,影响了两个多世纪的教学改革。

瑞士民主主义教育思想家、教育改革家裴斯泰洛齐,深受卢梭的影响,在长期的教育改革实践中,创造性地发展了卢梭的教育思想,形成了自己的课程教学思想体系。

裴斯泰洛齐在自然主义课程思想基础上,形成了基础教养理念下的直观课程体系。他断言,人格的统一的形成,是以头、心、手的和谐发展为基础的。一切的人生来就具有精神的、技术的能力和素质,这种智力的、情操的、身体的三种能力和素质,不仅有赖于自然的发展,而且要同自然发展构成一定的关系,进行人为的、方法上的援助指导。这就是基础教养的理念——智育、德育、体育,使这三者不致片面和偏颇,而达于统一和均衡,以培养和谐的人生。

智育即认识事物,要从直观开始,这种直观是就数、形、语分别地、具体地展开的。一是数的直观课程,是运用石子、手指、豆子之类,首先学习数和数的关系,然后运用替代实物的点和线的计算表,运用将正方形分割成 1/2、1/4、1/8……的分数表,进行指导。二是形的直观课程,按照测量术、绘图术、书写术的顺序进行,亦即利用并熟悉测量术,以正方形组成种种几何图形,以提高关于形的判断力,以此为基础,正确、直观并忠实地描写事物,进一步以这种能力基础,学习书写文字。三是语言的直观课程,按照音、单词、词汇的顺序进行。音的教学从声母开始,他设计了一系列的发音练习;单词的教学从自然、社会、人文领域的重要名词开始,他要求编辑各种各类事物的名称表让儿童学习;词汇的教学从名词、形容词的变格开始,到进入基本句型。这种直观课程,旨在从单纯要素开始,形成渐次复杂的概念。

裴斯泰洛齐主张教学的心理学化。在西方教育史上,虽然从亚里士多德(Aristotle)起就提出了教育中的心理问题,夸美纽斯和卢梭也都主张要根据儿童心理发展的规律开展教学,但首次明确提出把心理发展的研究作为教学总原则的基础的是裴斯泰洛齐,他因而成为启蒙时期教育心理学化的重要代表。他指出:“我长期地寻找一个所有这些教学手段的共同的心理根源。因为我深信,只有这样,才可能发现通过自然法则本身决定人类发展的形式。很显然,这种形式是建立在人的心理的一般组织之上的。……教学的原则,必须从人类心智发展的永恒不变的原始形式得来。”①这就是说,教学研究必须建立在心理学研究的基础之上,教学原则必须根据心理规律得出,只有把教育、教学“心理学化”,教育、教学才能依循人的发展的自然法则进行。裴斯泰洛齐的教学思想是对夸美纽斯、卢梭教学思想的总结和深化,他也成为启蒙时期课程教学思想的集大成者,对后世产生了深远的影响。

二、19 世纪课程与教学研究的发展

经过 17 世纪“科学革命”的时代而建立起来的近代自然科学渗透到研究的教育制度中,是在 19 世纪。这一时期,世界资本主义发展到自由竞争的最高阶段,垄断组织尚处于萌芽状

① 张华.课程与教学论[M].上海:上海教育出版社,2000:44.

态。伴随着产业革命的进行，有计划地研究教育科学技术知识和体系的必要性越来越大，各种教育阶段开始重新审视人文学科为中心的教育内容，近代科学技术知识学习被引入学校教育。课程与教学研究进入功利主义时代。

英国实证主义哲学家、社会学家斯宾塞的《教育论：智育、德育和体育》(*Education：Intellectual，Moral and Physical*)，是由他在1854年、1858年、1859年陆续发表的四篇教育论文汇编而成的。他的科学课程思想以其第一篇论文《什么知识最有价值》为中心展开。他认为，对于人来说，能够"正确地约束在一切环境之下，一切方面的行为"，过"完满的生活"，是最重要的课题。教育的作用就是使人们为过"完满生活"做好准备。他提出，为人类的种种活动做准备的最有价值的知识是科学知识。他在《什么知识最有价值》一文中，阐明了截然不同于传统的古典主义教育思潮的这一新观点。他说，什么知识最有价值？一致的答案就是科学。这是考虑到所有各方面而得来的结论。为了直接保住自己或是维护生命和健康，最重要的知识是科学；为了正确地完成父母的职责，正确指导的是科学；为了了解过去和现在国家的生活，使每个公民能合理地调节他的行为所必不可少的是科学；同样，为了各种艺术的完美创作和最高欣赏所需要的准备也是科学；而为了智慧、道德、宗教训练的目的，最有效的学习还是科学。在斯宾塞看来，科学作为学校的课程内容，对儿童具有最大的价值。

斯宾塞强调，在学校课程中，自然科学知识应占最重要的地位，学习自然科学是所有活动的最好准备。他主张依据人类生活的五种主要活动组织课程，提出包括五大部分的课程体系。①生理学、解剖学，这是阐述生命和健康规律，维护个人的生命和健康，使之保持充沛精力和具有饱满情绪的知识。②读、写、算以及逻辑学、几何学、力学、物理学、化学、天文学、地质学、生物学、社会学等，这是与生产活动有直接关系的知识。③心理学、教育学，这是正确地履行父母的职责，更好地教养子女所需要的知识。④历史、社会学，这是合理地调节自己行为所必需的知识。⑤了解和欣赏自然、文化、艺术知识的科目，这是闲暇时间休息和娱乐所需要的知识。

确立起西方近代史上最严整的教育学、教学论体系的是德国哲学家、心理学家和教育学家赫尔巴特。他有选择地继承了前人的教育研究遗产，其贡献主要在于对前人的超越。赫尔巴特认为，为了培养"善良的人"，即忠于普鲁士君主制的人，课程的编制应以作为认识对象的"客观文化遗产"的各门科学为基础，并以发展人的"多方面兴趣"为轴心，设置相应的学科。①经验兴趣——了解事物"是什么"的兴趣，相应地应设自然、物理、化学、地理等学科，使儿童获得对自然的认识。②思辨兴趣——进一步思考事物"为什么"的兴趣，相应地应设数学、逻辑学、文法等学科，以锻炼儿童的思维能力。③审美兴趣——对各种事物、自然界、艺术品和"善行"的体验与美的评价的兴趣，相应地应设文学、图画、音乐等学科，以培养儿童艺术鉴赏力和审美情感。④同情兴趣——在人际交往中产生的兴趣，相应地应设本国语、外国语(古典语与现代语)学科，以培养友爱、谅解精神。⑤社会兴趣——在人际交往中建立广泛的兴趣，相应地应设公民、历史、政治、法律等学科，以培养群体合作精神。⑥宗教兴趣——认识人与神的关系的兴趣，相应地应设神学。在赫尔巴特看来，"道德"由五种观念所决定,这就是内在的自由观念、完善观念、善意观念、法权观念、正义观念。这些观念是不变的,人类倘若过有秩序的生活,就得培养这种道德品质。多方面兴趣正是培养这种道德观念的基础。可见,赫尔巴特试图抓住人的心理积极性,为设计有效实现教育目的的课程体系提供心理学的依据。这种课程体系比"文艺复兴"以来,以希腊文、拉丁文为主体的"古典人文主义"课程体系有较大的变化,具有"新人文主义"课程的特征,有着积极的意义。

在教学上,赫尔巴特提出了"形式阶段说"。他认为,教学是一项塑造儿童心灵的艺术。教师不是卢梭所说的那样是自然之助手,而是儿童观念的提供者、"多方面兴趣"的控制者。对心灵施教就是建设心灵。知识不再是心灵的装饰品,而是心灵的要素。知识建设并形成心灵,而心灵的建设是一项比任何工程都更复杂、更精细的工作。为了探索心灵施教、心灵建设的复杂的程序和艺术,赫尔巴特确立了其教学的"形式阶段"理论。第一阶段是"明了",即清楚、明确地感知教材;第二阶段是"联合",即把新的观念与旧的观念结合起来;第三阶段是"系统",即把已建立起的新旧观念的各种联合与儿童的整个观念体系统一起来,概括出一般概念和规律,以形成具有逻辑性的结构严整的知识系统或观念体系;第四阶段是"方法",即将业已形成的知识系统应用于各种情境,使之进一步充实和完善。这四个阶段是儿童掌握新知识、新教材所依循的心理顺序,因而也是教学应依循的阶段顺序。赫尔巴特认为,不论教授何种主题,不论主题范围是大是小,都必须遵循这个顺序。这个教学的"形式阶段"理论一定程度上揭示了教授新知识的规律,也非常易于操作,因而在实践中应用很广。

赫尔巴特第一次提出了"教育性教学"的理念。他认为教学的终极目的是形成人的德性"善的意志",这种"善的意志"是自由、完美、友好、正义、公平五种道德理念的统一,他的主知主义心理学认为,人的心灵是统一的,人的观念、情感、"善的意志"不可分割,这个心灵的统一体是在观念和观念体系的基础上建构起来的。这样,作为知识传递的过程的教学和作为"善的意志"之形成的道德教育就是统一的,这就是"教育性教学"。在赫尔巴特看来,没有任何"无教学的教育",正如没有任何"无教育的教学",教学形成思想之环,而教育则形成品格。也就是说,教学中如果没有进行道德教育,那么教学只是一种没有目的的手段;道德教育如果没有教学,则是一种失去了手段的目的。赫尔巴特把实现教育的终极目的与传授文化知识视为同一个过程,从而在历史上第一次揭示了"教学的教育性"规律、第一次把教学与道德教育统一起来,这对后世影响深远。

真正推动课程与教学研究实现现代转向的是20世纪最伟大的教育哲学家,美国著名哲学家、心理学家和社会学家杜威。他的课程与教学思想是建立在其实用主义或经验主义哲学基础之上的。

杜威倡导经验主义课程。他认为,当时课程最大的弊端是与儿童生活不相沟通,不沟通的原因:一是儿童生活与成人经验中数种社会目的的不同;二是分类的科目是历来科学研究的成果,不合乎儿童的经验;三是儿童的世界狭小,且偏于个人,课程所示的世界则遥远而不切己;四是儿童的生活连贯而一致,课程则分门而别类;五是儿童生活为切实的、感情的,课程分类标准则是抽象的、逻辑的。因此，杜威主张改造课程，使其能真正适于儿童的生活。杜威的课程编制特别强调两点：第一，儿童和课程的关系不是互相对立，而是互相关联的。第二，学校科目相互联系的中心点，不是科学，不是文学，不是历史，不是地理，而是儿童本身的社会活动。在杜威看来，儿童的心理经验与学科中所包含的逻辑的经验是一个过程的起点与终点，只有在经验的基础上才能使儿童与学科真正统一起来。儿童与学科的统一即心理的经验与教材各个知识分支恢复到它由以抽象出来的原来的经验，这个过程就是教材的心理化。心理化了的教材就变成了儿童的教材，逻辑的经验就变成了儿童直接的和个人的经验，从而可以和儿童既有的经验进行相互作用。教师的使命就是把学科教材解释为儿童的生活经验，并指导儿童经验不断生长，最终使儿童的经验达到学科教材所包含的成熟的逻辑经验的水平。当课程统一了儿童心理的经验与学科中所包含的逻辑的经验时，这种课程就是“经验课程”。

杜威毕生倡导并实施的经验课程形态是“主动作业”。在杜威看来，作业是复演社会生活中进行的某种工作或与之平等的活动方式。这是着眼于儿童经验的发展，对社会生活中的典型职业进行分析、归纳和提炼而获得的各种活动方式，如商业、烹饪、缝纫、纺织、木工等。主动作业具有三个特点：①它符合儿童经验生长的要求。不能把主动作业与借助某种技能获得外部实利等同起来。主动作业不仅使儿童获得手工的技能和技艺的效率，更主要的是获得智力的、道德的和审美的品质。②它源于社会生活，充满了具有社会性质的事实和原理，可以代表社会的情境。主动作业使学校的整个精神得到新生，使学校有可能与生活联系，成为儿童生长的地方。③它作为科学地理解自然的原料和过程的活动中心，可以不断指向科学的逻辑经验的发展。

1896年，杜威创办芝加哥大学附属实验学校，作为他的以儿童的社会活动经验为中心的课程编制思想的实践基地。该校的课程没有依据传统的学科，而是依据儿童的需要，以作业为中心组织儿童的学习。杜威规定实验学校的课程编制要解决以下四个主要问题：①怎样做才能使学校与家庭、社区的生活密切联系起来？②怎样做才能使历史、文艺、科学的教材对儿童生活本身有真正重要的价值？③如何使读写算等正式学科的教学在获得的经验之上实施，并同其他学科有机地联系起来，从而使儿童产生兴趣？④如何适当地关注个别儿童的能力和需要？实验学校的全部课程是由与各种作业形式平等的三个方面的理智活动组成的，即历史或社会的研究、自然科学、思想交流。

杜威的著作《学校与社会》(*The School and Society*)，就是这所实验学校三年实践的总结。他在书里宣告学校教育实现了“哥白尼式转变”，成为长期支配美国课程发展的一个指导性纲领：“现在我们的教育中正在发生的一种变革是重心的转移。这是一种变革、一场革命，一场和哥白尼把天体的中心从地球转到太阳那样的革命。在这种情况下，儿童变成了太阳，教育的各种措施围绕着这个中心旋转，儿童是中心，教育的各种措施便围绕着他们而组织起来。”①

---

① [美]约翰·杜威.学校与社会·明日之学校[M].赵祥麟，任钟印，吴志宏，译.北京：人民教育出版社，1994：44.

案例 1-1

儿童发展阶段与杜威学校课程①

初等学校的组织,分三个阶段或时期。这几个阶段要逐步地过渡,儿童并不一定意识到变动。

第一阶段从四岁到八岁或八岁半。在这个时期,学校生活和家庭生活的联系特别密切。儿童大体上从事直接的日常活动,忙于做事和说话。相对而言,很少努力进行理智的阐述、有意识地思考,或掌握专门的方法。但由于工作的复杂性和儿童能够担负的责任不断增加,各种明显的问题逐渐出现,使掌握特殊的方法成为必要。

因此,在第二个阶段(八岁或八岁半到十岁),重点放在获得读、写、算和操作等的能力上,这些能力的培养是伴随直接经验的生成过程而实现的。在各种形式的手工劳动和科学活动方面,也更多地有意识地注意做事的正当方式,达成结果的方法,而不同于简单的做事本身。这是获得有关规律的知识和工作技术的特殊时期。

第三个阶段从十岁持续到十三岁。儿童获得的技能,能够应用于具体问题的研究和思考,能够逐步展开抽象性思维。这个时期也是各方面的具体事务与经验、知识彼此出现明显分化的时期。儿童开始掌握学习每门学科所使用的方法,并能一门一门地进行学习,开始对具体学科有所认知。

与课程主张相一致,杜威的教学思想可以概括为基于经验的教学。杜威认为:一方面,观念、知识本质上就是经验,经验中包含着主动作用,包含着"做",所以观念、知识包含着行动。用他的话说,"行动处于观念的核心","认识本身就是一种行动"。另一方面,人的行动是基于观念、知识的,受观念、知识的指引,是观念、知识的运行和具体化过程。从这个意义上说,行动就是知识,所以杜威倡导"从做中学""从经验中学"。他强调思维对产生有意义的经验的价值,提出"反省思维"概念。"反省思维"包括五个要素、步骤或阶段,即问题的感觉、问题的界定、问题解决的假设、对问题及其解决方法的逻辑推理、通过行动检验假设。这同时也是解决问题的五个要素、步骤或阶段。杜威认为这五个阶段的顺序不是固定的,而且这五个阶段中的每一阶段均可进一步展开。为了培养儿童的反省思维能力,教学就应当创设"经验的情境",使儿童有解决问题的机会。杜威认为,教学不应当是学院式的,而必须与校外和日常生活中的情境联系起来,创设能够使儿童的经验不断生长的生活情境——"经验的情境"。在这种情境中,儿童与环境持续地交互作用。在这种交互作用中,儿童发现问题,并在教师的指导下自己解决问题。教师在指导儿童解决问题的时候要充分考虑并创造性地运

① [美]凯瑟琳·坎普·梅休,安娜·坎普·爱德华兹.杜威学校[M].王承绪,赵祥麟,顾岳中,赵端英,译.上海:华东师范大学出版社,1991:42—43.

用反省思维理论。杜威认为，如果儿童在情境中自己提出多种多样的问题，并积极解决这些问题，且所提出的解决问题的方法是先进的、多种多样的、富有独创性的，那么，即使教师的教学方式比较一般，其效果也会是好的。教学的艺术是要使新问题的困难程度足以激发思维，或者提供新的刺激以引起思考，从而使儿童得到启发，产生有助于解决问题的设想。

杜威的课程与教学理论总结了西方自古希腊、古罗马以来的教育智慧，并创造性地提出了自己的见解，开启了课程教学研究的新纪元。

三、20世纪课程与教学研究的新成就

1918年，美国著名教育学者博比特(John F. Bobbitt)出版《课程》(*The Curriculum*)一书，一般认为，这是课程成为独立研究领域的标志。1924年，他又出版了《怎样编制课程》(*How to Make A Curriculum*)一书，其课程开发理论进一步完善。1923年，美国另一位著名教育学者查特斯(Werrett W. Charters)出版了《课程编制》(*Curriculum Construction*)一书。查特斯的课程编制理论与博比特具有内在的一致性。这样，至20世纪20年代上半叶，课程这一研究领域最先在美国比较完整地确立起来。博比特与查特斯等人的课程开发理论与实践启动了"课程开发的科学化运动"，他们的课程理论也因此被称为"科学化课程开发理论"。

科学化课程开发理论诞生的社会背景是20世纪初美国发生的"社会效率运动"。1911年，美国"科学管理之父"泰罗(Frederick W. Taylor)出版了《科学管理的原理》(*The Principles of Scientific Management*)一书。在书中，泰罗系统地确立起其管理理论，这就是所谓的"泰罗主义"(Taylorism)。"泰罗主义"的基本假设是：人受经济利益的驱动，因而是可控制的；效率即科学；科学管理即是为了提高生产效率而对人及其工作进行的有效控制。"科学管理"的基本理论是：选取从事某项工作的技术娴熟的工人，对其工作加以分析，以确定工人从事该项工作的正确动作流程以及所使用的相应的生产工具；对每一个动作的时间进行研究，将一项工作分析为细小的操作单位，并确定每一操作单位的效率标准；根据一项工作的效率标准，将工人配置于相应的岗位上，并利用经济利益的诱因，使每个工人都处于自己最高效率和最大生产能力的状态。"泰罗主义"的基本特征是：效率取向、控制中心，把科学等同于效率，把人视为生产工具。这一管理理论的影响范围超出了企业领域，迅速扩展到社会生活的各个方面，从而在美国社会掀起了所谓的"社会效率运动"。该运动也自然影响了教育领域，影响了课程领域。

在博比特的课程开发理论中，课程是什么？博比特在《课程》一书中这样写道："人们从事(成人)事务所需的能力、态度、习惯、鉴赏力和知识形式将会显现出来而成为课程目标。这些课程目标将是众多的、明确的、详尽的。因此，课程是儿童及青年获得这些目标所必须具有的一系列经验。"①在博比特看来，课程是儿童及青年为准备完美的成人生活而从事的一系列活动及由此取得的相应的经验。博比特的课程本质观以准备完美的成人生活为出发点，但落实于儿童的生活和经验。既然落实于儿童的生活与经验，那么，课程的内涵就是广

① BOBBITT J F. The curriculum [M]. Boston: Houghton, 1918:42.

泛的:既包括儿童在社会生活中自然获得的未受指导的经验,也包括儿童在学校教育中所获得的受指导的经验。这两个方面是密切联系的,教育应兼顾二者。但博比特认为,学校教育的课程目标应着眼于那些在社会生活中无法自然获得,而必须经由学校教育才能获得的经验,这就需要对这两种经验进行比较分析,才能获得课程目标。博比特的科学化课程开发的方法可总称为"活动分析",就是把人的活动分析为具体的、特定的行为单元的过程与方法。这种方法既是博比特教育本质观与课程本质观的体现,也反映了"泰罗主义"对课程开发领域的影响。博比特认为,课程开发的具体过程包括五个步骤:①人类经验的分析;②具体活动或具体工作的分析;③课程目标的获得;④课程目标的选择;⑤教育计划的制定。可见,博比特对课程开发过程的分析——"活动分析",恰如泰罗对企业生产过程的分析。因而对博比特而言,课程开发就成为一种"课程工程"(curricular engineering)或"教育工程"(educational engineering),它是"效率取向、控制中心"的。课程开发者以及教师自然就成为了"教育工程师"(educational engineer)。

美国著名教育家泰勒于1949年出版的《课程与教学的基本原理》是科学化课程开发理论发展的里程碑。泰勒是现代课程理论的重要奠基者,是科学化课程开发理论的集大成者,被誉为"当代教育评价之父""现代课程理论之父"。他的《课程与教学的基本原理》确立起"课程基本原理",又被称为"泰勒原理"(Tyler Rationale)。《课程与教学的基本原理》一书也因而被誉为"现代课程理论的圣经"。在这本书中,泰勒开明宗义地指出,开发任何课程和教学计划都必须回答四个基本问题:①学校应该达到哪些教育目标?②提供哪些教育经验才能实现这些目标?③怎样才能有效地组织这些教育经验?④我们怎样才能确定这些目标正在得到实现?泰勒并不试图回答这些问题,因为具体的答案是因教育性质、教育阶段的不同而有所差异的。他只是想提出研究这些问题的方法和程序。在他看来,这本身就构成了考察课程与教学问题的基本原理。这四个问题可以看作是课程编制过程的四个步骤或阶段,即确定目标、选择经验、组织经验、评价结果。这就是泰勒原理的基本内容。泰勒原理实际上就是对这些步骤的进一步阐释。其中,确定目标最为关键,其他步骤都是围绕目标展开的。所以,泰勒原理又被称为"目标模式"。尽管后来各种课程理论层出不穷,但都是围绕这四个基本问题建构起来的,这四个问题因而被称为课程开发的"永恒的分析范畴",泰勒原理被称为课程领域的"主导的课程范式"。

20世纪50年代末至60年代末,西方世界发生了一场指向教育内容现代化的课程改革运动,即"学科结构运动",其中心内容是用"学科结构观"重建课程。在这场运动中,诞生了一种新的课程形态——"学术中心课程"。学科结构运动是课程现代化进程中的一座里程碑。所谓"学术中心课程",是指以专门的学术领域为核心开发的课程,其基本特征是学术性、专门性和结构性。该理论认为,知识是课程中不可或缺的要素,强调要把人类文化遗产中最具学术研究性的知识作为课程内容,并且特别重视知识体系本身的逻辑程序和结构,因而通常把学术性作为课程的基本形式。主张以学科的知识结构作为课程设计基础的理由是:学科结构是深入探究和构建各门学科所必需的法则。学科结构由三种结构组成:①组织结构,即指说明一门学科不同于其他学科的基本方式,同时也表明了这门学科探究的界限。

②实质结构，即指探究过程中要回答的各种问题，也就是指基本概念、原理和理论。③句法结构，即指各门学科体系中收集数据、检验命题和对研究结果做出概括的方式。学术中心课程以学科结构为核心构筑现代课程体系，使纷繁复杂的知识信息得以简化、统整和完善，创造了现代化课程的一个范例。学术中心课程的代表人物是布鲁纳(Jerome S. Bruner)和施瓦布(Joseph J. Schwab)。

轰轰烈烈的学科结构运动于20世纪60年代末宣告失败。施瓦布在反思学术中心课程失败的基础上，提出了实践性课程开发理论。在施瓦布看来，课程是由教师、学生、教材、环境四个要素构成的，这四个要素间持续的相互作用构成了实践性课程的基本内涵。他主张，课程开发的基本方法应是"审议"。所谓课程审议，是指课程开发的主体对具体教育实践情境中的问题反复讨论权衡，以获得一致性的理解与解释，最终做出恰当的课程变革的决定及相应的策略。实践性课程开发是以具体实践情境的特殊需要为核心进行的课程开发，它必然根植于具体实践情境，这种课程开发因此也被称为"学校本位的课程开发"。与施瓦布同时，英国著名课程理论家斯腾豪斯(Lawrence Stenhouse)通过对泰勒原理的反思，提出了课程开发的"过程模式"。他认为，课程的选择是基于内容，而不是基于其所引起的学生行为的具体结果，课程开发的任务就是要选择活动内容，建立关于学科的过程、概念与标准等知识形式的课程，并提供实施的"过程原则"。"过程原则"的本质含义在于鼓励教师对课程实践的反思批判和发挥创造。

自20世纪70年代中期以后，西方课程研究发生了重要的"范式转换"，由"课程开发"转向"课程理解"。也就是说，以前的课程研究主要是围绕泰勒原理的四个基本问题展开的，目的是探讨"怎样有效地开发课程"。20世纪70年代以后，课程研究则拓展了理论基础与研究视界，力图使课程研究体现时代精神的精华，目的是探讨"怎样理解课程"，如"概念重建主义课程范式"等，课程研究进入后现代探索时代。

"概念重建主义者"把自博比特、查特斯等人的早期科学化课程开发理论到泰勒原理以及基于泰勒原理的种种课程研究观点统称为"传统课程理论"。对传统课程理论的批判是"概念重建主义者"对课程理论的重要贡献。他们认为，传统课程理论至少存在三大缺陷：①传统课程理论秉持实证主义科学观，追求课程理论的"客观性"，这有违课程理论的学科性质，也使课程理论沦为控制工具。②传统课程理论受"技术理性"的支配，课程研究的目的是提供课程开发的"处方"——普适性的程序和规则，这就使课程理论成为"反理论的""反历史的"。③尽管传统课程理论标榜"价值中立"，但它却因此而陷入一套保守的、使其政治方向神秘化的价值观念中，实际上是维持了现行的社会控制体系①。但"概念重建主义者"彼此之间的具体课程主张差别很大，大致可以分为两种理论倾向。第一种倾向以现象学、存在主义、精神分析理论为基础，着眼于个体自我意识的提升与存在经验的发展，可被称为"存在现象学"课程理论。以派纳(William F. Pinar)、格林(Maxine Greene)、休伯纳(Dwayne Huebner)、范梅南(Max van Manen)等人为代表。"存在现象学"课程理论的本质追求是"解

---

① 张华.课程与教学论[M].上海：上海教育出版社，2000：25—26.

放兴趣”。其核心是自我反思，通过自我反思的行为以达到解放的目的。这意味着教师与学生能够自主地从事课程创造，能够在不断地自我反思和彼此交往过程中达到自由与解放。第二种倾向以法兰克福学派、哲学解释学、知识社会学为理论基础，着眼于对社会意识形态的批判与社会公正的建立，可称为“批判课程理论”。以阿普尔(Michael W. Apple)、麦克唐纳(James B. Macdonald)、吉鲁(Henry A. Giroux)等人为代表。批判课程理论把课程的本质概括为一种社会的“反思性实践”，其基本构成因素是行动与反思，课程就是行动与反思的统一。也就是说，课程并不只是一套要实施的计划，它还是由一个蕴含着反思精神的行动过程构成的，意味着课程开发过程是课程创造的过程。

课程研究的科学化是从教学研究中有效分离的结果。20 世纪是教育的黄金年代，随着全球范围义务教育的普及，终身教育观念应运而生，教育规模持续扩大，教育质量与教育公平成为教育的品质追求。在这种背景下，“教学什么”的问题日益突出，使课程研究从教学研究中逐步分离出来，同时，诸多教学问题亟须解决，使教学研究进入一个繁荣时期。

这一时期，教学问题扩展到价值领域，并越来越依赖心理学基础。在深入探讨已有的“教学是什么”“为什么教学”和“教学什么”等问题的同时，提出了“应该怎样教学”的问题。人们开始反思自身对教学的基本态度，发现由于受科学主义的影响，人们对教学研究的态度往往是“实然”性的，存在比较极端的“科学化”倾向，于是提出教育民主化和教学人文化，开始了对教学的价值追求。另一方面，20 世纪是心理学，特别是教育心理学、发展心理学和学习心理学的大发展时期，它们既满足了教学研究的需要，也有力地促进了教学理论的发展，许多教学流派都是建立在特定的心理学理论基础之上的。

20 世纪也是现代教学媒体和教学技术飞速发展和广泛应用的世纪。20 世纪 20 年代，美国的教育家设计、制造和使用了教学机器，创用了基于教学机器的程序教学，后来人们把电子计算机技术引入程序教学，创立了计算机辅助教学(computer aided instruction，简称 CAI)。到 20 世纪 90 年代，以计算机为核心的多媒体教学技术蓬勃发展起来。20 世纪 90 年代中期，互联网飞速发展，网络课程与网络教学迅速崛起。现代教学技术的应用，变成当代教学的主要方式和教学模式，教学设计研究也随之迅速发展。

兴起于 20 世纪 50 年代的行为主义教学设计理论，试图把行为主义心理学与教学技术整合起来，把教学设计建立在行为主义学习理论和先进技术的基础之上。行为主义教学设计理论的基本思路是开发一种教学程序系统，以准确分析学生的行为表现，确定要达到的行为目标，设计教学，以达到预先确定的具体的学习结果。从 20 世纪 60 年代末开始直到整个 70 年代，行为主义在心理学领域的主导地位逐渐被认知心理学所取代，以认知心理学为基础的教学设计理论开始兴盛起来。这一时期教学设计理论的一个重要特色，是对认知策略进行深化研究。通过对引导内部学习和思维过程的认知策略的研究，获得了诸如问题解决、组织信息、降低焦虑、发展自我监控技能、增进积极态度等方面的一系列具体策略，一些专家研究了元认知及其对教学设计的意义。进入 20 世纪 80 年代，教学设计研究的一个基本趋势是把教学设计理论与认知科学和教育技术学的发展综合起来，根据知识和认知过程的特性，将教学情境纳入研究范畴，形成了诸多富有意义的教学设计框架。到 20 世纪 90 年代，建构主义理论对教学设计理论产生了重要影响，学生、媒体与环境的交互作用成为教学设计关注的重要问题，主体对知识的自主建构成为教学研究的重要课题。

进入21世纪，世界各主要国家不约而同地掀起了持续不断的基础教育课程改革热潮，旨在全面提升国民素养、全面提高人才培养质量，以增强国家的竞争力。近20年来，聚焦学生核心素养发展，现代化、全球化和国家化是各国基础教育课程改革的共同价值取向，课程决策的均权化、国家课程与校本课程的共生、信息技术与学科课程的整合、回归学生的生活世界、走向学生的多元智能发展等，成为基础教育课程改革的共同命题。出现了跨学科学习（如STEM）、项目化学习（如PBL）等全新的课程形态。小学教育阶段的课程更加重视综合化和实践性，融合课程、学科综合学习活动、综合实践活动课程成为小学教育阶段重要的课程组织形式。伴随基础教育课程改革的教学研究出现了新的趋势。"以学生学习为中心"的教学探索占据绝对统治地位，"以学定教"成为实践共识，服务于学生深度学习的高效教学成为研究的热点，以心理学为主要依据的教学研究开始让位于以脑科学为主要依据的教学研究。在小学教育阶段的教学改革中，进步主义教育者倡导的"做中学"理论得到广泛运用，单元整体教学、活动教学、差异教学、支架式教学成为实践热点。"云平台＋学习"和"云资源＋教学"等与智能化、数字化技术有关的教学研究成为教学论的创新点。课程与教学研究进一步走向学校教育实践，成为高质量教育的生产力。

第三节　课程论与教学论

从课程与教学研究的历史发展中不难看出，课程研究尽管古已有之，但作为科学化理论的课程论的诞生却是20世纪初的事。而教学论则不同，作为一个独立研究领域，早在17世纪就确立起来，比课程领域的独立早了整整300年。不过，教学研究科学化的长足发展也是在20世纪。

一、课程论

课程论作为教育学的一门分支学科，其研究领域主要涉及学校课程设计、编制、实施和课程评价等的理论与实践。古德莱德(John I. Goodlad)认为，课程研究应关注三类现象：①实质性现象，指的是目标、学科内容、材料等课程的基本范畴，探究它们的实质和价值。②政治—社会现象，关注课程发展的政治和社会过程。③技术—专业现象，着重探讨那些使课程得以改良、配置和取代的个人和团体过程。前两个范畴主要关注课程的基本原理问题，最后一个范畴主要关注课程的实践问题。

关于课程论的学科基础，一般都把哲学、社会学和心理学作为课程论的学科基础。除这三方面外，有的学者还把课程论的学科基础拓展到科学学、系统学和教育学。有的学者认为课程论的学科基础除了哲学、社会学、心理学以外，还有"精神"基础，即文化基因的问题，把课程论的学科基础拓展到文化层面，进一步深化了我们对课程论学科基础的认识。

关于课程论的学科性质,其认识主要有以下三种观点。①“应用性的实践学科说”。课程论应该是实践性很强的学科,而不是一门纯粹的理论性质的学科。②“理论学科说”。课程论不应该仅仅局限于描述性、经验性的范围,应该坚持理论学科的性质。③“结合说”。课程论既是理论学科又是应用学科,既要关注课程实践,又要重视理论思辨。在实际的课程论研究中,我国学者大都持这种观点,因为纯粹的理论学科和应用学科难免过于极端。关于课程论的学科性质,究竟应该是“解释性”“处方性”的,还是“启发性”的,这很值得我们进一步去探讨。

关于课程论的研究对象,主要形成了以下几种观点。①“课程说”。课程论研究的对象是“课程”。课程论是关于整个学校课程的学问,是研究课程系统的结构与功能、论述课程系统工程的学科。②“课程规律说”。受教育学“旨在研究教育规律、原理和方法”这一观点的影响,有的学者提出课程论的研究对象是课程规律,课程论应该探索课程现象较深层次的普遍的规律。这种认识实际上是把课程论作为教育学下位学科进行了演绎,况且也混淆了课程论的研究对象和研究目的。③“课程问题说”。受我国教育学界把教育学研究对象定为教育问题的影响,提出课程论的研究对象是课程问题。有的学者通过讨论宏观和微观的课程问题,认为课程论应研究如下课题:课程与科技革命的关系;课程与我国社会主义现代化建设的关系;课程与教育目的的关系;课程与地区经济、文化、历史的关系;如何设计全部学校课程的整体结构;如何设计各门课程的知识结构;课程结构与学生认知结构的关系。对课程论研究对象的不同认识,表明课程论在我国的发展尚未成熟。

拓展阅读 1-4

课程论研究的理解①

1. 如何定义课程?

2. 在我们的课程中,我们有意或无意地传达出了何种哲学观和理论?

3. 什么样的社会和政治力量会影响课程?哪种力量最为相关?哪种力量强加了限制?

4. 学习是如何发生的?什么样的学习活动最适合我们学生的需要?如何最好地组织这些活动?

5. 课程的知识领域有哪些?何种课程知识是基本的?

6. 课程的基本组成部分是什么?

7. 为什么会发生课程变革?变革是如何影响课程的?

8. 课程专家的作用和责任是什么?

9. 如何最好地组织课程?

10. 在组织课程中,教师和学生的作用与责任分别是什么?

---

① [美]艾伦·奥恩斯坦,弗朗西斯·P. 亨金斯. 课程:基础、原理和问题[M]. 王爱松,译. 上海:华东师范大学出版社,2021:17.

11. 我们的方向和目标是什么？我们如何将其转化为教学目的？

12. 如何定义我们的教育需要？是谁的需要？我们如何对这些需要进行优化排序？

13. 什么科目材料最有价值？最佳形式的内容是什么？我们如何对它们进行组织？

14. 我们如何测量或核实我们试图取得的东西？谁负有解释的责任？为什么负责？对谁负责？

15. 课程和教学间的恰当关系是什么？课程和督导间的恰当关系是什么？课程和评估间的恰当关系是什么？

关于课程论的体系结构，学者们从对博比特、泰勒以及古德莱德等人的研究中提出了课程研究既要关注课程的实质性范畴，也要关注课程论的社会政治范畴以及专业技术范畴，并提出了具体的体系结构。理论探讨，包括课程本质论、课程价值论、课程认识论、课程结构论、课程类型论、课程改革论、课程管埋论等内容；课程研制过程，包括课程研制理论、课程规划论、课程实施论和课程评价论等；比较课程论，包括各国中小学课程的比较。实践探索具体包括了课程目标、课程结构、课程类型、课程内容、课程编制、课程实施、课程管理、课程改革等方面的内容。此外，学科群的建设也成为课程论学科体系建构的重点，有学者从文化自觉的角度提出课程论的学科群应分为三个层次：第一层次为理论课程学的范畴，第二层次为课程学的范畴，第三层次为课程专业技术理论。

二、教学论

教学论是学科意义上的教学理论，是对教学研究领域成果的提炼和浓缩。教与学构成的教学“活动关系”是教学的根本矛盾，教学论要研究的基本关系是教与学的关系。教学论在300多年的发展历程中，形成了众多的流派与分支，主要归纳为两种基本类型：知识主导型教学论和发展主导型教学论。知识主导型教学论主张教学内容的选择、教学过程的调控、教学方法的运用以及教学形式和教学评价等都要以知识的传授与掌握为中心来安排。发展主导型教学论则相反，其坚持教学内容、教学过程、教学方法、教学形式和教学评价等各个要素和各个环节都要以促进学生的发展为旨归。

关于教学论的研究对象。德国克罗恩(Friedrich W. Kron)教授认为，教学论是研究教学中智育和德育的统一过程的规律①。美国教育家布鲁纳认为，教学论所要探求的是教授和学习的理想模式，要指出有关掌握知识和技能的最优方法的法则②。日本教育家广冈亮藏认

① 李定仁，徐继存. 教学论研究二十年(1979—1999)[M]. 北京：人民教育出版社，2001:24.

② 李定仁，徐继存. 教学论研究二十年(1979—1999)[M]. 北京：人民教育出版社，2001:24.

为,教学论研究的是“教学过程最优化”[①]。国内学者的观点也不尽相同。王策三认为,教学论必须坚持研究教学的一般规律[②]。徐勋认为,教学论的研究对象是教学过程中教与学的双边活动及其客观规律[③]。田慧生则指出,探索教学规律是教学论研究的主要目的和最基本的任务,但并不能由此就将教学规律作为研究对象,因为以一般规律作为研究对象,不仅笼统、模糊,而且在具体研究中也无从下手、无法操作[④]。

关于教学论的学科性质。苏联教学论的舶来,让人以为教学论就应当是十分系统和完整的基础理论学科,但是,大量西方教学理论的传入,又给人以十分强烈的应用学科印象。那么教学论是一门什么样的学问?王策三先生是“坚持理论科学性质”的代表。他指出,人们往往将教学论与教学法、教学经验等同起来,使得一些基础理论问题未得到研究,教学实践中许多重大问题也未得到理论上的探讨和说明。他认为,教学论揭示规律,是要通过研究事实,在解决教学问题中,进行观察、实验、分析、综合、抽象、概括等,经过艰苦细致、曲折反复的过程,才可获得不同程度的成果,并通过建立自己的教学论诸范畴和理论体系具体地、系统地将其表述出来。徐勋教授没有否定教学论要坚持理论科学的性质,但他认为理论的源泉是实践。他引证西方教学论自拉特克、夸美纽斯直到当今的学者都强调教学论是研究教学艺术、教学技术的学问,是应用科学,而苏联学者一般认为教学论是理论科学,还有学者认为是边缘科学,并以它的对象——教学既是一门科学又是一门艺术为依据,认定教学论兼有理论性和应用性这两个特点。有的学者认为,将教育研究分成纯理论研究和纯应用研究两大部分过于笼统与简单,主张根据研究的目的将教育研究分为基础理论研究、外推的理论研究和应用研究三类,将教学论定位为外推的理论研究,即既要坚持以理论研究为主,不断提高理论成果的抽象概括水平,又要在已有理论原理的指导下,开展必要的应用研究,解决教学中一些带有普遍性的操作问题。一些学者不满意这种缺少共识的状况,认为正是这种认识上的分歧和模糊性,使我国教学论成为一个既含基本理论,又含教学实践,既有理论研究,又有应用研究的庞杂体系,它面面俱到,但任何一面都难以深入到学科内容结构。据此指出,随着现代教学论的发展和教学论学科的不断分化与综合,教学论将因其主要是阐明教与学的原理、揭示教学规律而越来越成为一门理论学科。

拓展阅读 1-5

教学论研究的理解[⑤]

教学论研究可理解为理论与实践之间的桥梁。

教学论研究定位在理论上,因为理论总结了各种个别研究知识。对于研究而言,理论恰以此种方式体现了其系统知识蓄水池的功能。同时,研究也促进了

① 李定仁,徐继存.教学论研究二十年(1979—1999)[M].北京:人民教育出版社,2001:24.
② 王策三.教学论稿[M].北京:人民教育出版社,1985:9.
③ 徐勋.教学理论与教学改革[J].辽宁高等教育研究,1987(Z1):148—153.
④ 田慧生,曾天山.中小学课程教材改革与实验[M].成都:四川教育出版社,1997:8.
⑤ [德]F. W. 克罗恩.教学论基础[M].李其龙,李家丽,徐斌艳,等译.北京:教育科学出版社,2005:206.

理论的不断发展。

教学论研究始终是与实践紧密相连的。作为应用科学，它包括从实践中提出问题。教学论知识为教育实践的改善提供了基础。

教学论研究的双重指称关系植根于一种具有开放视野的科学理解。

若从教学论进一步科学化的角度对其基本要素做出探讨，那么，首先，教学论内容是指关于教学领域的系统性、逻辑性、规范性，它主要由概念、判断、推理和论证来构成对教学活动的规律性认识，也即教学论的基本范畴体系。系统性是指教学论内容各部分及其之间的结构性联系，而不是一种简单的堆砌；逻辑性是指教学论内容的各个部分在言语表述上要符合逻辑规范，而不是随意的“意见表达”。如果说系统性是对教学论内部或内容上的要求，那么逻辑性就是对教学论外在或形式上的要求。其次，教学研究方法的科学化是教学论科学化的关键标准，它决定着教学理论的正确程度、深度和广度。规范性是指无论是量化研究还是质性研究，在教学研究方法上要遵循一定的规则与范式，这样学术交流才会成为可能。针对性是指在教学研究中要根据研究的类型与具体问题来确定研究方法，而不拘泥于某一类研究方法。最后，教学问题是教学论发展的推动力量，是构建教学理论的最终来源。教学问题的现实性是从时间维度而言的，指教学实践中正在出现或发生的问题；教学问题的真实性是相对于虚假的教学问题而言的，是从教学问题的客观性来说的，教学问题的呈现不是自然的过程，它需要研究者依据一定的规则从纷繁的教学现象中抽离出来。由于教学问题的现实性与真实性主要由研究者来判定，这就对研究者的素质提出了很高的要求，同时教学问题的现实性与真实性也直接决定着教学理论的客观程度与解释力度。因此，我们是从动态的角度来看待教学论科学化的标准的，即把教学理论看作动态发展的过程，教学理论本身、教学研究方法和教学实践的问题共同构成了教学论科学化的基本要素。

三、课程论与教学论的关系

随着课程与教学研究在我国的兴起，如何看待和处理课程论与教学论两者的关系，成为教育理论界关注的问题。

（一）大教学论观

大教学论观从教学论的立场出发，主张将课程视为教学内容，把课程理论当作教学理论的一部分。这是一种传统的观点，其形成原因除历史因素和受苏联影响外，也与我国的管理体制有关。长期以来，我国推行的是高度集中统一的课程管理政策，基础教育的课程由国家统一制定。教师和教育管理者是国家预定课程的具体实施者，关注的是如何教学的问题，只需将“法定内容”有效传授给学生就行了，无须考虑如何设置课程。因此，对教育研究者来说，教学问题的研究完全可以取代课程问题的研究。

(二)大课程论观

大课程论观把教学看作课程的一部分,把教学理论归入课程理论的范围之内。这一观点认为,课程是一个广泛的概念,是学校教育中的一个大系统,而教学则是一个特殊的现象和子系统,远没有课程那样重要。泰勒等知名学者都是把教学作为课程的一部分来看待的。近年来,我国也有学者持此观点,认为课程作为一种客观存在与教学是不能分离的,课程作为一种教育进程包含了教学过程。课程的属性和类型是多方面的,不仅包含了各类课程,而且也包含各类教学,包括课堂教学、课外教学、模仿教学、陶冶教学等。同时,随着教师也是课程研制者这一理念被人们所接受,课程包含教学的主体机制实际上也就被确认了。甚至有学者提出大课程论,强调在体系上应包括课程论、教学论、分支课程论、分支教学论和教育技术学等五个下位学科,每个下位学科又包含着大量的次下位学科。

(三)一体化的观点

一体化的观点认为,课程论与教学论两者密不可分,不能孤立地存在,必须综合起来进行整体性研究。如英国的著名课程论专家斯腾豪斯就特别强调课程与教学过程中的一系列相互作用;美国课程论学者坦纳夫妇断言,把课程与教学看成相互孤立的要素,不仅是不可能的,而且会误入歧途。应打破课程与教学之间的分裂状态,把课程与教学综合成一个问题而不是把它们分成孤立的问题来进行研究。我国也有学者认为,课程与教学既有关联,又是各不相同的两个研究领域。课程强调的是每个学生及其学习的范围,教学强调的是教师的行为;课程与教学不是平面和单向的关系,而是相互依存的交叉关系;课程与教学不可能在相互独立的情况下各自运作。我国还有学者从社会发展形态的角度,分析了课程与教学研究相分离的原因,认为将课程作为学校教育的实体或内容,将教学作为学校教育的过程或手段,是工业社会"科技理性"支配下教育"科层化"和"制度化"的结果。由此形成的"制度课程"造成了课程与教学两个领域的相互分离,形成了两者间机械、单向和线性的关系。应当以"解放理性"取代"工具理性",将理解活生生的教学情境置于研究的中心。这样,才有可能打破课程与教学的界限,使课程与教学的界限再一次模糊和融合起来。

(四)并列论

并列论认为,课程论与教学论应是教育科学下属的两个独立分支科学,各有特定的研究对象和不同的特点,构筑理论体系的相关概念也不相同,需要分别进行深入研究。课程论研究各种形式的课业及进程,教学论研究教与学;课程论涉及课程研制、课程标准、课程管理、课程评价等核心概念,教学论涉及教学目的、内容、方法、过程、组织形式及教学评价等核心概念。也就是说:课程是指学校的意图,教学是指学校的实践;课程是为有目的的学习而设计的内容;教学则是达到教育目的的手段。相应地,课程理论主要探讨教育的目标和内容;教学理论主要关注达到这些目标的手段。持这一立场的学者认为,课程论与教学论目前正处于分化期,应当把课程论与教学论看作两门相互独立的教育学科,这有利于课程论和教学论的许多重要问题得到进一步的研究。

有的学者在对教学论与课程论文化溯源的基础上指出，上述关于课程论与教学论关系的观点都存在一个共同的问题：即把课程论与教学论看作是同质文化中的教育理论，即所谓源自“西方”的教育理论①。固然，课程论和教学论都来自西方，但西方教育文化传统有英美与欧陆之别，亦即“日耳曼式教育学”与“盎格鲁式教育学”之别。在英美教育文化传统中，教学理论可以说是包含在课程论里面的，但源于德国教育文化传统的教学论却不能包含在课程论里。我国主张所谓“大教学论”的学者错误地以为教学论包含了课程论，其实这是因为看到美国课程论中也注重研究教学理论而产生的一种误读。同样，主张“大课程论”的学者也错误地把教学理论等同于教学论，结果导致了课程论包含教学论的错误推论，这无疑也是一种误读。主张课程论与教学论各自平行独立的学者虽然承认了它们各自的生存权利和空间，却又忽视了它们之间的内在联系，更没有看到它们之间在教育文化传统上的区别。例如，教学论与课程论都涉及教学内容或课程问题，但在具体处理方式上却不同。教学论传统强调由教育系统确定教育目的和知识来源，再由教师把来源知识转化为适合教学的知识，此外教师还需要自主地选择教学方法和评价方法；而课程论传统则强调由教育系统确立课程机构，由课程机构规定课程内容和评价方式，教师只能自主选择教学方法进行教学。由此可见，在这两种教育文化传统里，课程与教师的关系以及教师处理课程的方式是很不相同的。课程论与教学论整合的主张虽然有其可能性，但这种“整合”的基础并不牢固，因为这不是在课程论与教学论两个学科之间进行充分对话的基础上构建的，而是在消解所谓的“二元对立”的基础上的一种生硬的拼盘。

综上所述，就学科理解来说，课程论与教学论之间存在复杂的关系，在学界也没有一个共识。所以，任何执于一种观点的纠缠都是不必要的，作为学习和研究者，关键在于回到课程论与教学论的文化传统中，把握它们的理论精髓，提高对课程与教学实践的认识。从学科的发展趋势来说，由于课程与教学实践的一体化，不管是课程论还是教学论，也必将走向课程与教学研究的一体化，否则将失去理论研究应有的生命力。

第四节　小学课程与教学论

小学教育是人一生中接受正规教育的最初阶段，是基础教育的奠基工程。小学课程与教学论是研究小学课程开发、教学实践的基本理论，是课程与教学论的学段研究，既有一般课程与教学论的学科特征，也表现出自身的研究个性。

一、小学课程与教学论的研究对象

小学课程与教学研究是围绕学生、教材、教师、环境这些要素的相互作用而展开的。小学生是发展中的儿童，其心理特点和发展需要决定了小学教材的生活化、小学教师的引领性

① 丁邦平. 教学(理)论与课程论关系新探：基于比较的视角[J]. 比较教育研究，2009(12)：44—50.

和小学教育环境的丰富性。这是小学课程与教学研究的逻辑前提。因此,从研究对象上来看,小学课程与教学论的研究主要包括以下内容。

(一)小学课程与教学实践功能的研究

就本体研究而言,小学课程与教学的内涵与一般课程与教学的内涵没有本质区别,是一般课程与教学论的研究内容,小学课程与教学论的研究重点是要探讨小学教育阶段课程与教学的实践功能和发展意义。与教育体系内其他教育阶段相比,小学教育的独特性主要表现在基础性、全民性、义务性和公益性等方面,最重要的是基础性。“基础性”的不同定位决定了小学课程与教学实践功能的不同取向。我国关于小学教育基础性的内涵在不同历史时期大致有四种理解。第一种是文化基础说。新中国成立初期,只有少部分小学毕业生能够升入中学继续学习,大多数小学毕业生加入生产劳动大军。在当时条件下,小学课程与教学的实践功能是为学生进行生产劳动奠定初步文化基础,就是培养学生最基本的读写算能力。第二种是学习基础说。在中学教育规模不断扩大的基础上,小学教育便成为整个教育制度的基础,是为学生升入中学做准备的。在这一思想之下,小学课程与教学的核心任务是以学科为中心,进行基础知识和基本技能(“双基”)的训练。第三种是素质基础说。在普及九年义务教育之后,国家积极推进素质教育,小学教育的基础性转变为全面素质基础。为落实素质教育,小学课程与教学的目标从“双基”走向“三维”,即知识与技能、过程与方法、情感态度与价值观,旨在实现学生全面而有个性的素质发展。第四种是核心素养说。自党的十八大报告明确提出立德树人是教育的根本任务以来,在国际社会关注国民核心素养的思潮之下,2016 年 9 月《中国学生发展核心素养》总体框架发布。2022 年实施的义务教育阶段新课程方案与课程标准就是以学生核心素养为目标导向,小学课程与教学的实践功能也随之定位为发展学生的核心素养。总的来说,我国新时代的小学课程与教学以减轻学生课内过重课业负担和校外课业负担(“双减”政策)为前提,以培养“有理想、有本领、有担当”的社会主义建设者和接班人为愿景,聚焦学生核心素养,坚持“五育并举”,确立了更加清晰的实践功能取向,充分体现了小学教育的基础性,为未来小学课程与教学实践功能的研究指明了方向。

(二)小学课程开发过程的研究

小学课程开发包括小学课程体系的建构、课程与教学目标的确定、课程内容与教学方法的选择、课程与教学的组织、课程实施与教学过程、课程与教学的评价等要素,小学课程开发原理就是这些要素的设计、整合与实践的一般规律。当代小学课程开发体现出以下一些取向。①课程目标更加趋于全面和科学。当代课程理论提升了人们对课程目标的认识,使课程的目标不再局限于人的智力发展,而是拓展到情感、个性等目标维度,真正回归到了人的全面自由发展。在各国的课程改革实践中,人们已不仅仅将课程设置看作是接受文化遗产,还看作是学生的认识、身心、兴趣需要的全面和谐的发展。②课程的结构更加注重多元化。以往的小学课程主要是普通的学科课程,为了适应学生终身发展的需要,课程注重在学生终身发展的过程中规划小学阶段的学习，增加了体育、艺术以及实践活动课程的比例，扩大了学生自主选择学习课程的范围。③课程的内容更加强调综合化和整合化。由于儿童的思维尚未细致分化，当前的课程改革特别强调小学课程以综合化为主，学科知识的传递应以学生的生活经验为基础，并且要求小学教师应有较广泛的通识知识，能胜任多门学科的教学，能带班，甚至有的可以包班跟进。他们不仅要有能力关怀学生认知方面的发展，而且要有兴趣和能力关怀学生的情感精神生活。④课程组织方式更加灵活。具体表现为课程资源的开放性、课程开发的校本性、教师教学行为的独立性等。这种课程组织思路反映了当代课程理论指导下的课程实践强调适应每一个学生的有效发展，既能促进教育机会均等，又能满足个人发展的需要。

（三）小学教学基本原理的研究

小学教学是一种实践系统。教学论研究有的侧重于宏观教学系统，如美国大卫・G. 阿姆斯特朗(David G. Armstrong)等人主编的《当代教学论》①，研究内容分为教育职业、与学生合作，以及关注教育政策与实践的决定性因素，具体内容包括变革时代的教育、如何成为专业的教育者、学校改革面临的挑战、当代学生素描、差异性对教学的影响、什么是教学和如何来教、如何进行学习评估、历史的影响、学校在社会中所扮演的角色、哲学观对教育的影响、技术对教育的影响、师生须知的法律问题、教育由谁控制等，整个研究重在突出教学的教育视野，和影响教学的历史、哲学、技术、社会与法律等，教学本体只涉及教师、学生、课程、教学与评估几个概念与范畴。我国学者的教学论研究则侧重于微观教学系统，如黄甫全、王本陆主编的《现代教学论学程》②，主要研究教学过程、教学系统、教学活动、教学目标、教学原则、教学审美、教学艺术，整个研究重在突出学校教学实践要素，旨在全面揭示教学实践中的具体问题。不管是重在宏观视野论述还是重在微观实践探讨，教学论研究者都试图探明教学的问题指向，揭示教学所有要素、所有层面的本质与实践属性，探索其内在的规律性，在基本原理层面做系统叙述，旨在为教学实践提供理论依据。

在新时代小学教育实践的宏观背景下，小学教学基本原理的研究，需要重点关注四个层面的问题：一是教学的教育性问题。小学阶段是学生人格发展和道德品质形成的关键时期，“学科育人”是小学教学的重要特性，需要各学科教学在引领学生知识学习的同时，指导学生形成相应的对自然、社会、人生的立场、观点和态度，促进学生形成正确的世界观、价值观和人生观。在这个意义上，小学每一门学科教学都必须聚焦学生核心素养的发展，都必须成为立德树人的主要渠道。二是开展学科实践的问题。学科实践就是引导学生“做中学”，让学生参与学科探究活动，经历发现问题、建构知识、运用知识的过程，体会学科思想方法，加强知识学习与学生经验、现实生活和社会实践之间的联系，增强学生认识真实世界、解决真实问题的能力。学科实践在小学教学中的重要性源于小学生基于具体事物的思维特点，还源

---

① [美]大卫・G. 阿姆斯特朗，肯奈斯・T. 汉森，汤姆・V. 赛威泊. 当代教学论(第八版)[M]. 北京：中国人民大学出版社，2009.

② 黄甫全，王本陆. 现代教学论学程[M]. 北京：教育科学出版社，1998.

于学生学习过程对具体经验世界和生活问题的依赖性。三是教学的智能化问题。随着人类快速进入智能社会,教育走向人工智能时代,大数据、新算法、元宇宙、生成式AI等新技术强势进入教学过程,对传统教学要素及实践规律产生了巨大冲击。教学智能化及其迭代升级成为教学动态研究的重要课题。在小学教学中,智能化技术更契合学生好奇、求趣及游戏的特点,教学智能化问题研究在小学教学研究中具有更加重要的地位。四是学习共同体建设问题。在教学组织层面,基于班级授课制,学生的学习是在班级共同体中进行的,创建合作、和谐、高效的学习共同体是教学研究的重要内容。与成人相比,小学生具有乐群、好友的特点,更适宜共同体协同学习。学习共同体既是小学教学的组织形式,也是小学学习的资源形态,对学生的社会性发展与深度学习都有重要价值。学习共同体的组织与实施,是小学教学原理研究需要着力探索的范畴。

(四)小学教与学互动行为的研究

研究小学阶段的儿童,认识他们的发展规律及发展需求,使教学制度和教学方式适应小学生的发展需要。六岁至十二三岁是儿童身心发展速度最快的一段生命时期。他们从游戏学习为主的生活方式进入以课堂学习各门学科为主的生活方式。学校学习生活和交往方式刺激着儿童的精神生长,并且有选择和有一定方向性地形成日益复杂的"互联网络"。小学生的学习潜能和创造力是巨大的,只要具备良好的、有滋养性的环境,他们就会有着惊人的可塑能力。同时,每个学生都是一个独特的个体,他们具有不同的神经活动模式和水平,在智力潜能上有不同的优势和发展方向。所以,对学生应采取多样化的教学方式和评价方式。这就要求研究教学行为,充分发挥教学对学生学习的服务与引领价值。教学的作用重在促进学生的主动学习,帮助学生确定适当的学习目标,确认并协调达到目标的途径;指导学生形成良好的学习习惯,掌握学习策略,找到适合自己的学习方法;创设丰富的教学情境,激发学生的学习动机,培养学生的学习兴趣,充分调动学生的积极性;营造一个接纳的、支持性的、包容的课堂氛围,并为学生提供各种便利和服务。

二、小学课程与教学论的学科属性

从学科性质上看,课程与教学论应坚持理论学科的性质,但小学课程与教学论作为课程与教学论的分支学科,在坚持其理论学科地位的同时,应兼顾应用性和实践性,体现小学课程与教学的一体化。因此,小学课程与教学论的学科属性主要表现在以下几个方面。

(一)理论性

小学课程与教学论要探索小学阶段课程与教学的普遍、一般的规律,它不是简单地描述课程开发、教学实践和课程教学的关系,而是要在吸取其诸多相关学科研究成果的基础上,通过分析、综合、抽象、概括等一系列艰苦细致的思维过程,逐步形成概念、范畴,并建立起理论体系。强调小学课程与教学论具有理论性,对于小学课程与教学论研究具有重要意义。首先,有利于防止小学课程与教学研究的经验主义倾向;其次,有助于研究者自觉地提高理论思维水平。

（二）整合性

小学课程与教学论不是小学课程论与小学教学论的叠加，而是课程与教学整体性的理论研究。这种整合性研究具体表现在三个层面。①强调目标与手段的内在连续性。不把课程单纯视为目标与计划，也不把教学单纯视为实现目标或完成计划的手段。强调课程作为经验产生于教学过程之中，同时又引导着教学过程的展开；教学指向经验的产生，又是经验得以产生的情境，内在地孕育着经验的生长。②强调教材与方法的内在连续性。教材的组织本身包含着方法，而方法总是特定教材的方法，不是教材之外的东西。也就是说，教学内在地包含着内容，而学科也必须还原为其产生的具体过程和方法。③教学本身就是课程开发的过程。课堂情境中教师的教学行为是课程开发的有机组成部分，而课堂上的生成是课程开发的不懈追求，师生互动过程就是共同创生课程的过程，课程管理与评价的重要内容就是教学中的管理与评价。从实践的角度来说，课程教学是完整的实践过程，在这一过程中各种要素有机融合并协同作用，只有把课程教学作为一个整体来进行研究和理解，才能认识课程教学作为一个有机整体的系统功能，达到探求课程教学一般规律的目的。

（三）实践性

尽管强调小学课程与教学论研究的理论性，但并不意味着否定它同时是一门实践性很强的学科。小学课程与教学论同整个教育学科一样，重视教育实践，重视实际课程开发与教学活动。小学课程与教学论的任务不仅仅是反映课程教学实践，而且要指导小学课程与教学改革和实践，帮助教师科学地开发课程、提高教学效率。同一般教育学科不同，小学课程与教学论的研究更加重视课程开发与教学活动技术层面的探索，重视小学课程开发与教学设计等实践工具的开发，重视课程教学实践中具体问题解决策略的探讨，具有更加鲜明的实践性。明确小学课程与教学论的实践性，有助于防止经院式研究的误区，构建紧紧依靠小学课程与教学实践的研究思路，努力实现理论与具体实践的有机结合。

三、小学课程与教学论的学习和研究方法

从小学课程与教学论的学科特性出发，作为小学教师或将要走上教师岗位的大学生，学习小学课程与教学论的目的至少有三点。①全面理解小学课程与教学的基本理论，包括课程与教学的概念、课程与教学的目标、课程开发基本原理、教学设计原理、教学组织与实施原则、课程与教学管理思想等。只有全面掌握这些理论知识，才能提高课程与教学的思考水平，形成课程与教学的理性认知，超越具体的实践，寻求课程与教学行为的合理性。②系统认识课程与教学的实践行为，包括课程目标选择、课程资源开发、教学内容组织、教学方案设计、课堂教学实施、教学结果反馈等要素。只有明白这些内容是相互作用的整体，才能系统掌握课程与教学实践，“既见树木，又见森林”，提升对课程与教学的理解能力，并从整体上审视具体的课程开发与教学实践行为。③促进自身课程开发与教学实践能力的提高，包括国家课程的实施能力、校本课程的开发能力、儿童研究能力、教学变革能力等。课程与教学理

论总是指向具体实践的,教师课程与教学能力的提高始终是学习的重要目的。

基于以上学习目的,小学课程与教学论的学习要体现以下三点要求。①理论学习与实践体验相结合。小学课程与教学论是理论性强同时具有鲜明实践指向的学科,学习过程中切忌纸上谈兵,必须理论联系实际。联系实际最有效的方式是参与小学课程与教学的实践,在具体的课程开发活动中领会原理,在特定学科的教学中感悟方法,这样,理论才能鲜活起来,才能实现自主的知识建构。②知识吸纳与问题探究相结合。课程开发与教学实践都具有一定的情境性,在吸纳一般课程与教学理论知识的同时,必须学会具体实践情境中的问题发现与解决。小学课程与教学论的学习要结合自身体验,回归教学情境,提出课程与教学问题,通过具体问题的探究加深对课程与教学理论的理解,提高教育认识水平。③独立思考与合作分享相结合。任何学科的学习都需要独立思考,小学课程与教学论对独立思考要求更高,因为课程与教学的理解具有鲜明的个体性;同时,正是这种个体性,又提出了合作分享的要求,只有广泛地分享同伴的理解、同伴的经验、同伴的智慧,才能拓展自身的思路,提供多种知识参照,提高学习效率。

关于课程与教学论的研究,许多学者对其方法论问题进行了思考。崔允漷教授提出,课程与教学理论的研究要确立一种实践旨向,这种实践旨向的课程与教学理论必须具备五种品质:①课程与教学理论是一种预设的假说,作为一种人为的社会建构,它以一种相对抽象的方式观察世界,提供给人们一种针对课程与教学问题思考的模仿框架。②课程与教学理论有一定的研究方法,无论是独有的,还是跨领域的。③课程与教学理论有一套概念系统,其核心概念需要明确的界定,才能为体系的建立奠定基石,同时为与其他理论的有效交流提供对话的平台。④课程与教学理论都有情境性,脱离了情境的课程与教学理论是苍白无力的,不同的理论流派分歧和对话起点都在于情境。⑤课程与教学理论的合法性在于价值的确立和处于实践环境中的行动力,它通过一种思维框架提供了针对问题的可资参考性,为厘清实践的复杂性赋值增能[①]。这种实践取向的研究主张反映了课程与教学理论研究方法的转向,体现了对本质主义的超越而走向一种人文价值追求,与后现代课程研究所倡导的"人文—理解"方法在精神上是一致的。汪霞教授认为,"人文—理解"方法首先主张整体认知,把课程与教学置于整体"生态"的层面,不仅注意课程背后的价值和规范,更注意学生的存在经验、学习主动性的创造价值和学习过程中"冲突"的意义。其次主张对意义的理解,"理解"是人类普遍运用的一种认识客观事物的方式。人对生活的意识是从全部经验中产生的,而不是从科学实证中产生的。课程与教学不是孤立的空中楼阁,学生也不是脱离现实的天使,课程与教学研究既不能丢弃关联性,也不能失去人的品性,忘却内在的人性现实的情境。最后,主张主客体的互动,通过主动的参与、意识的自我反省、广泛的交流等,增强与外界的交互作用,使历史和社会存在的意义不断得以揭示、发展。同时,通过师生间交互主体性的沟通,建立共识性的"理解"[②]。

---

① 崔允漷.课程·良方[M].上海:华东师范大学出版社,2007:252—260.

② 汪霞.建构21世纪的课程研究:超越现代与后现代[J].教育理论与实践,2006(1):53—57.

拓展阅读 1-6

教学方法的研究[①]

教学方法是指进行教学的计划。在这个方面,属于教师个人的品质已不是分析教学单元,而是选择内容、目标,划分学习的时间段,安排教材以及与学生相互作用的有关计划。教学方法的研究是采用一种"实验"形式(虽然实验的控制水平常常是较低的),根据两种或两种以上的方法对学生的学习或态度所产生的效果进行比较。典型的比较方法是:讲课和讨论相比、发现教学法和注入式或指令性教学相比、语音教学和整字教学相比、集体学习和个别学习相比等。对教学媒介也能应用这类比较方法把程序教学、电视教学、电影教学、计算机辅助教学相比较,或分别把它们与"传统"教学相比较。对特性与处理相互作用(ATIs)的研究也是比较研究的一种,是把学生个人差别引入教学研究的一种方法。它研究的不是单一的效果,而是教学条件与学生特性间的相互作用。

围绕课程与教学理论研究实践逻辑的思考,许多学者在探讨质的课程与教学研究方法论的问题。黄清等学者认为,质的课程与教学研究方法与传统的量化研究方法和定性课程研究方法之间的根本区别不在于研究内容的变化,也不在于研究手段的改进,而在于研究视角的转向和研究目的的改变。质的研究关注的是课程活动自身的存在,是活生生的课堂生活世界和意义世界,关注有着各自独特境遇和逻辑的课程与教学事件,以及它的处境、发展变化和最终命运,而不是致力于发现一种先在的、不变的客观规律来解释一切课程现象。因此,就方法论意义而言,质的课程与教学研究处处透露出一种鲜明而强烈的人文精神。这种方法论上的人文精神集中体现在它反对盲目崇尚自然科学客观主义研究范式,反对实证主义原子论和物理主义机械还原论,倡导以人为本的课程与教学研究取向,重视事物的本源性和整体性,尊重人的认识的主观性和多样性等方法论思想[②]。课程与教学理论研究如何实现一种实践旨向,裴娣娜教授提出要形成新的课程研究视域,要在课程目标价值取向、课程结构与形式、课程内容选择、课程文化建设、课程实施、课程发展的技术支撑以及研究方法论等方面形成研究的新视域。在理论研究层面,重要的突破在于从社会学、文化学的角度对课程问题进行思考,具体涉及是以促进社会发展为根本还是以促进人的发展为根本,是以掌握科学基础知识为主还是使学生获得生活直接经验为主,是强调对中华优秀传统文化的继承与发扬还是批判和超越,是强调国际化还是强调本土化等诸多问题。研究的难点在于,如何从我国

---

① [瑞典]托尔斯顿·胡森,[德]纳维尔·波斯尔斯韦特.简明国际教育百科全书·教学(上册)[M].中央教育科学研究所比较教育研究室,编译.北京:教育科学出版社,1990:162—163.

② 黄清,靳玉乐.质的课程研究方法论评析[J].课程·教材·教法,2004(5):25—29.

实际出发,在科学主义与人文主义、工具理性与价值理性之间掌握好合理的“度”[①]。

课程与教学的实践属性,决定了小学课程与教学研究始终是浸润在具体的实践活动之中的。也就是说,没有脱离课程开发、教学变革等实践活动的抽象的课程与教学理论。小学课程与教学理论研究必然是一种实践性建构,包括课程专业活动中主体的自我认知、专业经验生成、个人化知识积累、问题解决与实践反思等。所以小学课程与教学研究只能在持续不断的课程与教学行动中展开。课程与教学行动研究成为可能的一个前提,在于课程与教学不是一个封闭的实体,教育工作者为了与不断变化的文化和课程要求保持同步,他们就不得不肩负起提出并尝试解决课程变革问题的任务,课程实施本身就是一个变革和创新的过程。尽管课程实施是课程活动的一个阶段,但它并不是以一种线性方式出现的,而是人的相互作用的过程,这意味着人们不能屈服于客观性和定量化的要求,而是由个体及其信念、态度所开启的过程,需要教育者把个人对现实的建构同其所信奉的生活价值结合起来,并在此基础上去做出判断。所以,小学课程与教学研究在策略上主要是行动研究。

① 课程与教学行动研究以教育工作者的课程理解为基础。就当代小学课程与教学来说,需要相关课程主体对课程理念形成个人化的诠释、对课程目标达成形象化的建构、对课程资源建立全面系统的认知、对学生与学习等概念进行必要的重建。

② 课程与教学行动研究要强化问题意识。再好的课程设计,其实施过程都是变化不定和难以预料的,必然会出现各种具体的实践问题,课程实施者要能以敏锐的眼光发现这些问题,把握其研究价值,通过具体行动解决这些问题,在问题解决中提升对课程与教学的认识水平。

③ 课程与教学行动研究要广泛开展变革性实践。课程与教学变革是通过不断的行动反思和探索来达到实践行动的改进的。麦克尼尔(John D. McNeil)从复杂性程度的分析提出课程与教学变革有五种类型:“替代”——表现为一种因素取代另一个因素,如新教材的使用;“改变”——把新内容、新章节、新材料和新程序引入现有的材料和计划中;“搅乱”——打破原有的课程计划,实施新的课程计划;“重构”——课程体系本身的结构调整;“价值取向改变”——改变课程工作者的基本哲学理念或课程价值取向,导致课程文化的创新[②]。这些变革形态为我们的课程与教学行动研究提供了参照。

④ 课程与教学行动研究需要建立对话共同体。行动研究意味着教育者通过成为积极的而不是消极的参与者、通过作为游戏者而不是旁观者来学习,这种学习既是个体批判性实践的过程,也是与他人经验分享的过程。所有的参与者都应意识到个人所做出的独立的贡献对于群体具有重要的价值。从这个意义上来说,课程与教学行动研究是一种学习的方式、一种获取新知的方式,是构造共同体和归属感的过程。课程与教学共同体包括教师、管理者、行政人员、专家、家长以及学生在内。在共同体中,研究的主要方式是对话,布里杰斯(D. Bridges)认为,这种作为课程与教学的对话有三种类型:一是与那些具有学科或专业特长的

---

① 裴娣娜.论我国基础教育课程研究的新视域[J].课程·教材·教法,2005(1):3—8.

② MCNEIL J D. Curriculum, a comprehensive introduction [M]. 4th ed. Scott Foresmen, 1990.

同事之间的讨论，希望可以从中得到教益；二是与学生之间的讨论，希望可以使他们从中受益；三是与同事、学生或家长等人之间进行的讨论，希望在其他人的参与下，能够对某一行动过程做出决定，或对某一行动过程决策做出决定。从对话共同体的视角来看，课程与教学行动研究还包括在专业共同体中的沟通、合作与经验分享。

关键术语

课程；教学；课程论；教学论；小学课程与教学论

讨论与探究

1. 结合自身的学习经验或教学实践，简述你对课程与教学概念的理解。

2. 举例说明不同历史阶段课程与教学研究的主要特点，并在学习小组内进行交流。

3. 课程研究的科学化究竟意味着什么？你如何评价课程研究的科学化及其对课程与教学实践的影响？

4. 你认为小学课程与教学论是一门人文学科吗？为什么？

5. 从自己的体会出发，谈谈学习小学课程与教学论的意义和方法。

案例分析

请结合第一节中的有关内容，分析以下案例，你认为案例中的“我”是如何理解课程与教学的关系的？你同意其观点吗？你是怎样理解课程（论）与教学（论）之间关系的？

> 当教师以前，我常常会想象我教学生的情景：他们将参加一个测验，然后我依据他们测验的成绩来对教学进行评价。事实上，这种循环过程很少。这仅仅是教学中的一部分，对于学生而言，能否鼓励他们，能否与他们一起享受乐趣，才是在完善教学形式的过程中他们更关注的方面。鼓励、尊重和信任——这些是有区别的。我对我所教的学科——数学有很浓厚的兴趣，同时我也十分关注在学习过程中对学生和对我都有极大推动作用的教学环节。当我从学生那里获得激情的时候，教学过程将会更加出色[①]。

① [美]弗雷斯特·W.帕克，埃里克·J.安科蒂尔，戈兰·哈斯.当代课程规划(第八版)[M].孙德芳，译.北京：中国人民大学出版社，2010：230.

进一步阅读的文献

1. [美]理查德·I. 阿伦兹. 学会教学(第九版)[M]. 丛立新,马力克·阿不力孜,张建桥,等译. 北京:中国人民大学出版社,2016.

2. 王永明. 课程理论的变革与创新:威廉·派纳的课程理论诠释[M]. 北京:中国社会科学出版社,2019.

3. [美]艾伦·奥恩斯坦,弗朗西斯·P. 亨金斯. 课程:基础、原理和问题[M]. 王爱松,译. 上海:华东师范大学出版社,2021.

4. [美]David G. Armstrong. 当代课程论[M]. 陈晓端,主译. 北京:中国轻工业出版社,2007.

5. [美]丹尼尔·坦纳,劳雷尔·坦纳. 学校课程史[M]. 崔允漷,等译. 北京:教育科学出版社,2006.

6. 施良方. 课程理论:课程的基础、原理与问题[M]. 北京:教育科学出版社,1996.

7. 裴娣娜. 现代教学论基础[M]. 北京:人民教育出版社,2015.

8. [日]佐藤正夫. 教学原理[M]. 钟启泉,译. 北京:教育科学出版社,2001.

9. [德]F. W. 克罗恩. 教学论基础[M]. 李其龙,李家丽,徐斌艳,等译. 北京:教育科学出版社,2005.

10. 张华. 课程与教学论[M]. 上海:上海教育出版社,2000.

第二章 小学课程与教学的开发和设计

• 学习目标

1. 理解有关课程开发与教学设计的基本概念和原理，能够熟练运用相关术语表达自己的观点。

2. 理解课程开发的基本模式，尤其是以泰勒原理为代表的目标模式；掌握小学课程设计的基本步骤，能够根据这些步骤初步完成课程设计工作。

3. 理解小学教学设计的基本依据，知道为什么在进行教学设计之前要认真学习和研究学科课程标准；能够根据小学教学设计的过程开展相关的教学设计活动。

4. 理解在不同心理学理论影响下形成的不同的教学设计模式，能够应用相关的理论和技术围绕某一主题编写教案。

党的二十大报告提出“以中国式现代化全面推进中华民族伟大复兴”，“培养造就大批德才兼备的高素质人才，是国家和民族长远发展大计”①。在这一精神的指引下，发展素质教育、落实立德树人根本任务是我国学校教育的基本目的。在学校培养人才的过程中，课程与教学无疑是核心，而如何开发课程和设计教学则是一个绕不开的话题。那么，随着基础教育课程改革的深化和教学理念的不断发展，如何开发出对学生更具吸引力、更体现儿童生命的发展价值，同时又更符合本地经济、文化特色的高质量课程呢？如何根据学生核心素养发展的要求而进行有效的教学设计呢？这也是课程开发与管理、教学设计等领域关注的主要问题。本章将对相关理论进行阐释，对该领域的关键概念进行界定，阐述课程开发与教学设计的基本要求、主要程序和具体技术，为开展具体的小学课程开发与教学设计活动奠定基础。

第一节　课程开发的概念与模式

学校开展教育活动的重要载体就是课程，因此课程开发（curriculum development）是学

---

① 习近平. 高举中国特色社会主义伟大旗帜 为全面建设社会主义现代化国家而团结奋斗：在中国共产党第二十次全国代表大会上的报告[M]. 北京：人民出版社，2022：36.

校教育工作的重要内容。应当说,课程开发是目前课程理论与实践中使用频率较高的一个概念[①]。但另一方面,课程开发也是课程理论与实践中最为核心的一个概念,只有正确地理解这一概念,才能使课程改革实践在各个层次走上良性发展的轨道。本节将从厘清概念开始,在具体解读课程开发的概念与层次之后,进一步分析课程开发的三种基本模式。

一、课程开发的概念

(一)课程开发的含义

课程开发是指根据特定的教育需求设计出课程方案并通过一系列实施活动而最终达成育人目标的过程,它具体包括确定课程目标、选择和组织课程内容、实施课程和评价课程等主要环节。

应当说,现实的课程不单是课程的理论研究结果,它是在一定历史和社会背景以及错综复杂的动力关系中形成和展开的。"课程开发是表示新的课程的编订、实验、检验、改进—再编订、实施、检验……这一连串作业过程的整体,大体相当于课程改造、课程改革之类的概念。总之,课程开发概念意味着伴随科学技术的进步与社会的发展而展开的新课程研究。"[②]

从我国课程改革与研究的历史来看,学术界在20世纪20年代到40年代末,常用"课程编制"或"课程编订"的概念。20世纪80年代以后,在一些课程研究的书刊中逐渐开始使用"课程开发"这一概念。但是,用法也不完全一致,有的仍然使用"课程编订"和"课程编制",如施良方的《课程理论:课程的基础、原理与问题》、陈扬光的《课程论与课程编制》;有的转向使用"课程开发",如钟启泉、李雁冰的《课程设计基础》、张华的《课程与教学论》;有的则主张使用"课程研制",如郝德永的《课程研制方法论》。

尽管存在理解上的诸多差异,目前各国的课程研究基本上在"课程开发"这一概念上取得了较为一致的认识,即"课程开发"要考虑历史、哲学、文化、政治、心理学等众多影响因素,更要关注这一过程中所有独特的问题,以及诸如目标、学习经验或内容、组织、教学、评价和课程改革等一般性问题[③]。人们通常认为,课程开发是国家或地方政府政治决策的过程、专家与权威部门相互作用的过程,它不仅是教育学者和课程专家的工作,也是社会各有关方面共同合作的事业。

(二)课程开发的层次

1. 从课程开发的任务与结果的视角分析:宏观、中观和微观层次的课程开发

如果从课程开发过程所承担的任务和产生的结果来分析,课程开发大致可以分为宏观、中观、微观三个层次。不同层次的课程开发需要完成的任务不同,产生的结果也不同。

---

① 钟启泉,汪霞,王文静.课程与教学论[M].上海:华东师范大学出版社,2008:83.

② 钟启泉.现代课程论[M].上海:上海教育出版社,1989:361—362.

③ 张华.课程与教学论[M].上海:上海教育出版社,2000:95.

(1) 宏观层次的课程开发

宏观层次的课程开发应当解决课程的一些基本理论问题,如课程的价值、目标、主要任务、基本结构等。课程开发的主要结果反映在一些基本的课程政策中,包括课程理念、课程性质、课程目标、选择课程内容的指导原则等,具体表现为中央政府、地方政府等制定的官方文件。宏观层次的课程开发着眼于更加宏观的课程视野,其主要意图在于制定专门的课程标准指明方向。从一般的角度来看,宏观层次的课程开发的主体是国家。在中国、法国等实行集中管理的国家,这种以国家来主导课程开发的现象体现得尤为明显。

(2) 中观层次的课程开发

中观层次的课程开发关注更加具体的课程标准(或教学大纲)的开发,其主要开发的内容包括学科的范围、各学科的时间分配、学习目标、学习内容、评价方式、课程管理等。而作为由地方或学校来牵头展开的课程开发,则需要最终提供一个基本的课程指南,表明具体的学科目标。课程指南的内容包括详细的目的和目标、课程内容的结构和顺序,具体的课程单元包括内容、问题、评价等方面的举例。

(3) 微观层次的课程开发

微观层次的课程开发主要是进入教育实践情境之后,由教师根据各种因素对相关情况进行补充、完善以及再设计,针对不同的教育对象、教学情境设计课程大纲并开展课程实施活动。课程开发的过程性、动态性在这个层次上可以得到更为直观的体现,即所开发的课程并非放之四海而皆准的标准化模板,而是教师需要根据动态变化的情境,进行课程的阐释和研究,推动适应性的课程创生。正如钟启泉、汪霞、王文静所指出的:"教师需要以课程计划、课程标准为指导,根据自身的风格、学生的基础、教育资源的状况,灵活地制定自己的课程计划,概要地说明课时目标、学习内容、学生的活动、教学方法、评价方式等。"①

2. 从课程开发主体的视角分析:国家、地方、学校三级课程开发

从开发主体来看,课程开发又可以分为三大类型,即国家课程开发、地方课程开发以及学校课程开发。这里说的"地方",一般指省一级的行政区划。

(1) 国家课程开发

国家课程开发是指以国家为主体,由国家教育行政部门组织的课程开发活动。主要内容包括:制定国家课程政策,对重大课程改革进行决策;制定指导性课程计划;制定国家课程标准以及必修科目;审查并向全国推荐学科教材;指导、检查地方课程管理工作;审批地方重大课程改革试验;制定升学考试制度,指导升学考试的实施;确定某些课程管理权限的下放等工作②。

一般而言,在中央集中管理的国家,国家课程开发占主导地位,即在全国统一的范围内由国家教育权力机构组织专家决策、编制课程并采取自上而下的行政模式来进行课程开发。在课程开发过程中,课程开发的主体是中央教育行政部门或其代理机构挑选、组织起来的学科专家、课程专家等,他们在中央教育行政部门的支持下,组成集中统一的工作组,对中小学

---

① 钟启泉,汪霞,王文静.课程与教学论[M].上海:华东师范大学出版社,2008:86.

② 王而治.课程体系三级管理的意义、功能及其运作规范[J].课程·教材·教法,2000(5):15—16.

课程进行统一的研究和编制,并依靠国家法律或行政文件在全国自上而下地推广。

“国家课程开发的范围涉及中小学的课程计划、课程标准、教材、评价要求等,所依据的教育哲学属于国家本位或社会本位,强调统一的国家意志和整体利益,追求全国范围内的课程基本统一。”[①]总而言之,由国家主导开发的课程具有权威性、强制性。学校必须遵守,而教师是课程政策的执行者。国家对课程实行目标管理和质量监控。

(2) 地方课程开发

地方课程开发是指以地方教育行政部门为主导,根据国家有关规定和本地实际,对地方课程的规划、设计、实施和评价进行调控和指导。地方课程开发的范围一般包括:根据国家有关的统一规定和本地区的具体实际,制定各级各类学校完整的培养目标,确定课程领域的本地区标准,研制适合本地区的具体课程方案,组织编写相关的教材和教学指导用书,等等。地方课程开发既是对国家课程开发的补充,又是学校课程开发的重要依据,对区域性的小学课程实施具有重要的指导作用。

在新中国成立以来相当长的一段时期内,我国课程体系中只有国家课程,而无地方课程和学校课程。随着教育体制改革和课程改革的深入推进,我国从 1986 年开始酝酿的第七次基础教育课程改革,对地方管理课程的权限做了探讨,并最终在 1992 年颁发的《九年义务教育全日制小学、初级中学课程计划(试行)》中第一次把课程分为“国家规定课程”和“地方安排课程”,而后者就是“地方课程”的萌芽。从 2001 年开始的第八次基础教育课程改革在课程管理政策上又迈出了更大的步伐,明确提出实施“三级课程管理”,包括国家课程、地方课程和学校课程,规定地方课程与综合实践活动、校本课程三者合计占义务教育总课时的 16%—20%,同时规定省级教育行政部门负责“规划地方课程”[②]。在 2022 年颁布的《义务教育课程方案(2022 年版)》中,尽管没有单独为地方课程确定课时比例,但方案把劳动、综合实践活动、地方课程和校本课程这四部分所占的课时比例确定为 14%—18%[③],这体现了国家对地方课程的重视。总之,我国在地方课程开发上逐步赋权,使地方教育行政管理部门逐步参与课程开发工作,调动各地办学的积极性,有利于中小学课程与当地的经济建设和精神文明建设相结合,使课程具有一定的适应性与开放性,更具发展与变革的弹性与活力。

(3) 学校课程开发

学校课程开发又称校本课程开发,是指学校根据自己的办学理念和育人目标,结合本校的教育教学实际,自主进行的课程开发。学校课程开发是国家课程开发和地方课程开发的重要补充,其特点是充分考虑到教师的工作积极性、学生的认识水平与学习需求、学校的办学条件,以及所处社区的经济与文化水平,能够凸显学校自身的发展特色,等等。

二、课程开发的基本模式

课程开发的基本模式主要有三种,即目标模式、过程模式和情境模式。这三种模式对课

---

① 钟启泉. 课程论[M]. 北京:教育科学出版社,2007:273.

② 郭元祥. 关于地方课程开发的几点思考[J]. 课程·教材·教法,2000(1):1.

③ 中华人民共和国教育部. 义务教育课程方案(2022 年版)[M]. 北京:北京师范大学出版社,2022:9.

程的理解不同，在课程开发的实践操作上也有差异，体现出课程开发的复杂性和多样性。

（一）目标模式

1. 目标模式的产生

目标模式（objective model）是将目标作为课程开发的起点和核心，围绕课程目标的确定及其实现、评价而开发课程的模式。目标模式是 20 世纪初以来课程开发科学化运动的产物，被看作是课程开发的经典模式或传统模式，主要代表人物是泰勒。泰勒创立了课程开发的“泰勒模式”，被誉为“现代课程论之父”。

目标模式亦被很多学者称为“工艺学模式”，其是在美国 20 世纪早期至中期的科学化思想日趋兴盛的背景下产生的[①]。“工艺学模式”源于美国课程论专家博比特。博比特将当时的科学管理原则应用于课程设计与开发上。在该模式下，学校像一座工厂，儿童被视为原料，学校依社会需要将儿童塑造成一定的成品。社会需要是依据分析成人的实际生活所需的知识、技能、态度、习惯而来的。他将课程工艺学比喻为铁道工艺学。规划铁道必须首先勘察两地之间的状况，最先考虑的是与土地有关的因素。而设计从儿童到成人必经的途径远比设计横跨大陆的铁道工程还要复杂。其第一步是分析社会和人等各种事物。这种技术被称为“活动分析法”。活动分析法几经修订，最终成为今天的行为目标分析法。

除了博比特，另一位对目标模式产生重要影响的是查特斯。查特斯的课程开发思想与博比特类似，二者的差异主要表现为：前者更强调对“人类工作”的分析[②]，即指对人类职业领域的分析，这与后者所强调的“活动分析”要来得更加紧凑和集中。因为博比特的活动分析，不仅要分析职业领域，也要分析非职业领域。

博比特和查特斯是早期科学化课程开发运动的代表人物。他们率先在课程领域引入科学的思维方式和效率观念。并且，他们所秉持的以分析理想的成人生活为出发点，并以此来进一步开发科学化、高效率的课程的基本思想，为后来的集大成者——泰勒提供了极其重要的思想基础。

2. 泰勒原理及其贡献

在 1929 年经济大危机的背景下，为解决美国高中课程质量问题，泰勒于 1934—1942 年领导开展了“八年研究”，其最重要的成果之一就是孕育了泰勒的课程原理。泰勒在 1949 年出版了《课程与教学的基本原理》，该书被公认为是现代课程理论的奠基石，是现代课程研究领域最有影响的理论框架[③]。该原理围绕以下四个基本问题展开：学校应该达到哪些教育目标？提供哪些教育经验才能实现这些目标？怎样才能有效地组织这些教育经验？怎样才能确定这些目标正在得到实现？

泰勒并不试图直接回答这些问题，因为具体的答案因学校性质、教育阶段不同而存在差异。他只是想提出研究这些问题的方法和程序。在他看来，这本身就构成了考察课程与教

---

① 钟启泉．现代课程论［M］．上海：上海教育出版社，1989：363．

② 张华．课程与教学论［M］．上海：上海教育出版社，2000：8．

③ 施良方．课程理论：课程的基础、原理与问题［M］．北京：教育科学出版社，1996：13．

学问题的基本原理。实质上,这四个问题可以用更加精练的话语来重新叙述,即:①确定目标;②选择经验;③组织经验;④评价结果。泰勒原理实质上就是对这些步骤的进一步阐释。其中,确定目标最为关键,因为其他步骤都是围绕目标展开的。所以,泰勒原理又被称为课程开发的目标模式,由此我们也可看出博比特和查特斯对他的影响。

即使后来泰勒遭到一些批判,但他仍然坚持认为,这四个基本问题是"合适的""非常有用的""没有理由改变的",因为它们经受住了历史的考验。现代课程开发的理论研究和实践探索可谓蔚为壮观,但都是围绕这四个基本问题建构起来的,这四个基本问题因而被称为课程开发的"永恒的分析范畴"。

关于泰勒的《课程与教学的基本原理》一书的影响,从瑞典学者胡森(Torston Husen)等人主编的《国际教育百科全书》中的评论可见一斑:"泰勒的课程基本原理已经对整个世界的课程专家产生了影响……不管人们是否赞同泰勒原理,也不管人们持什么样的观点,如果不探讨泰勒所提出的四个基本问题,就不可能全面地探讨课程问题。"①

3. 目标模式的控制性本质

目标模式对课程理论与实践的巨大贡献和深远影响是无可争辩的,因为它发展成为一种迄今为止最具权威性和系统化的课程研究范式。"它提出了一系列较容易掌握的、具体化的、层次化的程序及方法,有利于提高教学过程的计划性、可控性,以及合理安排课程实施计划、教学内容进度,精确地评价教育过程的结果,评价教学方案设计的科学化、合理化程度。"②

但正是这样的一个无与伦比的独特优势,却恰恰构成了目标模式所无法跨越的一个鸿沟与障碍。其科学化、技术化的取向决定了目标模式总是力图控制课程开发过程,使课程开发过程成为一种理性化、科学化的构成,为课程开发提供一种普适性的程序。教育实践的过程是复杂的,这种固定的课程开发程序在满足了操作上的便利性的同时,不可避免地容易忽视影响课程的一些其他因素。目标模式强调了课程的预设性,但在一定程度上忽视了课程的生成性因素,这一点也被后来的"过程模式"所批判。

(二) 过程模式

过程模式(process model)由英国著名课程论专家斯腾豪斯所提出。斯腾豪斯对过程模式的建构是从对泰勒原理的批判开始的。在 1975 年出版的《课程研究与开发导论》(*An Introduction to Curriculum Research and Development*)一书中,斯腾豪斯从一个课程设计者的视角对泰勒原理进行了分析与批判,客观地指出了其贡献和局限性,并在此基础上建立起过程模式的理论框架。

1. 对目标模式的反思和批判

在斯腾豪斯看来,将目标模式普遍应用于课程编制,主要存在以下两方面的问题。

---

① 施良方.课程理论:课程的基础、原理与问题[M].北京:教育科学出版社,1996:14.

② 李方.课程与教学基本理论[M].广州:广东高等教育出版社,2002:199—200.

第一,目标模式将课程分解为行为目标,与知识的性质和结构有着本质上的矛盾。分解和细化教育目的是行为目标的特征。但在斯腾豪斯看来,知识从根本上来讲关注的是综合。知识不能够还原成行为,尤其不能用预先规定的表现形式来表述,这是由知识的功能所决定的。而目标模式是试图使行为标准化,使它们越来越成为公式化的东西,而不是创造性的反应。目标模式还趋于把知识、技能本身作为目的,而不是作为人的发展的手段。所以,斯腾豪斯指出:“把知识的深层结构转化成行为目标……这是对知识性质的最大误解。”①

第二,目标模式误解了改善实践过程的本质。斯腾豪斯认为,目标模式试图通过澄清目的意图来改进课程与教学的实践,这种做法在逻辑上是合理的,但却并不是一种有效的做法。正如我们不可能只把横杆提高,不对跳高动作做出评价分析,便可使人跳得更高一样,我们也不能仅仅通过强调课程目标,就能改进课程与教学。课程改革的关键在于教师的理解和创造性的工作,在于教师对课堂环境和学生特点的理解和反思。

综上所述,斯腾豪斯提出过程模式就是为了解决目标模式在其理论框架内无法解决的问题,它对目标模式的批判不是细枝末节的,而是深入到对它所依据的价值弱点提出根本性的批判。

2. 过程模式的基本思想

在对目标模式进行批判的同时,斯腾豪斯完成了对过程模式理论基础的建构。在他指导的“人文学科课程计划”这一项目中,他尝试采取了过程模式的课程编制方式。他从知识和理解的角度陈述宽泛的目的,设计了一种与该目的相一致的教学材料和教学过程。这样,目的被分析为学习过程(输入),而不是预期的行为结果(输出)。

在建构自己的过程模式时,斯腾豪斯以英国教育家彼得斯(Richard S. Peters)对知识的辩护作为理论依据。彼得斯认为,知识以及教育本身具有内在价值,因而无须通过教育的结果得到证明。某类活动有其自身固有的完美标准,我们能够根据这些标准而不是依据其产生的后果加以评价。对它的选择是基于内容,而不是基于其所引起的学生行为的具体结果②。

斯腾豪斯运用了一套用以鉴别具有某种内在价值的活动准则,并认为这些准则中的一部分内容是与知识的特征联系在一起的,而另一部分则与教育伦理学或教学法原理有关。斯腾豪斯指出,活动内容的选择应以这些准则为基础,不需要依赖于预先确定的目标。另外,他还进一步引进彼得斯“程序原则”的概念,认为教师从事教育活动的各种价值,体现在他所从事的教育过程之中,而不是在他想要达到的结果之中。因此,教学过程可以脱离预定的目标。程序原则的本质在于鼓励教师对课程实践进行反思批判并发挥创造作用。

与目标模式相比,过程模式没有提出一个明确的课程开发步骤,在实践中不具备可操作性。但它的意义在于,过程模式指出了课程与教学过程中存在高度的复杂性,很多可能发生的事件都是不可预设的。过程模式并不是不要对课程进行预设,而是对目标模式的一种补

---

① 张华.课程与教学论[M].上海:上海教育出版社,2000:13.

② [澳]德根哈特.彼得斯论知识的性质[M]//瞿葆奎.教育学文集·智育.北京:人民教育出版社,1993:139—146.

充和提醒。学生在真实的课堂情境中经常会出现让教师预料不到的思路、想法,过程模式就是提醒教师关注学生的这些奇思妙想与真实感受,这些是课程展开的极其重要的资源。

(三) 情境模式

为了改进目标模式的缺点,澳大利亚学者斯基尔贝克(Malcolm Skilbeck)提出了课程开发的情境模式(situational model)。这一模式强调课程开发过程中情境的重要性,认为课程开发者要彻底、系统地对相关情境和课程要素进行分析,包括外部情境和内部情境;课程开发的过程也是一个不断反馈和提升的过程,要不断提升课程开发的质量。

1. 情境模式的主要特点

(1) 将情境分析作为课程开发的起点

这意味着情境模式将实践环境作为影响课程开发的重要因素予以考虑。情境包括内部情境和外部情境,这两种情境因素相互关联、相互制约。斯基尔贝克认为正是这种复杂的关系决定了课程的目标、内容及实施与评价。在这一点上,情境模式比其他两种模式更关注实践,它不追求课程开发的"普遍性",而是针对特定实践情境而言的。因此,情境模式也成为后来校本课程开发的基本模式和依据。

(2) 情境模式在开发环节上具有一定的弹性

在情境模式中,尽管完整的课程开发过程需要完成每一个步骤,但不一定要遵循一个固定的程序。完成情境分析后,课程设计可以开始于对课程目标、内容等的系统分析,也可以从对情境的评估、对评价数据的分析开始。究竟如何开展课程开发,其实还是基于具体情境的需要。一般而言,课程开发时要遵从"确立课程目标—选择课程内容—组织课程内容—形成课程方案—实施课程—评价课程"这一系列环节进行。但在特定情境中,可能需要突出某一环节(如课程内容的组织问题),这样的话也可以将组织内容的基本原则和技术策略确定下来,然后再进行其他环节的开发。这样一种理念也是为了观照课程开发的独特情境性。

(3) 课程开发的各个环节形成了一个循环往复的连续性过程

在情境模式中,所有的要素和步骤环节都是相关的,尽管为了操作的需要可以将这些步骤予以单独分割。每一步骤都要与其他步骤相关,例如,不能单独将"评价"剥离出来进行考察。而且,课程开发工作在课程实施和评价之后并没有终结,而是要进行反馈与改进,这样又与最初的情境分析建立联系,从而形成了一个完整的闭路循环,有利于提升课程开发的质量。

2. 情境模式的基本阶段

情境模式是一个动态模式,不同的要素之间是有弹性的、互动的、可调整的。这种动态性表现为可以将最初的情境分析得到的信息,灵活反馈给后面的其他环节,根据情境分析的情况而及时做出调整,使得课程开发的整个过程更加符合具体的教育情境(如图 2-1 所示)。

(1) 分析情境

分析情境是开发课程的第一步。所谓"情境",指的是与学校教育相关的、影响到课程开发的各种因素的统称,包括学校的内部因素和学校的外部因素。内部因素与学校教育的实践和课程开发直接相关，包括学生和教师的状况、各因素的基本构成和结构、已有的教育资源、这些资源中存在的问题和缺陷等；外部因素尽管不属于学校之内的事情，但也与课程密切相关，包括社会和社区的期望、劳动力市场的需求、社区的文化环境与价值观、学科科目的特征、各种资源和支持系统的特征等①。

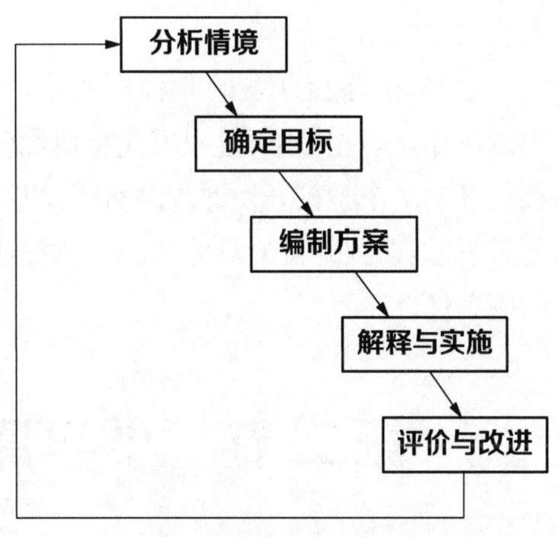

图 2-1 情境模式的基本步骤

(2) 确定目标

确定课程目标是课程开发的第一步，但在情境模式中，课程目标的确定并不是第一位的。在情境模式中，课程目标是要符合特定教育情境和学生发展需求的，因此，对课程目标的确定必须参照情境分析的结果。其中，最重要的是学校发展理念与学生发展需求。学校发展理念关系到一所学校的发展方向和人才培养的总体设计，显然课程目标要与这一发展理念相吻合；学生发展需求是制约课程目标的根本因素，其认知发展水平、兴趣爱好、知识基础与发展愿望等决定着课程目标的设定，而且，课程目标一般要用学生的学习结果来表述，也就是经过一段时间的学习之后学生应该达到的知识、技能、情感态度等水平。

(3) 编制方案

编制方案包含了选择课程内容和组织课程内容这两个基本环节。确立了课程目标之后，课程开发工作就要考虑“选择哪些课程内容，以及如何组织这些课程内容以实现课程目标”这些问题了。课程的编制一般是要形成一个文本性的课程方案，这个方案是课程实施的基本依据。当然，对于国家课程来说，课程方案涉及具体学科的课程标准和教材等课程文本；对于学校自己编写的校本课程来说，不少课程方案难以实现“教材化”，但要有明确的目标说明、内容框架、实施建议和评价建议等，这样才能有计划地予以实施。

(4) 解释与实施

解释与实施这一步骤就是将课程方案付诸实施的过程。课程的解释与实施不仅包括课堂教学这样一种传统的形式，还包括课外甚至校外的一些调查、实验、实践甚至社区服务等活动。解释与实施的基本依据是既定的课程方案，这是实现课程目标的关键环节。

(5) 评价与改进

评价与改进意味着对课程的实施状况进行反馈并加以优化。课程评价包括两个基本的方面：对学生学习该课程的情况进行评价，以及对课程方案本身进行评价。情境模式在课程评价方面是与目标模式一样的，但它还有“改进”的要求，也就是与最初的情境分析建立关联，考察如何从学校发展和学生发展的角度对课程继续优化，从而实现最佳效果。因此，评价与改进环节既是上一个循环的结束环节，又意味着下一个循环的开启，从而进行更优化的

① REYNOLDS J, SKILBECK M. Culture and the classroom [M]. London: Open Books, 1976: 6-10.

课程开发。

总之,在课程开发的几种模式中,最常用的还是目标模式,因为它简洁、明确、可操作。但由于存在一些缺陷,过程模式和情境模式才被提出来,用来改进其不足从而更好地完成课程的开发。在学校开发课程的实际过程中,可能并不完全根据某一个模式来进行,而是择其所长、根据课程开发的具体目的来选择或整合这些模式,这恰恰体现了理论的简洁性与实践的复杂性。

第二节　小学课程设计的含义与步骤

课程设计(curriculum design)是根据课程开发的相关要求经过精心准备而产出特定课程产品的过程,这一过程要遵循一定的步骤和具体要求;而不同的设计思路又体现出不同的取向。在本节,我们将在阐述课程含义的基础上,分析课程设计的基本取向,并探讨小学课程设计的基本步骤。

课程设计的过程要对课程各个方面做出具体规划和安排,它是课程理论在应用层面最重要的范畴之一。一种课程设计的理论一般会涉及课程目标、课程内容、课程评价等各个方面,在每一个方面都提出具体的观点、主张以及实现这些观点和主张的程序、方法,由此体现出不同的取向。

一、课程设计的含义

关于课程设计的内涵,从已有的研究和认识来看,可谓众说纷纭,差异明显。其中,影响最为广泛的是《简明国际教育百科全书·课程》中对课程设计的界定:"课程设计是指拟定一门课程的组织形式和组织结构",并进一步指出:"决定于两种不同层次的课程编制决策:广义的层次包括基本的价值选择,具体的层次包括技术上的安排和课程要素的实施。"①

要理解课程设计的含义,首先应理解"设计"一词。"设计"是指建立在分析与综合基础上深思熟虑的精心规划和预先制定。《现代汉语词典》将"设计"界定为:"在正式做某项工作之前,根据一定的目的要求,预先制定方法、图样等。"由此可以看出,设计通常以问题的沟通为起点,以解决问题的实施计划或方案为终点。因此,课程设计是一项独立于课程实施的工作,课程实施是课程设计的后继阶段。课程设计是指课程的实质性结构、课程基本要素的性质,以及这些要素的组织形式或安排。

根据我国课程学者廖哲勋的观点:"课程设计是按照育人的目的要求和课程内部各要素、各成分之间的必然联系而制定的一定学校的课程计划、课程标准和编制各类教材的过程,是课程建设系统工程的一个组成部分。"②这一界定既指出了课程设计的属性范围,同时

---

① [瑞典]托尔斯顿·胡森,[德]纳维尔·波斯尔斯韦特.简明国际教育百科全书·课程[M].江山野,主编译.北京:教育科学出版社,1991:1.

② 廖哲勋,田慧生.课程新论[M].北京:教育科学出版社,2003:260.

兼顾设计过程中的要素以及设计的结果。

二、课程设计的取向

课程设计取向是指人们基于一定的课程哲学观和价值观而在设计课程的过程中体现出来的倾向性和选择趋势。课程设计主要有三种取向，即学科中心取向、学生中心取向和社会中心取向。

（一）学科中心取向

学科中心取向下的课程设计强调从学科门类及分科知识体系出发，以知识为中心设计课程。这种课程设计的思路其实与知识的积累、传承和发展有着密切的联系。人类在漫长岁月中积累的学问、知识、技艺等系统认识，反映了人类的集体智慧，代表着人类的文化遗产。所以，自古以来，知识就被认为是教育内容选择的重要方面，是支撑人类社会存在与发展的支柱。作为有组织的知识实体，学科被看作是文明发展中不可缺少的部分，这种知识实体还被视为一个受过教育的人的重要标志。

学科中心取向下的课程设计的思想基础可归纳为永恒主义与要素主义，代表人物有美国学者赫钦斯（Robert M. Hutchins）、巴格莱（William C. Bagley）等。二者的共同目标是促进学生的智力发展，培养有理性、有智慧的人。从课程内容来看，二者都强调课程内容的重点是过去的和永恒的学科知识，强调让学生掌握永久性的知识、技能和价值观以及经典学科内容。从教学方法来看，学科中心取向强调以学科知识为中心和以教师为中心。

应该说，学科中心取向下的课程设计经过历史上不同时代教育家的不断修改和完善，已经成为学校教育中最受欢迎的一种课程设计。从理论上看，它以人类文化遗产的划分标准组织课程，课程内容即文化遗产，所以该取向下的课程设计是使学生熟悉文化遗产要素的最系统、最有效的设计形式。而且，通过学习有规律的知识体系，学生能最有效、最经济地构建自己的知识库。

从实践上看，学科知识体系是人类智慧的结晶，它体系明晰、结构严谨，便于学习过程清晰地展开，便于教学过程的管理。而且，学科知识的历史继承性也表明了这样的知识一定是忠实可靠的，容易得到社会的认可。

但学科中心取向下的课程设计也存在一些不足，最主要的表现是它容易将某一门特定学科的知识孤立起来，割裂了不同门类知识之间以及知识与学生经验之间的联系。尤其是在小学阶段，学生学习的经验性特征非常明显，课程要达到育人的目的就需要与学生经验和其他知识背景相关联，否则难以取得应有的效果。

（二）学生中心取向

学生中心取向下的课程设计的核心思想是强调以学生为中心，一切为了学生的个性发展，关注学生的兴趣、需要和动机，使课程适应学生，而非反之。以学生为中心，意味着师生共同参与课程的设计及实施过程，在教育过程中强调每一个学生都能得到充分自由的发展。

从思想基础来看,学生中心取向下的课程设计以进步主义和人本主义为基础。其代表人物有杜威、马斯洛(Abraham H. Maslow)等。这些学者赞同的核心教育目标是:为促进民主社会生活而培养和发展学生的经验,学校教育的展开过程就是民主社会中的个体经历民主经验的实践过程与发展过程。因此,在这一教育目标的指引下,课程内容的选择必然会关注学生个体和集体的经验、兴趣和需要,为学生提供一般的(包括情感、社会问题和自我理解的)经验。而从课程设计和教学方法来看,学生中心取向下的课程设计强调促进学生的自我激励和支持,并且强调以现实和社会生活经验统一课程内容和活动计划。

从整体上说,尽管学生中心取向下的课程设计在实践层面采用了各不相同的具体设计方法,但其最为关键的要点有以下几个方面:①课程设计抛弃了预先确定目标的做法,学习目标由师生共同确定,充分考虑到教育情境的实际情况(包括学生、环境、条件等)。②学生的主体性被提到很高的地位,如以学生的兴趣、需要为依据选择和组织课程内容,学习活动由学生自己设计,学习过程由学生自行控制和把握,学习评价也包括了学生的自我评价,等等。③以学生的需要和兴趣为基础,因而学习的动机是学生内在自发的,而不是需要外力去推动,学习成为学生的一种主观活动过程。因此,这种设计着重强调发展个人的潜力和兴趣,充分满足了个性发展的需要。④这种设计还从某种程度上排除了学科割裂的倾向。在活动中,学生经常需要运用多学科的知识去解决活动过程中的综合性问题,而这种活动往往与校外生活的技能相一致。所以,这种设计提高了学生处理问题的能力,使他们更具适应生活的本领。

(三) 社会中心取向

社会中心取向下的课程设计关注的重点是当下生活中的社会问题,课程内容是以这些社会问题为基础加以选择和组织的,而且往往体现出跨学科的特征。

社会中心取向下的课程设计中的"问题"并非指通常的学科教材设计中围绕学科内容本身所提出的"练习题",而是指更加广泛的、在现实世界中要求人们回答的问题。从社会生活的视角选择课程内容,最早可以追溯到19世纪。当时著名教育家斯宾塞明确提出课程是为人们在一切社会共有的五个基本领域里更好地生活而做准备的。这五个领域是:直接的自我保全、间接的自我保全、父母身份、公民、闲暇活动。而博比特和查特斯则对纷繁复杂的社会生活进行划分,把对未来成人生活、工作生活最重要的知识领域提炼出来,就形成了当时课程开发需要考虑的基本内容。

综合来看,社会中心取向下的课程设计的要点在于:以整合的形式呈现学习内容,打破了科目间的隔绝状态,实现了跨学科的联系;以相关的形式组织教材,教材内容被直接用于解决实际生活中的问题,便于学生发现课程内容的意义和价值,加强了学生与社会的联系,使社会目标在课程中得到了体现。由于学生的个体经验和内在需要得到了重视,因此无须外部强加的动机来迫使学生学习。但是,批评者认为,社会中心取向下的课程设计在课程的水平和垂直组织方面存在着任意性,所传授的知识缺乏严密的逻辑体系,且容易忽略与生活实际没有直接关系的知识内容，另外还面临着师资、教材等方面的困难①。

对于小学阶段的课程设计而言，这三种课程设计取向有着不同的价值，需要根据教育目的做出合理的调整。考虑到小学阶段学生的年龄特点，尽管学科中心取向的课程设计更能体现知识的系统性，但综合化的课程更适合小学生的学习特征，因此教师要更关注学生中心取向和社会中心取向的课程设计。因为后两者在处理学生、学科与社会的关系的时候，更强调学生经验的介入和知识的跨学科应用；而且，后两者更能体现育人为本的课程设计观，有助于更好地实现立德树人。

三、小学课程设计的三个基本步骤

根据泰勒原理的描述，课程开发的完整过程涉及确立课程目标、选择和组织课程内容、实施课程和评价课程。而课程设计主要是产生新的课程产品，也就是形成课程方案。形成课程方案也就是完成了课程设计的过程，是完整的课程开发的一部分，后面才进入到实施和评价的环节。因此，小学课程设计的基本步骤有三个，即确定课程目标、选择课程内容和组织课程内容。其中，本书第五章第二节将详细探讨课程内容的组织问题，在此只阐述前两个步骤。

（一）确定课程目标

1. 课程目标的基本类型

顾名思义，课程目标也就是课程开发活动需要达成的预期目标，它反映了课程设计的意图，是经过课程实施之后要实现的目标。要确定课程目标，首先要明确课程目标与教育目的以及培养目标的衔接关系；其次要在对学生特点、社会需求和学科发展等方面进行深入研究的基础上，合理处理这三者的关系。课程目标的确定需要对学生、社会、学科等方面进行大量研究，并基于此对课程进行反思、考察、分析和判断，这是一个复杂的过程。总体而言，有三种形式的课程目标，由此对应确定课程目标的三种取向。

(1) 行为目标

泰勒指出，人们在实践中容易犯这样的错误：一是把目标作为教师要做的事情来陈述，但没有陈述期望学生发生什么变化；二是列举课程所涉及的各种要素，但没有说明希望学生如何处理这些要素；三是采取概括化的方式来陈述目标，但没有具体指明这种希望所应用的领域。泰勒由此提出了“行为目标”的概念，也就是以行为动词描述具体的内容，从而使课程目标精确、可观测。

行为目标应包括行为和内容两个方面，最有效的陈述目标的形式是既指出要使学生养成的那种行为，又要言明这种行为能在其中运用的生活领域。例如，“背诵十首唐诗”就是一个行为目标，其中“背诵”属于行为，“十首唐诗”属于内容。“由于‘内容’是所有课程工作者最为关注的方面，而‘行为’则往往是被忽视的方面。所以，泰勒对课程目标的贡献是强调以行为方式来陈述目标。”②行为目标一经提出后便受到理论界和实践界的关注，产生了很大的

---

① 钟启泉，汪霞，王文静. 课程与教学论[M]. 上海：华东师范大学出版社，2008：102.

② 施良方. 课程理论：课程的基础、原理与问题[M]. 北京：教育科学出版社，1996：85.

影响。历经布鲁姆(Benjamin S. Bloom)、马杰(Robert F. Mager)等人的进一步研究,行为目标越来越趋于具体化、精细化和机械化。

行为目标的优点在于它克服了一般目标模糊性的缺陷,具有精确性、具体化和可操作性特点。第一,行为目标为学校提供了一个有效的平台,基于这一平台,同类的不同学校之间的教学、同一年级的学科教学都具有了可比性,教师也能够将其教学内容准确地与教育督导、学生家长、学生本人展开交流。第二,行为目标有利于教师对教学全过程目标和方向进行监控。当以行为目标为导向设计教学内容时,教师就能够对他们的教学任务更清楚明了;教师还可以根据其教学活动的具体行为,准确评价教学效果,判断教学目标是否达成。因此,行为目标对强调基础知识的学习、基本技能的掌握以及保证一些相对简单的教学目标的达成是有益的。

但行为目标也存在一定的缺陷。首先,如果课程目标都以行为目标的方式来描述,那么课程就会强调那些可以识别的要素,而那些难以测评、难以转化为行为的内容就会被忽视。其次,只强调行为结果而忽视内在心理过程,违背了学习的真谛,有的学习结果也很难行为化,如审美、价值观、人文学习结果等。最后,事先明确规定课程目标在一定程度上压缩了创生和创造的空间。预先确定的外显目标可能妨碍教师充分利用课程教学中偶发的教育机会,限制了教师的智慧和创造。

(2) 生成性目标

生成性目标是在教育情境之中随着教育过程的展开而自然生成的课程目标。它不是由外部实现规定学生要达到的学习结果,它关注学习活动的过程。学校教育是一个渐进展开的过程,它表现为教育工作者要开展各种教育活动,要完成这些复杂的教育活动必然要经历不同的过程。而生成性目标关注的就是在这个过程中产生的一些非预期的目标。

生成性目标的思想可追溯到杜威。在杜威看来,教育目的不应该是预先规定的教育经验,而是学生经历和体验到的结果。他说,"教育过程是一个不断改组、不断改造和不断转化的过程","教育过程在它自身以外无目的,它就是它自己的目的"①。斯腾豪斯也指出,"教育是参与有价值的活动,而活动本身就有内在标准,依据这种内在标准,活动就可以被评估","课程不应该以实现规定的、限制教师行为的目标为中心,课程研究必须以过程为中心,要根据学生在课堂上实际的学习情况而展开,教师必须是课程研究的批判者,而不是顺从者"②。尽管斯腾豪斯不否认行为目标的价值,但认为生成性目标更为根本,认为真正的教育是使人类更加自由、更富创造性。

生成性目标在一定程度上弥补了行为目标的不足,它重视教师、学生本身的个性特点和发展机会,但也呈现出过于理想化的倾向,要在实践中落实是很困难的。

(3) 表现性目标

表现性目标是美国课程学者艾斯纳(Elliot W. Eisner)提出的一种目标取向,指在教育情

---

① 华东师范大学教育系,杭州大学教育系.现代西方资产阶级教育思想流派论著选[M].北京:人民教育出版社,1980:29.

② 钟启泉.课程论[M].北京:教育科学出版社,2007:121.

境的种种际遇中每一个学生的个性化的创造性表现，用以表达人们在从事某种活动结束时有意或无意得到的结果。例如，“阅读完童话故事后，能够进行角色扮演”，这就是一个表现性目标。它强调的不是学生反应的一致性，而是反应的多样性和个别化。可见，表现性目标的价值在于尊重每个人的自主性和创造性，允许学生在教育活动中根据自己的个性进行独特的表现和表达。

表现性目标的优点在于它强调学生的个性化发展和创造性表现，突出学生的主体性，尊重学生的个体差异。它与当代人本主义的教育价值观相一致。其缺点在于该目标表述过于模糊，且更强调与人文艺术等学科领域的关联，而在某些学科领域，则难以保证学生能够掌握他们必须掌握的内容。

2. 确定课程目标的技术

上述三种不同的课程目标各有利弊。在确定和陈述课程目标时，要根据课程本身的特点和所要解决的具体问题，采取不同的陈述方式。比如：在培养基本知识和基本技能方面，行为目标的表述就比较合适；若要培养学生的创造性，鼓励个性化，发展学生的想象力、综合解决问题的能力等，则表现性目标与生成性目标较为合适。

随着我国基础教育课程改革的不断推进，关于课程目标的研究也出现了一些新的变化。在 2001 年启动新课程改革之前，人们以“双基”（基本知识和基本技能）来描述目标；启动新课程改革之后，人们引入了“三维目标”（知识与技能，过程与方法，情感、态度与价值观），这是课程目标表达方式的一次重大突破；而在党的十八大之后，为落实立德树人根本任务，教育界提出了学生发展“核心素养”这一概念，开始基于核心素养表达课程目标。“核心素养是课程育人价值的集中体现，是学生通过课程学习逐步形成的适应个人终身发展和社会发展需要的正确价值观、必备品格和关键能力。”①2017 年新一轮普通高中课程方案和课程标准修订之后，提出了“学科核心素养”这一概念，用以表达课程目标；2022 年新一轮义务教育课程方案和课程标准修订之后，各学科也以“核心素养”这一概念表述课程目标，用以说明学生通过课程学习逐步形成的正确价值观、必备品格和关键能力。这说明，对课程目标的理解和表述是随着时代与教育发展的需要而不断变化的。

在描述具体课程目标时，可以用一些行为动词来表达学生应该如何去做，这样可以更好地说明学生的学习结果并以此来描述课程目标，如知道、说出、解释、判断、使用、测量、制作等。设计课程目标还要具体明确，这样才能发挥导向作用。此外，为了让课程目标发挥引导作用，在表述课程目标时可以根据教育水平和对学生的要求而体现出不同的层次与水平。

例如，《义务教育语文课程标准（2022 年版）》第一学段（1—2 年级）的“识字与写字”这部分的课程目标表述如表 2 - 1 所示。

---

① 中华人民共和国教育部．义务教育物理课程标准（2022 年版）[M]．北京：北京师范大学出版社，2022：4.

表 2-1 《义务教育语文课程标准(2022 年版)》课程目标表述举例①

第一学段(1—2 年级)"识字与写字"
【识字与写字】 1. 喜欢学习汉字,有主动识字、写字的愿望。认识常用汉字 1600 个左右,其中 800 个左右会写。 2. 学会汉语拼音。能读准声母、韵母、声调和整体认读音节。能准确地拼读音节,正确书写声母、韵母和音节。认识大写字母,熟记《汉语拼音字母表》。 3. 掌握汉字的基本笔画和常用的偏旁部首,能按基本的笔顺规则硬笔写字,注意间架结构,初步感受汉字的形体美。努力养成良好的写字习惯,写字姿势正确,书写规范、端正、整洁。 4. 学习独立识字。能借助汉语拼音认读汉字,学会用音序检字法和部首检字法查字典。

(二) 选择课程内容

课程内容是构成课程的基本要素。从某种意义上说,课程设计、课程目标、课程实施以及课程评价都可以理解为围绕课程内容的安排而展开的。因而,但凡要谈论课程,必须从课程内容的角度来加以考量。课程内容的选择反映了不同的课程价值观、课程结构观以及课程设计观,人们的课程内容观不同,课程内容的选择和组织方式也就不同。

1. 关于课程内容的界定

关于课程内容的含义,课程理论界一直存在着两种影响较大的观点。一种观点认为,课程内容是在教育机构范围内要向学生传递的知识;另一种观点认为,课程内容是在一门课程中所教授或所包含的知识,是指一些学科中特定的事实、观点、法则和问题等②。前者是课程知识社会学的观点,他们认为课程内容与教育目标直接相关,课程内容反映了社会权力控制的法则。后者是技术学的观点,是从课程内容的设计及其构成的角度来定义课程内容的。这两种观点都把课程内容局限于间接经验或理论知识,有一定的局限性。实际上,课程内容的基本性质是知识,它具有直接经验和间接经验两种形态。

任何形式的课程都必须包括一定的直接经验和间接经验。直接经验是指与学生现实生活及其需要直接相关的社会知识、自然知识及其技能的总和,如社会生活经验、学生处理与自然事物关系的知识和经验、技能技巧等。间接经验是指理论化、系统化了的书本知识,它是人类知识的基本成果。因此,从总体上来说,课程内容就是根据特定的教育价值观和课程目标,有目的地从人类的知识经验体系中选择出来,并按照一定的逻辑序列组织编排而成的知识体系和经验体系的总和。关于课程内容的理解,需要重点把握以下两点③。

第一,课程内容是根据特定的教育价值观和课程目标而选择与组织的内容体系。或者说课程内容不是单一的知识体系,它是根据特定的课程价值取向和课程目标而精心选择与改造加工后的内容体系。课程内容都是以课程目标为直接依据选定的,并在一定程度上体

① 中华人民共和国教育部.义务教育语文课程标准(2022 年版)[M].北京:北京师范大学出版社,2022:7.

② [瑞典]托尔斯顿·胡森,[德]纳维尔·波斯尔斯韦特.简明国际教育百科全书·课程[M].江山野,主编译.北京:教育科学出版社,1991:64—110.

③ 杨明全.课程论[M].北京:中国人民大学出版社,2016:242.

现了课程目标的要求。课程内容的合理性程度,制约着教育目标和课程目标的达成,影响着人才培养的具体质量规格。在人类通过教育传递经验的过程中,存在着一个突出的矛盾,即人类经验的无限丰富性与个人学习经验的时间、精力的有限性之间的矛盾。这一矛盾的存在,决定了课程内容的选择性特征,使得人们在不同的历史时期都面临着"什么知识最有价值"这一经典的课程内容问题。正因如此,课程内容不可能包括人类社会的所有经验,人们只能根据一定的标准选择那些对于个体的成长和社会化来说是最有价值的、最基本的和最需要的经验。

第二,从课程发展的历史来看,课程内容是发展的、多元的、多形式的,在不同的时代和不同的国家或地区,由于社会生产力水平、政治体制与教育目的不同,课程内容也各有不同。在原始社会,正规学校尚未出现,年长者传授给年轻一代的是生活与劳动经验,如部落的风俗习惯和渔猎、饲养、种植的技能等,这是最早的课程内容。在古代社会,劳动者只能在生活和劳动中受教,统治阶级的子弟则在学校受教。如中国在西周就有"六艺"(礼、乐、射、御、书、数)之说,古希腊的学校课程则主要是所谓的"七艺"(文法、修辞、辩证法/逻辑、算术、几何、音乐、天文)。到了近代,学校课程的知识内容和形式逐渐分化,出现了以学科为中心的学科课程或分科课程,比如物理、化学等。

2. 课程内容的特征

我们从对课程内容的这些界定中不难发现学者对课程内容的共识:首先,课程内容是一系列系统组织起来的学科知识的总和;其次,课程内容不仅要关注内容,还要关注课程内容之间的相互联系和组织。综合这些对课程内容的界定,可以发现课程内容的主要特征有以下几点。

(1) 课程内容是系统地组织起来的知识

具体来说,这些知识包括:一定的知识、技能、技巧(如数学课程中的运算法则等),行为和习惯(如科学课程中的实验活动等)。其中各项内容包括直接经验和间接经验,直接经验是指学生通过自己参与实践,在真实的场景中学到的知识;间接经验是指学生从一些课本中获得的而不是通过亲身体验学到的知识。

(2) 课程内容包括对内容的组织和编排

课程内容并不是杂乱无章的堆砌,而是在经过层层筛选后,按照一定的规则来组织和编排。虽然有些课程内容是相似的,但各个国家会根据各自的国情、学生的特征等因素来对课程内容进行编排。

泰勒原理将课程内容理解为对学习经验的选择与组织。所谓"学习经验",是指学生与使他起反应的外部环境条件之间的相互作用。学习是通过学生的主动行为而发生的。学生的学习主要取决于他自己做了什么,而不是教师教了什么。因此,学习经验既不等同于课程的内容,也不等同于教师的活动,这意味着学生是一个主动的参与者。

3. 课程内容选择的范围

人们对课程内容范围的认识是逐步提高的。凡是人从经验中获得的事实、观察结果、资料、知觉、感性、设计和解决问题的方法,以及将经验重组形成的理念、概念、通则和计划等都可以进入课程内容。

(1) 学科知识

知识是人对事物的属性与联系的认识。知识的价值不仅存在于促进人类社会的发展,而且存在于丰富个体的精神生活。当我们谈及知识范围时,我们所指的知识是人类经过许多代而累积起来的系统化了的知识。这些知识浩如烟海,随着社会发展和科技进步,知识的总量剧增。若要妥善把握人类知识的总体,就需要对知识进行提纯和分类。通常人们把知识总体笼统地划分为四大领域:自然科学、社会科学、数学和人文科学。但这种划分过于简单,往往难以满足需求。

20 世纪 60 年代以后,许多学者纷纷提出了新的知识类别划分体系。教育家赫斯特(Paul H. Hirst)在回答"什么知识最有价值"这一经典课程问题时,提出了七种理解世界的知识形式:数学、自然科学、关于人的知识、文学和艺术、道德、哲学、宗教。知识既可以划分成各种领域,也可以划分为各种类型,掌握一门学科就是掌握组成这门学科的各种知识的类型。所以课程设计者在选择知识范围时还必须充分了解知识的类型,否则就可能因为偏重此类知识类型而忽视彼类知识类型,造成课程内容难度或密度方面的不当。依据不同的标准,可以把知识划分为许多类型。联系教学活动以及学生能力的发展,我们可以把知识分为以下几种类型(如表 2-2 所示)。

表 2-2 课程知识的分类①

<table>
<tr><th>分类标准</th><th colspan="2">课程知识的类型</th></tr>
<tr><td rowspan="3">知识的来源</td><td colspan="2">直觉知识</td></tr>
<tr><td colspan="2">理性知识</td></tr>
<tr><td colspan="2">经验知识</td></tr>
<tr><td rowspan="2">知识的内容</td><td colspan="2">知如何</td></tr>
<tr><td colspan="2">知什么</td></tr>
<tr><td rowspan="9">教学内容或学科内容结构</td><td rowspan="2">具体的知识</td><td>术语的知识</td></tr>
<tr><td>具体事实的知识</td></tr>
<tr><td rowspan="5">处理具体事物的方式、方法的知识</td><td>惯例的知识</td></tr>
<tr><td>趋势和顺序的知识</td></tr>
<tr><td>分类和类别的知识</td></tr>
<tr><td>准则的知识</td></tr>
<tr><td>方法论的知识</td></tr>
<tr><td rowspan="2">学科领域中的普遍原理和抽象概念的知识</td><td>原理和概括的知识</td></tr>
<tr><td>理论和结构的知识</td></tr>
</table>

① 钟启泉. 课程论[M]. 北京:教育科学出版社,2007:151.

（2）学生的学习经验

学生的学习是一个主动的过程，学生是主动学习的个体，他们通过主动地探索生活世界，尝试学习新的内容，发现新的事物。课程设计者在选择课程内容时，不但要确定知识内容，提供学生所面对的事物，还要选择学习经验，提供学生主动学习的机会。学习经验是使内容变成科学、使目标成为可能的基础。所以课程设计者应充分了解学生的学习背景、兴趣爱好，分析引发学生反应的学习情境，安排合适的情境，激发学生的学习行为，促使学生有效学习。

选择学习经验强调学生在学习过程中扮演着主动角色。这一事实提醒课程设计者，一定要基于学生的原有经验选择课程内容。课程设计者的职责是帮助学生了解学用配合的方法，构建适合学生能力与兴趣的各种情境，以便为每个学生提供有意义的经验。

把选择学习经验作为课程内容选择中的一个重要方面，突破了“课程内容是知识的灌输系统”的观念，也突破了“课程内容是外部施加给学生的东西”，因为“学生是否真正理解课程内容，取决于学生的心理建构。从某种意义上说，学生已有的认知结构的情感特征对课程内容起着支配作用，它们是受学生控制的，而不是由学科专家支配的。知识只能是‘学’会的，而不是‘教’会的”[①]。

4. 基于学科知识的课程内容选择

基于学科知识选择课程内容就是从知识本身出发，强调课程内容的来源主要是人类长期积累的知识，课程目标就是经过选择，把这些有价值的知识系统化为一定的科目或学科，然后将这些学科的知识传授给学生。我国历史上的“六艺”，欧洲中世纪初的“七艺”，以及 20 世纪 50 年代末兴起的学科主义课程改革运动和 20 世纪 80 年代兴起的新学科主义课程思潮都强调根据知识内在的性质和逻辑结构来组织课程。我国在自 20 世纪 50 年代初引进苏联凯洛夫主编的《教育学》以后的几十年里，基本上都是遵循了课程内容即学科知识的观点，把课程内容作为学科教材来处理。这种取向把重点放在学科教材上，虽然有利于保持各门学科知识的系统性，使师生明确教与学的内容，从而使课堂教学工作有据可依、有章可循。但也在一定程度上造成了一系列的弊端，最明显的是，教材里规定的课程内容不能很好地反映学生的学习兴趣和需要；同时，也忽视了教师参与课程内容开发的积极性和主动性。因此，师生很容易把课程内容当成事先规定好的东西而被动地传授或学习，并把它当成一项外在的“任务”去完成或应付，而不再赋予其他新的意义与内容。

当然，课程内容的选择不仅仅要考虑学科知识，还要考虑学生的经验和社会生活经验。这三方面的考虑都有其合理性和局限性，它们都是在不同时代、针对不同的社会要求和对受教育的认识而提出并实施的，带上了社会的烙印，是不同的哲学观、教育观、儿童观和课程观在具体实施中的体现。它们往往强调一方的重要性而忽视或轻视另一方的重要性及作用，把它们相互对立起来，或用形而上学的方法孤立地、片面地、静止地去看待某种因素或价值，这些都是不足取的。实际上，三种取向无论是学科知识、社会生活经验，还是学生的经验，都是课程内容来源不可分离的一部分，它们之间是相互融合、不可分割的。学科知识和社会生

① 施良方. 课程理论：课程的基础、原理与问题[M]. 北京：教育科学出版社，1996：109.

活经验只有转化为学生的经验,才能成为相应的课程内容。同时,离开了学科知识和当代社会生活的价值,学生的经验也就没有什么意义。具体到小学课程内容来说,一般包括以下几个领域的内容。

① 关于自然、社会和人的基础知识。主要包括各门学科的基本事实、基本概念、基本原理或基本理论等方面的书本知识。小学各门学科课程的内容主要涉及这些方面的理论知识。

② 关于认识活动方式的能力和技能。主要包括一般智力技能(如观察能力、记忆能力、思维能力、想象能力、创造能力等)和各种操作能力方面的内容(如身体运动技能、各种艺术活动技能、操作各种简单生产和生活工具的技能等)。

③ 关于发展实践活动能力的经验。主要包括发展组织能力、自我管理能力、自我调控能力、自我评价能力、语言表达能力、审美能力、品德行为能力,以及解决实际问题的能力等方面的经验。

第三节　小学教学设计的内涵与过程

前面两节主要论述了有关课程开发与设计的概念及方法,其解决的核心问题是"教什么"。特别是课程设计,它更加具体地解决了课程的目标确定与内容选择等问题。接下来,我们要分析的教学设计则属于教学论范畴,它要解决的核心问题是"怎么教",也就是对确定的课程目标与选择的课程内容进行落实,将其有效地传授给学生,使学生能理解与内化这些课程要素。本节将对教学设计的内涵、过程和基本模式等做简要阐述和分析。

一、教学设计的内涵

对教学活动进行设计的行为自古有之。由于设计者的教学观和学科领域不同,进行的设计方式也不同。在历史上,教学设计长期以来都是一种经验性的活动。20 世纪 60 年代末至 70 年代初,教学设计成为教育技术学领域的一项教学技术,成为针对教学系统、解决具体教学问题的一种特殊的设计活动。教学设计有着设计的一般性质,同时又必须遵循教学的基本规律。

教学设计是根据一定的教育目的和教学任务而分析教学情境并确定教学目标,由此选择教学方法并形成教学方案的过程。教学设计是设计的一种特殊类型,它的设计对象并不是静态的物,也不是机器运转的规则流程,而是充满动态复杂关系的教学系统。要理解教学设计的内涵,需要把握以下三个方面。

1. 从方法上看,教学设计是由一套系统化的步骤或程序构成的过程

教学设计是帮助教师系统化地准备教学、对教学系统做出决策的方法。有专家认为,"'教学设计'一词包括教学系统开发过程的所有阶段(分析、设计、开发、实施和评价),'设计'一词既指整个过程,也指其中一个主要的子过程"①。

① 杨九民,梁林梅.教学系统设计理论与实践[M].北京:北京大学出版社,2008:14.

美国心理学家加涅(Robert M. Gagné)则从方法的角度给教学下定义,他认为教学系统就是促进学习的资源和步骤。因此,“对用以促进学习的资源和步骤做出安排,就是教学设计”①。

据此,教学设计的本质其实就是一套系统化的安排、设计教学系统的步骤和程序。“教学设计作为一个系统计划的过程,是应用系统方法研究、探索教学系统各个要素之间的关系,并通过一套具体的操作程序来协调配置,使各个要素有机结合完成教学系统的功能。”②

2. 从实质或最终目的看,教学设计就是解决教与学这一问题的过程

教学设计问题是一种什么样的问题呢?很多学者指出,问题有两类:定义完善问题与定义不完善问题。定义完善问题有唯一正确的解,而且问题的初始条件、唯一解及其有限的解答途径都是事先约定好的。定义不完善问题则不然,它没有唯一正确的解,在面对可能的无数多的解的时候,谁也难以肯定哪种解最好。问题的初始条件及做出令人满意的解的过程与标准是不确定的,人们只是希望获得满足大多数需要的解。显然,教学设计中的问题是定义不完善的问题,而且在教学过程中教学问题也是动态的、实时产生的,并非所有的信息对教学设计者都有用,也不可能对设计的各种问题在教学前进行详尽的分析。

固定成套的程序难以套用以解决教学情境中实时发生的问题。因此,基于“教学设计即问题解决”这一观点的教学设计模型注重的是提供设计的整体方案和有关问题解决的策略包和资源库。设计要根据问题实际,在策略包或信息库中提取必要的元素组成具体的解决方案。

3. 从对设计者的要求来看,教学设计是一种融合理性与直觉的创造性过程

教学设计是一项富有创造性的工作。创造性是教学设计的一个基本特点,同时也是它的最高表现。设计者在具体情境中阐明需求、确定潜在策略,依据经验对影响教学设计的因素进行归纳或简化,该过程是直觉的、创造性的。当然,既然这是一个创造性的过程,它就不可能自始至终顺利地进行。一个有经验的教学设计者会很快地领悟到自己的思路是正确的还是不正确的,这是工作中的直觉。思想的丰富性、问题解决方案的新颖性以及独特性都来自设计者的创造。

二、小学教学设计的依据与过程

教学设计是教师推进教育教学的一个重要工作领域,对于落实教育目标至关重要。同时,教学设计也是一个复杂的过程,直接影响着教师的教学效果。教学设计是一个专业性较强的工作,有其特定的依据和设计过程,充分理解并把握相关要求是提高教学设计质量的基础。

(一)小学教学设计的基本依据

国家课程标准规定了各门国家课程在实现育人功能方面应达到的基本标准,为落实课

① 皮连生.教学设计:心理学的理论与技术[M].北京:高等教育出版社,2000:2.

② 乌美娜.教学设计[M].北京:高等教育出版社,1994:11.

程育人功能和实现课程育人价值提供了基本的指引。因此,国家课程标准是小学教学设计的基本依据。那么,一线教师在教学设计时需要根据国家课程标准的哪些要求而设计教学活动呢?主要是三个方面,即课程目标的规定、课程实施的建议和学业质量的要求。

1. 课程目标的规定

课程目标描述的应该是学生经过学习某一门课程之后体现出来的学习结果,鉴于新一轮课程修订的新要求,这些学习结果要反映核心素养的基本内涵体现出鲜明的"素养导向"。只有这样,课程才能更好地发挥促进学生核心素养发展的基本功能,教学设计只有紧密结合课程目标才能更好地落实发展学生核心素养的要求。

每一门课程都具有特定的课程价值和育人功能,教学设计之所以要以课程目标为依据,就在于通过深刻把握课程目标的要求而使得教学设计体现课程的育人功能。2022 年 4 月印发的义务教育各学科课程标准在课程目标部分均明确了不同学段通过课程学习要发展的学生的核心素养,这为教学设计提供了基本的引导。例如,《义务教育科学课程标准(2022 年版)》提出:"科学课程要培养的学生核心素养,主要是指学生在学习科学课程的过程中,逐步形成的适应个人终身发展和社会发展所需要的正确价值观、必备品格和关键能力,是科学课程育人价值的集中体现,包括科学观念、科学思维、探究实践、态度责任等方面。"①据此,教学目标的设计就要体现这四个方面的核心素养,而不能仅仅关注科学知识的讲授。

2. 课程实施的建议

任何一门国家课程标准都对本门课程的实施提出了相关建议,这些建议成为小学教学设计的又一重要依据。课程实施的建议一般围绕全面落实立德树人这一根本任务,提出了一些基本的要求,如:体现课程的独特的育人价值,理解核心素养的内涵并在设计教学时突出核心素养,教学目标的确定要体现全面性、整体性和层次性,整体把握教学内容、注重学科知识的系统性和逻辑性,探索创新教学方式,加强综合教学与实践教学,以跨学科主题学习与综合实践活动为载体,培养学生解决真实世界的真实问题的能力,促进信息技术与课程教学的深度融合,等等。

课程标准中的课程实施建议这一部分重点关注的是如何通过教学设计而创设一定的教学情境,注重对学生学习方法的指导,同时也提出了一些跨学科主题学习活动设计的要求。因为基于核心素养的教学设计一定是倡导真实教学情境的创设,并以学习任务来驱动学生的学习活动的,只有这样才能促进学生核心素养的发展,而不仅仅是掌握学科知识。跨学科的主题设计体现了课程的综合化实施这一理念,有助于学生运用跨学科的知识解决具体问题,从而发展学生核心素养。此外,有关课程实施的建议也分散在课程标准的其他部分,比如课程内容部分的"教学提示",会提示教师在教学设计中应该如何做、注意哪些问题等,这一部分内容也具有很强的指导价值。

3. 学业质量的要求

课程标准提出的评价与学业质量要求是教学设计的重要依据。评价的目的是全面了解

---

① 中华人民共和国教育部. 义务教育科学课程标准(2022 年版)[M]. 北京:北京师范大学出版社,2022:4.

学生学习的过程和结果，科学评价可以激励学生学习，改进教师教学。评价要以学生核心素养的测评为导向，以学业质量标准为依据，建立目标多元、方式多样、重视过程、促进人人发展的评价体系。部分学科课程标准还对考试这种特定的评价方式提出了要求，尤其是对基础知识和基本技能的考查方面，要注重考查知识和方法在具体情境中的合理应用，不出偏题、怪题；要恰当呈现并合理利用评价结果，发挥评价的激励作用，保护学生的自尊心和自信心。

学业质量是学生完成相应学段学科课程的学习任务后，在核心素养方面应该达到的水平及其表现。学业质量标准以核心素养及其表现、课程总目标和学段学业要求为依据，是对学生学业成就表现的总体刻画，并用来反映学段课程目标与核心素养要求的达成度。显然，这一部分的规定对于教师的教学设计具有重要的价值，因为学业质量标准是学业水平考试命题及评价的依据，同时对学生的学习活动、教师的教学活动、教材的编写等具有重要的指导作用。

（二）小学教学设计的过程

教学设计是一项系统的设计过程，必须以一种理性的态度，依照一定的步骤加以展开。在教学设计的历史发展过程中，出现了对教学设计过程和步骤的不同表达，其中较有影响的设计模式是由史密斯（Patricia L. Smith）和雷根（Tillman J. Ragan）于 1993 年提出的“史密斯—雷根模型”。他们把教学设计过程分为三个基本阶段：分析阶段、设计阶段和评价阶段。

1. 分析阶段

在学校情境中，由于课程与教学目标已经确立，所以分析阶段主要做两件事情，即学生分析和任务分析。

（1）学生分析

不少教师往往会忽视对学生进行分析，其实这是有效教学设计的重要步骤。学生分析通常包括两个方面：学生当前的状况（知识、技能和态度等领域）和学生的特征。学生当前状态和目标状态的差异构成了学习需求。从学习需求出发设计教学过程，确定学生当前状态其实就是细致分析教学活动的起点，这样的教学设计才具有针对性。而学生特征的分析是确定教学起点的又一重要方面，设计者需要关注的学生特征包括：年龄、性别、认知成熟程度、学习动机、个人对学习的期望、焦虑程度、学习风格、经验背景、社会文化背景以及人际交流等。

如果以小学生为对象，教师在教学设计时就需要清楚地了解小学生的基本认知特点、情感特点和生理特点。例如，很多心理学研究者研究发现，小学生的认知特点表现有：从无意注意占优逐渐发展到有意注意占主导；注意的范围比较小；注意的集中性和稳定性比较弱；知觉的有意性、精确性随着年龄增长逐渐增强；记忆随着年龄增长逐渐从无意识识记和机械识记向意义识记发展；思维同时具有具体形象和抽象概括的成分；在思维发展过程中，存在着由具体形象思维向抽象逻辑思维转变的“过渡期”；思维品质不断发展，思维的深刻性、灵活性、敏捷性和独创性随年龄增长而增强。

由此可见,教师在进行教学设计时,需要充分考虑学生的这些特点。比如,低年级学生的思维以具体形象为主,要求他们通过表面现象把握事物的本质通常比较困难。从中高年级开始,学生逐渐学会区分概念中本质的和非本质的东西,学会初步掌握基本的科学定义,学会独立进行逻辑论证。但是,这时的思维仍具有很大成分的具体形象性,抽象逻辑思维仍然离不开直接经验和感性认识。所以,教师应尽量把抽象的、逻辑化的知识以实物、动作、经验的形式表达出来,才能符合学生的心理需求,从而使学生达到更好的学习效果。

(2) 任务分析

教学目标只是规定了教学活动完成后,学生应习得的重点能力及其类型,而没有具体说明这些能力获得的过程与条件。要使学习目标真正起到指导教学的作用,接下来还要对教学任务进行分析。任务分析就是要进一步揭示教学目标得以实现的条件。

教师在任务分析时需要注意以下三个方面:①确定学生原有的基础,主要可通过学生的作业、小测验、课堂提问或观察学生的反应等方法来确定其原有基础。②分析起点能力到终点能力之间所必须具备的前提性知识和技能。③分析支持性条件。支持性条件虽然不是构成新的、高一级能力的组成部分,但它有点像化学中的催化剂,有助于加快或减缓新能力的出现。比如,激发学习动机、提供认知策略等,都可视为促进学生高级技能获得的支持性条件。

2. 设计阶段

设计阶段主要以前一阶段为基础,根据对教学目标、学生情况、任务分析等方面的判断,选择教学方法、教学媒体和教学工具等。教学方法和教学媒体是设计阶段所要考虑的主要内容,两者密切相关。一方面,教学方法一般都离不开教学媒体的配合;另一方面,教学媒体的使用必须贯穿一定的教学方法。因此,教学方法和教学媒体相辅相成,任何一方面的不恰当使用都会影响教学效果。

教学方法是教师为了完成教学任务而采用的手段、方式和方法的统称,是教师为了实现教学目标,根据一定的教学原则,借助特定的教学手段而进行的师生相互作用的活动。采用教学方法的直接目的在于引起学生学习的准备,维持他们的兴趣和注意力,以学生可接受的方式呈现教材内容,强化和调节学生的学习行为,解决学生的学习障碍。

根据学习结果的分类,人们总结出了一些常用的教学方法。与获得认知类学习结果有关的教学方法包括讲授法、演示法、谈话法、讨论法、练习法、实验法等,与获得动作技能有关的教学方法包括示范—模仿法、练习—反馈法等,与情感、态度有关的教学方法包括直接强化法、间接强化法等[①]。

随着信息技术在教学中的应用越来越广泛,对教学方法的设计也涉及教学媒体的选择和使用。教学媒体是传递教学信息的工具,而媒体的含义也是广泛的,包括传统媒体(黑板等)和现代信息化媒体(互动白板、计算机等)。在信息化时代,随着互联网和多媒体技术的不断发展,信息化和智能化技术越来越多地进入课堂教学情境,教学媒体的使用在很大程度

---

① 乌美娜.教学设计[M].北京:高等教育出版社,1994:174—177.

上改变了传统教学的格局。

3. 评价阶段

教学评价是指以教学目标为依据，制定科学的评价标准，运用有效的技术手段，对教学活动的过程及结果进行测定并给予价值判断的过程。教学设计除了形成每个课时的教案之外，还需要对教学活动实施完成之后的评价活动进行设计和规划，包括评价的时间点、评价的类型以及评价的具体方式方法等。教学评价应贯穿于教学活动的全过程。教师常常会忽略教学评价的一个重要作用，即通过判断学生学习结果的达成与否，对已有教学设计方案进行评价、反思与修正。所以，对设计本身进行持续检视和评价也是教学评价的题中应有之义。

小学教学评价的常用方式之一是纸笔测验。纸笔测验是现代测量和评价的基本手段，指的是在纸上呈现一系列的标准化问题，要求学生给予书面回答。纸笔测验题项多为标准化的客观题，可以对学生进行大规模施测，用分数反映学生学习的情况，有助于教师进行统计和分析。纸笔测验是目前教育教学和课程实施过程中最常见、最易操作、最便捷的评价方式之一，在评价中占主导地位，常见的题型有填空题、选择题、是非题、问答题或以论文形式的测验题。它对课程中认知性目标的评价有着不可取代的价值，适合用于评价学生对基本事实的记忆和解决结构性很强的问题的能力。但是，纸笔测验也有其明显的缺陷。①评价范围狭窄，强调认知目标和学习结果，而对学生获得知识的过程、方法及其知识结构的变化则无法评价，更不适合对学生的情感、态度、价值观等非学业素质的评价，不适合用于评价学生的综合素质。②纸笔测验最终凭考试分数衡量学生的学习情况，这种量化的方法关注学生对知识与技能的识记、理解和简单运用的情况，而对学生综合运用知识技能的能力，以及在真实世界中运用知识创造性地解决实际问题的能力不够重视。③纸笔测验发挥了评价的鉴别和选拔功能，强调分层和筛选，这在一定程度上会给学生的心理、情绪带来负面影响。

小学教学评价的另一种方式是表现性评价。与纸笔测验这种量化评价方式相比，表现性评价是质性评价的一种具体形式，是让学生通过完成实际任务来表现其自身的知识与技能，从而对其表现出来的成就水平进行评价。它要求学生展示自己的学习活动或者展示自己能够利用知识与技能来完成某些实际任务，目的就是让学生在真实的情境中展示其成就水平。例如，可以让学生独立设计一个实验、在戏剧阅读中通过角色表演来表达戏剧中人物的情感等。与传统的纸笔测验相比，表现性评价的情境更接近于真实生活。在具体的测试方式上，表现性评价不再借助客观化的标准试题，而是采用了更丰富的测试手段，如建构式的反应题、书面报告、演说、实验设计和操作、资料收集和作品展示等。它强调在具体、真实或者模拟生活的情境中让学生完成特定任务，再由教师对学生的操作表现和学习成果进行评判。可以说，表现性评价是一种质性的评价方法，有利于考查学生综合运用知识解决实际问题的能力。它不仅将综合思考和问题解决联系起来，而且还让学生去解决真实的或与现实生活相类似的问题，具有实践性、过程性、发展性和整体性等特点。但是，表现性评价在实施过程中有一定的难度，相对于纸笔测验来说，也有其不足。比如：①对教师的要求较高，教师如果没有把握表现性评价的内涵及操作规范，则容易流于形式；②评价过程复杂，要花费较长的时间；③评价结果不量化，其客观性容易受到质疑；等等。

第四节　小学教学设计的基本模式与教案编写

小学阶段的教学设计需要更多地考虑儿童的心理发展和学习特征，要求教师具备一定的心理学基础，了解儿童心理发展的规律和认知特点。教学设计的最终要求是编写完整的教学方案(即教案)，教案是教学设计的最终表现形式。

一、教学设计的基本模式

教学设计活动反映了各种不同哲学观和心理学理论，尤其是心理学的研究成果为教学设计提供了基本的依据。根据心理学相关理论，教学设计的模式主要有三种：行为主义教学设计模式、认知主义教学设计模式和建构主义教学设计模式。

(一) 行为主义教学设计模式

早期的行为主义理论对教学设计的产生和发展起到了重要的推动作用。第二次世界大战期间，美国许多从事行为实验研究的心理学家和视听领域的专家投入到军事和工业培训原理及材料的研发之中，这些人运用行为主义心理学的主要原理，把学习理论的研究成果应用到教学材料与活动的开发之中，有力地推动了战后教学设计理论的进一步发展。

1. 行为主义的基本观点

在20世纪70年代以前，行为主义曾长期占据西方心理学界的主导地位，原因在于行为主义实际上是心理学科学化运动的直接产物。在行为主义者看来，由于内在的思维活动或心理过程不可能被直接观察到，因此，为了使心理学的研究达到科学的水平，我们就不应该去涉及任何内在的思维活动或心理过程，而应使心理学的研究局限于可见的行为——这事实上也就是“行为主义”这一术语的直接来源。

早期的行为主义者认为，在“刺激”和“反应”之间形成联结时学习就发生了。后期的行为主义者，如斯金纳(Burrhus F. Skinner)等则更强调“强化”的概念。根据斯金纳的观点，教学的主要任务就是要使学生形成种种正确的行为反应，并使这些行为反应受到各种刺激的控制。要实现这一目标，关键就在于适当的强化。这意味着：第一，通过提供正强化物，可以使相应的行为在长时间内保持在一定的水平上；第二，通过强化的组合，又可塑造出较为复杂的行为①。

行为主义的教学设计强调通过学生外显的行为来体现学习的过程，因此，如何设计外显行为就成为教学设计的关键。例如，在《义务教育历史课程标准(2022年版)》的“中国古代史”部分，在“教学提示”中就列举了一系列学习活动，这些活动其实就是学生的外显行为(如表2-3所示)。

---

① 郑毓信，梁贯成．认知科学、建构主义与数学教育[M]．上海：上海教育出版社，1998：12.

表 2-3　"中国古代史"的学习活动[①]

学生在学习中国古代史的过程中，可通过下列活动提升核心素养。 ● 学会计算历史年代，了解中国古代纪年的主要方法，制作中国古代历史发展时间轴，编写简要的历史大事年表。 ● 观察并识读中国古代各时期的疆域图，从历史地图中辨识、获取重要的历史地理信息，并将历史地图中的信息与所学内容建立起联系。 ● 尝试阅读古代的文献材料、图像材料，观察实物材料，并加以分析，概况并提取其中的历史信息。 ● 尝试运用可靠的、典型的史料对历史问题进行论证，有根据地说明自己对历史问题的看法。 ● ……

2. 行为主义教学设计的代表模式

在行为主义教学设计模式中，影响最大、最具有代表性的就是斯金纳的程序教学模式。由于斯金纳在开发程序教学时，借鉴和使用了教学机器，所以斯金纳的程序教学也常常被称为"机器教学"，这是一种适用于个别化教学的教学模式。

如前所述，斯金纳的行为主义心理学与早期的行为主义最大的差别在于，前者更强调人类和动物的很多行为并不是简单的刺激和反应之间的联结，在周围复杂的世界中，人并不是总在被动地等待刺激，而是积极地创设环境，并在这个过程中不断改变自己的行为方式。基于这一观点，斯金纳认为，人类所从事的大多数有意义的行为都是操作性学习的结果，被动的应答性学习只占人类行为的很小的一部分。

因此，斯金纳的新行为主义心理学强调两个核心概念，一是"操作条件作用"，二是"积极强化"。将这两个核心概念用于教学，也就帮助他研发出程序教学机器，并逐步完善了他的程序教学设计。斯金纳的设计是，把教学内容根据学习过程分解成许多小的项目(或步骤)，并按照一定的逻辑排列好。每一个项目事先都要做出解释，然后提出要求学生回答的问题，每个问题都要有正确答案。在学生回答问题后，通过出示正确答案，使他们确认自己反应的正误。只有反应正确后，才进入下一个项目的学习；如果反应不正确，则重复类似的一个项目，直至学生做出正确的回答。

程序教学需要遵循的基本原则有以下几点：①积极反应原则。程序教学要求学生利用程序教材和教学机器，进行各种读写算等学习活动。为了提高学习的主动性，学生要对问题做出积极反应，加上不断的强化，学生始终处于活跃和忙碌的状态。②小步子原则。教材通常被分解成一步步的，每个小步子出现的顺序都经过仔细安排，每一步之间的难度增量很小。③及时强化原则。对学生的反应要立即给予反馈和强化，这有助于学生保持和巩固习得的知识，同时也可以增强学生学习的信心。④自定步调原则。程序教学是一种个性化的教学方式，学生可以以最适合自己的节奏进行学习，不强求统一进度。

实质上，程序教学并不像很多人批评的那样，完全着眼于对人的行为进行控制。恰恰相反，斯金纳的程序教学设计蕴含了诸多鼓励学生张扬个性、发挥个人潜力、尊重学生主体性等教育要素。斯金纳的程序教学理论在 20 世纪五六十年代风靡美国，不仅促进了学习理论

---

① 中华人民共和国教育部. 义务教育历史课程标准(2022 年版)[M]. 北京：北京师范大学出版社，2022：16.

的科学化、加速了心理学与教育学的有机结合,而且也推动了教学手段的科学化与现代化。在今天信息技术飞速发展的背景下,它对如何利用现代信息技术改革教学、进一步提高教学质量,仍具有启发意义。

(二) 认知主义教学设计模式

在 20 世纪早期的科学化浪潮影响下,心理学在探究人类学习的征途上,着力用科学、实证的方法来表征人类的学习本质。因此,外显的、可见的行为就自然成为当时心理学家看重的关键因素。但行为主义重视人类学习的外在表现,忽视了人在学习时的内在思维过程和心理过程,这也导致很多心理学家开始认识到,将"刺激—反应"联结作为基本出发点,只侧重简单行为的习得,必然导致不能对人在学习过程中所经历的认知转变以及复杂行为的相应转变做出更加深入、全面的探究与思考。因此,从 20 世纪 60 年代开始,心理学界出现了一次"认知革命",即要求从简单行为转向认知过程。由此,行为主义在心理学领域的主导地位逐渐被认知心理学所取代,以认知心理学为基础的认知主义教学设计理论开始兴盛起来。

1. 认知主义的基本观点

认知主义是一种以认知心理学为主体的理论思潮,其特点是突破行为主义以动物学习行为来描述人类学习的固有范式,而开始以计算机为参照模型,对人的学习的信息加工本质进行系统的研究。认知心理学家在对人与计算机进行比较的过程中,将计算机中信息的符号形式等同于人的知识,将基于计算机符号的计算运作等同于人的认知。根据这一思想,学生是信息加工者,他们接收信息,运用智力操作对信息进行处理、编码,将信息存储在记忆中,然后在需要时对信息进行提取。

从认知主义心理学的观点看,教师被视为信息的提供者。因此,教师应该具有丰富的知识,而学生则是一个空的"容器",知识就像用品一样可以由教师传递给学生。因此,最好的教学方法就是讲授式教学。教学的目的在于强调学生通过已有的知识结构,通过新旧信息之间的交互作用去形成整体性的认知结构。

2. 认知主义教学设计的代表模式

认知主义教学设计的代表模式有很多,产生较大影响的主要有加涅的教学设计模式、布鲁纳的教学设计模式、奥苏贝尔(David P. Ausubel)的教学设计模式等。我们以加涅的教学设计模式为例阐述认知主义的教学设计模式。

加涅的教学设计理论可以成为当今教学设计的奠基性理论,他的最大贡献就在于真正意义上将学习理论与教学理论紧密地联系在一起,并由此构筑了一体化的基于教学事件分析的教学设计理论。

加涅首先对人的学习做了结果上的分类和层级上的分析,这些研究构成了其教学设计理论的基础。加涅将人的学习结果分为五类:智慧技能(运用概念符号与环境相互作用的能力),认知策略(用来指导自己的注意、学习、记忆和思维的能力),言语信息(解决"世界是什么"的知识),动作技能(动手操作的能力),情感态度(一种习得的内部状态,影响个人对某些事情的行为选择)。这五类学习结果之间不存在复杂性、等级性的序列关系,其次序是随机安排的。

加涅提出的学习层级理论是其另一个重要理论基础。加涅认为,学习任何一种新的知识技能,都以已经习得的并且从属于它们的知识技能为基础,即较为复杂的、抽象的知识技能是以较为简单的、具体的知识技能为基础。他认为,人有八种基本学习,即信号学习、刺激—反应学习、动作连锁学习、言语联想学习、辨别学习、概念学习、规则学习、问题解决或高级规则的学习。这八种学习之间的关系是有层次的、累积性的,这就是所谓的"学习层级理论",除了基本的生长因素之外,学生心理发展的过程主要是各种能力的获得及累积过程。

上述两种学习理论对加涅进一步构建起教学设计理论具有重要的意义。根据学习结果的分类,加涅进一步研究了它们各自所需的学习条件(如表 2-4 所示)。

表 2-4　影响不同学习结果的学习条件①

学习目标分类	学习条件
智慧技能	①促进先前习得的部分技能的恢复;②呈现言语线索,使得部分技能的组合有顺序;③安排好间断复习的计划;④运用各种前后关系去促进迁移
认知策略	①对策略做描述;②提供各种时机进行各种认知策略的练习,从提出新奇的问题到解决问题
言语信息	①使用各种印刷符号或语言激活注意力;②为有效编码而呈现一种有意义的前后关系(包括表象)
动作技能	①提供言语指导或其他指导,为执行的路线提供线索;②安排反复练习;③提供直接而精确的反馈
情感态度	①在选择某项行动后,对成功的经验进行回忆;②实施所选择的行动或观察榜样人物实施这一行动;③对成功的操作给予反馈或观察榜样人物的反馈

学习层级理论对教学设计有着重要的意义,因为每一层级的学习都是以前一层级的学习结果为前提条件的,即前一层级的学习为后一层级的学习做好了准备。这也就是加涅所说的学习的内容条件——学生是否掌握了前一层级的学习内容。这样教师在设计教学时,可以通过分析前一层级学习的结果确定学生的内部条件,以保证教学工作的顺利进行。加涅的学习层级理论为建立一种有效的教学模式奠定了基础。

加涅试图把人学习的内在信息加工过程、学习结果的类型、外部教学事件的提供等多样化的思想融为一体,以搭建起独具特色的教学理论。加涅认为,学习的过程就是学生对信息进行内部加工的过程,教学的安排既要以这种内部加工为依据,又要影响这一过程。因此,教学阶段与学习阶段是对应的。加涅认为,人的学习包括八个阶段:动机阶段(学习过程的准备阶段);领会阶段(对刺激进行选择性注意的阶段);获得阶段(对刺激进行知觉编码后存

① 张华.课程与教学论[M].上海:上海教育出版社,2000:133.

储进短时记忆,随后再经过进一步编码加工转入长时记忆的阶段);保持阶段(信息在长时记忆中储存的阶段);回忆阶段(对习得的知识信息进行提取的阶段);概括阶段(知识信息的迁移阶段);作业阶段(反应发生和行为改变的阶段);反馈阶段(对行为的强化阶段)。学习的外部条件就是每一教学阶段中所发生的教学事件,这是教师精心安排的结果。

(三) 建构主义教学设计模式

20 世纪 80 年代以来,研究者在反思行为主义和认知主义的基础上,对学习理论的研究提出了一些新的观点。传统工业社会逐步向信息化社会转型,新的社会形态更加崇尚知识创新,鼓励培养创新型人才。在这种情况下,强调知识的建构性、情境性、复杂性等新颖的知识观正在成为创造知识生产与运用新范式的主要动因。相应地,人的学习的建构性本质、社会协商本质和参与本质也越来越清晰地显现出来。在此基础上,有关教学的设计思想、策略、方法等也相应地发生了根本性的转变。

1. 建构主义的基本观点

建构主义是认知心理学派的一个分支,其本质是一种认识论。有关心理学中建构主义的历史传统可追溯到皮亚杰(Jean Piaget)的图式同化理论、格式塔心理学家的有关研究、杜威的儿童中心主义教育主张等。然而,"学习是知识的建构"成为一种有意识的学习观是最近几十年才出现的事情。这源于皮亚杰的发生认识论,经由激进建构主义的继承和发展,该知识观明确指出:知识是由认知主体积极建构的,建构是通过新旧经验的互动实现的;认知的功能是适应,它应有助于主体对经验世界的组织。该观点表明,认知不是对某一客观存在的实在的发现,即不是去发现本体论意义上的实在,而是在个人的经验世界中主动建构有关世界的知识。为此,凡是有助于解决具体问题或能够提供有关经验世界的一致性解释的知识就是具有"生存力"的知识。知识是个体在认知过程中,与经验世界的对话中建构起来的。

根据这一观点,学习包括对理解的积极的、自我引导的探索,学生正是在这一过程中建构自己的知识的。这一观点强调学生对知识的理解过程就是赋予知识以意义的过程,就是在新旧知识的冲突中原有知识概念发生转变的过程。"情境""协作""对话"和"意义建构"是学习环境的四大要素。所以,建构主义非常强调学习的过程,学生在学习过程中,产生一种与人、事、物的互动和接触,这种互动是一种内化建构的过程。

建构主义提倡在教师指导下的、以学生为中心的学习,强调学生的认知主体作用,又不忽视教师的指导作用,但教师已不再是知识的灌输者,而是意义建构的帮助者、促进者,学生也由外部刺激的被动接受者和被灌输的对象转变为信息加工的主体、意义的主动建构者。

2. 建构主义教学设计的代表性模式

建构主义的教学设计模式强调教学应以学生为中心,在整个教学过程中教师发挥组织者、指导者、帮助者和促进者的作用,利用情境、对话等学习环境要素充分发挥学生的主动性、积极性和创造性,最终使学生实现对所学知识的意义建构。在建构主义思想影响下,教学设计领域出现了一种新的模式,即实践共同体的设计模式。

在进行实践共同体的教学设计时,要把握以下几个方面的设计特征。

第一,实践共同体中的双重学习目标:从认知的成长走向身份的发展。实践共同体认为,成为什么样的人和获得什么样的知识是彼此联系在一起的,"人拥有某种身份,不仅意味着他拥有某些头脑中的知识,更意味着他知道在某种情境下做出某种行动;身份中所镶嵌的,不仅是可以拥有的知识,更有不能和行动者及其实践分离开来的知识"①。

第二,实践共同体围绕一个知识领域而产生。从本质上讲,实践共同体是一种基于知识的社会结构。这样的知识是实践共同体中的成员所共同追求的事业,是共同体存在的根本原因。由于成员对该知识领域有共同的兴趣,围绕该领域的发展逐渐形成一定的责任承诺和问责关系,从而拥有一种保持共同身份的感觉。我国学者赵健提炼出"有效推动一个实践共同体的产生和发展的知识领域的共有特征":来自真实的境脉,有着真实的问题解决需要;对专家成员和新手成员都具有吸引力;不是抽象的兴趣,而是由成员切实经历的关键事件或问题组成;领域中包含的问题或话题与时俱进②。

第三,实践共同体依赖于意义协商的活动。共同体成员是通过实践而不是外部的规定聚集而成为共同体的。意义协商要求打破传统的"教"与"被教"的身份界限,要求提供给成员互动的工具和机会;允许成员通过不同的路径进入并不同程度地参与其中。任何一个实践共同体中都有核心参与者,或者是我们通常所说的专家和有经验的成员。但是,实践共同体允许新手或者一些有兴趣的旁观者从不同的角度参与到共同体的活动中来。

二、教案的编写

教学设计完成之后要体现为一定的表现形式,这个表现形式一般就是教案。编写教案是一线教师最熟悉的事务,也是无法回避的一项重要专业任务。教案的编写要遵循一定的要求,要包含一些基本的要素,一份科学、完整的教案是教师开展教育教学活动最可靠的依据。

(一) 教案的内涵

所谓"教案",指的是教师为顺利而有效地开展教学活动,根据课程标准和教材要求及学生的实际情况,以课时或课题为单位,对教学目标、教学内容、教学步骤、教学方法等进行具体设计和安排的一种实用性教学文书。教案通常以一节课为单位编写,是教师实施教学活动的具体方案。教案的要素包括教材简析和学生分析、教学目标、重点难点、教学准备、教学过程及练习或作业设计等。

编写教案有利于教师弄通教材内容,准确把握教材的重点与难点,进而选择科学、恰当的教学方法,有利于教师科学、合理地支配课堂时间,更好地组织活动,提高教学质量,收到预期的教学效果。教案编写是胜任教学工作的基本表现。写一份优秀教案是设计者教育思想、智慧、动机、经验、个性和教学艺术性的综合体现。

---

① [美]戴维・H. 乔纳森,等. 学习环境的理论基础[M]. 郑太年,任友群,译. 上海:华东师范大学出版社,2002:71.

② 赵健. 学习共同体:关于学习的社会文化分析[M]. 上海:华东师范大学出版社,2006:103.

（二）教案编写的基本要求

教案编写有一些基本的要求，包括：①科学性，也就是认真贯彻国家课程标准的精神，按教材内在规律，结合学生实际来确定教学目标、重点、难点，避免出现知识性错误。②创新性，也就是教师自己钻研教材，不照搬照抄，独立思考，然后结合个人教学体会，巧妙构思，精心安排，形成教案。③差异性，也就是不要千篇一律，要发挥自己的聪明才智和创造力，结合本人的特点和学情分析，体现因材施教。④变通性，也就是教学进程可能偏离教案所预想的情况，要考虑到可能出现的突发事件，为处理可能的变动留有空间。⑤可操作性，也就是要从实际出发，充分考虑教案的可行性和实施的具体情况。要简繁得当、结合条件，能够实现设计意图。

（三）教案的基本要素

一份完整的教案一般要包括以下基本要素。

1. 基本信息

教案首先要交代教学的一些基本信息，包括授课的名称（即讲课的标题），以及教学时长、教学对象、授课年级、授课内容的出处等。

2. 学情分析与教材分析

学情分析即分析学生的情况，包括班级人数、学生已有的知识基础、学生整体特征等。教材分析是需要重点进行的一项工作，针对本部分教学内容，结合国家课程标准的要求，研究教材是怎样处理相关内容的，并以此为基础对教材内容进行针对性分析。教学内容的分析方面，要阐明涉及的知识点、技能要求以及对学生学习的要求等。

3. 教学目标分析

这是编写教案的重点内容。教学目标分析的基本依据是国家课程标准。国家课程标准中规定了各年级、各学科的基础知识和基本技能训练的具体要求，因此不能脱离国家课程标准的指导。教学目标分析还要结合教材的内容安排进行，每篇或每节教材都有各自的特点，因此必须从具体的教材内容出发设定教学目标。此外，学生的知识水平和接受能力有差异，因此必须针对学生的实际情况提出教学目标。教学目标是一篇（节）教材内容教学的行动纲领，是课程标准的具体落实，也是一节课的出发点和落脚点，所以必须写得具体、明确、恰当、适中，有指导作用，要防止出现笼统或琐碎、偏高或偏低的现象。

4. 教学重点和难点分析

从本节课的教学目标出发，确定教学重点和难点，这有利于实现教学目的。在编写教案时，要在系统讲述的过程中，突出重点，解决难点，教师的作用贵在从教学重点和难点上启发学生积极思维，培养和发展学生的智能。教学重点是指教材中最基本、最重要的核心部分，各科教材中的基本概念、基本原理、基本定律、重要方法和公式等都是其重点，它们是学习后继内容的基础，具有常用性和应用性。教学难点是指学生学习困难所在，学生在学习上的困难经常是其对问题不理解。教学难点包含两层意思：一是学生难以理解和掌握的内容，这些在教学参考资料中大都做了提示；二是学生容易出错或混淆的内容。难点不是绝对的，学生的情况不同，难点也有变化，对甲班是难点的内容，对乙班可能是比较容易接受的，应视个体情况来分析。

我们应当认识到，上述二者虽有区别，但又是互相联系的。有些内容既是难点，又是重点，还是关键点。重点并不一定都是难点，难点从知识的重要性角度来看也不一定都是重点。对于重点、难点、关键点这三者，要区别对待，其教学策略是："突出重点，突破难点，抓住关键"。

5. 教学步骤的安排

教学步骤即教学过程展开时体现出来的一些较为明显的环节。一般而言，教学过程主要包括：导课、讲授新课、巩固练习、拓展归纳、布置作业等步骤。

6. 板书、作业与评价方式的设计

教案中要设计好上课的板书，板书设计要尽量体现编者的用意、作者的思路，并符合学生学习理解的心理，通过教师的精心设计，把传播与吸收结合在一起，形成有机的统一体。教师还要注意写课后回忆，在每节课后，进行及时的总结与反思，为以后的教学总结经验，积累资料，这是提高教学水平的有效措施。教案也要对作业、学习效果评价等方面的内容进行设计，以获得更多的反馈信息，有助于更好地开展教学。

除了以上最基本的要素之外，一份完整的教案还可以对教学方法、教学媒体等进行分析，也就是在教学过程中采用什么方法，编写教案时要考虑清楚并具体写明。教师各有各的特长，教学方法的选择要扬长避短、讲究实效；教学媒体的选择是指上课时教师需用的各种教学仪器、挂图、实验用品等的准备，要写清楚，以防止遗忘，并在使用前做好检查和试用，以确保课堂上的成功利用。还有，教案最后也可以有"留白"，以便课后进行反思。一节课结束后，教师要针对这节课的得失进行总结和反思，这些内容就可以写在"留白"之处。因此，完整的教案要给教学反思留出空间，这也提醒教案的设计者时刻牢记：只有不断进行教学反思和改进，才能不断提高自身的专业素养。

关键术语

课程开发；教学设计；目标模式；过程模式；情境模式；行为主义；认知主义；建构主义

讨论与探究

1. 从小学的课程中选择一个内容主题，就如何进行目标模式和过程模式的课程开发，进行阐释与分析。

2. 结合小学生的认知和情感特点，分析小学课程开发和设计应当关注的主要方面。

3. 试评析不同的课程设计取向，并基于自身的相关经历，对这几种不同的课程设计取向如何在实际课程与教学活动中得以体现进行分析与说明。

4. 分析教学设计的本质，从自身经历出发，对"教学设计就是教学问题的不断解决"进行举例说明与分析。

5. 试分析现代教学设计的基本特点,并从自身的教学经历出发,谈一谈应当如何在具体的教学实践中体现这些特点。

6. 试探讨不同类型教学设计模式之间的内涵差异,特别就小学阶段应如何进行建构主义教学设计谈谈自己的认识与看法。

教案分享

"公民身份从何而来"教案①

课题	公民身份从何而来				
学科	道德与法治	**学段**	小学	**年级**	六年级第一学期
教材	《道德与法治》(人民教育出版社)				

教学背景分析

学习内容分析:本课是"公民意味着什么"的第一课,目的在于引导学生了解自己的身份可能因不同的场合而变化,但作为"中国公民"的身份则不会改变。帮助学生理解法律所规定的"公民"身份的含义,引入国籍的知识,懂得判断公民身份的方法;通过介绍世界历史知识,引导学生珍惜自己的公民身份,并感受公民与祖国的密切联系。

学生情况分析:六年级学生对"公民"这个概念有一定的主观认知,但大多不懂得公民和国籍的双向连接关系,以及"公民"背后所隐含的权利与义务、公民与国家的密切联系。

教学方式:体验式教学。

教学手段:多媒体演示、活动体验、分享交流。

技术准备:搜集相关素材制作教学课件;设计学生活动学习单。

教学目标和重点难点

教学目标:

1. 理解公民的内涵,感受社会的进步。

2. 知道公民身份与国籍密切相关。了解国籍的取得方式:一是以出生的方式取得;二是以申请加入的方式取得。

3. 明确公民身份的意义,感受公民与国家的密切关系。

教学重点:知道国籍的取得方式。

教学难点:理解公民的含义,感受公民与国家的密切关系。

教学过程(文字描述)

一、导入:身份大搜索

1. 想一想,你都有哪些身份?

小学生、孩子、顾客、乘客……

2. 机场的边检处设有"中国公民"和"外国人"通道。

3. 引入课题"公民身份从何而来"。

二、新授环节

活动一:"公民"的前世今生

1. 公民,这个概念最早出现于古希腊。快速阅读教材第24页的"活动园"栏目内容,并完成任务。

小组合作,梳理不同时期"公民"的含义。

① 本案例作者为北京市东城区史家胡同小学教师李乐。

（续表）

2. 通过“公民”含义的梳理，你发现了什么？

3. 中国公民：凡具有中华人民共和国国籍的人都是中华人民共和国的公民。（《中华人民共和国宪法》第三十三条第一款）

活动二：“户籍民警”我来当

1. 要求：根据资料判断下列人员是否可以取得国籍，并说明理由。

小芳：祖祖辈辈生活在中国，出生在北京。

小明：爸爸是美国人，妈妈是中国人，在中国出生。

小天：妈妈是英国人，爸爸是中国人，在英国出生，拥有英国国籍。

2. 案例：华天归化。华天，1989 年 10 月 25 日出生于英国伦敦，中英混血儿。2008 年放弃英国国籍，加入中国国籍，现为国家马术队男运动员。华天是通过什么方式取得中国国籍的？

3. 除了以出生的方式取得国籍外，法律规定外国人或无国籍人，愿意遵守中国的宪法和法律，并具备一定条件，可以经申请批准加入中国国籍。

活动三：我和我的祖国

1. 作为中国公民的你，遇到下列情景时……

在升国旗时，我会……

在祖国生日时，我会……

在接待外宾时，我会……

在出国旅游时，我会……

在奥运会赛场上，我会……

在联合国会议中，我会……

中华人民共和国公民有维护祖国的安全、荣誉和利益的义务。（《中华人民共和国宪法》第五十四条）

2. 当身处国外遭遇下列突发状况时，你会怎么办？

遇到危险……

意外事故……

突发疾病……

3. 在海外，当中国公民遭遇意外，生命受到威胁时，祖国会怎么做呢？

4. 祖国始终保护着你。护照是我们在海外证明中国公民身份的有效证件。

“中华人民共和国外交部请各国军政机关对持照人予以通行的便利和必要的协助”。

5. 2014 年 9 月 2 日，中华人民共和国外交部全球领事保护与服务应急呼叫中心“12308”24 小时热线电话正式开通。

在国外如何拨打应急呼救电话？

0086 + 10 + 12308

三、总结提升

1. 通过今天这堂课的学习，你有哪些收获？

2. 课后练习：练习教材第 30 页“活动园”栏目中的内容。

板书设计：

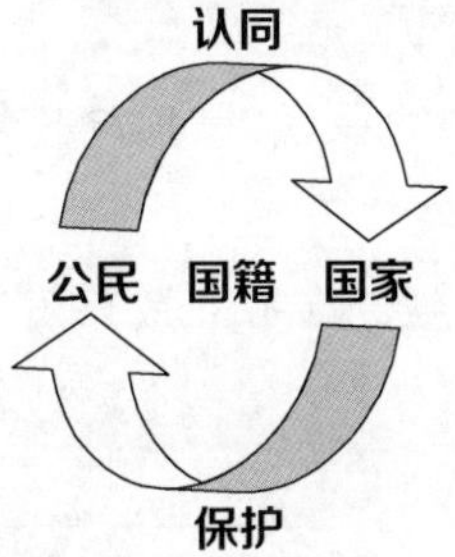

(续表)

学习效果评价设计

评价方式:

评价指标及标准	优	良	再努力
表达水平	清晰准确,有自己的独立见解	清晰准确	不够清晰准确
合作水平	引领小组合作并解决关键问题	参与小组合作并解决一般性问题	参与小组合作

本教学设计的特点分析

一、遵法守法,注重培养学生的法治思维

在教学中,教师帮助学生理解法律所规定的"公民"身份的含义,引入国籍的知识,同时通过角色扮演引导学生依据相关的法律法规判断是否可以取得国籍,获得公民身份,提升法治思维,养成遵法守法的行为习惯。

二、德法兼修,注重培养学生的公民意识

"公民"身份的确立,除了法律上有关"国籍"的规定之外,"公民"与"国家"更是密切相关。在教学中教师通过选取典型的案例,设置情景等方式引导学生体会公民与国家的息息相关,从而知道自己的一言一行不仅代表个人,更是国家的一张名片,而国家也从不同方面保护着每一个公民,从而提升学生的公民意识。

此外,"公民"始终与权利和义务相联系,在教学中也可以有意识地渗透权利和义务意识,为之后的学习奠定基础。

进一步阅读的文献

1. 蔡清田.核心素养与课程设计[M].北京:北京师范大学出版社,2018.

2. 黄甫全,吴建明.课程与教学论[M].北京:中国人民大学出版社,2019.

3. 杨明全.课程论[M].北京:中国人民大学出版社,2016.

4. 余新,尹春燕.以学生为本的小学教学设计[M].北京:化学工业出版社,2023.

5. 曾用强.小学教学设计与实施[M].广州:华南理工大学出版社,2019.

6. [美]John D. McNeil.课程导论(第六版)[M].谢登斌,陈振中,等译.北京:中国轻工业出版社,2007.

7. [美]Leigh Chiarelott.情境中的课程:课程与教学设计[M].杨明全,译.北京:中国轻工业出版社,2007.

8. [美]R. M.加涅,等.教学设计原理(第五版修订)[M].王小明,等译.上海:华东师范大学出版社,2018.

小学课程与教学的目标和绩效

• 学习目标

1. 了解课程目标与教育目标、教学目标、学习目标之间的逻辑关系以及我国近现代小学课程目标的嬗变历程。

2. 理解课程目标、教学目标和学习目标的内涵、价值和意义。

3. 了解课程目标的类型、取向、层级和表述方式，理解课程目标的制定和要求。

4. 了解教学目标的类型与层级，理解教学目标的制定和要求，掌握教学目标设计的两种模式，能熟练应用在课时计划的编写中。

5. 了解课程与教学目标绩效的内涵，理解实现课程与教学目标绩效的条件，尝试分析我国当下小学课程与教学目标绩效存在的问题。

人类进入 21 世纪，一些全球性的大趋势，如数字化、气候变化、人工智能的进步等挑战正促使教育的目标和方法发生根本性变革。对于任何一个个体而言，不论你的出生地在哪里、成长的境遇如何，也不论你对未来职业规划以及追求的理想是否与众不同，每一个个体绝非一个孤立的存在，必须通过学习不断完善自我，与这个世界建立丰富的联系，表达对人类多元文化社会发展问题的深度关切，具备一个世界公民的基础素养——核心素养，习得适应和变革真实世界的能力，学会与这个世界和谐共处。

2015 年经济合作与发展组织(Organization for Economic Co-operation and Development，简称 OECD)启动了“教育 2030：未来的教育与技能”项目，项目中包括“面向 2030 的学习指南”讨论，旨在开发一种新的学习框架，描述需要用什么样的能力来塑造未来的一代。学习框架包括知识、技能、态度与价值观，个人与社会的福祉、变革性能力，通过反思、预期和行动的过程，调动知识、技能、态度与价值观，以便发展与世界交流所需的相互关联的能力。

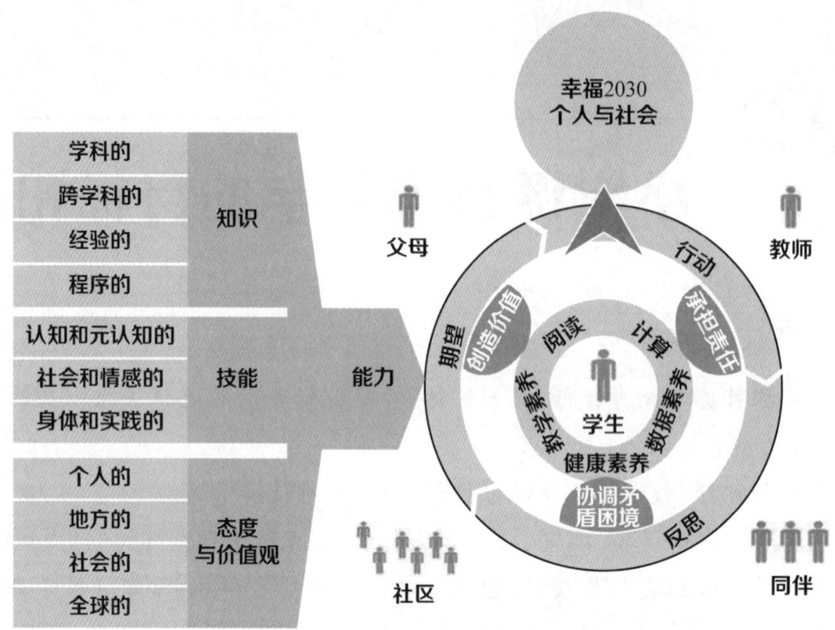

图 3-1 OECD 发布的《面向 2030 的学习指南》框架内涵

第一节 小学课程与教学目标概述

一、课程目标、教学目标和学习目标的内涵

在课程与教学论中,关于课程目标、教学目标和学习目标的理论通常是非常重要的部分,而且也经常作为一个相对独立的领域出现。目前,对于上述三个概念之间在层次、内涵和关系的界定上还存在较大的差异。在英文中,关于"目标"的单词有"target""purpose""aim""goal"和"objective"等。其中"target"的含义是被瞄准或击中的靶子或标的;"purpose"的中心意思是指人们努力达到或实现内心一直念想的、已经存在的事物,可概括为"意图";"aim"的意思是"把某物指向预期的目的或目标,即瞄准但不一定能射中";"goal"是努力指向志在必得的直接目标,像足球射进门有"中了得分"之义;"objective"是努力争取或设想获得的结果。除了"target"之外,其他四个单词常常与课程(curriculum)一起组合并翻译为"课程目标"。"curriculum aims"往往理解为课程的总体目标,与我国教育领域讨论的"教育目的"或教育政策中提出的"教育方针"基本一致;"curriculum goals"比"curriculum aims"更为具体直接,可以作为后者的下位概念,理解为学科的或学习项目的课程目标,是总体课程目标在特定学科或学习领域里的反映和体现,比如"小学语文课程目标""综合实践活动课程目标"等就属于这一层次;"curriculum objectives"是将"curriculum goals"所指的目标进行分解、细化、具体化,是针对具体课程内的某一单元或某一节课而言的,这一层次与教学目标和

学习目标联系紧密，如“小学语文作文教学目标”。本章讨论的课程目标、教学目标和学习目标，也是在上述层面展开的。

（一）课程目标

学校教育的根本任务是立德树人，这是由教育的“成”人功能决定的。教育“成”人功能的内涵可以通过时间和空间两个维度来考察：一是教育贯穿个体整个生命过程，教育是人类种群得以延续的整个过程；二是教育成为人类生命存在的方式，人类生命的内容、过程、方式、质量都是通过教育实现的。因此，可以进一步讲，“成”人既是教育的基本功能，也是学校教育的育人目标追求，这一目标需要借助课程作为手段、媒介或载体对学生的发展施加正向影响来实现，从而彰显课程的育人价值，发挥课程的育人功能。一方面，课程设计以课程目标、课程内容、学习活动方式与活动空间作为实现教育目的的支持性要素条件；另一方面，课程存在的价值和意义在于促进学生身、心、灵全面发展，创设学习机会支持学生早期学习模型的建构与发展，成为终身学习的迭代基础。因此，课程是学校教育领域中具有丰富内涵的相对独立的研究范畴。

从课程过程的环节来看，课程目标、课程内容的选择与组织、课程实施和课程评价共同构成完整的课程开发过程。在课程开发过程中，课程目标为课程内容的选择与组织提供方向，指导课程实施的过程，为课程评价提供依据；同时，课程目标在课程开发过程中又受到课程内容、课程实施和课程评价的影响而需要通过课程设计不断调整。因此，课程目标是课程付诸实践的方向和归宿，也是课程设计中的一个基本环节。课程设计由课程目标和课程内容的选择与组织两个环节构成，它包含于课程开发之中。

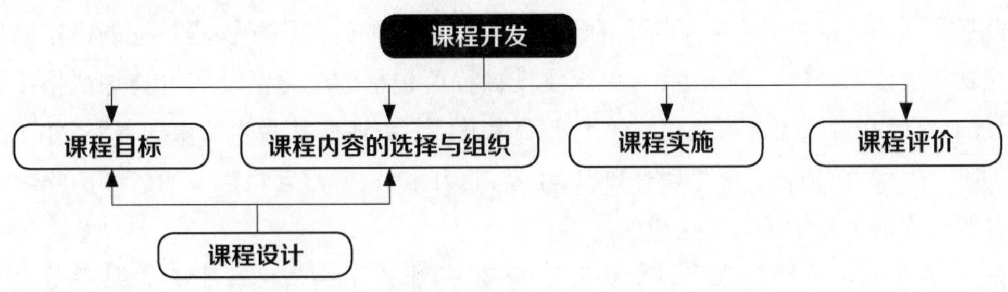

图 3-2　课程目标在课程开发与课程设计中的地位

从课程构成的要素来看，为了促进学生的成长和发展，要以学生为中心在研制、编制或开发课程时精选人类生活所必需的知识、经验和超验的信念等学习内容，如认知经验要素、道德经验要素、审美经验要素、健身经验要素和劳动经验要素等。对于上述课程要素，有学者进一步阐述：所谓“认知经验要素”，是指青少年学生需要掌握的基本知识、基本技能、基本能力和基本态度观念；所谓“道德经验要素”，是指青少年学生需要养成的社会公共道德，最基本的价值观和行为规范；所谓“审美经验要素”，是指青少年学生需要具备的高尚的、健康的关于审美的基本知识、基本技能和基本观点；所谓“健身经验要素”，是指青少年学生需要具备的有益于健身的基本知识、基本技能和良好的运动习惯；所谓“劳动经验要素”是指青少年学生需要具备的关于劳动的基本知识、基本技能、基本态度和热爱劳动的情感①。因此,从这种意义上讲,课程目标体现了学校为"培养有理想、有本领、有担当,德智体美劳全面发展的社会主义建设者和接班人"②奠定"世界观、人生观、价值观"三观基础的育人目标,同时彰显新时代以"发展学生关键能力、必备品格和价值观念"为核心素养的学校课程改革目标。在课程实施环节,以能力取向的核心素养成为"知识、技能、态度与价值观"等核心要素的集成者,通过内容(what)和方法(how)的统领形成概念性理解,促进学生在课程、教学、学习活动过程中对课程要素的重新组织、理解、概括、迁移、建构和转化,使得学习目标与课程目标在课程开发的内在逻辑上具有一致性和同构性。

从课程研究的历史来看,在课程论还没有成为一个独立的研究领域之前,早期人们是从教育目的、教育目标的层面来把握和处理"课程目标"的。美国课程论专家博比特在其被称为课程论诞生标志的《课程》一书中,着眼于人对未来生活的适应和准备,明确提出了以人的能力、态度、习惯、鉴赏和知识的形式构建课程目标的概念。他认为:"人类生活无论怎样的不同,均包含着特定活动的表现。为生活做准备的教育,就是明确且适当地为这些特定活动做准备的。这些活动无论因社会阶层的不同,量有多大,差异有多大,都是可以发掘出来的。这只需要我们置身于事务的世界,并发掘出这些事务所包含的特别成分,它们就将显示出人们需要的能力、态度、习惯、鉴赏和知识的形式。这些就是课程的目标。"③

博比特在他的《怎样编制课程》一书中,以"活动分析"阐述了他的课程开发模式,即把人类完美社会生活的活动分析为具体的、特定的行为单元,课程编制过程包括人类经验的分析、职业分析、派生目标、选择目标、制定详细计划等流程。博比特的课程编制模式提出了课程目标的重要性,在模式的五个步骤中,前面四部分是有关目标的制定和选择的,这些思想对于此后的课程论的发展产生了巨大的影响。这个模式的缺陷在于课程目标的确定和选择完全是从对成人活动的分析入手的,由于实现课程所包括的学习活动和机会是严格按照目标设计的,这就在实际上严重脱离了学生实际状况,将"为适应社会生活做准备"当作了决定课程的唯一因素,而悬置了学生现有知识、经验、能力水平、学习动机以及通过亲历学习经验或体验等过程的可能学习目标达成度。

随后,在博比特倡导的课程科学化改革运动中,出现了一位极有影响的课程研究领导者——查特斯。1923年,查特斯出版了《课程编制》一书,并提出了工作分析模式的课程编制理论,这与博比特的课程开发理论具有内在的一致性。所谓"工作分析"就是"弄清某一工作和实现这种工作而形成的结构的各个部分之间逻辑关系的分析",重视从分析成人的职业活动中得出课程目标,重视目标在课程编制中的作用。他认为,课程目标是由逻辑对应起来的工作和完成该工作的结构两个部分组成的。在他看来,课程就像人体的组织和器官一样,其结构决定其功能。

---

① 吕达.课程概论[M].北京:人民教育出版社,2004:151—152.

② 中华人民共和国教育部.义务教育课程方案(2022年版)[M].北京:北京师范大学出版社,2022:2.

③ BOBBIT J F. The curriculum [M]. Boston: Houghton, 1918:42.

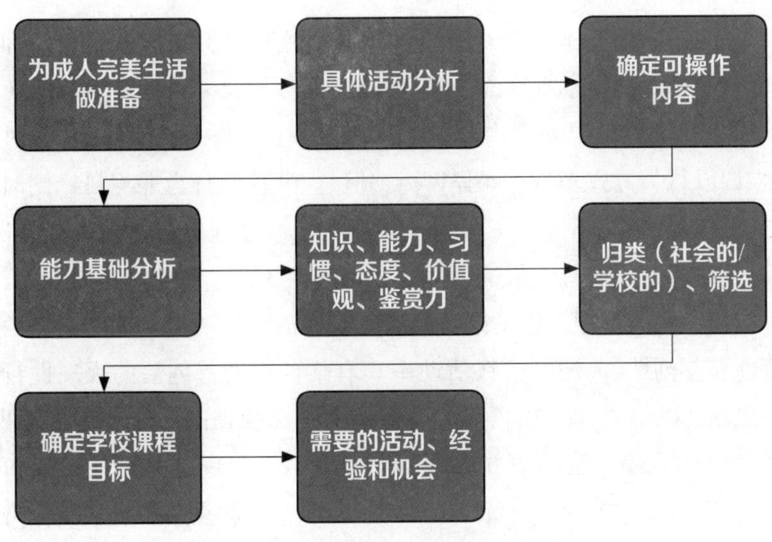

图 3-3 博比特确定学校课程目标的流程

在制定课程目标时，查特斯主张理念(ideals)(或译作“观念”)与活动是构成课程目标不可或缺的两个组成部分。他认为，理念无法从对人类职业活动的工作分析中提炼出来，但关系到人类的长远幸福，可以看作是具有可观察到的结果的目标，即行动标准，应当成为课程目标。因此，对于课程工作者而言，首要任务是“发现人们必须做些什么，然后向他们展示如何去做”。每个教育工作者都希望把理念注入到学生的生活中去，这就需要了解适用于理念的各种活动，并要分析选择出来的理念在学生活动中运用的情况。在编制课程时，除了重视对成人社会活动的分析外，还应考虑和论证其他因素，如考虑各类社会人士对课程目标的看法，了解学生的需要。查特斯将理念作为课程目标；强调系统知识，要求教材对生活有用，能够激发学生的学习动机；强调通过职业活动的工作分析直接得出的课程目标可能无法将某些学科包括进去，但由于这些学科与应用型学科存在相互联系，所以仍然需要。

在工作分析中，查特斯注重考察学生在学习过程中容易出差错的地方，以便所选择的课程内容能够克服或纠正它们。在这里，重要的不是获得正确的结果，而是充分体验通往正确结果的种种可能。所以，在查特斯看来，“编制课程的目的是要克服达到目标时所遇到的困难，而不是要达到目标”。由于学生在学习中所犯的错误和所遇到的困难，“在决定课程与教学的重点应放在哪里时起重要作用”，因此，在工作分析法中，他主张采用错误分析法或困难分析法。

查特斯的课程编制模式是：“首先必须制定目标，然后选择课程内容，在选择过程中，始终根据目标对课程内容进行评价。”查特斯把制定课程目标的过程归纳为以下 7 个步骤：①通过研究社会背景中的人类生活，确定教育的主要目标。②把这些目标分析成各种理念和活动，然后再把分析继续设计成教学单元层次。③按其重要性加以排列。④把对儿童有很大价值，但对成人价值不大的理念和活动，提到较高的位置。⑤删除在校外能学得更好的内容，然后确定在学校教育期间能够完成的最重要的内容。⑥收集处理这些理念和活动的最佳做法。⑦根据儿童心理特征合理安排内容。

泰勒在《课程与教学的基本原理》中指出,每一个课程目标均应包括行为和内容两个方面,即课程目标的制定既能使学生养成一种具体的行为,而且要指明这种行为可能运用的生活领域。由于课程工作者对于课程内容的过度关注,往往忽视了课程主体的行为表现,因此,泰勒特别强调以行为方式来陈述课程目标。但是,泰勒的行为课程目标同时提出一个问题:以行为方式呈现课程目标时,这一行为是学生在学习过程中自然习得还是成人(主要指教师)或社会对学生行为的期待或预备?

美国学者艾斯纳认为课程目标是指学生从事某种活动后所得到的结果。由于他强调课程目标的独特性和首创性,关注学生在活动中具有某种程度首创性的表现性行为,因此,这种结果绝非事先规定的结果,而是学生对环境适应性应激反馈的一种表现性结果。

到了当代,人们对课程目标含义的揭示越来越深入。奥利瓦分别从中观和微观两个层次定义课程目标,中观层次的课程目标(curriculum goals)"就是用没有成就标准的一般性术语表述的趋向或结果,即课程规划者希望学生在完成了一个特定学校或学校系统的课程计划的部分或全部后,达到这一趋向或结果";微观层次的课程目标(curriculum objectives)"就是用具体化的、可以测量的术语表述的趋向或结果。课程规划者希望学生在完成了一个特定学校或学校系统的课程计划的部分或全部后,达到这一趋向或结果"[①],这里的课程目标更倾向于指课程结果。由此可见,课程目标是课程规划者预设学生学习的趋向或结果,该学习趋向或结果用一般性的、抽象的术语来表达;课程结果是指向学生学习活动展开之后的学习趋向或结果,该学习趋向或结果用具体化的、可以测量的术语来表达,在内涵上与课程目标统一,在逻辑上与学习目标一致。

黄政杰从学校课程的计划性和组织性出发,把课程目标与学习结果统一起来,他认为课程目标是"课程设计的方向或指导原则,是预见的教育结果,是学生经历教育方案的各种教育活动后必须达成的表现"[②]。简言之,在黄政杰看来,课程目标就是学生习得行为的表现形式。廖哲勋也从教育目的的视角提出,"课程目标是一定阶段的学校课程力图促进这一阶段学生的基本素质在其主动发展中最终可能达到国家所期望的水准。换言之,课程目标是一定学段的学校课程力图最终达到的标准"[③]。

由上可见,小学课程目标属性有三层含义:①方向性成整体性。把课程目标与教育"成"人的基本功能和学校教育的育人目标联系起来,致力于学生身、心、灵健全人格的发展。②平衡性。注重学生知识、经验和能力的习得,夯实学生的学力基础,发展学生的基础性学力,促进具有生产力的学习模型的建构、生成和发展。③关系性。通过学生与环境之间的相互作用进行自我调节,在丰富学生对世界的感知、觉知和认知方式的基础上,养成良好的生活习惯,端正学习态度,习得基本技能,发展成熟型思维,锻炼关键能力,养成必备品格,提升

---

① OLIVA P F. Developing the curriculum [M]. 3rd ed. New York: Harper Collins Publishers, 1992:259 - 261.

② 黄政杰.课程设计[M].台北:东华书局,1991:186.

③ 廖哲勋.课程学[M].武汉:华中师范大学出版社,1991:84.

认知水平，促进学生自我意识的发展和学习行为的转变，达到知行统一、学以致用、用其所学、学用结合、勇于尝试、学会创造，以增强学习效能，实现课程育人。

(二) 教学目标

对于教师而言，使用教学目标有助于引导、调控和评价教学的过程。它能够提供一个更为清晰的方向，并克服那些尚未考虑清楚的模糊思想。换言之，它能帮助教师选择合适的教学内容、教学策略、学习资源、学习环境和评估方式，也能让教师向校长、家长和教育主管部门及教育督导人员说明其应承担的责任。

教学目标是教学过程中师生预期达到的学习结果和标准，也可以被理解为教师“教”与学生“学”的目标。有人认为教学目标的内涵是有层次差异的，“教学目标可以是一门课程或一门学科的，这样的目标一般用非常概括的语言陈述，在英文中用‘goal’表述。而教师设计教案时常用的教学目标是用非常具体的语言陈述的，在英文中用‘objective’表述。后一种目标的功能主要是指导教学方法、技术、媒体的选择与运用，指导教学结果的测量与评价，指引学生学习”[①]。正如前文所述，后一种教学目标更接近于学习目标的内涵，以体现“教—学—评”一致性，通过课堂教学达成教学目标是教师和学生共同面临的课题。

教学目标是指教学活动所预期达到的质量规格和标准，它与学校课程目标一样，都是学校培养目标的重要组成部分，是为实现课程目标达成教育目的而设置的主要目标。简言之，教学目标是进一步细化、具体化的教育目的。从课程设计者、开发者、研制者或管理者的角度来说，教学目标是学生学习所要达到的结果；从教师的角度来说，教学目标是课程目标细化后在教学中设计的意图及体现，是教的目标；从学生的角度来说，教学目标是学生通过努力可以达到的行为标准或习得的结果，是“学”的目标和“习”的结果。

在课程目标确定后，要用一种最有助于学习内容和指导教学过程的方式来陈述教学目标。在泰勒那里，课程目标、教学目标和学习目标是完全一致的，他认为最有效的教学目标是“既指出要使学生养成的那种行为，又言明这种行为能在其中运用的生活领域或内容”。也就是说，每一个教学目标都应该包括“行为”和“内容”两个方面。一般来讲，“内容”是教师教学中最为关注的课程问题，“行为”则往往在教学中被忽视。所以泰勒对教学目标理论的贡献正在于他强调以行为方式来陈述教学目标，从而为研究课程目标的实现与教学行为之间的相关性提供了方向。

布鲁姆从测量和评价的角度阐述“以行为方式陈述教学目标”的理论依据，提出以下主张：①应当用学生外显的行为来陈述教学目标。因为制定教学目标是为教学提供可操作性的依据和客观的评价，而不是去表述教学的理想、愿望。只有具体的、外显的目标才具有可操作性和可测量性。用一个公式表示的话，那就是：“目标—行为—评价技术—测量问题”。②教学目标是有层次结构的。教学目标应当由简单到复杂按序排列，后一类目标建立在前一类目标的基础之上。用一个公式来表示的话，那就是：“A 式行为类—AB 式行为类—ABC

---

① 皮连生.学与教的心理学(第五版)[M].上海：华东师范大学出版社，2009：226—228.

式行为类”。③目标分类学是超学科内容的。不论哪一门学科、哪一个年级,都可以把目标分类学的层次结构作为框架,加入相应的内容。

1962 年,马杰在他的关于行为目标的经典性著作《制定教学目标》(*Preparing Instructional Objectives*)中也提出了教学目标的构成。他认为,教学目标必须包括三个组成部分:①学生外显出来的行为表现;②能观察到的这种行为表现的条件;③行为表现的公认准则。

由上可知,无论是布鲁姆还是马杰,他们都要求教学行为目标具有外显性、具体的可操作性和可测量性以及明确的可评价性,而教学情感目标由于主体性参与和价值预设凸显其体验性和内隐性的属性。

 **案例 3-1**

教学目标的性质

——以统编版《语文》一年级上册《雪地里的小画家》为例

教学目标:

(1) 会读 11 个生字词,会写“儿”“用”和“鱼”三个字,认识两个偏旁“虫”和“目”。

(2) 能借助汉语拼音正确流利地朗读课文,背诵课文。

(3) 了解课文内容,知道并描述小鸡、小鸭、小狗、小马这四种动物的爪(蹄)子的不同形状以及青蛙冬眠的特点。

(4) 通过感受冬天冰雪世界的晶莹剔透,体验大自然的美好。

教学目的:

(1) 外显性。通过“会读、会写、会认、会背、会说”的具体行为将教学目标外显化。这些外显的行为在实际课堂教学情境中可以借助观察作为评价的依据。

(2) 可操作性和可测量性。小学低学段语文的教学重点要落实在“口语教学”上,它不仅是培养学生语感的手段,也是发展学生情感能力的基础和环节。通过教师示范,分组朗读、黑板抽查书写等教学手段,了解教学目标的完成情况。

(3) 可评价性。对该节教学目标中的五个外显行为的测量,可以参照不同性别的学生在朗读节奏、书写笔画顺序、偏旁造字、口语表达清晰度等公认的准则评价学生该节课的学习结果。

(4) 体验性和内隐性。通过朗读课文,体验韵文富有童趣而纯真的儿童语言特点,将热爱自然、亲近自然的情感潜移默化地积淀在学生幼小的心灵里;对自然、对冰雪世界的切身感受,进一步拉近了人与自然的关系,不仅拓展了学生的活动范围,而且丰富了学生与世界之间的联系。

（三）学习目标

学习目标又称学习结果，是指学生在参与学习活动之后能够习得的经验以及发生重组之后生长的经验，这些经验可以引起行为、能力和心理倾向的比较持久的变化。这些变化不是因成熟、疾病或药物引起的，而且也不一定表现出外显的行为。不同学习理论流派因为对行为理解的不同而对学习目标的阐述存在差异。

在刺激—反应学习理论流派中，主张学习目标是教育者通过环境刺激引起受教育者行为的变化。这种变化是通过一种强化的手段，使受教育者（学生）的行为得以塑造或矫正而趋于一种合适的行为。

认知学习理论流派认为，学习目标是教育者根据学生已有的心理结构，提供适当的问题情境，在学生解决问题的过程中掌握一般的原理，促成学生能够将学到的内容迁移到解决新问题的情境中。

认知—行为主义学习理论流派也称作折中主义学习理论流派，该流派认为学习目标是教育者提供环境，使学生在解决新的问题情境中，通过试误或顿悟逐渐养成良好的习惯，获得认识个体和世界关系的认知结构。

在人本主义学习理论流派看来，学习的终极目标是成为一个完善的人或完整的人（the whole person）。学习目标在于积极学习、情感熏陶和良好人格塑造。因此，具体的学习目标是在教育过程中，教育者为学生提供充分的学习机会，使学生在学习过程中不断习得认识自我的经验，这些经验能够帮助学生发现他自己独特的品质，发现自己作为一个人的特征并努力成为自己想成为（becoming）的人。

进入 21 世纪，学习理论虽层出不穷，但这些理论从不同角度阐释了学习机制和特征，这些理论指导下的学习目标，即为当今社会要求的人才规格要求，即主要包括掌握核心学科知识、批判性思维和复杂问题解决、团队协作、有效沟通、学会学习、学习毅力等方面[①]。由上可见，学习目标是学生通过学习活动企图实现的学习效果或期待的行为表现，它与社会要求、个体求知的主观意愿和情感需求交织在一起。在这里，学习效果或期待的行为表现是通过学业质量标准体现的，而学业质量标准是落实核心素养落地的体现。因此，学习目标的确定与核心素养导向的课程目标的内在逻辑是一致的。确定学习目标需要考虑学生的学习需求、学习动机、学习环境和学习效能感等因素，也要考虑核心素养导向的课程目标。本章将在后续部分作较为详尽的介绍。

二、课程目标、教学目标和学习目标之间的关系

课程目标、教学目标和学习目标是关系十分密切的三个概念，它们之间既有区别，又相互联系。从课程目标到教学目标、学习目标，是一个从概括到具体、从抽象到具象、从少数到多数不断转化、呈现、增加的过程，三者都是教育目的和培养目标的具体化、客观化，都是以

---

① 李泽强，李静．多学习理论融合视角下的深度学习目标和学习方式[J]．教育教学论坛，2024(6)：47—50.

教育目的为总目标,以培养目标为具体指导,把学习目标作为最后的学习结果,在各自范畴内提出适应社会、适应学科、适应学生个性发展的教育教学要求,它们都具有内容和行为两个方面的表征,为课程、教学和学习的开展提供了方向、标准与评价依据。

(一) 课程目标是教育目的的体现

教育目的是指教育所要培养的人的质量和规格的总要求,即解决把受教育者培养成什么样的人的问题。从形式逻辑来看,课程总目标与教育目的在概念的内涵与外延上完全一致。

早在 20 世纪 70 年代,面对科学技术革命与社会经济发展新形势向教育提出的挑战,联合国教科文组织国际教育发展委员会编写了《学会生存——教育世界的今天和明天》(*Learning to Be*: *The World of Education Today and Tomorrow*)报告。该报告回顾了教育发展的历史,重点论述了当时世界教育所面临的挑战,提出了实现教育革新的一些策略和途径;提出了教育的四大支柱是:学会做人、学会做事、学会学习和学会与他人共同生活(亦称学会生存)的终身教育思想。"四个学会"乃课程目标追求的最后结果,与培养有理想、有本领、有担当的社会主义建设者和接班人的育人目标一致,体现了核心素养能力导向的课程目标集"正确的价值观、关键能力和必备品格"于一体的素养本质特征,最终指向"培养什么样的人""如何培养人"以及"为谁培养人"的教育根本问题。

课程总目标与教育目的在概念的内涵与外延上是统一的。教育目的明确育人目标和方向,由教育法中的教育方针所规定。课程总目标分解为下属不同类型的课程分目标,这些分目标是教育目的的分化,以核心素养为导向,最终以落实立德树人根本任务为宗旨,主要通过学科分科课程与综合实践活动课程两大典型课程范型的课程目标来表述和实现。学校课程体系主要由学科分科课程与综合实践活动课程两大类型构成,前者重在学科知识的概念性理解、概括、使用和迁移,借助课堂教学,建构学科概念、思想、方法体系,落实与发展学生学科素养;后者重在跨学科知识的应用和迁移,以现实中挑战性问题或任务为驱动,在真实情境中培养学生创造性解决问题的创新精神和实践能力。

(二) 教学目标是连接课程目标和学习目标的中介

教学目标是关于教学将使学生发生何种变化的明确表述,是指在教学活动中所期待得到的学生的学习结果和亟待解决的学习问题。在教学过程中,教学目标起着十分重要的作用。教学活动以教学目标为导向,且始终围绕实现教学目标即追求学生学习结果而进行学习任务的设计、组织和实施。

教学目标作为课程育人价值的载体,通过切入并丰富学生的经验系统,帮助学生建构人类知识的完整图景,促进概念理解、知识应用和智慧能力的全面发展,实现从知识向智慧的转化。无论什么学科或课例,教学目标的设计都应当涉及以核心素养为目标导向的课程内容,即包括"正确价值观、关键能力和必备品格"三大育人要素所对应的"学什么"(what),以及基于学生学习的视角,从学生现实经验、能力水平出发的、适应和挑战学生学习方式的"如何学”。与其他目标一样,教学目标是教师在教学之前对学生学习结果和学习方式的预想或预期,只是这一预想或预期是根据课程目标中内涵的认知价值、社会价值和伦理价值,以及基于学生的立场或学习视角来设计的,是学生通过教学所获得的变化,达成个体在认知、理解、能力和品格的适性发展,即通过教学要让学生学会什么,或者说要把学生如何带到“哪里”去①。

因此,从上述意义讲,教学目标是连接课程目标和学习目标的中介。

(三) 学习目标是教育评价的依据

教育评价在学校层面的中心工作是课程与教学评价。课程评价从整体上把握学校育人方向、课程结构类型、教师发展和资源协调等内在逻辑关系;教学评价以教学目标或学习目标(结果)为依据,按照科学的教育质量标准或指标体系,运用有效的技术手段,对教学过程及结果进行测量、诊断、分析、反馈和引导,以持续改进教学系统工作,营造能保障学生身心健全发展的教育条件和环境。

学习目标又称学习结果。学生的学习结果即教育目标或核心素养,以学业质量标准达成度为测评依据,这一分类系统为教师在教学中区分不同教学目标和创造相应的学习条件提供了科学的测评依据。

由上观之:①课程目标为教学目标和学习目标的制定确立了总的方向,对教学目标和学习目标的制定起着调控作用,从育人立场和儿童视角确立“学什么”。教学目标和学习目标体现课程目标的具体要求,即课程目标通过教学目标而实现,从学生学习视角提出教学策略,即如何教授课程内容,通过学业质量标准的测评展现学习目标。②三者的制定主体往往不同。一般来说,课程目标由国家和课程专家制定,主要通过课程方案和课程标准文本形式体现制度层面的课程理想和课程要求;蕴含了对育人目标的理想画像,教学目标和学习目标则属于实践层面,教学目标主要由教学工作者——教师来完成,它不仅是课程目标的细化和具体化,而且是在对学科、社会和学生等方面充分了解和深入研究的基础上制定的,它不仅要考虑国家和社会的要求,更要考虑学生的个性特点及学生身心发展阶段的规律。③学习目标是通过教学活动,师生一起追求课程目标和教学目标的课堂转化,属于客观化、现实化、可观察、可测量的目标性结果。④三者的数目因其概括性的不同而有差异。通常而言,课程目标的数目要少于教学目标的数目,教学目标的数目要少于学习目标的数目。

三、我国近现代小学课程目标的嬗变

(一) 民国时期小学课程目标的演进

中华民国成立后,临时大总统孙中山任命蔡元培为教育总长。1912 年 9 月 2 日,教育部公布教育宗旨:“注重道德教育,以实利教育、军国民教育辅之,更以美感教育完成其道德。”9 月 28 日,教育部公布《小学校令》规定:“小学校教育以留意儿童身心之发育,培养国民道德之

① 刘震.基于课程价值的教学目标表述与制定[J].新课程研究,2018(2):3.

基础,并授以生活所必需之知识技能为宗旨。”①

在教学上提出了应该遵守的基本原则。各科教学都注重道德教育:“凡与国民道德有关事项,无论何种科目,均应注意指示”。重视生活上实用知识技能的传授:“知识技能宜择生活上所必需者以教授之,务令反复熟习,应用自如”。重视适应儿童身心发展程度:“儿童身体宜期其发达健全;凡所教授,必适合儿童身心发达之程度”。注意分别适应男女生的差异:“对于男女诸生,应注意其特性及将来生活,施以适当之教育”。注意各学科之间的联系:“各科目教授之目的方法,务使正确,并宜互相联络以资补助”②。

1922 年 11 月公布的《学校系统改革令》的教育宗旨(时称“教育标准”)为:①适应社会进化之需要;②发挥平民教育精神;③谋个性之发展;④注意国民经济力;⑤注意生活教育;⑥使教育易于普及;⑦多留各地方伸缩余地③。据此,1923 年 6 月制定公布了小学课程标准。

1929 年 4 月公布的教育宗旨是:“中华民国之教育,根据三民主义,以充实人民生活,扶植社会生存,发展国民生计,延续民族生命为目的;务期民族独立,民权普遍,民生发展,以促进世界大同。”④

随着教育法规和《国民学校法》的制定与颁布,学校发展走上制度化建设道路。国民政府时期小学课程标准几经修订。1948 年颁布的《小学课程标准总纲》中的教育总目标为:“小学要遵照《国民学校法》第一条:‘注重国民道德之培养,及身心健康之训练,并授以生活必需之基本知识技能’的规定,在课程中分别实施。”细则如下:

① 关于“国民道德之培养”的规定:发展中华民族固有的国民道德;培养爱国意识和大同理想。

② 关于“身心健康之训练”的规定:锻炼强健的体格;培养康乐的习性。

③ 关于“授以生活必需之基本知识技能”的规定:增进理解,运用书数和科学的基本知识、技能;训练劳动生产与有关职业的基本知识、技能⑤。

由上可见,这一时期的教育目的十分重视传统教育和现代教育元素的整合,目的在于为培养现代国家的合格公民奠定基础。

(二) 1949—1977 年小学课程目标的变迁

1949 年 9 月,中国人民政治协商会议通过了《中国人民政治协商会议共同纲领》,其中规定了中华人民共和国的文化教育政策,指出“人民政府的文化教育工作,应以提高人民文化水平,培养国家建设人才,肃清封建的、买办的、法西斯主义的思想,发展为人民服务的思想为主要任务”,“提倡爱祖国、爱人民、爱劳动、爱科学、爱护公共财物为中华人民共和国全体国民的公德”。

---

① 陈学恂.中国近代教育史教学参考资料(中册)[M].北京:人民教育出版社,1987:187.

② 中国第二历史档案馆.中华民国史档案资料汇编(第三辑·教育)[M].南京:江苏古籍出版社,1991:447.

③ 中国第二历史档案馆.中华民国史档案资料汇编(第三辑·教育)[M].南京:江苏古籍出版社,1991:102—103.

④ 教育部教育年鉴编纂委员会.第二次中国教育年鉴[M].上海:商务印书馆,1948:2.

⑤ 教育部教育年鉴编纂委员会.第二次中国教育年鉴[M].上海:商务印书馆,1948:209—210.

1957 年，毛泽东在《关于正确处理人民内部矛盾的问题》中提出了使受教育者在德、智、体几方面都得到发展，成为有社会主义觉悟的、有文化的劳动者的教育方针。

1958 年，毛泽东提出“教育必须为无产阶级政治服务，教育必须同生产劳动相结合”的教育工作方针。同年，中共中央、国务院发布的《关于教育工作的指示》明确指出教育目的是“培养有社会主义觉悟的有文化的劳动者”。在“大跃进”思潮的影响下，“教育大革命”在全国兴起，各级各类学校的师生员工离开学校到工厂和农村参加生产劳动，学校正常的教学秩序被打乱了。到了 60 年代初，中共中央提出了“调整、巩固、充实、提高”的八字方针以扭转局面，学校恢复了正常的教学。

这一时期的课程目标明确提出“培养什么样的人”“为谁培养人”以及“如何培养人”的教育方针问题。

（三）1978 年之后小学课程目标的发展

1978 年，《中华人民共和国宪法》中关于教育目的的表述为：“我国的教育方针是教育必须为无产阶级政治服务，教育必须同生产劳动相结合，受教育者在德育、智育、体育几方面都得到发展，成为有社会主义觉悟的有文化的劳动者。”党的十一届三中全会以来，改革开放及社会主义现代化建设事业的发展对教育事业提出了新的要求。国家制定了以经济建设为中心方针主导下的教育目的：“坚持德智体全面发展、又红又专、知识分子与工人农民相结合、脑力劳动和体力劳动相结合的教育方针。”

1982 年，第五届全国人民代表大会第五次会议通过新的《中华人民共和国宪法》，规定“国家培养青年、少年、儿童在品德、智力、体质等方面全面发展”，以此作为教育目的的表述。

1985 年，全国教育工作会议在北京召开，会议讨论了《中共中央关于教育体制改革的决定》，提出要“为 20 世纪 90 年代以至下世纪初叶我国经济和社会发展，大规模地准备新的能够坚持社会主义方向的各级各类合格人才”，规定这些人才“应该有理想、有道德、有文化、有纪律，热爱社会主义祖国和社会主义事业，具有为国家富强和人民富裕而艰苦奋斗的献身精神”，“应该不断追求新知，具有实事求是、独立思考、勇于创造的科学精神”。

1986 年，第六届全国人民代表大会第四次会议通过的《中华人民共和国义务教育法》规定：“义务教育必须贯彻国家的教育方针，努力提高教育质量，使儿童、少年在品德、智力、体质等方面全面发展，为提高全民族素质，培养有理想、有道德、有文化、有纪律的社会主义建设人才奠定基础。”

1995 年，第八届全国人民代表大会第三次会议通过的《中华人民共和国教育法》规定，以“培养德、智、体等方面全面发展的社会主义事业的建设者和接班人”为我国的教育目的。

1999 年，《中共中央国务院关于深化教育改革全面推进素质教育的决定》指出：“实施素质教育，就是全面贯彻党的教育方针，以提高民族素质为根本宗旨，以培养学生的创新精神和实践能力为重点，造就‘有理想、有道德、有文化、有纪律’的、德智体美等全面发展的社会主义事业建设者和接班人。”随后，教育部启动了新一轮基础教育课程改革——国家第八次课程改革,确立了基础教育课程的总目标:要使学生具有爱国主义、集体主义精神,热爱社会主义,继承和发扬中华民族的优良传统和革命传统;具有社会主义民主法治意识,遵守国家法律和社会公德;逐步形成正确的世界观、人生观、价值观;具有社会责任感,努力为人民服务;具有初步的创新精神、实践能力、科学和人文素养以及环境意识;具有适应终身学习的基础知识、基本技能和方法;具有健壮的体魄和良好的心理素质,养成健康的审美情趣和生活方式,成为有理想、有道德、有文化、有纪律的一代新人。

2002 年,党的十六大报告提出:"全面贯彻党的教育方针,坚持教育为社会主义现代化建设服务,为人民服务,与生产劳动和社会实践相结合,培养德智体美全面发展的社会主义建设者和接班人。"党的十六大报告再次重申党的教育方针,提出了教育要"与生产劳动和社会实践相结合",丰富了教育方针的内容。

2007 年,党的十七大报告提出:"要全面贯彻党的教育方针,坚持育人为本、德育为先,实施素质教育,提高教育现代化水平,培养德智体美全面发展的社会主义建设者和接班人,办好人民满意的教育。"党的十七大报告对教育方针的内容进行了新的阐释和丰富,提出了"育人为本、德育为先""实施素质教育""办好人民满意的教育"的指导思想。

2012 年,党的十八大报告提出:"全面贯彻党的教育方针,坚持教育为社会主义现代化建设服务、为人民服务,把立德树人作为教育的根本任务,培养德智体美全面发展的社会主义建设者和接班人。"党的十八大报告对教育方针的内容进行了丰富和发展,提出了"把立德树人作为教育的根本任务"的要求。

2015 年,第十二届全国人民代表大会常务委员会第十八次会议审议通过修改的《中华人民共和国教育法》(以下简称《教育法》),将教育方针规定为:"教育必须为社会主义现代化建设服务、为人民服务,必须与生产劳动和社会实践相结合,培养德、智、体、美等方面全面发展的社会主义建设者和接班人。"这一规定,在教育基本途径中增加了与"社会实践"相结合,在教育的目标上增加了美育方面的要求。这一规定,把党的教育方针通过法律形式转化为国家意志。

2016 年,中国学生发展核心素养研究成果正式发布。核心素养体系以培养"全面发展的人"为立足点,落实立德树人根本任务,这一课程改革目标的提出,是适应世界教育改革发展趋势、提升我国教育国际竞争力的迫切需要。在我国深化课程改革的背景下,以核心素养理念为统领,将核心素养目标与课程体系的育人目标统一起来,推动教学模式从传统的重学科知识体系完备性、重知识结构轻品格塑造和能力培养,向提升学生在真实情境中解决问题的能力水平,促进学生核心素养全面发展的转型,系统建构"文化育人""环境育人""课程育人""实践育人"和"管理育人"的整体育人体系。传统的课程标准以学科知识的传授为导向,注重学科知识体系的科学性和完备性。这种理念有助于学生知识积累的打造,却往往忽略了学生使用知识与应用知识的创新精神和实践能力的培养。在学习过程中,学生难以将抽象的知识和现实世界发生联系,缺乏特定情境下问题解决能力与创造性思维的发展,成为只会背诵、记忆、输出的解题"机器"。

2021 年,第十三届全国人民代表大会常务委员会第二十八次会议通过的《关于修改〈中华人民共和国教育法〉的决定》，明确学校教育办学方向、育人目标和内容，强调"国家坚持中国共产党的领导，坚持以马克思列宁主义、毛泽东思想、邓小平理论、'三个代表'重要思想、科学发展观、习近平新时代中国特色社会主义思想为指导，遵循宪法确定的基本原则，发展社会主义的教育事业"；提出"教育是社会主义现代化建设的基础，对提高人民综合素质、促进人的全面发展、增强中华民族创新创造活力、实现中华民族伟大复兴具有决定性意义，国家保障教育事业优先发展"战略；重申"教育必须为社会主义现代化建设服务、为人民服务，必须与生产劳动和社会实践相结合，培养德智体美劳全面发展的社会主义建设者和接班人"的育人目标；秉承"教育应当继承和弘扬中华优秀传统文化、革命文化、社会主义先进文化，吸收人类文明发展的一切优秀成果"的优良教育传统。

2022年，党的二十大报告强调并指出了新时代人才培养的重要性和迫切性，"教育、科技、人才是全面建设社会主义现代化国家的基础性、战略性支撑"，"坚持教育优先发展、科技自立自强、人才引领驱动，加快建设教育强国、科技强国、人才强国，坚持为党育人、为国育才，全面提高人才自主培养质量，着力造就拔尖创新人才，聚天下英才而用之"。

综上，我国不同时期对教育目的的表述不完全一致，但均提出国家所培养的人要为国家现代化建设服务。党的十八大报告把立德树人作为教育的根本任务，《教育法》也提到教育应当坚持立德树人，对受教育者要加强社会主义核心价值观教育，增强受教育者的社会责任感、创新精神和实践能力。对于教育目的的表述，从最初的为社会主义建设服务的外在要求，逐渐发展为开始关注对人的自身发展——立德树人、发展学生核心素养的要求。这体现了我国在关于"培养什么人、怎样培养人"的教育目的的认识上更加关注学生个体"关键能力、必备品格和正确的价值观"的发展，在学校教育实践中，全面推进落实基于核心素养的课程改革目标，为培养有理想、有本领、有担当，德智体美劳全面发展的社会主义建设者和接班人奠定基础。

第二节　小学课程目标

一、课程目标的类型与层级

随着课程研究的深入，课程目标变得越来越明确和具体，并且被划分为不同的层次。20世纪70年代，美国著名课程论专家蔡斯将课程目标区分为三个层次，分别为课程目的、课程目标和课程结果[①]。奥利瓦在其著作《课程开发》(*Developing the Curriculum*)中，将课程目标从宏观到微观分为五个层次，依次为：教育目的、课程目标、课程结果、教学目标和教学结果[②]。《教育大辞典(增订合编本)》从儿童所处一定教育阶段出发，对课程目标进行解释和分

① ZAIS R S. Curriculum: principles and foundation [M]. New York: Harper Collins Publishers, 1976: 306 - 307.

② OLIVA P F. Developing the curriculum [M]. 3rd ed. New York: Harper Collins Publishers, 1992: 257.

类,提出课程目标“主要有四类:①认知类,包括知识的基本概念、原理和规律,理解思维能力。②技能类,包括行为、习惯、运动及交际能力。③情感类,包括思想、观念和信念,如价值观、审美观等。④应用类,包括应用前三类来解决社会和个人生活问题的能力。上述分类的特点有:①整体性。各类目标彼此关联,并非彼此孤立。②连续性。较高年级的目标总是较低年级目标的继续发展和深化。③层次性。技能和情感的目标需要在知识的基础上培养和形成,知识的记忆比其理解低一个层次,知识的应用比其理解高一个层次。④积累性。没有低年级目标完成的积累,就难以达到高年级的目标”①。

从学校课程体系的构成来看,不同类型的课程目标分别阐述如下。

(一) 学科课程目标

在深化基础教育课程改革阶段,为了体现信息时代个人和社会发展的新特点与新需求,我国富有原创性地研制了各门学科课程标准,并提出了“学科关键能力”(disciplinary key competences)或“学科素养”(下文统称“学科素养”)的概念,由此迈入构建信息时代课程体系的重要步伐。

分科学科课程和综合实践活动课程是学校课程体系构成的两大主要课程类型,共同承担以核心素养导向的课程改革目标的达成。学科课程目标与学科教育目标在逻辑上是一致的。学校教育目标的实现路径主要是学科教育,学科教育不仅可以培养学生的学科专业知识,更承载着发展学生学科素养的重任。

学科素养这一概念诞生于20世纪初的工业化时期,也即分门别类的学科知识迅猛发展的时期。但它成为时代发展的迫切需要,变成一种时代精神,却是在人类进入21世纪以后,即在如今日新月异的信息时代,学科素养成为21世纪核心素养的有机构成部分。

由“三维目标”走向“核心素养”,不仅是话语词汇的改变,而是对课程改革乃至整个教育改革本质理解的深化:既要改变教育价值观,又要改变教育知识观。学科素养这一概念标志着我国教育知识观的根本转变:让各门学科课程由结果走向过程,让学生从掌握学科事实转向发展学科理解。每一个学生富有个性特点并体现学科特性的学科理解或概念性思维,才是学科素养的本质。唯有转变知识观,才能让教学过程真正成为知识创造过程,才能让学生既告别灌输学习,又告别虚假探究,才能使个性解放和教育民主的课程价值得到实现。因此,如果说课程改革第一阶段是我国基础教育的“价值论转向”阶段,那么第二阶段,即深化课程改革阶段,则是我国基础教育的“知识论转向”阶段。

学校落实立德树人根本任务,必须以学科课程为媒介或载体,以学科实践发挥学科育人功能。学科育人的价值在于让学科知识的传递和人生价值观的培养相互交融,真正实现培养全面发展的人的目标,而不仅仅是培养出“高分低能”类的被时代淘汰的学生。学校作为教育的主体,其根本任务是解决教育培养“什么样的人”,以及“怎么培养人”的问题,在这个过程中,学科课程目标的“育人”指向和“育人”过程应该是交织在一起且并驾齐驱的。

---

① 顾明远.教育大辞典(增订合编本)[M].上海:上海教育出版社,1998:898.

学科育人目标是通过教师对学科课程的理解和转化实现的，主要包括：选择课程内容与教学方法、创设教学环境、组织教学资源、激发学生学科兴趣、激励学生学习的过程；挖掘、体悟学科符号系统内在的意义和价值的过程；培养学生学会像科学家那样思考和解决问题，应用学科思维面对复杂世界的能力的过程；学科育人是基于学生实际生活经验的有效引导过程，教师运用学科知识体系和方法超越个体经验的局限性，建构、改造、迭代学生原有的学习模型。

学科课程是学科融合教育和多学科实践的前提、基础和构成。学科是迄今为止人类所掌握的最重要的一种复杂知识系统形态，学科划分是在知识积聚到一定程度后开始的人为活动。每个学科有自己的研究对象、知识体系、学科思想和学科方法，它使人类超越常识，是人类文明成果的结晶，代表着现代文明的高度。学科教育的作用是至关重要的，尽管如今一些国家，比如芬兰，已经逐渐开展学科融合教育，但其实也是在学科教育的基础上，对不同学科的知识体系进行相互促进式的教育整合①。

（二）综合实践活动课程目标

综合实践活动课程是国家义务教育和普通高中课程方案规定的必修课程，与学科课程并列设置，是基础教育课程结构体系的重要组成部分，彰显育人方式的不同。该课程由地方统筹管理和指导，具体内容以学校开发为主，自小学一年级至高中三年级全面实施。

综合实践活动课程是相对于分科学科课程而言的，是从学生的真实生活和发展需要出发，从生活情境中发现问题，转化为活动主题，通过探究、服务、制作、体验等方式，培养学生综合素质的跨学科实践课程。课程总体目标是使学生能从个体生活、社会生活及与大自然的接触中获得丰富的实践经验，形成并逐步提升对自然、社会和自我之内在联系的整体认识，具有价值体认、责任担当、问题解决、创意物化等方面的意识和能力②。

（三）非正式课程目标

非正式课程指在学校正式课程之外，由学校所规划安排、指导下的强制教育活动（如升旗仪式、运动会、教学参观、新生训练、户外学习等），或学生自愿参与的活动（如成人礼、讲演、学艺竞赛、电影欣赏、颁奖等）。与正式课程不同的是，非正式课程具有广域化、活动化、生活化、灵活性等特征，以及课程内容的非连贯性和教学进度的非连续性的特征，更加关注通过价值观引导、规则意识培养和生活经验连接等教育活动的开展，激发和培养学生的学习兴趣、态度与习惯。

非正式课程与其他类型课程最大的不同在于课程实施空间或环境迥异于教室。根据具身认知理论的观点，认知是具身的，而身体又是嵌入环境的。认知、身体和环境组成一个动态的统一体。认知过程或认知状态似应扩展至认知者所处的环境。在认知操作中，学习主

---

① 罗海风，周达，刘坚. 以立德树人为目标构建学科育人体系——从学科核心素养促进学科教育转型谈起[J]. 中小学教师培训，2018(9)：1—5.

② 中华人民共和国教育部. 教育部关于印发《中小学综合实践活动课程指导纲要》的通知[EB/OL](2017-09-27)[2022-08-11]. http://www.moe.gov.cn/srcsite/A26/s8001/201710/t20171017_316616.html.

体利用存在于大脑中的信息,也利用储存在环境中的信息,如计算器、纸张、铅笔,甚至房间中的灯光和装饰品。环境的友好与真实为人类的认知省去了许多不必要的步骤。因此,在教室之外的场所存在大量非正式学习机会,学生在沉浸式环境中进行感知,带来个性化学习体验,促进对事物的理解,大大拓展了其参与深度学习的机会。从该种意义上讲,非正式课程的实施是课程改革的"认识论"转向的结果。

拓展阅读 3-1

博物馆课程

在美国华盛顿儿童博物馆里有一句格言:我听见就忘记了,我看见就记住了,我做了就理解了。

博物馆在美国被视为"儿童最重要的教育资源之一和最值得信赖的器物信息资源之一"。孩子们在这里能接受到有关科学、文化、历史、艺术等相关方面的启蒙教育。

2015年国务院颁发的《博物馆条例》这部博物馆行业的全国法规文件,将博物馆的三大目的由过去的研究、教育、欣赏,调整为教育、研究和欣赏。作为学校之外的重要"第二课堂",博物馆公共教育的内容与形式成为影响很多人精神世界的非正式课程。

目前,很多博物馆课程受传统"老师讲学生听"的接受式学习方式的影响,主要采用参观、听教师或讲解员讲解的形式。这种走马观花式的参观学习由于目标比较分散,加之场地局限、观众过多等,使学生容易遗漏讲解员的解说内容。往往学校费尽心思组织学生到博物馆参观,学生事后仅仅写一篇观后感就交差了事,博物馆课程的学习功能远远没有发挥出来,失去了博物馆自身的育人价值和功能。

博物馆课程可采用项目式、任务驱动式、探究发现式等综合学习方式,以问题解决为目标,鼓励学生自己发现问题、分析问题、解决问题,培养学生的探究意识、创新精神和实践能力。要突出学生自身的体验、感悟,引导学生通过自己的仔细观察,进行认真思考,并深刻体悟。

(四)隐性课程目标

顾名思义,隐性课程是指不明显、不易察觉的课程,是学生可能经由学校环境当中人、事、物的互动过程而学习的内容或经验。简单地说,隐性课程是正式课程与官方课程之外,学生在学校的各种功能场所的真实情境中所体悟的内容。这些内容除了认知领域,更包含情意领域。隐性课程学习的结果大都是情意领域的,比如态度、价值观、人生观、世界观等。

学生学习的态度并非全是正面的、积极的，反而常有负面的、消极的。再者，隐性课程的影响常非教师的意图，而多是学生不知不觉地接受，且这种影响特别深刻、持久。因此，学校课程体系中存在的隐性课程更应引起关注，值得研究。教育工作者通常是从物质环境、社会环境和认知环境三种环境着手来研究隐性课程对人的情感、态度和价值观的影响的。

（五）国家课程、地方课程和校本课程目标

我国在第八次课程改革中实施了“三级”课程管理政策，由大到小把学校课程体系构成分为国家课程、地方课程和校本课程。按此逻辑，把学校课程目标分为国家课程目标、地方课程目标和校本课程目标。

1. 国家课程目标

国家课程目标主要反映一个国家对未来公民的总体的、普遍的、一定教育质量要求，它具有统一性的特征，需要依据公民所要达到的共同素质要求，根据不同阶段教育的性质与基本任务来制定。《义务教育课程方案（2022 年版）》明确规定国家课程育人目标，“义务教育要在坚定理想信念、厚植爱国主义情怀、加强品德修养、增长知识见识、培养奋斗精神、增强综合素质上下功夫，使学生有理想、有本领、有担当，培养德智体美劳全面发展的社会主义建设者和接班人”①。

2. 地方课程目标

地方课程目标是指导地方课程编制的原则，决定了地方课程内容的选择与组织，为其实施和评价提供了基本依据。地方课程目标在一定程度上是对国家课程目标的补充，主要反映区域乡村或城镇社区的发展实际对学生素养发展的基本要求。因此，地方课程目标的制定应结合小学阶段儿童身心发展实际，加强学生与家庭、社会现实和社区发展历史的联系，为学生了解社区、接触自然和社会、致力社会服务与实践、创建学习机会，通过综合实践学习活动的设计与开展，促进学生认识家乡、热爱家长，铸牢中华民族共同体意识，培养学生的家国情怀和社会责任感。

3. 校本课程目标

校本课程目标是进行学校本位课程开发的依据和基础，它是国家课程目标和地方课程目标的完善和补充。校本课程目标的制定主要依据学校具体特点、优势、条件和资源，体现学校在三级课程结构中进行自主开发和自我完善的课程发展模式。由于校本课程目标以学生学习个性化需要为前提，紧贴学生发展需求、学习意愿和学习目标，结合学校实际，真正实现以学生为主体，以学习为中心，促进学生问题解决能力和个性充分发展。因此，赋予教师课程开发权力，尊重教师的开发精神和创新能力，在一定程度上可以促进教师实现从“被动接受”到“主动适应”的课程角色的转变。

我国新一轮课程改革中提出基于核心素养导向的课程目标，体现了“从知识到素养”转变的教育改革，明确了课程改革方向。核心素养是使个人在 21 世纪能够成功生活、适应并促

---

① 中华人民共和国教育部. 义务教育课程方案（2022 年版）[M]. 北京：北京师范大学出版社，2023：2.

进社会进步的关键素养。素养与知识不同,是知识、技能、态度、价值观的超越和统整,是人在真实情境中做出某种“行为”的能力或素质。人活一生需要很多素养,要突出其中的“核心素养”的培育。阅读能力、探究能力、创新能力、批判性思维、公民道德素养、合作与交流能力、自主发展能力、信息素养等,是国际上具有最大共识的核心素养。新课程方案强化课程的综合化、实践性,重视培养学生的创新精神、实践能力与真实情境下的问题解决能力,是核心素养导向的课程目标的体现。

二、课程目标的基本取向

所谓课程目标的取向就是在确定课程目标时研究者持有的指导思想或预设的价值观。这种指导思想或价值观最终以某种潜在或显在的方式决定着最终的课程目标及内容表现形式。由于课程目标总是一定的教育价值观在课程领域的具体化,与课程目标在逻辑上一致的教育目的、教育宗旨中总是渗透某一类价值性因素,因此,不同的价值取向形成了不同模式的课程目标。美国课程论专家舒伯特(William H. Schubert)把课程目标划分为四种典型的不同取向:普遍性目标取向、行为目标取向、生成性目标取向和表现性目标取向。

(一)普遍性目标取向

普遍性目标是基于教育理想、社会政治经济发展状况、意识形态以及人的实践经验需求等引发出的课程一般宗旨,它体现的是普遍主义的价值观。普遍主义认为,世界上存在着某种普遍的伦理规则或标准,可以广泛地适用于一切人类及所有时代。普遍性课程目标取向坚信课程目标能够并应当运用于所有的教育情境,它给出的课程目标是一般性的宗旨或原则而非具体细化的目标。人们可以根据自己的理解对这些目标加以解释,以适应具体教育情境的需要。简单来说,普遍性目标就是以抽象的、普遍的形式来陈述的课程与教学目标。它有两个基本特点:一是普遍性,也就是适用于各种各样的教学情境;二是模糊性,它的表述是模糊的、不具体的。普遍性目标取向适合于作为高层次的课程与教学目标来使用,适宜于大概念或大观念的课程内容选择,或隐性课程目标的设计,如“爱”与“公义”等。

普遍性目标取向的优点是适用范围广,灵活性强,教师可以根据具体实践来理解和设计课程目标。普遍性目标取向的缺陷在于:①目标缺乏内涵上清晰的界定,容易引起歧义;②其源于自然主义传统,从美好生活愿望出发,脱离了个体遭遇的真实境遇;③目标缺乏逻辑上的周全考虑,具有一定的随意性。

例如,我国古代经典《大学》提出的“格物、致知、诚意、正心、修身、齐家、治国、平天下”的教育宗旨就是典型的普遍性目标,是中国古代几千年来一以贯之的教育目标;斯宾塞在《什么知识最有价值》中提出的能够满足“教育为完满的生活做准备”的普遍性目标是“科学”。从上述列举的教育目标中,我们可以看出普遍性目标所体现的是“普遍主义”的价值观,是一般性的宗旨或原则,自然主义传统的理性生活,能够运用于所有的教育情境,其适用范围广、灵活性强,但同时也存在模糊性、随意性等局限。

拓展阅读 3-2

要素主义课程思想

要素主义(essentialism)又译“精华主义”“精粹主义”“本质主义”。要素主义认为文化的价值具有永恒性和客观性，在人类的文化遗产中，有着“文化上各式各样的最好的东西”，即共同的、不变的文化“要素”——理智与道德，学校的任务就是把这些共同的、不变的文化要素传授给年轻一代。要素主义的课程思想主要包括以下内容。

1. 课程的内容是“文化要素”

在课程的设置上要素主义坚持遵循以下几个原则。

第一，必须有利于国家和民族。要素主义是一种以社会为中心的教育哲学，所以，课程的设置首先要考虑国家和民族的利益。巴格莱在《要素主义者的纲领》中，强调课程设置必须考虑到“要素主义论坛的第一要素”，那就是“保卫并强化美国民主的理想”。

第二，要具有长期的目标。要素主义认为“种族经验”之所以比“个人经验”重要，就在于前者具有永久的价值，它对于个人一生的生活也是受益匪浅的。所以学校要有稳定的课程，而稳定的课程就是人类文化的精华。学校不必为社会一时的变化而动辄修改课程。在要素主义看来，具有理智训练作用的基础学科，以及诸如读、写、算等基本技能的掌握，都是具有长期目标的课程。

第三，要包含价值标准。要素主义的教育目的一个重要的方面就是它的道德训练特征，即“某种有关集体的价值标准，也就是社会上传统阶级的社会文化价值标准、本国政治领导人和思想界领导人(已故的和在世的)的价值标准，以及西方文明的‘伟大’著作家的价值标准。人类社会的延续需要人们必须传授社会的传统价值标准”。

根据上述原则，课程的内容应该就是西方“文化上各式各样的最好的东西，即共同的、不变的文化‘要素’”。“在教育上意味着要使每一代拥有足以代表人类遗产最宝贵的要素的各种观念、意义、理解和理想的共同核心”。

2. 以学科课程为中心的逻辑组织

要素主义认为，为了保证实现他们所提出的教育目的，就应该恢复各门学科在教育过程中的地位，并按照严格的逻辑系统编写教材。

要素主义认为学校课程应该给学生提供分化了的、有组织的经验，即知识。在要素主义者看来，要给学生提供分化了的、有组织的经验的最有效能和最有效率的方法就是学科课程。

要素主义主张课程严格的逻辑组织，既反对杜威提倡的“解决问题”式的课程改革和克伯屈的设计教学，也反对改造主义的课程思想。要素主义认为除非学生能够真正懂得某门学科产生和发展的背景以及发展的过程,否则他们将一无所获。进步主义和改造主义的课程鼓励学生异想天开,只能满足学生一时的需要,但却为此牺牲了课程的长期目标,它为了学生那不切实际的自由,却牺牲了民主社会不可缺少的理智和道德的规范训练。这从根本上讲是不利于所谓民主主义的社会制度的。在要素主义看来,"活动课程"在教育过程中只能起辅助作用。

要素主义要求各门学科的讲授要有一定次序,要组织成一个体系;此外,还要求内容有一定难度,对学生的智力发展要有挑战作用。

(二) 行为目标取向

行为目标是以具体的、可操作、可观测的行为的形式来陈述的课程目标,它以课程与教学活动结束后学生行为变化为指向,其产生和流行主要源于 20 世纪初科学主义思潮和行为主义心理学的影响。科学主义强调客观性和可观测性,强调活动的程式化和规范化,强调精确性和量化,这些对于课程目标确定的影响,与行为主义心理学关于人的行为的客观性、可观测性、具体性、可操作性属性一起,要求课程目标要用外显的客观性行为来表述。

行为目标取向的优点是:明确、具体、可观察和可测量。但它存在以下主要缺陷:①并非所有的课程目标都可以预设,也不是所有的课程目标都外显为行为的,真正有价值的知识、信念、道德理想未必都能够在短时期内从学生的行为中显示出来。因此,如果课程目标都采取行为目标的形式,那么教学就会趋于强调那些可以明确识别的要素,而那些很难测评、不容易转化为行为的、具有内隐价值的,就会被忽视,从而在课堂教学中淡化、消失。②行为目标将学习分解为各个独立的部分,破坏了学习的整体性,不利于从价值观、情感、态度、审美情趣等整体层面全面发展学生的个性。③行为目标取向过于强调目标,忽略了实现目标的过程与方法,容易导致在实现目标过程中师生行为的异化。

(三) 生成性目标取向

生成性目标也称作"形成性目标""生长性目标",它是在实际的教育情境中随着教育过程的展开而自然生成的课程目标。生成性目标最根本的特征是过程性,即目的是在过程中内在地被决定的,而不是外在于过程被规定、强加或引导的。

生成性目标的最早渊源可以追溯到杜威的"教育无目的论"。杜威认为,课程目标不是课前已经安排要讲授的抽象概念体系,而是课后学生发生重组、改造和生长的经验结果。课程目标存在于教育过程之中,而不是教育过程之外,课程的目标就是不断促进学生经验的生长。塔巴(Hilda Taba)也坚持课程目标的过程性主张,在她看来:"教育基本上是一个演进的过程,而且,它是渐进地生长的,它扎根于过去而又指向未来,从这个意义上说,它又是一个有机的过程。在此过程的任何阶段，我们能提出的目的，不管它是什么，不能看成是最终目的，也不能将它们武断地穿插到后面的教育过程中。目的是演进着的，而不是预先存在的。目的是演进中的教育过程的方向的性质，而不是教育过程的某些具体阶段的，或任何外部东西的方向的性质。它们对教育过程的价值，在于它们的挑战性，而非一种终极状态。”[①]人本主义课程理论将教育无目的的观点发展到极致，罗杰斯(Carl R. Rogers)认为，凡是可教给别人的东西，相对来说都是无目的的，即对人的行为基本上没有什么影响。能够影响一个人行为的知识，只能是他自己发现并加以同化的知识。因此，课程的功能是向每位学生提供有助于个人心智生长和个性自由发展的、有内在动力的学习经验。

生成性目标取向强调课程目标的过程性、生成性和情境性，消解了过程与结果、手段与目的之间的二元对立，同时可以为学生创设丰富的开放性学习环境，使得课程目标隐藏在情境之中。但是生成性目标取向也存在以下缺陷：①生成性目标的采纳或运用，要求教师拥有相当程度的专业训练经历和较高的专业水平，而在实际的教育过程中提出这些目标，对于教师而言难以达到这些要求。②教师在工作中倾向于将复杂的问题简单化，不愿意投入额外的劳动采用难以把握的生成性目标。③采用生成性目标，对于学生而言则失去了任务驱动和目标导向，使得学生难以预先知道什么知识对自己最有价值，从而使得学习活动的组织具有一定程度的盲目性、随意性和松散性。

拓展阅读 3-3

教育无目的论[②]

杜威是19世纪末20世纪初美国著名的教育哲学家，他以实用主义哲学为指导，全面阐释了教育的本质。在他看来，“教育即生长、即生活、即经验的持续不断的改造”，由此构建的“学生中心、活动中心、经验中心”的现代教育理论模式及其“教育无目的”理论对当时美国乃至世界各国的教育理论和实践都产生了深远的影响。

杜威认为，“教育本身除生长以外没有其他目的。教育就是人的天赋本能的一种自发的、自然生长的过程，如同植物生长一样，不是为了一定的目的而生长。只是人，即家长和教师等才有目的”，“家长和学校为儿童确定教育目的，这和农民不顾环境情况提出一个农事理想，同样是荒谬可笑的”。如果教师将这种外在的教育目的强加于儿童，其必然导致：一方面，教师由于受各种外在因素的支配，他的思想不能和学生的思想以及教材紧密相连，同时，他的智慧亦得不到自由运用；另一方面，学生常常会处于两种目的冲突之中，即符合他们当时自己经验的目的和别人要他们默认的目的，因而会感到无所适从。因为强加给活动过程的

① 瞿葆奎.教育学文集·教育目的[M].北京：人民教育出版社，1989：625.
② 教育大辞典编纂委员会.教育大辞典(第1卷)[M].上海：上海教育出版社，1990：62.

目的是固定的、呆板的,不能在特定情境下激发智慧。不存在有"教育过程以外"的目的,教育目的只存在于"教育过程以内","教育的过程,在它自身以外没有目的,它就是它自己的目的"。在教育活动中,儿童的本能、冲动、兴趣所决定的具体教育过程就是教育的目的。与此对应的是,杜威将社会、政治需要所决定的教育总目的看作是"教育过程以外"的目的,并指斥其为一种外在的、虚构的目的表现。

在杜威看来,这种外在的、虚构的"目的"具有静止的性质,始终是一种固定的、欲达到和占有的东西。它存在于教育活动之外,使教师和学生所从事的活动变成了为获得某个东西而采取的不可避免的"手段",活动失去了自身的意义,变得无关紧要。这种外部的目的观将"手段"和"目的"进行了分离,"与目的比较起来,活动只是不得不做的苦事";相反,从活动内部产生的目的作为指导活动的计划,既是目的又是手段,其间的区别只是为了方便。"每一个手段在我们没有做到以前,都是暂时的目的。每一个目的一旦达到,就变成了进一步活动的手段。当它标示我们所从事的活动的未来方向时,我们称它为目的;当它标示活动的现在方向时,我们称它为手段"。在活动的内部目的里,手段和目的实现了有机统一,活动也相应地成为一件令人愉悦并值得做的事。

在阐述教育无目的论的基础之上,杜威指出了良好教育目的应该具备的几个特征:第一是客观性,所确定的目的必须是现有情境的产物;第二是灵活性,目的必须能够随环境条件的改变而随时调整;第三是非完成性,即良好的教育目的必须确保活动的自由开展适应儿童生长的目的。杜威认为:教育的外部目的是固定的、呆板的,不能保证活动的继续进行,因而绝非他所赞同的教育目的。

(四)表现性目标取向

表现性目标是指学生从事某种活动后得到的结果,它关注的是学生在活动中表现出来的某种程度的首创性反应,而不是事先规定的结果。表现性目标是美国学者艾斯纳在批判行为目标的过程中提出的一种课程目标形式。与统一性的行为目标不同的是,表现性目标强调课程目标的独特性和首创性,旨在激发学生的创造潜能和个性发展。艾斯纳认为,在课程与教学设计和评价中,应该准备行为目标、解决问题的目标和表现性目标这三

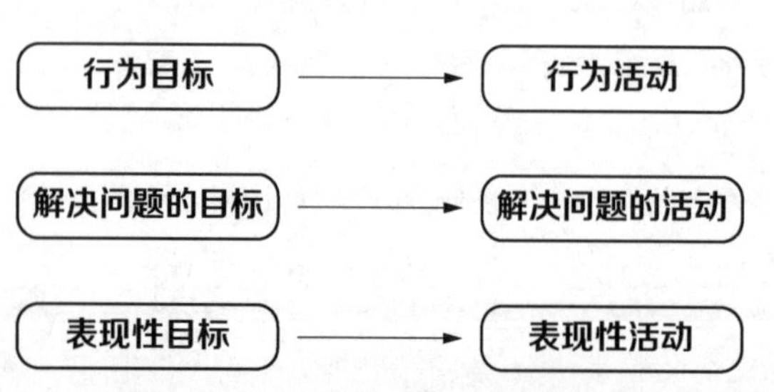

图3-4 艾斯纳三种课程目标类型

种类型的目标(如图 3-4 所示)①。

表现性目标并不指明学生经过一种或多种学习后要达成的行为,而是描述教育的际遇:判别学生学习的环境、处理的问题、从事的任务,但不指明他们从际遇、环境、问题或任务中学习了什么。表现性目标犹如在课堂中教师向学生发出的邀请,一起探索、追随或集中讨论他们特别感兴趣或对他们来说特别重要的问题。它是唤起性的,而非规定性的,意在围绕一个主题,运用先前的技能理解其意义,拓展和深化相应的技能与理解,并使其具有个人表达的特点。因此,在表现性目标中,教师期待的不是学生的一致性的反应,而是多样性的、个性化的表达。

由此可见,表现性目标取向强调学生在学习过程中的个性发展和创造性表现,强调学生的自主性与主体性。换言之,该目标取向关注学生在活动中自由表达的学习冲动,它能够使课程目标适合于学生的个性差异,有利于激发学生的求异思维和独创性。当然,表现性目标难以起到行为目标所能起到的对教育活动的导向作用,难以保证学生掌握他们所必须掌握的内容。

综上所述,普遍性目标、行为目标、生成性目标和表现性目标各有自己适用的条件与适用范畴。因此,在设计课程目标时,应结合课程类型、内容、价值、育人方式等对四种取向的目标进行整合,使课程目标始终适应核心素养的根本导向,同时适应学生身心发展的规律和学习情境,能够促进学生在与环境互动的情境中实现信念建立、意义建构、行为改变、经验生长以及个体迁移创新能力的持续生长与发展。

三、课程目标的陈述技术

尽管每一门课程标准的具体格式目前很难统一,但是课程的具体目标的陈述方式应该是一致的,这种陈述方式主要与陈述技术有关,而与具体的课程内容没有多大关系。一般来说,课程目标的陈述应该注意下列这些方面的技术性因素。

(一) 课程目标分层次陈述

课程目标应该分几层,这要视课程所处的层级和具体情况而定。美国学者古德莱德根据教育目的在学校实现的路径,按照目标制定的主体和存在载体,揭示了课程从静态到动态、从理论到实践的运作形态,在课程设置方面认为课程应该划分为五个层次,即五种不同的课程形态:理想的课程、正式的课程、领悟的课程、运作的课程、经验的课程。①理想的课程,即由一些教育研究机构、学术团体和课程专家提出的课程方案,包括应该开设的课程。②正式的课程,即由教育行政部门规定的课程计划、课程标准和教材,我们平时在课程表中看到的课程即属此类。③领悟的课程,即任课教师所领悟的课程,这种领悟的课程可能与正式课程之间会产生一定的距离,正所谓“一千个读者就有一千个哈姆雷特”。④运作的课程,即在课堂上操作实施的课程。在实施中,教师常常会根据学生的反应随时进行调整。⑤经

① 丁念金.课程论[M].福州:福建教育出版社,2007:83.

验的课程,是学生通过课堂学习体验到的实实在在的东西,也即课程经验。

表 3-1 课程目标的分层描述和比较分析

项目 \ 课程层次	理想的课程	正式的课程	领悟的课程	运作的课程	经验的课程
教育目标类型	教育目的或课程总目标	课程目标	教学目标	学习目标	核心素养
课程主体	课程专家	学科专家、课程专业人员等	教师	教师和学生	学生
具体形态	课程方案	课程标准、课程计划、教科书	教学设计(课时计划、教案等)	课堂教学实录	学业质量标准

根据课程发展的趋势、课程实施的主体以及学生的立场或视角,上述分层课程可以陈述为:书面计划课程、领悟的课程、讲授的或实施的课程、习得的或获得的课程;同时,也有学者将之简化为:预期的课程、实操的课程和作为结果的课程。课程目标的陈述从一般性目标具体化为特定的学习目标或结果,体现了以核心素养为导向的"教—学—评"一致性原则。

(二) 课程目标的分类陈述

1. 行为目标陈述的方式——双向分析表

最早关于行为目标如何表述的研究是泰勒提出的"双向分析表"的叙写方法。泰勒认为,有效的行为目标表述,必须指明学生身上应该产生的"行为改变"以及行为所应用的"生活领域或内容",即"行为"和"内容"两方面必须兼顾。因此,为了能够精确而又清晰地表述目标,泰勒建议采用一种二维图表的形式(如表 3-2 所示)①。

表 3-2 关于生物学课程目标二维图表的用法例证

			目标的行为方面						
			理解重要的事实和原理	熟悉可靠的信息来源	解释资料的能力	运用原理的能力	研究和报告研究结果的能力	广泛和成熟的兴趣	社会态度
目标的内容方面	人类有机体的功能	营养	×	×	×	×	×	×	×
		消化	×		×	×	×	×	
		循环	×		×	×	×	×	
		呼吸	×		×	×	×	×	
		生殖	×	×	×	×	×	×	×

① [美]拉尔夫·泰勒.课程与教学的基本原理[M].施良方,译.北京:人民教育出版社,1994:37—38.

二维图表是将特定阶段具体学科期望学生达到的目标分解为“目标的行为方面”和“目标的内容方面”，再分别将“目标的行为方面”和“目标的内容方面”进一步分解为若干层次或部分，形成二维图表，在“行为”(行)和“内容”(列)交叉处做上标记(×)，表示某行为方面适用于这一特定的内容领域。这样，图表上的标记就清楚地指明了这个学科特定阶段的学程要培养哪几种行为，而且还联系每一种行为指出该行为所适用的特定内容或经验领域。

2. 行为目标陈述的方式——ABCD模型

20世纪60年代，马杰认为行为目标的表述或叙写除了“行为”和“内容”两方面外，还应包括表现、条件和标准三大要素[①]。表现是指可以观察的、外显的学习者在学习的终点的行为，即学习结果；条件是指行为表现所需要的主要条件或背景，包括时间的限制、使用的材料和设施、特别的指示和说明等；标准是指衡量学习者的行为表现成功与否的准则和依据，即目标达成度。在马杰的三要素基础上，进一步发展形成了目前广泛使用的四个要素ABCD表述方式。

所谓的ABCD分别是四个要素的英文字首字母，含义如下：“A”是指学习者(audience)，目标表述要有明确的行为主体学习者，也是目标表述的主语；“B”是指行为(behavior)，要说明通过学习之后学习者应该能够做什么，是目标表述句子的谓语和宾语；“C”是指条件(conditions)，要说明上述行为在什么条件下发生，是日标表述句中的状语，系指向行为结果的条件；“D”是指程度(degree)，即明确上述行为的达成标准[②]。

在表述行为目标时，行为主体、行为动词、行为条件和要求的程度是不可缺少的四个要素。但是，并不是所有的目标呈现方式都要包括这四个要素，只要不会引起误解或多种解释，有时为了表述简洁，也会省略行为主体或行为条件。这里列举一个运用ABCD表述行为目标的例句：“在交际中(*条件*)(*省略了学习者*)注意(*行为动词*)语言美，抵制不文明的语言(*表现程度*)。”在表述行为目标时，注意描写行为的动词要具体，与可观察、可操作的行为相对应，如使用“给出定义、指出、选择、列举、背诵、转换、区别、解释、归纳、摘要、证明”等动词；避免使用比较宽泛不能确指的词语，如“知道、了解、掌握、运用”等。在采用ABCD表述行为目标时，常见的行为动词及分类如表3-3和3-4所示。

表3-3　编写认知领域行为目标可供选用的行为动词[③]

教学目标分类	特征	可参考选用的动词
知识	对信息的回忆	为……下定义、列举、说出(写出)……的名称、复述、排列、背诵、辨认、回忆、选择、描述、标明、指明
理解	用自己的语言解释信息	分类、叙述、解释、鉴别、选择、转换、区别、估计、引申、归纳、举例说明、猜测、摘要、改写

① MAGER F R. Preparing instructional objectives [M]. 2nd ed. Belmont, California: Fearon Publishers, 1984:21.

② 钟启泉. 课程论[M]. 北京：教育科学出版社，2007：132.

③ 乌美娜. 教学设计[M]. 北京：高等教育出版社，1997：144.

(续表)

教学目标分类	特征	可参考选用的动词
应用	将知识运用到新的情境中	运用、计算、示范、改变、阐述、解释、说明、修改、定计划、制定……方案、解答
分析	将知识分解,找出各部分之间的联系	分析、分类、比较、对照、图示、区别、检查、指出、评析
综合	将知识各部分重新组合,形成一个新的整体	编写、写作、创造、设计、提出、组织、计划、综合、归纳、总结
评价	根据一定标准进行判断	鉴别、比较、评定、判断、总结、证明、说出……价值

表 3-4　编写动作技能领域行为目标可供选用的行为动词①

教学目标分类	特征	可参考选用的动词
知觉能力	根据环境刺激做出调节	旋转、屈身、保持平衡、接住(某物体)、踢、移动
体力	基本素质的提高	提高耐力、迅速反应、举重
技能动作	进行复杂的动作	演奏、使用、装配、操作、调节
有意交流	传递情感的动作	用动作表达感情、改变脸部表情、舞蹈

3. 两类典型目标的行为陈述

课程目标陈述的基本方式可以采用结果性目标的表述方式和体验性或表现性目标的表述方式。

(1) 结果性目标的表述方式

采用结果性目标的表述方式,即明确告诉人们学生的学习结果是什么,所采用的行为动词要求明确、可测量、可评价,这种方式指向可以结果化的课程目标。比如:“能在地图上识别不同的地形”“举例说明支持某一观点的证据或事实”“说出自己喜欢或不喜欢的音乐作品”等。

结果性目标包括了解、理解、应用、模仿、独立操作和迁移等六个不同层次水平,分述如下。

“了解”水平。包括再认或回忆知识;识别、辨认事实或证据;举出例子;描述对象的基本特征等。行为动词如:说出、背诵、辨认、回忆、选出、举例、列举、复述、描述、识别、再认等。

“理解”水平。包括把握内在逻辑联系;与已有知识建立联系;进行解释、推断、区分、扩展;提供证据;收集、整理信息等。行为动词如:解释、说明、阐明、比较、分类、归纳、概述、概括、判断、区别、提供、把……转换、猜测、预测、估计、推断、检索、收集、整理等。

---

① 乌美娜.教学设计[M].北京:高等教育出版社,1997:144.

“应用”水平。包括在新的情境中使用抽象的概念、原则；进行总结、推广；建立不同情境下的合理联系等。行为动词如：应用、使用、质疑、辩护、设计、解决、撰写、拟定、检验、计划、总结、推广、证明、评价等。

“模仿”水平。包括在原型示范和具体指导下完成操作；对所提供的对象进行模拟、修改等。行为动词如：模拟、重复、再现、模仿、例证、临摹、扩展、缩写等。

“独立操作”水平。包括独立完成操作；进行调整与改进；尝试与已有技能建立联系等。行为动词如：完成、表现、制定、解决、拟定、安装、绘制、测量、尝试、试验等。

“迁移”水平。包括在新的情境下运用已有知识和技能；理解同一技能在不同情境中的适用性等。行为动词如：联系、转换、灵活运用、举一反三、触类旁通等。

（2）体验性或表现性目标的表述方式

采用体验性或表现性目标的方式，即描述学生自己的心理感受、体验或明确安排学生表现的机会，所采用的行为动词往往是体验性的、过程性的。这种方式指向无须结果化的或难以结果化的课程目标。

体验性或表现性目标十分重视学生学习的体验性。根据学生在学习过程中“经历”的种类，描述学生自己的心理感受、体验，或者明确安排学生表现的机会，师生可以获得学习评价所需的材料或数据。由此可见，用于表述表现性目标的动词往往是体验性的、过程性的，指向无须结果化的或难以结果化的课程目标。比如：“用不同的物体和方法制造声音，描述自己对这些声音的感受”等；“阅读自己喜欢的作品，收藏自己喜欢的书籍资料”等。

体验性或表现性目标的表述只是指出学生学习的项目或问题的意义，并不指定学生学习的结果如何。换言之，这类目标并不期望学生在参加教育活动后能做什么，而是识别学生在活动过程中将会遭遇或际遇的存在形式。例如，体验性或表现性目标的陈述可以是：①阅读并解释《丑小鸭》的意义；②考察与欣赏《群鸟学艺》的重要意义；③拨弄钟表，考察时针和分针之间的关系；④通过使用身边简便的材料制作三维框架；⑤参观动物园并讨论那里发生的事情。

体验性或表现性目标包括经历/感受、反应/认同、领悟/内化三个水平层次。

“经历/感受”水平。包括独立从事或合作参与相关活动，建立感性认识等。行为动词如：经历、感受、参加、参与、尝试、寻找、讨论、交流、合作、分享、参观、访问、考察、接触、体验等。

“反应/认同”水平。包括在经历基础上表达感受、态度和价值判断；做出相应的反应等。行为动词如：遵守、拒绝、认可、认同、承认、接受、同意、反对、愿意、欣赏、称赞、喜欢、讨厌、感兴趣、关心、关注、重视、采用、采纳、支持、尊重、爱护、珍惜、蔑视、怀疑、摒弃、抵制、克服、拥护、帮助等。

“领悟/内化”水平。包括具有相对稳定的态度；表现出持续的行为；具有个性化的价值观念等。行为动词如：形成、养成、具有、热爱、树立、建立、坚持、保持、确立、追求等。

拓展阅读 3-4

小学课程目标不同学科的行为动词选择[①]

<table>
<tr><th rowspan="2">类型</th><th rowspan="2">学习水平</th><th colspan="3">小学语文、数学、科学课程标准中所用的行为动词举例</th></tr>
<tr><th>语文</th><th>数学</th><th>科学</th></tr>
<tr><td rowspan="6">结果性目标</td><td>了解</td><td>读准、会写、认识、学会、会说、学习、写下、熟记、背诵</td><td>读、写、会用、认识、说出、识别、了解、辨认、描述</td><td>了解、知道、描述、说出</td></tr>
<tr><td>理解</td><td>理解、展示、拓展、使用、分析、区分、判断、获得、表现</td><td>知道、表示、会画、确定、找出、获得、读懂</td><td>区别、说明、解释、估计、理解、分类、计算</td></tr>
<tr><td>应用</td><td>评价、掌握、运用、懂得、联系上下文</td><td>分类、选择、比较、排列、理解、解释、判断、预测、推断、估计、设计、检验、运用、掌握、处理、推导、证明</td><td>比较、检验、判断、预测、估计、验证</td></tr>
<tr><td>模仿</td><td rowspan="3">讲述、表达、阅读、复述、朗读、写出、倾听、观察、转述、推想、揣摩、想象、选择、扩写、续写、改写、发现、借助、捕捉、提取、收集、修改</td><td rowspan="3">口算、计算、测量、观察、操作、实验、调查、笔算</td><td>实验、测量、观察、操作(具体为加热、冷却等)、计算</td></tr>
<tr><td>独立操作</td><td>测量、会、学会、运用、调查</td></tr>
<tr><td>迁移</td><td>想象、演示、尝试、试验、联系</td></tr>
<tr><td rowspan="3">体验性目标</td><td>经历(感受)</td><td>感受、尝试、体会、参加、发表意见、提出问题、讨论、积累、体验、策划、分享、制定、沟通、收藏、合作、组织</td><td>体验、感受、交流、解决问题、经历、发现、探索、感知、交换意见</td><td>观察、经历、亲历、体验、感知、学习、调查、探究</td></tr>
<tr><td>反应(认同)</td><td>喜欢、有……的愿望、体会、乐于、敢于、抵制、有兴趣、欣赏、感受、愿意、体味、尊重、理解(别人)、辨别(是非)、品味、关心、同情</td><td>体会、欣赏、感受</td><td>关心、关注、乐于、敢于、勇于、善于</td></tr>
<tr><td>领悟(内化)</td><td>养成、领悟</td><td>养成、树立</td><td>形成、养成、具有、具备</td></tr>
</table>

① 朱慕菊.走进新课程:与课程实施者对话[M].北京:北京师范大学出版社,2002:60—61.

四、课程目标的制定和要求

（一）课程目标的制定

虽然课程总目标与教育目的或培养目标的内涵在逻辑上是一致性的，但是当课程论作为一个独立的研究领域时，它势必要力求回答关于课程目标制定的依据和原则问题，而不是简单地从教育目的或培养目标进行推衍。泰勒在《课程与教学的基本原理》一书中阐述了制定课程目标基本依据的三个来源：学生的需要、社会生活的需求和学科的发展。

1. 学生的需要

课程是学生的课程，课程因学生的需要而彰显其育人价值和意义。作为一个“完整的人”的育人目标假设，学生的需要表现为“身心和谐发展的需要、外部感性经验与内在体验的结合、个体性与社会性的统一、历史与现实的统一，以及知行合一”的健全人格发展需要。随着学生人格的发展，其需要会不断变化，因而学生人格发展的需要是动态的。学生人格发展的大多数需要是学生本人能够主观地、清晰地意识到，但同时呈现出的又是模糊的样态，这就需要经由教师或其他成人的引导、激励、支持、帮助使学生的需要上升为学生的自觉需要。学生的身心发展的需要既具有每一个成长阶段的共通性，又具有年龄阶段的差异性，同时体现个体发展的独特性。

确定学生的需要，在本质上是尊重学生的主体性，包括尊重学生的个性、体现学生的自由意志、保障学生的学习选择权利。一句话，确定学生的需要的过程即是为学生自由选择创建机会的过程。即使教师或其他成人对学生提供引导与帮助，也绝不是不顾学生的历史发展和现实状态强加成人意志，而是在尊重学生主体性的同时承认学生个体的差异性。

在确定学生需要的过程中，常见的错误是漠视学生需要的个体差异，并且把成人认为学生的需要等同于学生自己的需要。在论及研究学生的需要时，泰勒敏锐地认识到，没有一套规范，“需要”的概念就没有意义。他把实际是由他想象出的这类研究描述为一个两步过程：“第一，了解学生现状；第二，将现状与常模做比较，以确认差距和需要。”[①]但问题是，仅仅通过与常模做比较而确定学生的需要，这会导致忽略学生需要的个性差异而影响课程对学生真实性需要的误判。

当课程以满足学生的需要、促进个性发展为直接目的或首要目的时，当课程开发以学生的需要为基点，强调学生的需要的优先性的时候，这种课程设计的出发点必然彰显学生视角，表现为儿童本位课程、活动课程、经验课程、体验课程的优先性。经验课程并非不要课程目标的其他来源（如当代社会生活的需求、学科的发展），而是强调学生的需要和个性发展的优先性、根本性与本体性。

2. 社会生活的需求

学生的发展不仅包括个性心理和生理的发展，而且还包括自我意识（即群性）的发展。

---

① TYLER R W. Basic principles of curriculum and instruction [M]. Chicago: The University of Chicago Press. 1949:14.

学生不仅生活于学校之中,而且还生活于社会之中。学生的成长是一个不断社会化的过程,学校成为连接学生和社会过渡的桥梁。所以,当代社会生活的需求理应成为课程目标的基本来源之一。

考察学生的社会生活需求可以从空间和时间两个维度进行。从空间维度看,当代社会生活的需求是指从学生所在社区到一个民族、一个国家乃至整个人类的发展需求;从时间的维度看,社会生活的需求不仅指社会生活的当下现实需要,更重要的是社会生活的变迁趋势和未来需求。人类正进入全球化时代,全球化时代的社会需求必然是民族性与国际性的统一。人类正进入信息时代,信息时代的社会需求必然是当下现实需求与未来发展需求的统一。

把社会生活的需求转化为课程目标,在课程研究领域里通常采用的方法是把社会生活划分为若干有意义的方面,再分别对各个方面进行研究。博比特运用活动分析法将社会生活分为语言、卫生保健、公民、社交、娱乐、家庭和职业七个方面。泰勒介绍了一种可行的分类:①健康;②家庭;③娱乐;④职业;⑤宗教;⑥消费;⑦公民。而美国弗吉尼亚州课程研究会(Virginia Association for Curriculum Development)曾经对社会生活进行了一个更详细的划分:①生命的保护与维持;②自然资源;③物品与劳务的生产及生产赢利的分配;④物品与劳务的消费;⑤物品与人员的沟通与运输;⑥娱乐;⑦审美冲动的表现;⑧宗教冲动的表现;⑨教育;⑩自由的范围;⑪个体的整合;⑫探索①。上述分类根据社会生活的具体分类需要来确定学校课程目标,值得借鉴。但这个分类过度强调了课程的社会适应功能,忽略了课程对社会生活的批判和改造方面的作用,因此,在一定程度上忽略了课程的相对独立性以及课程对象的主体性。

将社会生活的需求转化为课程目标是一项十分复杂的工作,要真正做好这项工作还需注意以下几个问题。

第一,要对"学校课程能够满足的社会需求"和"学校课程只有通过社会上其他机构的合力才能完成的社会需求"做出明确的区分。学校课程的功能是有限的,人的发展除受学校课程影响外,还受社会其他多种因素的影响。比如,在良好公民道德素养形成的过程中,学校课程不可否认是一个重要的因素,但形成良好的公民道德素养仍需社区、家庭、社会机构或组织等诸多因素形成合力,共同施加非正式教育影响。

第二,课程目标的确立除了应该关注现存社会的实然需求的研究外,还应对未来社会生活的应然或可能需求进行研究。课程不仅是满足学生现实的生活需要,也是对当下现实生活进行理性批判、反思和不断改造或改进的利器,课程是帮助学生适应未来生活做好准备的手段。因此,在确立课程目标时,须立足时代发展的前瞻性,关注普遍的共同目标,"义务教育要在坚定理想信念、厚植爱国主义情怀、加强品德修养、增长知识见识、培养奋斗精神、增强综合素质上下功夫,使学生有理想、有本领、有担当,培养德智体美劳全面发展的社会主义建设者和接班人"②。

---

① 丁念金.课程论[M].福州:福建教育出版社,2007:76.

② 中华人民共和国教育部.义务教育课程方案(2022年版)[M].北京:北京师范大学出版社,2022:2.

第三，在将社会生活的需求确定为学校课程目标的过程中，还应该注意维持学生个性和群性的平衡发展。这不仅关系到学生身心健康的发展，而且有助于促进学生的整体发展，以及在学校层面落实立德树人根本任务①。

3. 学科的发展

学科知识是学科课程的重要载体。这里的"学科知识"即指学科的逻辑体系，包括学科的基本概念和基本原理、学科的探究方式、学科的发展趋势、该学科与相关学科的关系等。学科知识的典型类型包括：数学，计算机科学和自然科学（如物理学、化学、生物学等），哲学和社会科学（语言学、历史学、地理学、经济学、教育学、人类学等），以及文学艺术，等等。

将学科发展确定为课程目标，需要考虑与课程目标联系最为密切的学科知识或内容的育人功能。一般而言，学科知识具有两方面的功能。一是满足于学科本身的创造与发现，造就该学科领域内从事高深研究的学科专家，也称学科本身的特殊功能，为了实现这种功能，学科内容必须以由基本概念、定律或定理构成的严密学科知识体系展示出来；二是指向学科知识的运用和迁移，满足一般公民个人生活或社会生活的需要，所能起到的一般教育功能。由此可见，学科课程目标包括了学科育人的特殊功能和一般功能。

目前，在将学科发展确定为课程目标的过程中，首先需要对知识的价值重估，包括以下四个方面。

① 知识的价值是什么？知识的存在究竟是为了理解世界，还是控制世界？人们掌握知识和生产知识究竟是为了提升生活的意义，还是仅仅为了满足人的种类繁多的功利需求。

② 什么知识最有价值？斯宾塞在一百多年前就提出了这个著名命题并给出了自己的回答："什么知识最有价值？一致的答案就是科学。"斯宾塞从自身所处时代，基于人们对完满幸福生活的理解、渴望与追求，秉持功利主义课程思想，把科学视为最有价值的知识具有一定合理性。然而，当人类饱受科学主义之苦的时候，他们才开始认识到：最有价值的知识是连接科学世界与生活世界、使人类生活的意义得以提升的知识，是使个人获得自由解放、社会不断臻于民主公正的知识，这类知识整合了科学精神与人文精神，理应成为课程目标的知识选择。

③ 谁的知识最有价值？20世纪中后期，以阿普尔为代表的课程研究者逐渐意识到学校教授什么知识不仅是教育领域的问题，更是政治领域或意识形态的问题，即教育和课程（包括知识选择）问题不可避免地受到阶级、种族、性别等政治冲突或意识形态冲突的影响。因此，阿普尔认为知识选择不仅要认真对待"谁的知识""谁来选择""为什么要用这种方式来组织教学""是否针对这个特殊群体"等问题，还要试图通过将这些研究与社会、经济的权力和意识形态竞争的观念联系起来，因为知识选择是社会、政治、经济、文化之间的权力相互作用的结果。

④ 什么知识值得学习？21世纪，人类社会进入知识爆炸的时代，知识的总体容量在不断膨胀，知识的更新速度也在飞速增加。由于人们所学的很多知识都没有学习价值，同时忽

---

① 李方.课程与教学基本理论[M].广州：广东高等教育出版社，2002：119—120.

略了那些具有学习价值的知识,导致人们所学的知识和社会所需要的知识之间存在巨大的鸿沟。因此,如何为学校教育选择“值得学习的知识”成为人们密切关注的话题。珀金斯(David Perkins)于2014年从“生活价值”的视角提出了“什么知识值得学习”的问题。珀金斯认为教育的本来目标在于促进具有生活价值的学习,传统学习忽视了知识的真实内涵以及具有生活价值的知识,使学生在未来的社会生活中陷入被动。因此,他强调课程教学中基于为理解而教学的整合思想,即以“学什么”和“怎么学”引导学生形成概念性理解,在此过程中,教授学生具有生活价值的知识,同时创造具有生活价值的知识,以迁移实现一种未来智慧的通达。因此,珀金斯建议以“未来智慧”的视角看待教育,只有实现为未知而教(educating for the unknown),学生才能够参与为未来而学的实践。

由于学生、社会、学科三个要素在课程发展中是交互起作用的,对任何单一因素的研究结果都不足以成为确定课程目标的唯一来源。如果过度强调某一方面,则可能走向极端。课程史上出现过的学生中心课程、社会中心课程和学科中心课程就是这类典型例子,它们基本上都是以课程结构的失衡形成的“钟摆现象”导致课程改革失败而告终的。

拓展阅读3-5

“大概念”的来源与发展①

从中文字面看,大概念与大观念、大想法、大思想、大主题、大单元或大议题等词语同义。在课程与教学领域,大观念(big idea)则有着特定的内涵,较早可追溯至六十多年前布鲁纳倡导的学科结构运动。这场举世瞩目的运动源于一种假定:任何学科都拥有一个基本结构。在布鲁纳看来,掌握学科的结构就是,以允许许多事物有意义且相互关联的方式来理解该学科,习得结构就是学习理解事物如何相互关联。以代数为例,它是一种将已知数和未知数安排成等式的方法,以利于使得未知数变得可知。其三个基本要素包括交换、分配、结合。当学生掌握了这三个基本要素,就会知道要解决的“新”等式其实一点也不新。据此,我们不难理解布鲁纳的螺旋式课程的设计思想——围绕某些核心概念展开课程设计,在不同年段一再重现这些概念,因为这有助于设计连续聚焦一致的课程,同时也有助于发生学习迁移。

不久之后,菲尼克斯(P. Phenix)也指出学科“代表性概念”对设计课程的重要性,认为这些概念在节省学习付出方面能使学习既有效能又有效率。这是因为,如果一门学科有某些特色概念可以代表它,那么彻底地理解这些概念就等于获得整个学科的知识;如果一门学科的知识是按照某些模式而组织的,那么完全理解这些模式,足以使得许多符合学科设计的特定要素变得清晰。这种观点也得到近来许多学习研究的支持,如专家面临问题时会先寻求问题的理解,而这涉

① 邵朝友,崔允漷.指向核心素养的教学方案设计:大观念的视角[J].全球教育展望,2017(6):11—19.

及核心概念或大观念的思考。当然，新手的知识较不可能依据大观念得以组织，他们通常通过搜寻正确公式，以及符合其日常直觉的恰当答案来处理问题。

1998年，埃里克森(H. L. Erickson)明确指出大观念是一种抽象概括，它们是在事实基础上产生的深层次的、可迁移的观念；是对概念之间关系的表述；具有概括性、抽象性、永恒性、普遍性的特征。2004年，威金斯(G. Wiggins)和麦格泰(J. McTighe)对大观念做出了更为系统的论述。他们认为，大观念是对个别的事实和技能赋予意义和连结的概念、主题、问题。大观念不是我们平常所说的基本概念，是居于学科"核心"的观念，而基本概念只是此术语所暗示的意义——进一步学习的"基础"。威金斯和麦克泰认为，大观念表现形式可以多种多样：一个词或两个词(如平等)、主题(如善良战胜邪恶)、持续的论辩和观点(如保守对自由)、自相矛盾之说(如离家以找寻自我)、理论(如进化论)、背后的假定(如市场机制是理性的)、理解或原理(如形式随功能而定)、一再出现的问题(如我们能进行有效证明吗?)。显然，威金斯和麦格泰的大观念指向思想或看法，可以是概念，也可以不是概念，已超越前述学者的观点。在他们看来，大观念是理解的基础素材，可以被想成是有意义的概念工具，这些概念工具帮助学生将分散的点状知识联结起来。这样的观念超越了个别的知识，可应用到学科之内或以外的新情境。简要地说，大观念可归纳为：是一种有焦点的观念"透镜"，透视任何要学习的内容；通过联结及组织许多事实信息、技能、经验，来提供意义的广度，以作为理解之关键；需要"超越内容"的教学；有很大的学习迁移价值：在一段时间之内，可应用到许多其他探究主题或问题上。

……

2010年，哈伦(W. Harlen)等人编著了《科学教育的原则与大概念》，着重从概念的层面探讨大观念，明确提出14项科学教育的大概念(即大观念)。在该书中，大观念被视为适用于一定范围内物体与现象的概念，例如，生物体需要经过很长时间的进化才能形成在特定条件下的功能。与此相对应，小概念只能应用于特定观察与实验，例如，蚯蚓能很好地适应在泥土中的生活。然而，概念大小是不同的，中等程度大小的概念可连接到较大的概念，而较大的概念可连接到更大一些的概念。依此类推，只要能分解出更小概念的概念，都可称作为大观念，因此大观念只是一个相对的概念。一个概念之所以成为大观念，它需要满足：普遍能被运用；能通过不同内容来展开，可以依据关联度、兴趣和意愿来选择内容；可以运用于新的情境，能够使学生理解他们一生中可能会遇到的情况和事件，即使是学生目前尚不知道的。在此必须指出，哈伦等人的大观念与维金斯等人的大观念有所不同：哈伦等人主要探讨中观层面的课程问题，用大观念作为课程目标的思路重构新的科学教育体系,而威金斯等人的探讨主要是在微观层面,即在基于课程标准的前提下,用大观念的方法探讨单元或主题教学的设计。就大观念本身而言,前者比较严密,后者相对松散,前者的贡献在课程领域,后者的贡献在教学领域。

上述这些代表性观点启示我们,在地位上,大观念居于学科的中心位置,集中体现学科课程特质的思想或看法;在功能上,大观念有助于设计连续聚焦一致的课程,有助于发生学习迁移;在性质上,大观念具有概括性、永恒性、普遍性、抽象性等特点;在范围上,大观念意指适用较大范围的概念;在表达方式上,大观念有多种表现形式。

(二)制定课程目标的要求

1. 规范性与目的性相统一

从实践逻辑看,课程目标的制定须与育人目标一致。课程目标的确定应遵循学生身心发展阶段性特征与规律、时代社会发展的趋势以及学科发展的新成果,以核心素养统领课程目标的厘定,体现或描述为"正确价值观、关键能力和必备品格",直接指向为培养"有理想、有本领、有担当"的社会主义建设者和接班人奠基。从教育伦理的视角看,课程应承担"培养好人,使人向善,让人越来越好"的育人功能,以"共同要求、差异发展和个体选择"规定育人目标的三个范畴,彰显课程育人指向的应然性。

2. 基础性与发展性相统一

首先,要树立课程目标的层次意识,将小学课程目标分为基础性课程目标和发展性课程目标,其中基础性课程目标旨在使学生不仅在读、写、算、听、说等素质方面得到全面发展,而且在与同伴群体的交往中学会关心、关爱,丰富学生与世界的关联,培养学生健康、良好的自我意识,初步养成学生参与未来公民生活的基本素质或能力。其次,基础性课程目标面向全部学段的所有学生,是统一的、最低限度的,具有规范性的内容标准、能力标准和机会标准,要求全体学生通过课程修习分段实施后普遍都能达到。第三,发展性目标旨在使学生内部潜能通过学科实践得以展现,促进学生健全人格的养成与发展。该目标把发展学生的主体性和自主学习能力放在首位,为学生充分感受成功学习的体验创建丰富的学习机会。因此,发展性目标旨在营造有意义学习发生的真实学习情境,更加关注实践应用与迁移能力目标实现的可能性。

3. 外显性与内隐性相结合

课程目标的表述通常包括内容和行为两个维度,这是通用的行为目标的表述方式,该类目标也称作具有外显性的结果性目标。正如前文所述,外显的行为目标难以体现或概括人的情意、个性品质等内隐的价值。因此,课程编制在明确目标行为化的基础上,不仅要重视其外显性目标的编排、叙写和落实，还应特别关注课程目标与学生的文化、精神生活实际的关联度，重视课程体验性目标的设计，使学生在学习过程中，在“正确的价值观、关键能力、必备品格”等层面发展其核心素养，进一步促进其个性充分自由地发展。

4. 一般性与多样性相统一

如前所述，课程(总)目标与教育目的的概念其内涵与外延一致。课程总目标的实现，需要借助学校课程体系的规划与实施。在义务教育阶段，课程育人目标以国家基础课程为主体的学科分科课程、地方课程、校本课程以及综合实践活动课程的校本实施予以落实。因此，课程的育人功能是以学科的教育功能和多学科育人功能体现的。

学科的教育功能包括学科的一般教育功能和学科的特殊教育功能两方面。学科的一般教育功能是以学科素养为载体实现的。学科素养或学科关键能力是21世纪素养的有机构成，是适应信息文明要求和未来社会挑战，运用学科核心观念，通过学科实践，以解决复杂问题的学科高级能力与人性能力①。简言之，学科的一般教育功能以理想的育人目标来承担，即培养“超越学科事实与标准化测验，走向学科理解，培养能够欣赏和创造真善美的信息时代和智能时代的新人”，其应具有多学科实践、跨学科贯通的应用素养或迁移能力。

学科的特殊教育功能是由学科内容的特殊性、学科方法的独特性和学科课程组织的差异性决定的。学科内容的特殊性受制于学科课程目标的规定性；由于学科方法的独特性与学科自身的知识结构和内容逻辑密不可分。学科的特殊性主要体现或包括学科观念、学科结构和学科思维。

所谓“学科观念”，即特定学科事实或主题所体现的可迁移、可应用的学科理解或思想，是以学科专家为主体所创造的理解和探究世界的心智结构或图式。“学科核心观念”即特定学科中最基础、最根本的观念。学科观念可以表述为体现学科特点或本质的概念或范畴，如物质科学的核心观念可概括为：物质及其相互作用、运动与静止、能量、波及其在信息传输中的应用；社会科学的核心观念可概括为：迁移、人口、空间关系、地貌、资源等；体育的核心观念可概括为：耐力、灵活性、强健、策略、坚持性、团队协作等。

学科结构是一个学科领域的“基础观念”，由基本概念、基本原理及相应的探究方法或态度所构成。学科结构源自人对世界日益深入的理解，它们将文化知识组织起来，建立联系，赋予意义。学科结构让学科知识拥有内在价值和自身统一性，与日常社会生活区别开来，拥有相对独立性。由于学科结构是灵活的基础观念而非固定学科事实，其本身具有可理解性。学科结构既可转化为学生的年龄阶段特征，又可转化为学生的个性心理特征，学生可以随着年龄增长和个人境遇的变迁不断对学科结构发展个人理解，此过程持续终身，永无止境。学科结构的呈现方式、学生的学科探究能力和学科理解力亦可持续发展，螺旋式上升。学科结构是“伟大的概念发明，它们使无联系的观察事实的聚合产生秩序，使我们所学习的内容产生意义，使开辟经验的新领域成为可能”。由上可见，学科结构是学科的灵魂与核心。

学科思维是人面临真实的学科问题和日常生活问题时能够“以学科专家的方式去思考”

① 张华.论学科核心素养——兼论信息时代的学科教育[J].华东师范大学学报(教育科学版)，2019(1)：55—65，166—167.

问题,能够以学科实践形成概念性理解,审视生活世界达至问题解决。学科思维的对应范畴是"常规思维",即不能恰当运用学科知识,仅从日常经验出发去思考。因此,贯穿学科思维的学科实践是对日常生活的批判,引领学科实践的是学科观念。学科观念的本质是理解——人对世界永无止境地探寻与创造。人一经掌握学科观念,就拥有观察、理解世界的新视角——学科视角,就能够摆脱日常生活经验的牢笼,不断创造新世界、追求新生活。

第三节　小学教学目标

一、教学目标的类型与层次

在 20 世纪,许多心理学家和教育学家,都对教育领域中的目标分类问题进行了深入研究,提出了自己的观点、主张以及分类体系,形成了关于教学目标的若干理论,为我们正确认识、设计、实施或进一步研究教学目标提供了理论依据和基础。

教学目标是课程目标的进一步细化,在方向上对教学活动设计起指导和调控作用,为教学评价提供标准和依据。因此,教学目标的类型与层次不仅与课程类型相关,还与学科知识结构、学生的认知水平及情绪情感发展等有关。

布鲁姆等学者按照认知学习领域、动作技能领域和情感领域对教学目标进行分类,主要分为认知目标、动作技能目标、情感目标。

(一) 认知目标

布鲁姆 1956 年首次出版了《教育目标分类学》,这一分类方法主要用于帮助教师选择学习目标和设计评估的框架,以便更准确地评估课程目标的达成度。该分类法在教育界获得了广泛的认可。在教学过程中,学生不能只接受教师的知识,而应该学习使用和应用这些知识解决复杂问题,且在问题解决过程中重新建构个人知识,同时教师也应该主动学习,参与学生知识重构的过程。

布鲁姆把认知学习领域由简单到复杂、由低级到高级依次分为以下六个层次目标。

① 知识或知道:指对先前学习过的材料的记忆。记忆层面是目标分类中的最底层目标,要求学生对知识有基本认知,能记住基本的概念;记住课程要讨论的主题;通过课程学习,要对基本的概念有记忆,陈述知识能够用自己的话语表达。

② 理解或领会:指能把握材料的意义。学生在记忆的基础上用自己的语言表达知识,在已有知识的基础上解释对新知识的理解。比如,参与一个项目,能够描述整个项目从立项到建设结束的全过程,能够解释每一步的操作原理,能够比较方案之间的不同之处及优劣。

③ 应用或运用:指能将习得的材料应用于新的情境;是指对所学习的概念、法则、原理的运用。它要求在没有说明问题解决模式的情况下,学会正确地把抽象概念运用于适当的情境。这里所说的应用是初步的直接应用,而不是全面地、通过分析、综合地运用知识。

④ 分析：指把材料分解成它的组成要素部分，从而使各概念间的相互关系更加明确，材料的组织结构更为清晰，详细地阐明基础理论和基本原理。

⑤ 综合：指能将部分组成新的材料。是以分析为基础，全面加工已分解的各要素，并再次把它们按要求重新组合成整体，以便综合地、创造性地解决问题。它涉及具有个人化的表达，制定合理的计划和可实施的步骤，根据基本材料推出某种规律等活动。它强调个人性与首创性，属于高阶思维发展的要求。

⑥ 评价：指对材料进行价值判断的能力。这是认知领域里教育目标的最高层次。这个层次的要求不是凭借直观的感受或观察的现象做出评判，而是理性地、深刻地对事物本质的价值做出有说服力的判断，它综合内在与外在的数据、资料、信息，做出符合客观事实的推断。

安德森等人在对布鲁姆的教育目标分类学进行修订时，除了将认知层次调整为记忆、理解、运用、分析、评价和创造之外，还增加了知识分类这个维度，把知识分为事实性知识、概念性知识、程序性知识和反省认知知识(如表 3－5 所示)。事实性知识是“术语知识、具体细节和要素的知识”；概念性知识包括“类别与分类的知识，原理与概念的知识，理论、模式与结构的知识”；程序性知识是“具体学科的技能和算法的知识，具体学科的技术和方法的知识，确定何时运用适当程序的知识”；反省认知知识包括“策略性知识，关于认知任务的知识，具有适当的情境性和条件性的知识，自我知识”。安德森在修订教育目标时对事实性知识和概念性知识进行了明确区分，在他看来，概念性知识(理解)是事实性知识的结构化和抽象化。事实性知识是“具体”的，概念性知识是“抽象”的，概念性知识常常是从事实性知识中抽象出来的，处于更高位，因而成为学习的核心目标。

表 3－5　安德森等的二维目标分类学①

知识维度	认知过程维度					
	记忆	理解	运用	分析	评价	创造
事实性知识						
概念性知识						
程序性知识						
反省认知知识						

概念性知识的结构与过程的结构协同形成概念性理解。概念性理解把知识和技能有效组织起来，以三维模式(know-understand-do，KUD)明确目标，即知道(know)、理解(understand)和做(do)，其中知道的是“事实”，理解的是“概念”，做的是“技能”。KUD 的核心是“理解”，只有“理解”了，才能“知道”和“做”。

① [美]L. W. 安德森，等. 学习、教学和评估的分类学——布卢姆教育目标分类学修订版(简缩本)[M]. 皮连生，主译. 上海：华东师范大学出版社，2008：35—55.

(二) 动作技能目标

动作技能是在练习的基础上,由一系列实际动作以完善的、合理的程序构成的操作活动方式。有学者认为动作技能包括知觉、动作和练习,三个因素缺一不可。辛普森(Elizabeth J. Simpson)把动作技能分为以下七类。

① 知觉:指通过感官觉察到客体及其质量、关系,并运用感官获得信息以指导动作。

② 预备或定势:指为某种特定的动作行动而做的预备性调整等准备状态。

③ 有指导的反应:指个体在教师指导下,或根据自我评价表现出来的外显的行为动作,属于复杂动作技能学习的早期阶段。

④ 机械动作:指已经有一定的熟练程度的、适当的、成为习惯的反应。学习者能以某种熟练和自信的水平完成动作。

⑤ 复杂的外显反应:指个体因为有了所需要的动作形式,能够从事相当复杂的动作行动。它属于包含复杂动作模式的熟练动作操作。

⑥ 适应:指技能的高度发展水平,即学习者能修正自己的动作模式以适应特殊的装置或满足具体情境的需要。

⑦ 创作:指通过在动作技能领域中形成的理解力、能力和技能,创造新的动作行动或操作材料的方式。简言之,创作指创造新的动作模式以适合具体情境。

(三) 情感目标

从布鲁姆的教育目标分类学判断,情感目标包括情感、态度与价值观目标。情感是指一个人的感情指向和情绪体验,不仅指学习积极性和学习兴趣,还包括爱、快乐、审美情趣等丰富的内心体验。态度是一个人对待某一事物的倾向性,不仅指对待学习的态度,还包括乐观的生活态度、求实的科学态度、宽容的人生态度等。价值观是一个人对待事物的最基本看法,包括基本信念和价值取向。它强调个人价值与社会价值的统一、科学价值与人文价值的统一,以及人类价值与自然价值的统一。可以看出,态度是个人较为稳定的情感倾向,而情感本身与价值观有着紧密的联系。情感是个体对事物经价值观评判后而产生的内心体验,价值观则提供了对某事物会产生何种情感的评判标尺。在教学过程中,学生情感的发展与知识的领会、技能的习得、态度的养成交织在一起。

布鲁姆对情感领域目标的分类如下。

① 接受(注意):指学生愿意注意特殊的现象或刺激,是价值内化的初级水平,属于情感的最低层次。

② 反应:指学生主动参与并做出反应,表现出某种兴趣爱好及反应后的满足。

③ 价值化:指学生将特殊的对象、现象或行为与一定的价值标准相联系。此时,学生已开始形成人生观,从而达到了较高水平的价值内化。

④ 组织:指将许多不同的价值标准组合在一起,克服它们之间的矛盾、冲突,并开始建立内在一致的价值体系。

⑤ 价值与价值体系的性格化：指个人具有长期控制自己的行为以致发展了性格化生活方式的价值体系。性格化是最高水平的价值内化[①]。

上述教育目标的分类只能为教学目标的陈述提供一定的思考框架，不能简单地照搬为不同学科和学段课程、教学和学习的目标。

二、教学目标的制定和要求

（一）教学目标的制定

由于学科教学目标指称比较宽泛，通常包括课程教学目标、单元教学目标、课时教学目标和知识点教学目标[②]，因此，本节所述的教学目标特指单元教学目标和课时教学目标或介于二者之间的"节教学目标"。考虑到课程、教学和学习三者之间的一致性关系，在确立教学目标时应该考虑学科课程标准、学生的学业水平和智力水平，以及学校教学资源。

1. 学科课程标准

课程标准是以纲要的形式规定有关学科教学内容的标准性文件。它是国家对学生接受一定教育阶段之后的结果所做的具体描述，是国家教育质量在特定教育阶段应达到的具体指标，它具有法定的性质。课程标准是课程计划的具体化，它规定了学科的教学目标与任务，知识的范围、深度和结构，教学进度以及有关教学法的基本要求。学科课程标准包括三个层面：一是内容标准，即学什么，是制定教学目标的依据；二是质量（成就）标准，也称为学业质量标准，要求通过课程实施学生学到什么程度，是课程评价的核心指标；三是机会标准，指在课程教学实践中如何保障学生的学习权利而拟定的课程实施策略，是义务教育阶段教育公平的体现，也是实现高质量教育发展的前提条件和基础。因此，课程标准是国家管理和评价课程的基础，是教材编写、教学、评估和考试命题的依据，是贯彻"教—学—评"一致性的重要课程文件。显而易见，课程标准的研制，是基础教育课程改革的核心环节，是国家课程通过校本实施开齐开足开好的必要保证。

2. 学生的学业水平和智力水平

一般认为，学生的智力水平存在差异且呈正态分布，因而学生的学业成绩也必然存在差异且呈正态分布。然而，布鲁姆提出的掌握学习理论认为，学生的智力水平与学业成绩之间并不存在必然的正相关。在班级群体中，两端的学生与其余的学生的能力倾向存在着差异，而对于这两者之间大约90%的学生来说，能力倾向预示着学习速度的快慢，而不是可能达到的学习水平的高低。因此，提供足够的时间与适当的帮助，95%（5%的优等生加上90%的中等生）的学生能够学好任何一门课程，达到高水平的掌握。精准诊断和分析学生的学业水平，是科学把握和制定合理教学目标、落实学业质量标准的基础与前提。

因此，相对于学生的学习和发展而言，教学目标既以追求学生的智力发展为旨趣，同时

① ［美］B. S. 布鲁姆. 教育目标分类学（第二册：情感领域）［M］. 施良方，张云高，译. 上海：华东师范大学出版社，1989：5.
② 李方. 课程与教学基本理论［M］. 广州：广东高等教育出版社，2002：135.

关注学生学习效能,支持学生正向情绪和情感发展,以学生学习目标作为指向学业水平发展层次的规定性质量指标。

3. 学校教学资源

学校教学资源的外延比较宽泛,它包括教学材料、教师资质和课程实施的支持条件。从教学材料来看,教科书是最重要的教材,它依照课程标准的目标、内容规定与要求编写而成,为教师理解课程目标、设计结构性学习任务提供了一种最为直观的文本,既是教师资以参考的重要教学资源,也是学生不可或缺的学习资源。从教师资质来看,教师的专业知识、专业技能和专业精神不仅决定了其对课程标准的理解,还决定了其教学目标的选择、制定、组织和实施能否满足社会对学校教育的要求,能否适应学生学业水平的差异。从课程实施的支持条件来看,学校教学设施等硬件技术设备的配置以及社区、家庭和学校文化等课内外课程资源(含科技馆、博物馆等空间资源)的开发与整合程度,不仅制约了课堂教学目标的选择和确立,同时也制约了教学目标的实施路径及达成度。

(二) 制定教学目标的要求

1. 统整性

教学目标的制定是一个复杂的、对教学要素优化设计的过程,这一过程秉持核心素养的方向引领,在课程综合化发展、教材立体化趋势、学生的差异化及教学内容呈现复合结构的背景下,涉及课程组织和教学设计的主线逻辑问题。①以核心素养为目标的课程教学实施,是以学业质量标准为参照的教学行动和实践,通过问题设计、情境创设、任务驱动、学习目标匹配,强化以学科为媒介的教学实践,以学生课堂学习的主动积极参与,促进学生真实学习的发生,发展学生超越学科事实性知识的核心素养,包括探究能力、问题解决能力等。②教材立体化不仅集中体现了不同版本的教材对课程标准的理解层次和解读视角,而且充分利用现代信息技术的支持,建立了基于网络的不同版本教材的相关资源链接,为更加精准地把握和确立教学目标提供丰富的范例。③学生的差异化体现在课程需求的差异化和个性发展取向的差异化;教学内容呈现多样化是教师基于学生的差异性和多元认知的特点,为保障学生在课堂教学中获得更多介入学习的机会,或展示或示范的一种课堂演绎方式,教学内容呈现多样化可以丰富学生认知世界的方式,帮助学生建立高品质的学习经验模型。④教学活动设计应关注课程综合化趋势,善于整合课程结构及实践范型,适当淡化学科边界,超越学科课程内容之间的界限,重视学科概念性理解、学生生活经验建构、多学科迁移性应用实践及学生综合实践能力发展。

由上可见,教学目标的确立是建立在以学习为中心的前提或基础上,聚焦“学什么”“怎么学”和“学得怎样”,帮助学生建立个体与世界的丰富关联性,体现了教学目标的制定是一个系统的优化教学设计与实践持续优化和反馈的过程。

2. 一致性

一致性原则也体现在“教—学—评”一致性,主要包含以下四种含义:一是教学目标的制定要与课程目标一致,课程目标包括课程总目标和学科课程目标,即与以核心素养为导向的育人目标方向一致,即教学目标的设计需要把握和体现核心素养的本质与内核。二是制定教学目标要与学业成就标准中的指标一致,指向课程与教学达成的成就或成果。三是教学目标的制定要结合学生当下的学业水平和生活经验,与可能达到的教学目标或效果一致,从学生的视角出发,以学习为中心,使课堂教学适应、支持、挑战、促进学生的学习。四是教学目标的制定与测评目标一致,以检验教学目标达成度即教学效果。通过课堂测评与反馈,教师做到对学生的课程学习情况心中有“数”(data),及时了解学生课堂中是否在学习的状态,以及不在学习时教师的决策依据。教师应对教学数据进行挖掘、诊断、分析,并以此作为持续改进教学实践的事实与证据。

3. 量力性

教学目标的确立在课堂层面实施要遵循量力性原则。所谓量力性原则,主要有以下三个层面的含义:一是教学目标的设计要充分考虑学生现有的学业水平,包括学生已经具备的知识、经验和技能基础。二是在课程标准、教学标准和评价标准之间把握教学要素设计的平衡,要充分考虑学校课程实施的实际,包括教师资质、学生基础和教学条件,力求体现课堂教学的适应性和适切性。三是教学目标应具有一定难度和弹性,一方面体现教学任务的一定难度,即挑战性;另一方面保留现实目标要求与理想目标追求之间的适度空间与时间,在学生的最近发展区创建成功学习的机会,使教学节奏适应学生学的节奏。四是教学目标的设计要考虑不同阶段的单元学习要求,使得目标之间具有一定的层次性和衔接性,体现学生学习过程的阶段性和学业水平发展的连续性、进阶性和螺旋式。

三、教学目标的设计

在设计教学目标时,应依据学业质量标准、结合学科内容学习的特点,根据教学目标编写的基本要求,选择恰当的教学目标编写方法。

(一) 教学目标编写的基本要求

在通常的教学设计实践中,我们习惯使用马杰的三因素法和 ABCD 四因素法进行编写。在我国第八次新课程改革中,提倡三维课程目标的融合,即:知识与技能目标,过程与方法目标,情感、态度与价值观目标。从教学实践来看,三维目标在实际操作中遇到三大问题:一是静态的“知识与技能”目标与动态的“过程与方法”呈现断裂式状态,教学目标没有得以结构化;二是“情感、态度与价值观”目标不够清晰,教师理解的模糊性导致实际操作中该目标的缺位或错位;三是在实际教学中“知识与技能”主导了教学目标的编写与实施。

因此,在编写教学目标时,可以运用以概念理解为本的 KUD 模式,以克服上述三维课程教学目标的局限性与模糊性。其中,“K”以事实和技能为目标,即知道做什么;“U”代表概念性思考和概念性理解,通过应用实践连接事实和技能,同时为概念性理解的迁移过渡;“D”代表概念、原理的概括,即迁移。

KUD 模式以能力为目标导向,尤其是以高阶概念性思维能力为培养目标,主要体现在:①通过可迁移的概念和概念性理解发现新旧知识之间的模式和联系的能力。②将知识分类储存到大脑中的概念性图式中,形成概念性理解和更为有效地处理信息的能力。③跨文化、跨时间、跨情境迁移概念和概念性理解的能力[①]。

在KUD模式中,“主题、事实和技能”仍然是模式的重要元素,但是其在教学目标中的地位与作用发生了变化,通过知识信息化、其焦点从“覆盖知识与技能”转移到“知识与技能的应用”上,以概念性思考协同概念性理解,支持和促进概念性理解迁移的学科实践。因而,“概念、原理和概括”保证了概念性思考和理解在课程与教学设计中的突出地位。

由上可见,高阶概念性思维能力表现为“连接、理解和迁移”三种能力。其中“连接”是基础,“理解”是核心,“迁移”是目的,三种能力的发展均以学科实践为载体,体现在大概念教学的单元目标编写过程中。

单元是素养目标达成的单位,是围绕大概念组织的学习内容、学习材料和学习资源的结合[②]。理解单元可以从单元主题和单元链两个概念着手。单元主题是概括出来的该单元要重点讨论学习的内容;单元链是按照一定逻辑划分的单元分支,可以有一级、二级、三级之分。单元链构成单元网络。单元可以划分为学科单元和跨学科单元,跨学科单元有多学科、交叉学科和超学科三种不同形态。

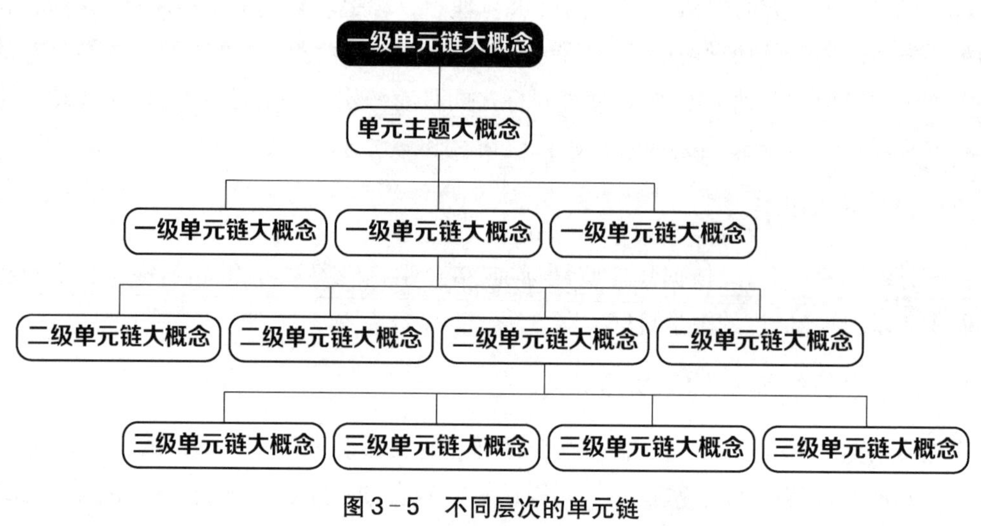

图3-5 不同层次的单元链

一般而言,大概念提取的一般方法与基本路径主要如下。

① 从课程标准中提取大概念。课程标准包括内容标准、成就(质量)标准和机会标准,三个构成性标准涵括课程性质与基本理念,直接指向核心素养导向的课程目标和育人目标,即培养什么样的人。由核心素养可以细化为跨学科大概念,通过学科素养可以提炼出比较高位的学科大概念。在此基础上做进一步的选择、修改、细化分级和连接,使大概念适合于单元教学。

① [美]林恩·埃里克森,洛伊斯·兰宁.以概念为本的课程与教学:培养核心素养的绝佳实践[M].鲁效孔,译.上海:华东师范大学出版社,2018:11.

② 刘徽.大概念教学[M].北京:教育科学出版社,2022:69.

② 从教材分析中提取大概念。一般教材编写具有明显的单元结构，可以从单元概论（导读）、单元主题内容、阅读链接、单元小结等部分提取大概念。

③ 从生活价值提取大概念。基于生活中真实问题解决的需要，提炼关键特征，探索、分析、解释不同特征、变量或指标之间的关系，建立相应的思维框架或模型。

④ 从学生当下存在的学业现实困境与未来发展的挑战分析中提取大概念。秉持学生作为生命是历史和现实的统一体这一理念，分析学生的学业困境，需要从历史成因和现实状态或条件影响多种因素着手，结合未来发展的可能空间提取大概念，并寻求一定的条件性资源（包括策略、技术、平台等）支持、激励、改进学生的学习。

⑤ 从评价标准中提取大概念。评价标准是对学习行为和结果的反思与校准，有助于教师反思、厘清大概念。

由上可见，以大概念（大观念、大主题或议题）为中介，核心素养、学科素养、课程标准、大概念的学习要求、主要问题、教学目标之间的内在逻辑可以形成如图 3－6 所示的关系。其中，核心素养和学科素养相对广泛，需要内容标准来承载；大概念主要源于课程标准，理解运用大概念意味着它被广泛地应用于其他情境；为了理解运用大概念，学生需要探索主要问题；在探索主要问题过程中，需要落实较大的教学目标（任务群），它们是理解与运用大概念的基础。

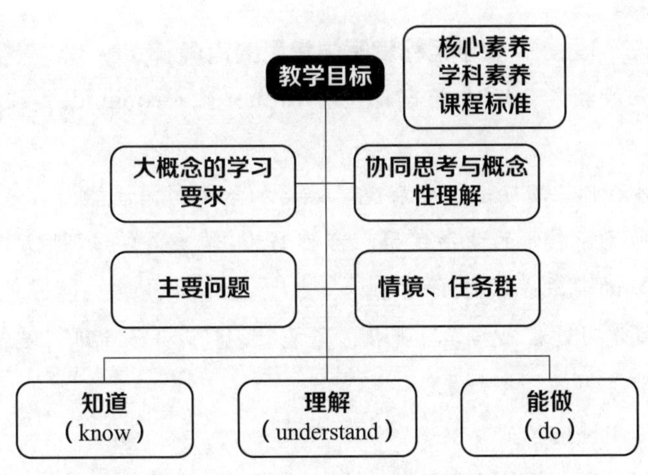

图 3－6　以大概念教学为载体的 KUD 模式

（二）教学目标编写示例

【示例 1】人教版《数学》五年级上册“多边形的面积”中关于规则图形和不规则图形的面积计算。这一单元包括三角形、平行四边形、梯形等图形面积的计算，以及不规则图形面积的计算。设置如下目标层级：以掌握适应现代生活及进一步学习必备的基础知识和基本技能、基本思想和基本活动经验，发展实践能力和创新精神为核心素养。以会用数学的眼光观察世界、会用数学的思维思考现实世界、会用数学的语言表达现实世界为数学课程要培养学生的核心素养。运用大概念教学为载体的 KUD 模式来匹配数学核心素养：

①推导计算三角形面积的公式；②学会应用三角形面积公式推导平行四边形面积、梯形公式；③根据三角形、平行四边形和梯形面积公式，概括多边形面积计算公式，并应用到不同情境中；④探索在不同的情境中从数学的角度发现和提出问题，如包书皮、家庭装修地板瓷砖数需求等；⑤制定家装项目预算方案。

【示例 2】小学综合实践活动以跨学科项目式学习为载体的目标设计，以“迷你马拉松运动会”的筹备召开为项目。综合实践活动是从学生的真实生活和发展需要出发，从生活情境中发现问题，并转化为活动主题，通过探究、服务、制作、体验等方式，培养学生综合素质的跨学科实践性课程。根据综合实践活动课程的性质，设置如下目标层级：以培养学生综合素质、发展学生创新精神和实践能力为核心素养。以学会交流与合作、具有团队精神和一定的组织活动能力、具备全球化时代所需要的交往能力为项目式课程教学目标。运用学会合作大概念教学为载体的 KUD 模式来匹配核心素养与学科素养：①领取项目，查阅资料，制定项目计划；②组织团队，分配任务，落实、协调时间节点；③多学科、交叉学科、超学科学习活动及经验建构，包括路线测绘、裁判训练、美术设计、社区协调、社会求助等；④面向本年级同学和低学段同学模拟“迷你马拉松运动会”，及时反思、总结、改进；⑤组织并召开全校“迷你马拉松运动会”。

拓展阅读 3-6

教学目标叙写中常见的错误[①②]

在分析一般教学目标时，格朗伦德（Norman E. Gronlund）建议应该避免下列常见错误。

（1）描述教师表现而非学生表现。如增加学生的阅读能力——这个例子并不能够清楚地显示教学的意图结果。可改写为：学生会朗读课文；背诵第二段，能够解释 XX 的现象或原因；等等。

（2）叙写学习过程而非学习产物。着重“获得”“学习得到”“发展”等学习过程的描述而非学习的预期结果。

（3）罗列学科内容。

（4）在每一个一般目标内包括成果一类的、在短时间内很难完成的学习成果。如认识科学方法并有效地应用。

泰勒也曾批判过上述叙写目标时常犯的错误，他还指出了另一个常犯错误，即只叙述理想的学生行为，而忽视行为所应用的生活领域或内容。

① GRONLUND N E. How to write and use instructional objectives [M]. 4th ed. New York: Macmillan Publishers, 1991.

② 李子建，黄显华. 课程：范式、取向和设计[M]. 香港：香港中文大学出版社，1996：216—218.

第四节　小学课程与教学目标的绩效

作为绩效评价目标管理理论的创始人,美国管理学家德鲁克(Peter Druker)在 1954 年提出该理论的雏形。经过几十年的不断发展,绩效目标评价已成为当今世界上通行的管理方法,西方国家将该理论广泛应用于学校、医院及政府机构等非营利组织。该理论的核心是:以目标指导行动,在目标明确的条件下,围绕确定的目标和实现目标而开展一系列的活动,并对自己的行动负责,结果用绩效评价来考核,以求不断改进工作和学习。本节运用上述理论对小学课程与教学目标绩效的内涵、实现条件,以及存在的问题等方面展开分析。

一、小学课程与教学目标绩效的内涵

考察学校课程实施的目标绩效在很大程度上依赖于学生学业成绩的变化、身心发展的水平以及学习系统的有效支持。因此,对小学课程与教学目标的绩效进行分析有助于我们反思学校教育作为教育生态系统的有机构成,以及在促进学生德智体美劳全面发展和学生个性充分发展而表现出的特殊性与局限性。

(一) 小学课程目标绩效的内涵

小学课程目标绩效是指小学课程目标的制定和实施可以实现国民教育目的的程度以及对于制定学科课程与教学目标能够起到的导向作用和评价功能。一般包括以下三个层面的含义:①小学课程目标体现或反映义务教育阶段学校教育的育人目标,即使学生成为有理想、有本领、有担当,德智体美劳全面发展的社会主义建设者和接班人奠定终身发展的基础。②以核心素养导向的小学课程目标体现并包括发展学生正确价值观、必备品格和关键能力,引领学校课程建设,调控学科课程与教学目标的合理制定和实施,在宏观的教育目的与微观的学习目标之间起到中观目标的连接、过渡和定向的功能。③小学课程目标中隐含的价值预设反映了时代精神、社会进步及人文关怀,体现学校课程对于学生学习、成长与发展的育人价值和特殊意义。

(二) 小学教学目标绩效的内涵

小学教学目标绩效是指教学目标的设计、实施和评价反映了核心素养导向的课程目标的内容标准要求,师生共同追求教学目标的实现过程凸显了教学目标的实现程度,且这一教学过程目的在于促进学生高效而有意义的真实课堂学习发生,促进学业质量标准中学习指标的达成。一般而言,小学教学目标的绩效包括以下三个层面的含义:①教材编写人员根据课程内容标准和小学生的年龄特征拟定一定难度的教学目标,且根据教学目标组织教材内容单元编纂教材,形成课堂学习任务的基本框架或结构,引领核心素养落地。②教师根据教材的内容和学生的学业水平或基础设计适切的教学目标,依靠现有的资源,在课程与学生之间寻求有意义的连接,促成学业质量标准中指标的达成。③师生在追求教学目标实现的教学过程中,教学目标实现的程度取决于学生学习结果的习得、掌握与表达,也取决于教师的支持、技术和学习资源应用与保障。

二、小学课程与教学目标绩效的实现条件

正如前文所述,从课程目标、教学目标到学习目标的实现,不仅仅是概念的内涵与外延变化的问题,而且是国家层面在学校层面通过教育方针制定教育目的,发挥方向引领、政策支撑、资源保障的职能,使教育目的逐渐现实化的复杂过程。其间存在许多因素可能影响学校课程目标和教学目标实现的程度。因此,探讨这些因素如何在课程目标和教学目标的制定、实施和评价过程中发生作用的机制,可以进一步厘清小学课程与教学目标绩效的实现条件。

(一)小学课程目标绩效的实现条件

如果从宏观上考察教育目的,其内涵和外延与课程总目标是完全一致的;如果在课程理论的视野中探讨课程目标的现实化问题,课程标准的研制和学科课程目标的制定与确立,教科书的编写以及教育督导机构对学校层面课程工作的监测与督导,是实现小学课程目标绩效的必要条件。

1. 小学教育目的的合理性、合规律性与合目的性

学校课程目标是教育目的的反映和体现,教育目的具有的合理性、合规律性以及合目的性的内在属性,在某种意义上规定、制约和引导学校课程目标制定、实施和评价的方向。

① 小学教育目的的合理性体现在培养目标实现的可能性、制定和实施培养目标的可行性,以及学校教育自身难以克服的局限性上。由于教育目的的确定往往会受到哲学观念、人性假设、理想人格和社会发展、时代精神等观念与价值取向的影响,同时还会受到文明社会发展阶段和现实的制约,加之制定教育目的的人与实施培养目标的人之间因自身知识、经验、理解的差异,在实际操作中会带上一定程度的主观色彩。因此,教育目的的确定和培养目标的落实之间存在一个落差,这种落差恰恰是制约小学课程目标绩效的重要因素之一。此外,学校组织建制、运作和管理方式,决定了这一机构在发挥教育功能时自身难以克服的惰性或局限性。因此,在厘定学校教育目的时,如何限定学校教育范围,在整合社会教育和家庭教育优势的基础上,把学生置于整个教育生态系统的中心,在分析教育生态系统中影响学生学习、成长与发展的诸多因素基础上,确立合理的小学教育目的,这是一个有待长期关注、研究和探索的课题,直接关系到学生能否在课程实施中成为最大受益者。

② 小学教育目的的合规律性体现在对学生认知方式的尊重、身心发展的特点与规律的把握,以及对学生个性发展的培育和引导上。在小学阶段,学生早期的兴趣常常是短暂的,到了童年中期则是一个对现实世界中的任务持续注意的时期,虽然仍然存在较大的幻想空间,但与早期相比已有显著下降。学生开始关注周围世界是如何运转的,他们把相当大的兴趣放在对风俗习惯、工具、历史文化知识的学习上,而且这一时期他们已经内化了来自家长

和教师那里关于禁忌的训诫，并获得一种被期望感，同时大多数学生都不会辜负这种期望，于是游戏规则和课堂纪律变得重要起来。学生有时会以一种神圣的顺从来对待这些规则，但有时他们又会因规则发生争论而重新协商规则[①]。学生的个性心理特点和社会交往需求为小学教育目的的确定提供了依据。因此，在确定教育目的时，只有尊重学生的认知方式、适应学生的心理特点、满足学生的发展需求，这样教育目的才能在教育活动中起到引导、调控、评价、平衡学生全面发展与个性发展的"灯塔"作用。

③ 小学教育目的的合目的性既要反映学校教育与现代社会倡导的核心价值的对话，又要体现对传统文化价值的继承与发展，同时彰显未来时代精神和社会发展趋势。一方面，传承中华民族优秀传统文化遗产，对传统文化中"仁义礼智信"与"温良恭俭让"等道德价值的继承和发扬，引导学生通过个人修身提高道德修养的水平，为成长为一个具有传统文化血脉与身份的现代中国人奠定文化基础；二是通过社会主义核心价值观的学习，培养学生正确的世界观、人生观和价值观，为养成必备品格和关键能力奠定价值观基础；三是把握时代发展趋势，面向世界和未来，着重发展和培养学生成为具有国际视野的现代公民人格。

2. 小学课程标准的研制原则

课程标准又称作课程纲要，是根据课程计划按学科分别编写的一种有关教学内容的指导文件，它规定学科的课程目标、内容范围和教学活动上的基本要求。因此，从某种意义上讲，小学课程标准既是编写和审查小学教材的依据，也是教师理解课程、设计教学的指南，同时还是国家考试中心和社会专业团体对学校课程实施效果进行评价的参照依据。

作为一个关系到课程与教学目标绩效的纲要性文本，小学课程标准在研制中要体现以下三个原则。

① 坚持学科性和综合性的统一。首先，要通过课程属性和基本理念、课程目标、教学内容、教学方式与课堂评价等层面显示不同学科课程的特色；其次，要结合学生认知发展的特点、身心发展的规律以及学生的生活经验，对不同学科内容、教学方式、学习评价方式等进行整合，满足学生的个性化学习需求；第三，要以大概念、大观念或大主题(议题)为内容标准，为大单元教学提供教学指南，为高品质学习提供支持，为课程评价提供依据。

② 坚持基础性与发展性的统一。一方面，在传统的 3R，即"读、写、算"方面奠定扎实的学力基础，同时帮助学生学会现代教育的 3C，即"关心、关切和关联"技能；另一方面，要厘清"基础"与"发展"的辩证关系，懂得基础是发展的前提和条件，发展是基础的目的和归宿，基础与发展统一于学生的全部学科实践和学习活动过程中。简言之，没有学习的发生，学生就丧失了发展的基础、前提和条件；没有学科实践，核心素养则成为空中楼阁。

③ 坚持规范性与创新性的统一。在小学课程标准的编制中宜体现课程的游戏属性。游戏属于学生有意义的学习模式，它有两个重要的元素：游戏规则和游戏结果。游戏规则是显明的，它规定了游戏双方参与机会的公平；游戏结果是未知的，它承诺游戏过程的公正。在

---

① [美]特里萨·M.麦克德维特，珍妮·埃利斯·奥姆罗德.儿童发展与教育[M].李琪，等译.北京：教育科学出版社，2007：22—23.

童年早期,学生对规则的学习是通过想象学习(幻想性学习)和协商学习进行的。这为小学课程内容标准的研制提供了可参照的原则。课程的游戏属性体现了学生在课程学习中的主体性、参与性,彰显了课程的吸引力、激励性和挑战性,通过反馈机制发挥课程育人功能。

3. 教科书编写

青少年是国家的未来和希望,担负着实现中华民族伟大复兴中国梦的历史重任。学生的健康成长成才,离不开教育的引导培育,离不开教材的基础支撑。实施什么课程、用什么教材决定了下一代学什么和信什么,关系到立德树人根本任务的落实,关系到教育核心竞争力的提升。从长远发展来看,教材关系到党领导的中国特色社会主义事业的巩固与发展,关系到民族凝聚力向心力的增强,关系到中华民族伟大复兴目标的实现,关系到国家的繁荣昌盛、长治久安①。在课程中,教科书是最重要的教材。事实上,教科书是受众最多、发行量最大、对人的影响最深的书籍,不仅会影响个人知识学养和世界观、人生观、价值观的形成,更会影响一个国家和民族的前途命运。教科书编写应遵循内容结构化、任务序列化、资源立体化等基本原则,体现"教—学—评"一致性的指导思想。

4. 教育督导的专业化

随着学校专业化发展的进程加快,给教育督导的专业资质、督导规范和督导流程提出了明确的专业化要求。所谓教育督导专业化,就是指教育督学经过长期的督导专业训练和自主学习与完善,具有先进的教育督导理念,具有与现代教育督导要求相适应的专业知识结构和督导技能,能够对学校层面实施的课程与教学改革发挥督促、指导、顾问的作用与功能,进而形成一支严格坚持督导原则、遵守督导流程和规范、履行督导职责,有助于促进学校专业化发展的督导专业团体。

我国目前教育督导制度设计中的一个严重问题是教育督导行政化,这一制度缺陷带来的问题是教育督导队伍的成员资质构成行政化、督导内容政策化、督导任务和目标法规化,难以在真正意义上解决学校在课程教学改革与发展中出现的专业问题,从而为学校专业化发展提供咨询和指导。换言之,教育督学仅仅发挥了督"政"的职能,而无法担当督"学"的职责和发挥导"教"之功能。

(二) 小学教学目标绩效的实现条件

与宏大、抽象、宽泛的教育目的相比,教学目标通常显得细致、具体而直接。实现教学目标绩效的关键是厘清课堂作为学习共同体的属性特质,开展以学习为中心的课堂评估、教学评价和循证教学,促进教师专业化发展。

1. 教师专业化

教师专业化是教师职业发展的趋势,也是时代和社会变迁对教师资质提出的要求。教师专业资质主要包括以下三个层面:①专业知识。这意味着教师必须经过长期的学科专业

---

① 田慧生. 中国特色高质量教材体系要坚定和彰显文化自信[EB/OL]. (2022-12-07)[2024-06-07]. http://www.moe.gov.cn/jyb_xwfb/s5148/202112/t20211207_585258.html.

训练、教育心理学及专门的基本技能的训练才能取得准入资格。②专业技能。指教师应该具有为学生和社会所公认的复杂知识技能权威和影响力，有正式的专业组织对教师行业服务、培训及资格认证进行管理。③专业精神。一方面，教师应该具有以奉献和服务精神为核心理念的职业道德；另一方面，教师应该具有充分的自治、自主和自律性，能够独立从事专业活动，不受专业以外的影响而做出判断。

教师专业化是实现教学目标绩效的必要条件之一。目前影响或制约教师专业发展的因素主要有：①教师有自主发展的意愿。这也是教师专业发展不可或缺的内驱力。②教师专业组织。以教研组和备课组为单位的常态校本教研的开展，是教师专业学习、成长和发展的关键平台。③以课例研究为抓手。课例研究是教师团队开展专业学习的有效形式，也是教师探索课堂教学学生真实学习发生机制的实验室，还是教师反思课堂教学、持续改进教学实践的助推器。

2. 课堂评估、教学评价和循证教学

课堂评估（classroom assessment）是教师常用的一种教学策略。与课程、教学和评估一起构成了课堂的基本结构与模式。这种方法通过任课教师在课堂上选择使用工具和技术对学生的学习起点、学习过程和学习结果进行持续不断的评估，以精准诊断学情，为进行有效课堂决策、及时反馈、反思教学提供证据。课堂评估的基本假设是：教师对学生课堂学习的起点与终点的位置、学生在学习的判据、学生不在学习教师该怎么办、学生真实学习发生的机制是什么、支持促进有“效”教学之“效能”“效率”和“效果”的应然教学实践与行动的基本样态。

教学评价是教师对课堂教学的整体效果、局部问题和实践改进等进行的系统评价与反思。教学评价宜围绕学业质量标准，聚焦学生学习结果和效果，反思课堂教学是否解决学生学习问题以及未来教学实践亟待改进或解决的方向性问题。

循证教学是循证教育构成的一个分支。早期的循证教育实践源于循证医学的理念。与医生一样，教师在教学过程中如何通过数据挖掘、诊断和分析，基于事实和证据决策是循证教学的核心思想和关键问题。在教学过程、课堂评估、教学评价和教学研究中，循证教学具有不可替代的工具技术实践价值。

3. 让课堂成为“以学习为中心”的学习共同体

学校是以学生为主体、支持学生学习发生的主要场所。儿童天生具有巨大的学习潜能。从嗷嗷待哺到独立自主，是学习造就了儿童生长“成”人的可能。因此，让课堂成为“以学习为中心”的学习共同体，可以促进课程与教学目标的实现。

自 20 世纪 80 年代末以来，随着以多媒体计算机和网络技术为核心的智能化现代信息技术的发展、脑科学有关人的高级认知机制的研究成果的呈现、基于知识的经济与社会形态的出现，以及建构主义理论研究的不断深入，人类对自身学习本质的认识也在不断深入和发展。当前，人们对学习的认识不仅仅停留在“学习是个体的知识获得过程，学习行为是孤立的、简单的”这样的认识上，而是发展到了强调“学习是真实情境中问题解决和知识意义的建

构,学习是知识表达的社会协商"。面对学习本质的新认识,我们自然产生这样的问题:什么内容是值得学习的?人是如何学习的?什么样的学习是有效且有意义的?针对这些问题,教育学、心理学界的专家学者正在进行不懈的努力,其中对于"学习共同体"的研究备受关注,那么什么是"学习共同体"呢?

对于学习共同体的界定,由于研究的侧重点及应用的领域不尽相同,造成对学习共同体的界定也存在众多意见。赵健从社会学和人类学的视角对"学习共同体"的本质和内涵进行了深入分析和说明,她认为:①"共同体"是一个社会学概念,代表一种社会结构、一种社会联系方式。②"共同体"概念本身的含义随着时代的发展不断演进。协商、异质、脱域及互嵌成为当代共同体的内在特征。③"学习共同体"是支撑以知识建构与意义协商为内涵的学习的平台,是信息时代知识创生的社会基础[①]。

课堂作为一个担负着特殊社会功能和文化使命的班级教学组织,是一个由教师和学生组成的学习共同体。所谓"学习共同体",是指一个由学习者及其助学者(包括教师、专家及同伴群体等)共同构成的团体,团体成员在学习过程中经常进行沟通、交流,并分享各种学习资源,共同完成一定的学习任务,形成了相互影响、相互砥砺、相互依存的人际联系。教师和学生在课堂中的教学活动,既是一种生活世界活动,更是一种立足于生活世界基础之上的以课堂教学内容为载体的专业世界活动。学习共同体所倡导的是,不强迫学生削足适履地适应已经设计好的教学序列,强调具有不同背景文化的学习者利用各自的专长,相互合作,互相支持,共同完成其确定的学习目标。由此可见,在学习共同体中,师生彼此通过对话、交往、反思性实践,共同分享一种价值、追随一个愿景、建立一种关系、表达一种观念、坚守一个信念,从而实现个体生命彼此联结、相互支持的自由本质。

教育是在人与环境之间互动中创设有意义的影响元素,这种有限度的影响根源于教育始终受制于人的遗传素质的可能性,而具有丰富意义的友好学习环境可以在一定程度上激发学生强烈的学习动机。所谓友好的学习环境,主要建立在基于学生为学习主体的假设基础上,有以下三层含义。

① 学习组织的团队化,这里的学习组织多指学生社团。学生社团是学生自治的学习组织,也是学校课程制度设计中的学习共同体。这一学习组织的存在和运作,打破了学生年龄、性别、班级的界限,使得兴趣发展和培养成为共同体成员追随的课程愿景,在学校教育的范围内,可以最大程度保障学生自主选择和自由表达的学习权利。在某种意义上讲,学生社团也是社会团体的雏形。学生在学生社团的学习经验就是未来公民结社的基本技能。学生在学生社团中习得的领袖才能、合作技能、表达能力和沟通技巧是其赢得未来社会竞争的基础性学力,它作为一种潜在的教育力量,引导学生不断地尝

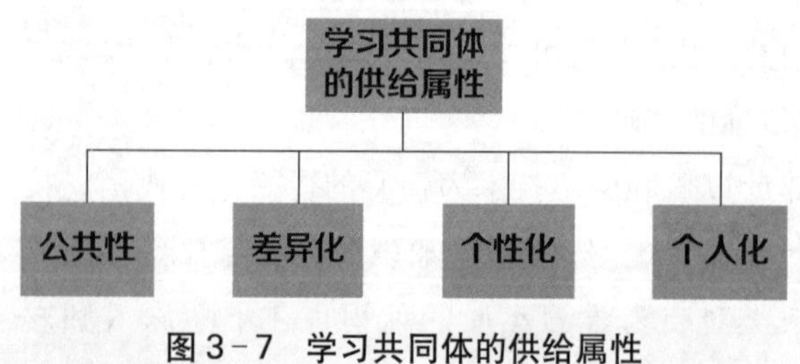

图 3-7 学习共同体的供给属性

① 赵健.学习共同体:关于学习的社会文化分析[M].上海:华东师范大学出版社,2006:100—101.

试、判断、选择，超越自我，最后成为自己心里想成为的人。因此，这也是从人道主义的立场审视健全人格养成的有效途径。

② 学习方式的个体差异性以及学习结果表达的合法性。由于遗传素质的差异性，学生的认知方式具有不一致性，因此，在有限度的课堂教学中，学生的多元认知难以得到充分的尊重和发展，而在自主学习中却可以被合理表达。学生在认识自我过程中，不断地寻找世界与自己之间可能存在的丰富关联性，因此，为学生表达学习结果提供一个公共领域或空间平台，是学校教育应该承担的教育责任，也是培养学生健全人格的有效途径之一。

③ 自主设计学习活动的选择性。未来的课程是计划的课程与协商的课程交织在一起生成的课程。这意味着在学校生活中，学生可以带着学习任务自主设计学习活动，这种学习环境的开放性保障了学生学习方式的选择性，它是发展学生创新能力的条件，也是个体自主发展的不竭动力和源泉。

三、我国当下小学课程与教学目标绩效存在的问题

小学课程与教学目标绩效存在的问题主要体现在以下几个方面。

（一）育人目标发展阶段性不够清晰

虽然教育目的是一个比较抽象、概括性较高的概念，但是作为一项引领教育活动的行动指导纲领，教育目的所蕴含的理想主义和哲学思辨色彩，为一大批热爱教育事业、具有教育情怀的教育工作者指明方向。

教育目的的价值预设与一个国家当下所处的时代背景和国际大环境相关。2022 年 3 月，教育部印发《义务教育课程方案（2022 年版）》，明确提出“培养有理想、有本领、有担当的社会主义建设者和接班人”的育人目标，以此回应“教育应该培养什么样的人”“怎样培养人”“为谁培养人”的伦理诉求、育人方式和人才标准。

小学教育是基础教育之基础阶段，是面向全体学生，教会学生学会学习、学会做人、学会适应与变革社会，为未来能够更好地生活生存、服务社会奠定发展基础。因此，小学教育应着力发展学生兴趣，养成良好习惯，铸就优良品格，培育创新精神和实践能力，促进全面发展，为成为有理想、有本领、有担当的社会主义建设者和接班人奠定终身发展的基础。

（二）校长课程领导力亟待提升

校长课程领导力是校长专业品质和实践能力的综合体现。校长对国家教育方针政策的理解和领会，对育人目标和对象的认识与把握，对课程育人价值、地位、结构和功能的体认，对教师专业团队发展的支持，对课程改革的时代挑战引发校本变革行动的内生实践逻辑的探索，对社会资源的组织与协调，以及对致力于学生发展核心素养导向的学业质量标准的达成与转化，无不彰显着校长课程领导力在学校育人实践中的专业表达。

长期以来，由于我国实行中小学校长的任职和选拔任期制，校长职前职后的专业训练不够充分，导致大部分中小学校长对于如何结合学校、教师、学生和社区实际开齐开好国家课程，

开发建设符合学生需要的校本课程,从而真正体现课程育人价值,发挥课程育人功能,显得力不从心。

(三) 学校课程结构失衡

课程结构是课程目标转化为教育成果的纽带,是课程育人实践活动顺利开展的依据。课程结构是针对整个课程体系而言的,课程的知识构成是课程结构的核心问题,课程的形态结构是课程结构的骨架。课程结构是课程各部分的配合和组织,它是课程体系的骨架,主要规定了组成课程体系的学科门类、各学科内容的比例关系,以及必修课与选修课、分科课程与综合课程的搭配、正式课程与非正式课程等,体现出一定的课程理念、课程设置的价值取向以及育人功能的需求。

小学课程体系中结构失衡主要体现在以下四个方面:①分科课程与综合实践活动课程结构失衡,导致学生学习学科知识需要的生活经验积累不够,使得学生跨学科解决真实世界问题的能力不高,造成“学难以致用”。②正式课程与非正式课程结构失衡,使得课程实施空间局限于教室而非其他更加广泛的学习场所,限制了学生与世界的联系,其学习方式、路径依赖以及自我驱动来源受到不同程度地遏制,不利于拓展小学生的知识经验基础,发展学生的兴趣,从而对学生自我意识和健康发展带来负面影响。③必修课程与选修课程结构失衡,使得学校教育规训有余,学生的主体性、能动性和个性化发展不足,尤其是课程作为拓展学生的学习机会之载体,难以真正激发学生的学习动机和学习兴趣。④显性课程与隐性课程结构失衡。目前,大家已意识到隐性课程的文化价值负载,但在实践中却忽视了隐性课程的双刃剑育人功能。

(四) 教师专业化水平参差不齐

在我国大中小学校的教师专业技术职称评定上,小学教师工作的专业属性在业内和社会上未受到广泛认可。导致这一状况的可能原因:一是长期以来,小学教师的相对学历不高,许多人误认为从事小学教师这一职业无须专门训练,大凡大学毕业即可胜任。二是小学教师经济收入相对较低,导致社会地位不高,许多优秀毕业生不太愿意选择小学教师作为终身职业。三是小学教师长期依赖师徒间的“经验式”传帮带模式,缺少专业学习共同体平台的支持,如由于教师日常工作的繁杂,使得教师不能通过理论学习,与同侪协作,以课例研究为载体,探索学生真实学习发生的机制,从而提高个人反思实践、持续改进教学的能力。在这种情况下,教师难以实现由经验、直觉主导向基于证据决策的专业实践者角色的转变。长此以往,就会逐渐被“大家都这样”的“温水煮青蛙”的环境而同化,从而弱化个人专业成长的自觉意愿。

(五) 应试文化成为主导学校课程实践范型的隐性力量

以应试教育主导的学校课程文化范型,已经渗透到学校各个部门的组织机构中,渗透到课程过程的各个环节,主要表现为:①以学生学业成就为教育评价的关键指标导致的高风险评估,即教师和学生评价唯分数论,这种工具主义思想已经远离了学校教育目的和教育宗旨,是当下造成整个社会内卷的主要原因。②学校被迫卷入整个社会的应试教育“黑幕”,这里的“黑幕”即指凡参与应试的主体彼此不知道对手或对方在备考上做到什么程度，每一个应试主体把对方当成想象中的对手，就像盲人运动员赛跑，即使自己已经跑在前面，还要拼命往前赶，其间没有谁告诉他实际上的位置。③学生学习负担过重已经引起严重心理问题。一个缺失心理健康、伴有严重心理行为问题的学生，难以正常参与学校同伴之间的交往和社会生活。

因此，这种以纸笔测试选拔培养人才的模式，尤其是培养创新型人才，实践证明其作用是十分有限的。2021年7月，中共中央办公厅、国务院办公厅印发了《关于进一步减轻义务教育阶段学生作业负担和校外培训负担的意见》，并发出通知要求各级各类中小学认真贯彻落实，足可以见“推进课程改革，转变育人方式，促进学生身心健全发展”已经成为深化教育改革的重要议题。

关键术语

课程目标；教学目标；学习目标；绩效管理

讨论与探究

1. 试根据我国不同历史阶段的教育目的或方针，编写相应的学校课程目标。

2. 基于核心素养的课程改革目标对小学语文和数学课程的校本化实施提出了哪些挑战？

3. 以小学语文、数学或科学为例，列举该学科体验性目标可能使用的行为动词，并一起讨论。

4. 以小学某一学科某一节课为例，运用教学目标的两种框架模式分析和讨论教师应该如何设计教学目标？

5. 你认为影响学校课程与教学目标绩效的因素还有哪些？试进行简要分析。

案例分析

请根据教育目的、课程目标、教学目标和学业质量标准之间的内在逻辑，分析影响课程与教学目标绩效的因素，编制课程改革评价的关键指标。

让核心素养落地　为知识运用赋能①

《义务教育课程方案和课程标准(2022年版)》对现行义务教育课程方案和课程标准进行了系统性设计，在课程内容结构、学业质量标准等方面都有较大变化。

① 教育部印发《义务教育课程方案和课程标准(2022年版)》——让核心素养落地　为知识运用赋能[N]. 光明日报，2022-04-22(1). 有少量改动。

课程建设:以核心素养为导向

此次课程方案修订体现了全面落实培养担当民族复兴大任时代新人的要求,结合义务教育性质及课程定位,将党的教育方针具体细化为本课程应着力培养的学生核心素养,体现正确价值观、必备品格和关键能力的培养要求。

如何培养能够担当民族复兴大任的时代新人?从2011年我国实现了义务教育全面普及,教育需求从“有学上”转向“上好学”,这个问题就提上了日程。时下,人们生活、学习、工作方式发生改变,不同价值观念相互碰撞,儿童青少年成长环境深刻变化,也对人才培养提出了新挑战。义务教育深化教育教学改革和“双减”工作要求强化课堂及学校教育主阵地作用,落实这些要求必须修改完善义务教育课程方案和课程标准,对教与学的内容、方式进行改革。

让核心素养落地,是本次课程标准修订的工作重点。课程目标的素养导向,有利于转变那种将知识、技能的获得等同于学生发展的目标取向,引领教学实践及教学评价从核心素养视角来促进和观察学生的全面发展。素养与知识不同,是知识、技能、态度的超越和统整,是人在真实情境中做出某种行为的能力或素质。当前世界范围内的核心素养热潮实质上是教育质量的升级运动,国民的核心素养决定一个国家的核心竞争力与国际地位。课程建设以核心素养为导向,是推进我国社会现代化和人的现代化的需要,也是贯彻党的教育方针、落实立德树人根本任务的具体体现。

课程内容:回到知识学习为人服务的初心

核心素养培养又如何落实在日常的课程教学中?课程内容是课程标准修订最为实质的问题。课程内容不变,核心素养理念很难落地。此次修订,课程结构基于这一目标做了较大调整。比如:整合小学原品德与生活、品德与社会和初中原思想品德为“道德与法治”,进行九年一体化设计;改革艺术课程设置,一至七年级以音乐、美术为主线,融入舞蹈、戏剧、影视等内容,八至九年级分项选择开设;科学、综合实践活动开设起始年级提前至一年级;将劳动、信息科技及其所占课时从综合实践活动课程中独立出来。

本次课程修订超越学科内容观和教学内容观,彰显课程内容观。在课程内容理解上,以学习为中心,不仅包括教什么、学什么的内容问题,还包括怎么教、怎么学的过程方式问题,以及为什么教、为什么学的目的价值问题,甚至还有教得怎么样、学得怎么样的结果水平问题。这种复合型的课程内容观,突出习得知识的学习方式和运用知识的能力和价值,打破死记硬背、题海战术等知识技能训练魔咒,克服高分低能、价值观缺失等乱象。学生可以在主题活动中,通过完成学习任务获得知识和解决问题,亲历实践、探究、体验、反思、合作、交流等深度学习过程，逐步发展核心素养。学校要特别注重结合这次课程标准修订中增加的跨学科主题学习活动，突破学科边界，鼓励教师开展跨学科教研，设计出主题鲜明、问题情境真实的跨学科学习活动。

学业质量标准：从查验知识点到提升解决问题的能力

实施新课程方案和新课程标准，以后怎么考试，怎么评价？以素养为导向，考试和作业是课程改革中不可忽视的课程范畴和关键领域。

长期以来，人们习惯将作业作为课堂教学知识与技能巩固的手段。作业过程，实际上是从有教师指导的课堂教学，过渡到没有教师指导的学生自主学习的过程，对学生的学习兴趣、自主学习能力、自我复原力、自控力、专注力、时间管理等素养提出了一系列要求。因此，作业是培养学生相关核心素养发展的重要手段，而不能仅仅窄化为知识技能的机械重复式操练与巩固。

作业具有培养学生核心素养、评价诊断学生核心素养发展水平的双重功能。因此，教师如何设计与实施体现核心素养导向的作业，不仅是义务教育课程标准颁布后的难点所在，而且是落实“双减”政策的关键所在。如何设计体现核心素养的作业？单元作业整体设计与实施是目前可操作且有效的实施路径。以单元为单位整体设计作业，有助于避免以课时为单位的零散、孤立、割裂等问题，更加有助于知识的结构化，问题解决的综合化。

事实上，此次修订，各课程标准都强调以核心素养为主轴，构建大任务、大观念或大主题等以问题解决为目标的课程内容结构单位和教学单元组织形态，以此作为学习内容聚合机制和学习动机激发机制，有效归纳、整合学科知识点或主题活动内容，在学习内容安排层面落实减负、增效、提质。

进一步阅读的文献

1. 施良方. 课程理论：课程的基础、原理与问题[M]. 北京：教育科学出版社，1996.

2. [美]林恩·埃里克森，洛伊斯·兰宁. 以概念为本的课程与教学：培养核心素养的绝佳实践[M]. 鲁效孔，译. 上海：华东师范大学出版社，2018.

3. [美]拉尔夫·泰勒. 课程与教学的基本原理(英汉对照版)[M]. 罗康，张阅，译. 北京：中国轻工业出版社，2014.

4. [法]斯坦尼斯拉斯·迪昂. 精准学习[M]. 周加仙，等译. 杭州：浙江教育出版社，2023.

5. [美]E. 詹森. 基于脑的学习：教学与训练的新科学[M]. 梁平，译. 上海：华东师范大学出版社，2008.

6. [美]David G. Armstrong. 当代课程论[M]. 陈晓端,主译. 北京:中国轻工业出版社,2007.

7. [美]菲利普·W. 杰克逊. 课堂生活[M]. 丁道勇,译. 北京:北京师范大学出版社,2021.

8. [美]玛克辛·格林. 释放想象:教育、艺术与社会变革[M]. 郭芳,译. 北京:北京师范大学出版社,2017.

9. [美]约翰·D. 布兰斯福特,等. 人是如何学习的:大脑、心理、经验及学校(扩展版)[M]. 程可拉,孙亚玲,王旭卿,译. 上海:华东师范大学出版社,2013.

10. [美]戴维·H. 乔纳森. 学会解决问题[M]. 刘名卓,金慧,等译. 上海:华东师范大学出版社,2015.

第四章 小学课程与教学的内容和选择

• 学习目标

1. 了解课程与教学内容和选择的含义;掌握课程与教学内容和选择的原则与标准。

2. 理解课程与教学内容的发展和特征。

3. 掌握课程与教学内容的构成;了解知识观的现代转向及核心素养的内涵;了解课程与教学内容的内在要素、知识分类及课程与教学内容的组成;了解课程与教学内容的三种取向。

4. 理解课程与教学内容选择的依据和要求。

5. 掌握课程与教学内容选择的基本环节和方法。

课程与教学的内容是什么?如何选择?课程与教学的内容既是预设的,又是在教学过程中不断生成的,教师和学生都是生成的主体。课程与教学在不断改革,新的理念、理论不断涌现,社会在变革,科学技术在发展,在教育教学的每时每刻,这些问题都会引发我们的思考,让我们兴奋或困惑。

《基础教育课程改革纲要(试行)》明确指出:改变课程内容"难、繁、偏、旧"和过于注重书本知识的现状,加强课程内容与学生生活以及现代社会和科技发展的联系,关注学生的学习兴趣和经验,精选终身学习必备的基础知识和技能[①]。当前,各个国际组织和各个国家及地区都对以素养为核心的未来课程与教学给予了高度关注,以学生核心素养推动教育和课程改革已经成为大势所趋[②]。显然,课程与教学的内容和选择既具有其基本原则和基本要素,也是一个动态的发展过程,必须与时俱进。

---

① 钟启泉,崔允漷,张华.为了中华民族的复兴 为了每位学生的发展:《基础教育课程改革纲要(试行)》解读[M].上海:华东师范大学出版社,2001:4.

② 林崇德.21世纪学生发展核心素养研究[M].北京:北京师范大学出版社,2016:12.

第一节　小学课程与教学的内容和选择概述

早在1859年,英国教育家斯宾塞就发表了“什么知识最有价值”的文章,第一次明确地提出了课程与教学内容选择的问题。1949年,美国课程研究专家泰勒在《课程与教学的基本原理》中提出了“怎样选择有助于达到教育目标的学习经验”这一原理,此后,课程与教学的内容和选择问题成为课程与教学论的基本问题之一。对于课程与教学内容及其选择,不同的时代有不同的要求,不同的人会有不同的观点,从而导致对课程的内容和选择的不同。这种不同反映了在课程与教学方面不同的价值观、结构观和设计观。但是,任何从事课程与教学的人,都不可避免地要对课程与教学的内容和选择进行研究。

一、课程与教学内容和选择的含义

课程与教学的内容是一个有分歧的概念。不同的课程观、教学观,会对课程与教学的内容有不同的认识。从课程的视角看,课程内容是根据课程目标,有目的地从人类的经验体系中选择出来的一系列比较系统的直接经验和间接经验的总和,并按照一定的逻辑序列组织编排而成的知识体系和经验体系。从教学的视角看,教学内容是根据教育目的、学生的认知特点,从人类长期的认识过程中积累起来的文明和文化的成果中选择出来的知识系统。教学内容表现为各门学科中特定的事实、观点、概念、原理和问题,以及处理它们的方式,并在教学过程中,通过师生的相互作用与教学过程中的生成,学生所真正学习到、体验到的内容。因此,社会文化与学习经验是课程与教学内容和选择的核心内涵。

课程与教学的内容一旦确定,课程与教学的其他一切活动便可以随之展开:课程与教学的设计是关于课程与教学内容的组织与安排;课程与教学的目的是选择和决定内容的依据;课程与教学的评价是关于课程与教学内容产生结果的价值判断;课程与教学的开发是课程与教学内容的形成与发展;课程与教学的实施是课程与教学内容的教学实践。所以,课程与教学内容和选择是课程与教学开发的基本环节之一。

(一)社会文化

课程与教学的内容可以看成是文化的载体,学校是文化得以保存、继承、传递和创造的地方。这样,课程与教学内容的选择途径成为一个重要的论题,例如,由谁来选择文化素材、如何正确地选择及组织文化素材等。党的二十大报告指出,我们要:坚持中国特色社会主义文化发展道路,增强文化自信;建设具有强大凝聚力和引领力的社会主义意识形态;践行社会主义核心价值观;提高全社会文明程度;繁荣发展文化事业和文化产业;增强中华文明传播力影响力①。从中国学生发展核心素养的主要表现来看,主要有:①理解、接受并自觉践行

① 习近平.高举中国特色社会主义伟大旗帜 为全面建设社会主义现代化国家而团结奋斗:在中国共产党第二十次全国代表大会上的报告[M].北京:人民出版社,2022:42—46.

社会主义核心价值观，具有中国特色社会主义共同理想，为实现中华民族伟大复兴中国梦而不懈奋斗。②具有古今中外人文领域基本知识和成果的积累，能理解和掌握人文思想中所蕴含的认识方法和实践方法等；具有以人为本的意识，尊重、维护人的尊严和价值，能关切人的生存、发展和幸福等；具有艺术知识、技能与方法的积累，能理解和尊重文化艺术的多样性，具有发现、感知、欣赏、评价美的意识和基本能力，具有健康的审美价值取向，具有艺术表达和创意表现的兴趣和意识，能在生活中拓展和升华美等[①]。这为课程与教学的内容与选择做出了具体的规定，对文化的复杂关系如国际文化和本土文化、精致文化与通俗文化、国家社会文化与地域乡土文化之间的关系，也有了处理的准则。

（二）学习经验

学习经验不同于学科内容，也不同于教师所设计的种种活动，它是指学生与其所能反应的外在环境条件之间的互动与交互作用。

学生是主动的参与者，而教师需提供教育经验。教师要开发教学资源，运用教学媒体，创设学习情境，激发学生的学习动机，使学生产生积极的学习行为，取得有效的学习结果。学生通过学习获得新的行为形态，这种行为已经包括在外显的行为与内在的思考与情感中。在核心素养内涵中，其指向的是在真实的情境中解决实际问题的能力，是对知识的内化与主动的重组，而绝不是单纯的记忆。

学习经验必须将社会文化内含的课程与教学的内容，转化为最适宜于学生学习的形式。小学生处于特定的生理和心理发展阶段，他们的心理倾向、认知能力、学习能力、已有知识和经验是各不相同的，课程与教学内容的选择及教师课堂实施时必须考虑到学生能否成功地实现学习。学生是否真正理解课程与教学的内容，取决于学生的个体建构。从某种意义上说，学生已有的认知结构和情感特征对课程与教学的内容起支配作用，学习的过程是受学生控制而不是由学科专家与教师支配的。知识只能是“学会”的，而不是“教会”的[②]。

二、课程与教学内容和选择的意义

任何课程与教学的理论和改革，都不可避免地面临课程与教学内容和选择的问题。课程与教学内容和选择是课程与教学的核心要素，是课程内在结构的有机组成部分。课程与教学内容的性质体现了课程观、教育观的性质。课程与教学内容和选择是课程改革的重点之一，任何一次课程改革都把课程与教学内容的变革作为课程改革、教育改革的重要部分。

（一）课程与教学内容是课程与教学的核心要素

没有内容的课程与教学是不存在的。从课程与教学的内在结构来看，课程与教学的内

---

① 林崇德.构建中国化的学生发展核心素养[J].北京师范大学学报(社会科学版)，2017(1)：66—73.

② 汪霞.课程理论与课程改革[M].合肥：安徽教育出版社，2007：175—176.

容不是单一的知识体系或文化选择,它是根据特定的价值取向、教育目标和课程标准进行选择和组织的内容体系。而且,随着科学技术的进步、社会的发展和教育的改革,这种内容体系也在不断地发展、演化。

课程与教学内容的合理化程度,必然影响着人才培养的质量规格。课程与教学内容的内在结构,也直接决定了学生发展的素质结构状况。因此,设计合理的课程与教学内容,是课程与教学设计中的核心问题。

课程与教学的内容也影响着教与学的活动方式。教学过程中教学方法的选择、教学组织形式的采用,尤其是学习方式的确定、教学模式的运用、教学资源的开发、教学媒体的设计和教学情境的创设等方面,都必须考虑课程与教学内容的性质及其要求。直接经验和间接经验的教学在教学过程的设计上具有本质的区别。因此,课程与教学内容是课程实施的关键。

(二)课程与教学内容的性质体现了课程观、教育观的性质

从对课程的各种理解中,可以看到人们对课程与教学内容的性质、类型、呈现方式及其深广度的认识是不同的,这也导致了人们对课程本质、课程性质和教育本质的理解上的差异。亚瑟·埃利斯(Arthur K. Ellis)在《课程理论及其实践范例》(*Exemplars of Curriculum Theory*)一书中,列出了一系列的课程定义,无论课程是处方,还是经验,在多达16种定义中[①],我们可以从中看出,课程与教学的内容取向是理解课程的重要方式。在课程范式实现从课程开发到课程理解的今天,可以把课程理解为:历史文本,政治文本,种族文本,性别文本,现象学文本,后结构主义的、解构主义的、后现代的文本,自传/传记文本,美学文本,神学文本,制度文本,国际文本,等等,这种种理解课程的方式,也无一不是以课程与教学的内容为依据的。在学校课程的众多形态中,包括学科课程、经验课程、分科课程、综合课程等,也无不通过课程与教学内容的性质及其组织方式来体现对课程的理解。

要全面实施素质教育、发展学生的核心素养,尽管涉及的问题很多,情况也很复杂,但其核心问题和关键环节之一,是课程与教学内容的改革。课程与教学内容集中体现了教育思想和教育观念,是实现培养目标的施工蓝图,是组织教育教学活动最主要的依据。

案例4-1

美国于2011年发布了《k-12科学教育框架:实践、跨学科概念和核心概念》,2013年正式发布《新一代科学教育标准》,描绘了美国科学教育的蓝图,下表为k-12教育阶段学生应掌握的核心概念及其细化。

① [美]亚瑟·K.埃利斯.课程理论及其实践范例[M].张文军,译.北京:教育科学出版社,2005:11—15.

新框架列出的各学科核心概念

学科	核心概念	学科	核心概念
物质科学	物质及其相互作用 物质的结构与性质 化学反应 核反应	生命科学	从分子到组织:结构与过程 结构与功能 生物体的成长发展 生物体中物质和能量的流动 信息加工
	运动和静止:力与力的相互作用 力与运动 力的相互作用类型 物质系统的稳定性和不稳定性		生态系统:相互作用、能量和动力学 生态系统的相互依存关系 生态系统中物质和能量传输的循环 生态系统动力学、运作和恢复 社会互动和群体行为
	能量 能量的定义 能量和能量转化守恒 能量与力的关系 化学过程和日常生活中的能量		遗传与变异 遗传的特性 变异的特性
	波及其在信息传播技术中的应用 波的特性 电磁波 信息技术和信息设备		生物进化:统一性与多样性 共同祖先和多样性的证据 自然选择 适应性 生物多样性与人类
地球与空间科学	地球在宇宙中的位置 宇宙和星球 地球和太阳系 地球行星的历史	工程、技术与科学应用	工程设计 工程问题的定义和界限 寻找可能的解决方案 优化设计方案
	地球系统 地球的组成物质和系统 板块构造论和大型系统的相互作用 地表水的作用 天气和气候 生物地质学		工程、技术、科学、社会之间的联系 科学、工程、技术的相互依赖性 工程、技术、科学对社会和自然界的影响
	地球与人类活动 自然资源 自然灾害 人类对地球系统的影响 全球气候变化		

案例 4-2

《义务教育科学课程标准(2022 年版)》确定了物质科学、生命科学、地球与宇宙科学、技术与工程四个领域,在 4 个领域中又选择了 13 个大概念,分布于 3 个学段的课程与教学的内容中。其中第 13 个大概念的课程内容及各学段的学习进阶如下表所示。

(十三) 工程设计与物化

学段	学习内容	内容要求
1—2 年级	13.1 工程需要定义和界定	① 通过观察,提出并描述简单的制作问题
	13.2 工程的关键是设计	② 学会使用简单的草图,说出自己的思路
	13.3 工程是设计方案物化的结果	③ 学会使用简单的工具,对生活中常见的材料进行简单的加工处理 ④ 制作简单的实物模型并展示,尝试通过观察发现作品中存在的问题并提出改进方案
3—4 年级	13.1 工程需要定义和界定	① 描述简单的设计问题,包括材料、时间或成本等限制条件
	13.2 工程的关键是设计	② 借助表格、草图、实物模型、戏剧或故事等方式说明自己的设计思路 ③ 根据需求和限制条件,比较多种可能的解释方案,并初步判断其合理性
	13.3 工程是设计方案物化的结果	④ 利用常用工具,对常见材料进行简单加工处理 ⑤ 知道制作过程应遵循一定的顺序,制作简单的实物模型;尝试发现实物模型的不足,改进并展示
5—6 年级	13.1 工程需要定义和界定	① 定义简单工程问题,包括材料、时间或成本等限制条件,提出验收标准
	13.2 工程的关键是设计	② 利用示意图、影像、文字或实物等多种方式,阐明自己的创意,初步认识设计方案中各影响因素间的关系 ③ 基于有说服力的论证,认同或质疑某些设计方案,并初步判断其可行性和合理性
	13.3 工程是设计方案物化的结果	④ 利用工具制作简单的实物模型,根据实际反馈结果进行改进并展示
7—9 年级	13.1 工程需要定义和界定	① 定义简单的实际工程问题,分析限制条件,提出验收标准
	13.2 工程的关键是设计	② 尝试使用合适的方法,对选定的设计方案进行模拟分析和预测 ③ 依据不同来源的证据、限制条件等因素,从需求层面优化设计方案
	13.3 工程是设计方案物化的结果	④ 知道工程需要经历明确问题、设计方案、实施计划、检验作品、改进完善、发布成果等过程;利用工具制作实物模型,尝试应用科学原理指导制作过程,根据实际反馈结果,对模型进行有科学依据的迭代改进,最终进行展示

拓展阅读 4-1

大概念与学习进阶①②

科学大概念

我们把能够用于解释和预测较大范围自然界现象的概念定义为大概念。

大概念应该具备的标准是：

- 能够用于解释众多的物体、事件和现象，而它们是学生在其学校学习和毕业以后的生活中遇到的。
- 提供一个基础以帮助理解遇到的问题并做出决策，而这些决策将会关系到学生自己和他人的健康与幸福，以及环境和能源的使用。
- 当人们提出有关自身和自然环境的问题时，他们为能够回答或能够寻求到答案而感到愉快和满意。
- 具备文化上的意义，例如对人类自身有关的观点——反映科学史上的成就，来自研究自然的灵感和人类活动对环境的影响。

学习进阶

学习进阶是对学生在一段相当长的时间跨度内(如 1—6 年级)学习和探索某一主题时，所遵循的连贯的、逐渐深入的思维路径的描述。学习进阶的实现在很大程度上取决于教学实践，这一“被推荐的学习次序”在长时间的恰当教学的影响之下可以发生。学习进阶是合理的假设，基于已有的研究且接受未来的实证研究的检验。

(三) 课程与教学内容是教育改革和课程改革的重点

纵观任何一次教育改革或课程改革，课程与教学内容的改革都被作为改革的重点。整个 20 世纪，对课程与教学内容和选择起决定作用的主要是科学技术，“唯科学主义”成为支配 20 世纪教育改革、课程改革的主导价值观。其结果就是课程与教学内容越来越脱离儿童的生活世界，越来越远离儿童的经验。而且，在科学技术高度发达和广泛应用的时代，科学技术对社会的负面影响也引起了人们的日益重视。因此，我国当前的基础教育课程改革在课程与教学内容上关注基础性和时代性，显现出生活化、综合化的跨学科主题实践活动等新的趋势。

时代性是指课程与教学内容和选择体现当代社会进步和科学技术的发展，反映各学科

① [美]温·哈伦.科学教育的原则和大概念[M].韦钰，译.北京：科学普及出版社，2011：18—20.

② NATIONAL RESEARCH COUNCIL. Taking science to school: learning and teaching science in grades K - 8 [M]. Washington: National Academies Press, 2007:213.

最新的成果和发展趋势，并根据时代发展的需要及时调整与更新。

基础性是指课程与教学的内容需要打好所有学生成长和发展的共同基础，同时也为每一位学生的个性成长和终身发展奠定不同的基础。基础性强调掌握必需的、适应学科当代发展趋势和有利于发展学生智能的基本知识及技能，注重培养学生浓厚的学习兴趣、旺盛的求知欲、积极的探索精神、坚持真理的态度；注重培养搜集和处理信息的能力、获取新知识的能力、发现和提出问题的能力、分析和解决问题的能力、交流与合作的能力、批判性思维和创新能力。

课程与教学内容与现实社会和儿童生活联系起来，在保持课程与教学内容学术性的前提下，增添时代的气息和生活的活力，这对于小学课程与教学内容的选择尤其值得重视。正如杜威所指出的："学校必须呈现现在的生活——即对于儿童本该是真实而生气勃勃的生活。像他在家庭里、在邻里间、在运动场上所经历的生活那样。"[①]例如，《品德与生活课程标准(实验稿)》根据小学低年级儿童身心发展的特点，按照儿童生活的逻辑，依据"儿童与自我、儿童与社会、儿童与自然"三条轴线和"健康、安全地生活，愉快、积极地生活，负责任、有爱心地生活，动脑筋、有创意地生活"四方面进行内容的选择和编制，珍视童年生活的价值，承认儿童的生活与成人生活的等价性，尊重他们现实的生活及其兴趣、需要、游戏等的独特价值，而不仅仅把它看成为一般意义上的手段或工具。这体现了我国新课程的课程生活化特征。

拓展阅读 4-2

杜威学校的课程与教学内容[②]

杜威及其夫人在"杜威学校"设计了四大类直接经验的课程内容：

- 手工制作类的课程内容，如木工、金工、缝纫、烹调、园艺等；
- 语言社交类的课程内容，如游戏、俱乐部、表演等；
- 研究与探索类的课程内容，如历史研究、自然研究、专业化活动研究等；
- 艺术类的课程内容，如乐队活动、乡村音乐会等。

在杜威看来，选择这些直接经验形态的课程内容的目的，不是为了让儿童"消遣"，也不是为了使其获得"职业技能"，而是为儿童"提供一种研究的途径"，是儿童生活的需要。

对于课程与教学来说，分析和综合是认识世界的两种不同方式，原本没有孰优孰劣的区分。与此相对应，学校课程中的分科和综合都有其各自存在的理由，也都有其优势和不足。在小学阶段，课程的综合化，可以促进学科之间的交融，改变课程结构过于强调学科本位、搞学科封闭的倾向，促进生活、体验与学科的统一，促进师生合作，促进学习共同体的建立，有利于跨学科核心素养的养成。课程的综合化对于改变课程过于注重知识传授的倾向，改变

① [美]约翰·杜威.学校与社会·明日之学校[M].赵祥麟，任钟印，吴志宏，译.北京：人民教育出版社，1994：6.
② 钟启泉.课程论[M].北京：教育科学出版社，2007：157.

课程过于偏重书本知识的现状，改变过于强调接受学习、死记硬背、机械训练的现象，改变学生负担过重、作业过多的状态，具有积极的作用。在小学设置综合性的“综合实践活动课程”及“劳动课程”，其目的之一就是恢复儿童生活的完整性，帮助儿童在生活世界中选择感兴趣的探究主题，过有价值的生活。“道德与法治”“科学”“艺术”课程，都是综合课程。同时，各分科课程也都在尝试综合化的改革，强调学科知识同社会世界的交汇，理性认识与感性经验的融合。注重各学科知识之间的相互渗透、相互影响，关心科学技术与社会的联系，关注学科的最新发展趋势，努力创设有利于学生自主学习、探究学习和合作学习的情境，让学生在体验中理解知识的产生、形成和发展的过程，同时获得知识与技能，得到积极的情感体验，实现学生的个性发展，养成学生的核心素养，成为全面发展的一代新人。

三、课程与教学内容和选择的原则及标准

课程与教学内容的选择应有优先性，否则易流于琐碎或平庸。必须选择合乎课程目标、学习哲学、学习理论，并据以选择适切的学习经验。因此，课程与教学内容和选择要遵从一定的原则和标准①。

（一）课程与教学内容和选择的原则

泰勒在《课程与教学的基本原理》一书中早就对课程与教学内容的选择提出了原则，经过此后不断的发展，今天人们对选择原则的认识更为全面。

① 练习原则。学生必须有机会练习目标行为的经验。只有提供学生练习某一行为的机会，该行为的学习才可能产生。

② 效果原则。学生要能从目标行为的学习经验中获得满足感与成就感，这才能激发学习的兴趣，才能从学习中获得成长。

③ 能力原则。课程选择必须从学生起点行为出发，考虑学生此时此地的兴趣、需要、能力，或意图、学术性向与发展，提供学习环境，协助学生从事各种学习活动，促使其潜能获得发展。

④ 弹性原则。选择多样的活动和教材，以达到同一课程目标，也就是课程选择的变通多元性。因为学生具有多样的不同层次和不同类型的学习经验。

⑤ 经济原则。课程选择使同一个学习经验达成范围较广的多个课程目标，协助学生获得认知、情意与技能等多方面的发展。

⑥ 动机原则。也称学习的激励原则，只有学生对计划或作业感到有兴趣时，才会比较努力，而且效果也比较好。

⑦ 适当原则。课程选择必须考虑其内容的适切性、方法的适切性、时间的适切性与情境的适切性等。

⑧ 应用原则。学生应该有许多连续性的练习机会，当然不是重复的、机械的、枯燥乏味的单纯练习。

---

① 黄光雄，蔡清田.核心素养：课程发展与设计新论[M].上海：华东师范大学出版社，2017：121—165.

⑨ 指导原则。学生尝试学习新行为时，应该得到指导，如教师示范、掌握学习的关键因素，利用学校刊物、善用学习共同体、模仿认同等。

⑩ 继续原则。由于科学技术发展与知识剧增，学习成为一个持续不断提升的过程，强调终身学习与发展。

(二) 课程与教学内容和选择的标准

在学校环境中，学生如何能学习得更有效，学校不是向学生提供五花八门的知识大杂烩，而是要建立课程与教学内容选择的标准。

① 内容的有效性与重要性。这关系到什么内容在一门学科中是最基本的和最核心的。美国"科学教育框架"中提出的大观念(或核心概念)值得关注，同时知识是不断发展变化的，应该重视求知过程和科学之间的整合关系。

② 可学习性。学习经验应该以学生的现有经验为起点，以学生的生活经验为基础，要与学生的能力相适应。

③ 合乎学生的兴趣与需求。课程选择要有助于学生兴趣的发展，同时满足学生不同类型和不同程度的需求，需求即个体现状与目标之间的差距。

④ 广度与深度的平衡。选取相当范围的广度和适当的深度的学习内容，广度和深度两者之间相对平衡，以使学生具备最大的可应用能力及可迁移能力。

⑤ 能达成范围宽广的课程目标。同一个目标可以由不同的内容完成，同一个内容也可以达成许多不同的目标。目标和内容不是机械的对应关系，而是富有创意的复杂过程。

⑥ 与社会相互一致。课程内容与结构应与当代社会文化相互配合，符合社会现实并与社会生活密切相关。

课程教学内容和选择的原则及标准是相互关联的，并具备复杂的内在规律性，还有相当多样的外在影响因素，必须综合考虑，折中抉择。

第二节　小学课程与教学的内容

"站在巨人的肩膀上"这个隐喻同样适用于学校课程。丹尼尔·坦纳在《学校课程史》(*History of the School Curriculum*)一书中写道：没有课程史的知识，留给我们的会是不完整的知识，因为现有的知识毕竟是过去经验的总结。如果现在要比以往做得更好的话，我们就需要理解和依赖于我们先辈们的贡献[①]。从学校课程史的视角认识课程内容，它是发展的、多元的、多形式的。从教学的视角看，教学内容包括：传授各门科学的知识素材，发展技巧和能力，形成正确的世界观，培养良好的社会道德的态度[②]。从当前我国基础教育课程改

① [美]丹尼尔·坦纳，劳雷尔·坦纳.学校课程史[M].崔允漷，等译.北京：教育科学出版社，2006：7.

② [日]佐藤正夫.教学原理[M].钟启泉，译.北京：教育科学出版社，2001：62.

革的视角看，教学内容包括：发展学生的核心素养，立德树人，全面发展。而科学、能力、世界观和态度以及素养都是在不断地发展和变化的。

小学课程与教学的内容，在满足德智体美劳全面发展的教育要求下，其内容应包含认知性课程内容、道德性课程内容、健身性课程内容、审美性课程内容以及劳动技术性课程内容。当然，从总体上看，课程与教学的内容构成是由直接经验和间接经验两种性质的知识要素构成的。

课程与教学内容的基本来源是学生的需要、当代社会生活的需求、学科的发展。相应地，课程与教学内容的基本取向即是学生的经验、社会生活的经验和学科知识。

课程与教学内容还需要正确处理一些重要关系才能使课程与教学的内容得到有效的落实，使课程的实施顺利有序地开展。

一、课程与教学内容的发展和特征

正式的课程的形成历史比较短，大体是在 19 世纪以后，然而构成课程基础的学科本身的历史都比较古老。概述课程与教学内容的历史进程，可以揭示其本质，也有利于说明今天课程与教学的内容。课程与教学内容具有其自身的性质，不能简单地等同于学科知识本身，也不能等同于日常的生活经验，要考虑到学科知识体系和学生的认知特点及需要等。

（一）课程与教学内容的发展

课程与教学内容的发展大致经历了传统课程、古典课程、课程近代化、课程现代化等几个发展阶段。

1. 传统课程的建立

在中国古代，早在学校教育产生之初就创立了“六艺”教育。所谓“六艺”是指礼、乐、射、御、书、数六门课程。礼、乐是“六艺”教育的主干，礼与乐互为表里、不可分割。礼的教育承担着政治宗法、伦理道德、礼仪交往等方面的教育和行为习惯的培养等任务；乐在古代是艺术的总称，其中包括音乐、舞蹈、诗歌等多项表演艺术；射，是射箭的技术；御，是驾御战车的技术；书，指识字和著文；数，是数术的简称。“六艺”教育的实施，使我国古代教育形成了文武兼备、诸育兼顾的特点，成为我国教育史在其创始之初最光辉的一页。

古希腊的学校课程则主要是“七艺”，即七种自由艺术，由文法、修辞、辩证法（逻辑）、算术、几何、音乐、天文等七门学科组成。其中：文法、修辞、辩证法（逻辑）三科谓之“三艺”，属文科课程；其余四科谓之“四艺”，主要是理科课程。“三艺”不仅有助于人们掌握在公众面前进行雄辩的技术，而且也是提高其智力的有力手段。“四艺”中尤其注重算术、几何。数学不仅具有实用价值，而且是启迪智力的有效学科。天文是当时代表自然科学的唯一学科。

2. 古典课程的兴衰

智育、体育、美育、德育四者均衡的课程的出现，是在 14—16 世纪的文艺复兴时代。在文艺复兴时期，用希腊语、拉丁语撰写的古典课程，被称为人文学科，这种人文学科呈现了取代过去的“宗教”“道德”的态势。作为智力学科，依然是“三艺”占优先地位。当然，这里重视的

"三艺"与中世纪的"三艺"截然不同,它具有崭新的内容。文法不是教会式、烦琐式的,而是古典拉丁语、希腊语的文法;辩证法的教学也不再是神学上的课题,而是以柏拉图与西塞罗(Marcus T. Cicero)的对话为典范,摄取生活中有益的问题;修辞学不再是写信、做笔记,而是古典意义上的修辞学,即内容充实、形式完美的雄辩术练习。

在文艺复兴以后,由于多方面的因素,人文主义课程逐渐衰落。近代科学文化的发展,促使社会摆脱古代文化的羁绊。近代民族语言的发展使拉丁语逐渐丧失了地位。机械技术、科学技术及制造业的发展,促使自然科学、数学进入课程。爱国主义精神的发扬导致了历史课程的出现,在航海时代又有了地理,以及公民科、社会科的出现以及对体育、艺术学科的重视,古典课程已被适应工业化时代所需要的课程所替代。

3. 课程近代化的新阶段

19 世纪末,美国推行课程改革运动,强调课程要求同儿童的心理特征和社会要求相适应。20 世纪初,德国出现了几种类型的合科教学。随后,美国也出现了打破传统学科框架,试图采取大单元的方式将课程统整起来的动向,产生了融合课程、广域课程、专题课程等。这些课程是这一阶段新型课程的代表。此外,20 世纪初在美国形成的"课外活动"(extra-curricular activities)的概念,是这个时期课程改革的重要特色。进入 20 世纪 20 年代,在学科课程与课外课程相统一的基础上形成了崭新类型的课程①。

拓展阅读 4-3

融合课程、广域课程、专题课程②③

融合课程是由有着内在联系的不同学科组成的、具有一定体系的综合学科。例如:在 19 世纪的美国高中,植物学、动物学、生理学、解剖学是独立设置的;20 世纪初,这几个科目融合为生物学。此外,音乐与体育可融合为唱游,物理与化学可融合为理化。真正的融合课程是不同科目内容的有机结合,而不是不同科目内容的混合。

广域课程是由若干学科组成的具有广阔领域的综合课程。在美国,广域课程发祥于高等学校。1914 年,阿姆赫斯特学院创设了一门名为"社会和经济制度"的学程,这可能是美国最早的广域课程。最早的完整的广域课程"人文学科"诞生在 1923—1925 年的芝加哥大学。该课程由下列学程组成:反省思维概论、世界和人类的本质、社会中的人、艺术的意义和价值。美国中学的广域课程始于 1916 年社会科学委员会所倡导的"民主问题"的学程。20 世纪前半叶,美国中小学的典型的广域课程有社会科、普通科学、普通艺术、健康和体育、普通数学和语

---

① 钟启泉.现代课程论(新版)[M].上海:上海教育出版社,2003:17—22.

② 廖哲勋,田慧生.课程新论[M].北京:教育科学出版社,2003:49.

③ [美]David G. Armstrong.当代课程论[M].陈晓端,主译.北京:中国轻工业出版社,2007:154.

言艺术。

专题课程是非常灵活的，可以从许多资源中汲取所需的内容。有时候，信息来自传统的学科，而有时候来自其他非正规的课程资源。通常，专题课程所选择的主题与重要的议题、问题、难题或者利益问题有关。

4. 课程的现代化改革

从20世纪50年代末至21世纪初，出现了源自美国的理科课程改革的世界性的教育改革运动，倡导改革学校制度，以便最大限度地发掘儿童的智慧潜能。例如：增设学校，保障儿童具有起码的基础学力；开设多样化的职业课程以适应科学技术的要求。改革课程，把现代的科学、技术、文化的成果更完整、及时地反映在学科结构之中。其中比较典型的有美国、苏联、日本等国的理科课程改革。这一场推动了几乎所有发达国家教育界的课程革新被称为"科学教育革命"或"科学教育的文艺复兴运动"，是一场声势浩大的课程现代化运动。从20世纪80年代开始，我国的基础教育改革，也逐渐与世界发达国家的科学教育改革相接轨，极大地推进了我国课程与教学的现代化发展。

 **案例 4-3**

下面的内容是苏教版《科学》二年级下册"神奇的新材料"一课中对现代科学技术内容的渗透。

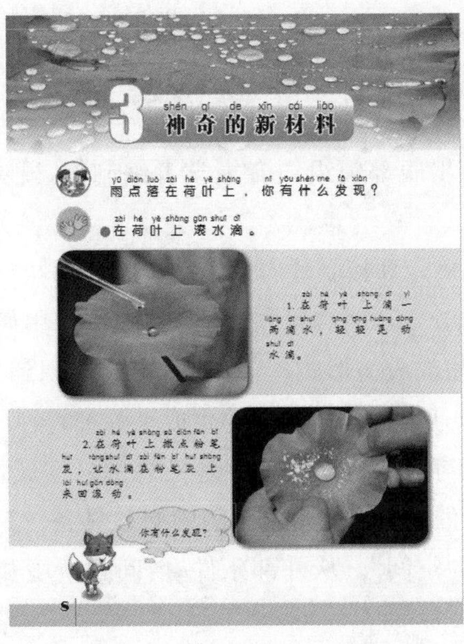

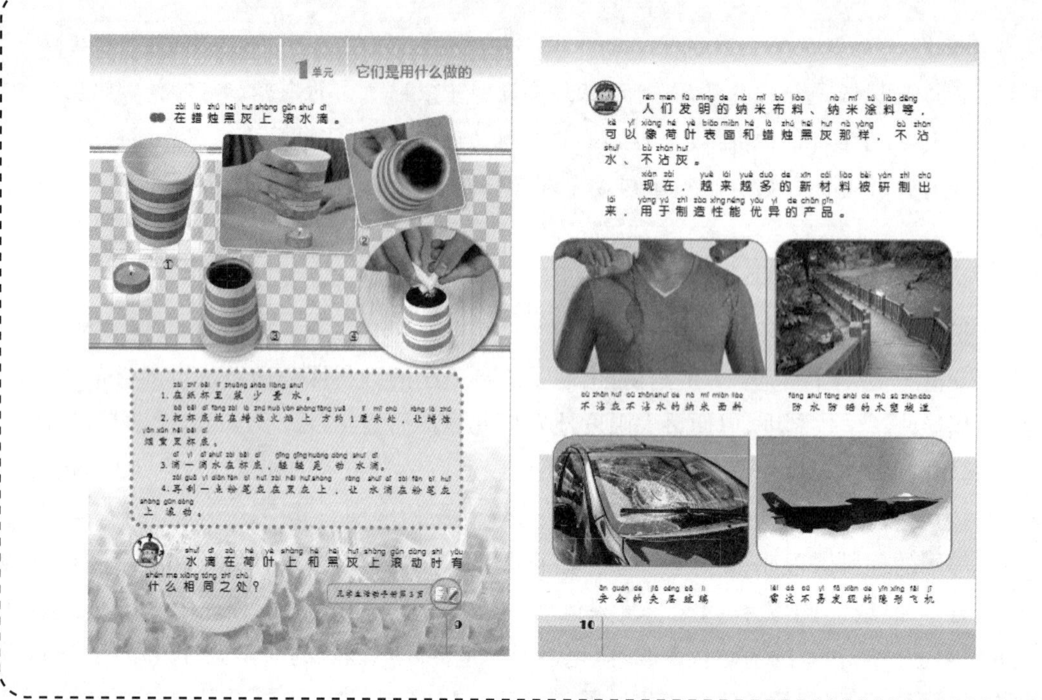

(二) 课程与教学内容的特征

课程与教学内容既要考虑到学科知识体系，又要考虑到学生的认知规律和需要。课程与教学内容的特征，除了科学性、思想性的基本要求外，还具有其他的一些特征。

1. 预成性

课程与教学内容在开展教学活动之前，就已经根据课程标准等要求编撰确定存在了，而不是由教师和学生根据自己的主观愿望、兴趣和爱好随意决定的，也不是可以随意改变的。课程与教学内容的确定是一件十分严肃而慎重的事，往往是由政府部门指定或政府部门所设的专门机构审定认可，由出版部门组织专家学者编制的，既有严格的规定，也有规范的程序。

课程与教学内容的预先确定和接受政府部门所设的专门机构审定认可是需要也是必要的，但也不可避免地会有缺陷。正如杜威所指出的："即使是用最合逻辑的形式整理好的最科学的教材，如果以外加的和现成的形式提供出来，在它呈现到儿童面前时，也失去了这种优点。"[①]这种不足，主要可以通过教学过程中的生成来弥补，教师和学生是课程生成的主体，但这种生成也不是脱离课程与教学内容而随意地实现的。生成作为一种独特的学习过程，也并非无条件的。从内部条件看：首先，学生头脑中必须具备一定的知识基础；其次，生成需要有动因；第三，生成必须有"空间"。从外部条件看：问题情境和人际情境是生成所不可缺

① [美]约翰·杜威. 学校与社会·明日之学校[M]. 赵祥麟，任钟印，吴志宏，译. 北京：人民教育出版社，1994：130.

少的①。

案例 4 - 4

从课堂教学中的突发事件生成课程

数学三位数连加时，教师先让学生根据情境列出算式："85＋143＋126＝？"

师：这道题该怎样列竖式计算呢？请小朋友们开动脑筋想一想，如果需要，也可以和伙伴们商量商量，等有了办法再在小组里动手试一试。

我巡视着，也寻思着：学生列出的几种算式应该和我课前想到的一致吧！转了一圈，果然不出我所料，和我想到的一样。于是，顺着预设的方案，我请学生来展示具有代表性的三种竖式。

师：自己比较一下，你们认为哪种竖式更简便？（我相信学生肯定会和我一样选择第三种的，因为我认为这是"显而易见"的。）

生 1：我觉得第二种竖式计算起来比较简便。

生 2：我也觉得第二种竖式比较简便。

一连两个学生都认为第二种竖式比较简便，这大大出乎我的预料。于是我启发学生思考是否还有不同的想法。

生 3：我觉得第三种比较简便。

我终于松了口气，正想进一步比较，以达到强化的效果。谁料又有一个声音响起："老师，我也认为第二种竖式算起来比较简便！"

老实说，我没想到会这样。为了尊重学生的选择，也为了了解他们真实的想法，我请认为第二种竖式更简便的学生说明理由。

生 4：老师，第三种竖式写起来比较简单，但是个位、十位上都有三个数相加，我记不住中间的结果，容易出错。而第二种竖式每次只要算两个数相加，这样我就不大会错，而且只要在前两个数相加的结果 228 下面再加上 126 就等于 354，整个竖式只要多写一个 228，也不太烦琐。

生 5：我也是这样想的，我们以前就是先加前面两个数，算出结果后再加第三个数，而且我也认为这样算比较容易正确。

29 个学生中竟然有十五六个学生赞成选择第二种竖式，而且不无道理，这可怎么办？离我预设的方案有些远了。照他们的意思，这第三种竖式没多大意义，就不用学了。那肯定不行，但我还是肯定了学生的想法，说："你们的想法很有道理。但我们也应该听听选择第三种竖式的小朋友是怎样想的吧！"

① 庞维国. 课堂中的创新学习：生成论的视角[J]. 华东师范大学学报（教育科学版），2009(4)：42—51，66.

生6:我觉得用三个加数列成一个竖式连加也不太难,我一直算得很快、很正确。

师:第三种竖式真的难算吗?为什么有的小朋友觉得不太难呢?俗话说"明知山有虎,偏向虎山行",我们偏要向这个困难挑战,说不定会找到一些好的方法呢!有没有勇气自己试一试?

"有!"学生高呼。

于是我请学生试着用第三种竖式来计算四、五、六年级一共捐书多少本,即计算"178+194+236=?"在交流中学生发现:个位上可以先算"4+6=10",再算"10+8=18",这样比较简便;十位上先算"7+3=10",再算"9+1=10",最后算"10+10=20",写0向百位进2。把"凑满十"的两个数先算,使三位数连加的计算变简单了。这个"窍门"的发现使原来不喜欢第三种竖式的学生兴奋不已。

我趁热打铁地请学生做"想想做做"中的第1题。有个学生在计算"586+117+208=?"时发现了一个新的窍门:个位数上的数分别是6、7、8,只要把8中的1给6,这样个位上可以看成是3个7相加,三七二十一,个位上相加很容易得出21这个结果;十位上,先算"8+2=10",再算"10+1=11"。这一发现,更坚定了学生"学习"列一个竖式进行连加的信心。

在这堂课中,从偏离教师预设方案到成功达到教学目标这一过程,耐人寻味。课堂教学中,当实际生成与课前预设不相符合时,教师不能把学生的思维强扭过来,而应在教学目标的指引下及时调整自己的预设,自然妥帖地引导学生提升固有的认识。

现在有些计算教学,为了体现算法多样化,允许学生选择自己喜欢的方法来计算。但是每一种算法的思维含量是不同的,有的方法是停留在原来的认识水平上,学生并没有新的发展。如三位数连加,如果不学习今天的知识,学生也能用前两种竖式的形式来计算,但是其思维的层次和第三种竖式不同。本课的目的就是要通过学生学习第三种竖式来计算三位数连加,引导学生把思维水平提高一个台阶,形成计算技巧,从中培养学生的观察能力和多种策略解决问题的意识。所以这时就需要教师充分发挥引导作用,在预设和生成之间寻找一个平衡点,使之达到和谐统一。

面对学生的实话实说(选择第二种竖式),虽出乎意料,但我并没有不知所措,而是鼓励学生向困难挑战。同时,告诉学生三位数连加的竖式计算有一些小窍门,把学生的注意力吸引到寻找"窍门"上来,精彩的事实说明学生的潜能是无限的。学生亲身经历探索数学奥秘的过程,感受到了探索和发现的乐趣,获得了成功的体验。更重要的是,当学生今后面对困难时,不会轻言放弃,不会轻易躲避,而会以积极的态度去寻找合适的方式来解决问题。这种体验比仅仅会计算这道题要有价值得多!

2. 适应性

课程与教学内容必须适应儿童的需要，适应儿童的年龄特点、认知发展水平和知识基础，为儿童的充分发展、为全体儿童的发展服务；同时，也要贴近儿童的经验和生活世界。课程与教学内容最终要被儿童所接受并内化成他们自己的认识，因此，适应性是不可忽视的。我国课程与教学内容中所存在的“难”的问题是导致儿童对学习不感兴趣的原因之一。小学课程与教学的内容，并不是简单地适应儿童的爱好和兴趣，而是应以儿童的经验和生活背景为基础，调动、保持和发展儿童的兴趣爱好，调动儿童明显的和潜在的学习能力，让儿童学会学习，尤其是学会通过生活进行学习，同时学会生活、学会发展。

3. 基础性

人类所创造的文明与文化的成果是十分丰富的，学生不可能学习和掌握全部人类文化遗产，所以，只有那些被选择并经改造为基础知识和基本技能且上升为素养的内容，才能成为课程与教学的内容。教育的目的是促进学生个性的发展，以适应未来社会发展的需要。因此，课程与教学内容的基础性，既要体现学科知识的基础性，又要体现学生成为未来合格公民所必不可少的必备品格和关键能力。学科知识的基础性要求反映学科的发展所必不可少的基本的知识、原理、规律和理论等，是那些最具迁移性、适应性、概括性，对了解和掌握一门学科最必需的知识；是有价值的、与活跃的学科发展前沿与学科发展趋势相关联的那些内容，而不是陈旧的、落后的、失去了发展活力的内容。这些内容也对学生进一步学习和从事各种职业都有用，或可以为日后的工作、生活做准备，或对学生充分发展和终身发展具备作用。但个性发展绝不能被理解为片面发展，终身发展所需要的基础也绝不是平均基础。

在当今科学技术迅猛发展、知识剧增的时代，学科发展很快，课程与教学内容不能简单地追随科学技术的发展，一味地添加新知识。这种只用“加法”不用“减法”的方式，不但会徒然地加重学生的负担，而且也不利于学生掌握知识、发展智能、形成素养。

4. 时代性

时代性是指课程与教学内容要与现代社会和科学技术的发展相联系，关注学科发展、科技前沿和现实生活。要及时更新，反对陈旧偏僻。尤其是对于各科目，要从原来百科全书、面面俱到式的学科本位体系，演变为兼顾学生、社会、学科三个方面，精选课程与教学内容。同时，科学技术的发展是越来越高级、越来越复杂的，人类对世界的认识也越来越深刻，因而，最新的科技成果以及学科发展的最新趋势是不可以简单地纳入小学课程与教学内容之中的，而应讲究适当的形式、适切的方法。融入时代性必须与基础性、适应性相协调，有机地配合，要通过多种途径、多种渠道、多种方式进行。此外，要研究并适当地吸收科学技术的新观点和新方法论，用新的观念指导课程与教学内容体系的更新，从而培养学生的核心素养。

教学不可能也不必要简单地重复人类认识史、科学发展史，也不应该简单地重演科学家科学发现的全过程。课程与教学的内容要反映时代的面貌、时代的要求。例如，在当今的信息时代,信息技术是学生的必备知识与技能,因此,各国都十分强调并很早就将信息技术纳入小学课程与教学的内容之中了。

二、课程与教学内容的构成

知识是课程与教学的基本要素,不涉及知识问题的课程与教学是不存在的。任何一次课程改革都反映了人们对知识的理解和处理。什么是知识?课程与知识是什么关系?什么样的知识有利于学生核心素养的发展?这是课程与教学内容所必须回答的。而当代知识论的发展,又引起了人们对于知识观的转变,并对知识类型产生了新的认识[①]。

(一)知识观的现代转向与核心素养

我国的新课程确立起新的知识观,课程知识不再只是具有普适性的简单规则和既定结论,学生生活及其个人知识、直接经验也成为课程与教学内容的有机构成。教师不仅仅是"教教材",而是与学生一起探索"学生正在经验到的一切"。学习作为建构新知识的活动,不仅有个人见解的表达,而且还有群体合作的行为,批判性思维的碰撞和师生之间真诚的对话与沟通。新课程背景下知识本质观的转向体现了以下特征。

1. 从本体论的知识观转向主体论的知识观

哲学认识论认为,知识是人类认识的成果。这种本体论的知识观为教育理论与教育实践提供了普遍的"世界观和方法论",但它难以作为教育理论工作者和教育实践工作者直接拿来并加以应用的知识观,因为教育理论工作者和教育实践工作者不以"知识"为直接的研究对象和活动目的,而以"学生及其发展"为研究对象和活动目的。因此,教育理论工作者和教育实践工作者的知识观的建构需要从本体论视野转向主体论视野。

所谓"主体论视野",不是从知识的产生过程与产生结果来论知识,而是从学生的发展过程与发展结果来理解知识。主体论的知识观强调的是学生作为知识再生产的主体,知识再生产的过程、方式、目的和价值,与人类一般的认知过程相比较具有其独特性。用本体论的知识观讨论主体论视野下的知识问题,学生所面临的知识是一种积累而成的"知识仓库",这样,学生学习知识的过程,就是"接受"现成的知识,通过记忆背诵就可以实现的。即使是在教师引导下所进行的"知识再生产",也只能是"打开知识宝库"了。本体论的知识观认为知识是"客观的真理",是"价值中立"的,这种知识观无视教育中人的主体性和人的认识的交往性,忽视了学生在获取知识的过程中的批判性反思,忽视了学生在获得知识的同时获得"态度与责任观"的意义。

新课程强调以"发展学生的核心素养"为根本出发点,注重知识对学生素养发展的意义;同时,改变课程过于注重知识传授的倾向,强调形成积极主动的学习态度,使获得基础知识与基本技能的过程同时成为学会学习和形成正确价值观的过程。新课程"改变课程实施过于强调接受学习、死记硬背、机械训练的现状,倡导学生主动参与、乐于探究、勇于质疑、勤于

---

① 蔡铁权,谢佳莹.知识论视域中的科学课程与教学变革[J].浙江师范大学学报(自然科学版),2023,46(1):104—113.

动手，培养学生搜集和处理信息的能力，获取新知识的能力、分析和解决问题的能力以及交流与合作的能力。”因此，主体论的知识观反映了学生主体发展的内在要求，是新课程所大力倡导的。

2. 由静态的知识观转向动态的知识观

传统的哲学认识论所阐述的知识观试图揭示的是知识的客观性、绝对性、终极性、中立性、实证性、确定性、普遍性和一致性等特点，认为知识作为人类认识的成果是客观事物的属性与联系的反映，是客观事物的主观映像。这是一种静态的知识观。

这种静态知识观在教育活动中隐含着两个基本假定：①客观性的、确定性的和普遍性的知识是可以通过传递的方式灌输给学生的，而且传递得越多越好。②知识的掌握是至高无上的，知识占有量的增长实现着人的发展。因此，在教学中，知识的传授是第一位的，教学的“过程”和“情境”的意义被漠视、被排斥，教学过程只是一种知识加工的过程，而学生所谓对知识的掌握，也主要在于记诵、生吞活剥、生搬硬套、机械训练。

动态的知识观用发展、变化的观点把握知识的本质和属性，用辩证性思维、复杂性思维、涌现式思维、生成性思维、批判性思维的观点看待知识，认为知识应具有文化性、不确定性、境域性、默会性和价值性等特点。课程与教学内容是要包含知识，但并不等于课程就是知识，教学就是知识的授受。

课程是学生通过反思性实践而建构人生意义的活动，学生是在动态的反思和创造过程中成长和发展的，知识为学生提供了反思和创造的对象，是一种必要的“素材”。学科知识所提供的内容是与人类群体的生活经历和认识过程，以及学生个体的“生活经验”和“认知过程”相一致的内容。这样的内容不是通过灌输、传递就可以获得的，而是需要通过反思人类的生存状态，以及个人的生活方式，通过学生的认知去理解才可以获得的。在这种获得的过程中，也凸显出“情境”中的体验与意义生成，体现出思维的批判性，体现出过程的价值。

3. 从“学科知识学习”转向“学科本质理解”

课程与教学内容的选择从知识在学科中的地位和价值，转向知识在核心素养培养中的意义上来，这样的知识是学科本质，通过建构和获得学科本质有利于学生核心素养的发展。学科本质可以从以下几方面来把握：①知识的产生与来源，即理解知识的来龙去脉。如“乘法”是怎么产生的？②事物的本质与规律，引导学生透过现象把握事物的本质特征与普遍规律。如“物态变化”的规律是什么？③学科的方法与思想，即本学科特有的解决问题的方法和思想，如科学的思想方法、数学的思想方法。④知识的关系与结构，包括前后知识之间的顺序关系、左右知识之间的并列关系、上下知识之间的层次关系，如圆半径与圆周长、圆面积之间的关系。⑤知识的作用与价值，引导学生理解知识的功能、作用以及知识背后蕴含的态度、责任与担当，如“寓言”的作用在于用小故事启迪大道理[①]。

---

① 李松林.培育学科核心素养的三个教学问题[J].教育科学研究，2017(8)：5—9.

拓展阅读 4-4

把音乐整合到课程中——简单机械[①]

了解摩擦力是简单机械课的重要组成部分。为了探索摩擦力的特性,学生可以用砂纸“发明”各种各样的乐器。尝试不同材料是探索过程中的一部分:尝试使用不同类型的砂纸打磨金属或石块,依靠摩擦发出的声音来判断打磨效果。亲自动手操作让学生了解有关摩擦力的第一手知识;把各种不同材料进行组合,让学生认识到普通东西也可以有新奇的用法——这是创造性的本质要素之一。

尽管大部分学生都能理解并进行这样的操作,但有创造力的学生通常有更不寻常的做法。在一节课上,我用不同型号的砂纸做成几条斜坡,让学生用这些斜坡检验不同重量的玩具车的滑行效果。班里的一个学生决定把重物挂在车的底部,然后报告说不同重量的车子、不同类型的砂纸会发出不同的声音。这样在学习摩擦力和坡度的同时,学生也学到了声音的特性。

简单机械课上的另外一项内容是学习杠杆原理。许多学生都或多或少见过钢琴。为了激活他们的原有知识,我让学生先写下头脑中的钢琴工作原理。接下来,根据实际情况,带学生进行一次钢琴商店或钢琴工厂的实地考察,以丰富他们的背景知识。菲尔杜森和大卫都肯定了实地考察的作用。另一种方法是邀请一位钢琴技师到课堂上让他用学校的钢琴为学生进行专业讲解。

齿轮也是一种重要的简单机械。尽管管弦乐器上没有使用齿轮,但钟表和节拍器发条上都有齿轮。让学生伴随着机械运动的节奏感受音乐的节拍,就能通过简单机械掌握一种非常重要的音乐要素。

(二)课程与教学内容的内在要素和知识分类

从总体上看,课程与教学内容是由直接经验和间接经验两种性质的知识要素构成的。但不论是直接经验的知识,还是间接经验的知识,作为课程与教学的内容,都包含有一定的内在要素。而课程与教学内容的核心是知识,知识的类型是有差异的,且不同的理论又有不同的知识分类。

1. 课程与教学内容的内在要素

一般来说,任何形态的课程与教学内容都应包含五种基本的经验要素:认知性知识或经验要素、道德性知识或经验要素、审美性知识或经验要素、健身性知识或经验要素、劳动技术性知识或经验要素。

认知性知识或经验要素是直接指向学生认知领域素养发展的内容。它包含学生必须掌

---

① [美]Mervin D. Lynch, Carole Ruth Harris. 培养中小学生的创造性:理论与实践[M]. 胡清芬,陈枕,译. 北京:中国轻工业出版社,2005:202—203.

握的关于自然、社会和人的发展规律的基础知识，是学生个体发展必须具备的理论知识。理解和把握这些理论基础知识可以促进学生智力和能力的发展，是形成素养的必备基础。认知性知识对提高学生的认识活动能力具有重要意义。

道德性知识或经验要素是直接指向学生的品德领域素质发展的内容。它包含品质各方面的知识和经验。道德性知识或经验具有强烈的社会性和思想性，是立德树人的核心内容。课程与教学内容中必然显性或隐性地包含着一定的道德性知识或经验。

审美性知识或经验要素是指向学生审美素质发展的内容，主要包括审美知识和观念，以及学生个体的审美体验。在此基础上形成学生正确的审美观念、高雅的审美情趣，以及感受美、识别美、鉴赏美和创造美的能力。

健身性知识或经验要素是指向学生身体素质发展的内容，主要包括正确的健身知识、生理卫生知识，良好的健身习惯以及健身经验。

劳动技术性知识或经验要素是指向学生劳动技能素质发展的内容，包括基本的生产劳动知识和技术、技能以及劳动经验，尊重劳动成果与热爱劳动。劳动技术性知识或经验要素既包括专门的生产劳动知识，也包括内含于认知性知识或经验要素之中的生产劳动知识和技术，同时也是实践的重要内容与途径。

由于各种课程与教学内容的内在要素在一定的课程中所占的比例和地位不同，便构成了不同类型、不同性质的课程，如德育课程、智育课程、体育课程、美育课程、劳动技术课程等，它们在一定程度上反映了不同类型的课程在内容和内在结构上的差异①。

2. 课程与教学知识的类型

课程与教学知识的类型是十分复杂的，依据不同的标准，可以把知识划分为许多类型。认知心理学、哲学等对知识的分类是不一样的。课程与教学内容中所选择的知识类型不同，对学生能力的发展价值也是不同的。这里我们只介绍布鲁姆教育目标新分类学中所做的知识分类。

1956 年出版的《布鲁姆认知领域目标分类手册》被认为是 20 世纪影响最大的四本著作之一。2001 年，由一批著名的课程与教学专家、教育心理学家和测量评价专家与有经验的中小学教师合作，并经多年集体工作完成了本书的修订版。在修订版中，确定了一般的知识类别：事实性知识、概念性知识、程序性知识和元认知知识。表 4－1 概括了这四种知识及其有关的亚类。

表 4－1　知识维度的主要类别和亚类②

主要类别与亚类	例　　子
A 事实性知识——学生通晓一门学科或解决其中的问题所必须知道的基本要素	
A_A 术语知识 A_B 具体细节和要素的知识	机械的词汇、音乐符号 主要自然资源、可靠的信息来源

① 钟启泉. 课程论[M]. 北京：教育科学出版社，2007：146—151.

② [美]L. W. 安德森，等. 学习、教学和评估的分类学——布卢姆教育目标分类学（修订版）（简缩本）[M]. 皮连生，主译. 上海：华东师范大学出版社，2008：26—27.

(续表)

主要类别与亚类	例　子
B 概念性知识——能使各成分共同作用的较大结构中的基本成分之间的关系	
B_A 分类或类目的知识 B_B 原理和概念的知识 B_C 理论、模型和结构的知识	地质学年代周期、商业所有权形式 毕达哥拉斯定理、供应与需求定律 进化论、国会结构
C 程序性知识——如何做什么,研究方法和运用技能、算法、技术和方法的标准	
C_A 具体学科的技能和算法的知识 C_B 具体学科的技术和方法的知识 C_C 决定何时运用适当程序的标准的知识	用于水彩作画的技能、整数除法 面谈技术、科学方法 用于确定何时运用涉及牛顿第一定律的程序的标准 用于判断采用特殊方法评估商业代价的可行性的标准
D 元认知知识——一般认知知识和有关自己的认知的意识和知识	
D_A 策略性知识 D_B 包括情境性的和条件性的知识在内的关于认知任务的知识 D_C 自我知识	把写提纲作为掌握教科书中的教材单元结构的手段的知识,运用启发式方法的知识 特殊教师实施的测验类型的知识,不同任务有不同认知需要的知识 知道评判文章是自己的长处,而写文章是自己的短处;对自己知识水平的意识

事实性知识是分散的、孤立的内容元素——"点滴信息"的知识,包括术语知识、具体细节和元素知识。相比较而言,概念性知识是"较为复杂的和有组织的知识形式"的知识。它包括分类或类目、原理和概念、理论、模型和结构的知识。

程序性知识是"如何做事的知识",其中包括技能、算法、方法的知识和用于确定和(或)验证在某一专门领域和科目中"何时做什么"是适当的标准的知识。

最后,元认知知识(metacognitive knowledge)是"一般认知知识和有关自己的认知的意识和知识",其中包括策略性知识、包含背景和条件知识在内的认知任务知识以及自我知识。

(三)小学课程与教学内容的组成与人的全面发展

小学课程与教学内容一般包含与前述内在要素相对应的五部分内容:认知性、道德性、健身性、审美性和劳动技术性课程与教学内容,即满足智育、德育、体育、美育和劳动教育等方面发展教育要求的课程与教学内容。这些内容具体涉及以下领域。

关于自然、社会和人的基本知识内容。主要包括各门学科的基本事实、基本概念、基本原理或基本理论等方面的书本知识。小学各门学科课程的内容主要涉及这些方面初步的理论知识。

关于认识活动方式的能力。主要包括思维、探究、创新等方面的内容。发展思维能力方面的内容,包括发展学生的观察能力、记忆能力、思维能力、想象能力、创造能力等方面的内容。发展技术、具体技能方面的内容,包括身体运动技能、艺术活动技能、操作各种简单生产和生活工具的能力、初步的科学实验技能、初步的劳动技术和实践技能等。

关于发展实践活动能力的经验。主要包括发展初步的组织能力、自我管理能力、自我调控能力、自我评估能力、语言表达能力、审美能力、品德行为能力以及分析解决实际问题的能力等方面的经验。

根据课程与教学内容的性质，以上这些小学课程与教学内容又主要可分为间接经验和直接经验两大类。学科课程的基本内容是以间接经验与理论知识为主，活动课程的基本内容是以直接经验为主。根据课程与教学内容要实现的目标不同，以上这些内容又可分为知识和能力两大类。小学课程与教学内容的内在结构就是通过不同的性质、不同类型的内容之间的相互关系来体现的。课程与教学内容的选择和设计的根本目的在于优化内容的内在结构①。

中国学生发展核心素养结构的中心是培养全面发展的人。从课程与教学内容的选择看，必须要兼顾德育、智育、体育、美育和劳动教育等，根本方法是教育与生产劳动相结合，理论与实践相联系。小学课程与教学内容的组成必须以促进学生全面发展为导向，以培养学生关键能力和核心素养为主线，安排学科知识内容②。

三、课程与教学内容的取向

如何决定课程与教学内容？杜威描述了三个关键因素：学习者的特征，社会目标与价值，知识和学科内容。与此相对应，课程与教学内容的取向是学习者经验、当代社会生活经验和学科知识。

（一）课程与教学内容即学习者的经验

在考虑学习者特征是如何影响课程决策时，需要权衡学习者的有关信息使得在为所有学习者提供共同教育经验与为个体学习者提供特殊需要的教育经验之间保持合适的张力。因为没有两个学习者能有完全一致的发展。不同学习者的智力、社会情感和身体成熟并不是等同分布的，他们各自具有不同的生物钟③。当课程的目标指向学习者的需要时，学习者的经验就成为了课程的主要内容。在课程发展史上，凡是倡导经验课程的课程流派大都把学习者的经验置于课程内容的核心或重要地位。

儿童是一个不断发展的个体。皮亚杰的研究表明，不同年龄阶段的儿童思维也有质的不同，具体运算被认为是小学年龄段儿童教育的必需阶段。

维果茨基(Lev Vygotsky)引用认知发展的理论来说明社会互动对思维发展的影响，儿童通过发展内部言语学会思维。根据维果茨基的理论，当学习环境一直处于在成人的帮助下儿童能够完成自己的任务的水平时，认知发展就会产生，这就是“最近发展区”。小学教师需要经常运用这一思想来调整阅读教学，鼓励儿童阅读既不太容易也不太难，但具有足够挑战性的书籍，从而获得教师的帮助。维果茨基的理论还强调了语言在学习中的重要性和使用丰富语言参与帮助儿童建构自己进行世界描述的重要性。值得重视的是，最近发展区坚

---

① 钟启泉．课程论[M]．北京：教育科学出版社，2007：153—154.

② 辛涛，姜宇，王烨辉．基于学生核心素养的课程体系建构[J]．北京师范大学学报(社会科学版)，2014(1)：5—11.

③ [美]Peter S. Hlebowitsh．学校课程设计[M]．张德芳，孙杰，译．北京：中国轻工业出版社，2006：34.

持把学习过程变成一种社会过程。当儿童在其环境中同人们互动时,认知过程才能最好地运作,而且语言使用的机会也会和他们的发展一致,并建立起他们的内部语言和思想。

埃里克森(Erik H. Erikson)认为在理想的状态下,儿童在不同的发展阶段都要完成本阶段特定的任务,否则,在后续的发展阶段中儿童将会显现自我怀疑等问题。埃里克森认为6—12岁的儿童必须面对"成就感与自卑感"的挑战。当这些儿童由于他们的行为而受到赞扬时,他们就有了成就感;而当他们从成人那儿获得太多预示他们行为不适当的信息时,其自我成就感就会降低,从而产生自卑感。对处于这一年龄阶段的儿童来说,他们的主要任务就是发展被高度关注和能够获得尊重的技能,从而增强他们的自我价值实现感[①]。

学生是主动的参与者,是课程的开发者。学习是经由学生主动行为的结果,当然,学生的学习行为是有差别的。同一个班的学生会有不同的学习经验,专心学习的学生和心有旁骛的学生两者之间的学习经验必定不同。课程内容的要旨是提供能引发学生学习兴趣的材料,而不只是提供学生所面对的事物而已。教师必须清楚了解学生的兴趣以及背景,什么情境会引发学生的何种反应。因此,教师的重要职责在于创设适当的情境,安排合适的学习经验,激发学生内在的动机。学生主要不是被动地接受教师提供的现成的课程,而是根据自己的需要和目标,与教师和其他同学共同开发自己的课程。学生利用现有的知识、技能、活动与兴趣,帮助自己解释及内化新知识与发展新技能,在应用新知识于新情境的时候,涉及积极主动地重现知识而不是单纯地记忆使用。学习是一个主动的历程,学生是主动的个体,主动地探索生活世界、尝试发现新的事物。

儿童不只是接受社会生活经验,为社会生活经验所熏染,而且还创造着社会生活经验。儿童不是等待明天踏入社会生活后生活,他们今天就实实在在地生活着。儿童在社会生活中具有主体地位,是社会生活经验的创造者之一。儿童是要学习成人的成熟经验的,但成人的经验只有经过儿童的选择、认同和再创造的过程,才能真正促进儿童的社会化进程,否则只会给儿童的发展带来悲剧[②]。

小学课程与教学的内容是为小学教育阶段的儿童选择的。如果这种内容不能被儿童所接受,不能被他们同化,那么,课程与教学内容将成为一种外在物,对儿童的成长不会产生影响,也不可能激发儿童的学习兴趣。

拓展阅读 4-5

课程与教学内容:儿童中心[③]

1762年,卢梭在其旷世名著《爱弥儿》中就说过这样一句话:"在万物的秩序中,人类有它的地位;在人生的秩序中,童年有它的地位;应当把成人看作成人,

---

① [美]David G. Armstrong. 当代课程论[M]. 陈晓端,主译. 北京:中国轻工业出版社,2007:56—57.

② 张华. 课程与教学论[M]. 上海:上海教育出版社,2000:207—208.

③ 张华. 课程与教学论[M]. 上海:上海教育出版社,2000:207—208.

把孩子看作孩子。"在这里，卢梭明确提出了他的"儿童权利宣言"，确立了儿童在人类社会中的独特地位与价值。1916 年，杜威在其教育哲学经典著作《民主主义与教育》（*Democracy and Education*：*An Introduction to the Philosophy of Education*）中提出了"教育即生长"的著名命题。他指出："常态的儿童与常态的成人都在不断生长。他们之间的区别不是生长和不生长的区别，而是各有适合于不同情况的不同的生长方式。关于专门应付特殊的科学和经济问题的能力的发展，我们可以说，儿童应该向成人方面发展。关于同情的好奇心，不偏不倚的敏感性和坦率的胸怀，我们可以说，成人应该像儿童一样生长。这两句话都是同样正确的。"杜威在这里确立起儿童和成人在主体价值方面的平等性，明确指出：在人格的某些方面，成人应当向儿童学习。不论卢梭还是杜威，他们都确立起儿童在社会生活中独特的成人无法取代的价值，都认为把成人的社会生活经验强加于儿童是教育的悲剧。

（二）课程与教学内容即当代社会生活经验

课程与教学内容既能够满足社会需求又能够满足个体的需求，是课程与教学内容选择的一个重要问题。教育是一种社会性事业，人是具有社会性的人，课程与教学内容以当代社会生活经验为取向是毋庸置疑的。但是社会生活经验纷繁复杂，社会对课程的影响既有积极的也有消极的，在课程与教学发展史上，主要存在三种典型的观点，即被动适应论、主动适应论和超越论。

1. 被动适应论

教育的目的是使儿童适应现实生活，学校课程必须选择、组织有助于实际生活所要求的知识、能力、态度的教学内容。在第一次世界大战后，科学化课程开发运动的早期倡导者博比特和查特斯等人主张将当代社会生活经验作为课程的主要内容。博比特认为，教育的目的是要求"能在现实的社会生活中有效地活动"，"为构成成熟的成人生活的活动，或是应当构成的活动，做好准备"。他调查了多方面的材料，将人类活动划分成几个主要领域，作为课程的具体目标。查特斯将这种目标分成更细致的项目，从中选择重要的部分，据以构成活动课程。

但教育总是具有滞后性的，儿童将来可能碰到或必然碰到的问题不可能都完全考虑周全。被动适应论忽视了教育的主动性，也忽略了儿童与成人的差异，把成人的社会需要等同于儿童的需要。而且，儿童也不只是明天走向社会后才投入社会生活，儿童今天在学校中也实实在在地在参与着社会生活。

要造就真正有能力参与社会生活的人，课程不能只是单纯地个别罗列实际生活问题，而必须有系统、有计划地发展有效解决这些问题的基础——科学的、一般的知识，并把它与实际生活问题结合起来,加以组织。

2. 主动适应论

主动适应论认为,个人与社会是互动的、有机统一的,教育与社会是互动的、有机统一的,学校课程不仅适应着社会生活,还不断改造着社会生活。在20世纪的课程理论中,典型的主动适应论包括经验自然主义课程理论和社会改造主义课程理论。

杜威坚决反对传统教育中个人对社会的被动适应,认为这是把教育上的"社会"因素与服从教师的人格等同起来、与服从记诵教科书里的概念等同起来。针对被动适应论,杜威指出:"如果所谓适应是指使个人准备去适应当前的社会安排和情况,那目的就不在于使个人'适应'社会制度。当前的社会安排和情况还没有稳定和健全到足以证明这样的程序是正确的。目的是在于加深和扩大社会接触与交往以及共同生活的范围,从而使学校成员有所准备,让他们将来的社会关系是有价值的、有成效的。"①杜威认为儿童与社会是相互作用的。个人只有在积极适应社会、改造社会的时候,才称其为个人。社会只有在积极适应个人、满足个人需求的时候,才称其为社会。儿童与社会是相互促进、相互适应的。学校教育应谋求个人因素与社会因素的平衡与协调。在儿童与社会的关系问题上,杜威反对二元论哲学:"我认为受教育的个人是社会的个人,而社会便是许多个人的有机结合。如果从儿童身上舍去社会的因素,我们便只剩下一个抽象的东西;如果我们从社会方面舍去个人的因素,我们便只剩下一个死板的、没有生命力的集体。"②杜威强调教育是生活的过程,而不是将来生活的预备。

杜威对传统旧教育中"无儿童"的现象提出批评,"消极地对待儿童,机械地使儿童集合在一起,课程与教学法的划一。概括地说,重心是在儿童以外。重心在教师,在教科书以及在你所喜欢的任何地方和一切地方,唯独不在儿童自己的直接的本能和活动。"杜威针对性地提出:"现在我们的教育中正在发生一种变革社会重心的转移。这是一种变革、一场革命,一场和哥白尼把天球的中心从地球转到太阳那样的革命。在这种情况下,儿童变成了太阳,教育的各种措施围绕着这个中心旋转,儿童是中心,教育的各种措施围绕着他们而组织起来。"③

杜威倡导以"主动作业"为基本形态的"经验课程",可实现学校课程对社会生活的主动适应。杜威摒弃了被动式的书本学习,发展了将木工、金工、编织、缝纫、烹饪一类作业活动置于中心地位的课程。这类作业是儿童在日常生活中所熟悉的,因而对他们来说十分有趣,另外,在这种学校的生产性劳作中就会自然地形成社会组织,使所有儿童彼此分工,并理智地积极合作展开活动。儿童在活动中,在与教师和其他同学的互动中,获得社会情感、社会态度和社会责任感。

社会改造主义课程理论是社会改造主义教育哲学的课程主张,社会改造主义教育哲学是在杜威的经验自然主义教育哲学的基础上发展起来的。其代表人物布拉梅尔德

---

① [美]凯瑟琳·坎普·梅休,安娜·坎普·爱德华兹.杜威学校[M].王承绪,赵祥麟,顾岳中,赵端英,译.上海:华东师范大学出版社,1991:408.

② [美]约翰·杜威.学校与社会·明日之学校[M].赵祥麟,任钟印,吴志宏,译.北京:人民教育出版社,2005:5.

③ [美]约翰·杜威.学校与社会·明日之学校[M].赵祥麟,任钟印,吴志宏,译.北京:人民教育出版社,2005:41.

(Theodore Brameld)主张,教育不仅仅应该帮助个人适应社会,更重要的是使他们参与社会。社会改造主义课程理论强调课程建设要关注社会焦点问题、反映社会政治经济变革的客观要求,把课程学习深入到社会生活中去,教育的根本使命是通过社会改造达到"社会一致"。社会改造主义课程理论主张把重视个人经验的课程改造为重视集体意志统一的课程,把指向当前社会经验的课程改造为指向未来社会经验的课程①。与杜威的经验自然主义课程理论相比较,社会改造主义课程更强调课程通过对当前社会生活经验的改造而指向社会的未来发展。因此,社会改造主义课程理论受到一些未来学派的推崇,未来学派主张的课程内容着重于环境污染、财富和水资源分配、人口的增长问题、自然资源的不平等利用等。

3. 超越论

进入 20 世纪 70 年代以来,受现象学、存在主义、哲学解释学、社会批判理论、后现代主义等哲学思潮的影响,课程与教学内容与当代社会生活之间的关系被重新审视。尽管主动适应论相对于被动适应论来说,在课程与教学内容与社会生活之关系的认识上有了重大的历史性进步,但是,不论是杜威的经验自然主义课程理论还是社会改造主义课程理论,都没有从根本上改变教育和课程的工具地位,都没有能真正确立起教育的主体地位。

超越论认为,学校课程不是对社会经验的被动选择,不是被动地传递某些流行的社会生活经验的工具,学校课程就是社会生活经验。儿童在生活,教师也在生活,儿童与教师的交往是整个社会生活经验的有机构成。超越论课程与教学内容观的提出,使学校课程与教学的主体地位得以确立,认为学校课程与其他社会生活经验的关系就是一种对话、交往、超越的关系。学校课程应主动选择社会生活经验,并不断批判与超越社会生活经验,而且还不断地建构新的社会生活经验。在教育上,超越论认为,教育是教育者与受教育者这两类主体通过交往而形成的学习共同体。教育是社会的一种群体主体,它和社会的其他群体主体(如政治、经济、文化等)之间的关系是一种"交互主体的关系",即主体间的每一方都是作为平等的、独立的主体而相互作用的,而不是客体与主体之间的关系,即工具与工具的使用者之间的关系。学校教育变为真正的"生活世界",课程与教学则是对话和个人经验提升的过程。正如多尔(William E. Doll)所描述的:它是生成的,而非预先界定的;是不确定的,但都是有界限的;它探索"产生于上帝笑声回音的迷人的想象王国";它由"局部普遍性"不断扩大的网络所构成②。

拓展阅读 4-6

课程与教学内容:社会中心③

社会中心课程观认为,社会因素是制约课程的最终决定因素,课程设计应该主要考虑社会的需要。这种观点可以简称为"社会决定论"。

---

① 张华. 课程与教学论[M]. 上海:上海教育出版社,2000:203.

② [美]小威廉姆·E. 多尔. 后现代课程观[M]. 王红宇,译. 北京:教育科学出版社,2000:250.

③ 廖哲勋,田慧生. 课程新论[M]. 北京:教育科学出版社,2003:80—81.

"社会决定论"否定了学生因素对课程的独特制约作用,看不到学生的需要、学生身心发展的规律和水平,学生对课程结构、分科教材体系以及教材水准的制约,其更深层次的问题是忽视学生的主观能动性,而这恰恰是学生对课程具有独特制约作用的根本原因。传统的教材之所以具有"深""难""重"的弊端,就是因为在"社会决定论"思想的影响下忽视乃至否定了学生因素对课程的独特制约作用,看不到学生的主观能动性,将学生视作被动接受知识的"容器"。

"社会决定论"也否定了文化科学知识对课程的独特制约作用。该观点实际上忽视了这样两个基本的事实:第一,知识具有区别于社会因素的本质属性,如广延性、积累性和可继承性等,这些属性都是社会因素所不具备的,因此,知识因素和社会因素是制约课程的两个相对独立的因素。第二,文化科学知识是课程内容的主要源泉之一,课程与知识具有必然的、直接的内在联系,知识对课程的制约是客观存在的,是不以人的意志为转移的。

(三) 课程与教学内容即学科知识

课程与教学内容中需要一定的知识或学科知识,这是无可否认的。而什么样的学科知识应该被纳入课程与教学内容之中,却并不容易确定。泰勒在《课程与教学的基本原理》一书中指出,"向学科专家提出的问题应该是这样的:'你这门学科对外行或一般公民有什么贡献?'学科专家倘若能够回答这样的问题,就能做出重大贡献"①。施瓦布认为学校课程计划必须紧紧围绕学科知识,他指出简单地将当前的研究成果从有关学科专家那里移植、镶嵌到小学和中学的课程计划中去的做法是危险的。他认为由于新知识的发展很快,将目前的"最好信息"置于课程之中的做法将使学生承受太多信息很快过时的压力。因此,施瓦布认为每个学科都有自己独特的建构知识的方法,学校课程开发者应该将他们的注意力集中于如何向在校学生教授这些方法上②。日本学者佐藤正夫认为:"普通教养的课题在于打基础,以便使所有儿童能在将来接受各种职业专门教育,能够参与各种职业生活及公民生活。也就是说,发展儿童各方面的基础能力,培育一切优秀的素质和能力,以便进入人类的思维和行为的所有重要领域,是普通教养的任务。为此,在普通教养中要使儿童熟悉科学的基本知识,即各个知识领域中最基础、最本质的内容。"③

课程与教学内容如何选择学科知识?在当今知识经济时代,科学技术发展与社会变革不但迅速而且复杂,知识更新周期空前缩短,课程与教学内容的容量是有限的,儿童学习的

---

① [美]拉夫尔·泰勒.课程与教学的基本原理[M].施良方,译.北京:人民教育出版社,1994:20.
② [美]David G. Armstrong.当代课程论[M].陈晓端,主译.北京:中国轻工业出版社,2007:62.
③ [日]佐藤正夫.教学原理[M].钟启泉,译.北京:教育科学出版社,2001:203.

期限也是有限的，由此，课程与教学内容与学科知识之间的关系是课程与教学理论的重要课题之一。

从上述论述中，我们不难看到，儿童教育既要满足多方面需求，又要让儿童习得“最基础、最本质的内容”，这就需要我们在选择学科知识时：一方面要尊重各门学科知识内在的逻辑体系，充分体现学科本质，还要关注跨学科课程的设置，以培养儿童的跨学科素养；另一方面要充分关注儿童的培养目标，尊重儿童身心发展的内在需要。

自从人类进入 20 世纪以后，科学技术迅猛发展，新的科学技术成果层出不穷。这不但改变了人们的工作方式、生活方式、交往方式，而且改变了人们的思维方式和对世界认识的观点和方法，全面地支配了社会生活和人的精神领域。技术理性逐渐成为社会的主导价值观，科学的价值被日益强化并被认为是价值中立的。科学领域的思维方式和研究范式渗透到艺术、道德等领域。教育的终极目标指向人的内在的真善美的统一，科学求真，但科学中也具有美和善；艺术求美，但艺术中也包含真与善；道德求善，但道德中也包括真与美。

学科知识的体系与探索这种知识的过程方法具有内在的统一性。这里的过程是指科学研究的经历和途径，方法是指研究工作中所运用的不可缺失的“程序”或“法则”。任何一种知识的形成或出现，都包含着新的思想方法。如果剥离了学科知识体系与探究这种知识的过程方法，导致的结果就是学生以为学习知识只需记忆与复述，这样，思维被记忆替代，理解被背诵置换。阿普尔曾尖锐地指出：人们在从事课程选择的时候，常常是从某些学科领域中裁剪出某些现成的结论，然后根据可接受性原则再进行加工改造，最后编成分门别类的教材。至于为什么从事这些结论的研究，这些结论的获得过程，在获得这些结论的过程中所经历的种种曲折，不同科学工作者、不同科学团体对某一结论所进行的种种针锋相对的争论、冲突和斗争等，全被排除在课程内容之外了。学生所接触到的是一些看似确定无疑的、风平浪静的、一帆风顺的、不存在任何对立与冲突的“客观真理”。这样的课程，只会形成学生对既有结论的确信无疑，形成对书本的崇尚，这种教育的功能不是对个性的发展与解放，而是对个性的控制和压抑，对创造性的窒息①。

拓展阅读 4-7

STEM 教育是什么？②

STEM 是科学（science）、技术（technology）、工程（engineering）、数学（mathematics）英文首字母的缩写，最早由美国国家科学基金会于 2001 年提出。

STEM 强调跨学科整合，其学习方式主要有三种：基于问题的学习、基于项目的学习、基于设计的学习，这些方式对培养学生跨学科解决问题的能力，培养

---

① 张华. 美国当代批判课程理论初探（下）[J]. 外国教育资源，1998(3)：18，76—80.

② 王素，李正福. STEM 教育这样做[M]. 北京：教育科学出版社，2019：3.

学生的21世纪技能,包括沟通交流能力、合作协作能力、批判性思维能力、创造创新能力等都发挥着重要作用。STEM教育不是简单地把四门学科进行线性叠加,而是把原本独立、分散的不同领域的学科知识和技能以问题解决为基础,以多样的学习活动形式支持学生在解决问题的过程中实现不同学科知识与方法在不同情境中的整合、运用和迁移,并进一步形成新思路、新方法、新技术和新产品。

对STEM教育尚未有一个国际公认的完整定义,近些年STEM教育的内涵也有很多不同的拓展,例如:

STEAM,科学、技术、工程、艺术和数学,在STEM基础上加了"A",代表艺术(art);

STEMM,科学、技术、工程、数学和医学,在STEM基础上加了"M",代表医学(medicine);

STEAMS,科学、技术、工程、艺术、数学和社会,在STEAM基础上加了"S",代表社会(society)。

这些不同的扩展反映了不同国家、不同教育主体对STEM的不同理解与需求,因此在大框架之下STEM的内容和含义还可根据需要不断地调整。

上述三种取向的课程与教学内容,都有其合理性和局限性,是在不同的时代、针对不同的社会要求和对儿童的认识的基础上而提出并实施的,带上了时代的烙印,是不同的哲学观、教育观、社会观、儿童观和课程观在课程与教学内容中的体现。但是,在课程发展史上,无论是主张哪一种课程与教学内容取向的学者,也不是只看到了一种取向而完全否定了其他取向的存在或考虑,只是各种流派的学者在思考课程与教学内容时有一定的侧重和明显的倾向而已。学习者的经验、当代社会经验和学科知识,在对儿童的身心发展中,在发展与解放学习者的人格中,都是不可缺失的。实际上,不论学科知识,还是当代社会生活经验,都只有转化为学习者的经验才可能成为相应的课程目标,才能使学习者得到真正的发展。

拓展阅读4-8

课程与教学内容:学科中心①

学科中心是指以文化遗产和科学为基础组织起来的各门学科最传统的课程形态的总称。各门学科各具固有的逻辑和系统,是独立地、并列地编成的。古希

① 钟启泉.现代课程论(新版)[M].上海:上海教育出版社,2003:241.

腊罗马时代的作为自由民的一般文化课程——“七艺”,近代夸美纽斯倡导的“泛智主义”实学学科(本国语、近代外国语、经验科学)等,都是适例。这些以近代学科为基础的学科课程,是在这样的背景下,综合了必须授予儿童的丰富的文化内容,而形成并发展起来的:一是近代科学的建立,二是以卢梭为代表的对于儿童心性的发展及其训练的认识,三是伴随近代学校的建立,社会和家庭对于学校教育的期待与要求。

这种课程,正如赫尔巴特所指出的,是“从易到难”地排列教材的。这是符合儿童的发展阶段的特征的,而且注重科学的体系。

第三节 小学课程与教学内容的选择

课程与教学内容的选择和处理是课程与教学内容中的核心问题。课程与教学内容的选择是一个理论问题,也是一个实践问题。课程与教学内容的选择必然会涉及课程观、知识观、教育哲学、课程社会学及教育学、心理学的理论等,也不可避免地要涉及意识形态及文化问题。此外,课程与教学内容的选择具有政治性和个人性。而实践作为一种实际知识,具有内在的价值,通常也是形成理论知识的基础。从后现代的观点看来,课程与教学内容的选择应回归到生活世界,从生活世界中选择学生个体现有的生活经验,使学生获得对现实世界的真实理解和体验,从中逐步认识自己存在的价值和意义,成为现实生活的主体。课程与教学内容是开放的、不确定的、充满对话精神和生命活力的。

一、课程与教学内容选择的依据

在很长的时期内,不少学者把课程与教学内容选择的重点放在制定课程与教学目标上,认为只要目标得以确定,课程与教学内容的选择和目标相一致,问题就解决了。其实,问题并不是如此简单的,在选择课程与教学内容时,除了要考虑到与目标的一致性外,还要考虑其他方面:课程与教学内容对社会和学生的价值,内容本身的有效性,能否被学生所接受,是否与学校教育的基本任务相符合,尤其是要符合课程改革的理念、学科课程标准的要求,体现核心素养,等等。课程与教学内容的选择是有一定的依据和原则的,不能随心所欲凭个人意志而确定。

课程与教学内容的选择要有基本的依据,即要明确社会的要求、分析教育对象的发展特征、明确教育学的要求,这三个方面同时也分别构成了课程与教学内容选择的社会学基础、心理学基础和教育哲学基础。

(一) 明确社会的要求

课程与教学内容的选择,从课程社会学的视角看,不只是一个技术问题,本质上它是意识形态的抉择,是一种文化的选择,是社会控制的一种形式。一般而言,主流的意识形态是作为社会规范的、合法的、全体成员必须遵从的意识形态而出现的,也常常作为课程与教学内容选择的首要标准在课程与教学相关文件中得到反映。即便是依据"社会现实"或"社会需要"来选择课程与教学内容,这些"现实"或"需要"也反映了主流意识形态和社会控制的特征。同时,课程与教学内容本身也体现了社会主流意识,体现了社会控制的中心。当代的学校教育,就中小学而言,世界各国的课程设置基本相同,但课程与教学内容却千差万别,尤其是社会科学、人文学科类课程与教学的内容更是差异显著。其中的决定因素除了国家、民族之间的差异以外,意识形态的作用是不能忽视的,它不仅控制着社会所认可的知识范型,而且控制着知识的具体内容。从课程与教学内容的社会本质来分析,社会控制的主要方面在于对课程与教学内容的控制。任何一种知识,无论其社会价值和本体价值有多大,要想成为课程与教学的内容,必须符合主流意识形态,满足其社会控制的目的,否则很难或根本不可能进入课程与教学内容之中①。正如阿普尔所指出的:"如果我们不是自欺欺人的话,我们就必须承认课程领域植根于社会控制的土壤之中。……从历史角度来看,有一组关于学校价值和控制的特殊假设——常识性规则——强烈地影响着早期的课程工作者。他们不仅假定组织化社会必须通过保存一些有价值的相互作用和价值形式来维持自身(一种关于社会控制的相当普遍和完全可理解的'虚弱'感),而且它们也已深深嵌入自己的意识形态观,即一种'强烈的'控制感。这里,一般而言的教育尤其是学校中课程的日常价值被看作是保存现有社会特权、利益和知识的基本因素,这些特权的维持以牺牲弱势群体为代价。"②

科学技术革命也丰富了课程与教学内容。例如,在课程与教学内容的设置上强调学问中心,强调自然科学课程与社会科学课程之间的平衡。在课程与教学目标和内容的设计和开发中,必须考虑对学生科学精神和人文素养的培养、知识与能力的培养、主动性与创造性的发挥、联系社会现实和教育情境的构建、主体意识的提升与情意素质的培养、人的全面发展等。

(二) 分析教育对象的发展特征

小学阶段是儿童心理发展的重要转折时期,在教育的影响下,小学儿童的认知能力、个性特点都在不断地发展变化,其发展过程表现出明显的协调性和过渡性的特点。

小学儿童的学习表现出这个年龄阶段所特有的特点。这一阶段儿童的学习动机更多地与学习活动本身直接联系,与学习兴趣发生联系或为学习兴趣所左右。小学儿童的学习兴趣,在教学的影响下,在知识经验不断发展的情况下,不断地发展变化。在小学的学习活动中,儿童初步形成一定的学习态度。

---

① 吴永军.课程社会学[M].南京:南京师范大学出版社,1999:150—159.

② [美]迈克尔·W.阿普尔.意识形态与课程[M].黄忠敬,译.上海:华东师范大学出版社,2001:55—56.

小学儿童的思维在这一时期也有了进一步新的发展。在整个小学时期内，儿童的思维逐步过渡到以抽象逻辑思维为主要形式，但仍带有很大的具体性。而且，这种思维发展的"转折"在何时实现，主要取决于教育的效果，同时，其在发展过程中，存在着不平衡性。特别是在这一阶段，小学儿童的抽象和概括能力，在教学的影响下有了很快的发展，比较能力、分类能力也逐渐有了发展。儿童掌握概念是一个主动的、复杂的过程。小学阶段儿童对概念的理解逐步深刻化、丰富化、系统化，三者的发展是相互制约、彼此联系的。同时，儿童的思维敏捷性、灵活性、深刻性、独创性和批判性，以及儿童的个性、社会性、品德都得到了发展①。

当代智力理论的发展，也为我们理解小学阶段儿童的心理发展提供了多种依据。特别值得关注的有加德纳（Howard Gardner）的多元智力理论，斯腾伯格（Robert Jeffrey Sternberg）的成功智力理论，梅耶（John D. Mayer）等人的情绪智力学说，帕金斯的真智力理论和塞西（Stephen J. Ceci）的智力发展的生物生态学（生态智力）理论，等等。

小学时期儿童的发展特征是课程与教学内容选择的重要条件和理论依据。不同的儿童发展阶段都需要有相应的课程与教学内容设置。尽管对儿童不同的发展阶段的认识有不同理论，但总体上还是有共识的，小学课程与教学内容的选择就是要着眼于儿童的知识经验和各种各样能力的发展，以及核心素养的形成。

（三）明确教育学的要求

当代课程与教学内容的选择上，主要受到传统的文科教育、进步主义教育、学科结构论、新行为主义、人本主义等教育思潮的影响，而这种影响作用的表现又具有多样性与统一性。多样性表现在每一个教育哲学流派对教育中某些问题的看法是不一致的，有些甚至是对立的，但在现代的具体运用中，人们往往又是吸收各家的优点而避开其局限性，把各种教育哲学流派的合理成分继承下来并加以综合运用，统一于课程与教学内容的选择、开发和设计之中。

20世纪，随着科学技术的进步，现代社会发生了巨大的变化。各国在解决自身的教育问题时，涌现了各种各样的教育思潮。针对这些教育思潮之间的对立情况，日本教育学者森昭从六个侧面做出了分析：①从教育目的上说，有个人目标与国家目标的对立；②教育内容上说，有注重实用学科的唯实主义和推崇古典学科的人文主义的对立，有主张教授适应儿童发展为内容的心理主义与主张教授注重文化遗产体系的逻辑主义或科学主义的对立；③从教学方法上说，有侧重儿童的主动性与侧重教师的文化传授的对立；④从儿童的发展观上说，有尊重儿童自发发展的自然主义与强调形成有价值的人格的理想主义的对立；⑤从学校论上说，有视学校为传授知识的场所与视学校为儿童生活与作业的场所的对立；⑥从学制上说，有拥护双轨型学制与要求单轨型学制的对立。但我们也应看到，在现代的教育思潮中出现了诸多共同的趋势，如都强调教育的人本化、系统化、开放化、终身化等，这些都深刻地影

① 林崇德.发展心理学[M].北京：人民教育出版社，1995：270—344.

响着现代课程与教学内容的变革①。

现代学校论与课程与教学内容的选择也是密切相关的。现代各国学校改革的着眼点在于"个人的自我实现"的"学校人本化",这是对"学问中心课程"观点的批判,教育向着人的主体意识的提升而重视人自身解放的方向发展。学校"人本化"的主要观点有非学校论、开放学校论、自由学校论。这些观点指导下的课程与教学开发,都以不同的方式和要求强调着课程与教学开发过程中主体的主动性、积极性,内容的人性化,学习研究方法的主动操作与体验,内容的主体建构与反思,等等。但现代学校论对于形成儿童的真正的学力却带来了致命的弱点②。

教育哲学思想纷繁多歧,值得关注的有理想主义、存在主义、批判课程论、要素主义、永恒主义、经验主义和改造主义等,这些教育哲学思想,对于人性、教育价值、世界观和知识观、学校与社会、教学过程中教师的作用等的研究,都对课程与教学内容产生了深刻的影响。我国当前正在推进的基础教育课程改革,其中课程与教学的目标、内容、方法、评价等设计与开发,对于当代世界上各种教育哲学流派、教育思想中的合理内涵,都有吸收和体现,尤其是当今课程改革的发展趋势与特点显示出来的注重促进学科融合,发展学生综合能力,以学生核心素养培养为目标,成为课程改革的国际潮流。我们应积极研究并借鉴各国课程模式并根据我国课程与教学的实践而实施和发展。

二、课程与教学内容选择的要求

经济合作与发展组织开展的"素养的界定与遴选"(Definition and Selection of Competencies,简称DeSeCo)项目是有关核心素养最有代表性的项目,该项目认为具有核心素养的人能促进个人成功的生活与促成社会健全的发展,是一个终身发展者,这样的人能互动地使用工具,能在异质社会团体中互动,能自主行动。纵观国际组织和世界发达国家对核心素养构成要素的诠释,根据我国对核心素养内涵的描述,在小学课程与教学内容的选择中,需要满足以下要求。

(一)促进个人成功的生活

个人成功的生活表现为:与他人具有亲密的关系,理解自我和自身所处的世界,与自身的生理和社会环境自主互动,拥有成就感和愉悦感。一个普通人要想在社会中安身立命,同时又能够应对日新月异的技术发展,需要具备以人为本的意识,尊重、维护人的尊严和价值,能关切人的生存、发展和幸福;能运用科学的思维,独立思考、独立判断,正确而周密地分析问题,做出科学的选择和决策;养成健康文明的行为习惯和生活方式,具备积极的心理品质,健全的人格,能正确认识自我,具备自我管理的能力;尊重劳动者、尊重劳动、尊重劳动成果,具备一定的劳动技能和从事创造性劳动的意识;理解技术、具备工程思维,能在复杂环境和条件下解决真实问题。

---

① 钟启泉.现代课程论(新版)[M].上海:上海教育出版社,2003:326—342.

② 钟启泉.学科教学论基础[M].上海:华东师范大学出版社,2001:159—209.

（二）促进社会健全发展

这是现代社会发展不可或缺的人力资本的重要素养，包括以下方面：具备强烈的社会责任感，对己能自尊自律，对人能诚信友善；具有团队意识和合作精神；明辨是非，具有法治意识，履行公民权利，维护社会正义公平；保护环境，尊重自然，珍爱生命，具有可持续发展的科学发展观；爱国爱家，具有本民族文化自信，继承和弘扬中华民族的优秀文明成果和优秀传统文化，具有文化自信，发扬当代先进文化，拥护中国共产党，践行社会主义核心价值观，为实现中华民族的伟大复兴中国梦而不懈奋斗；具备全球意识和开放心态，尊重人类文化的多元性和差异性，能进行跨文化交流，懂得合力创建人类命运共同体的内涵和价值并参与其中。

（三）提供终身学习必备的基础

学生在校学习时间是有限的，小学阶段又只是学生在校学习的一个阶段，但却是十分重要的基础阶段，需要掌握以下终身学习的必备基础知识和基本技能：理解和掌握基本的科学原理和方法，具备理性思维的能力，能独立思考，能批判质疑，能发现问题并提出问题，勇于探究，能有效地分析、解决问题；具备勤于反思的意识和能力，及时调整自己的学习策略与学习方法；具备当代数字化生存能力，不断提高信息化水平，跟踪国际信息化最新趋势，在当代知识剧增和科学技术日新月异变化的形势下，在社会急剧变革和迅速发展的时代，能不断学习、自我调适、自我管理、自我发展。个体只有掌握了上述终身学习所必需的基础知识和基本技能，才能最终达致个性发展，才能领潮流之先，与时俱进。

三、课程与教学内容选择的基本环节和方法

当前，世界各国课程改革的一个重要趋势是尊重学习者的主体意识，呼唤学习者的个性发展，强调学习者的探究与自主学习。这样的课程价值观必然要求以学习者的经验作为课程与教学内容的主导趋向。以学习者的经验为核心整合学科知识，整合当代社会生活实践，是体现时代精神的课程与教学内容的选择取向。要实现这样的选择取向，需要遵从选择的基本环节并运用合理的方法。

（一）课程与教学内容选择的基本环节

以上我们全面地分析了课程与教学内容选择的依据、要求等问题，在此基础上，可以得出课程与教学内容选择的基本环节（或模式）。

① 确定课程与教学内容的价值观。确定课程与教学内容的价值观的核心问题是回答“什么是受过教育的人”，以及“培养目标是什么”。

② 确定课程与教学的目标。课程与教学目标是教育目的和培养目标的具体化，也是课程与教学价值观的具体化，这是课程与教学内容选择的关键。

③ 确定课程与教学内容的基本取向。课程与教学内容的基本取向主要包括学习者的经验、当代社会生活经验和学科知识三个方面。不同的课程与教学理论有不同的取向，因此，对这三方面之间关系的认识与处理取决于特定的课程与教学的价值观和学生观等。只有处

理好这三者之间的关系,才能使课程与教学内容的选择合乎要求。

④ 确定具体的课程与教学内容。确定课程与教学内容,即确定与特定课程价值观和课程目标相适应的课程与教学内容要素,形成课程与教学内容的主要表征形式——教材。当然,教材的编制还涉及其他很多因素,但课程与教学内容的选定,是教材编制最基本的条件,是教材编制的基础。

(二) 课程与教学内容选择的方法

在论述课程与教学内容选择的范围时,我们确定为知识与经验。在选择课程与教学内容时,不仅要按照选择的环节执行,也要运用便利的方法。除了调查、访问、观察、实验等方法以外,可以运用概念图进行知识的选择。运用工作分析法和流程图进行经验的选择①。

1. 概念图的运用

概念图的运用,可以帮助我们整体掌握、理清自己选择的知识概念,并在选择的过程中引发思考和灵感。概念图产生于 1972 年,是诺瓦克(Joseph D. Novak)和戈文(Bob Gowin)根据奥苏贝尔的认知理论发明的一种可视化工具,用来描述一个人的概念知识,引导学习者将新学习的概念与已有概念图式沟通。由于概念图不是从定义出发的,而是强调从事物的关系中把握概念本身,关注的是事物的整体性和复杂性,因此,利用概念图可以建构出特定知识领域的结构。这样,利用概念图可以使我们便利地确定课程与教学的内容,选择出恰当合适的知识概念。概念图也可以看作人们将企图描述的概念,将与它有关的属性、征状或涉及的概念用图形方式加以整体呈现。图 4－1 是小学科学中物质科学领域学习内容的概念

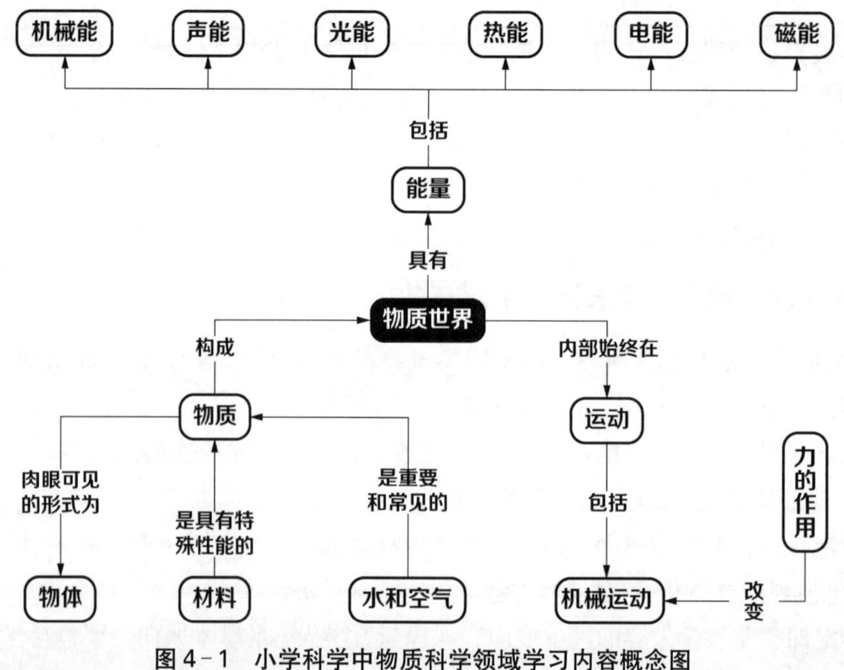

图 4－1 小学科学中物质科学领域学习内容概念图

① 黄光雄,杨龙立.课程发展与设计:理念与实作[M].台北:师大书苑,2004:191—195.

图,图 4－2 是在小学课堂教学中以“镜子”主题为例,用概念图来协助知识概念的选择。

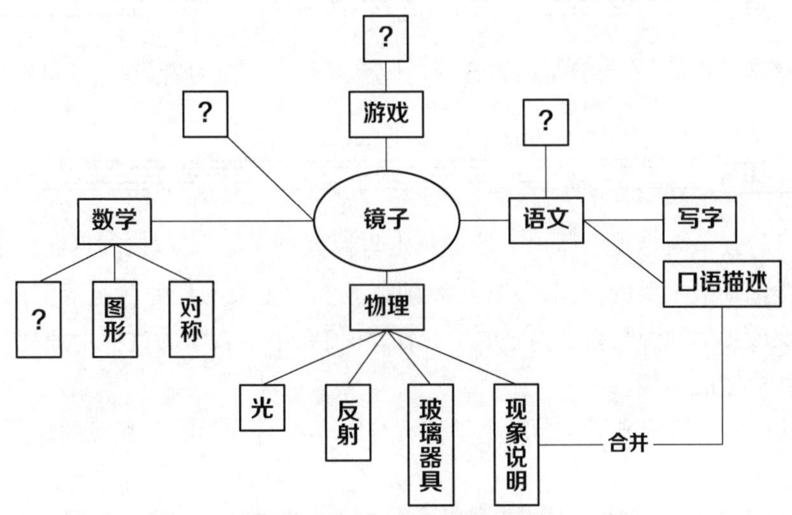

图 4－2　镜子知识选择的概念图

概念图不仅呈现个别的概念知识,还可以表现出概念间的联系,甚至是一些原理原则的说明。此外,也可以运用思维导图、思维地图等可视化工具。

2. 工作分析法的运用

经验的选择也可采用大纲、表格及图示等方法,但这些方法较偏向于静态的描述,缺少动态的过程。因此,为了要将操作的动作、技能、过程、涉及的判断等加以呈现,除了上述方法外,在较为限定及详细地描述经验时,可以用工作分析或流程图来选择及确定具体的内容和动作。图 4－3 是小学数学两位数减法运算过程的流程图①。

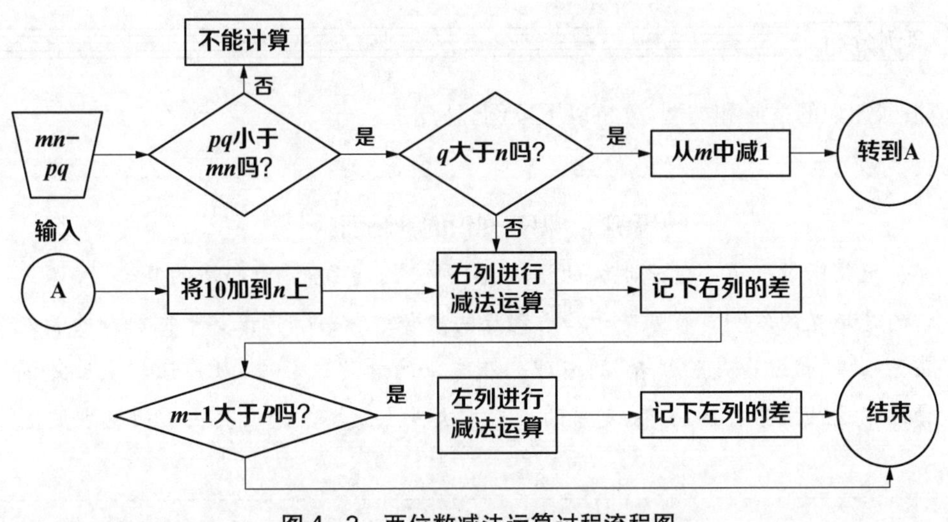

图 4－3　两位数减法运算过程流程图

① [美]R. M. 加涅,等. 教学设计原理(第五版)[M]. 王小明,等译. 上海:华东师范大学出版社,2007:139.

关键术语

课程与教学内容;课程与教学内容选择;社会生活经验;学习者经验;学科知识

讨论与探究

1. “课程与教学内容集中体现了教育思想与教育观念,是实现培养目标的施工蓝图,是组织教育教学活动最主要的依据。”这样,教师在教学中主要的任务就是落实已经确定了的内容吗? 新课改提倡课程与教学内容的生成性,如何在小学教学的过程中处理“生成”问题? 请你举出一些典型的案例。

2. 在你看来,一般情况下社会对小学课程与教学内容的影响是积极的还是消极的? 为什么?

3. 当代知识观有哪些特点? 这些特点如何在小学课程与教学内容中体现? 请你以实际例子加以说明。

4. 当前智力理论的发展对我们理解小学阶段儿童的心理发展提供了多种依据,但这些理论是多元化的。请你选择其中一种理论,说说它和课程与教学内容之间的内在联系。

5. 选择目前我国正在实施的小学课程中的某一科目,在研究课程标准的基础上,分析它的内容构成和内容选择的取向、依据及范围。如果你是教材编写者,你将如何选定与编排教材的内容呢?

6. 为培养全面发展的人,提升我国 21 世纪人才核心竞争力,基于核心素养的小学课程体系应如何建构?

案例分析

请根据知识的性质和类型,分析以下案例。

案例 1 揭开知识的神秘面纱①

记得听过一节小学三年级的语文课,课文的题目是“矛和盾的集合”。课文讲的是坦克的发明过程就是矛和盾优点的集合过程,说明“谁善于把别人的长处集于一身,谁就会是胜利者”的道理。在文章的学习过程中,教师让学生反复诵读以下这段文字:“1916 年,英军的坦克首次冲上战场。德国兵头一回见到这庞

① 季苹. 教什么知识:对教学的知识论基础的认识[M]. 北京:教育科学出版社,2009:105—106.

然大物，吓得哇哇直叫，乱成一团，一下子退了十公里！”这段文字写出了坦克的威力。并且，教师还让学生看了一段一群坦克出现在战场上的场面，看完之后，再次请学生朗读这段文字，感受这段文字的魅力。学生反复朗读了十几遍之多。为什么这段文字能够体现出坦克的威力？显然是因为作者所使用的如“吓得哇哇直叫”“乱成一团”“一下子退了十公里”等生动形象的语言。也正因如此，教师才带着学生反复体会这些语言。

为什么要学生反复学习和体会这些语言？仅仅是因为这些语言生动吗？如果教师仅仅停留在帮助学生学习这些生动的语言，那这些生动的语言就成了没有概念、方法和价值支撑的现象，自然也就成了学生崇拜作者写作能力的神秘物。教师的教和学生的学都不到位。可是，除此之外，还有什么值得学习的？小学三年级的学生还可能理解更多吗？

这使我想起从美国带回来的《K－8年级连续性的记叙文写作评估表》(*K－8 Continuum for Assessing Narrative Writing*)。它特别强调学生在写作时“要描绘不要说”，即通过“想象”在脑海中形成图景(written in scenes produced through envisionment)，先用图画讲故事然后再走向用文字讲故事。也就是说，先要求用图画写文章，然后再用文字写文章。这里的“想象”(envision)不同于通常所说的“想象”(imagine)。前者是在心中形成一幅画(to picture in the mind)，后者则是指在心里形成一种理念(form an idea in the mind)。也就是说，图画是文字形成的前提。因此，美国的记叙文写作评估表要求在低年段不允许学生用文字写文章，而是先用图画画出故事。如果我们的教师和学生清楚地知道这个道理，就知道为什么要学习那段描述性的文字了。这段文字之所以生动，正是因为作者首先在头脑中画出了坦克出现在战场时的画面。

不仅如此，这还让我想起了悬念大师希区柯克。他的作品之所以给人以悬念，就是因为他从不直接(平时说的“正面”)描写事物的可怕、恐惧，而是间接地(平时说的“侧面”)描写看到该事物的人们的恐怖的神情。这是为什么？道理很简单，间接描写能够增加人们在没有看到事物时对事物的想象，就犹如人们对“神仙”的想象一样。正是因为没有见到过，所以才有自由想象的空间。可以说，恐惧在插上想象的翅膀之后会在人的心中无限膨胀。这使我想起，在课上老师曾放过的一段一群坦克出现在战场的场面：奇怪的外表，轰鸣的声音。这时，可以请学生简单地用语言描述一下，然后再请学生将这种直接的描写与作者的描写对比并思考：哪种描写方法更好。这个问题至少是可以让小学三年级的学生思考的。

案例 2 为什么乘积会比被乘数小①

为了培养学生自主学习的能力,教师安排了一道学生自主探究的题目:"13.5×0.7=?"不少学生都调动自己已有的知识进行计算,计算出结果是9.45。这时有一位学生提出疑问:为什么这里的积还要比被乘数小呢?肯定结果错了。这个问题一提出,全班同学都怔住了:是呀!这是为什么呢?

很显然,学生是受到了原来学的整数乘法知识的影响。这时,班上一个非常调皮的孩子抢着站起来,急切地说:"我知道,我知道,我家卖水果,如果是13.5元一斤,一个人只买0.7斤,不够一斤,所以就不到13.5元,这个答案是正确的……"

教师顺势让学生明白了:在小数乘法中,积有可能会比其中的乘数小。并且布置了一个课后探究题:一个数乘什么样的数,积会比这个数大?一个数乘什么样的数,积会比这个数小?

进一步阅读的文献

1. 黄光雄,蔡清田. 核心素养:课程发展与设计新论[M]. 上海:华东师范大学出版社,2017.

2. 钟启泉. 课程论[M]. 北京:教育科学出版社,2007.

3. 林崇德. 21世纪学生发展核心素养研究[M]. 北京:北京师范大学出版社,2016.

4. 陈如平,李佩宁. 美国STEM课例设计(小学卷)[M]. 北京:教育科学出版社,2018.

5. [美]内尔·诺丁斯. 批判性课程:学校应该教授哪些知识[M]. 李树培,译. 北京:教育科学出版社,2015.

6. [英]迈克尔·扬. 把知识带回来:教育社会学从社会建构主义到社会实在论的转向[M]. 朱旭东,等译. 北京:教育科学出版社,2019.

7. 刘徽. 概念的寻绎:中国当代课程研究的历史回顾[M]. 济南:山东教育出版社,2015.

---

① 曹一鸣,刘咏梅. 小学数学课程与教学论[M]. 北京:教育科学出版社,2014:255.

第五章 小学课程与教学的组织和类型

• 学习目标

1. 了解小学课程组织的含义与原则。
2. 掌握小学课程组织的类型。
3. 了解小学教学组织的含义与原则。
4. 掌握小学教学组织的类型。

课程内容不是简单地堆砌、拼凑在一起的，其编排有一定的方法和原则。即便是同样的内容使用不同的编排方式，也会形成不一样的学习感受，发挥不一样的育人功能。同样，对于相同的教学内容，教师也可以采取不同的教学组织形式，在不同教学组织形式的课堂中，学生的经历、认知、收获也是不一样的。回顾自己学生时代经历的那些印象深刻的课程与教学，你还记得那些内容是怎样编排的吗？还记得课堂上老师曾经使用过的不一样的组织方式或教学方法吗？

第一节 小学课程组织的含义与原则

在课程开发过程中，当我们选择了必须提供给学生的知识、技能、观点、原则和活动后，就要把这些内容元素加以整理，对它们进行排列、整合，分成一定的时序、段落。这些工作是课程开发的必要环节。20世纪以来，众多的课程论专家都非常重视课程组织的问题，有过很多详细的论述。课程组织同样决定着课程开发的质量。

一、课程组织的含义

在课程编制中，“组织”是一个重要的问题，它如同系统的结构，影响着要素的排列顺序，左右着系统功能的发挥。也就是说，经选择的课程内容如果不加以组织，将是混乱不堪、支离破碎、不易学习的，难以产生教育的功效。美国著名课程论专家麦克尼尔曾把课程组织比喻成智慧的“编织机”将零散的课程要素编织成课程智慧的彩缎，以更好地促进人的发展。

(一) 课程组织的概念

1923年麦克默里(Charles A. McMurry)在《怎样组织课程》(*How to Organize the Curriculum*)一书中，正式提出了“课程组织”问题，针对传统课程内容拥挤、支离破碎、远离儿童生活、旧内容出不去、新内容进不来、与儿童的身心发展不一致等弊端，他对理想课程做了如下概括：“课程组织是用这样一种方式呈现这个世界最好的要素，以便激发儿童活动自然正确地发展。”①自此，“课程组织”问题便正式成为课程论领域的一个重要问题。后来，泰勒在“八年研究”及以后的实际工作中继承并发展了前人的课程开发理论，将课程组织作为研制过程的一个环节。泰勒认为：课程组织是在对学习经验进行选择后，把学习经验组织成单元、学程和教学计划的程序。泰勒提出的课程组织的含义以及组织课程的一系列原则，对课程理论的完善以及课程开发的实践都产生了深远影响。

我们认为课程组织就是在一定的教育哲学观指引下，依据儿童的心理特征，将课程组织的要素或学习经验进行恰当的编排与整合，使其在动态运行的课程系统中产生合力，以便有效实现课程目标的过程。这一过程也是促进课程资源整合的过程。

课程组织是针对课程组织的要素进行的编排与整合，那么什么是课程组织的要素呢？

(二) 课程组织的要素

课程组织的要素亦可被称为课程要素或组织要素。古德莱德等人曾打比方说：“组织要素可以比作一座高楼大厦中的钢筋结构，尽管看不见，但对大厦的强固是极为必要的。”②很多课程论专家都提出过系统的课程组织要素，归结起来包括以下几个方面。

1. 概念

概念是指陈述具有共同特征的事、物或理念的名词。概念的选择要依据目标，通常选择最有用的概念，即能组织并综合许多特定事实和理念的概念。某些概念，例如社会、变迁、改革、经济资源等都适用于不同的学科领域，可通过各种学习加以发展。当然，每一概念的作用不同，其抽象程度也因年级、科目和单元而异。

2. 原理

原理是指对两个或两个以上概念间关系的说明，即概念间所衍生的关系或原则。如“直角三角形斜边的平方等于两条直角边的平方和”这便是一个原理。课程的组织需要依据各门科学中诸如此类的原理，通过精心设计的学习活动帮助学生探讨有关的问题，以理解原理的正确性，或加以修正。原理能使学生了解世界，探讨理念蕴含的相互关系。但是，课程设计人员与教师应该使学生了解原理不是理所当然的，只是一种要加以验证的叙述而已。只有个人了解原理所代表的相互关系，原理才有价值。

---

① MCMURRY C A. How to Organize the Curriculum [M]. New York: Macmillan Publishers, 1923:27.

② 张华.课程与教学论[M].上海:上海教育出版社,2000:230.

3. 技能

技能包括技巧、能力与习惯。技能不仅使课程具有连续性，而且使课程之间有相关性和统整性。技能是课程实施和持续展开的关键，因此它成为课程组织的重要构成要素。例如，在小学数学应用题中，解决一道应用题首先要阅读理解题目，提取关键信息，并基于此进行数学运算。

4. 价值观

价值观指关于价值的一定信念、倾向、主张、态度的系统观点。哲学价值观是支配人们行为的基本力量，也是支配课程组织的核心要素。不分阶级、种族、性别、宗教的平等价值观与民主的信念皆可作为学校的课程组织的要素。这项组织要素是各学校、各年级课程学习都需加以强调和重视的，而且这种重视不仅体现在社会学科中，其他各门学科的组织和学习概莫能外。例如，在《道德与法治》四年级下册第三单元的“我们的衣食之源”这一课中，教师要基于核心素养要求培养学生热爱劳动、尊重劳动、不怕艰苦、吃苦耐劳、勤俭节约的价值观，教师要将价值观渗透进导入新课、新课讲授、巩固所学、课堂总结、作业布置这些教学环节中。

在实际的课程组织中，就是要依据不同的课程目的、学科特点和预期的学习结果来确定要素的选择和侧重点。

二、课程组织的原则

课程组织不仅要确定主要的课程要素，还要进一步确定把这些要素组织在一起的原则。课程组织有两种功能：一是学生学习动机的引发，且基于学生的心理发展来安排学生的学习经验；二是使学习经验产生最大的累积效果，达成教育目标。课程组织的原则就是达成课程组织功能的保障。杜威在《经验与教育》(*Experience and Education*)中指出：学习经验应该具有连续性与整合性，也就是设计有效的课程需要遵循经验的连续性与整合性原则。泰勒针对如何组织与呈现课程内容的问题提出了三个基本原则，它们分别是连续性、顺序性和整合性。

(一) 连续性

连续性是课程组织的“广度”范围之内的水平组织，是指直线式地陈述主要的课程要素。所谓“连续性”，是指将选出的各种课程要素在不同学习阶段予以重复。例如，在数学课程中，先学习的公式、定理在后继学习中重复出现，以不断得到巩固。它有助于学生获得机会进行更多、更复杂的学习，处理更艰深的材料，进行更精确的分析，理解更深广的概念，并进行相关推理与应用的学习，培养更精细、更敏锐的态度和感悟。连续性标准强调的是课程要素的重复。

(二) 顺序性

所谓“顺序性”，是指将选出的课程要素根据学科的逻辑体系和学生的身心发展阶段，由浅至深、由简到繁地组织起来。顺序性是课程“深度”范围之内的垂直组织规则，使学习的机会建立在前一个学习经验或者课程内容之上,但却是对同一课程要素做更深、更广和更复杂的处理。对于应该如何处理课程要素的加深和拓宽问题,有的学者主张依据学科内容的逻辑顺序,有的学者主张依据学生的心理发展顺序,还有的学者认为课程组织可以把逻辑顺序与心理顺序统一起来。例如,《中国石拱桥》这篇文章先介绍了世界上石拱桥的普遍特点,让学生先对石拱桥有一个整体的印象,然后介绍中国石拱桥的特点,再说中国石拱桥的杰出作品——赵州桥和卢沟桥,这样由一般到具体,由浅入深地进行介绍。

(三) 整合性

所谓"整合性",是指针对所选出的各种课程要素,在尊重差异的前提下,找出彼此之间的内在联系,然后整合为一个有机整体。整合性是课程经验"横"的联系:第一,学生经验的整合。每个学生的需要、兴趣、经验等都是一个独特的有着内在联系的统一体,这个统一体就是每一个学生的人格整体。在学生不断学习和发展的过程中,新学习的经验要与既有的经验在交互作用中不断整合起来,学生的经验由此不断生长,人格也不断完善。第二,学科知识的整合。通过课程的水平组织,使不同的学科知识在差异得以尊重的前提下互相整合起来,消除学科之间彼此孤立甚至壁垒森严的对立局面,以使学科知识良性发展,使学生的学习产生最大限度的累积效应。第三,社会生活的整合或称"社会关联"。课程内容以社会生活的需要为中心整合起来并将社会生活视为具有内在联系的整体①。例如,在小学"道德与法治"课程的主题式教学中,教师调查或通过小组讨论了解学生的背景和生活经验,确定与他们生活紧密相关的主题,并使用社会实例和案例,引导学生分析实际生活中发生的道德与法治的问题。同时,教师还可在教学中渗透其他学科的知识,为教学的开展创造条件。

第二节　小学课程组织的类型

课程组织是指学习内容、活动与经验经过选择之后,还要按照一定范围和序列有效地加以组织。课程组织涉及课程目标、课程内容、课程类型、课程实施以及课程评价等,它是一项关键且复杂的工作,直接关系到课程改革与实施的成败。课程组织在遵循连续性、顺序性与整合性的原则基础上,又可以根据不同的组织方法分为不同的类型。

一、小学课程组织类型介绍

小学课程组织可以分为纵向课程组织和横向课程组织两种基本类型。

(一) 小学课程的纵向组织

纵向组织基本上有两种编排方式,一是直线式课程组织,二是螺旋式课程组织。两种形式究竟何者更为科学,更加符合学生的认知特点,理论界一直争议不休,许多观点各执一端。

① 张华.课程与教学论[M].上海:上海教育出版社,2000:251.

因此，有必要对这个问题进行重新认识从而引导人们更好地从不同的维度去设计课程，提高课程的效用。

1. 直线式课程组织

"直线式课程"(linear curriculum)组织是将一门学科的内容按照逻辑体系组织起来，其前后内容基本上不重复。直线式课程组织在我国学科课程的组织中依然是主流。这种课程组织的优点是能较好地反映一门学科的逻辑体系，避免课程内容不必要的重复。其缺陷是不能恰当体现学生认知发展的特点，也不利于及时将学科发展的前沿成果补充到课程内容中。直线式课程组织的方式多种多样，最常见的包括以下几种形式[①]。

(1) 时序

时序即由古至今或由今至古。在《道德与法治》五年级下册第三单元"百年追梦复兴中华"的教学中，教师首先向学生介绍中华民族在历史上的成就，然后介绍近代中华民族遭受的屈辱，再进一步介绍新中国是如何诞生的。从林则徐虎门销烟、鸦片战争爆发，再到甲午中日战争，辛亥革命推翻帝制建立中华民国；从 1921 年中国共产党诞生，带领中国人民取得胜利，到建立中华人民共和国；从中华人民共和国成立后不断发展，到国家逐渐从强起来走向富起来，到现在进入中国特色社会主义新时代。历史的发展是有脉络的，历史事件是一件影响一件的，按照由古至今的顺序学习，可以让学生看到历史事件的因果关系、时代的改变以及历史事件的发展等。例如：为什么中华民族曾经如此辉煌，近代却遭受了如此多的屈辱？为什么中国共产党能带领中国人民走向胜利？中华人民共和国建立后是如何一步步从强起来走向富起来的？近代清政府腐败无能，闭关锁国，军事力量薄弱，抵不住西方列强的坚船利炮，割地赔款，陷入落后挨打的境地。在中国共产党之前有许多其他政党为拯救中国做出努力，但是均未改变中国落后挨打的境况，只有中国共产党带领中国人民走向了胜利，建立了新中国。学生若能按顺序地学习这些历史，他们在学习上思路会更清楚一些。在历史学习中，起因与影响是主要的概念，有顺序地学习能帮助学生掌握这个基本概念。

按时序由古至今并不是历史科必然的组织形式，如前所述，由古至今的编排有它的好处，因为学生可以容易地看到时间的顺序和历史事件之间的联系。但是，从学生兴趣的角度来看，学习的效果可能不及由今至古的编排。一般来说，学生对身边有关的事物更有兴趣。对于不少小学生来说，研习历史就像是"听故事"，在疏离感影响下，学习动机较弱。因此，有些历史教师会采取由今至古的策略，利用近期的时事或身边的景象为入手点，带领学生追溯其历史源头，从而增加学生的学习兴趣，以达到教学效果。

(2) 远近

远近即由远至近或由近至远。教师从学生身边的事物开始，逐渐推演到离学生生活较远的层面。比如小学《道德与法治》的教材中始终贯穿着家庭、社区、国家、世界这一隐形线索。在 3—6 年级教材中"家是最温暖的地方""公共生活靠大家""我们的国土我们的家园""让世界更美好"等按这一线索出现的主题，其学习内容基本上是沿着学生生活范围不断扩

---

① 林智中，陈健生，张爽. 课程组织[M]. 北京：教育科学出版社，2006：68.

大的思路展开的。这样组织构建内容的优势在于它符合一般状态下学生生活和认识发展的特点,有利于从学生的生活切入,基于他们的经验开展学习,帮助学生逐步从身边的事物开始,学习关注周围和更广泛领域的社会现象、事物,形成社会理解和认识等。

(3) 难度

难度指由易到难。在传统的中文教学中,我们认识到学习语文的结构是由字词开始,然后是句子、段落,最后是篇章。所以,在小学低年级,大多数是教单字、单词,到了小学高年级,才开始教学生认语法写句子。这种结构是以较易的为入手点,在学生掌握一定的基础后可再进一步。对于小学数学学科来说,教师一般都会先教加法,然后是减法,再是乘法,最后是除法。这种结构本身就是按照概念的难度和关系来展示的。乘法的本质是快速的连加法,5×3 的意思,就是 5+5+5,如果学生没有学好加法的概念,到了学习乘法时,便会不知所措。

(4) 关系

关系是指由部分至整体或由整体至部分。在这个序列安排方式下,可再分为由整体到部分,由部分到整体。前者可以由以下例子说明。

健康教育课程:①什么是健康人生(带出健康的概念,心理健康、生理健康等)。②影响健康的因素(包括饮食、休息、环境和学习,以及家居清洁、社交活动、工作压力等)。③人类所需的营养和饮食习惯(食物金字塔、零食对身体的影响、过胖的成因、节食的可能影响等)。④家居环境的清洁及安全。⑤空气污染的问题。⑥定时作息的重要性。⑦如何选择朋友和与家人相处。⑧使用药物。⑨选择合适的运动和养成运动的习惯。

以上这个例子,显示了如何先由整体的介绍,然后逐步地深入展示各有关环节的具体认识、概念以及技能的掌握,从而建构整体的宏观概念。完成课程后,学生应能全面地说出构成健康人生的各个概念,并且应用到自己的日常生活中去,以达到健康生活的理想。

2. 螺旋式课程组织

"螺旋式课程"(spiral curriculum)组织是在不同学习阶段重复呈现学科知识的概念结构,同时随着学生认知能力的不断成熟,学科内容不断拓展与加深。这种课程以促进学生的认知能力发展为目的。螺旋式课程组织的优点是能够将学科逻辑与学生的心理逻辑较好地结合起来,其缺陷是容易造成学科内容的臃肿和不必要的重复。美国著名心理学家、教育学家布鲁纳是螺旋式课程组织的重要推动者。布鲁纳着眼于培养儿童的卓越智力,倡导早期学习,主张教授学科的基本结构。为了尽可能快地发展儿童的智力,布鲁纳提倡课程组织要以与儿童的思维方式相符合的形式,尽可能早地将学科的基本结构置于课程的中心地位,随着年级的提升,使学科的基本结构不断拓展与加深。他认为:课程内容排列应采取螺旋式的形态,即小学低年级到中学阶段的教学,对于同一种基本概念,采用螺旋式数次反复上升排列。

例如,理科课程可这样安排①:一年级,学习小动物,如兔子或鼠的基本需求。二年级,学

---

① 张华.课程与教学论[M].上海:上海教育出版社,2000:244.

习植物的基本需求。三年级，学习与动植物有关的生态系统。四年级，学习与人类有关的生态系统。五年级，学习作为不同系统的动植物。六年级，学习物理系统——作为一个系统的地球。七年级，学习家庭实用化学。八年级，学习城镇物理学。九年级，学习生物学。十年级，学习化学。十一年级，学习物理学。从该计划来看，生物学在一年级、二年级、三年级、四年级、五年级、九年级重复呈现；物理学在六年级、八年级、十一年级重复呈现；化学则在七年级、十年级重复呈现。这是典型的螺旋式课程。再有，我国现行的义务教育数学课程标准将课程内容分成数与代数、图形与几何、统计与概率、综合与实践四个部分，在一至三年级、四至六年级、七至九年级三个学段“重复”呈现，当然第二、三学段的学习内容是在前一学段基础上的跃迁。这样的编排也是一种螺旋式课程组织。

直线式课程组织与螺旋式课程组织各有优缺点，彼此具有相对独立性。直线式可以避免不必要的重复；螺旋式则容易照顾到学生认识的特点，使其加深对学科的理解。两者各自的长处也正是对方的短处。其实，直线式课程组织和螺旋式课程组织对学生思维方式有不同的要求：前者要求逻辑思维；后者要求直觉思维。逻辑思维是按直线一步一步地思考问题，注重构成整体的部分和细节，它只是接受确切的和清楚的内容；直觉思维是要在理解细节之前先掌握实质，它考虑到整个形式，以隐喻方式运演，能做出创造性的跳跃。对不同性质的学科而言，这两种组织方式具有不同的适应性。与此同时，还应认识到这两种课程组织方式又存在内在的联系，彼此间具有互补性。螺旋式课程组织由直线式课程组织发展而来。在课程组织过程中，这两种组织方式很难截然分开，常常交替存在。

（二）小学课程的横向组织

课程内容的横向组织，主要指向不同学科之间的横向整合。其关键点在于：课程编制工作者在编制课程时必须考虑到各门学科内容之间的横向联系，做到各门学科内容相互呼应、相互配合；课程编制工作者打破原有的学科界限和传统的知识体系来重新组织课程内容。

由于课程内容在变化，对儿童的研究在深入，教育观、课程观在演化，人们的认识水平在不断提高，各种课程整合理论逐渐形成。其中影响比较大的有以下几类。

1. 科目中心整合理论

科目中心整合理论诞生于19世纪，主要针对学校科目割裂知识的弊病。它立足于学科，旨在建构学校科目之间的有机联系。科目中心整合理论包括以下两种典型主张：一种是齐勒（Theodor Ziller）的历史中心整合论，主张把所有学科划分为以“历史、文学、宗教”为核心的三个系列，第一系列是自然学科，第二系列是语言和数学，第三系列是地理、体操、技能和唱歌，在课程水平结构层面、学科主题知识结构层面和教学活动层面建构和实现着以“历史”为中心的课程整合。另一种主张为麦克默里的地理中心整合论，主张把传统上仅仅对儿童道德发展的关心扩大到把儿童培养成良好的公民，包括身体、社会及道德各方面，把地理学科作为知识科目结构中的核心，强调课程整合的关键是选择和确定适当的组织中心，从而把不同科目知识协调成为一个单独的学习项目。

2. 儿童中心整合理论

儿童中心整合理论是美国在引进、学习和借鉴科目中心整合理论的过程中,批判性地与美国教育、课程改革实践相结合的产物。人们站到儿童的立场上,对儿童的发展满怀同情和浪漫的理想,形成了一切从儿童出发,以儿童为中心的课程整合理论。这类整合理论影响比较大的有帕克(Francis W. Parke)的儿童中心整合论和杜威的儿童经验中心整合论两种。帕克认定儿童应该是被规划和组织起来的学校教育工作的中心,学校课程应当尽可能从儿童的实践活动中引申出来和整合起来,课程整合的中心必须是儿童;杜威认为课程就是要实现从儿童的经验进入成人的经验的机制,这种机制只有以儿童经验为中心,从儿童的经验出发才能建构起来。

3. 注重学科与儿童心理统一的整合理论

儿童中心整合理论在美国流行了整整半个世纪,这种理论解放了儿童,但却是以牺牲儿童的学业成绩为代价的。20 世纪 50 年代,苏联的卫星率先上天,震动了美国朝野。人们追寻落后的原因,追到了教育上。在批判儿童中心整合理论的同时,对科目中心整合理论也进行了反思。于是提出并实施了注重学科与儿童相统一的课程整合理论,其主要代表也有两种:一种是布鲁纳的结构中心整合论,该理论认为现代化的课程就是要把科学知识的结构转化为学科的结构,以学科的结构去适应和促进儿童认知结构的发展,课程要整合的就不仅是科目之间的有机联系,更重要的是整合学科的结构与儿童的认知结构,所以,课程整合的中心应是“学科结构”。另一种是人本主义的认知—情意整合论,该理论认为人的存在就是认知与情意相统一的整体人格,认知学习与情意学习必须统一;学习是以内部动机为基础的,课程内容必须同儿童的要求、兴趣、爱好相适应;学习是一种探究活动,重点应从教材转移到每个儿童的学习过程;儿童是作为一个完整的人而存在的,教育内容必须同社会合拍①。

二、小学典型课程类型

在课程的组织结构中,按照课程设计的不同性质和特点形成了以下几种主要的课程类型。

(一) 学科课程与活动课程

1. 学科课程

学科课程是根据学校培养目标和科学发展水平及一定年龄阶段学生的身心发展水平,从各门科学中选择学生必须掌握的基础知识,组成各种不同的学科并分学科进行安排的课程形态②。

学科课程的历史由来已久,并一直处于不断的演化过程之中,至今仍然是世界范围内使

---

① 钟启泉.现代课程论[M].上海:上海教育出版社,1989:157.

② 林德全,徐秀华.课程概论[M].开封:河南大学出版社,2009:83.

用最广的课程类型之一。学科课程在西方有着悠久的历史，初具模型的学科课程理论要追溯到17—18世纪的欧洲。当时，在官能心理学的基础上产生了学科课程的有关理论，即形式教育论。这种理论认为，课程的目的不在于传递有用的知识而在于训练人的各种官能，如记忆力、想象力、思考力。在这种理论的影响下，学校课程非常重视希腊语、拉丁语和数学，认为这些学科具有训练人心智的作用，这些课程的完成表示一个人的心智已达到应有的水平。至于它们在人的生活中是否有用，是另外一回事。不可否认，这种理论直到现在仍然拥有一定的市场。一些人依然认为，学数学的人逻辑思维比较严密，学外语的人比较擅长记忆，学艺术的人比较擅长形象思维。但随着资本主义生产的发展，这种学说已经不能满足培养拥有实用知识的劳动者的需要。于是，在19世纪初期产生了另一种建立在实质教育论基础上的课程理论。这种理论认为，教育的目的是要充实人的思想，主张教给学生丰富的知识。在这种学说的影响下，学校课程开始重视有实用价值的知识。人类社会进入20世纪，随着社会的发展和人们对教育研究的日益重视，学科课程理论亦得到了进一步的发展，从而产生了许多颇具影响力的流派和教育家。其中最有影响的是布鲁纳的结构主义课程论和赞科夫的发展主义课程论。在历史的进程中，各学科的传统不断得到强化，不断得以改造，到了21世纪最终实现科学化。同时，在课程论作为一门学科确立后，学科课程得到了更深入、更广泛的研究，一直影响着世界各国课程的发展，并越来越精细化。

关于我国的学科课程发展脉络记载，迄今为止，能追溯到早期有关学科课程内容的是中国春秋孔子六艺教人、汉代董仲舒“独尊儒术”，之后延续为儒家“四书”“五经”等内容。

2001年6月，教育部颁布了《基础教育课程改革纲要（试行）》（以下简称《纲要》），实施新一轮基础教育课程改革，强调学科课程目标上的整合，即强调学生的整体发展，为中小学生的终身发展奠定坚实的基础，为不同学科的课程目标确立共同的三个基本维度：知识与技能，过程与方法，情感、态度与价值观。

2014年3月，教育部颁布的《关于全面深化课程改革落实立德树人根本任务的意见》中提出要编写、修订高校和中小学相关学科教材。教材编写、修订要依据课程标准和教学大纲等要求，加强各学段教材上下衔接、横向配合。要优化教材内容。将社会主义核心价值观的基本内容写入德育等相关学科教材中，渗透到其他学科教材中。进一步提炼和精选学生全面发展和终身发展必备的、最基本的知识内容，做到容量适当，难易适度，避免内容偏多、偏深。要创新呈现形式，根据学生年龄特点，密切联系学生生活经验，设计教材内容的呈现和编排方式，使之更加生动、新颖、活泼，增强对学生的吸引力。学科课程的建立具有历史的必然性，是为了解决如何将广泛的人类知识有选择地教给一定学习年限学生的问题而做出的实践对策。学科课程即体系化的知识，是将人类知识按照一定的选择原则和逻辑规则整合编制，并充分考虑一定年龄学生的接受能力而构建的教学内容。自然界和人类社会生活是整体性的，但人们的认识过程却不是整齐划一的。不同的人对于不同领域的认识深浅有所不同，认识的快慢速度有所不同，不同领域之间的融合促进也有先后。学科课程反映了人们认识事物的基本过程和基本规律。各个学科的教学内容边界基本清晰，对学生不同思维能力发展的作用各有不同[①]。学科课程有如下特点。

① 内在逻辑性。学科课程注重知识的传授,因此,学科课程要遵循知识的内在逻辑。知识大多是按照由浅入深、由易到难、由具体到抽象的顺序来排列的,例如语文要先学拼音,再学字、词、句、篇;数学要先学加法和减法,再学乘法和除法以及之后的混合运算。

② 前设性。学科课程的学习内容是间接经验,这些间接经验是早已经存在的,学生需要学什么、怎么学都是提前设定好的。

③ 系统性。人们把知识按照类别放置在不同的学科里,形成学科课程,各学科课程之间保持各自的特性,不互相干扰。另外,人们还会对学科内容再进行更深入、细致的分类。一门学科内部的知识体系是系统的。各学科的知识是有层次结构的,从基础层面逐渐发展到更高级的内容。例如,在数学学科中,从基础的数数、算术开始,到代数,再深入到几何、微积分等更高级别的概念。

④ 浓缩性。学科课程是按照知识的内在逻辑进行归类和安置的,具有一定的概括水平,相对于人类知识总体而言,具有浓缩性。

⑤ 独立性。学科课程依据知识的门类分科设置,往往自成体系、相对独立。不同的学科有独立的概念体系和学科目标。小学数学学科中有数、小数、分数、整数等核心概念,并强调逻辑思维和数学运算,而小学语文学科则注重识字与写字、修辞、语法等内容,并强调语言表达和阅读理解。

学科课程能够成为我国甚至世界范围内常见的课程形态,说明其自身具有一定的优越性:第一,学科课程有利于学生系统地学习与掌握科学文化知识,同时发挥了教师的主导作用;第二,有利于组织教学与评价,便于提高学习效率。

2. 活动课程

活动课程又称经验课程、学生中心课程。它是从学生的兴趣和需要出发,以学生的活动为中心设计的课程。

活动课程可以说有着悠久的历史,自从学校教育产生之后,活动一直是学校教育教学的一种重要形式。法国的卢梭和瑞士的裴斯泰洛齐等人在他们各自的教育实践中都曾经谈到并实践了活动课程。到 19 世纪末,在批判传统教育的进步教育运动中,杜威及其门徒从理论与实践上首次系统地提出并阐明了"活动或经验课程"。其显著特征是以学生为中心和出发点,以学生的兴趣和需要为基础来选择与组织课程,从本质上打破了学科逻辑组织的界限,使课程切入学生的生活。活动课程在国外学校教育的各个层次被普遍使用。我国各地也不同程度地对活动课程进行了探索。

我国 1988 年制定的《义务教育全日制小学、初级中学教学计划(试行草案)》第一次把课外活动以课程的形态纳入课程设置表,称之为"活动"。在国家教育委员会 1992 年重新修订颁布的《九年义务教育全日制小学、初级中学课程计划(试行)》中,对这项改革进一步加以肯定。自从 1992 年义务教育课程计划颁布后,特别是 1994 年《活动课程指导纲要》试行后,活

---

① 张廷凯,牛瑞雪.回归学科研究——课程改革的深化逻辑[J].课程·教材·教法,2017(2):10—15.

动课程成为我国基础教育课程理论研究和实验的热点。

2017年发布的《中小学综合实践活动课程指导纲要(2017年版)》中对综合实践活动课程性质做出了如下规定:综合实践活动是从学生的真实生活和发展需要出发,从生活情境中发现问题,并转化为活动主题,通过探究、服务、制作、体验等方式,培养学生综合素质的跨学科实践性课程。综合实践活动是国家义务教育和普通高中课程方案规定的必修课程,与学科课程并列设置,是基础教育课程体系的重要组成部分。该课程由地方统筹管理和指导,具体内容以学校开发为主,自小学一年级至高中三年级全面实施。

活动课程在实施过程中具有如下特点。

① 以学生的活动为主,充分发挥学生的主体作用和创造性。可以让学生独立组织,也可以师生共同参与,教师的作用是引导、咨询和帮助。

② 突破原有课堂教学的时空限制,其实施可在课内、课外,也可在校内、校外。

③ 内容不受学科教学大纲限制,可以是学科的延伸,可以是学科的综合,还可以是对学科和学生知识经验的超越,及时吸取新信息,学习新技术。

④ 学生可以人人参加、自愿选择,以满足他们各自的兴趣爱好和发展的需要。

活动课程是学校实现教育目标的主要途径之一,是校本课程体系的有机组成部分,对拓展学生的知识结构,培养学生自学能力,完善学生个体差异,调动学生兴趣,提供尝试与体验的机会,培养学生脑手功能协调发展,有着课堂教学不可取代的重要价值。

(二) 分科课程与综合课程

1. 分科课程

分科课程又称为科目课程,是依据一定年龄阶段儿童的发展水平,分学科设置教育教学的学科目标。分科课程体系是组织各学科中的学科知识,既强调一个学科的逻辑,也强调学科的整体性,更适用于高等教育领域。

分科课程是随着社会发展和学校的出现发生的。我国最早的分科课程是“六艺”(礼、乐、射、御、书、数)。西方古代分科课程的源头是“七艺”(文法、修辞、辩证法/逻辑、算术、几何、音乐、天文)。文艺复兴运动以后,科学发展突飞猛进,人类对自然、社会以及自身的认识不断深入,逐渐把科学知识进行分类。接着,新兴资产阶级的出现,社会需要大量新型的劳动者,这就要求教育快速地培养知识技术人才,进而合理分配到社会各个工作岗位中。所以,分科课程到近代社会才算真正形成。

在此之后,国内外各界的学者对于分科课程与学科课程的争议讨论不休,至今也没有得出一个公认的有关二者关系的理论。一部分学者认为,学科课程与分科课程是两种不同的课程,分类标准不同,课程类型也不一样。他们认为学科课程是根据课程固有的属性进行分类的,而分科课程则是依照课程组织方式划分的。比如“语文”“数学”“英语”这些课程以学习间接经验为主,是学科课程。分科课程是与综合课程相区别的,前者是一种单学科的课程组织方式,后者是多学科的课程组织方式。学科课程可以是分科课程,也可以是综合课程。如学科课程中的“语文”“数学”是分科课程,但学科课程中的“道德与法治”“综合实践活动”

等则是综合课程。另一部分学者认为,分科课程又称“学科课程”,二者是同样的内容,只不过叫法不一。这一观点强调教育者要依据知识的门类分科设置。同时,它们都是将人类活动经验加以抽象、概括、分类整理的结果,相对独立自成体系。在本教材中,我们更偏向于前者。

课程的价值在于传递一定的文化,满足社会发展和学生个体发展的需要。分科课程由于具备这两个方面的必需条件,而在课程发展史上占有重要的地位。分科课程将我们的文化遗产进行分门别类的编排,在学校中进行教学,这是传承人类文化最有效的方式,分科课程的学习对于人类文化的传承发挥着重要作用。

从课程功能的角度分类,分科课程属于知识型课程。从价值观分析,它立足于准备生活的课程价值观。从我国中小学多年来开设分科课程的实际情形和实际效果看,分科课程既有许多优点,也有许多缺点。它的主要优点是注重基础知识和基本技能的学习,有助于保证中小学的知识质量。近代以来课程的发展以学科课程为代表,而学科课程是分科设置的,最好地体现了使得年轻一代学习系统、完整的科学知识的目标,最好地满足了近代教育的需求。小学语文课程是一门分科课程,它注重基本的字词读写、语法、造句、阅读、写作的知识和能力,满足了小学阶段学生的发展需求,并且为下一阶段的学习奠定基础。分科课程虽有突出的优点,但也存在一些不容忽视的缺点。例如:由于各学科自成体系,各科内容难以吐故纳新,相关学科之间也缺乏应有的横向联系;又由于知识分割过细,某些学科之间还存在不必要的重复,故占用了一些不该占用的教学时间。由于分科课程存在这些缺陷,因而它不能完全适应社会主义现代化建设对于提高中小学生基本素质的客观要求,面临着严峻挑战。

2. 综合课程

综合课程又称统整课程,是指把若干相关学科内容加以筛选、充实后按照新的体系合而为一的课程形态。现代意义上的综合课程开始于 20 世纪 20 年代,当时西方国家开始出现大范围课程,即把两门以上相关的科目合并成单一的大范围课程。到 20 世纪 60 年代,这种课程类型在西方国家进一步发展成综合性课程。综合课程的研究和尝试在第二次世界大战之后达到高潮,在原来发展的基础上更新观念,成为当代课程实践和理论发展中一个重要的课题。在我国,当前义务教育阶段的“道德与法治”“科学”等,都是综合课。根据对课程内容综合的程度与水平,我们可以把综合课程分成三种类型。

(1) 相关式

一组相互联系、配合、照应、穿插进行的学科被称为“关联课程”。例如:音乐课上老师给同学们介绍“鼓的艺术”,不同的鼓声传达不同情绪,不同场合中鼓声节奏不同;美术课上老师也以“鼓的艺术”为主题,让学生感受鼓声中的线条与色彩。

(2) 合科式或拼盘式

把两门或两门以上相邻学科的内容糅合在一起从而形成一门新的学科。跨学科主题学习是基于素养教学和跨学科学习背景,以某一门学科为基础,结合其他一门或几门学科而设置的主题教学活动,是跨学科学习在课堂教学活动中的任务要求与活动安排。跨学科主题学习强调知识学习的综合性，有助于学生形成结构化的知识体系和复杂性的思维方式，学生由此能够在知识融合与思维探索中持以更为全面的眼光去认识世界、分析事件和解决问题。例如“科学”课程涉及基础物理、化学、生物等相关知识。在此过程中，理解自然现象和解决实际问题都需要运用综合领域的知识和方法。小学科学课程针对学生身边的现象，从物质科学、生命科学、地球和宇宙科学、技术与工程四个领域，《义务教育科学课程标准(2022年版)》将科学课程内容分为13类：物质的结构与性质；物质的变化与化学反应；物质的运动与相互作用；能的转化与能量守恒；生命系统的构成层次；生物体的稳态与调节；生物与环境的相互关系；生命的延续与进化；宇宙中的地球；地球系统；人类活动与环境；技术、工程与社会；工程设计与物化。综合呈现科学知识和科学方法，强调这些内容之间的相互渗透和相互联系，注重自然世界的整体性，发挥不同知识领域的教育功能和思维培养功能；注重学习内容与已有经验的结合、动手与动脑的结合、书本知识学习与社会实践的结合、理解自然与解决问题的结合，着力提高学生的综合能力；强调科学课程与并行开设的语文、数学等课程相互渗透，促进学生的全面发展。

(3) 广域式

以重大社会问题或者科学概念、科学观点及观念为组织核心进行编排的综合课程。例如在设计科学课程的时候，设计者从媒体及社会生活中选择了4 050个常见的热点或焦点问题，如家用燃气、酸雨、无铅汽油、噪声、核电站、南浦大桥、男孩与女孩、光纤通信、矿泉水、居室环境等，将这些问题组织进八大领域：燃料与能源、材料与资源、健康与生命、通信与信息、交通与航天、粮食与农业、环境与生态、科技与生活。采用问题解决的方式开展教学，让学生亲自体验某个科学论题的由来和过程。

4 说说我们的学校

我们的足迹

我们已经在学校生活了两年多。在这里，我们学习、活动、玩耍……学校的各个角落都留下了我们的足迹。

24

人民教育出版社

2 花的学校

当雷云在天上轰响，六月的阵雨落下的时候，湿润的东风走过荒野，在竹林中吹着风笛。

于是，一群一群的花从无人知道的地方突然跑出来，在绿草上跳舞，狂欢。

妈妈，我真的觉得那些花朵是在地下的学校里上学。

他们关了门做功课。如果他们想在放学以前出来游戏，他们的老师是要罚他们的。

雨一来，他们便放假了。

树枝在林中互相碰触着，绿叶在狂风里簌簌地响，雷云拍着大手。这时，花孩子们便穿了紫的、黄的、白的衣裳，冲了出来。

你可知道，妈妈，他们的家是在天上，在星星所住的地方。

你没有看见他们怎样地急着要到那儿去吗？你不知道他们为什么那样急急忙忙吗？

我自然能够猜得出他们是对谁扬起双臂来，他们也有他们的妈妈，就像我有我自己的妈妈一样。

本文作者是印度的泰戈尔，译者郑振铎，选作课文时有改动。

5

图5-1　统编版《语文》(三年级上册)“说说我们的学校”

图 5－2　统编版《道德与法治》(三年级上册)

研讨

1. 我们在观察中发现了什么？让你最惊奇的是什么？

2. 用肉眼、放大镜、显微镜观察同一物体，图像的大小和视野（看到的范围大小）有什么不同？

肉眼下的叶片　放大镜下的叶片　显微镜下的叶片

拓展

受昆虫启发的发明创造

科学研究表明，昆虫头上的触角就是它们的“鼻子”，这个鼻子能分辨各种气味，有的比人的鼻子灵敏得多。人类模仿苍蝇的触角，研制出“蝇式气味分析监视仪”，将它安装在宇宙飞船的密封舱里，不仅可以净化空气，而且在有空气泄漏时能立即发出警报。同样，这种仪器也可以安装在煤矿的矿井里，监视瓦斯的浓度，当瓦斯的浓度超标时，它就会报警，以便及时排除险情。

蝇的眼睛由许多小眼睛组成，这样的复眼能看到周围360°范围内的物体

根据苍蝇复眼的视觉原理，人类研制出了“蝇眼照相机”和“蝇眼雷达”，还仿制出一种“蝇眼探测系统”，用来探测来自宇宙射线，了解宇宙的起源和演变。

在显微镜下，蝴蝶的彩色鳞翅其实是由许多小鳞片组成的。这些鳞片会随阳光的照射方向自动变换角度，从而调节体温。科学家们受蝴蝶的启发，将人造卫星的控温系统制成了对温度敏感的百叶窗样式，随温度变化可调节窗的开合，保持了人造卫星内部温度的恒定，解决了航天事业中的一个大难题。

8

图 5－3　人教版《科学》(六年级上册)

统编版《道德与法治》二年级下册第三单元“绿色小卫士”中包括四部分内容：“小雨滴的诉说”“清新空气是个宝”“我是一张纸”“我的环保小搭档”，其中涉及地理知识、历史知识、法律知识以及生活常识等。学生在积累知识的基础上，通过动手操作、尝试活动等丰富理解、加深体验、躬身实践，进一步了解生活中的环保问题。

图 5－4　统编版《道德与法治》(二年级下册)

综合课程是相对于传统的分科课程提出来的，它的意义有以下几点。

第一，综合相关学科，重建学生的认知结构，培养学生的能力。综合课程强调加强学科间的整合和统一，强调自然知识和社会知识的总体效应，使学生认识各种现象、因素间的联系及相互制约的关系。因此，能有效地避免学科课程中知识的重复和割裂，还原世界本来面目，给学生一个整体观念，增强他们对世界整体认识的能力和横向思维的能力，促进知识的迁移。

第二，综合课程可以有效地通过学科合并，减少学科门类和内容，以减轻学生过重的课业负担，因而在一定程度上可保护学生的身心健康，提高学习效率。

第三，综合课程有利于及时更新课程内容，将新科技、新事物及社会发展的新现象吸收到课程中来。由于综合课程的编排顺序不以某一学科的逻辑顺序为主要线索，不必特别强调前后知识的系统性、逻辑性，因此易于更新与拓展。

第四，综合课程有利于打破传统的教学与评价方式。综合课程按学生的心理顺序设计课程，便于在教学中联系学生的生活实际，容易唤起学生学习的兴趣和参与意识；同时，也可以采用包括形成性评价、表现性评价等在内的多种学业评价手段与方法，有利于学生的全面发展。

但是综合课程在实施的过程中也存在很多难点，比如综合课程涉及知识面广，要求课程设计者与课程实施者要有综合的知识结构。也有人认为由于综合课逻辑结构不严密，与分科课程相比会降低学生知识掌握的系统性。

(三) 综合实践活动课程

综合实践活动课程是从学生的真实生活和发展需要出发，从生活情境中发现问题，转化为活动主题，通过探究、服务、制作、体验等方式，培养学生综合素质的跨学科实践性课程。综合实践活动课程的基本理念有：课程目标以培养学生综合素质为导向；课程开发面向学生的个体生活和社会生活；课程实施注重学生主动实践和开放生成；课程评价主张多元评价和综合考察。

综合实践活动课程是实践性课程,它改变了传统的教师讲、学生听的知识传授方式,强调学生多样化的实践性学习方式,强调实践性学习,学生通过亲身体验和经历获得知识。综合实践活动课程是发展性课程,既满足国家的统一要求,又能够体现学校自身的特色,是学校在满足国家统一要求的前提下,结合自身的教学特色和学生发展的需要制定的课程,因此能够满足学生的个性差异,促进学生的发展。

1. 综合实践活动课程的特点

第一,实践性。综合实践活动课程以活动为主要开展形式,以实践学习为主要特征。通过引导学生亲身经历各种实践的学习方式,积极参与各项社会实践活动,在调查、考察、实验、探究、设计、操作、制作、服务等一系列活动中发现和解决问题、积累和丰富经验、自主获取知识、发展实践能力和创新能力,引导学生在实践中学习、在实践中发展。

第二,开放性。综合实践活动课程超越了封闭的学科知识体系和单一课堂教学的时空局限,面向学生的整个生活世界,其课程目标和内容具有开放性;综合实践活动课程强调富有个性的学习活动过程,关注学生在这一过程中获得的丰富多彩的学习体验和个性化的表现,其学习活动方式与活动过程、评价与结果均具有开放性。

第三,自主性。综合实践活动课程尊重学生的兴趣、爱好,注重发挥学生的自主性。学生是综合实践活动课程的主体,它客观要求学生主动参与实践性学习的全过程,在教师的有效指导下自主学习、自主实践、自主反思。指导教师对学生实践学习的全过程进行有针对性的指导,不包揽学生的活动。

第四,生成性。综合实践活动课程注重发挥在活动过程中自主建构和动态生成的作用,处理好课程的预设性与生成性之间的关系。一般来说,学生的活动主题、探究的课题或活动项目产生于对生活中现象的观察及问题的分析,随着实践活动的展开,学生的认识和体验不断丰富和深化,新的活动目标和活动主题将不断生成,综合实践活动课程的形态随之不断完善。

第五,综合性。综合性是由综合实践活动课程中学生所面对的完整的生活世界所决定的。学生的生活世界是由个人、社会、自然等彼此交织的基本要素所构成的。学生认识和处理自己与自然、社会、自我的关系的过程也就是促进自身发展的活动过程。因而,学生个性发展不是多门学科知识的杂烩,而是通过对知识的综合运用而不断探究世界与自我的结果。综合实践活动的综合性,要求课程的设计和实施要尊重学生在生活世界中的各种关系及其处理这些关系的已有经验,运用已有知识,通过实践活动来展开。从内容上来说,综合实践活动课程的主题范围包括学生与自然、与社会生活、与自我关系等基本问题;无论什么主题,其设计和实施都必须体现个人、社会、自然的内在整合。

2. 综合实践活动课程的目标

不同于学科课程和分科课程将传授知识作为课程的主要目标,综合实践活动课程既注重知识的传授,也强调能力与情感的发展。

在知识层面上,学生想要完成学习任务,必须以一定的知识为前提,而且,学生通过一系列的实践活动,会获得程序性知识和隐性知识。

在能力层面上,综合实践活动课程培养学生的创新能力、自主探究能力和交往能力。学生在学习过程中,根据学习任务充分发挥自身的主观能动性,积极思考,提出想法,采用不同的方式解决问题,不断开拓新思路。实践活动需要学生不断地探究新思路与新想法,充分发挥自身的自主性,从发现问题、提出想法到解决问题都是由学生自己不断探究完成的。在各种各样的实践活动过程中,学生免不了要与不同的人交往,要与小组成员沟通、合作,要学会化解自己与他人的矛盾,要学会与他人分享,等等,这些都能够培养学生的交往能力。

在情意层面上,综合实践活动课程培养学生的科学精神。学生在活动中产生的好奇心和求知欲,是具备批评与怀疑精神的基础。学生运用自己的方式,按照自己的想法不断解决问题,不怕困难,勇于探索,有利于培养学生的创造与探索精神。在活动过程中,能够与其他成员沟通交流、团结协作,有利于培养学生的协作精神。

根据《中小学综合实践活动课程指导纲要》,综合实践活动课程的总目标是学生能从个体生活、社会生活及与大自然的接触中获得丰富的实践经验,形成并逐步提升对自然、社会和自我之内在联系的整体认识,具有价值体认、责任担当、问题解决、创意物化等方面的意识和能力。小学阶段的目标包括价值体认、责任担当、问题解决、创意物化。

① 价值体认。通过亲历、参与少先队活动、场馆活动和主题教育活动,参观爱国主义教育基地等,获得有积极意义的价值体验。理解并遵守公共空间的基本行为规范,初步形成集体思想、组织观念,培养对中国共产党的朴素感情,为自己是中国人感到自豪。

② 责任担当。围绕日常生活开展服务活动,能处理生活中的基本事务,初步养成自理能力、自立精神、热爱生活的态度,具有积极参与学校和社区生活的意愿。

③ 问题解决。能在教师的引导下,结合学校、家庭生活中的现象,发现并提出自己感兴趣的问题。能将问题转化为研究小课题,体验课题研究的过程与方法,提出自己的想法,形成对问题的初步解释。

④ 创意物化。通过动手操作实践,初步掌握手工设计与制作的基本技能;学会运用信息技术,设计并制作有一定创意的数字作品。运用常见、简单的信息技术解决实际问题,服务于学习和生活。

在实施综合实践活动课程时,要注意几点:第一,不能脱离学生的生活经验和社会发展的现实需要。综合实践活动课程超越了时空的局限,面向自然和社会,要从学生已有的生活经验、社会的发展实际出发开展实践活动课程。第二,既尊重学生的主体地位,也强调教师的指导作用。在实践活动中,要尊重学生的选择,学生可以选择自己探究的问题,也可以选择运用的方法,但是在具体的活动过程中,教师要针对性地给予学生指导。第三,既要做好整体规划,也要关注活动过程中的生成性因素。在实施活动课程之前,学校、教师会对整个活动进行统筹规划,包括目标和主题,但是综合实践活动课程的生成性决定了具体活动的开展不会完全按照事先的规划来进行,因此,教师需要关注在活动过程中生成的新的主题与目标。第四,注重课时的分配。综合实践活动课程强调学生的自主探究,因此,综合实践活动课程应采用弹性课时制,可以分散课时,也可以将课时集中。

拓展阅读 5-1

2017年颁布的《中小学综合实践活动课程指导纲要》中描述综合实践活动的主要活动方式及其关键要素如下。

1. 考察探究

考察探究是学生基于自身兴趣,在教师的指导下,从自然、社会和学生自身生活中选择和确定研究主题,开展研究性学习,在观察、记录和思考中,主动获取知识,分析并解决问题的过程,如野外考察、社会调查、研学旅行等,它注重运用实地观察、访谈、实验等方法,获取材料,形成理性思维、批判质疑和勇于探究的精神。考察探究的关键要素包括:发现并提出问题;提出假设,选择方法,研制工具;获取证据;提出解释或观念;交流、评价探究成果;反思和改进。

2. 社会服务

社会服务指学生在教师的指导下,走出教室,参与社会活动,以自己的劳动满足社会组织或他人的需要,如公益活动、志愿服务、勤工俭学等,它强调学生在满足被服务者需要的过程中,获得自身发展,促进相关知识技能的学习,提升实践能力,成为履职尽责、敢于担当的人。社会服务的关键要素包括:明确服务对象与需要;制订服务活动计划;开展服务行动;反思服务经历,分享活动经验。

3. 设计制作

设计制作指学生运用各种工具、工艺(包括信息技术)进行设计,并动手操作,将自己的创意、方案付诸现实,转化为物品或作品的过程,如动漫制作、编程、陶艺创作等,它注重提高学生的技术意识、工程思维、动手操作能力等。在活动过程中,鼓励学生手脑并用,灵活掌握、融会贯通各类知识和技巧,提高学生的技术操作水平、知识迁移水平,体验工匠精神等。设计制作的关键要素包括:创意设计;选择活动材料或工具;动手制作;交流展示物品或作品,反思与改进。

4. 职业体验

职业体验指学生在实际工作岗位上或模拟情境中见习、实习,体验职业角色的过程,如军训、学工、学农等,它注重让学生获得对职业生活的真切理解,发现自己的专长,培养职业兴趣,形成正确的劳动观念和人生志向,提升生涯规划能力。职业体验的关键要素包括:选择或设计职业情境;实际岗位演练;总结、反思和交流经历过程;概括提炼经验,行动应用。

综合实践活动课程除了以上活动方式外,还有党团队教育活动、博物馆参观等。综合实践活动课程的活动方式的划分是相对的。在活动设计时可以有所侧重,以某种方式为主,兼顾其他方式;也可以整合方式实施,使不同活动要素彼此渗透、融会贯通。要充分发挥信息技术对各类活动的支持作用,有效促进问题解决、交流协作、成果展示与分享等。

案例 5-1

“生活中的垃圾”综合实践活动教学案例

一、课题的产生

开学初，因学生身上的零用钱较多，短短一个中午的时间，教室中的纸篓已放满了各种各样的食物包装袋、塑料瓶之类的垃圾。我对学生进行教育之后，让学生进行了一个简单的计算，算一算，按这样的速度，学校一天会产生多少垃圾，洮西镇一天会产生多少垃圾。真是不算不知道，一算吓一跳，产生的垃圾数量竟会如此之巨。接下来学生七嘴八舌说开了，这么多的垃圾怎么办？往哪儿放？这些垃圾会产生多少危害？……面对这么多的问题，同学们研究的热情高涨，我们的学生就自由组成了三个组，分别从学校、家庭、社会三个方面来调查研究垃圾的问题。

二、研究的目的

通过活动，让学生了解我们生活中垃圾的数量、垃圾处理的现象、垃圾的危害，懂得一定的关于垃圾处理的知识。

通过活动，培养学生的调查、访问、交流、讨论的能力。

培养学生正确处理垃圾的意识、积极参与社会生活的意识，以及增强环境保护的意识。

三、研究的方法

查阅资料，网上浏览，走访访问，动手实践，整理分析。

四、活动时间

长线活动，十课时。

【评析】在综合实践活动中，教师和学生既是活动方案的开发者，又是活动方案的实施者，而倡导学生对课题的自主选择和主动探究是实施实践活动的关键。选题时，教师将学生的需要、动机和兴趣置于核心地位。在上述选题活动中，老师仅充当一个参与者、指导者的角色，把活动的选择权、决定权还给学习的主人——学生。

五、活动步骤

（一）第一阶段

1. 学校

学生通过自己的值日工作总体了解学校产生垃圾的数量、垃圾的种类，以及产生垃圾的主要渠道。

针对学校的情况，对学校的部分学生进行调查，为活动开展提供方向。调查内容：(1)调查同学对学校的垃圾现状的了解情况。(2)调查同学对与垃圾的有关知识的了解情况。(3)对同学不清楚或感兴趣的问题进行收集。

2. 家庭

结合洮西镇的具体人口数,算一算每天、每月……产生多少垃圾?为下面的调查作依据。

调查现在家庭中人们处理垃圾的方式。(出示调查表)

姓名	人口数	垃圾处理方法					每日垃圾量(公斤)	废电池处理方法
		填埋	焚烧	堆肥	抛弃	其他		

小组对调查情况进行整理分析,得出人们处理垃圾的现状。

3. 社会

学生分小组到周边的社会场所了解垃圾的来源、数量及种类。(出示统计图)

有机垃圾(餐余弃物)	无机垃圾(可回收)	有害垃圾(危险弃物)

以图片或视频来记录人们处理垃圾的方式及垃圾的现场。

观察所在城镇及周边地方垃圾对人们生活环境的影响。(图片)

【评析】这样的设计运用了观察、调查等多种手段全面占有信息,使学生在问题的研究过程中,将学问性知识与体验性知识、社会问题与学生问题、理论与实践、课内与课外、校内与校外有机地结合起来。

(二) 第二阶段

1. 学校

(1) 在学校中开展有关"垃圾"的知识竞赛,了解学生对与垃圾有关的知识的掌握情况。(习题另附)

(2) 针对学生对知识习题的掌握情况,列出重点内容,设计出手抄报、知识卡片、黑板报等对学生进行宣传。

(3) 在本班进行垃圾分类放置的试验。(纸、塑料及其他)

2. 家庭

整理出学生家庭中垃圾处理的情况并进行分析,制定下一步活动方式。

小组成员询问家长,请他们结合周围环境的变化说说随意丢弃垃圾对生活环境的负面影响。

指导教师带领组员到图书室或通过互联网等方式查找垃圾对人们生活影响等有关资料。

组员从自己的家庭中入手，每人选取家中的一个突出现象利用自己掌握的知识对家人进行宣传。

针对生活中一些难以处理的垃圾(如废电池等)，查询并总结垃圾处理的方法。

【评析】 在上述过程中：首先，学生通过分组合作研究问题，培养了良好的团结协作精神；其次，在收集资料中，学生通过设计调查表、上网搜索等形成了动手实践能力，在查阅资料的过程中又形成了收集信息、处理信息的能力；第三，在交流活动中，学生的听话说话能力、语文素养也得到了相应的提高。

3. 社会

访问环保工人，了解所在城镇垃圾的处理方式。(根据具体情况进行活动)可收集清洁工人、垃圾箱、垃圾处理车的照片，对照片背后的故事进行介绍、交流，感受清洁工人的辛勤劳动。

通过各种途径了解垃圾处理的几种具体操作方式。(可请指导教师作顾问)

带领组员进行一些垃圾基本处理方法的操作学习，并向其他学生进行介绍。(以视频方式展示，以填埋法为主)

带领学生调查长荡湖边的垃圾处理现象。(结合所在城镇水厂近几年的具体情况，了解垃圾的影响)

(三) 第三阶段

1. 学校

对学校中垃圾处理的现状进行调查，了解焚烧处理的危害。

结合第一阶段中本班垃圾分类处理的方法的可行性及优点进行介绍，并推广到其他班级。

2. 家庭

给班级学生介绍生活垃圾的处理方法，鼓励学生回家对自家的垃圾进行正确的处理。

印发一些垃圾的危害及垃圾处理方法的资料分发给学生家庭进行了解和学习。

印发“垃圾正确处理及有害垃圾不随意丢弃”为主题的倡议书。(结合家中废电池的处理)

3. 社会

在了解垃圾的危害之后，带领学生去寻找垃圾的用途。

针对社会中垃圾处理的方法召开讨论会，个人充分发挥自己的想象力，并结合小组的集体智慧提出有效处理垃圾的方案。

讨论我们每个人该怎么办?怎样用自己的方式来宣传方案,并形成书面材料。

根据具体情况,在学校所在街道组织一次小型垃圾处理科普知识展,提高人们的认识。

【评析】"学贵有疑,小疑则小进,大疑则大进。"质疑是人类思维的精华。在教学中,教师要充分发扬民主精神,大胆引导学生去求异探究,以培养学生的创造性思维。

(四) 汇报交流

汇报分成四个小组(家庭组、学校组、社会组、宣传组)

小组根据各组活动中发现的问题、采取的措施,以及活动的成果进行交流。

各组活动中,小组成员结合自己的体验进行交流,让每个孩子体验活动的快乐。

各小组成员互相提问,探讨其他小组中自己不懂的或感兴趣的问题,共同提高。

宣传组展示在整个活动中具体开展的宣传方法、宣传材料、活动成果等。

【评析】本次活动中我们可以清楚地看到:教师不再是知识的传播者,而是活动的组织者、引导者、合作者。如:学生将自己收集到的材料在小组内交流、欣赏时,教师也深入到学生中间去组织、引导,学生在师生之间、生生之间交流与合作的过程中,获得了情感体验。

(五) 活动延伸

垃圾的处理是一项世界性难题,我们这次活动研究的只是生活中的垃圾,除此之外,还有服务行业、厂矿企业等产生的垃圾,我们的城市正逐步被垃圾"包围",合理"消化"垃圾已是刻不容缓。我们只有一个地球,我们共享一片蓝天,我们家园的环境需要我们自己去关注、去保护。同学们,在以后的生活中,我们可以用自己的方法去调查、宣传、保护我们的环境,为我们的地球母亲献上一份自己的礼物。

【评析】学习的真正目的是用我们的所学去指导生活实际。活动延伸,让学生通过设计广告、手抄报、科普展等手段把实践成果展示到家庭、社会中去。这样的活动既增强了学生的社会责任感,又进一步发展了他们的实践能力,同时还能使其与其他人一起分享自我探究成果的喜悦。

【总评】纵观这一案例,学生能在教师的指导下自主建立课题,并采取小组合作和班级合作探究的方式进行研究,遵循了"亲自实践、深度探究"的原则,较好地体现了综合实践活动的基本特性。在活动过程中,既培养了学生的调查能力、收集和处理信息的能力,又发展了学生的创新能力,提高了学生的口语交际能力和综合素质,为学生的个性发展创造了广阔的空间。

总而言之,本活动充分发挥了学生的自主性,注重让学生亲自操作实践,让学生在实践中有所得,从而成为学生真正喜欢的活动。有一句话说得好:我听见的东西,容易忘记;我看见的东西,可能记住;我亲手操作的,才真正理解。我相信,这样的活动一定会有利于学生的终身发展。

第三节　小学教学组织的含义与原则

小学教学组织形式是教师和学生以完成教学任务为目标，按照一定的要求组合起来进行活动的结构形式。教学组织形式要解决的问题是，教师采用什么方法将学生组织起来，并与学生发生联系。教学组织形式不是固定不变的，它会随着社会对人才培养要求的变化而不断发展和改进，在教学组织形式的变化过程中，要遵循一定的原则。

一、教学组织的含义

教学组织是指教学活动中师生相互作用的结构形式，或者说，是师生的共同活动在人员、程序、时空关系上的组合形式。这一概念的含义是：首先，教学组织围绕一定的课程目标、课程内容而设计，不同的课程目标、课程内容需要有不同的、与之相适应的教学组织形式。其次，从表现于外部的特点来看，教师和学生都要服从一定的组合形式。学生以个别形式或集体形式参加教学活动，教师则是在这各种形式的教学活动中发挥作用。第三，教学作为学生在教师指导下的认识活动和自我发展活动，存在着教师与学生之间直接或间接的指导与被指导的关系。第四，在这种相互作用中，包括了教学内容、教学方法、教学手段和教学程序、教学步骤在时间和空间上的集结或综合。

采用合理的教学组织，有助于教学任务和教学内容的有效落实与完成。教学组织形式是教学活动的基础，它具有重要的能动作用。教学组织表现了师生的互动，反映的是师生之间、学生之间的交流、交往方式，蕴藏着多方面的教育内容和精神生活内容，对学生的个性、情感和学习态度会产生不可忽视的影响。也可以说，教学组织为学生个性、情感等的发展提供了可实现途径。在学校教学活动中，教学组织从来就不是单一的、不变的。教学的组织形式应服从作息时间和规章制度，但是每节课的时间可以是30分钟、45分钟或者90分钟，学生人数可以固定，也可以经常变动。同时，教师和学生相互配合的方式可以通过直接或间接的接触实现。

二、小学教学组织的原则

（一）目标导向性原则

目标导向性原则是指教师在教学过程中，教学环节的设计都要以实现教学目标为导向，这就要求教师在教学前一定要设计清晰、明确、操作性强的教学目标，设计好教学环节，通过哪些教学方法和教学行为更利于达成教学目标。在教学过程中要让学生的学习活动始终围绕着教学内容和教学目标进行。如在小学一年级的道德与法治课程中，基于核心素养制定教学目标，在教学时，要针对教学目标进行教学。

（二）兴趣激发原则

兴趣激发原则是指教师要根据教学内容和教学目标采用多样、恰当的方式激发学生的学习兴趣,调动学生学习积极性。导入是最能激发学生学习兴趣的环节。教师要根据不同的教学内容和学生的特点,选择恰当、多样的方式导入新课,从而在一开始就吸引学生的注意力。教师在教学过程中,要了解学生的学习水平,依据最近发展区原则对学生提出要求,针对不同水平的学生设计不同的学习任务,任务既有一些难度,又是他们能够通过自身的努力可以完成的。对于表现好的学生,教师要给予肯定与激励。如在小学道德与法治课程中讲解关于国旗的知识时,可以使用多媒体展示国旗,激起学生对国旗的兴趣。

(三)启发引导原则

启发引导原则是指教师在教学过程中要尊重学生的主体地位,使学生成为学习的主人,教师发挥引导作用。教师在教学过程中要发挥主导作用,这里的主导作用并不是说教师一味地向学生传授知识,而是教师要始终把握教学方向和教学目标,设计教学活动,帮助学生完成学习任务,达成学习目标。教师还要尊重学生的主体地位,采用启发的方法促进学生的思考。如在小学道德与法治课程中讲授"我们的衣食之源"这一课时,可以设计活动让学生直接或间接地体验插秧,懂得劳作的辛苦。

(四)循序渐进原则

循序渐进原则是指教师在设计教学活动时要考虑学科的逻辑性和学生的身心发展顺序,有条理地、一步一步地开展教学活动。每门学科都有自身的逻辑体系,学生每个阶段也有相应的认知发展规律,因此,教师在教学前要将教学内容的逻辑性和学生发展的规律性作为教学设计和实施的重要依据。教师要按照由简到繁、由易到难、由具体到抽象的顺序组织教学内容,有意识地突出重点,把握好课堂节奏,时刻关注学生的学习状态和成效。教师在教授《看云识天气》一课中,为了向学生展示根据云的变化来推测天气的阴晴风雨这一较为抽象的方法,可先描绘各种云的形态特点和云层的厚薄、位置变化,从而说明云的形态与天气变化的关系。

(五)理论联系实际原则

理论联系实际原则是指教师在教学过程中要将教学内容与学生的生活经验联系起来,让学生运用自己的已知去理解和接受新的知识。教师在教学前要了解学生的已知,将教学内容与他们头脑中的认知结构和生活经验结合起来,如果学生缺乏这方面的经验与认知,那么教师就要想办法为学生搭建学习的脚手架。

(六)灵活施教原则

课堂是动态的,是生成性的,不是一成不变的,就算教师提前规划好了每个教学环节,但是在真正的教学过程中又会生成新的问题。灵活施教原则指教师在教学中从实际出发,做到具体问题具体分析。灵活施教原则要求教师要能够根据不同的教学内容、教学对象等灵活实施教学。一方面,教师要了解学生,把握学生的特点,因材施教。每个学生都是独立个体,具有自身的个性,因此,个体与个体之间存在着差异。教师要能够了解学生的个别差异,根据学生差异分配不同的学习任务。另一方面,教师要能够冷静面对突发事件,而且能够做到抓住时机，适时而教。

第四节　小学教学组织的类型

同样的课程内容使用不同的教学组织形式，会给学生不同的学习经历，使其获得不一样的收获，产生不同的教学效果。在选择教学组织类型与方法时，我们要考虑学生与课程的关系、学生与环境的关系、学生与教师的关系以及学生与学生的关系。

一、教学组织的基本类型：班级授课制

班级授课制是以固定的班级为基础，把年龄大致相同的学生编排在一个班级，由教师按照固定的课程表和统一的进度，主要以课堂讲授的方式分科对学生进行教育的教学组织。从 19 世纪后半期以来，班级授课制逐步成为全世界范围内广泛采用的、最基本的教学组织。同时，它也是我国学校教学的基本组织形式。

（一）班级授课制的确立

班级授课制产生于近代资本主义兴起的时代。15 世纪末，在科学技术的推动下，社会生产力迅速发展。在欧洲，工商业日益繁荣昌盛起来，新兴的资产阶级崛起。为适应社会生产力发展对学校教育在培养人才上的需要，推动生产力进一步发展，资产阶级要求扩大教育规模，增加教学内容。于是一些教育家适时地提出了“普及教育”的主张。同时，由于大机器生产的发展和科学技术的进步，也拓宽了人们的眼界，给教育家们以启迪，希望寻求一种与大工业生产的要求相适应的新的教学组织。

基于上述背景，班级授课制应运而生。16 世纪，西欧开始出现了班级授课制的萌芽。17 世纪，夸美纽斯总结了捷克兄弟会的学校教育经验和自己的教学实践，提出了班级授课制，并最早在理论上进行了阐述。夸美纽斯认为一个老师同时教多个学生是完全可能的，但要具备适当的条件。他阐述的条件大致可以概括为以下几点：①根据学生的年龄和知识水平编班。同一个班级的学生学习内容相同，学习进度也相同，这样一个老师就可以教很多学生。②教学应有计划、有组织。学校的教学应该有学年的划分，同时开学，同时放假。学年开始时，学生同时升入一个年级，开学以后不再招生，在学期中，也不能随便退学，每班教学按已有的计划进行。③教学采用上课的形式。上课要有一定的目标，拟定每年、每月、每日所应达到的教学计划，按计划进行教学。④每个班应有同样的课本，采用同样的教学方法，同样的功课，使学生的注意力都集中在同样的教学目标上。⑤每天上课分上、下午进行，各 2 小时，共计 4 小时，另外的时间为自学，星期六下午不上课，星期日放假。

由于这种教学组织理论适应了资本主义经济发展的客观要求，提高了教学效率，从 19 世纪后半叶开始，许多国家都开始确立服务大众的国民教育制度，班级授课制因此得到了广泛普及。自此，这种教学组织形式在实践中逐步确立起来。

中国最早采用班级教学是在1862年,清政府在北京开办京师同文馆,用来培养“译员通事”的外语学校,最初只设英文馆,学生10人。后来清政府废科举,兴学堂,班级授课制在我国学校中开始被广泛采用。

(二) 班级授课制的特点

班级授课制迄今已有近四百年的历史,几个世纪以来,一直为世界各国学校教学所普遍采用。尽管近百年来屡遭批评和否定,但班级授课制仍作为一种传统的教学形式被保存下来,并不断得到发展。其特征主要表现为以下几点。

1. 按年龄和知识水平将学生编班

把学生按照年龄阶段和知识水平分别编成固定的班级,即同一个教学班学生的年龄和知识程度大致相同。班级是进行教学的基本单位,每班的人数比较固定,通常是30—50人。这与个别教学大不相同。个别教学时,也可能面向一群学生,但不是固定的班级,学生彼此年龄和程度各不相同。

2. 把教学内容按学科和学年分解为小的教学单元——课

课是教师教学的基本单元。首先将教学内容按学科和学年进行划分,以确定各年级要掌握的内容。然后在此基础上,按照具体的教学内容及实现这种教学内容的教学手段、教学方法分成更小的部分。各部分内容分量不大,彼此间相互承接,又具有一定的完整性。这每一小部分的教学内容和教学活动就叫作“课”,教学通常就是一课接着一课地进行。

3. 教学在规定的课时内进行

每门学科的总课时数、学年课时数、周课时数,一般根据固定的课程计划来确定。各班的课时表规定每日的课时安排。每节课的时间可以是30分钟、45分钟或50分钟,但都是统一和固定的。课与课之间有一定的间歇和休息。

4. 教学场所较为固定

班级授课在教室、实验室进行,场所是固定的。课堂中的座次也是相对固定的,但学生的座次安排可采取不同的形式,如可采用秧田式、圆桌式、马蹄式和会议式等。

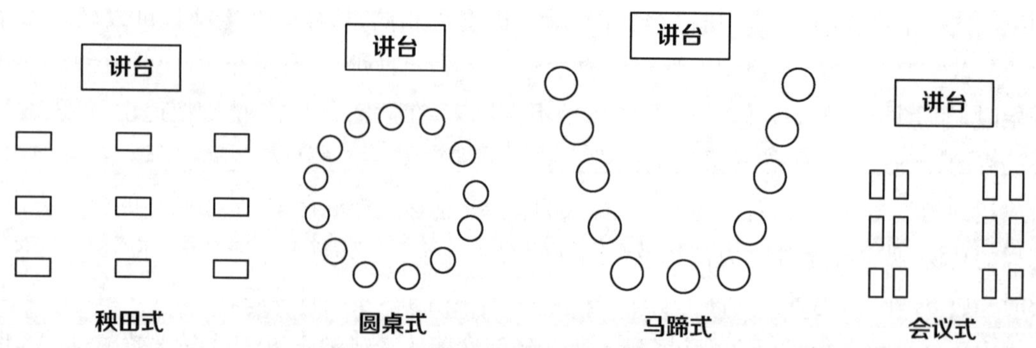

图5-5 课堂中的座次安排

（三）班级授课制的优势与局限

1. 班级授课制的优势

班级授课制是在机器大工业生产的社会背景下形成与发展的，具有适应社会需求的特征，具体体现为以下几点。

第一，扩大教学规模，提高教学效率，有利于培养大批相同智能结构的人才。在班级授课制的教学组织中，一个教师可以同时教三四十个学生，这与个别教学相比，教学效率取得了惊人的提高。这样，在教师数量不变的情况下，可极大程度提高教学规模，在有限的财力及教育经费的情况下，满足社会对大量人才的需求。

第二，有利于发挥教师的优势，突出教师的主导作用。在班级授课制的课堂上，教师统一组织教学，统一安排课程内容的学习进度与程序，有利于教师控制课堂，有计划、有系统地把知识传递给学生。这样可以节约时间、提高效率，使学生在学习上少走弯路。

第三，有利于发挥班集体的教育作用，促进学生个性健康的发展和学生的社会化进程。学生在学校不仅是为了获得知识，也是形成健康个性、完成社会化的过程。班级授课制中有固定的班级及一定数量的学生，必然形成相对稳定的集体。集体有共同的奋斗目标，在追求这个共同目标的过程中形成集体的影响力量。班集体也有利于建立与巩固学生的组织性和纪律性，在集体中还有一定的组织制度的管理机构，培养学生承担各种职责，另外集体舆论也是一种无形的教育力量。

第四，有利于知识的传授，确保学生获得系统连贯的知识，保证教学质量。班级授课制是按国家统一课程标准，编制统一课本，实行以分科课程为主的教学。大部分科目都是按知识的逻辑体系排列的，有助于学生知识掌握的系统性和连贯性。

2. 班级授课制的缺点

但是班级授课制也存在很多弊端，以致从 19 世纪末开始，人们一直试图改革班级授课制，这些弊端表现为以下几点。

第一，学生的独立性与自主性受到很大限制。教师是教学的组织者，只有在教师的有效组织下，班级教学活动才能顺利进行，离开了教师的指导，教学就无法真正地进行下去。但班级授课制的这一特点也给教学活动带来一个不可回避的缺点：教师课堂的设计、组织和控制极大地限制了学生的独立性，学生什么时候学习、学习什么、以什么样的速度学习，这些都由教师来安排。这样根本谈不上发展学生的独立性与自主性。

第二，学生主要是接受性学习，难以反映学生的实际需求，不利于培养学生的创新精神和实践能力。班级授课制更适合讲授式的教学内容，这种学习往往重接受、轻创造、重理论、轻实践、重结果、轻过程，难以为每个学生提供体验、尝试的平台，学生很少有探索机会和实践机会，不重视学生创新精神和实践能力的培养。这样，我们的教育培养出的人更多地拘泥于成见而缺乏创新，更多地依赖于书本而不发展自己的判断，更多地计较记住了多少现成的知识而忽视了对学生探索精神、创新意识和实践能力的培养。

第三，教学时间和教学内容预先设计，难以顾及学生的个体差异，难以利用教学过程中的生成性资源。班级授课制这一教学组织形式,教学时间和教学内容都是预先设计好的。某个具体时间进行什么样的内容,学生应该掌握到什么程度,为了实现一个什么样的目标,在课程标准和教学计划中都有明确而翔实的规定。班级授课制为学生准备了统一的教学进程表、统一的教学评价标准、统一的课程内容,这样利于管理,但不利于学生个性的培养,教师也难以根据不同学生课堂上的不同需求与表现及时调整教学内容与进度。

二、教学组织的发展类型

(一) 分组教学

分组教学亦称多级制或不分级制,是按学生的能力水平或学习成绩分成不同组进行教学的一种组织形式。分组教学产生于19世纪末,随着资本主义国家义务教育的实施和推广,资产阶级的现代教育派认为,传统的班级组织形式已不能适应学生之间的个别差异,遂提出了按智力或学习成绩分组的教学组织形式。人们对这种分组形式有不同的看法。有人认为,它能照顾学生的学习水平和能力的差异,适应每个人的实际情况和需要,有利于人才的培养。也有人认为,它会给各类学生的心理造成不良的影响。例如:它可以使智商高于正常水平的学生产生骄傲情绪;也会使智商低于正常水平的学生受到歧视,从而自暴自弃,乃至使他们失去进一步接受高级教育的机会。

1. 分组教学的类型

目前,在美、英、法、德等国实行的分组教学大致分为外部分组和内部分组两类。一般说来,外部分组就是打破传统的按年龄编组的班级,而采用按学生的能力或学习成绩编组的形式;内部分组就是在传统的按年龄编组的班级内再按学生的能力或学习成绩编组。

外部分组的形式有两种:一种是跨学科能力分组,即把某一年级的学生按他们智力的高、中、低或测验成绩的好、中、差分为平行的若干组,教师对各组授予不同的课业。另一种是学科能力分组,即根据某一年级的学生某门学科的学习能力或学习成绩分成各种不同水平的组,教师对各组授予不同的课业。通常,这种分组只在数学、自然科学及外语等较难教学的学科中实行,而其他学科的教学,仍在原班级内进行。

内部分组也有两种基本形式:一种是以不同学习内容和不同学习目标分组,即一个单元的班级教学后,立即进行测验、分组,施以不同的教学,继而又测验,进行新单元的班级教学,然后再分组教学。另一种是采用不同方法和媒介的分组,即对某一年级的学生进行一个阶段的班级教学后,根据每个学生的不同学习情况进行分组,或组织学生自学,或学生之间互相辅导,或由教师担任指导①。

2. 分组教学的作用与要求

分组教学的作用是:分组教学有利于教师因材施教,能让各种层次的学生都在原有

① 卢乐山,林崇德,王德胜.中国学前教育百科全书:教育理论卷[M].沈阳:沈阳出版社,1995:113.

的基础上学有所得，学有发展；有利于学生之间直接的交流与合作，通过小组成员之间充分的意见交换和讨论，可以增强自主性，集思广益取长补短，培养学生与他人合作的能力。

分组教学的要求是：分组教学对教师的要求更高，要求教师工作更加细致，必须全面了解和随机把握每位学生，每组学生的学习与发展情况，还有如何分组、学生如何搭配、座位怎么安排等都要精心考虑。同时，分组教学要求教师的教学能力水平更高，教学艺术更讲究，如何做到既有统一要求，又能因材施教，如何使优等生没有优越感，后进生没有自卑感，如何使后进生在小组里能有言要发，如何确定讨论题，如何组织讨论等也都必须精心考虑。另外，分组教学和班级教学如果配合不当，那么不仅不能对班级教学起促进作用，反而会影响它的正常开展，甚至会导致班级学生的两极分化。这些都必须引起足够重视①。

党的二十大报告提出："落实立德树人根本任务，培养德智体美劳全面发展的社会主义建设者和接班人。"《义务教育课程方案（2022年版）》强化了课程的育人导向，"各课程标准基于义务教育培养目标将党的教育方针具体化细化为本课程应着力培养的核心素养，体现正确价值观、必备品格和关键能力的培养要求"。分组教学对学生按能力分成不同的小组，容易使快班学生骄傲，使普通班、慢班学生的学习积极性普遍降低，并且会使教师、学生、家长关注成绩，从而忽视学生其他素质的发展。

（二）个别教学

个别教学即教师分别对个别学生进行教学的组织形式。它与班级授课制相对，也可以说是班级授课制的一种辅助形式。我国古代学校和欧洲古代学校主要采取个别教学的形式。20世纪初出现的美国道尔顿制也是采取个别教学形式。在我国，个别教学与课堂教学并存，是课堂教学的重要补充。它易于照顾教学中学生的个别差异，充分发挥每个学生的潜力，弥补了课堂教学的不足。

在进行个别教学中，应注意以下几个问题。

① 个别教学一般是个别进行的，教师要了解每个学生或者那些需要特别关照的学生的学习情况，以便有效地进行指导。

② 个别教学是以学生自己的独立学习为基础的，不是以教师为主，而是以学生为主。学生自己发现问题，在自己独立完成有困难的情况下，才求助于教师。

③ 在个别教学的过程中，不仅要对学生的知识、技能问题给予帮助，而且要指导他们学会正确学习和思考的方法。

④ 平等地对待学生。个别教学可以有针对性，如针对学习能力差或有特长的同学，但对学生提出的问题都应尽量予以回答，不要有所偏向。

现在小学的班额较大，给教师进行个别教学带来了困难。教师工作量大，还难以照顾所有学生，在编班时应尽量控制班额，以提高教学效率。

---

① 蒋宗尧．课前预设与课堂生成基本功[M]．北京：中国林业出版社，2007：105．

(三) 小班化教学

小班是教学组织的一种空间形式。小班化教学是一种班级学额较少,按照民主性、平等性、充分性、个别化等要求,开展教学活动的组织形式。小班化教学有利于因材施教和师生之间的充分交流,有利于促进学生素质的全面和谐发展和个性的充分彰显,有利于促进教师的专业成长,使素质教育的要求真正得到落实。班级规模的缩小即意味着教学成本的提高,因此小班是与一定的社会经济发展水平联系在一起的。

小班化教学人数少,教师与学生可以充分互动,这样就有可能既真正做到因材施教,满足学生个别差异的需要,促进每一个学生个性化发展,又能使学生在互动中发展社会性素质,如合作、交往、利他等素质。但是,小班化教学的这些优势并不是必然显现的。要想小班化教学发挥其应有的最大功效,仅仅班级人数少是远远不够的,必须将其视为系统工程,在系统观指导下,精心设计教学过程的诸因素,使诸因素在结构性联系中产生最大的整体效应。因此,我们要关注与小班化教学相对应的一系列要求,具体如下。

① 教学目标及内容的层次化设计。小班化教学较之一般班级教学更容易使每一个学生都有可能在原有基础上有所发展。把这种可能性转化为现实性的重要举措就是:在保证全体学生达到国家课程标准的基础上,根据每一个学生的实际水平,制定不同层次的教学目标,设置不同类型与层次的教学内容,以适应不同学生个性发展的特定需要。

② 教学方法与学习方式的个性化选用。小班化教学为教师充分研究学生、研究自身提供了时间与精力的保证,而深入研究必然要求教师摒弃模式化教学方法,选用既符合学生群体实际,又符合教师自身个性,使教师能发挥自身特长的教学方法。而每一个学生的认知风格、学习方式是有差异的,小班化教学则为学生选用适合自身条件的学习方式提供了更大的可能性。因此,教师在小班化教学中要尤其关注这些方面。

③ 教学组织形式的多样化安排。教学组织形式涉及教学诸要素在空间与时间上的安排,小班化教学如果沿用传统班级教学的"秧田式"空间形式及固定的时间节律(每节课 40 或 45 分钟),可能不会取得应有的好效果。因此,小班化教学组织形式必须多样化安排。就空间形式而言,可以"圆桌式"为主,"秧田式"为辅;就时间而言,可采用"活动课时表",即课时在 20—40 分钟间变化,不同的学科和不同的教学活动采用 20、25、30、35、40 分钟等不同时间。另外,应充分运用当代多种教学组织形式,如不分级制、特朗普制等。小学阶段运用特朗普制以年龄编班,将学生每 20—30 人分成一个小班,3—5 个小班组成一个大班,应用现代信息技术,由优秀教师任教;小班讨论由教师研究大班上课的材料;个别作业是教师指定其中部分作业,学生自选部分作业。这种教学组织形式试图将班级教学、分组教学和个别教学的优点结合起来,使学生既能集体上课,又有小组讨论,还能够进行独立思考。

拓展阅读 5-2

特朗普制①

特朗普制(Trump Plan),是由美国教育家劳伊德·特朗普(Lloyd Trump)在 20 世纪 50 年代创立的。他把大班上课、小组讨论、个人自学结合在一起,以灵活的时间单位代替固定统一的上课时间。大班集体教学,由优秀教师采用现代化教学手段给几个平行班统一上课;之后分成小班组,研究讨论大班课上的教学材料,由 15—20 人组成一个小组;然后由学生个人独立自学、研习、作业。教学时间分配为:大班上课占 40%、小组研究占 20%、个人自学占 40%。

这种教学组织形式兼容了班级授课、分组教学与个别教学的优点。教师,尤其是优秀教师的作用得到了充分发挥;学生的自学、讨论和独立研习,使其主体作用得以充分体现,既培养了学生的思维能力、自学能力,又有助于学生合作学习态度的培养,是在中学高年级和大学值得推广的教学形式。

④ 教学评价自主化。小班化教学在教学评价上尤其要建立促进学生全面发展和教师不断提高的评价体系。就评价目的而言,要形成“成功评价机制”,即不仅要关注学生的学业成绩,而且要了解每一个学生的发展需求和潜能,帮助每一个学生认识自我、建立自信、达到成功。“为学生成功而评”应成为小班化教学中评价的基本理念。就评价主体而言,应以教师、学生自评为主,教师要对自己的教学行为进行分析与反思,学生也要学会自我评价,师生在自我评价中相互促进,共同发展②。

(四) 学习共同体

“学习共同体”也有学者将其译为“学习社区”。学习共同体是一个由学习者及其助学者(包括教师、专家、同伴群体等)共同构成的团体,团体成员在学习过程中经常进行沟通、交流,并分享各种学习资源,共同完成一定的学习任务,形成了相互影响、相互砥砺、相互依存的人际关系。在学习共同体中,学生建立的是一种伙伴式的同学关系,彼此信任、相互信赖、相互支持。

关键术语

课程组织;课程类型;教学组织; 班级授课制

① 黄甫全,王本陆.现代教学论学程[M].北京:教育科学出版社,1998:359.

② 朱小蔓.中国教师新百科·小学教育卷[M].北京:中国大百科全书出版社,2002:361.

讨论与探究

1. 在课堂教学中，是不是组织形式越丰富多样越好？设计教学组织形式应该考虑哪些因素？

2. 学科课程中能体现综合课程的思想吗？尝试设计一堂语文课(或者数学课)的相关式综合课。

3. 讨论与分析：某班在小班化教学改革中，尝试重新设计教室环境，摆放桌椅，请分析下面几种方案：

图 1：这样的桌椅摆放适合什么样的教学内容、什么样的教学组织形式？

____

____

图 2：这样的桌椅摆放不适合什么样的教学内容、什么样的教学组织形式？

____

____

图 3：这样的桌椅摆放更适合几年级的学生？

____

____

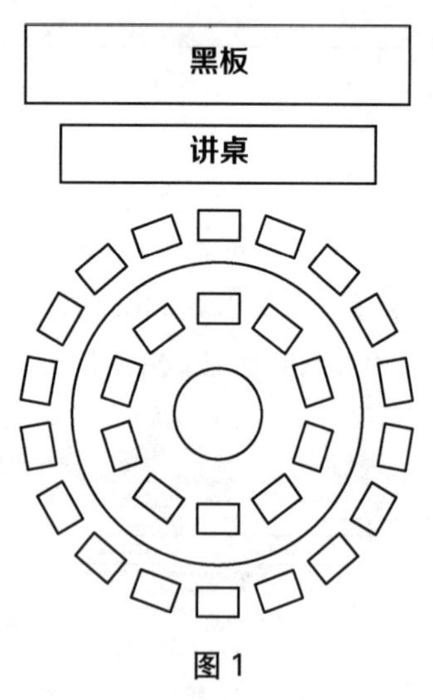

图 1

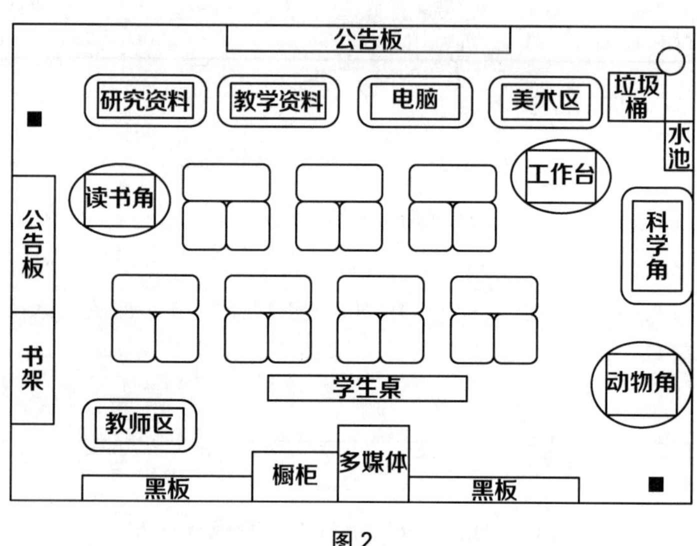

图 2

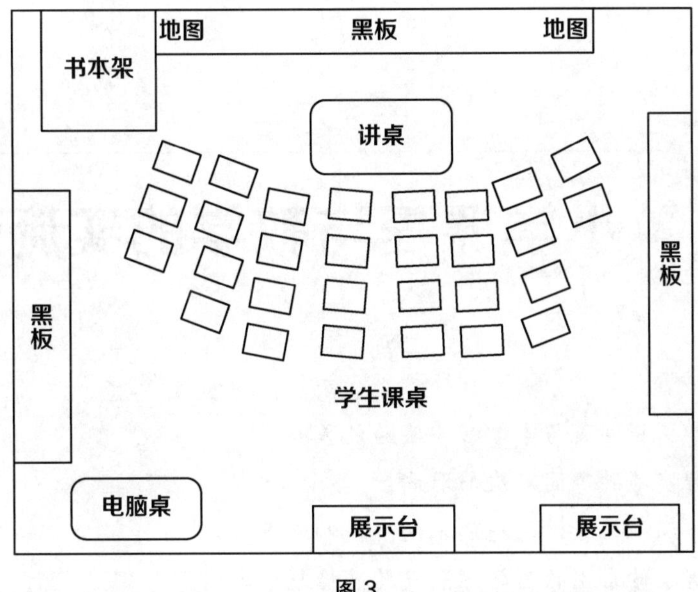

图3

进一步阅读的文献

1. 丛立新.课程论问题[M].北京:教育科学出版社,2000.

2. 黄甫全.课程与教学论[M].北京:高等教育出版社,2002.

3. 黄政杰.课程设计[M].台北:东华图书有限公司,1991.

4. 李子建,黄显华.课程:范式,取向和设计[M].香港:香港中文大学出版社,1996.

5. 林智中,陈健生,张爽.课程组织[M].北京:教育科学出版社,2006.

6. 马云鹏.课程与教学论[M].北京:中央广播电视大学出版社,2002.

7. 彭虹斌.新课程经验化:课程组织范式的发展[M].广州:广东高等教育出版社,2006.

8. 张华.课程与教学论[M].上海:上海教育出版社,2000.

9. 钟启泉.课程与教学概论[M].上海:华东师范大学出版社,2004.

10. 王本陆.课程与教学论(第三版)[M].北京:高等教育出版社,2017.

11. 闫守轩.课程与教学论:基础、原理与变革[M].北京:北京师范大学出版社,2015.

12. 李森,陈晓端.课程与教学论[M].北京:北京师范大学出版社,2015.

13. 李海荣.我的思考我的课堂[M].成都:西南交通大学出版社,2021.

14. 余文森.有效教学十讲[M].上海:华东师范大学出版社,2009.

15. 吉标,孙宽宁.我国课程与教学论学科历史建制[M].北京:中国社会科学出版社,2020.

16. 何万国.课程与教学论[M].北京:科学出版社,2018.

第六章 小学课程与教学的实施和资源

• 学习目标

1. 理解小学课程实施与小学教学实施的差异。
2. 了解课程实施的不同层次与取向。
3. 了解小学课程与教学实施的不同阶段和环节。
4. 初步掌握小学常用的教学方法及其选择与分类问题。
5. 了解小学课程与教学的资源类型。
6. 了解不同层级(国家、地方、学校)课程与教学资源管理的职责、策略及途径。

我们都希望教师的教学风格能够变化多样一些，呈现的教学内容能够丰富多彩一些，或者，还能够让我们主动把自己的想法表达出来？……如果你是一名学生的话，一定会赞同这番话；而如果你是一名教师的话，则肯定希望能够做到这一点。那么，我们应该如何寻找和利用能够让学生感兴趣，并促进其发展的课程与教学资源呢？又该怎样设计和完成课程与教学活动呢？希望你在本章所提供思路的基础上有更多自己的思考。

在我们强调优化小学课程与教学的实施方式和资源开发的今天，小学课程与教学的实施和资源这一主题的重要性不言而喻。本章的思路是先概述主题，接着分别从小学课程与教学的实施和小学课程与教学的资源两方面进行深入的探讨。希望阅读本章之后，你能够对小学课程与教学的资源意识保持敏感，并从整体上把握小学课程与教学实施的先进理念，了解一些小学课程与教学资源选择、开发和利用的方法与技巧。

第一节　小学课程与教学的实施和资源概说

本节主要概述小学课程与教学的实施、小学课程与教学的资源以及小学教师的课程与教学意识等问题。

一、小学课程与教学的实施

与课程实施的相关概念解释，主要有以下几种。

课程实施是指把新的课程设计和计划付诸教学实践的过程，这是达到预期课程目标的基本途径①。

课程实施是指通过一系列的教学活动，将已经编定好的课程付诸实践。课程实施是落实课程改革、实现学校培养目标的重要措施。没有课程实施，再好的课程也是纸上谈兵，不能对学生的身心发展起到应有的作用②。

课程实施是指把课程计划付诸实践的过程，是达到预期课程效果的必要途径。它不仅要研究课程设计的落实情况，更要研究学校、教师在执行课程计划过程中，如何根据实际情况对课程进行调适③。

教师的课程实施，是指教师从拿到课程文本，解读、领会文本，到运用文本在课堂上实际操作的完整过程，包含从采纳正式课程到领悟、运作课程(即教学实施)等诸多环节④。

上述的概念变迁其实暗示了人们对课程实施概念认识的转变：从将之等同或统一于教学实践活动(即教学实施)变为将之与教学实践活动进行区分。有学者明确指出课程实施应至少包含三个阶段：第一，采纳课程文本。不管这一采纳是迫于外界的行政压力、同行推荐，还是自己主动采用，教师都会有选择行为，伴随选择的是教师的情意，接不接受，喜不喜欢。第二，领悟课程文本。教师运用自己已有的信息和经验解读文本，做出各种判断和预测，要做怎样的调整，学生反应如何等；这一过程往往是在课堂外完成的。教师领悟文本的程度往往决定了教师运作课程的程度。第三，运作课程文本。这就是我们通常所说的课堂教学(即教学实施)，这一阶段通过教学行为集中体现了教师理解课程文本的结果，运作课程的过程也能促使教师加深对文本的理解⑤。也就是说，教学实施基本上等同于教师在课堂上运作课程文本的过程，而课程实施则包含从采纳课程文本到领悟、运作课程文本等环节；课程实施包含了教学实施，教学实施是课程实施的主要方式，但并非唯一方式。

事实上，我们也可以从教学的定义来理解课程实施与教学实施之间的差别：广义的教学指教育者(不仅仅指教师)指导学生学习各种教育内容的活动，狭义的教学仅指教师教、学生学的双边和统一活动；教学实施其实就是教学活动发生的过程。从这一定义可知，教学实施是师生双方同时在场、以教育内容为中介所进行的一切运作活动；而课程实施则不仅包括了这个环节，还包括此前学生不在场时教师选择并接受、采纳和领悟课程等诸多环节。

尽管如此，教师选择并接受课程、理解和领悟课程的情况，大部分都能够从教师的教学过程中反映出来，教学是课程实施的主要和基本途径。所以，此处虽然对课程实施与教学实施进行了区分，但在有些情况下，本章仍把二者合并为课程实施这一个话题，即小学课程与教学的实施问题。由于小学教育对象在年龄、生理、心理等方面与其他教育阶段的教育对象

---

① 周艳玲．面向21世纪高校军事理论课程改革的几点思考[J]．中国高教研究，2000(6)：89—90.

② 郭颖，韩宇．转变观念迎接科学课到来[J]．黑龙江教育学院学报，2002(5)：20—21.

③ 纪河，周蔚．试论现代远程教育的课程实施[J]．中国远程教育，2004(21)：40—43.

④ 夏雪梅．教师课程实施程度的评估：一种整合架构[J]．教育发展研究，2009(22)：19—24.

⑤ 夏雪梅．我们为什么要检测教师的课程实施程度——兼谈“了解教师教学水平”的不足[J]．当代教育科学，2010(2)：3—5,15.

不同,因此,小学课程与教学的实施也值得专门探讨一番。本章第二节将探讨课程实施的不同层次与取向、小学课程与教学实施的阶段和环节、小学常用的教学方法及其选择与分类等问题。

二、小学课程与教学的资源

当课程实施与教学实施二者可以被合并为课程与教学的实施这样一个主题之后,区分课程资源和教学资源这二者就显得毫无必要了。

课程资源的概念有广义与狭义之分:广义的课程资源指有利于实现课程和教学目标的各种因素;狭义的课程资源仅指形成课程与教学的直接因素来源。在新课程改革的背景下,人们多采纳广义的课程资源的概念。因此,我们认为,能够为小学课程与教学所用的一切因素和信息来源等统称为小学课程与教学的资源。

从广义的角度来看,目前出现的课程与教学资源的种类异常之多:素材性资源、条件性资源、校内资源、校外资源、社会资源、家庭资源、自然资源、物质资源、信息资源、纸质资源、网络资源、时间资源、空间资源、人力资源、物力资源、财力资源、有形资源、无形资源……这些不同的课程资源依据不同的划分维度,可归入不同的属类范围。小学的课程与教学的资源也存在着上述的属类划分情况。

进行课程与教学资源的分类是为了更好地开发、选择和利用资源。在课程改革深入推进的当下,我们对课程的理解早已不再是已知的结论性知识,而是师生通过彼此的交流和共同的探究不断生成新认知和获得自我发展的动态过程。这要求教师和学生构建起真正的对话情境,彼此尊重,在学校、社区、教材等多种因素的作用下动态地建构课程。因此,除了分析课程与教学资源的概念与分类问题外,本章第三节还着重从教师、学生及其他相关角度探讨小学课程与教学资源的开发、选择和利用问题。

随着人们开发和利用资源的意识逐渐增强,小学课程与教学的资源日益丰富、多样,这必然涉及资源管理的问题,本章第三节从国家、地方、学校三个层面谈小学课程资源的管理问题。

三、小学教师的课程与教学意识

郭元祥教授在其《教师的课程意识及其生成》一文中明确指出:课程意识意味着教师即课程,教师是课程的动态构建者、课程的生成者;教师或教育管理者课程意识的觉醒,是我国基础教育界教育理论和教育实践的一次巨大进步①。

传统的课程价值取向将教师塑造成为"课程执行者"的角色,他们没有明确的课程意识,其教学意识也受制于"执行既定课程"的范围,教师不敢在自己的教育教学实践中体现自我的课程与教学理念、观点等,牢牢地把自己圈在传送标准答案的范围里。小学教师在课程与教学系统面前的无所作为不仅禁锢了他们自己的思维,更不利于小学生的思维发展与视野

① 郭元祥.教师的课程意识及其生成[J].教育研究,2003(6):33—37.

开阔，对于正处于身体、心理、认知等方面全面发展的小学生而言，确实有害无益。

为了生成教师的课程与教学意识，郭元祥教授提倡："一要切实转变和超越以往种种狭隘的课程观，确立整合的、生成的、实践的课程观，完整把握课程价值和课程目标，妥善处理课程内容与学生经验、社会与科技发展的关系，用新的课程理念指导自己的课程行为；二是要养成反思性实践能力，把反思性教育实践变成一种自觉的行为，进行自我建构教育理念的探索。通过以自我为研究对象的反思，完成对自我教育理念的辩证否定，通过自觉反思，明确课程意识。"①

其实，教师整体的课程意识可以细化为教师在课程目标、课程实施、课程资源以及课程评价等方面的意识。小学教师的课程意识决定和限制着其教学意识，因此，我们应该着力于提升小学教师的课程意识并由之而影响其教学意识。一些研究表明，从小学教师自身和外在的支持系统等方面可以有效地提升其课程意识。比如：提高小学教师的课程理论素养，树立动态、生成的课程观；重构合理的课程知识结构；主动参与到与他人的合作交流中；赋予小学教师充分的课程权力；建立有效的评价机制；重建学校课程制度；完善小学教师的培训机制②。

第二节　小学课程与教学的实施

课程改革的效果最终是通过课程实施的情况体现出来的，其本质是将课程理想变为现实的过程。本节内容涵盖如下几方面：根据从课程理想到课程现实所经历的阶段，一般将课程实施分为五个不同的层次；根据课程实施者在多大程度上实践课程制定者的课程理念、课程实施者与课程制定者之间的关系、教师和学生之间的关系等方面的差异，课程实施活动体现出三种不同的取向；小学课程与教学的实施又分为几个不同的阶段与环节，其中，教学是课程实施的主要和基本途径，教学活动的组成环节包括教学准备或设计、教学活动开展、教学评价或管理等；小学课程与教学的实施还涉及选用教学方法的问题，不同的教学方法会产生不同的教学效果，小学生也会有不同的体验，为此，我们还需要了解小学教学方法的选择及分类等问题。

一、课程实施的不同层次与取向

（一）课程实施的不同层次

正如古德莱德将课程从理念到实践所经历的五个层次概括为理想的课程、正式的课程、领悟的课程、运作的课程、经验的课程一样（详见本书第 99—100 页）。我们可以借助古德莱德的课程层次理论来认识小学课程与教学实施的层次问题。

① 郭元祥.教师的课程意识及其生成[J].教育研究，2003(6)：33—37.

② 马桂霞.小学教师的课程意识研究——以山东省济南市为例[D].济南：山东师范大学，2009：26—33.

1. 理想的课程

“理想的课程”又称为“观念层次的课程”。该层次的课程由研究机构、学术团体、课程专家和学者所倡导。之所以称其为“观念层次的课程”,是因其仍处于观念之中,是否能够产生任何实际影响尚未可知;之所以称其为“理想的课程”,则因为它是专家和学者的课程理想及对课程的理念架构。代表观念层次课程的研究机构、学术团体、课程专家和学者需要与教育行政部门进行多轮调研、交流和论证等工作,使课程实施进入下一个层面。

2. 正式的课程

这一层次的课程是由教育行政部门规定的课程计划、课程标准和教材,各级各类学校按之确定自己的教学科目、教学内容、教学材料和教学时间规划等,并被列入学校课程表。借由教育行政部门的认可、授权和推广,课程从理念层次走向社会层次,成为正式的课程。

有的著作在“正式的课程”之后还提及了“学校层次的课程”,后者可以理解为学校有关人员根据学校的特色和需要对“正式的课程”进行选择和修改[①],即学校对“正式的课程”的细化、采用和实施。一般来说,“学校层次的课程”应该符合“正式的课程”的规定和要求,但现实中二者却可能存在出入。比如,有学者对我国个别省份义务教育阶段课程实施情况的研究表明,该省仍存在部分班级未开齐规定课程(即“正式的课程”)或改名的情况,在课程“上足”方面,周总课时、不同年级及不同学科也存在着一定比例的“超课时”或“缺课时”问题,这是较为明显的学校一级课程实施的“走样”和“扭曲”[②]。

3. 领悟的课程

“领悟的课程”又被称为“理解的课程”或“感知的课程”等,即教师根据个人经验和认知水平对“正式的课程”的理解、领会和感悟,其实施主体主要是教师。重视教师的“领悟的课程”就是要正视教师在面对“正式的课程”时具备思考、加工和创造的能力,而不仅仅是无视个人感受地去忠实传达“正式的课程”的“意图”,被动地贯彻和实施“既定的课程文本”。因此,“领悟的课程”的实质就是强调教师对课程的理解和领悟,就是把个体的经验和感悟纳入正式课程文本进行解读和建构的过程[③]。

4. 运作的课程

这是教师在课堂上实际实施的课程。教师对正式课程文本进行思考、加工和再造,根据个人领悟的课程,结合实际的教学条件对课程进行运作,完成这一层面的课程实施;“运作的课程”的实施主体包括师生双方。“领悟的课程”和“运作的课程”相统一成为实际教学层次的课程。

5. 经验的课程

“经验的课程”即学生实际体验到的课程,在同样的课程材料和课程活动面前,每位学生

---

① 项贤明.教育学原理[M].北京:高等教育出版社,2019:239.

② 郭洪瑞,崔允漷,雷浩.基于课程层级理论的义务教育阶段课程实施监测——以浙江省为例[J].教育研究与实验,2020(3):42—47.

③ 杜静.领悟课程:教师与课程关系的重构[J].河南社会科学,2007(3):141—143,172.

会获得自己独特的学习体验;“经验的课程”的实施主体主要指学生。古德莱德认为,这是所有课程中最重要的课程,是被内化和个性化了的课程,该层次的课程是对课程组织的最终检验——每一个学习者究竟受到了怎样的影响[①]。

从课程实施主体及课程实施过程所表现的特性来看:“理想的课程”的实施主体是研究机构、学术团体和课程专家,“正式的课程”的实施主体是教育行政部门,这两个层次的课程是应然形态的课程,其实施几乎都没有中小学教师与学生的参与,表现出相对的稳定性与静态性;“领悟的课程”“运作的课程”与“经验的课程”是实然形态的课程,其实施主体是教师或学生,课程、教师、学生三者之间的矛盾会随着教学实践活动的开展而逐步显现出来,课程实施的过程表现出发展性和动态性[②]。在面对小学课程与教学的实施问题时,要处理好不同实施层次所关涉的实施主体之间的关系,并观照不同实施层次所具备的特性。

(二) 课程实施的不同取向

美国课程学者辛德尔(Jon Snyder)、波林(Frances Bolin)和扎姆沃特(Karen Zumwalt)等人提出课程实施的三种不同取向:忠实取向、相互适应取向和创生取向。

1. 课程实施的忠实取向

按照这种模式,教师严格忠实地遵照课程计划和课程标准来实施课程与教学活动。课程计划和课程标准由能够代表教育行政管理部门的教育专家、学科专家、教育决策者等人员来制定,是至高无上的。教师对课程的设计、选择、修改没有任何发言权,课程和教学实施的效果好坏取决于课程计划和课程标准的实现程度。在师生关系方面,教师是知识的占有者、承载者和传播者,其任务就是教会学生课程内容,学生则被动接受和听从教师的命令安排。忠实的课程实施取向下的教师没有课程意识,也没有课程开发权力,是标准的“教书匠”。

2. 课程实施的相互适应取向

在课程实施的相互适应取向模式下,课程实施的过程是课程专家和课程实施者(教师)相互商量和研讨的过程,在教学活动的开展过程中,教师总是对课程规划做出适当的修改,以适应自己的教学。与忠实取向的课程实施模式不同的是,教师不再是纯粹的课程执行者,他们可以根据自己的经验、学情、实际需要等因素来调整自己的教学活动。因此,教师有了一定的课程影响力和相当的课程参与意识;但总的来说,课程专家还是居于主导地位。在师生关系方面,教师对学生也不再进行绝对的控制,教师会考虑和关注学生的兴趣、爱好和实际情况,不再把学生当成知识的容器和被动接受指令的机器;但与这种模式下课程专家和教师的关系是以其中一方为主导的一样,教师和学生的关系仍旧是以教师为主导的。

3. 课程实施的创生取向

课程实施的创生取向认为,教师和学生是课程构建的主体,真正的课程是师生共同创造的教育经历和体验,课程实施的过程也就是教师和学生共同创造、体验和构建课程经验的过

① 项贤明.教育学原理[M].北京:高等教育出版社,2019:239.

② 胡守敏,李森.论课程育人生长点的困境与变革[J].课程·教材·教法,2020(7):4—11.

程,外部的课程政策等只是课程资源的一种。在这种模式中,教师具有了充分的课程参与和决策的权利,教师由原来被动的课程执行者变成了重要的课程开发者,教师的兴趣、专长、经验和能力等都成为影响教师进行课程开发的因素;学生也由过去课程与教学实施的对象变成了充分发挥自我主体性的积极参与者。因此,按照这种模式,师生双方共同体验和构建课程,他们彼此尊重、互相影响,双方都是课程建设共同体中同等重要的成员。

在本节的开始我们提到,教学是课程实施的主要和基本途径,而教学设计又是教学活动展开的起始环节;在此,我们引述学者所概括的不同课程实施取向下教学设计所呈现的不同特征,以便更好地理解课程实施的取向问题:在课程实施的忠实取向下,课程是由作为"工程师"的课程专家所确定的"图纸",教学设计则是由作为"工匠"的教师基于"图纸"(且必须与之保持一致)而完成的工程,课程内容与目标应被忠实地呈现与实现;在课程实施的相互适应取向下,教学设计是课程专家、教师、学生之间交互作用、协同进行的教学规划活动,可以根据具体教学情境而持续修改完善和彼此适应,正如制定比赛方案的教练和依据比赛情境调适既定方案以取得理想效果的队员一样;在课程实施的创生取向下,教学设计是教师和学生在具体教育情境中持续创造的过程,教师的经验和教学能力等获得充分体现,师生双方的主体性都得以充分发挥①。

如今,很多一线教师都在积极适应和追求创生取向的课程实施模式。比如,在统编版小学语文六年级上册《只有一个地球》的教学中,"人类为什么不能破坏地球"是教学的重点,为了突破这个重点,培养学生自主学习的能力,授课教师共设计了三个教学环节:首先,请各小组的学生有感情地朗读课文,并说说通过读课文懂得了什么;接着,各小组选择自己感兴趣的某一地球资源,借助网络搜集和整理这些资源被破坏的情况和导致的严重后果;最后,利用搜集和整理的信息,让各小组通过论坛向同学们说明地球资源被破坏的情况及恶果,阐述本小组的观点②。传统的教学活动倾向于在第一个教学环节完成之后,教师概括出"破坏了地球,人类将无法生存"的结论便即告终止;而此处的授课教师则结合现代化的教学手段和学生生活的时代背景、个人见闻与体验等,增设了两个教学环节,事实上是创设了一个与日常生活相关的真实问题情境,这激发了学生的学习热情,促使学生将知识学习与个人经验、现实生活联系起来。如此,师生双方都进入了教学设计的过程,通过个人化的持续探究和创造而充分发挥了自我主体性,学生认识真实世界、解决真实问题的能力也有所增强。

无疑,我们所提倡的是创生取向的课程实施模式,只有这种模式尊重了课程系统各成员在开发和实施课程过程中各自所扮演的角色及其应该发挥的作用。因此,创生取向应该成为小学课程与教学实施的追求和发展趋势。课程改革的深入推进已使我们逐渐明白,课程是一个开放性的大系统,课程计划和课程标准、课程专家、教材、教师、学生,以及师生的生活、经验及所处的环境、所接触的人事等都是课程系统的组成部分。在基础的小学教育领域

---

① 周仕德.课程实施取向与教学设计转变[J].教育发展研究,2008(22):80—83.

② 陆胜利.课程创生与语文学科的有效教学策略[J].教育理论与实践,2008(35):60—61.

中，我们应该提倡的是，尊重教师和学生在课程实施过程中生成的教育经验，并发展他们的课程能力去开发、挑选和整合课程资源，高效完成所有的课程与教学实施环节。

二、小学课程与教学实施的阶段和环节

（一）课程实施的阶段

古德莱德的课程层次理论体现了课程实施的几个阶段，小学课程实施的阶段也遵循这种阶段划分办法：第一，理想的课程体现了专家和学者的课程理想及对课程的理念架构，这属于课程实施的起步与规划阶段。第二，正式的课程是获得教育行政部门认可和授权实施的正式课程，由国家和地方通过各种政策法规及课程文件推进实施，各级各类学校按照教育行政部门规定的课程计划、课程标准和教材选定方式，确定教学科目、制定课程表、规划课程方案、选用教材、设计教学内容、搜集教学材料和安排教学时间等，这属于课程实施的采纳与推进阶段。第三，领悟的课程、运作的课程和经验的课程是任课教师根据个人经验和认知水平，领会和感悟正式的课程文本，结合具体的教学条件和学生情况来运作与实施课程，完成教学过程，学生在此过程中获得个人的学习体验，这属于课程实施的进展与完成阶段。

如果说，课程实施的起步与规划、采纳与推进阶段更多地体现为一种社会政治的过程，课程是个人、社会和国家矛盾协调过程中的产物的话；那么，课程实施的进展与完成阶段则更多地体现出不同学段的教师、学生和课程三者间的矛盾和互动情况。在课程实施的进展与完成阶段，教师在“领会和感悟课程”时，已经启动了个人的课程实施历程，但学生尚未参与进来，这是教师在为正式的教学活动过程做准备，这一环节可主要概括为教师的“教学准备或设计”环节；“运作的课程”和“经验的课程”二者是同步发生的，此过程相当于教师组织完成整个教学活动的过程，即教学实施或“教学活动开展”的环节；基于教学评价对教学活动效果的重要影响，教师应将教学评价贯穿于整个教学活动开展的过程中及结束之后。因此，小学课程与教学的实施至少应该包括教学准备或设计、教学活动开展、教学评价这三个基本环节。下面将主要按这三个环节来探讨小学教学的实施问题。

（二）教学实施的基本环节

1. 教学准备或设计

为了完成课堂教学活动，教师首先需要做的是教学准备工作，即我们平常所说的备课。也就是说，教师要基于对教学活动所要达成的目标、学生的起点和需求、教学内容、教学方法、教学媒体等状况的分析而进行所有的计划性和设计性工作。教学准备实质上是一个把有关教学实施活动的理论转化为可操作的具体步骤的设计过程，包括对如何完成每一个子任务、如何分配教学时间、选用哪些或哪种教学方法等具体的任务进行设计。

完整的教学准备或设计主要包括以下几个环节：教学目标设计、教学起点设计、教学内容设计、教学方法和媒体设计、教学评价设计、教学结构设计①。教学目标是衡量教学质量的

---

① 钟启泉，汪霞，王文静. 课程与教学论[M]. 上海：华东师范大学出版社，2008：113.

尺度,教学设计工作的第一步即确定明确而具体的教学目标。教学起点的设计主要是对学生进行分析,包括学生的状态和特征,如年龄、性别、成熟程度、学习动机、个人对学习的期望、学习风格,以及学生的目前状况与目标状况的对比分析等。教学内容的设计过程也就是教学设计者认真钻研课程标准(教学大纲)、教材,选择、组织教学内容的过程。教学方法和教学媒体的设计应该以能否引导学生掌握知识技能、充分发挥其学习的积极性和主动性,以及实现其全面发展为标准。教学评价设计的内容主要是确定评价的策略和方式、方法。教学结构是指为了完成一定的教学目标,在时间和空间上,各种因素的"排列"和"组合",教学结构设计的内容包括确定哪些教学环节、分配各个教学环节应该占用的时间、如何应用教学媒体和教学方法进行教学活动等。其实,教学结构的设计工作也即恰当地进行教学目标、教学内容、教学方法和教学对象的设计和构思工作。

即使是同样的教学内容和教学对象,不同的教师往往会有不同的教学设计和计划,因此,教学准备和教学设计是一项极具创造性的工作,这也为教师提供了很大的工作空间。但是,在小学教学目标的设计方面,教师较易产生的一种倾向就是过度"看重"自己的教学设计,进而在开展教学活动的过程中去"代替"学生思考,并将自己的设计"强推"到学生的思维中,从而忽略了学生的个人经验。而《义务教育课程方案(2022 年版)》在谈及当下"深化教学改革"的问题时则指出,要"加强知识学习与学生经验、现实生活、社会实践之间的联系,注重真实情境的创设,增强学生认识真实世界、解决真实问题的能力"[①]。

请看下面一则常被引用的案例。

案例 6-1

萤火虫燃烧了自己,怎么了?[②]

一堂语文课上,一位小学语文教师让学生回答一个课本上的问题:"萤火虫燃烧了自己,怎么了?"没有学生举手,老师叫了一个学生回答,他说:"萤火虫燃烧了自己,它没怎么。"老师叫他坐下后,很焦急地鼓励学生,让大家再仔细想想。突然有个学生举手,老师很高兴,赶紧叫他回答,他说:"萤火虫燃烧了自己,它死了。"老师面无表情地叫他坐下,又继续鼓励学生在书上找答案。终于,有个学生答出来了:"萤火虫燃烧了自己,照亮了人间!"这时,老师焦急的脸上终于露出了笑容。

按照传统的习惯,教师在走上讲台之前要做的工作就是能够全盘驾驭所要传授给学生的知识,走上讲台之后的工作即把自己所准备的知识逐渐呈现,教师控制着整个教学过程,一些模糊的、不确定的因素是不被允许出现的。但是,这些因素可能正是能够发展学

① 中华人民共和国教育部.义务教育语文课程标准(2022 年版)[M].北京:北京师范大学出版社,2022:14.

② 唐晓杰.课堂教学分析与评价的取向[J].现代教学,2004(9):41—43.标题为本书作者所加。

生思维能力、培养学生创造潜能的东西。《义务教育语文课程标准(2022 年版)》指出:“义务教育语文课程培养的核心素养,是学生在积极的语文实践活动中积累、建构并在真实的语言运用情境中表现出来的,是文化自信和语言运用、思维能力、审美创造的综合体现。”[①]其中,思维能力的培养一定要重视和保护好学生的好奇心、求知欲、勇于探索、积极思考的习惯等。因此,小学教师应该要勇于“放弃”自己对课堂教学的控制力,并不惮于把来自学生、自身和课堂教学环境中的“计划外”因素引发出来,培养学生思维的灵活性、独创性和批判性等特征。

教学起点设计、教学方法和媒体的设计工作必须与教学内容设计的工作结合起来进行。小学教师在理解课程标准内涵的基础上解析教材内容,同时,还得结合小学生的认识水平、学习动机和学习风格等因素,对教材进行增补、取舍和再加工,使学习过程切合学生的认知结构;在此前提下,根据学情选用适当的教学方法和教学媒介手段,实现教学目标。一般而言,对教材的再加工应该考虑小学生的学习动机普遍较强,但认识与思维水平有限等特点,根据教学内容综合选用包括语言、文字、粉笔、黑板、电子设备和实物等教学媒体和工具,完成教学准备工作。

2. 教学活动开展

教师将个人的教学准备结合实际的教育条件运作于实践中的过程即教学活动的开展过程。本部分主要从认识小学教学过程的特点、选用适合于小学教学的策略两方面来谈小学教学活动开展的问题。

小学教学过程也是教师和学生、教和学的双边活动过程,学生在此过程中以间接的方式去学习间接性的知识和经验,并实现全面发展,因此,小学教学过程也具备一般教学过程共有的双边性、间接性、发展性等特点。但它又有一些独特的地方:小学教学过程中的认识活动是有领导的认识和教育性的认识[②]。小学生是不成熟的、发展中的主体,无法依靠自己的力量去完成社会所要求和规定的教学任务,因此,小学教学活动的方向、内容、方法、进程、结果和质量,都是由经过专门培养和训练的教师引领、决定和负责的;要注意的是,教师发挥引领作用时要承认学生的主体地位和使自己的引领方式多样化。另外,小学阶段各门课程的教学过程,同时也是学生接受德智体美劳全面教育的过程;而教学活动也是实现国家既定的根本利益与要求的主要途径,教育性这一特征在小学教学过程中带有客观必然性和目的性。

小学教师在组织和开展教学活动时需要注意的策略很多,此处主要从教学铺垫和课堂交流两方面来展开。

教学铺垫的策略是指,基于前文所提的教学准备工作,即在明确教学目标、了解学生的起点和需求、选择教学方法和教学媒体等的基础上,创设好开展教学活动所需的物理条件和心理条件,前者如教室布置、学生的座位安排、教具放置等,后者如课堂气氛的渲染、师生双

---

① 中华人民共和国教育部.义务教育语文课程标准(2022 年版)[M].北京:北京师范大学出版社,2022:4.

② 黄济,劳凯声,檀传宝.小学教育学(第二版)[M].北京:人民教育出版社,2007:204.

方的期待等。小学教师应该了解一些小学生的认知和心理特点,如:注意的集中性和稳定性较差,注意集中的时间很难超过30分钟;注意的分配和转移能力差,很难做到一边听讲一边做笔记,或迅速地从完成一项任务的状态中转移到另一种状态中去;知觉的精确性较弱,容易混淆形近字或一些相近的概念;等等。教师应根据小学生的实际情况做好开展课堂教学活动的铺垫工作。

课堂交流的策略主要包括教师提问的策略和组织课堂讨论的策略[①]。教师提问在课堂教学中的重要性不言而喻,一个教学有成效的教师同时也一定是一个很好的提问者,课堂发问可以激发学生参与教学活动的动机,实现由教师中心向学生中心的转移,营造和谐、宽松的课堂气氛。有效的发问技巧主要有转向、启发和追问,有时等待也是一种重要的发问技巧。在小学课堂上应用讨论策略时,教师应该把关注点放在使每一个学生都积极地、真正地参与到讨论中去,使每个人的意见都得以表达,并在此基础上提升交流的深度。在贯彻课堂交流的策略时,教师应该注意以下几点:第一,淡化个人的权威意识,使自己成为学生学习的促进者、指导者和合作者。第二,教师应提高所提问题的质量,调适问题的难度,兼顾提问对象的水平和层次,多提有效的问题,尽力避免那种浮光掠影式的、难度过高或过低的、反复的无效问题,避免问题提出后出现冷场的情况。第三,教师要把握课堂讨论的契机,"在教学的重点处开展课堂讨论,在学生理解的疑难处开展课堂讨论,在知识的关键处开展课堂讨论"[②];另外,教师还应以适当的方式引导课堂讨论活动,使之成为有效的和有利于问题解决的教学行为,不要追求讨论的形式,避免表面热闹非凡、实质空洞乏味的课堂教学行为。

下文是特级教师支玉恒执教的《匆匆》一课中的一个小片段,请关注他开展课堂提问和引发学生观点的环节。

案例6-2

《匆匆》教学片段

上课初始,教师请学生解释"匆匆"一词的含义:

生1:("匆匆")就是形容做事、走路匆匆忙忙。

师:你用"匆匆忙忙"解释"匆匆",能否换个解释方法?

生2:"匆匆"就是忙碌(的意思)。

师:忙碌很可能匆匆,但所有忙碌的人不见得都匆匆。

生3:("匆匆")就是过得飞快。

① 扈中平,李方,张俊洪.现代教育学[M].北京:高等教育出版社,2005:316.

② 谌业锋.课堂讨论的组织策略[J].四川教育,2006(11):27.

师："快"就是"匆匆"吗？是当"快"讲吗？我们国家有个刘翔跑得快不快？

生(齐)：快！

师：刘翔跑起来很"匆匆"？

生齐笑。

生 4："匆匆"就是"急"！

师：再加一个字！

生 4：急忙！

师：变成重叠字！

生 4：急急忙忙！

师：就是"急急忙忙"，事情多，时间短，(所以)急急忙忙！

这个小片段中所表现出的第一个突出特点就是师生之间合作、融洽的课堂教学氛围，教师潜在地发挥着促进和指导学生学习的作用，其作用的发挥方式是春风化雨式的、润物细无声式的；其次，教师的提问一环扣着一环，问题本身的难度与学生的思维水平相适宜，使学生易于作答，并引发学生轻松地表达个人观点。

3. 教学评价

前文所言，教学评价应该贯穿于教学活动发生的整个过程及之后。在组织教学活动的过程中，教师应时刻保持评价意识，并采纳过程性的评价价值取向，多使用形成性的评价方法。只关注学生是否达到了一节语文课或数学课的教学目标，而不关注学生在相关内容的学习过程中是否发展了相关的学习兴趣、相关内容是否激发了学生的思维和发展了他们的创造素养等，这种评价意识是不合适的。

在教学活动结束之后，传统的教学评价多是通过教师使用的课程材料、学生的学业成就、教师教学行为表现等角度来进行的。课程材料即开展教学活动所使用的那些课程资源，包括课程计划和课程标准、教材、参考书等；学生的学业成就往往通过种种测验和考试体现出来，人们也运用问卷、访谈等方法来调查和评价学生的学习态度、方法、习惯与能力；评价教师教学行为表现的方法有综合量表评价法、分析法和调查法等。在探讨教学评价问题时，现有的研究突破了过去教学评价只关注学生学的结果的局限，加入了评价学生学的行为和教师教的行为的相关内容。评价学生学的行为有助于评价者全面、准确地获取学生学习的信息，为有效改进教和学提供更具针对性的真实资料；评价教师教的行为即评价教师的教学设计行为、组织实施行为、课堂管理行为、人际交往行为等①。这些都是小学教学评价不可或缺的方面。

我们知道，依据不同的维度，教学评价可分为以下几种类型：以评价主体为依据，教学评

① 钟启泉，汪霞，王文静. 课程与教学论[M]. 上海：华东师范大学出版社，2008：273—274.

价可分为他评价和自评价;依据评价所起的作用的不同,则有诊断性评价、过程性评价与终结性评价;以评价标准为依据,有相对评价、绝对评价与个体内差异评价。传统的小学教学评价活动中,常用的是他评价、终结性评价和相对评价的方法。这些方法的评价主体单一,过于强调结果评价,过程评价和综合评价明显不足,没有充分关注在培养小学生具备正确价值观、必备品格和关键能力的核心素养方面的表现,与《义务教育课程方案和课程标准(2022年版)》所追求的理念有很多不符的地方。

因此,在课程改革深入推进的今天,我们应持续进行调整和完善。比如,针对过去主要由教师来评价学生的教学评价主体单一的问题,教师要发挥多元评价主体的积极作用:充分尊重小学生的主体地位和关注其个体差异,引导小学生开展自我评价和相互评价,此外,学校管理人员、班主任、家长也可以参与进来,通过多主体、多角度的评价反馈,帮助小学生处理好学科学习和个人成长的关系,发掘自身潜能,学会自我反思和自我管理①;再如,针对过去过于倚重学业水平考试之类的终结性评价的状况,教师应在教学活动中更多地贯彻过程性评价:依据各学段的学习内容和学业质量要求,广泛收集小学生的课堂关键表现、典型作业和阶段性测试等方面的数据,考察小学生在学科学习过程中表现出来的学习态度、参与程度和核心素养的发展水平②;等等。正如《义务教育课程方案(2022年版)》中所提倡的:"全面落实新时代教育评价改革要求,改进结果评价,强化过程评价,探索增值评价,健全综合评价,着力推进评价观念、方式方法改革,提升考试评价质量。"③

三、小学常用的教学方法及其选择与分类

在现代教育学的论著中,关于教学方法的论述并不少见。例如《中国大百科全书·教育卷》中将教学方法定义为"为了完成一定的教学任务,师生在共同活动中采用的手段。教学方法既包括教师教的方法,也包括学生学的方法"④;王策三在《教学论稿》中将教学方法定义为:"为达到教学目的,实现教学内容,运用教学手段而进行的,由教学原则指导的一整套方式组成的、师生相互作用的活动"⑤;李秉德在其主编的《教学论》中认为教学方法是"在教学过程中,教师和学生为实现教学目的,完成教学任务而采取的教与学相互作用的活动方式的总称"⑥。

从上述定义可以得出以下结论:第一,教学方法是教师教的方法和学生学的方法的统一,包括教师的教授和学生的学习,所以教学方法的主体是教师和学生。第二,教学方法是师生为了实现教学目的而共同实践的手段。第三,教学方法总是和教学目的与教学任务相联系,并为实现教学目的和任务服务的。为此,教学方法更深入、更全面的理解应为:教学方

① 中华人民共和国教育部.义务教育语文课程标准(2022年版)[M].北京:北京师范大学出版社,2022:47.

② 中华人民共和国教育部.义务教育语文课程标准(2022年版)[M].北京:北京师范大学出版社,2022:46.

③ 中华人民共和国教育部.义务教育课程方案(2022年版)[M].北京:北京师范大学出版社,2022:14.

④ 中国大百科全书总编辑委员会《教育》编辑委员会编辑部.中国大百科全书·教育[M].北京:中国大百科全书出版社,1985:151.

⑤ 王策三.教学论稿[M].北京:人民教育出版社,1985:244—245.

⑥ 李秉德.教学论[M].北京:人民教育出版社,2000:197.

法是为了达到一定的教学目标，教师组织和引导学生进行专门内容的学习活动所采用的方式、手段和程序的总和；它包括了教师的教法、学生的学法、教与学的方法，用来使学生在教师指导下从不知到知，从不完全的和不确切的知到完全的、确切的知的方法。

下面探讨我国小学常用的教学方法及其选择与分类等问题。

（一）我国小学常用的教学方法

教学方法多种多样，但在我国中小学常用的教学方法主要有讲授法、谈话法、讨论法、演示法、实验法、练习法等。

1. 讲授法

讲授法是教师运用语言，系统地向学生传授知识的方法。讲授法目前使用普遍，是最基本的教学方法。在班级教学的组织形式下可以体现出它最大的优点，即使学生在短时间内获得尽可能多的知识。讲授法能充分发挥教师的主导作用，但并不意味着它指向注入式的教学。小学语文教师在讲授《秋天的怀念》一课时，常采用最基本、最传统的讲授法，由于这篇课文语调深沉、情感真挚，教师认为，采用其他的教学方法反而会破坏课文的意境，而课堂上教师以自己的讲授为主，缓缓地、深情地朗读，富于启发、语言流畅地进行讲解，学生的情感往往会受到极大的感染和震撼，收到很好的教学效果。

在运用讲授法时要注意以下几点：①讲授的内容应具有科学性、思想性、系统性和启发性。讲授时要做到由浅入深，注意新旧知识联系，做到层次分明、条理清楚、逻辑系统；要注意突出重点，着力讲清重难点；讲授时举例要典型，分析要精辟，而且如果讲授得当，给学生创造思考空间，对于启发学生思考，使学生透彻理解具有非常重要的影响。②教学语言要清晰、简练、正确、生动。教师音量、语速适度，可以配合身体语言。避免拖沓，注意语法规则，说话要通俗，给学生清楚明了的表象，使讲授生动有趣。教师平时要多注意练习，要掌握语言艺术。③讲授过程注意观察学生的反馈。教师在讲授的过程中，要注意观察学生听讲的状态，判断学生是否能够理解，是否集中了注意力，是否引起了情感共鸣。同时，依据这些反馈及时调整讲授速度、音调甚至内容。教师要善于设问解疑，考虑学生需求，激发学生的求知欲望和积极的思维活动；同时，要能够通过学生的回答检验自己的讲授内容是否被学生接受。

2. 谈话法

谈话法是教师根据教学内容和学生已有的知识经验，提问学生，并引导学生对所提问题得出结论的一种教学方法。它也是最古老的教学方法之一，我国古代的孔子、古希腊的苏格拉底运用的师生对话即为基本的谈话法。谈话法有利于发挥学生的主体性，在各年级和各学科的教学中经常被采用。应该注意的是在运用谈话法的时候，并不是学生的话语越多，越能体现学生的主体性。一位教师在上课十五分钟内，提问了十多位学生，但要求学生回答的问题多是背诵概念，或对前面同学背诵不完整之处进行补充，我们说，如此使用谈话法则仍然是由教师主导的。

在运用谈话法时要注意以下几点：①提问的明确性和难易程度。提问是一种刺激，它可以扩大学生的思考范围，激发学生思考问题的积极性和主动性。教师提的问题要具体明确，是学生所能理解的,不能模棱两可。同时,如果提的问题过浅、不能促使学生思考,反而会使他们感到乏味而降低学习兴趣;如果过难,学生不知如何答好,也达不到教学目的。②营造宽松的氛围。仅仅凭借教师的提问引发学生思考和讨论还不够,教师还需要营造讨论的活动氛围,为学生创造宽松、民主的话语空间,使学生敢于发言,真正参与到谈话教学中。③教师对课堂问题的驾驭能力很重要,而这种能力产生的前提需要教师在谈话前有充分的准备以及相应的教学机智。

3. 讨论法

讨论法是师生围绕一个主题,对话,思考,相互启发、补充或争论,从而使学生获得知识、提高认识的教学方法。它有利于拓宽学生视野,在学习和讨论中理解师生之间、生生之间彼此的互通性,同时激发学生动脑筋思考、钻研问题,加深其对知识的体会。讨论法可以是教师与全班学生共同讨论,也可以将学生分成小组,进行小组讨论。一位小学教师在讲授统编版《道德与法治》三年级下册"我家的好邻居"一课时,对学生进行了调查,了解学生看到的社区生活或邻里关系中,有什么是值得称赞的,有什么需要改进,结果发现很多同学都提到由于自己家或邻居家里漏水,引起大人们吵架,邻里关系不和,结果小孩子们见面都很不开心。于是,教师和学生便以"楼上漏水,渗到我家,我该怎么办"为主题,组织学生进行讨论,师生之间、生生之间从各自的观察和生活体验出发展开了对话,他们互相启发和补充,思考"应该怎样处理生活中的邻里关系"的问题,最后,在教师的引导和总结下,大家都明白了"邻里之间的和睦,需要相互帮助、相互理解、相互包容和正确沟通"的道理。

在运用讨论法时要注意以下几点:①选择恰当的问题。课堂上学生讨论的问题一般由教师拟定,教师要慎重考虑选择什么样的讨论问题,既要符合学生的认知水平,又要具有启发性,能够唤起学生探究的欲望,同时还要具体、明确。②讨论前,教师要做充分的准备。课前,教师可以指导学生搜集有关资料(如阅读教材和参考资料,进行调查访问等),认真准备意见。课堂上,在讨论前,教师还要用语言做一些必要的铺垫,讲清问题的背景,并做一定的引导,提出讨论过程中学生应该遵守的要求,比如:认真倾听别人的发言,发表意见时不要过分喧哗,指定专人负责记录,等等。③讨论的过程中要注意观察与引导。在讨论过程中,教师的主导作用以隐性的形式表现出来,这对教师专业能力的要求反而更高。教师要及时观察学生的表现,分析学生的思维状态,在必要的时候要参与其中,引导讨论的思路甚至观点。④鼓励全体学生参与。讨论是一种合作行为,教师要鼓励全体学生参与其中、自由表达,尤其对于学习能力较弱或者性格方面不够开朗的学生,要特别留意,鼓励他们大胆表达。⑤讨论之后要及时总结与评价。总结可以从多个角度进行,比如针对学生提出的多种观点、方法,教师给予汇总与补充,修正错误的想法,鼓励学生大胆地设想、猜测与质疑;针对讨论中学生是否遵守了要求,教师及时肯定或提醒学生应该如何表达自己的意见、如何表达自己与别人的不同、如何给别人提建议等。

4. 演示法

演示法是教师在上课时,或呈示实物、教具,或进行示范性实验,或运用现代化教学手段播放视频，使学生获得感性认识，从而说明或印证所传授知识的方法①。演示的手段一般包括实物或模型、标本、挂图、视频等虚拟手段，也包括教师的一些示范性动作或操作等的演示。演示法有利于促进学生对学习内容的进一步理解，尤其是一些操作性教学内容，演示法能够提供真实、可见的教学情境。一位小学数学老师在讲授"时、秒、分"一课时，出示了一个大型表盘挂图，同时，给学生放映了一段自制的小视频"小熊为什么会迟到"，说的是由于小熊分不清时针和分针，结果上学迟到的故事，学生马上对表盘上三个长短不齐的表针充满兴趣。

在运用演示法时要注意以下几点：①演示前，教师要做好充分准备。明确演示目的，选好演示工具，同时要指导学生关注观察的目的和对象，防止学生盲目观察。要尽可能地让学生运用各种感官，去充分感知学习对象。演示不但能够激发学生的视觉，而且可以让学生的听觉、嗅觉、触觉接触演示的物体，加深学生对内容的了解和掌握程度。②抓住演示的重点。要使学生注意观察演示物体的主要特征和重要方面，不要使他们的注意力分散到一些细枝末节上去。要做到这一点，教师在演示时应对演示对象加以必要的说明，告诉学生要观察什么、注意什么。同时，提出一系列问题，把学生的注意力引导到必须进行观察的事物上去。要尽可能让学生观察一些变化、发展的活动的东西，使学生获得深刻完整的印象。③注意学生的注意分配。演示要适时，应当在使用时才展示直观教具，过早地把教具拿出来，会分散学生的注意，削弱新颖感，降低对它的兴趣。教具用过后，应当及时收起来。在演示时，要适当配合讲解或谈话，并引导学生对观察的结果做出明确的结论。

5. 实验法

实验法是学生在教师的指导下，运用一定的仪器设备进行独立实验作业，以获得知识或验证知识、培养操作能力的方法。这种方法被广泛地运用于物理、化学、生物等自然科学的教学中。实验教学一般需要创造一定的条件，实验通常是在专门的实验室和生物实验园地进行的。实验法对学习现代科学技术具有非常重要的意义，它不仅有利于学生主体性的发挥，加深其对科学知识的理解，同时能激发学生对科学的兴趣，掌握科学探究的基本方法，提高学生观察与学习思考的能力，在学习过程中培养学生的探索和发现精神。一位小学科学教师在讲到植物的根与茎能够传导养分这一科学事实的时候，让学生分成小组，做一个实验。教师给每组学生发了一枝白色的月季花，学生用小刀将月季花的茎劈开成两半，同时准备两个盛满水的纸杯，一个杯子滴入蓝墨水，一个杯子滴入红墨水，然后将月季花的茎一半插入有蓝墨水的水杯里，一半插入有红墨水的水杯里。第二天，当同学们走进教室的时候，惊讶地发现雪白的月季花"染"上颜色了，一半是暗红色，一半是淡蓝色，大家围着自己做的彩色的花欣赏了好半天。

在运用实验法时要注意以下几点：①实验前做好充分准备。实验需要有相应的实验仪器设备，教师要经过精心选择安排好仪器设备、材料和用具；编制实验计划；进行分组；预测实验可能发生的结果；等等。②明确实验要求。实验开始时，教师要向学生说明实验目的、

---

① 汪刘生.教学论[M].合肥：中国科学技术大学出版社，1996：153.

实验步骤和注意事项;实验进行时,要具体指导;实验结束时,要进行总结,总结时,教师可以指定学生报告他们的进程和结果,然后由教师做出简短的概括和小结。③教师的及时指导。教师对学生进行个别指导,及时指出实验中存在的问题,在实验结束后,分析实验成败的原因,及时总结经验和教训。教师不宜多提那些可以用"是"或"不是"来回答的问题,这不利于培养学生的表达能力、衡量学生的知识质量。

6. 练习法

练习法是在教师指导下,学生通过课堂作业和课外作业,以巩固知识、形成技能技巧的一种教学方法。它不是独立存在于课堂教学当中的,在讨论法、实验法、谈话法中都有用到,而且这种方法在各科教学中均可采用,具体包括口头练习、书面练习、操作练习等。

在运用练习法时要注意以下几点:①明确练习要求。进行练习时,教师必须使学生明确练习的目的和要求。只有当学生了解为什么要练习,要达到怎样的要求,才可能有较高的自觉性和积极性。而且练习的要求是逐步提高的,既应是学生力所能及的,又应保持一定的难度。②对练习的检查和反馈要及时。学生的练习作业是学习结果的一种表现,反映了学生知识技能掌握情况,教师应该通过积极的反馈,提示学生需要进一步努力的方向,同时通过与学生的相互交流,使学生对教师产生信任感。③练习设置的难易程度。练习应在完成基本教学目标的情况下进行,也就是说练习的设置要考虑学生的最近发展区,既不使学生感到不可承受,又能让学生感觉到练习的价值和趣味性。如果练习量或者难度过大,就会使学生感觉到学习困难、吃力,影响学习效果。

教学方法的呈现并不意味着把教学方法假定成为某种确定不变的、独立的、规定好的内容和程序,它们只能是大概的、相对的。从实际教学中,我们会发现,没有一位教师真正从教学方法分类中做详细、具体的选择,也没有一位教师事先求助于教学方法的使用范围再走上讲台。在教学方法的科学运用上,有学者提出,衡量教学方法优劣的标准是方法的合目的性与适用性及其统一的程度[①]。因此,使用教学方法要尽量考虑到教学内容、学生学习特点、教学方法本身的特性以及教师的教学能力等方面,才能使教学效果达到最佳。同时,因为对"教学"有不同的理解,每位教师都有一系列独特的、混合的教学方法。

(二) 教学方法的选择

教学方法的设计对实现教学目标起着至关重要的作用。究其原因,是由于它在如何根据学生心理特点、完成教学内容,以及达到教学目标之间起着一种中介、联结的作用。教学目标能否实现,很大程度上取决于教学方法。不过,就教学方法本身来说无所谓优劣、好坏,只有适当。教师选用适当的教学方法主要受制于以下四个因素。

1. 教学目标的要求

教学目标是教学过程中所有元素的核心。根据教学目标来选择方法要考虑以下几点:①特定的目标往往要求特定的方法去实现。认知领域的目标有知识、理解、应用、分析、综

---

① 王典宏.论教学方法的合目的性与适用性[J].华中师范大学学报(哲学社会科学版),1994(6):81—84,128.

合、评价六个层次。通常,只要求达到识记、了解层次的,可选用讲授法、介绍法和阅读法等;要求达到理解、领会层次的,可选用质疑法、探究法和启发式谈话法等;要求达到应用层次的,则应选用练习法、迁移法和讲评法等;而对于高层次的目标,如分析、综合、评价,则应选用比较法、系统法、解决问题法、讨论法等。②综合运用各种教学方法。由于教学目标的多样性、多层次性,教学方法的运用也需要多样化的综合运用。同样的教学内容可以使用多样的教学方法,比如对于新的应用题教学,可以让学生先在自己的作业本上写出自己的想法,再组织学生小组讨论,总结多种解法,让学生的独立思考和相互启发结合起来。③灵活运用,扬长避短。每一种方法都有助于实现一定的教学目标,具有其独特的功能和长处,同时也都有其局限性和不足之处。因此,我们选用不同的教学方法时要尽可能地避免其缺陷。如选用发现法时,要克服其费时、费力的缺点;若用讲授法时,则要努力调动学生学习的积极性、主动性。

2. 教学内容的特点

除了教学目标,不同教学内容也制约着教学方法的选择。即便是同样的教学目标,学科性质不同,具体内容不同,所要求的教学方法也往往不一样。例如,同样是语文课文,古诗词的教学方法和说明文的教学方法必然不同,同样是为了培养操作能力,科学课上多采用实验法,而音乐、美术、体育课上则常采用练习法。

3. 教师的素质与个性特点

教师的素质也是考虑教学方法不可忽视的重要因素。由于教师个性的影响,不同的教师使用同一种方法的效果显然会有差异。这里的个性主要是指在教师个性心理特征基础上表现出来的教学风格,对不同课堂气氛的好恶,与学生的亲密程度,等等[①]。例如,一位平时总是表情严肃的教师在使用"游戏法""角色扮演法"时,可能就不如一位平时和蔼可亲的教师采用这种方法的效果好。教师素质的差异也制约着教学方法的选择,如果一位教师善于根据自己的特点,选用某种教学方法来弥补其个人素质的不足,可能会收到意想不到的效果。例如,一位口语不佳的英语教师,可采用视听法,利用电子教学设备,如录音机播课文、读单词,来弥补素质的缺陷而取得良好的教学效果。因此,作为教师,要选择合适的教学方法,首先要正确地认识自身素质和教学风格;其次要善于扬长避短,根据自己的特点选用恰当有效的教学方法。

4. 学生的年龄特征和学习特点

教学方法的选择还应考虑学生的年龄特征,对处于不同年龄阶段及思想水平的学生要采用不同的教学方法[②]。例如,对小学低年级学生或思维水平低下的学生采用发现法和讨论法,往往不能达到预期的教学目标。对低年级学生采用"角色扮演法",往往更有利于激发他们的学习动机和兴趣。学生的思维类型差异和个性差异也影响着他们对不同方法的好恶和适应性,如有的学生必须在教师讲解后才能清楚地掌握知识,有的学生要通过亲自动手操作

① 张庆子.浅析教学方法的选择原则[J].教学研究,2005(2):179—180.

② 张庆子.浅析教学方法的选择原则[J].教学研究,2005(2):179—180.

后才印象深刻,还有的学生则只有对经过充分讨论或自己发现的知识才能够做到过目不忘。此外,无论选用什么方法,都应考虑如何调动学生的积极性,使外在要求转化为内在的学习需要,这样选择的教学方法才有成效。同时,教学方法的选择既要考虑学生的年龄特征,又不能脱离学生的原有基础。总之,方法的选择必须反映学生的主体要求,只有把学生学习的主体性和学习特点结合起来,学生才能学得既主动又有效。

综上所述,教学方法的选用必须以教学目标为中心,综合各种因素的制约作用,这样才能发挥课堂教学的整体效应。

(三)教学方法的分类

目前在教学实践中运用得卓有成效的教学方法不胜枚举。对如此众多的教学方法,需要进行科学的分类,这样既有利于教师正确认识和选择应用各种教学方法,又有利于教学方法本身的发展。关于教学方法有以下几种具有代表性的分类①。

1. 教法与学法平行的分类

这种分类比较简单,即把教学方法分为教授法和学习法。教授法分讲授、讲读、谈话、演示等;学习法包括练习、实习、独立作业等。

2. 从学法到教法的分类

有些人强调教学方法受学习规律的制约,所以教学方法实质受学习方法的制约,有什么样的学习方法就必然有与之相适应的教学方法。因此,将学习方法归纳为五种,即模仿、抽象概括、问题解决、逻辑推理和总结提高,相应地就有示范教学法、概括教学法、求解教学法、推理教学法和反馈教学法这五种教学方法。

也有人从记忆、理解、探索三个思维水平以及知识、技能和态度三种学习内容这两个维度将学习分为九种,即记忆、领会、解疑、模仿、操作、试误、效仿、体验、反思,然后再从相应的激发学生思维所达到水平和传授内容两个维度将教学方法分为九种,即陈述教学法、论证教学法、设疑教学法、示范教学法、导练教学法、陪练教学法、约束教学法、陶冶教学法、剖析教学法。

3. 依据认识论的分类

苏联教育家斯卡特金把教学过程看成是学生认知发展的过程,根据学生认知积极性和独立性的程度,把教学方法分为五类,即图例讲解法、复现法、问题叙述法、局部探求法和研究法。

4. 依据教学方法形态的分类

这种分类是按照教学方法的外部形态及学生认知活动的特点,把教学方法分为四大类,即以语言传递为主的方法、以直接感知为主的方法、以实际训练为主的方法和以引导探究为主的方法。

5. 依据教学过程的分类

这种分类是按照教学过程的不同环节将教学方法分为三大类,每一类包括几个小类。

---

① 黄甫全,王本陆.现代教学论学程[M].北京:教育科学出版社,1998:241,248.

第一类是组织认知活动的方法；第二类是刺激和形成学习动机的方法，包括刺激学习兴趣的方法和刺激学习责任的方法；第三类是检查和自我检查的方法，包括口述检查法、书面检查法和实际操作检查法。

6. 依据心理学的分类

这种分类是根据心理学把人的学习活动分为认知和情意两大方面，而把教学方法分为两大类。一类是与有意识的习得性学习活动有关的教学方法，包括与学习知识信息有关的教学方法、与习得动作技能有关的方法、与习得智力技能及认知策略有关的方法和与习得态度有关的方法；另一类是与调节情意有关的教学方法。

第三节　小学课程与教学的资源

随着新课程改革的推进，动态的、丰富的课程资源观取代了传统的教材观；人们也越来越认识到，课程资源的支持是实现课程改革目标的重要保障。

目前对课程资源的概念有广义的与狭义的两种定义方法：广义的课程资源指有利于实现课程目标的各种因素，狭义的课程资源仅指形成课程的直接因素来源[①]。在大多数以“课程资源”为主题的讨论中，多采纳其广义的概念，即形成课程的所有因素来源于必要而直接的课程实施条件。此处也不例外，可以说，能够为小学课程与教学所用的一切因素与信息来源等都可以统称为小学课程与教学的资源。

一、小学课程与教学的资源类型

以有利于人们认识和发现小学课程与教学的资源为主要原则，同时兼顾逻辑上的清晰和解决资源开发与利用过程中有可能出现的问题，我们主要从以下角度来探讨小学课程与教学的资源类型问题：第一，根据课程管理的不同层级可将之分为国家课程与教学资源、地方课程与教学资源和校本课程与教学资源三种类型；第二，按照课程资源的功能特点来划分，可以分为素材性课程与教学资源与条件性课程与教学资源；第三，按空间分布和支配权限来划分，可以分为校内课程与教学资源与校外课程与教学资源；第四，从课程的表现形式和形态等方面来看，可以分为社会资源与自然资源、物质资源与信息资源、纸质资源与数字资源、时间资源与空间资源，或者人力资源、物力资源与财力资源等[②]。

（一）不同层级的课程与教学资源

我国目前正在进行的课程改革实行的是国家、地方、学校三级课程管理制度，由此，小学课程与教学资源也相应地有以下三种类型：国家课程与教学资源、地方课程与教学资源以及校本课程与教学资源。

---

① 吴刚平．课程资源的开发与利用[J]．全球教育展望，2001(8)：24—25．

② 第二种、第三种和第四种分类方法引自吴刚平．解析课程资源[J]．理论研究，2006(Z1)：10—13．

1. 国家课程与教学资源

简而言之,国家课程与教学资源就是国家规定的课程与教学内容,即体现国家意志、为培养未来国家公民而设计的,并依据未来公民接受教育之后所要达到的共同素质而开发的相关课程与教学资源和内容。一般来说,根据课程标准而编写的教材是国家课程与教学资源中的一个最主要、最重要的体现。

值得一提的是,我们常说的"国家精品课程资源"主要是从课程资源质量高低的角度将之上升到"国家一级",它与我们此处所讨论的"国家课程与教学资源"并非完全是一回事。一些学校努力开发出一些精品课程资源,将之提供给国家资源中心,达到推广和促进优质教育教学资源的共建共享之目的。这些课程与教学资源既可以是国家的课程与教学资源,也可以是地方或校本的课程与教学资源。

2. 地方课程与教学资源

地方课程与教学资源是在国家规定的各个教育阶段的课程计划内,由省一级的教育行政部门或其授权的教育部门依据当地的政治、经济、文化、民族等发展需要而开发的相关课程与教学的资源和内容。

从国际上来看,人们之所以思考并最终提出了地方课程或校本课程的概念,其实是源于进步主义教育的理念。进步主义教育的代表人物杜威认为:儿童在学校所面对的课程与其个人的实际生活和经验互相分离与脱节是儿童丧失学习兴趣的主要原因。也正因此,在杜威创办的芝加哥实验学校中,历史教育就是从社区、乡土历史开始的,其实质与我们今天所倡导的地方课程和校本课程并无二致。

在我国,1903年《奏定学堂章程》颁布的"初等小学堂必修科课程表"中规定了"历史""地理""格致"等科目,其中历史课内容为"乡土之人端故事及本地古先名人事实",即当地流传的民间故事及本乡本土古代先贤名人事迹。从中可知其蕴含的一种理念:一个人在开启童蒙之时,历史知识的进入应当首先从身边、从脚下这块土地始,从祖祖辈辈生息繁衍的土地始,而不是从"国家""民族"这些人类学和社会学的大词始①。这种"乡土教育"由于当时社会各方面条件所限,并未得以推广而发挥其应有的作用。20世纪50年代,全国各地曾经开设过有关乡土教育方面的课程。但20世纪70年代恢复高考体制后,应试教育大行其道,全国实行大一统的教学体系,课程、教学、考试和评价等全都向着一元化的方向发展,乡土教育失去其存身之处。20世纪末,地方和校本课程作为我国第八次基础教育领域课程改革的关键词,被明确提出来,地方的课程资源或教学资源开始重新受到人们的重视。

如前所述,依赖于并代表了地方政治、经济、文化、民族、科技等领域的实际状况而提炼的,具有教育意义的资源都是地方的课程或教学资源。地方课程或教学资源可以隐藏在地方上一些符合条件的机关、企业、图书馆、博物馆等具有教育意义的场所中;也可以存在于各种不同形态的地方物质文化和精神文化中,前者如语言、饮食、艺术、建筑等,后者如潜移默化地塑造着个体心理及内在精神品质的传统习俗、风土人情和行为习惯等;更可以存在于极

---

① 王丽.重拾乡土教育,找回"家""国"的支点[N].中国青年报:2009-04-28.

具地方代表性的名人名物、历史典故、自然景观、物产与工艺等方面。

地方教育行政部门成立地方课程资源中心，负责搜集、规划和整理地方课程与教学资源，提高其质量和利用率，这对我们保护和积累优秀的地方课程与教学资源极为有利。

3. 校本课程与教学资源

学校在执行国家和地方所制定的课程与教学计划的基础上，自主开发和设计课程以满足学校和学生的需要，此即校本课程。校本课程与教学资源即学校在实施国家课程和地方课程的前提下，利用当地社区和学校的课程与教学资源而开发的、满足学生需要和供学生选择的内容与资源。

不难看出，校本课程是根据学校的实际、学生的需求、教师的能力等各种因素开发出来的，衡量校本的课程与教学资源优劣的关键在于其是否能够发展学生的个性、兴趣、需要和特长，是否具有鲜明的学校特色，以及校本课程与教学资源的开发过程是否充分体现了师生的自主性和创造性。

校本课程与教学资源的开发主体是学校，但其实包括了校长、教科研人员、课程专家、学生、家长以及社区人员等方方面面的角色，在这些人员中，校长、教师和学生是最主要的校本课程与教学资源的开发者[①]。有关这些不同的角色在校本课程与教学资源开发中的具体任务以及校本课程与教学资源的开发方式等问题，我们将在后面的相关内容中进行阐述。

（二）功能特点不同的课程与教学资源

按照课程或教学资源的功能特点，可以把小学的课程或教学资源划分为素材性资源与条件性资源两大类[②]。

素材性资源的特点是作用于课程与教学，并且能够成为课程与教学的素材或来源，它是学生学习的对象，比如知识、技能、经验、活动方式与方法、情感态度与价值观以及培养目标等方面的因素。条件性资源的特点是作用于课程与教学，却并不是形成课程与教学本身的直接来源，它不是学生学习的直接对象，但在很大程度上决定课程与教学的实施范围和水平，比如直接决定课程与教学实施范围和水平的人力、物力、财力、时间和环境等因素。素材性资源和条件性资源之间并没有绝对的界限，这种分类方法更多地是为了说明问题。现实中的许多问题往往既包含着课程与教学的素材，也包含课程与教学实施的条件，比如图书馆、博物馆、实验室、互联网、人力和环境等资源就是如此。许多不同的材料，如果以条件性资源的眼光来看可能存在天壤之别，而如果以素材性资源的眼光来看，它们的教育价值则是同质的，关键在于运用。

我国小学课程与教学资源中普遍存在的问题主要有：条件性资源分布严重不均衡，农村和落后地区较差；素材性资源未能得到充分挖掘，学校领导和教师在这方面的意识不足；如何根据具体学校的具体情况、调配有限的人力、物力和财力分别进行条件性资源和素材性资

---

① 文银花．浅谈校本课程开发中的三个重要角色[J]．现代教育科学，2009(12)：77—78．

② 吴刚平．解析课程资源[J]．理论研究，2006(Z1)：10—13．

源的建设并保持二者的平衡,以最大化地发挥自己的优势——很多学校没有对此问题进行严肃的思考,而只是一味依赖于条件性课程与教学资源的开发和建设。

因此,对于小学而言,条件性的课程与教学资源需要在安全、场地和物资设备等方面达到基本的标准,过度盲目的条件性资源建设大可不必;与之相反,素材性资源的开发和利用则很难做到"过度",换句话说,"过度"开发和利用素材性的课程与教学资源正是我们的追求。我们应在素材性资源的建设方面做出更多的努力和探索,条件落后地区更是如此。

(三)空间位置和支配权限不同的课程与教学资源

按课程与教学资源所处的空间位置及其支配权限的差异,可以将小学的课程与教学资源分为校内资源与校外资源。校内资源即处于学校的图书馆、实验室、计算中心等校内场所之中,包括校园文化、各种正式和非正式课程、师资力量、学生和其他工作群体等在内的课程与教学资源,它们都是归学校管理的;反之,处于学校的管理权限之外,蕴藏在学校外部的社区图书馆、科技馆、博物馆、工厂、机关、部队、商场、农村等场所之中或校外人士身上的课程与教学资源即校外资源。

开发校内课程与教学资源包括开发和建设校内的条件性资源和素材性资源,前者包括进行学校人力、物力和财力等方面的建设,在时间和空间方面达到并提高课程实施的高标准等活动;后者如校园文化建设、种种正式和非正式课程的开发和挖掘、提高师资质量、学生和校园中的其他工作群体的知识、技能等方面的活动。

小学所在的社区、校外的图书馆、科技馆、博物馆、工厂、部队、机关等作为资料来源,要从中挖掘出重要的校外课程与教学资源:社区提供了学生认识世界与社会的一个立足点和坐标;校外的图书馆可以使学生了解丰富全面的社会文化;科技馆有利于拓宽学生的科学视野;博物馆则有助于学生了解国家的历史底蕴;工厂、部队和机关等单位更是学生实践自己习得知识的场所。在进行这方面的校外课程与教学资源开发时,首先需要建立起学校与这些机构的联系,特别是要加强相关学科与这些机构的联系。比如:加强道德与法治、综合实践活动等学科与社区、工厂、机关、家庭等的联系,加强语文、音乐、美术学科与社区图书馆、博物馆的联系,以及数学、科学与科技馆、工厂等的联系,等等。在当今时代,充分利用网络手段有助于建立起这些联系。此外,寻找和发现热心教育的社会人士,如学生家长、优秀的企业界人士、著名的专家学者、离退休人士等,无论是出于使学生习得更多的知识经验和扩大学生的视野,还是为了建立起学校与校外部门的联系,这些人士发挥的作用都不可小觑。

校内和校外的课程与教学资源对于课程实施都很重要,但从利用的经常性和便捷性来讲,校内资源应该占据主要地位,校外资源则更多地起到一种辅助作用。以往我们忽视了对校外课程与教学资源的开发利用,今后应该加以足够的重视,但绝不意味着在整个基础教育范围内,从根本上改变校内为主、校外为辅的资源开发与利用的基本策略。按照美国课程论专家泰勒的说法:"①要最大限度地利用学校的资源;②加强校外课程(the out-of-school curriculum)的建设;③帮助学生与学校以外的环境打交道。"[1]除此之外,还有必要加强校际联系,实现校际间各种课程与教学资源的共享,这一点也应该被强调。

(四) 形态、形式各异的课程与教学资源

除了以上几种类型的课程资源之外;如前文所言,从课程的表现形式和形态等方面来看,小学课程与教学资源还可以分为以下形态和形式各异的不同种类:社会资源与自然资源、物质资源与信息资源、纸质资源与数字资源、时间资源与空间资源,以及人力资源、物力资源与财力资源等[2]。我们基本上可以从名称上来理解和认识这几种课程与教学资源,所以此处不再一一介绍,仅对现在常说的"数字资源"略做解释。

数字资源是文献信息的表现形式之一,是将计算机技术、通信技术及多媒体技术相互融合而形成的以数字形式发布、存取、利用的信息资源总和,各种数据库、电子期刊与图书、多媒体资料、网络平台资源,以及硬盘等不同存储介质上保存的资源等都属此类。目前,中小学课堂教学领域中使用比较普遍的数字资源如:国家中小学智慧教育平台,由教育部开发建设的包括专题教育、课程教学、课后服务、教师研修等板块的大型网络教育教学资源平台,其中,课程教学板块现已上线了 19 个版本、452 册教材的 19 508 课时资源;慕课(Massive Open Online Courses,简称 MOOC)是"大型开放式网络课程"的简称,即在网上免费提供高等教育课程,中小学领域也可以从中选择和使用相关资源;翻转课堂(flipped/inverted classroom)本质上是一种教学模式的改革,学生可以通过网络视频、播客等网络资源辅助自己的学习,从而更有效地利用课堂内的宝贵时间,学习的决定权由此而转移到了学生手里;微课(microlecture)指根据学生的认知特点和学习规律而建立的时长在 5—8 分钟的"课例片段",一些地区的信息网络中心开设了系统的微课资源;等等。

二、小学课程与教学资源的选择、开发和利用

课程与教学资源是实现新课改理念和推进新课改的载体,从一定程度上来说,新课程改革意味着课程与教学资源的开发与重组。因此,小学课程与教学资源的选择、开发和利用已成为我国推进基础教育领域课程改革过程中一个不可回避的重要课题。

(一) 资源选择

课程资源或教学资源的意识在人们头脑中的逐渐建立也迫使人们具备筛选资源的能力,这种能力体现为:宏观上要明确课程与教学资源选择的依据和原则;微观上要把握小学课程与教学资源选择的几个关注点。

1. 资源选择的依据与原则

一般而言,要把"天然"的课程素材变为有价值的课程与教学资源,至少要经过三个筛子

---

① 吴刚平.课程资源的开发与利用[J].全球教育展望,2001(8):24—30.
② 吴刚平.解析课程资源[J].理论研究,2006(Z1):10.

的过滤筛选,并遵循两个重要的原则①。

第一个筛子是教育哲学,即课程资源或教学资源要有利于实现教育的理想和办学的宗旨,反映社会的发展需要和进步方向;第二个筛子是学习理论,即课程资源或教学资源要与学生学习的内部条件相一致,符合学生身心发展的特点,满足学生的兴趣爱好和发展需求;第三个筛子是教学理论,即课程资源或教学资源要与教师教育教学修养的现实水平相适应。

为使课程与教学资源的筛选机制发挥更好的作用,我们必须遵循的两个重要原则是优先性原则和适应性原则。小学生需要学习的东西很多,远非初等教育阶段的学校教育所能包揽的,因而必须在可能的课程或教学资源范围内和充分考虑课程与教学成本的前提下突出重点,并使之优先得到运用;此外,小学课程或教学资源的选择要考虑小学生的共性、个性和具体特殊的情况以及教师群体的情况,了解师生各方的知识、技能和素质背景,实现课程目标。

2. 资源选择的几个关注点

具体到小学课程或教学资源的选择问题,最好能够做到以下几点。

首先,要基于核心素养来选择课程与教学资源。按照教育部《义务教育课程方案和课程标准(2022 年版)》的要求,小学课程与教学资源的选择要体现培养小学生具备正确价值观、必备品格和关键能力的要求,在教学活动中将育人导向落到实处。

其次,要基于提升小学生的综合素质和实践能力来选择课程与教学资源。《义务教育课程方案(2022 年版)》是对 2001 年颁布的《义务教育课程设置实验方案》和 2011 年颁布的义务教育各课程标准修订完善的结果,其修订的原则之一是“坚持创新导向,强化课程的综合性和实践性”②。为此,我们在选择课程与教学资源时,要重点关注那些能够凸显小学生主体地位、关注小学生个性化和多样化的学习与发展需求、增强小学生综合素质的内容,课程与教学资源要与小学生的真实生活相关联,使小学生学会在真实情境中发现问题和解决问题、具有探究能力和创新精神。

第三,关注和选择包含“跨学科因素”的课程与教学资源。《义务教育课程方案(2022 年版)》在“课程标准编制”模块提出,“原则上,各门课程用不少于 10%的课时设计跨学科主题学习”③。选择包含多门学科因素的教学内容,开展跨学科的主题式教学活动,不仅可以加强学科间的互动与关联、带动课程的综合化实施,也有助于关注小学生的不同兴趣与爱好,发展其分析、探究和解决问题的能力,提升小学生的实践能力和综合素质。

第四,课程资源的选择要尽可能地降低小学生的学习负担和学习难度。课程资源或教学资源概念的引入为教师提供了选择教学材料的自由,但其目的是更好地实现课程目标和具体的教学目标。如果过于追求材料的丰富多样,可能会加重学生的学习负担,这是在本轮课程改革的初期阶段教师容易产生的一种倾向。比如,一些教师不能以“有代表性、简练和能说明问题”为标准挑选资源,以为课程资源越多越好,不管有无必要,总要选取、罗列一些

---

① 吴刚平.课程资源的筛选机制和开发利用途径[J].上海教育,2001(12):18.

② 中华人民共和国教育部.义务教育课程方案(2022 年版)[M].北京:北京师范大学出版社,2022:2.

③ 中华人民共和国教育部.义务教育课程方案(2022 年版)[M].北京:北京师范大学出版社,2022:11.

教材之外的资料，片面追求数量，所选材料杂乱、冗长；另有一些教师则追求形式上的"花团锦簇"和丰富多彩，以文字、图表、图片、漫画、录音、录像、影视作品等多种形式展示课程与教学资源，让学生目不暇接，这可能会违背小学生的学习认知规律，对小学生接收和消化核心与关键信息造成干扰，难以产生良好的学习效果，甚或降低小学生的求知欲、好奇心，削弱小学生未来的学习兴趣。2021 年 7 月，我国印发了《关于进一步减轻义务教育阶段学生作业负担和校外培训负担的意见》，旨在避免加重义务教育阶段学生负担。在推进"双减"政策和深化课程改革的今天，我们在选择小学课程与教学资源的时候，尤其要关注这个问题。

(二) 资源开发与资源利用

课程与教学资源的开发与利用的主体包括教师、学生，以及与课程或教学资源的开发和利用有较密切关系的其他群体。本部分即从教师、学生和其他相关群体三个角度来探讨课程与教学资源的开发与利用问题。在列举不同学科的课程与教学资源开发和利用的案例时，除了小学语文、数学等传统意义上的"主科"类学科外，本部分也列举了一些小学科学、道德与法治和音乐、美术等传统意义上所谓的"副科"类课程资源开发和利用的案例。

1. 从教师的角度

在新课改的背景之下，教师是创造性地实施国家和地方课程的主体，同时也负责校本课程、综合实践活动课程的开发与设计；教师积累并表达个人的教育经验是其开发、利用各种课程资源的源头。"教育经验是在教育经历基础上产生和形成的，……没有教育经历，是很难谈得上教育经验的，……但是，有了一定的教育经历之后，并不必然地意味着积累起相应的教育经验。教育经验的丰富和深刻程度更多地取决于教师个体能否在教育经历基础上动脑筋、想办法，不断发现和解决教育教学问题，不断改进自己的教育教学行为。"[①]在此，教育经历也即教育行动，教师通过思考和总结个人的教育教学实践和生活实践，通过阅读、学习和反思，与他人交流，尝试解决问题和表达自我等教育行动，获得教育经验，从这些经验中可以衍生出丰富多彩的课程资源。因此，教师迈开步伐，勇于探索，展开教育行动，是进行课程与教学资源开发和利用的第一步。

下面几个案例体现了小学教师开发和利用各种资源来实施校本课程，进行小学科学、语文和数学等学科教学的情况。

案例 6-3

珠海市某小学基于乡土文化的校本课程开发案例[②]

选定主题

……具有珠海地域特色的淇澳岛位于珠江口喉咙地带，在伶仃洋上，向东与香港、

---

① 吴刚平. 教师的教育经验及其意义[J]. 教师之友，2005(1)：5—7.

② 李少珠，李育文. 基于乡土文化的校本课程开发研究——以淇澳岛为例[J]. 教师，2021(9)：103—104.

深圳隔海相望。淇澳岛具有深厚的本土人文历史文化资源,如珠海市重点文物保护单位抗英炮台、白石街爱国主义教育基地、苏兆征故居教育基地、中华白海豚教育基地和红树林湿地公园生态教育基地等。因此,我们几位对校本课程开发感兴趣的老师一致认为,该地点具有乡土文化代表性,符合学生探究乡土文化的要求,我们计划紧扣我校"红色教育、绿色课堂、生态校园、健康人生"的办学特色,借助淇澳岛的乡土文化资源,开发具有地域特色的乡土历史文化校本课程,以增强学生的乡土文化保护意识和促进学生的身心健康发展。

前期准备

在前期准备的过程中,我们几位老师多次组织会议进行明确的分工,完成的工作包括:进行实地调研,收集和整理淇澳岛乡土历史文化资源,汇编课程包,邀请专家指导,提交学校申请和论证,制定课程实施计划,与教师、学生进行多次的沟通交流,安排课程活动方案,确定预算和经费支出……在完成这一系列的工作之后,校本课程方案日臻完善。

中期实施

我们共组织了三大主题活动,这三大主题活动也就是实施校本课程的三大途径。

一是通过苏兆征班开班仪式、清明节活动组织学生参观了解名人历史故事,促使学生进一步认识和了解苏兆征,启发学生弘扬苏兆征革命奋斗精神,争做"红色"好少年;激励学生刻苦学习,学好知识本领,将来为建设文明社会、美好家园贡献自己的一份力量。参观完毕,学生写观后感;之后,通过自评、互评、教师评等方式,让学生对乡土文化的历史内涵进行理解领悟、归纳总结,以加深印象。

二是通过主题活动,组织学生重走白石街、抗英炮台,举办专题讲座,培养学生学会观察、学会质疑、学会探究的态度和能力,使学生获得参与实践的探究体验,了解家乡的历史文化,激发学生爱国爱乡的情怀。每到一处,通过教师讲解和让学生自己了解的方式,可让学生对乡土文化有更进一步的认识。

三是通过参观红树林湿地公园,初步了解红树林这类珍贵资源的生态效益,了解家乡红树林的数量和分布情况,培养学生观察、质疑、探究的态度和能力,以及保护自然的意识,让学生了解家乡红树林的生态意义与价值,树立保护发展家乡的责任感。

后期总结

通过组织和实施校本课程活动,我们发现,学生通过实地走访等活动,能够亲身体会到参观地点的风土人情和历史内涵,这些活动能够让学生真正零距离地接触乡村和乡土文化,让他们在课堂上领悟知识,同时也能在校外实践中提升观察和社交等能力。

我们把各种课程活动的方案和材料进行集中整理后还发现，进行乡土文化的校本课程开发不仅让学生走进了乡村和领悟了乡土文化，也能推动我们进行真正的课程研究，推动学校校本课程的持续开发。

这个案例介绍了珠海市某小学的教师利用本校所处的地理位置，结合该地特有的历史文化传统和生态环境特点，从中挖掘有价值的课程资源，开发具有地域特色的乡土历史文化校本课程的过程。《义务教育语文课程标准(2022 年版)》规划的课程内容主题包括中华优秀传统文化、革命文化和社会主义先进文化(占比 60%—70%)，以及世界文明优秀成果、科技进步和日常生活等(占比 30%—40%)。其中：革命文化要反映理想信念、爱国情怀、艰苦奋斗和英勇无畏等革命传统，所采用的载体可以是反映革命英雄人物生平事迹的传记、故事等作品，有关革命传统人物、事件、节日、纪念日活动等方面的作品，以及革命旧址和革命人物等[①]。该案例中的小学教师围绕“革命文化”这一主题所开发的校本课程，引领学生去了解革命人物苏兆征，以及淇澳岛上的抗英炮台、白石街爱国主义教育基地等革命旧址背后的革命历史，不仅能够促使小学生继承和弘扬中华民族的革命文化、增强其乡土文化保护意识，也推动着教师去进行真正的课程研究。

从上述校本课程开发的历程可知，具备课程与教学资源意识的教师，从自身所处的环境出发，结成团队，结合所在学校的办学特色或培养目标，寻找课程与教学资源开发的主题，即已经走在了课程资源开发与利用的道路上。一般来说，教师开发校本课程与教学资源时，可以遵循这样的线路：教师寻找课程资源开发的主题(如环境因素或个人喜好、特长等)—寻求帮助与指导(如同行、专家、书籍、网络等)—结成团队进行调研、规划和设计—形成课程方案—实施课程。所以，需要重点指出的是，教师在从无到有地开发那些没有前路可循的校本课程与教学资源时，其关键在于——迈开步伐，开始自己的教育行动，并在行动过程中对其进行完善。当然，行动的起点是充分的准备。

 **案例 6-4**

多功能剪刀[②]

苏教版小学科学五年级下册第一单元“简单机械”提到了一些工具，其中剪刀是一种常见杠杆。例如：有的剪刀属于省力杠杆，如老虎钳；有的剪刀属于费力杠杆，如火钳；有的剪刀属于既不省力也不费力杠杆，如学生用来剪纸的普通剪刀。学生在学习时，一般会产生两个困惑：什么情况下杠杆省力，什么情况下杠杆费力？为什么要制造

① 中华人民共和国教育部. 义务教育语文课程标准(2022 年版)[M]. 北京：北京师范大学出版社，2022：18—19.

② 黄锦丰. 自制教具在小学科学课程资源中的作用[J]. 实验教学与仪器，2019(11)：66.

费力的剪刀?为了更好地解决这个问题,我制作了可以调节支点位置的剪刀(图1)。该剪刀的支点位置用螺帽固定,我在教学时可以通过调节螺帽位置来确定支点位置,从而可以让学生清晰地体验省力杠杆、费力杠杆、不省力也不费力杠杆的作用。学生通过对多功能剪刀的观察与实践,既清晰地了解了杠杆的原理和作用,又惊叹于这把剪刀的神奇,很容易将杠杆知识与生活实际联系起来,从而使科学课堂变得更加生动有趣。

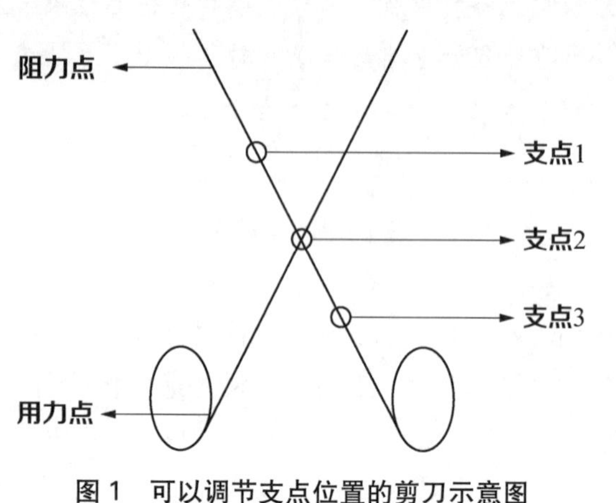

图1 可以调节支点位置的剪刀示意图

《义务教育课程方案(2022年版)》将科学安排在一至九年级开设(初中阶段可选择分科开设物理、化学、生物学);根据《义务教育科学课程标准(2022年版)》所倡导的课程理念:教师要设计学生喜闻乐见的科学活动,创设愉快的教学氛围和良好的学习情境,设计适宜的探究问题,引发学生认知冲突,激发学习科学的内在动机和积极思维,教师设计的学习活动要能够应用到学生的真实生活情境中①。该案例很好地体现了上述的课程理念:在引领小学生学习"简单机械"主题下的"常见杠杆"内容时,教师以小学生日常生活中经常使用的剪刀为例,同时又进行了一定程度的资源开发,即把小学生熟悉的家用剪刀通过图示的方法进行了再加工,制作了可以调节支点位置的多功能剪刀,小学生可以观察教师现场演示这把多功能剪刀的用途并亲自实践和使用——这一课程资源开发成果的出现为小学生提供了一个良好的学习氛围与情境,小学生的好奇心被激发,认知冲突也形成了;接下来,小学生进一步的探索及将探索结果应用于生活就顺理成章和水到渠成了。以教师进行的教学资源开发为起点,直至整个教学过程的完成,不仅很好地促使小学生掌握了杠杆原理这一专业知识,而且可以将专业知识和实际生活联系起来,且将学习成果直接应用于生活。

 案例6-5

立足教材,超越教材——教师开发与利用课程资源的途径②

凡是基础教育教材中的经典语篇,无论古今中外,都或多或少地存在一些引人想

① 中华人民共和国教育部.义务教育科学课程标准(2022年版)[M].北京:北京师范大学出版社,2022:2—4.

② 马文静.新时期小学语文课程资源开发利用的类型与途径[J].语文教学通讯·D刊(学术刊),2018(9):65—67.标题为本书作者所加。

象的“空白”现象，这正是值得我们深入挖掘之处。在小学语文教学过程中，积极有效地进行“深度挖掘”或“二次开发”，不仅有利于学生更好地理解和把握课文内容，更有利于提升学生的领悟能力。比如，在《牧童和狼》一文中，在“然而，他喊破喉咙，也没有人前来帮忙”这一结尾作者没有交代“牧童的最后结局”；《寻隐者不遇》一诗中则隐去了“松下问童子”的具体内容；《所见》中省略了“牧童补鸣蝉的经过和结果”……这些可观可感的“空白之处”，正是教师立足教材并超越教材开发课程资源的途径。

……

课文插图属于一种“非连续性阅读材料”，是文本内容中不可或缺的有机组成。色彩艳丽、意蕴丰厚的课文插图既能有效激发学生的学习兴趣，又能积极启发他们的学习思维和想象能力。在小学语文教学过程中，通过“图文互动”形式，教师可以有效加大课程资源的开发与利用力度。以《嫦娥奔月》为例：文中的“嫦娥奔月飞天图”刻画了嫦娥在智斗奸人逄蒙后飞向月球的美丽形象，这与第六自然段的内容相吻合。有鉴于此，我引领学生结合图中形象和文中所讲，对“嫦娥在飞奔中可能会想些什么”展开了合理想象……学生在图文互动中更加体悟到主人公“机智勇敢、为民造福”的精神品质。

案例 6-6

寻找“圆心”，以“画圆周”的方式开发资源[①]

小学语文教师在确定了课程与教学资源开发的主题范围后，可将之看作圆的中心，以“画圆周”的方式广泛搜集与主题相关的一切教学资源，来拓展自己对于主题的全面了解、开阔自己的眼界……随后，教师需要结合教学主题，考虑所开发资源的教育价值与效力、课程实施的难易程度、学生的实际情况等因素，进行筛选和使用。比如，在讲到李白的诗作时，“李白”即成为课程与教学资源开发的“圆心”，那么，教师就需要将李白的生平、经历以及李白在不同时间段、不同地方所作的不同的诗分门别类地进行整理，以备使用；在利用“李白”相关的课程与教学资源时，可以设计多个故事情境来保证课程与教学活动内容的丰富性，如怀才不遇的李白、放荡不羁的李白、李白和他的朋友们……而教学活动的开展方式则包括组织学生开展手抄小报比赛、演讲比赛等。

案例 6-5 和案例 6-6 是教师开发教材资源的情况。在此二则案例中，为了避免学生因为教学内容有限、乏味或因为熟悉教学内容而丧失学习动机，教师立足教材并超越教材，从

① 冉应宏. 基于核心素养培养的小学语文校本课程开发[J]. 考试周刊，2021(29)：35—36. 标题为本书作者所加。

中挖掘课程与教学资源。比如,案例6-5中的语文教师从教材里看似平淡的教学内容中,挖掘出了让学生好奇的问题——"喊破喉咙,也没有人前来帮忙的牧童的最后结局是什么?""'意欲捕鸣蝉,忽然闭口立'的牧童是怎么捕到了蝉或没捕到的原因是什么?"这些问题有效地促使小学生把文学作品中的内容与其现实生活联系了起来:小学生可能会将自己代入到《牧童和狼》中"牧童"的角色之中,从而去推演反复撒谎会对自己的生活产生什么样的影响;同样,学习《所见》这首诗,也可能会引发小学生去想象自己在炎热的夏天看到一只鸣蝉,想要小心翼翼去捕捉的经历;等等。教师进行教材资源开发的这些视角,为小学生创设了与其生活紧密关联的学习情境,激发了小学生的好奇心和想象力,也让小学生通过角色代入的方式体验了真诚、诚实等人际交往方面的良好品质,以及观察和热爱生活的良好体验,从而促进其核心素养的发展。

在现实中,一些小学教师由于受过去的教材观的影响,认为学习教材也不过是按照课程标准完成教学任务而已,由此而忽略了教材中包含的或者可以从教材中延伸出来的丰富的教学资源,如小学各科教材中的插图、附文、延伸阅读与思考等,致使出现教师没有用足、用够教材的情况。在现阶段,由于种种原因,教材资源在我国很多地方仍是小学教师所拥有的一个非常重要,甚至是唯一的课程与教学资源,因此小学教师必须得学会最大限度地开发教材资源,根据课程标准的要求和学生的实际,灵活组织和处理教材,提升教学效果。

2. 从学生的角度

学生参与课程与教学资源开发和利用的情况可分为如下两种:一是学生发现课程与教学的主题并协助教师开发课程与教学资源,教师发挥组织课程活动和整理课程与教学资料的作用。二是教师设计课程与教学主题并实施课程与教学活动,但学生却发挥着或者补充和完善教学内容,或者指引教师开发和利用课程资源的方向,由此而优化课程与教学活动实施效果的作用。请看下面几个小学校本课程资源,主要是小学语文、数学和道德与法治课程资源开发及利用的案例。

 案例6-7

瑶草一何碧,花深深处寻①

偶然——抓住成功的契机

当"偶然"出现时,只要你紧紧地抓住它,那么一定会产生许多"必然"。一次偶然的受伤,揭开了"闲林中草药"课程开发的序幕。

有一次,在课外活动时,一位同学摔破了皮,血流了出来。当我帮他清洗完伤口,急着去找创可贴时,他却从书包中拿出一包草药。我问他:"这是什么?"他说:"是馒头

① 陈小燕,金杭梁.瑶草一何碧,花深深处寻[M]//崔允漷,夏雪梅,王中男.校本课程开发:上海经验.上海:华东师范大学出版社,2007:250—253.

草，止血的，是家里常备的草药。”说着便把草药敷了上去。没多久，血真的止住了。我非常感兴趣地问他：“你还认识哪些草药？”他说：“还有水芹菜治高血压，血腥草止咳润肺……”这时，很多孩子围上来，争先恐后地说着自己认识的草药。看着孩子们兴奋地讨论，我惊异于闲林（地名）的中草药资源竟然如此丰富。我突然想到，“闲林的中草药”不是很好的课程开发资源吗？

于是，在领导的支持下，我带着孩子们走进了神奇的中草药世界。

委屈——经历成功的磨砺

那个星期天，我带着采集组的15名成员来到里山桥村采集草药。我找到了一位学生的爷爷（这位老人有很长的采药史），请他介绍一些本地草药，并和我们一起去采集。可老人沉着脸说：“做老师的，不好好在学校上课，跑到这里来起什么哄？管好学生才是真的！”……看着孩子们失望的神情，我悄悄收回了委屈的眼泪，笑着说：“这位爷爷是怕我们采药时受伤，所以不让我们去采草药。我们再去找一位吧！”

几天后，有好几位家长也打电话给我，表示对这次活动的不满，希望我专心上课，搞好毕业班学生的成绩。

……

坚持——走向成功的彼岸

接下来的路该怎么走？我琢磨了好几个晚上，也和各小组组长商量了几次，最后终于决定采用合作的策略，即做好家长工作，争取家长参与活动。孩子们随即分头行动，找到对活动不满的家长，给他们分析开设校本课程的意义，向他们展示已取得的成果，请求家长参与到实践活动中来。在同学们的共同努力下，许多家长点头同意孩子参与活动了，有的家长还帮孩子制作模型，和孩子一起去采集草药。其中一个家长更是主动帮我联系了一位本地中医，让他为学生作个中草药的讲座。看着这一切，我真为孩子们感到骄傲，是他们的信心和努力，才换来家长的支持。他们真的比我们老师勇敢！

……

在各方面的支持下，“闲林中草药”的课程开发大面积铺开了。规划组的成员在家长的带领下，拍下了许多有关地形、地势的照片；采集组的成员在药农的帮助下，采集了200多种草药（包括农民家长晒干的草药）；调查组的成员在市场工作人员的帮助下，了解到了许多草药的销量、价格；模型组的成员在手工老师的指导下做起了“草药种植——加工基地”模型；包装设计组的成员设计出了适用于膏、散、丸等不同种类的包装盒。

在各小组分工活动的同时，孩子们也学会了小组间的合作。采集组的徐同学听说模型制作组少一块边长为1米的正方形泡沫板，就特地跑到超市找营业员求助。

别看他平时那么内向,连举手都不敢,这次竟会跑到不认识的人那里讨泡沫板。同学们都说这次活动使他变了个人,都说要像他一样,精诚合作。

展示——品尝成功的喜悦

在汗水的浇灌下,今年 6 月 20 日,以“闲林中草药”为主题的校本课程开发成果展示课,终于向本镇教师公开了。各个小组以最佳准备姿态出现在课堂上。在模型组制作的“草药种植—加工基地”模型上,青山绿水中,或成块状或成环状有序地分布着各种草药带;规划组的成员手捧规划书,从中草药市场的调查到本地中草药的发展前途,侃侃而谈;采集组的成员分类将本镇的各种中草药展示在展示台上:食叶的、食茎的、食根的,内服的、外用的,俨然成了一个小药房;包装广告组的成员一边展示着各种包装盒,一边说着广告词,真是妙语连珠。

……

在案例 6 - 7 中,学生发挥着发现课程与教学的主题并协助教师开发课程与教学资源的作用:学生发现了开发家乡(闲林)的中草药——这个课程与教学的主题,具有课程意识的教师马上抓住了这个灵感——以“闲林中草药”为主题开发校本课程;接着,在学生的协助之下,教师组织学生开展了一系列的课程开发活动——拜访专业人士、寻求家长帮助、成立工作小组等,最后完成了一系列的活动,这一地方课程与教学资源也得以被成功开发。

案例 6 - 8

“狼很聪明、很可爱”①

在新课程教育理念下,学生是无可置疑的“学习主体”。不仅如此,他们与教师一样,是课程资源与开发的“同等主体”,其本身及其学习活动中蕴藏着多姿多彩、不可多得的课程资源。以《狼和小羊》一课的学习为例,在教学结束后,我让全班学生围绕课文结句——“说着,(狼)就往小羊身上扑去……”来讨论与交流“小羊最后的命运”。就在大家兴致勃勃“见仁见智”的时候,有位男孩却“不合时宜”地说“狼很聪明、很可爱”。为什么呢? 原来他从《动物世界》中学得了“狼的生存本领强、协作精神强”等知识。他为狼“打抱不平”,述说了诸多“狼性特点”,全班奉上非常热烈的掌声。这不是一个可观的课程资源吗?

① 马文静. 新时期小学语文课程资源开发利用的类型与途径[J]. 语文教学通讯 · D 刊(学术刊),2018(9):65—67. 标题为本书作者所加。

 案例 6-9

数学课堂中的课程资源①

在与学生一起解答“每棵树苗16元，买3棵送1棵。张叔叔要买4棵，每棵便宜多少元?”这样一个问题时，学生很快就有了这么两种解法：

(1) 16×3=48(元)，48÷4=12(元)，16-12=4(元)。

(2) 16×3=48(元)，16×4=64(元)，64-48=16(元)，16÷4=4(元)。

此时，预设的教学目的可以说已经基本达到，准备转入下一个教学环节，教师还是习惯性地问了一句：“还有不同的方法吗?”这时有一位学生迟疑地举起了手：“老师，我的方法是16÷4=4(元)，但我说不出为什么。”这种方法教师也没有预料到，是否可行呢?是巧合吗? 面对这一突发情况，教师及时调整了教学思路，就这种解法组织同学们进行探讨。教师先引导学生进一步理解题目的含义“买3棵送1棵”到底是怎么回事。学生纷纷发言，有的学生说“花3棵的钱就可以买4棵”，有的说“花48元就能买到4棵，这送的1棵就是便宜的”，还有的学生补充“如果不送1，还要多花16元。”不一会“噢，我知道了!”“我也明白了”的声音此起彼伏。“这个16元也表示买4棵一共便宜的，除以4得到的就是每棵便宜的。”“买3棵送1棵，就是送的这1棵是便宜的，也就是4棵便宜16元，所以16除以4就是每棵树便宜多少元。”同学们困惑的表情终于被灿烂的笑容所替代。

案例6-8和案例6-9属于同一类型，学生在其中的作用是补充和完善了教学内容，使课程与教学活动实施的效果得到优化。这两个案例的教学过程中都出现了超出教师预料之外的、由学生引起的“课堂突发事件”，教师的应对方式将决定其能否“接住”从学生角度带来的课程与教学资源。让人欣慰的是，两个案例中的教师都做出了正确的应对，给予学生应有的关注，学生的观点得到了认可，也体验了问题解决的成就感，增强了学习的自信心，同时也丰富了教师原本准备的课程和教学资源，完成了一个成功的生成性教学活动。

 案例 6-10

让课程教学“亲近”学生②

在教学《鲜艳的红领巾》一课时，第三部分的内容“红领巾是红旗的一角”展示了董存瑞、雷锋、龙梅和玉荣三张图片。教材意图非常明显：透过这些英雄人物的事迹，让

① 陈真真. 如何在数学教学中有效利用课程资源[J]. 教育理论与实践，2008(14)：63—64. 标题为本书作者所加。

② 改编自：姜春玲. 巧用“例子”，让品德教学“亲近”学生[J]. 中小学德育，2015(2)：51.

学生知道红领巾来之不易,在和平年代也不能忘记先辈们做出的贡献。但在学情调查中我发现,孩子们对董存瑞舍身炸碉堡的行为很难产生共鸣;提起龙梅和玉荣,他们更是一脸茫然,体会不到二人为了保护集体财产与风雪搏斗意味着什么。孩子们最感兴趣的是雷锋——课外阅读和媒体宣传让很多孩子或多或少都能说出雷锋的事迹,很多孩子还在效仿雷锋学做好事。

鉴于此,在教材处理上,我将"雷锋"作为本课的"点",通过课前搜集雷锋的资料,课上讲雷锋的事迹,课后开展"寻找身边活雷锋""争做小雷锋"等活动,真正发挥了雷锋在学生生活中的榜样和引领作用,为学生树立正确的人生观和价值观奠定了坚实的基础。而教材中其他英雄人物以及"十佳少先队员"等事迹,我则将之视为补充材料,采用师生交流或故事引导的方式,进一步强化学生对红领巾是"红旗一角"的认识。

 案例 6 - 11

校本课程:让我欢喜让我忧①

"下面,我说说本学期我们的小发明要学习的内容。"今天是开学的第一堂课,我迫不及待地将我一个假期冥思苦想的新学期学习内容向同学们进行了介绍,"这学期我们继续学习互动颠倒、方向颠倒、自设排除等几种创造技法,并加以运用……"

"老师,可以打断一下吗?"这时,一个学生打断了我的话,我毫不在意地向他点点头。他说:"老师,我们很喜欢您的课,但是有些上课的内容并不是我们想学的,或者说我们并不感兴趣,能不能改一改?比如,一些创造技法已经学过了,或者是并不常用,而且我们最想做的是用所学的知识解决日常生活中出现的麻烦和不便……"

好家伙,一石激起千层浪,教室里顿时出现了不和谐的声音,学生们都在窃窃私语,有的还不时用眼睛望着我。刚才发问的学生也在望着我,眼神中有一丝恐慌,但更多的却是期盼和等待。我的心里像未熟的柿子又苦又涩。这些教学内容是我一个假期的心血,是科技小发明课程开发小组的教师的心血,从选技法,到编教材,到编写教案,到用具的准备,有多少个伏案苦读的白昼,又有多少个不眠之夜……就这样被学生的一句话给"枪毙"了。想到这,我极力控制着自己的情绪,使自己慢慢平静下来。

① 马旭强. 校本课程:让我欢喜让我忧[M]//崔允漷,夏雪梅,王中男. 校本课程开发:上海经验[M]. 上海:华东师范大学出版社,2007:241—242. 内容有删减。

……静下心来仔细一想，校本课程开发的最基本的要求就是以人为本，学生的需要就是教师的追求，难道学生有错吗？我想通了。接下来，我与学生共同商量并制定了本学期的学习内容，也归纳了学生在这段时间最想解决的问题……后来，学生的学习热情更高了，好的创想层出不穷……

案例 6-10 和案例 6-11 也属于同一类型：在案例 6-10 中，教师考虑并结合学生的真实生活经验，选择学生熟悉的"例子"展开教学，没有让教学脱离学生实际，学生事实上发挥着指引教师开发和利用课程资源的方向，优化课程与教学活动实施效果的作用；在案例 6-11 中，教师确定并设计了大的课程与教学主题，在实施课程与教学活动的过程中，学生针对具体课程与教学内容的定位、课程与教学的实施方式、未来课程与教学的展望等给出了有效的意见和建议，教师据之而做出调整，使这些课程更真实、完善，更符合学生所需，从而实施效果也更优化。

概言之，上述案例都体现了学生在课程资源开发和利用中所发挥的不可忽视的影响作用，属于从学生的角度进行课程与教学资源开发的结果。当然，从学生的角度进行课程与教学资源的开发需要教师时刻保持有关课程与教学资源的警觉意识并具备把关能力。

3. 从其他相关群体的角度

参与课程与教学资源开发和利用的人员除了教师和学生这两大主要群体之外，还有家长、社区代表、地方教育部门或地方行政管理部门的人员，以及其他社会人士，如有某方面专长的退休人员、民间艺人等，上述所有的群体代表或个人都是课程委员会的组成人员。目前在我国，在课程资源开发方面参与度较高的主要是课程或教育专家、校长、教师和学生，而家长、社区代表、地方行政管理部门以及其他社会人士等的参与度并不高，他们多是在课程开发的行动开始之初，被邀请到学校而了解相关的课程与教学资源及实施状况，发表个人对课程开发的观点与建议，但却很少完全投入真正的课程与教学资源的开发和利用过程，并发挥其应有的作用。因此，家长、社区代表、地方行政管理部门人员和其他社会人士等，这一群体与学校合作开发课程与教学资源的潜力还有待深入挖掘。下面列举几个在这些方面做的比较成功的案例，来呈现相关群体通过家校合作等方式开发课程与教学资源的情况。

 **案例 6-12**

小小的故事，小小的歌[①]

校本课程的实施，不但需要学校去探索，而且需要家长们的参与和支持。这不，今

① 周顺满，等．小小的故事，小小的歌[M]//崔允漷．校本课程开发：上海经验[M]．上海：华东师范大学出版社，2007：232—233．

天星期四,我校将把校本课程的大门敞开,让家长走进来。

现在是14:50,校本课程研讨活动开始了。作为主管校本课程的我,不由地想了解家长们对校本课程的意见。于是我从四楼开始向下,一个班一个班地巡视着。我每进一个班,总能看到家长们脸上露出的笑容。我暗暗高兴,不忍心去打扰他们,准备下课后再谈。

……

再看操场中间,"咦,足球场上怎么有大人,也有孩子,这是怎么回事?不是只让家长观看孩子们的课堂学习吗?怎么……"于是我赶紧去寻找"未来球星"班的"教练"。原来,"教练"正在做守门员呢,球场上,孩子们穿的是国家队的队服,大人们穿的是巴西队队服,双方正在激烈地比赛呢!

比赛结束了。一名家长严肃地跟我说:"校长,你们学校哪一天还让家长来?我要和儿子一起学习。"

简短的几句话,我明白了家长的心愿。家长的心愿也是我们学校的心愿……

 案例6-13

"千名家长进课堂"①

2009年9月,为了更好地促进家长成为有效的课程资源,我校正式启动了"千名家长进课堂"活动,并制定了相关的课程实施保障制度。

……家长丁敬彬讲述了他在高寒低压缺氧的"世界屋脊"的青藏公路线上服役20年的经历,他超常付出、透支生命、不怕牺牲、无私奉献,但为了祖国的建设,他无怨无悔,谱写了一曲"特别能吃苦、特别能忍耐、特别能战斗"的英雄赞歌,让同学们终生难忘;家长杨原省讲述了自己用特殊的爱献给特殊孩子的事迹,面对一群群智力低下孩子,她用圣洁的爱去温暖学生的心灵,用细心的关怀对待这些一天尿三遍裤子、大小便不知上厕所的孩子,冬去春来,一干就是24年,最终成为特教优师,获省公开课大赛一等奖,她现身说法,让人信服;家长潘桥利用数据说明车祸猛于地震、猛于战争的现实,教育学生要热爱生命、安全出行;家长孙显同是一名监狱警察,他用数据说明未成年人犯罪的原因:一是网络、二是毒品、三是冲动,教育学生如何文明上网、如何远离毒品、如何制服冲动这个魔鬼;家长王秀梅讲授了《我与交通安全》一课,她先播放三段录像:

① 刘煜宁.家长:有效的课程资源——济宁十三中"千名家长进课堂"的实践探索[J].当代教育科学,2012(16):43—45.内容略有改动。

"喜搭顺风车""大马路上任我游""我驾车谁怕谁"，然后组织同学讨论、分析事故原因，总结出驾车乘车的安全措施；家长刘辉讲授的是《仰望天空》一课，她采取心灵对话的方式，设计了"追星情况调查表"，对"追星"现象作心对心的交流，让许多学生说出了知心话，并引导他们如何"追星"；家长强磊讲授了《节水护水，从你我开始》一课，他组织学生讨论，结合自己的实际情况，制定出节水的具体措施，以便克服浪费水资源的不良习惯；家长张玲在讲《有关犯罪的几个问题》时，提出案例让学生做法官模拟法官判案子，学生听得懂，记得牢……

许多家长在讲课时采取多媒体，利用照片、录像软件等辅助教学，取得了非常好的教学效果。

两年来，已有两千余名家长走进课堂，讲授他们的人生经历和各种各样的专业知识和技能，这为学校课堂教学改革注入了活力，为素质教育增添了新的色彩。

 **案例 6-14**

镇教育办公室引领学校挖掘免费艺术课程资源①

河南省济源市大峪镇位于黄河小浪底水库北岸，是一个经济落后的山区小镇。全镇共有 30 个行政村，近 3 万人，有 44 个教学点，4 000 余名学生。由于受经济落后、信息闭塞等因素的制约，教育经费十分紧张，根本无法投入大量的经费去购买艺术教育所需要的器材设备，或送教师到外地接受音乐、美术学科教学方面的专业培训。镇教育办公室号召各学校充分挖掘学校与社区免费艺术课程资源，走特色化、乡土化的深山区小学艺术教育之路。在镇教育办公室的宏观规划和引领下，大峪镇砚瓦河中心小学利用丰富的农家五谷杂粮，开设工艺美术课——谷物粘贴画。1999 年 7 月，学校发动学生从自家带来红豆、绿豆、黄豆、芝麻、油菜籽、小米、大米等十多种粮食作物，学校准备了纸张、铅笔、乳胶等材料，教师指导学生画稿、粘贴、装裱。活泼可爱的"小兔""山羊""熊猫"就成了孩子们的杰作。如今，该校学生共创作优秀简笔画 7 000 余幅、粘贴画 2 000 余幅。2001 年"五一"期间，该校学生创作的粮食粘贴画在济源市五龙口景区被抢购一空，其中两幅还被外国游客买走。2001 年春天，他们创作的"十二生肖"图在全国第二届"世纪之星美术书法摄影大赛"中荣获银奖一项、铜奖三项。粘贴画所用的原料除了粮食作物是学生自带以外，纸张、装裱、乳胶等费用都来自学校开发课程资源过程中"附带的收获"。

① 徐玉斌. 略论农村小学艺术课程资源的若干问题[J]. 教育研究，2002(7)：82—84. 标题为本书作者所加。

案例6-12和案例6-13的课程资源主体是学生家长,学校通过与家长合作搭建家校合作与共育平台,将家长群体所承载的丰富的课程与教学资源系统地开发了出来。尤其是案例6-13所描述的“千名家长进课堂”活动,不仅拓宽了学生的知识视野,学生学得了生存生活的基本技能,而且还弥补了学校社会实践基地的不足,丰富了学校的课程体系①。尽管这是一所初中通过家校合作、开发和利用家长群体的课程与教学资源的探索,但其经验和做法也值得小学去借鉴和推广,所以我们仍将之作为一个典型案例加以介绍。在案例6-14课程资源开发的主体包括学生家长、地方教育行政部门(镇教育办公室)的工作者,他们在城乡小学课程资源开发的过程中发挥着或大或小的作用,承担着组织者和参与者、开发者和利用者、付出者和受益者等多重角色,他们的出现极大地丰富了所在地区不同学校的校本课程、艺术课程等不同的课程资源。

其实,家长、社区代表、地方教育部门或地方行政管理部门人员,以及拥有专长的退休人员等社会人士——这个群体还是学校开发和利用课程与教学资源的重要保障者及供应者,学生受家庭和社会环境的影响有多大,家庭和社会就可以为学生提供多少教育资源和课程与教学资源,这两者是成正比的。过去,很多家长或其他社会人士由于未能把握课程改革的理念与动态,受“升学第一”“分数第一”等传统观念影响,不支持、不配合甚或反对校外课程与教学资源开发的活动;而学校在进行课程与教学资源开发时,根本就离不开家长、相关的社区代表、地方行政管理部门人员或其他社会各界人士的支持。这种社会整体认知对课程与教学资源的开发与利用非常不利,比如,一些学校在组织学生参观地方有代表性的博物馆/院、受保护的历史遗迹/遗址等场所时,地方行政管理部门支持与否的态度会直接影响到资源利用的程度。2021年7月,中共中央办公厅、国务院办公厅印发《关于进一步减轻义务教育阶段学生作业负担和校外培训负担的意见》(以下简称“双减”),对中小学生减负工作进行系统设计和全面部署。从2021年9月至2022年7月,教育部组织遴选了五批学校落实“双减”的典型案例,这些案例对通过“发挥学校主阵地作用、家庭主体责任和社会支撑作用,推进家校社协同育人”来保障“双减”实效进行了阐释和印证,其中就涉及借助于“丰富课程资源的开发和利用渠道”来落实“双减”的实践案例:一些地方政府积极推动劳动项目、科普、文化旅游等校外非学科教育资源和师资进校园,以丰富课后服务内容,打造特色化课程体系。如:浙江省杭州市富阳区、北京市西城区和江苏省南京市重点引入非学科类的校外资源;四川省成都市龙泉驿区结合本地特色,整合文化和旅游资源、文物资源;等等②。

首先是学校和一线教师的角度。一方面,学校在邀请课程或教育专家到校传播先进的课程改革理念和动态时,应该考虑邀请家长、社区代表、地方行政管理部门以及其他社会各界人士参与进来,做好教育和课程理念的普及工作,使这个群体了解目前国内外课程改革的

---

① 刘煜宁.家长:有效的课程资源——济宁十三中“千名家长进课堂”的实践探索[J].当代教育科学,2012(16):43—45.

② 杨烁.我国地方政府落实“双减”的典型做法及问题分析——基于教育部组织遴选的四批典型案例[J].上海教育科研,2023(6):42—47.

背景、理念和动态取向等，取得其配合。另一方面，一线教师需要配合学校做好课程与教学资源的梳理规划和征集整理等工作，具体如：梳理学校课程体系需要补充的内容，规划从家长或其他社会部门等进行课程资源开发的途径，征集和整理具体的课程资源到学校课程体系之中，等等。以家长资源课程化转变为例来看，为了避免家长课程资源存在的质量低、计划性不足、严谨性不够等问题，一线教师需要做的事情包括：一是收集资源整体规划，避免家长课程随意化；二是按照学情要求设置课程，保证家长授课适应学生需求；三是基于项目调配资源，促使家长资源系统化利用；四是灵活选择课程形式，促使家长潜能充分发挥；五是建构课程评估机制，推动相关资源的不断优化①。

其次是地方教育行政部门的角度。除了学校和一线教师之外，我们应该充分发挥地方教育行政部门在课程与教学资源开发方面的作用，如加大教育宣传、制定教育政策、协调学校教师和地方上可能供应课程资源的单位（如科技馆、博物馆/院、历史遗迹/遗址、旅游管理机构等）负责人之间的关系……创造一个人人都来关心教育、参与课程与教学资源开发的社会大环境和大氛围。地方教育行政部门应该在这些方面调配人手，安排、规划和推进相关工作，从而在地方上发挥起课程与教学资源开发与利用的组织、引领和带头作用。

邀请课程或教育专家到校传播先进的课程改革理念和动态时，也应该考虑邀请家长、相关社区代表、地方行政管理部门人员或其他社会各界人士参与进来，做好教育和课程理念的普及工作，使这个群体了解目前国内外课程改革的背景、理念和动态取向等，取得其配合；另一方面，除了学校之外，我们应该充分发挥地方教育行政单位在这方面的作用，如加大教育宣传，制定教育政策，创造一个人人都来关心教育、参与课程与教学资源开发的社会大环境和大氛围，地方教育行政单位在这些方面应该发挥引领作用。

三、资源管理

在此，我们按照课程与教学资源的层级，从国家、地方和学校三个层面探讨课程与教学资源管理的问题。

（一）国家管理

中华人民共和国教育部是我国基础教育课程行政中的最高管理机构，其在有关课程与教学资源管理方面的权力和职责主要有：

① 组织制定或修订、审定我国基础教育各个阶段的课程计划。包括统一规定国家课程在各个教育阶段中的中观课程结构，如学习领域或科目数、总课时、周课时以及课时分配结构，严格控制学生的活动时间量与基本学业负担②。

② 颁布国家课程中各学科或学习领域（尤其是核心课程）的课程标准，确保学生统一的、基本的学业要求，规定国家基本的教育质量。

---

① 伍辉燕．家长资源课程化转变的问题及策略[J]．教育理论与实践，2020(2)：41—43.

② 钟启泉，崔允漷，张华．为了中华民族的复兴　为了每位学生的发展：《基础教育课程改革纲要（试行）》解读[M]．上海：华东师范大学出版社，2001：357.

③ 制定三级课程开发与管理的政策。如结合我国的实际情况,编制地方课程与校本课程的开发与管理指南,在课程计划规定的范围内,积极管理有条件的地方和学校开发地方课程和校本课程。

④ 制定教材开发与管理的政策。如定期向学校和社会公布经审定的中小学教材目录,并逐步建立中小学教材巡展制度。

(二) 地方管理

我国传统的课程管理模式是自上而下的,地方教育行政部门根据国家课程政策,全面负责执行国家课程计划。全国各省、自治区和直辖市设立教育厅或教育委员会等地方教育管理机构,下属的各市(地)、县(区)等地方教育局接受其领导开展课程实施工作。目前,地方教育行政部门除了担任国家课程计划的执行者的角色之外,还兼任地方课程与教学资源的开发者和管理者的角色,成为我国三级课程管理体制中的重要一级。

具备课程资源管理自主权的地方教育行政部门具体肩负的管理职责是什么?又该实践怎样的管理策略并探索其管理途径呢?有研究者对这些问题进行了梳理[①]。

1. 管理职责

地方教育行政部门位居国家、地方和学校这三级课程管理层级的中间,国家从宏观层面管理课程资源,学校则是各种课程资源发挥作用的具体场所。从国家到学校要真正实现各种课程与教学资源的有效运行,地方教育行政部门的作用是十分重要的。作为国家和学校之间的中间桥梁,地方教育行政部门就要协调国家、地方、学校以及地方各部门之间的关系,为课程运作中的课程与教学资源调配创造一个良好的运行渠道。

2. 管理策略

地方教育行政部门的课程与教学资源管理策略可概括为以下几点:建立地方课程与教学资源库、搭建地方课程与教学资源共享平台和完善地方课程与教学资源配置机制。

地方课程与教学资源库可以将国家、地区和学校的优质资源集中起来,实现资源共享。地方教育行政部门通过普查国家、地方和学校各层面的课程与教学资源,着重关注并提炼优势的、有代表性的地方课程与教学资源,建立并充实、完善地方课程与教学资源库,增加资源总量。

地方课程与教学资源平台的搭建可以促进各地进行资源交流活动,使各地都有可能获得优秀的课程与教学资源,实现优势互补,并加强地方教育行政部门对地方和学校的资源管理效力。

管理课程与教学资源的重要一环即合理、有效地配置资源。配置机制的合理与否,直接制约着课程与教学资源开发和利用的效能。我国传统的课程与教学资源配置方式是由国家统一调配。随着三级课程管理体制的推行,课程与教学资源的配置形式开始丰富起来,国家、地方、学校都对资源的配置起着一定的作用。地方教育行政部门应该发挥政府的行政调

---

① 何文辉.地方教育行政部门在课程资源管理中的职责、策略与途径探讨[J].吉林省教育学院学报,2009(1):11—12.

配作用,在管理机制、监督机制、行政政策上有针对性地进行课程与教学资源配置,对资源相对匮乏地区进行政策倾斜,适当平衡资源的分布差距,尽力保证课程与教学资源配置的科学合理、公平公正。

目前,三级课程管理制度启动已有二十余年,有学者概括了地方教育行政部门在实际的课程管理方面存在的问题,如:管理角色定位不准确、管理职能职责不清晰,致使地方课程管理方式单一、课程开发和监管不到位,具体表现为地方课程门类繁杂、内容重复、实施方式缺乏创新等问题,对教学内容整合力度不够。因此,地方教育行政部门还需要对地方课程资源进行理性筛选和有效整合,不仅使之符合学生的身心发展特点和满足学生的兴趣、个性发展需求,也要与教师的教学水平相一致、与基础教育的理想和宗旨相统一①。地方教育行政部门可遵循如下几点具体的课程管理策略:第一,在课程资源的开发、评估和管理方面,完善市场机制,采取项目招标、严格评审制度、引入竞争机制的办法来进行间接管理;第二,重视“课程创生取向”,促进课程实施与师资培训一体化,解决长期以来困扰课程变革的师资问题,鼓励教师进行创造性的教学实践;第三,监控课程改革的实施情况,促进三级课程管理之间的沟通,如建立有关课程改革情况的通报备案制度、信息发布制度、项目申报评审制度、课程方案执行情况的审查制度等②。

3. 管理途径

与管理途径相关的元素主要有课程与教学资源管理机构具体的工作开展、资源的内容选择及使用等。

在课程改革过程中,各地方教育部门都成立了专门的课程改革领导小组,负责课程编制、实施、评价、监控以及课程与教学资源管理的任务。各地的课程改革领导小组切实有效地开展工作,保证资源开发和利用所需的人员、资金、设备等方面的到位和正常运转,这无疑是课程与教学资源管理的一个切入口。

资源内容的选择及使用要通过课程与教学资源的审议、筛选和优化整合等工作流程。按照课程改革背景下的课程理念,学科知识、学生活动与经验等都有可能成为课程与教学的资源;由此,与教育相关的种种社会资源、自然资源和教育资源等共同构成了内容广泛的课程与教学资源。对这些内容广泛、繁杂的资源进行普查、审议、筛选和优化整合的工作也就变得十分必要了。依据能否实现国家与个人的教育理想、推动社会的进步与发展、达到学校的办学宗旨等课程理念,对资源进行审议和筛选、识别和判断、归类建档和优化整合等工作,掌握课程与教学资源的分布、存量、品质以及分类状况,以决定哪些资源可以进入课程与教学领域,进入课程与教学领域的资源的优质程度和使用范围,以便有的放矢地使用。

(三) 学校管理

在传统的课程体制下,学校在课程与教学资源的管理方面没有任何职责,只是忠实地执

① 哈斯朝勒,郝志军.我国基础教育课程管理政策分析及改进建议[J].当代教育与文化,2019(4):43—44.

② 柳夕浪.地方课程管理:地位、作用与策略[J].课程·教材·教法,2001(11):15—19.

行国家课程计划。课程改革改变了学校在传统课程管理模式中的隐形人身份,学校获得了管理课程与教学资源的权力,学校管理的这部分资源主要用于开发校本课程。教师、学生、家长等是校本课程的共同建设者和开发者,而管理校本课程资源的主体则是学校或代表学校的校长。

校本课程方案主要包括学校层面的课程方案和教师层面的课程纲要。前者即学校校本课程的总体规划,包括校本课程的总目标、课程结构与门类、实施与评价方案和保障措施等;后者指的是教师小组或个体开设的某门课的具体方案,包括课程与教学目标、学习内容与活动安排、评价建议和保障措施等。因此,校本课程资源的管理工作也可以相应地分为以下两点:一是对学校层面上所制定的课程方案的管理,具体的管理主体是来自上级教育行政部门的审议小组,小组成员包括行政专业人员、课程专家、有经验的校长、教师代表、教科研人员等;二是对教师层面上所制定的课程纲要的管理,管理主体是由学校行政人员、教师与学生代表、家长和社区代表、专家代表等人员组成的学校课程委员会。

学校在其校本课程规划方案实施前的三个月,必须将方案递交给上级教育行政部门的审议小组接受其审议,教育行政部门必须在收到申请后的一个月内反馈审议结果,没有经过审议的校本课程规划方案,原则上不应在学校中实施;学校课程委员会在审议教师的课程纲要时必须遵循以下一些原则:教师的课程纲要是否符合学校的总体培养目标、是否与学校的总体校本课程规划相一致,目标的陈述、内容的选择与组织、关于实施与评价的建议等要素是否规范与可行、所需要的条件与资源是否具备等①。

审议阶段完成后,接下来便是评价、试行和推广课程规划方案或课程纲要工作了。

需要强调的是,学校是管理校本课程资源的主体,校本课程的开设原则上由学校自主决定,但学校的作为必须限定在国家课程政策的框架内,国家和地方应该提供必要的指导、管理和服务。比如,地方教育行政部门虽然不能决定和干预学校必须开设什么样的课程作为校本课程等,但却要从整体上审议校本课程方案,对实施过程进行监控、指导和服务,保证其符合国家的课程政策要求②。

关键术语

课程与教学意识;课程实施;教学方法;课程与教学资源;资源管理

讨论与探究

1. 分析课程实施与教学实施的异同。

2. 课程改革的推进唤醒了教师的课程意识,如何切实有效地提升小学教师的课程意识?

---

① 崔允漷,夏雪梅,王中男.校本课程开发:上海经验[M].上海:华东师范大学出版社,2007:4.

② 吴刚平,李群.高中新课程方案中校本课程的开设问题探讨[J].当代教育科学,2004(14):16—17.

3．小学教师如何根据具体的教育教学情境，选择和采用课程实施的不同取向组织教育教学活动？

4．小学课程与教学实施的阶段与环节分别有哪些？如何准备各个教学环节？

5．如何根据具体的教学内容选择适宜的教学方法？

6．掌握从“不同的层级、功能特点、空间位置和支配权限、形态形式”等维度对小学课程与教学资源进行分类的方法，探讨小学课程与教学资源的开发问题。

7．略谈地方一级的课程与教学资源管理的问题。

案例分析

请从课程资源开发与利用的角度分析下述案例。

民间艺人进课堂①

民间艺人进课堂不仅是开发乡村艺术课程资源的方法之一，还是传承民间艺术文化的一个重要举措。让民间艺人在学校的艺术课堂里展示他们的艺术技能，这样的艺术形式不但更加贴近孩子们的生活，也更能激发他们的民族自豪感以及艺术学习的兴趣和热情。例如：聘请当地民间艺人或者有专长的退休职工来担当学校的兼职艺术教师，又或者聘请乡镇文化站的工作人员、县级艺术团体的专业工作者任艺术指导都是民间艺人进课堂的具体表现形式。像沅陵地区就有许多这样的民间艺人，这里的艺术资源十分丰厚，美丽的山水孕育了无限生机的艺术文化。如音乐类的山歌、号子、小调，戏曲类的傩戏、辰州高腔及民间舞蹈等品种丰富的艺术资源。这些艺术文化资源是祖先给我们留下的宝贵财富，需要将其进行传承和发展。

目前也出现了一种现象，就是由于民间艺术越来越不被人们所重视，民间艺术的传承越来越感觉吃力。许多地方艺术由于得不到持续不断的研究，没有了得以传承的艺人，相应的民间艺人的数量也在逐年递减。而要使民间艺术得以继续传承，学校艺术教育不失为一个重要的举措。当然，民间艺术进课堂对于小学艺术教育的目的不仅是为了让民间艺术得到好的传承，更为重要的是引进民间艺人进课堂，让他们成为乡村小学的艺术教师，为孩子们教授传统民间艺术，让孩子们的艺术修养得到进一步的培养。

① 刘晓．农村小学艺术课程教师资源的开发[J]．才智，2008(20)：115—116.

进一步阅读的文献

1. 王玮,王妍丽. 中学校本课程开发与实施[M]. 兰州:甘肃人民出版社,2016.

2. 吴刚平,李茂森,闰艳. 课程资源论[M]. 北京:北京师范大学出版社,2014.

3. 段兆兵. 课程资源开发与利用:原理与策略[M]. 芜湖:安徽师范大学出版社,2011.

4. 钟启泉,张华. 世界课程改革趋势研究(上、中、下卷)[M]. 北京:北京师范大学出版社,2011.

5. 崔允漷. 校本课程开发:理论与实践[M]. 北京:教育科学出版社,2000.

6. 吴刚平. 校本课程开发[M]. 成都:四川教育出版社,2002.

7. 施良方,崔允漷. 教学理论:课堂教学的原理、策略与研究[M]. 上海:华东师范大学出版社,1999.

8. 施良方. 课程理论:课程的基础、原理与问题[M]. 北京:教育科学出版社,1996.

小学课程与教学的评价和实施

• 学习目标

1. 理解小学课程评价的含义、对象、原则及功能。
2. 了解小学课程评价实施的模式、类型及策略。
3. 理解小学教学评价的含义、对象、原则与功能。
4. 了解小学教师教学工作评价与小学生学业成就评价的实施过程。

我们在日常生活中经常会有这样的经历:当自己在做或做完一件事,会得到别人或好或坏的评价;当别人在做或做完一件事,自己也会做出一个或好或坏的评价。那么,我们在学校教育中怎么去面对类似情况呢?比如,我们将如何评价正在使用的教材?我们将如何评价端坐在课堂里的学生?我们在听课时如何评价讲台上的授课老师?我们自己在讲课时,别人又会作何评价?等等。在本章中,我们将一起对这些问题进行探讨,并请你结合本章所提供的一些问题及其案例做出自己的个性化分析。

小学课程与教学的评价和实施是小学课程与教学论的重要内容之一。本章主要从小学课程评价和小学教学评价两个方面来进行阐述。我们知道,要理解一个事物之前首先要认识它,所以,在小学课程评价和小学教学评价两部分,我们都先就它们的含义、对象、原则和功能进行了介绍,然后再从方法和策略等方面进行深入探讨。希望通过本章的学习,你能够从整体上把握小学课程与教学评价的相关理论问题,并掌握一定的实施方法与技巧,在理论与实践两个层面都能够得到提高。

第一节　小学课程评价概述

何为小学课程评价?小学课程评价的对象有哪些?在评价的过程中应该遵循什么原则?小学课程评价到底有哪些功能?当大家初次接触小学课程评价时,通常会先想到这些问题。本节我们将围绕这些问题进行探讨。

一、小学课程评价的含义

评价是一个在社会生活中应用得很广泛的概念,泛指人们依据自己的需要和见解,对作为客体的人或事所客观具有的或正面或反面的价值属性的判断和衡量[①]。简单地说,评价就是根据一定的价值观对事物及其属性所做出的价值判断,它包括评价标准、评价主体、评价方法、评价客体、评价结果等要素。

课程评价作为一个重要的评价领域,自20世纪80年代起,我国学者开始对其进行系统研究。四十多年来,尤其是在1999年《中共中央国务院关于深化教育改革全面推进素质教育的决定》颁布以后,随着国外课程理论的不断引进和国内课程专家对课程评价问题的持续关注,有关课程评价的研究成果日益丰硕,课程评价研究在研究的广度、深度上都取得了快速发展。有学者总结我国课程评价研究的发展状况时指出,我们的研究明显具有"后发外启型"发展模式的特点:课程评价研究一兴起,学者们就将目光投向国外日臻成熟的课程评价理论,并不断总结国外课程评价的成功经验,吸取其失败教训,在很短的时间里引进、介绍了大量的国外研究成果,积累了比较丰富的借鉴资料,为课程评价研究奠定了良好的基础[②]。

目前,虽然有关课程评价的研究有了长足的发展,但是对于课程评价的含义,学界尚未达成共识,这一方面是由于课程评价本身的复杂性所致,另一方面是由于对课程评价的上位概念课程的含义存在多样化理解的缘故。就国内来说,在各种相关论述中常见的定义有:①课程评价是根据一定的课程价值观或课程目标,运用一定的科学手段,通过系统地收集信息、资料,分析,整理,对课程方案、课程实施过程和结果等的价值或特点做出判断,从而为课程决策提供可靠信息的过程[③]。②课程评价作为教育评价的重要组成部分,是通过系统调查、收集数据资料,对学校课程满足社会和个人需要的程度做出判断的活动,以此来决定是否接受、改进或排除某课程或特定教材的过程[④]。③所谓课程评价,就是以一定的方法、途径对课程的计划、活动以及结果等有关问题的价值或特点做出判断的过程[⑤]。

小学课程评价作为课程评价的重要组成部分,其内涵既能体现出课程评价的一般特征,又具有自身的特殊性,是在遵循小学生身心发展规律的基础上,通过合理的方法、途径,结合所涉及的相关因素,对小学课程设计、小学课程内容、小学课程实施过程及结果等方面进行价值判断的过程。

拓展阅读 7-1

核心素养与课程评价[⑥⑦]

党的十八大以来,党中央、国务院多次强调把立德树人作为教育的根本任务。研制中国学生发展核心素养的根本出发点就是为了立德树人。中国学生发

① 胡德海.教育学原理[M].兰州:甘肃教育出版社,1998:610.

② 李定仁,徐继存.课程论研究二十年[M].北京:人民教育出版社,2004:153.

③ 钟启泉,汪霞,王文静.课程与教学论[M].上海:华东师范大学出版社,2008:251.

④ 廖哲勋,田慧生.课程新论[M].北京:教育科学出版社,2003:402.

⑤ 李雁冰.课程评价论[M].上海:上海教育出版社,2002:2.

⑥ 核心素养研究课题组.中国学生发展核心素养[J].中国教育学刊,2016(10):1—3.

⑦ 徐彬,刘志军.指向核心素养的课程评价探析[J].课程·教材·教法,2019(7):21—26.

展核心素养,主要指学生应具备的,能够适应终身发展和社会发展需要的必备品格和关键能力。中国学生发展核心素养,以“全面发展的人”为核心,分为文化基础、自主发展、社会参与三个方面,综合表现为人文底蕴、科学精神、学会学习、健康生活、责任担当、实践创新六大素养,具体细化为国家认同等十八个基本要点。促进学生全面发展,使之具备适应终身发展和时代发展需要的关键品格和必备能力始终是我国深化教育改革的重要战略性目标,也是我国全面深化基础教育课程改革的基本理念和价值旨归。

指向核心素养的课程评价是对课程能否满足学生核心素养发展的价值判断,是提供课程与学生核心素养发展关系信息的过程,是就学生核心素养发展在课程领域达成共识的过程。小学课程评价与核心素养的结合,促使评价者在对小学课程设计、小学课程内容、小学课程实施过程及结果等方面进行价值判断时,融入核心素养的基本理念,以促进学生全面发展。

二、小学课程评价的对象

根据对小学课程评价含义的理解,小学课程评价的对象可以分为小学课程设计、小学课程内容、小学课程实施过程及结果等几个方面。小学课程设计包括总体设计和具体设计,前者是对一定学校整个课程的类型、标准、宏观与中观结构及主要模式做出的总体决策;后者是对一定学校各类基本教材的内容、结构、体系、深度、难度做出的具体决策和具体编制①。对小学课程内容的认识应突破传统的课程观念,小学课程内容并不等同于教材内容,教材中所包含的知识只是小学课程内容的一部分,除此之外,小学课程内容还包括内蕴于各种学习活动、师生互动、生活体验之中的具有教育意义的经验、情感、价值观等。小学课程实施过程及结果是指小学课程知识的教育意义在具体的教学实践中对小学生的德智体美劳等方面发生影响的过程及其所产生的教育结果。

为了从整体上对小学课程评价的对象进行把握,下面从以下两个方面对其进行进一步的分析。

(一) 外显的评价对象

外显的评价对象就是能够通过感官观察到的对象,它包括小学课程设计方案、小学教材、教学媒体、课程评价结果总结等方面。小学课程设计方案包括课程编制方案和课程实施方案,对小学课程设计方案的评价重点考察它的设计理念是否与课程标准相契合,是否具备较好的可行性和有效性;小学教材与教学媒体以及其他教学设施都是课程内容的物质载体,

① 廖哲勋,田慧生.课程新论[M].北京:教育科学出版社,2003:262.

其自身也具有工具的性质,对于教材的评价主要侧重于考察内容的正确性、表述的合理性及其编排的科学性,对于教学媒体等教学设备的评价则侧重于考察应用的合理性、科学性和有效性;对于课程评价结果总结的评价主要侧重于考察其是否能够准确地表达课程评价的结果。

(二) 内隐的评价对象

内隐的评价对象是指通过内心的体悟而生发出或者感知到的对象,它包括师生的知识经验、课程实施过程、评价者自身的观念等方面。师生的知识经验是在长期成长过程中形成的一种生命体验,如果师生能够自觉地对其进行开发和利用,它将会作为一种课程资源进入到教学情境中去,对于它的评价主要侧重于考察是否能够对课程实施起到有效的引导、辅助和巩固作用,同时还要考察它的正确性;对于课程实施过程的评价主要侧重于考察在这一过程中是否能够充分调动各方面的积极性并使课程知识充分发挥其应有的教育意义;对于评价者自身的评价就是通常所说的自评价,主要是侧重于考察观念的先进性、科学性、客观性。

当然,外显的评价对象和内隐的评价对象并不是孤立存在的,两者之间存在着密切的联系。在具体的教学情境中,两者是融合在一起的,需要综合起来进行认识。

三、小学课程评价的原则

明确小学课程评价的原则对小学课程评价的有效开展具有十分重要的意义。一般说来,小学课程评价应遵循科学性、客观性、先进性、可行性、有效性等原则。

(一) 科学性原则

科学性原则是指小学课程评价的目标体系、方法选择、结果表达等各个环节都要符合科学的要求,尤其是要遵循小学生特有的身心发展规律和小学教育阶段特殊的教育发展规律。

(二) 客观性原则

客观性原则是指小学课程评价的过程和结果都要符合客观存在的事实,避免掺杂个人或群体的价值标准、兴趣爱好、情感倾向、情绪好坏等主观色彩,坚持实事求是,确保评价的信度。

(三) 先进性原则

先进性原则是指小学课程评价的理念、方法、标准等方面要体现出时代性、发展性,贯彻落实党和国家对教育提出的立德树人的要求,顺应世界课程评价发展的趋势。我国的课程评价研究从一开始就深深地受到了西方课程理论的影响,很多评价理念、方法、模式等都借鉴西方,在此背景下,保持我国课程评价的先进性就显得尤为重要,这种先进性不仅仅是借鉴西方先进的评价理论,更重要的是立足本土,探索形成具有中国特色的科学的评价理论。

(四) 可行性原则

可行性原则是指小学课程评价的标准、方法、设计方案等方面符合我国现在的教育发展水平，包括设施设备、教师素质、学生学业水平等，在实施中能够做到简便易行，具有较好的可操作性，同时能够获得教育管理者、教师、学生和家长的认可。

（五）有效性原则

有效性原则是指小学课程评价要对现行的课程政策、课程设计、课程实施等方面形成全面客观的认识，为以后课程政策、课程设计、课程实施等方面的进一步发展提供可靠的信息，有效地推动课程各要素发挥更大的教育价值。

四、小学课程评价的功能

小学课程评价具有多样化的功能，具体来说，主要有检查、管理、反馈等方面的功能。

（一）检查功能

小学课程评价的检查功能是指根据课程方案和课程标准中所体现的评价理念和目标，通过评价活动来对课程实施的条件、效果进行检查的功能。在《义务教育课程方案（2022 年版）》中的“科学规划课程实施”部分提出“省级教育行政部门要统筹规划三类课程的实施，科学制定本省（自治区、直辖市）义务教育课程实施办法”，“学校依据省级义务教育课程实施办法，立足本校办学理念、分析资源条件，制订学校课程实施方案，注重整体规划，有效实施国家课程，规范开设地方课程，合理开发校本课程”。那么，各级教育管理部门和学校对义务教育课程实施办法和实施方案的落实情况如何呢？其在资源、条件等方面是否做好了相应的准备？这些都需要通过发挥小学课程评价的检查功能来进行分析反馈。

（二）管理功能

小学课程评价的管理功能是指通过课程评价能够对课程的管理者、实施者甚至实施对象起到一种监督、激励、奖惩作用的功能。在小学课程评价的过程中，评价者通过奖励和惩罚等手段可以对与小学课程的制定和实施有关的人员、物体进行管理，根据实际情况不断协调他们之间的关系，确保小学课程得到有效实施。比如，各省市教育管理部门经常通过组织项目申报、课程案例评选、课程实施过程督导等方式对小学课程的实施状况进行监督指导，并对优秀的项目、课程案例、典型经验进行立项资助和表彰，激励学校和教师积极推进小学课程实施的研究与实践工作。

（三）反馈功能

小学课程评价的反馈功能是指通过课程评价发现原有课程方案、课程内容等方面的不足并加以修订的功能。小学课程所处的社会和所面对的对象都是不断发展的，这就要求小学课程也必须随之发展。小学课程的制定者根据发现的新问题和出现的新情况对原有课程方案、课程内容等方面进行不断修订是确保小学课程与时俱进的必要举措。以劳动教育被纳入《义务教育课程方案（2022 年版）》的过程为例。起初，劳动教育在《基础教育课程改革纲要（试行）》中是作为综合实践活动的一部分内容呈现的，后来随着中央和地方陆续出台了一系列劳动教育政策,尤其是《关于加强中小学劳动教育的意见》《关于新时代推进普通高中育人方式改革的指导意见》《关于全面加强新时代大中小学劳动教育的意见》等教育政策的出台,为课程评价提供了新的指引,劳动教育逐步被提升到五育并举、全面育人的层面,在新的课程评价理念的指导下,各省市也积极开展政策探索和实践探索。通过课程评价反馈功能的发挥,最终实现了劳动教育在新的课程方案中从综合实践活动课程中独立出来,成为一门专门的课程,并颁布了《义务教育劳动课程标准(2022 年版)》。

小学课程评价的检查功能、管理功能、反馈功能并不是彼此孤立的,而是互相联系的,共同为实现小学课程的不断发展和完善发挥积极作用。

第二节 小学课程评价的实施

第一节主要对小学课程评价的基本情况进行了概述,在此基础上我们需要进一步思考以下几个问题:如何认识小学课程评价实施的模式?小学课程评价实施的类型有哪些?如何实施小学课程评价?本节主要就这些问题和大家一起进行探讨。

一、小学课程评价实施的模式

课程评价模式是评价人员或研究者依据某种教育理念、课程思想或特定的评价目的,选取一种或几种评价途径所建立起的相对完整的评价体系,它对评价的实施做了基本的说明[①]。由于我国在课程评价研究方面起步较晚,思想和理论发展还不够成熟,下面主要是对西方流行的几种课程评价模式进行介绍,“他山之石,可以攻玉”,从中我们会得到一些经验和启示。

(一) 几种典型的课程评价模式

1. 目标评价模式

美国著名的课程论专家泰勒及其同事在 1933—1940 年间开展了一场规模宏大、对后世影响深远的“八年研究”。在这一实验研究中,泰勒及其同事们一起根据实验进展的需要,把评价融入整个课程与教学设计中,使评价成为课程与教学设计的一个有机环节[②]。目标评价模式就是在这一研究过程中提出来的。

目标评价模式是在泰勒的“评价原理”和“课程原理”的基础上形成的。“评价原理”可概括为七个步骤或阶段:①确定教育计划的目标;②根据行为和内容来界说每一个目标;③确定使用目标的情境;④设计呈现情境的方式;⑤设计获取记录的方式;⑥确定评价时使用的计分单位;⑦设计获取代表性样本的手段。我们可以把泰勒的“课程原理”概括为四个步骤或阶段:①确定课程目标;②根据目标选择课程内容;③根据目标组织课程内容;④根据目标

① 张华.课程与教学论[M].上海:上海教育出版社,2000:403.
② 李雁冰.课程评价论[M].上海:上海教育出版社,2002:72.

评价课程。其中,确定目标是最为关键的一步,因为其他所有步骤都是围绕目标而展开的。这也是为什么人们把它称为目标模式①。

从总体上来说,目标模式具有较强的操作性和针对性,容易被人们理解和接受,在很长一段历史时期内对世界范围内的课程评价产生了重要影响。

2. 目标游离评价模式

目标游离评价模式(goal-free evaluation model)是专门针对目标评价模式的弊病而提出来的。提出者斯克里文(Michael J. Scriven)认为,课程评价者应该注意的是课程计划的实际效应,而不是课程计划的预期效应,而泰勒所倡导的目标评价模式只单一地考虑课程计划的预期效应,忽视了其他非预期效应,可能会使评价失去很多重要且有价值的评价结果。

在目标游离评价模式中,斯克里文指出,虽然预期的课程目标在编制课程时可能是有用的,但是评价者不应过多受其影响,而应该将主要精力放在收集有关课程计划实际结果的各种信息上,不要过于在意结果是否符合预期目标,只有这样才能够对课程做出准确、合理的评价。

相对而言,目标游离评价模式指出了目标评价模式的不足,突出了非预期结果在评价中的重要性,对人们加深课程评价的认识起到了启示作用。但是,我们也要注意到,完全游离于既定目标之外的评价是不存在的,从严格意义上讲,目标游离评价模式既不是一个完善的评价模式,也没有一套完整的评价程序,它的主要价值在于作为目标评价模式的补充和发展。

3. CIPP 模式

CIPP 由背景评价(context evaluation)、输入评价(input evaluation)、过程评价(process evaluation)和成果评价(product evaluation)的英文名称的首字母组成。这一评价模式产生于 20 世纪 60 年代末,代表人物为美国著名的教育评价专家斯塔弗尔比姆(Daniel L. Stufflebeam)。该模式指出,课程评价不仅要对课程目标的实现状况做出判断,还要为课程的改革服务。

现以小学劳动教育课程为例②,对斯塔弗尔比姆关于背景评价、输入评价、过程评价和成果评价的相关观点进行介绍③。

第一,背景评价。背景评价的最初意向,是要确定某一客体(如机构、方案、有关人员或个人)的长处与短处,从而为改进工作提供指导。这种研究的主要目标是评定客体的整个状况,认清它的缺陷,详细记录手头已有的、可用来弥补这些缺陷的有效方法,以及诊断那些解决后能有效改善客体状态的问题。背景评价的方法可以包括对所感兴趣的客体的各种测量和各种类型的分析,比如系统分析、调查、文献评论、倾听意见、会谈等方法。比如,基于背景评价,可以从小学劳动教育课程的开设需要、目标定位、学生需要等方面,分析小学生参与劳动教育课程学习的必要性、重要性,为精准提供劳动教育课程资源和学习机会等方面进行评

---

① 施良方.课程理论:课程的基础、原理与问题[M].北京:教育科学出版社,1996:155.

② 殷世东.中小学劳动教育课程评价体系的建构与运行——基于 CIPP 课程评价模式[J].中国教育学刊,2021(10):85—88,98.

③ 瞿葆奎.教育学论文集·教育评价[M].北京:人民教育出版社,1989:312—322.

估和判断。

第二,输入评价。输入评价的主要意向,是要有助于制定方案的行动方针,以产生所需的变革。输入评价的总体意向,是帮助委托人根据自己的需要和周围环境来考虑各种备选方案,并制定相应的工作计划。除此之外,还要帮助委托人避免去做那些预期会失败或至少是浪费资源的改革活动。输入评价主要用于调查与分析可用的人力、物力资源,解决问题的策略,及相应的程序设计的可行性和经济性,可使用文献调研、访问典型方案、支持者小组、试点试验等方法。输入评价在小学劳动教育课程上的应用主要体现为对劳动教育课程方案的评价,包括小学劳动教育课程有效开设和实施所需要的课程资源和内容、保障体系等方面的整合设计与合理性规划情况。

第三,过程评价。过程评价是对计划实施情况不断加以检查,主要有四个目标:其一是给管理者和工作人员提供反馈信息:实施方案的活动是否按时间表来进行?是否按预定计划来实施?是否以一种有效的方式利用现有的资源?等等。其二是要为根据需要修改和解释计划提供指导。其三是周期性地评定方案参与者接受方案的程度,以及能够发挥他们自身的程度。最后,过程评价还应提供一个方案实施的全面记录,以表明方案实际执行情况,它与预定过程相比情况怎样,方案实施过程中的全部成本,以及观察者和参与者对活动质量的全面判断。比如,在小学劳动教育课程实施过程中,要重点对劳动教育活动是否体现开放生成性目标、劳动教育的方法是否符合劳动教育内容及学生学习的特点等方面进行监控、检查与分析。

第四,成果评价。成果评价的目的是要测量、解释和判断方案的成就。成果评价的主要目标,是要确证方案满足其为之服务的团体的需要的程度。成果评价的基本用途,是要决定某一特定方案是否值得继续、重复和(或)扩展到其他情境。成果评价所采用的方法主要是操作性地确定和测量结果的标准,收集评价者对结果的判断,进行定量和定性分析。比如,在小学劳动教育课程实施后,需要将劳动教育课程实施效果与预期目标进行比较,在对劳动教育课程方案实施效果的分析中获得相关反馈信息,进而为后面更为有效地实施劳动教育课程提供参照和建议。

需要注意的是,虽然斯塔弗尔比姆是分开对背景评价、输入评价、过程评价和成果评价进行分析的,但这四种评价并不是孤立存在的,正如斯塔弗尔比姆在《方案评价的 CIPP 模式》(*the CIPP Model for Program Evaluation*)一文中最后所说明的那样,“它们是相互配合,共同发挥作用的”。

4. 应答评价模式

应答评价模式(responsive evaluation model)是由美国著名评价专家斯塔克(Robert E. Stake)于 1973 年在瑞典哥德堡市召开的评价发展的新趋势研讨会上提出来的,他认为,要真正使课程评价产生效用,应该特别注意向那些听取评价结果的人提供他们所关心的信息。在《方案评价的特殊方法——应答评价》(*Program Evaluation, Particularly Responsive Evaluation*)中,斯塔克指出应答评价与其他评价的不同之处:现有的评价方法多带有预定(preordinate)性质,即强调目的的表述和客观的测验,由方案执行人员掌握的标准,以及研究性的报告的应用。而应答评价则较少依赖这些正规的信息交流方式，更多地依赖自然接触[①]。

应答评价具有以下特点：强调教育问题，而非预定的目标或假设；对与课程有关人员的参与和投入状况做直接或间接的观察；考虑各方面人士的价值标准；不断地关注渴望听取课程评价结果的人士的信息需求[②]。应答评价对评价者提出了很高的要求，首先，他要制定一个观察与商谈的计划，安排各种人士观察方案的行动，在他们的帮助下，评价者写出扼要的报告、画出图表或准备一些可供演示的材料等；然后，找出对听取评价结果的人可能有价值的东西，收集持有不同观点的人对方案优缺点的印象；最后，是否需要写出一个书面报告将由评价者与委托开展评价活动的人达成的协议来决定[③]。

总之，应答评价模式比较关注人在评价过程中的作用，重视实际的活动过程，体现了多元的价值取向，是一个比较成熟的评价模式。

除了以上提及的四种课程评价模式之外，西方还有其他比较典型的课程评价模式，比如对手评价模式（adversary evaluation model）、教育鉴赏与教育批评模式（educational connoisseurship and criticism model）等，对于这些评价模式，在这里不再做详细介绍。

（二）对我国小学课程评价模式发展的启示

西方的课程评价模式虽然经过长时间的发展已经较为成熟，但是我们也要以批判的眼光来进行审视，既要看到它们的可取之处，也要看到它们的不足之处，然后根据我国的教育实际，探索本土化的小学课程评价模式。具体来说，需要做好以下两方面的工作。

首先，需要认清我国小学课程评价中存在的问题。由于我国传统的儿童教育大多以私塾的形式进行，没有统一的管理方式，当然也难以形成系统的评价理论。而且，我国系统的儿童心理研究起步较晚，大多借鉴西方的心理学理论，在评价中往往对教育心理学知识的应用不够，而西方很多评价理论都是在成熟的教育心理学理论的基础上形成的。比如，泰勒的目标评价模式受到行为主义心理学的影响，斯克里文的目标游离评价模式、斯塔弗尔比姆的CIPP模式、斯塔克的应答评价模式则主要受到人文主义心理学的影响。另外，长期以来我国重视教学研究，忽视课程研究，教育实践者很多时候只是将自己定位为课程实施的执行者，以评价者的身份参与课程实施过程的意识尚未真正建立起来。

其次，在分析存在问题的基础上，我们要借鉴国外经验，有针对性地对小学课程评价进行改革。从国外有代表性的几个课程评价模式可以看出，在评价的价值取向、评价的方式方法、评价的参与者等方面都和我国传统的评价理念有很大的不同，这些对我国小学课程评价模式的发展具有很好的启示作用。比如，我们要在小学课程评价的取向上进行改变，摒弃过于注重成绩的片面的评价观念，尽可能全面真实地反映课程的全貌，在小学课程评价的手段

---

① 瞿葆奎. 教育学论文集·教育评价[M]. 北京：人民教育出版社，1989：325.

② 李定仁，徐继存. 课程论研究二十年[M]. 北京：人民教育出版社，2004：173.

③ [美]斯塔克. 方案评价的特殊方法——应答评价[M]//瞿葆奎. 教育学论文集·教育评价. 北京：人民教育出版社，1989：326.

上,也要注重多样化和灵活性,改变以往过于注重总结性评价的方法,要做到总结性评价和形成性评价相结合。《义务教育课程方案(2022年版)》中便指出,要"改进结果评价,强化过程评价,探索增值评价,健全综合评价,着力推进评价观念、方式方法改革,提升考试评价质量"。另外,还要鼓励更多的人,尤其是小学教师,参与到小学课程评价中来,倾听他们的意见,充分地发挥课程评价所具有的检查、管理和反馈功能。

课程评价模式的形成是一个系统的工程,需要诸多方面的参与,同时,它也需要一个验证的过程。现在,我国的基础教育课程改革正在走向深入发展阶段,在这一过程中,小学课程评价一定会得到很大的发展,从而产生一些成熟的小学课程评价模式。

二、小学课程评价实施的类型

小学课程评价实施的类型有很多,常见的有量化评价、质性评价、诊断性评价、形成性评价、总结性评价、绝对评价、相对评价、个体内差异评价、内部人员评价、外部人员评价等。为了方便理解,下面分类进行分析。

(一) 诊断性评价、形成性评价和总结性评价

诊断性评价又称准备性评价,是指为了使课程更有效地适合学生的需要,在活动之前所进行的测定性、预测性的评价,目的是了解评价对象的基础和情况,提高针对性,便于因材施教。比如,在一门小学课程开始之前,教师可以通过查阅以前的相关成绩记录、进行摸底测验等方式对学生某一方面的知识结构、接受能力等进行前期了解,以便增强课程实施的针对性。

形成性评价又称过程性评价,是指在课程计划方案实施过程中进行的评价,目的是在评价过程中收集相关信息,用于对课程的改进、修订和发展。比如,可通过课堂观察、对话交流、小组分享、学习反思等方式,收集和整理学生语文学习的过程性表现,如学生日常写字、读书、习作、讨论、汇报展示、朗读背诵、课本剧表演等方面的材料,记录学生核心素养发展的典型表现,了解学生的学习态度和个性特点,考察其内在学习品质的发展[①]。

总结性评价又称终结性评价,是指在课程计划方案实施结束之后进行的评价,具有综合性的特点,主要目的是评定成绩,给出结论,也可以就评价本身进行有效与否的鉴定。比如,教师通过期末考试、综合素质评价等途径对小学生在课程计划方案实施过程中的知识、能力、情感态度等方面进行全面了解,从而对课程内容的编制、课程计划实施方案等各个部分做出一个综合判断。

形成性评价是目前不断得到重视的一种评价方式,《义务教育语文课程标准(2022年版)》中指出,"注重动手操作、作品展示、口头报告等多种方式的综合运用,关注典型行为表现,推进表现性评价"。所以有必要比较一下形成性评价和总结性评价的不同之处。形成性评价的目的主要是发现课程方案的弱点和不足并努力消除;形成性评价满足了教师、课程专

① 中华人民共和国教育部.义务教育语文课程标准(2022年版)[M].北京:北京师范大学出版社,2022:47.

业人员、学校行政管理人员以及其他负责课程编制人员的需要。总结性评价的目的主要是判断课程是否起到了应有的作用;总结性评价满足了政策制定者、行政管理人员以及其他社会成员获得教育体系方面信息的需求[①]。

(二) 绝对评价、相对评价和个体内差异评价

绝对评价可以看作是一种水平测试,是指在评价对象群体之外确定一个客观的标准,然后运用这个标准对每一个对象进行评定的评价类型。需要注意的是,这个拟定的客观标准并不受评价对象群体状况的影响,其评价结果的好坏也与评价对象群体无关,只与评价对象本身的水平有关。比如,在小学学业水平考试中,为评价学生学完某门课程后课程目标的达成情况,需要确定一个客观的评价标准,面向全体学生进行评价。

相对评价是指在评价对象的群体中确定一个或多个标准,然后把每个评价对象与这个标准进行比较来进行评定的评价类型。需要注意的是,在某一个对象群体内确定的标准只适用于这个对象群体内部对象之间的比较,而不适用于与其他对象群体内的对象进行比较。比如,为了评优评奖而在某一特定小学生群体中进行考试测验。

个体内差异评价是指对每个评价对象的过去和现在进行比较,或者对评价对象的不同方面进行比较,从而得出评价结论的评价类型。由于这种评价类型是以被评价对象的个体状况为参照标准的,所以它能够较好地对评价对象在不同时期的进步状况及其程度进行评定。《义务教育课程方案(2022 年版)》指出,"关注学生真实发生的进步,积极探索增值评价"。增值评价便是典型的个体内差异评价,它是建立在对学生学习过程的观察、记录和分析基础上的,是一种基于证据的评价。

这三种评价类型各有优势:绝对评价可以帮助被评价者明确自身与客观标准之间的差距,为下一步的学习确定努力的方向;相对评价可以不受评价对象群体整体水平的限制,具有较好的适应性;个体内差异评价通过纵向或横向的比较有利于评价对象认清自身的优势和不足。同时,我们也应看到,这三种评价类型都有各自的评价标准和适用范围,在实际的评价过程中需要灵活运用。

(三) 内部人员评价和外部人员评价

内部人员评价是指评价由课程设计者或使用者自己实施,外部人员评价是指评价由课程设计者或使用者以外的其他人(包括没有参与设计的评价专家)来实施。

这两种评价各有利弊。内部人员评价有利于评价者了解课程设计方案的内在精神和技术处理技巧,评价的结果亦可进一步用于课程方案的修订和完善。其缺点是,评价者有可能会局限于自己的课程设计思想,不了解其他人对课程设计的需要,致使评价缺乏应有的客观性。外部人员评价则相反,评价者虽然对计划的内在精神不甚了解,但却有更为开阔的评价思路,可能取得具有客观性和令人信服的结论。因此,二者应相互借鉴,也就是说,一项完备

---

① 廖哲勋,田慧生.课程新论[M].北京:教育科学出版社,2003:412.

的评价应同时吸收内部人员和外部人员参加①。

三、小学课程评价实施的策略

小学课程评价的最终目的是不断完善小学课程，为最大限度地促进每一个学生的全面发展服务，并探索如何使课程的教育意义能够在课程实施过程中充分发挥出来。为此，建立保障小学课程评价有效实施的策略是十分必要的。

（一）制定科学的评价指标体系

构建教育评价指标体系的主要依据应包括：①教育方针、政策、法规；②教育理论和知识；③教育规律；④教育工作实际②。所以，在制定小学课程评价指标体系时，首先，评价指标体系的设计者要了解国家教育方针、政策、法规的有关规定，中共中央、国务院印发的《深化新时代教育评价改革总体方案》中提出以下指导思想，“以习近平新时代中国特色社会主义思想为指导，全面贯彻党的十九大和十九届二中、三中、四中全会精神，全面贯彻党的教育方针，坚持社会主义办学方向，落实立德树人根本任务，遵循教育规律，系统推进教育评价改革，发展素质教育，引导全党全社会树立科学的教育发展观、人才成长观、选人用人观，推动构建服务全民终身学习的教育体系，努力培养担当民族复兴大任的时代新人，培养德智体美劳全面发展的社会主义建设者和接班人。”③目前，制定评价指标体系时就要从提高民族素质、增强综合国力的高度着眼，建立具有中国特色且符合素质教育要求的小学课程评价体系。其次，评价指标体系的设计者要熟知教育理论和知识，并善于灵活运用，将理论应用于实践。再次，评价指标体系的设计者要对教育规律有深刻的认识和理解，能够很好地把握小学生的心理发展特点、小学阶段学习的特点及小学教师心理与教学的特点。最后，评价指标体系的设计者应该认识到不同地区存在不同的教育实际，即便是同一地区的不同学校也存在着不同的教育实际，这就需要评价者在设计评价指标体系时努力提高适应性。

制定科学的评价体系需要选择合理的评价指标要素，它将直接影响到是否能对评价对象做出准确、科学、实事求是的价值判断。合理的小学课程评价指标体系具有以下几个特点：①针对性。小学课程评价指标要素的设定首先要确定指向什么，这个对象可以是有形的人、教材，也可以是无形的经验、知识，针对不同的对象选用的指标要素也相应不同，不能一劳永逸地选用一套普遍意义上的指标要素去评价各种情境中的课程设计和实施。②综合性。在选用小学课程评价指标要素时既要有适于进行量化评价的、标准化程度较高的指标要素，也要有适于进行质性评价的描述性的指标要素。③发展性。选用的各种指标要素并不是静态不变的，而是动态发展的，可以根据小学课程设计和实施的不同状况进行适当调整，同时也可以根据情况需要去除不合理的指标要素，吸收被忽视的指标要素。

---

① 张华. 课程与教学论[M]. 上海：上海教育出版社，2000：398.

② 李方. 论教育评价指标体系的构建[J]. 教育研究，1996(9)：49—53.

③ 中共中央、国务院. 深化新时代教育评价改革总体方案[N]. 人民日报，2020 - 10 - 14(1).

（二）根据评价对象选择合适的评价者

针对不同的评价对象应由不同的评价者来执行评价过程，如果抛开评价对象的特点，随意安排评价人员进行评价，其评价结果的可信度会大大降低。同时，在依据评价对象选择评价者时还需要考虑评价者的知识背景、专业能力、价值倾向等各方面的因素，只有选择合适的评价者，所展开的评价活动才能产生深入的、客观的评价结果。例如，如果课程评价的目的是总结性的（如是否要删减一门课程的主要内容或者是否要对课程做大的修订），课程评价人员最好是从那些不受评价对象影响的候选人中去选择。如果课程评价的目的是形成性的（如指导课程编制、区分课程方面的弱点和学生需要、监测课程实施过程以便指导课程的调整工作），课程评价人员最好从那些接近评价对象并具有渊博知识的候选人中去挑选①。

（三）灵活运用多样的课程评价方法

小学课程评价方法就是为解决小学课程评价工作中信息的收集、处理、反馈等问题时所采用的方法。

一般来说，比较常用的评价方法是为考查对课程的某一方面掌握如何而进行的测验，测验方式有笔试和口试、闭卷考试和开卷考试、论文考试和客观考试、单项考试和综合考试等，有时以问卷调查、抽样方法等进行补充。这些大多是注重数据收集的量化方法，优点是比较方便大规模地对评价对象进行调查和预测，缺点是不好根据情况的变化做及时的调整，也忽视了参与评价的当事人的心理状态和意义建构。近年来，人们开始关注质的研究方法在课程评价中的应用，“通过研究者和被研究者之间的互动对事物进行深入、细致、长期的体验，然后对事物的‘质’得到一个比较全面的解释性的理解”，“强调尽可能在自然情境下收集原始资料”②。质的研究方法主要包括开放式访谈、观察、实物分析等。

正因为课程评价的方法是多样的，我们才特别强调在对小学课程进行评价的过程中要注意灵活运用这些方法。无论使用哪种评价方法都要注意以下几个方面。

1. 正确把握小学生特点，以正面的积极评价为主

小学生的年龄一般为6—7岁至11—12岁，属于童年期。这一年龄阶段有着独特的心理发展特点，而这些特点建立在生理发展的基础之上。教师和家长要时刻关注学生的身心发展情况，了解其各个生理周期，考虑学生的学习风格差异，使每个学生的身心都能得到全面发展③。基于此，为了保护小学生的自尊心，增强他们的自信心，促进他们的思维发展和心理健康，评价者在评价过程中要结合学生的日常表现看待评价结果，多鼓励、表扬，少批评、惩罚，尽量用激励性的话语来进行评价。比如，当有些小学生某门课程的成绩出现下滑时，教师不宜强加批评，而应帮助寻找原因，鼓励他们重拾信心，保护他们的学习积极性。

---

① 廖哲勋，田慧生. 课程新论[M]. 北京：教育科学出版社，2003：442.

② 陈向明. 质的研究方法与社会科学研究[M]. 北京：教育科学出版社，2000：10.

③ 李俊. 小学生认知与学习[M]. 北京：中国人民大学出版社，2016：207.

2. 注意评价过程中评价主体的特点

在基础课程改革过程中,我们一直强调多元主体参与评价过程,打破仅仅依靠“权威人士”进行评价的旧观念,这个多元主体一般包括教师、家长、学生及其他关心教育问题的社会人士,由于不同的评价主体所具有的知识基础、学科背景、能力水平等方面存在很大的差异,在评价的过程中应允许他们选用自己能够熟练使用的评价方法,在评价结束后进行总结的时候,对运用不同评价方法所取得的评价结果进行比较分析,提高评价的客观性。

3. 重视小学课程评价的发展功能

2020 年中共中央、国务院印发了《深化新时代教育评价改革总体方案》,指出“教育评价事关教育发展方向,有什么样的评价指挥棒,就有什么样的办学导向”。《义务教育课程方案(2022 年版)》“更新教育评价观念”部分指出要“强化素养导向,注重对正确价值观、必备品格和关键能力的考查,开展综合素质评价”。素养导向就是全面推进基于核心素养的小学课程评价,以提升学生运用知识、技能、情感、态度、价值观来对问题进行综合判断分析并予以解决的能力。从“双基目标”(基础知识与基本技能)到“三维目标”(知识与技能、过程与方法、情感态度与价值观)再到核心素养,正是重视小学课程评价发展功能的结果。

4. 建立小学课程评价的反馈机制

评价反馈机制是维持课程评价稳定健康发展的有效机制。如果核心素养要求下的课程评价体系在实施过程中没有一个能根据评价及时有效的反馈机制,那么这个体系是无法长远走下去的①。无论是教师还是学生,在被评价的过程中总是希望评价者能够指出问题、分析原因、提出建议。小学课程评价反馈机制的建立就是要畅通评价者与被评价者之间的交流与沟通渠道,使课程评价的结果能够及时、系统、全面地进行反馈,并在反馈中结合被评价者的解释与反思对评价过程和评价结果进行进一步验证与完善。

第三节　小学教学评价概述

前面我们主要探讨了小学课程评价,下面我们转向小学教学评价。相对小学课程评价侧重于课程方案与课程内容不同,小学教学评价更为关注教学设计与教学过程。为了更加系统地阐释小学教学评价,我们还是有必要对其含义、对象、原则和功能进行一番分析。

一、小学教学评价的含义

教学评价是以教学目标为依据,运用可操作的科学手段,通过系统地收集有关教学的信息,对教学活动的过程和结果做出价值上的判断,并为被评价者的自我完善和有关部门的科学决策提供依据的过程②。

---

① 吴少伟.基于核心素养理念的学校课程评价的深刻转变[J].教学与管理,2020(6):40—43.

② 崔允漷.有效教学[M].上海:华东师范大学出版社,2009:242.

在不同的历史时期，受当时的政治、经济、文化的影响，教学评价也呈现出不同的价值取向。现在，我们一般以传统教学评价和现代教学评价两种形式来进行区分。

传统教学评价是以知识本位和能力本位为核心理念的。从知识本位来说，主要表现为在评价过程中过于关注作为客体的知识而不是教学主体本身，知识成为衡量教学的主要尺度，并且带有鲜明的主观色彩，最终导致教师和学生演变成一种对立的关系。从能力本位来说，教学评价趋向技术化、定量化、准确化，为了确保评价的客观性，最大限度地限制评价者自身的主观意愿的渗入，注重教学评价对能力的鉴定和证明功能。现代教学评价体现的是素质教育的思想，是为了促进学生的全面发展而进行的评价。具体来讲，现代教学评价站在终身教育的高度来关注学生的发展，改变了过去见物不见人的评价理念，并在媒体高度发展的影响下，将评价的对象从书本知识的教学扩展到报纸、网络等媒体知识的教学，在评价的手段上注重定量方法和定性方法的结合，从整体来说，突出了评价主体的多元化、评价手段的综合化和评价理念的人文性。

在理解教学评价的内涵时，我们还要分清教育测量和教学评价的区别。教育测量理论追求的是“客观”“准确”，从其旨趣上看，重在揭示“是什么”，绝少论及“为什么”及“怎么办”。教学评价则不然，它是在“是什么”的基础上要说明“为什么”，指出“怎么办”，其中不能不涉及价值判断问题[①]。

二、小学教学评价的对象

小学教学评价的对象可以从多个角度来进行表述，在这里，我们主要从学生学的过程、教师教的过程和教学效果三个方面来进行分析。

（一）以学生学的过程为对象的评价

传统教学评价过于关注教学的结果，而对学生学的过程重视不够。其实，对于教学结果的评价离不开学生学的过程，因为，学的过程蕴含着十分丰富的可以影响到教学结果的信息，包括学生的学习态度、学习行为、学习方法与学习体验等。现代教学评价已经认识到这方面的问题，强调从多方面对学生学的过程进行充分的关注。以小学语文学科为例，对学生识字与写字能力的评价，既要从音、形、义的结合上评价学生的识字能力，也要重视学生识字和写字的兴趣及习惯。评价学生的阅读能力，既要综合考查学生阅读过程中的感受、体验、理解和价值取向，也要考查其阅读兴趣、方法、习惯，以及阅读材料的选择、阅读量和阅读速度。评价学生的口语交际能力，要在具体的交际环境中进行，并给予学生有实际意义的交际任务，考查其参与意识及情感态度。评价学生的写作能力，既要关注学生的写作过程与方法、情感与态度，也要重视对学生写作材料准备过程、占有材料的方法的评价[②]。

（二）以教师教的过程为对象的评价

现代教学评价在关注学生学的过程的同时，也十分重视教师教的过程，主要涉及教师的

① 李定仁，徐继存．教学论研究二十年[M]．北京：人民教育出版社，2004：374.

② 董蓓菲．小学语文课程与教学论[M]．杭州：浙江教育出版社，2003：188.

知识结构、教学态度、教学能力等方面。

教师的知识包括本体性知识(即学科知识)、条件性知识(即心理与教育方面的知识)和实践性知识(即教学经验)。本体性知识与条件性知识是课堂教学能力发展的前提和基础,是教学专业发展的必要条件。实践性知识是教师在教学实践中不断积累的关于课堂教学内容与教学活动组织与管理等方面的教学经验。其中,有意识积累的经验知识称为外显知识。没有经过明确、有目的的学习,无意识积累的教学经验,称为内隐知识(tacit knowledge)。教师的内隐知识对课堂教学活动的影响尤为重要①。所以,在评价过程中我们要从多个角度来关注教师的知识结构在教学过程中所产生的影响。

拓展阅读 7-2

内隐知识②

英国著名的物理化学家和思想家波兰尼(Michael Polanyi)在 1958 年出版的《人的研究》一书中提出,知识应当被区分为“内隐”和“外显”两种形式,前者用来指“沉默的”“不明说的”和“心照不宣的”一类知识,后者则指“明确的”“清楚的”和“明白表示的”知识。七年之后,即 1965 年,美国心理学家里伯(A. S. Reber)设计了一个探索有关无意识获得复杂知识的实验。研究结果表明,内隐学习的现象是存在的。在内隐学习时,人们并没有意识到控制他们行为的规则是什么,却学会了这种规则。例如,人们能够辨别哪些发音合乎逻辑,但未必都能说出这些语法规则。里伯的研究使有关内隐知识的研究超越了思辨水平,进入了实证研究阶段。但里伯的实验与波兰尼的研究一样,在当时的心理学领域及社会上都没有产生多大的反响。经过十余年的沉寂,从 20 世纪 80 年代起,内隐知识才受到社会各领域的广泛关注。内隐知识理论之所以在 20 世纪 80 年代引起广泛注意,一方面是因为波兰尼对内隐知识理论的反复阐释和来自以里伯为代表的心理学不断增添的实证研究的成果为越来越多的人所接受;另一方面是 20 世纪 70 年代以后,有关自然和社会研究的认识论和方法论的背景发生了巨大变化,这一内源于科学哲学内部革命的人类认识论和方法论的转变,催生了大量的不同于传统的新思想、新观念。内隐知识理论也在这一背景下,开始广泛渗透到自然科学和人文社会科学研究的各个领域,从对自然科学上的发明、发现的解释到人类精神信仰问题的探讨等,不一而足。以内隐知识理论来探讨教育尤其是教师教育问题也是在这一大趋势下发生的。

① 张学民,申继亮,林崇德.小学教师课堂教学能力构成的研究[J].心理发展与教育,2003(3):68—72.

② 洪明.内隐知识理论及其促进教师专业化成长的意义[J].中国教育学刊,2003(2):60—62.

教师的教学态度和他从事教学工作的动机有很大的关系，一般来说，影响教师教学动机有内部和外部两方面的因素。内部因素主要是出于对学生的热爱、对教师职业的热爱而生发出的一种内在情感，外部因素主要包括教师的工资待遇、社会地位、工作环境等方面，这两方面的动机是相互融合在一起的。在小学阶段，由于小学生具有活泼好动的天性，在学习上自觉性不高，有一定的管理难度，如果教师的教学动机过于依赖外部因素，将会影响教师对学生的关心和在教学上的投入。

教师的教学能力除了包括朗读、板书、口头和书面表达等基本能力之外，还包括组织教学活动的能力、选择教学方法的能力、熟练操作现代教学媒体的能力等。小学教师还应具备一定的文艺表演能力，并对语言表达能力要求较高，因为“小学教师特别需要用目光、笑容、肌肤及各种体态语言向儿童传递爱的信息，使小学生建立对学校及教师的依恋、信任的关系”①。没有这种依恋和信任的关系，小学生和学校、小学生和教师将会处于一种对立的关系，影响到愉快的学习氛围的创设，进而影响到课堂教学的效果。

（三）以教学效果为对象的评价

教学的效果是否达到了预期的教学目标，在教学过程结束之后，学生是否掌握了应该掌握的知识，教师是否完成了教学计划并从中得到了有助于自我专业成长的信息，这是教学评价一直以来十分重视的内容。但是，以教学效果为对象的评价并不是通过纸笔测试一考了之，而是要与教师教的过程和学生学的过程融合在一起，体现出“教—学—评”一致性。

在小学阶段，以教学效果为对象的评价要注重引导小学生进行恰当的自我评价。随着小学生年龄的增长，其自我意识不断增强，而自我评价能力是自我意识发展的主要成分和主要标志。自我评价是否恰当可能激发或压抑人的积极性，如不符合的、过低的自我评价会降低人的社会要求水平，产生对自己的潜力的怀疑态度，引起严重的情感损伤和内心冲突；过高的自我评价又必然与别人对自己的评价发生矛盾，遭到同伴的反对，引起与同伴交往的冲突，也会导致严重的情感损伤或不良行为②。对教学效果的评价是小学生对自我进行评价的主要依据，所以，为了引导小学生对自我树立正确的评价态度，在对小学教学效果进行评价时要尽量使用定性评价的方式，使用鼓励性的话语。

三、小学教学评价的原则

为了确保小学教学评价的效果，提高小学教学评价的质量，在小学教学评价的过程中应该遵循客观性原则、方向性原则、全面性原则和科学性原则。

（一）客观性原则

小学教学评价的客观性原则要求我们在进行评价的时候，评价主体应采取一种实事求

---

① 朱小曼.认识小学儿童 认识小学教育[J].中国教育学刊，2003(8)：5—10.

② 王耘，叶忠根，林崇德.小学生心理学[M].杭州：浙江教育出版社，1993：259.

是的态度,不能用属于自己主观臆断或掺杂着个人主观色彩的信息来影响评价的进程。要保证教学评价的客观性,当然不能单纯靠评价者的自觉意识,还需要从以下几个方面入手来达到对教学评价行为进行规范和监督的目的。

第一,评价前,一方面要加强对评价者进行严格的培训,培训的内容不能仅限于评价者对评价工具的掌握和评价方法的运用,还要关注评价者自我素养的提高,使其树立公正评价的观念,形成公平的价值理念;另一方面在设计评价目标的时候要认真论证,确保目标的科学性、合理性,并保证目标具有一定的灵活性。

第二,评价过程中,要鼓励不同知识背景、不同社会角色的人员参与到评价中来,并倡导评价者在评价过程中要进行自评价,不断对自己的评价行为进行反思,同时真正地深入到教学活动中去。比如,可以邀请高校学科教学专家、教研员、家长等不同身份的人员加入小学教学评价中来。

第三,评价结束之后,要综合各方面的信息对评价结果进行全面的分析,排除在不合理的因素影响下所产生的结果。比如,一位小学教师在教学过程中多媒体设备突然发生故障,虽然这位教师最后完成了教学过程,但由于一些教学内容无法正常呈现,还是影响到了教学效果,在评价时应考虑这一影响因素。

另外,在整个评价的过程中要从制度建设上进行保障,对评价者及其行为进行有效监督,确保评价结果的客观性。

(二) 方向性原则

小学教学评价的方向性原则是针对评价的价值取向来讲的,在不同价值取向指引下会产生不同特点的教学评价。过去的小学教学评价正是基于知识本位和能力本位的价值取向而对教学结果过于关注,对教师教的过程和学生学的过程关注不够。现在的小学教学评价是在素质教育的价值取向下,以通过教学评价是否促进了学生的身心全面发展为评价的标准,关注评价的过程,关注学生通过学习是否掌握了知识、发展了智力、培养了能力、形成了良好的个性心理品质。

(三) 全面性原则

小学教学评价的全面性原则是指评价要收集多方面的信息,做出完整的价值判断。一方面小学教学评价既要对教学结果进行评价,又要对教学过程和学习过程进行评价;另一方面在对教学结果、教学过程和学习过程进行评价时,也要注意从各个方面收集信息,进行全面的评价,比如在对学习过程进行评价时,既要对小学生的知识掌握水平进行评价,也要对小学生的情感态度、行为改变、交往能力、思想品质等方面进行综合评价。

(四) 科学性原则

小学教学评价的科学性原则就是在评价过程中要选用科学的方法和技术。课堂教学作为一个复杂的系统,各个要素如目标、对象、评价者及手段之间相互制约,评价过程含有许多相互关联的环节,在这些环节中,又有许多要素或子系统。对课堂教学进行评价时,只有从评价过程的起始、发展到最后结果的各个环节中的各个要素进行动态的系统评价，才能使评价结果与评价对象的实际状态、水平或特征相符，才能做出有价值、有意义的判断。在教学实践中，基于纸笔，以手工处理为主的评价，很难实现系统评价。因此，评价中必须引进新的数据记录、数据处理、数据管理工具①。随着现代科技在教育上的应用越来越广泛，教学评价的工具也越来越先进，出现了很多新的评价方式，如教室里安装智慧课堂管理系统，用来识别学生的行为和表情，并据此评价学生的课堂表现。一般来说，科学的评价应该是量化评价和质性评价相结合、他评价和自评价相结合、过程性评价和总结性评价相结合、定期评价和经常性评价相结合的。总之，评价的方式和工具趋向综合化、多元化。

 **案例 7-1**

班里的"笨"学生②

四年级(2)班有一名女学生，英语学习努力，课上遵守纪律，作业写得干净整洁，而且写的作业量要比其他学生写得多，可是她的学习成绩并不理想，每次听写总是错误很多，考听力时也是错误百出。她开始怀疑自己的学习能力："英语为什么这么难学？我不是学英语的料！"她的这种情况让教英语的张老师很着急也很疑惑：学生这样努力，成绩应该是不错的，为什么会出现这种情况呢？张老师在和她的交谈中发现，一提到上英语课她就情不自禁地想叹气，可见她对学习英语已经丧失了信心。

在平时的教学中，张老师时刻注意她的一举一动。经过一段时间的观察，张老师发现她学习效率低的主要原因是学习策略使用不当，学习不得法。她只会机械地模仿和死记硬背。比如，学习新单词时她喜欢用汉字或字母给英语单词注音，这导致她的发音不准确，在背单词时她仍然停留在机械记忆字母先后顺序的排列上，这样的学习方式既让她感受不到学习的乐趣又耗时费力，错误率和遗忘率高，收效甚微。在听录音重复句子时，她不是在听录音而是在努力地看书背句子。长期如此，她的听力得不到锻炼，听力考试自然就一塌糊涂，想听也听不懂。

针对这种情况，张老师让她从简单的内容入手，比如，反复读学过的单词(以字母表顺序排列的单词)，在轻松的熟读中体会字母或字母组合的基本发音规律，在听录音重复句子之前先熟读甚至背诵句子，这样在听时不再会为重复不出句子而担心，就可以全身心地投入到听力练习中去了。一段时间以后，单词拼写不再是困扰这名女学生的"拦路虎"，她的听力大有长进，英语成绩也上去了。

---

① 秦晓文，张桂芳．课堂教学评价研究回顾与展望[J]．教育科学研究，2002(7)：27—29.

② 李俊．小学生认知与学习[M]．北京：中国人民大学出版社，2016：179—180.

四、小学教学评价的功能

在传统教学评价中有一个基本的假设,那就是只有极个别的学生优秀,而大多数的学生都属一般。为此,甄别就成为评价的一个重要功能,通过考试将学生分为三六九等。在这样的过程中,只有少数学生能够体验到"成功"的快乐,大多数学生都是"失败者"[①]。为了改变这种状况,我们需要重视小学教学评价除了甄别之外的其他功能。

(一) 诊断功能

有效的教学取决于教师对学生的经验、能力、兴趣、动机和情感的了解,这种了解是提出现实的学习目标,并创设适当学习情境去帮助学生达到既定目标的基础[②]。所以,小学教师在学期、学年或课程开始之前通过一系列测验或调查,可以了解到整个班级群体学习的水平、特点和对未来学习的期望,也可以了解某个学生各门学科的学习情况,以及在知识结构、情感态度、能力水平等方面已经达到的程度和存在的问题。通过这些信息的收集,将会很好地帮助小学教师有针对性地制定合理的教学计划,选择有效的教学策略,运用恰当的教学方法。

(二) 反馈功能

评价的过程也是一个交往的过程。在这一过程中,评价主体之间、客体之间、评价主体与客体之间都在进行着信息的互换,这些信息的属性也将对交往双方产生积极或消极的影响。众所周知,肯定的评价一般会对小学生的学习起鼓励作用,小学生会从中获得一种心理上的满足,并对周围的世界有一个积极的认识,包括人与人之间的关系、人与自然之间的关系,这对小学生的健康成长具有很大的益处。相应地,否定的评价很可能会给小学生带来很大的心理压力,他们会感到生活的压抑,人与人之间的关系变得冷漠,对学习也就丧失了原有的兴趣,甚至会给小学生的心理带来畸形发展,影响他们的一生。所以,小学教师应很好地运用评价的反馈功能,注意通过反馈的信息来分析学生的思想和学习的状况,从而更科学地组织教学,调控课堂,保证教学活动的有效进行。

(三) 定向功能

长期以来,我国的小学教学评价过于依赖纸笔测验这类量化评价方法,在学校教育中形成了一种应试倾向的学习习惯,学生在学习时间和精力的分配上,过多地受到考试中可能会出现的各种知识的影响。常考的地方,分配的学习时间和精力就多,不常考的地方,分配的学习时间和精力就少或者干脆就不去学习。目前来看,很难彻底改变这种状况,在相当长的一段时间内,考试依旧会是我国小学阶段主要的评价方式之一。我们需要做的是,在考试的内容方面发挥好定向功能,一方面要反映现行课程标准中所体现的理念和精神,另一方面也

---

① 万伟,秦德林,吴永军.新课程教学评价方法与设计[M].北京:教育科学出版社,2004:26.
② 李秉德.教学论(第二版)[M].北京:人民教育出版社,2001:310.

要符合时代发展对人才培养的新要求。现阶段，在评价的过程中，如果提高了评价内容的质量，评价的定向功能就会对教师的教学和学生的学习起到很好的引导作用。

（四）教学功能

考试或测验，其本身也是一种重要的学习经验；教学过程中进行的各种测试，其本身也可被看作一种教学活动。一方面，考试或测验可促使学生在测验之前对教材内容进行复习、巩固、澄清和综合；另一方面，也可通过各种测试训练学生的基本技能，提高他们运用所学知识分析问题、解决问题的能力，并养成严谨、认真、负责的学习态度①。教学评价的教学功能要求我们要注意元评价，即对评价本身的评价，包括评价者的行为、评价内容的编制、评价实施的环境等。

评价作为教学过程的重要环节和有机组成，其本身就是一把双刃剑，合理的评价会促进教学改革、教师的进步和学生的成长，不合理的评价会阻碍甚至误导整个教学改革的发展方向，影响师生的个体成长。所以我们应该科学合理地开展教学评价，才能有效发挥其教学功能。

第四节　小学教学评价的实施

我们知道，教学过程是在师生的共同参与下进行的，我们对其进行评价时也应从教师的教和学生的学两个方面来开展工作。为此，在本节中，我们主要从小学教师教学工作评价的实施和小学生学业成就评价的实施两个方面来分析小学教学评价的实施问题。

一、小学教师教学工作评价的实施

对教师的评价一直以来都是教学评价的主要内容之一。通过什么样的方式来更好地对教师的工作进行评价以促进其专业成长，也是一直备受关注的问题。传统的评价一般以学校的行政管理为主导，以听课评分和学生成绩为主要评价依据，以奖励和惩罚为主要手段。随着基础教育改革的深入，人们日益重视教师的发展性评价，以激发教师的内在动力为主导，以谈话和听课等方式得出的综合结果为评价依据，在评价手段上以鼓励教师专业发展为主、奖惩为辅。具体比较参见表7－1。

表7－1　传统的教师评价和发展性教师评价之间的比较

类别	传统的教师评价	发展性教师评价
评价目的	学校管理教师	教师的专业发展
评价方向	注重教师以前的教学工作	注重教师的未来发展

① 李秉德．教学论（第二版）［M］．北京：人民教育出版社，2001:312.

(续表)

类别	传统的教师评价	发展性教师评价
评价动力	外在压力	内在动机
评价手段	课堂听课,学生成绩分析	座谈、课堂听课、学生成绩分析、教师自评等多样手段综合运用
评价方式	总结性评价为主	形成性评价为主
评价结果	与聘任、晋级等紧密挂钩,奖惩为主	引导、鼓励、帮助教师自身发展

(一) 他评价

他评价就是包括教育行政管理者、同事、学生、家长等人士在内的群体或个体通过听课、座谈等多种方式对教师的教学工作所做的评价,这是主要的评价实施方式。

1. 他评价的主客体关系

(1) 行政管理人员与教师

由于行政管理人员的评价往往与教师的一些切身利益直接相关,比如奖金、晋级等。所以,长期以来,两者的关系较为紧张,甚至是对立的,在一定程度上影响了教学评价工作的正常开展。行政管理人员与教师之间应该是相互配合、互相促进的关系,教师在行政管理人员的监督和指导下发现教学工作中的不足并加以改进,同时行政管理人员在教师的反馈信息中提高自身管理水平。在这一过程中,行政管理人员为教师提供专业成长所必需的条件,教师通过做好教学工作配合行政管理人员的日常工作。

(2) 同事之间的关系

同事之间存在一种竞争和合作的关系。竞争关系体现在所教班级的成绩评比、竞聘上岗、晋级评优等方面;合作关系体现在平常教学工作中共同备课、交流经验、课题研讨等方面。在处理同事之间关系时,应科学地看待所存在的竞争关系,不能把竞争关系极端化,应是一种在合作基础上的良性竞争,并在竞争中共同成长,进而形成学习共同体。

(3) 学生与教师之间的关系

在以教师为中心的传统教学模式中,学生的主体性被忽视,课堂成为教师的"一言堂",师生之间普遍存在一种对立的关系。在素质教育中,我们倡导在课堂中运用合作、探究的教学方式,教师在教学的过程中发挥引导、组织、帮助的角色,突出学生的主体性,减轻学生的课业负担和由考试评比带来的心理压力,使师生之间的紧张关系得到缓和。

(4) 家长与教师之间的关系

在小学阶段,家长与教师之间的关系应该得到足够的重视。随着家长对孩子教育的重视,以及家长自身素质和条件的普遍提高,家长对教师的要求也日益提高,他们开始对教师的教学工作施加影响。在这一过程中就会产生一对矛盾关系。一方面,教师需要家长的配合来对学生进行教育,另一方面教师又不希望家长过多地涉入他们的日常教学工作中来,认为这会干扰正常的教学工作。家长和教师的所有努力都是为了学生的健康成长,所以,只有双方互相理解，经常交流，才能够对学生的成长发挥正面的作用。

2. 他评价的主要实施方式

（1）课堂听课

无论是在传统评价体系中，还是在现代评价体系中，课堂听课都是一种重要的评价方式。课堂听课一般分为随机听课和公开听课两种形式。随机听课是指事先不让授课教师知道，听课者随机进入某一个课堂进行听课活动，目的是了解原生态的课堂教学情况，分析教师真实的教学能力以及临场组织能力，这种方式一般适用于小范围的课堂调研活动，听课者多为授课者所在学校的管理人员。公开听课是指事先有确定的授课者、讲授篇目、学生、听课者，授课者和学生有一定的准备，听课者人数较多，目的是就某一种授课方式或课堂组织方式进行研讨，也多用于各种教学比赛。

课堂听课可以根据评课需要制定相应的评课标准，在教学的目的和过程、教学方法和手段、教师教学素养、学生学习表现、课堂操作等各个方面列出具体的听课要求，并划分出相应的评定层次，供听课者参考。

（2）座谈

座谈是评价者和教师之间所进行的直接对话活动，形式较为灵活，可以是评价者与一个教师座谈，也可以是评价者与多个教师座谈。评价者的人数最好控制在2—5人，人数过少会导致评价结果过于主观，人数过多会造成教师的紧张心理，从而影响评价结果。当然，在一些情况下，评价者和教师也可以进行一对一的座谈。

座谈需要依据一定的程序，一般分为确定时间和地点、协商有关事宜、设计座谈提纲、做好座谈记录、分析座谈结果等。需要注意的是，在整个组织过程中，组织者不能过分行使行政权力，对教师的行为加以控制。在座谈的各个环节都要尽量征求教师的意见，尤其是在座谈过程中，不要涉及教师的个人隐私，不要过多地追问，应营造一种宽松的谈话氛围；在记录时，既要注意谈话双方的语言表述，也要注意谈话双方尤其是教师一方的举止表情，往往这些非言语的信息里会包含着很多有价值的内容；在分析座谈结果时要坚持实事求是、客观公正。

（3）观察

观察是他人在工作、生活等日常活动中对教师的行为举止、言谈表达等表现进行观察，从而在道德情操、知识能力、情感态度等方面对教师进行评价的活动。这种实施方式比较适用于师生之间、同行之间所进行的评价。当学生和同行对某一个教师进行评价的时候，他们所依据的大多是在日常生活中对该教师的言谈举止观察所得的信息，这部分信息虽然十分庞杂，但能够较好地反映教师各方面的素质。

（4）案卷分析

案卷分析也是一种常见的实施方式。案卷分析的执行者通常是教学管理人员，是为了对教师的教学工作有一个纵向的了解而进行的，主要是分析教师历年来的教学工作报告、学生培养情况、奖惩情况、学习经历等，获取信息的渠道主要有教师的个人档案、提交的工作总结、讲课材料。在进行案卷分析时，尤其是对教师的档案进行查阅时，要遵循保密原则，对于教师的隐私信息不能未经允许就进行公开，分析时也要注意综合评价。

除了课堂听课、座谈、观察和案卷分析外,他评价还有其他实施方式,它们既可以单独实行,也可以结合在一起运用,结合多种实施方式收集的信息进行比较评价,得出的结果更加客观可信,这也需要不同身份的评价者相互沟通、紧密配合。

(二) 自评价

自评价是教师本人对自己的教学工作进行的自我评价。它不仅是教师教学工作评价中的一个重要方法,而且还是教师进行教育教学诊断的一个重要手段,甚至还被认为是教师自我激励和自我提高的一个必要过程①。教师在自我评价中,要对自己的教育教学行为和已形成的知识结构进行系统的自我反思,认真分析自身存在的优势和不足,寻找到自己与优秀教师之间的差距,以便在以后的教学工作中加以改进。所以,自评价的目的主要是教师自身素质的不断提高,而不是作为奖惩的依据,并且,自评价主要依靠教师的自觉行为。

自评价的实施方式主要有课后反思、教学总结、观摩研讨、职业规划等,每一种实施方式都各具特点。

1. 课后反思

教师上课之前预设的教学目标在实际教学过程中的实现程度如何,只有在这堂课结束之后,结合学生的真实反应和自己的教学情况来检验。其结果往往不同于预设的结果,或者预设的目标没有达到,或者超出了预设目标所要达到的效果(如表 7-2 所示)。所以,在课

表 7-2 课堂观察②

		观察与评价	教师的自我反思
学习状态	参与状态	是否全员参与学习全过程;是否对全体学生的学习有所帮助和启发	是否有效地激发了对所学内容的好奇心和求知欲;是否调动了全体学生的学习积极性
	交流状态	课堂上是否有多边、丰富多彩的信息联系与信息反馈;课堂上的人际关系是否有良好的合作氛围	是否营造了一个平等、民主、和谐的师生关系、生生关系;是否强调师生之间、学生之间、师生与环境之间的多向互动与对话
	思维状态	学生是否敢于提出问题,发表见解;所提的问题和发表的见解是否有挑战性与独创性	在课堂教学中是否对学生表现出应有的热情和宽容;是否允许学生有不同的声音;启发是否有方;是否注意发展学生的求异思维能力,培养创新精神
	情绪状态	学生是否有适度的紧张感和愉悦感;学生能否自我控制与调节	课堂节奏是否恰当;是否善于运用成功的方法,吸取失败的教训;是否关注学生的情感、态度
	生成状态	学生能否各尽所能,学有所得,感到踏实和满足;学生是否对后继的学习更有信心,感到轻松	是否做到了面向全体,关注差异,因材施教

① 裴娣娜.教学论[M].北京:教育科学出版社,2007:334.

② 万伟,秦德林,吴永军.新课程教学评价方法与设计[M].北京:教育科学出版社,2004:172—173.

（续表）

		观察与评价	教师的自我反思
接受知识	基础性	学生所接受的知识是否与其已有的观念、经验乃至整个精神世界相互作用，使学习变得更有意义	教学设计是否注重了学生新旧知识的联系；是否注重学生正确价值观的培养
	过程性	学生是否有充分的观察、操作与独立思考的活动或机会；是否能通过学生群体的交流获得理解与体验	是否引导学生动手实践，进行自主学习、探究学习和合作学习等
	策略性	学生能否获得如何学习、如何记忆、如何思维的一般方法的经历与感悟，从而增强自我意识与自我监控的能力	是否提供学法指导，渗透学习策略的培养
	实践性	学生所接受的知识是否有应用价值，从而能够增强学生的实践能力与可持续发展的能力	教学是否紧密联系生活，贴近学生实际；是否有效地组织学生在实际生活中提炼问题、分析问题，并运用所学知识解决问题

后，教师要及时进行反思，根据课堂反馈的信息对教案的设计、教学策略的选择、教学方法的运用等方面进行调整，为以后的教学做准备。在课后反思的过程中，教师要注意对反思的结果进行记录，可以直接在教案上进行标注，也可以写专门的反思日记，不管用哪种方式，都要长时间地坚持。

2. 教学总结

这里的教学总结和课后反思有相似之处，都是对课堂教学的一种反思，不同的是课后反思是一堂课结束之后立即进行的反思活动，而教学总结是对一段时间的课堂教学进行的反思，时间间隔可以是一个月，也可以是一个学期。所以，教学总结也可以说是在课后反思的基础上进行的，是对课后反思本身的再反思。一方面，在进行教学总结时，每一次课后反思都能形成一个对比，同时，在不断的课后反思中，教师的个人素养在不断地提高，当回过头来审视以前的课后反思时，会发现在反思角度、深度等方面所存在的问题。另一方面，教学总结还要对教师在课后反思中所得出的一些经验在以后的教学中是不是得到很好应用进行再反思，即对课后反思的效果进行再反思，这是对一段时期以来教师教学工作情况进行的整体反思。

3. 观摩研讨

课后反思和教学总结主要是对教师个人的教学情况进行反思，观摩研讨是教师通过课堂听课、参加研讨会的方式结合他人的课堂来对自身进行反思。观摩研讨中的反思将为拓宽教师视野、转变教学观念、提高教学技能等方面提供有利条件，同时也对教师的反思能力提出了很高要求。一方面，在观摩研讨的反思中，教师要有较好的沟通能力，包括在观摩公开课时与授课教师和其他听课人员的沟通，也包括在研讨会上与其他参会人员的沟通，这种沟通可以在活动过程中进行，也可以在活动结束之后持续进行，教师要主动结合自身教学经验,积极参与到观摩研讨中去,在与他人的对话中进行即时反思。另一方面,在观摩研讨的反思中,教师要有很好的总结能力,即在观摩的过程中能从授课教师的教学行为中提炼出他的教学观念、教学策略、教学方法等比较抽象的信息,在研讨过程中能从零散的讨论过程中提炼出中心议题及参与者所持的观点。

4. 职业规划

在传统观念里,教师经常被看作是“照亮了世界燃烧了自己的蜡烛”“吐丝的春蚕”“辛勤耕作的园丁”“塑造人类灵魂的工程师”等。这些无一不在强调教师对他人的意义,却忽视了教师为培养下一代奉献生命与智慧的过程对教师自身的意义,即教师专业成长。教师专业成长是在教师不断反思的过程中实现的,建立在教师的反思性教学实践基础之上,它将贯穿教师的整个职业生涯。教师专业成长中重要的一点就是教师的职业规划,合理科学的职业规划将会增强教师教学反思的自觉意识,并使这一过程具有计划性、方向性,同时职业规划也不是静态的,它需要在教师的教学工作中根据反思的情况进行不断的调整。

二、小学生学业成就评价的实施

小学生学业成就评价是对小学生在教师的指导下,通过学习在德智体美劳等方面所获得的成果的评价,它并不仅仅限于小学生的学习成绩,而是一个综合的评价过程。

(一) 测验评价

测验是比较常用的学生学业成就评价实施方式,虽然现在测验在整个评价体系中的作用在逐渐降低,但是,它以其客观性、普及性等特点依然在学生的学业成就评价方面发挥着重要的作用。

1. 测验内容的编制

测验内容的编制首先要有一定的规范,比如:在限定的考试时间内拟定多少题目才合适?主观题和客观题的比例是多少?测验要重点考查学生哪方面的知识和能力?这些都是在编制测验时需要认真考虑的问题,并且需要在不断的实践中对这些问题的答案进行摸索,最后形成编制测验内容的基本规范。

决定一份试卷中需要编制哪些类型的题目,其总的原则是使用那些能够直接测量出能说明预期学习结果的学生表现的题目。比如,在小学语文识字教学时,如果要考查学生是否会写某些生字,就可以采用听写的方式,如果要考查学生是否会认某些生字,可以采用选择题的方式列出一些字让学生去选正确的字;在小学数学教学中,如果你要考查学生对加减乘除算式的掌握情况,既可以结合情境设计一些题目让学生去做,并列出算的过程,也可以以选择题的方式列出选项让学生去选择。

2. 选择要使用的测验类型

(1) 客观题

客观题具有良好的结构,同时对学生的反应限制也较多,一般包括选择题、是非题、匹配题和填空题,学生在对此类题目进行解答时只有对、错之分,没有发挥的空间。

① 选择题:选择题是由题干和两个或更多的选项组成的,一般分单项选择和多项选择两种形式。在拟定此类题目时,需要综合考虑题干和选项,具体来说,题干要明确简单,题项之间要具有一定的迷惑性,数量不能过多,一般是 4 个或 5 个。此类题目适合用于针对某一个知识点的考查。

② 是非题:是非题通常是通过陈述一句话来要求学生判断对错或是非,这类题目比较简单,相对选择题来说,本身的迷惑性较低,与知识点的切合度更高。

③ 匹配题:匹配题一般以分列的形式呈现,一列是问题选项,一列是反应选项,要求学生根据题意按照某种关系将左右两列的项目用直线连接起来。这种形式在小学阶段运用较为普遍。

④ 填空题:填空题是呈现给学生一句或一段不完整的话,要求学生补充抽掉的内容。这类题目相对于选择题、是非题和匹配题具有一定的不确定性,尤其是在考查学生对课本知识点的理解能力时,学生会因为理解的差异得出不同的答案,这会对测验的客观性带来影响。

(2) 主观题

主观题在解答时需要学生根据题项快速调动自己所学的知识,组织成一定的体例表达出来,一般包括简答题、论述题、材料分析题。

① 简答题:简答题需要学生针对题项对先前学过的知识进行回忆,然后把要点表达出来,一般不需要对知识点进行拓展,题目的限定性也较强。

② 论述题:论述题和简答题有些类似,不过题目较为开放,需要学生在回忆知识的基础上加以分析、综合,有时还需要提出自己的见解,对学生的知识掌握水平和理解水平要求较高。

③ 材料分析题:材料分析题就是先呈现一份材料,然后从材料中生发出一些问题,要求学生运用所学知识结合材料来对题项进行解答,主要考查学生对所学知识的应用能力。

3. 确定测验题目的数量

测验一般来说是有时间限定的,对测验题目也有一定的数量限制,题目过多会使大多数学生在规定的时间内完不成,题目过少会使规定的测验时间剩余太多,当然还要考虑题目的难度。在选择题目的时候通常会从参加测验的学生年龄、测验时间的长短、题型分配等几个方面进行考虑。对于小学生的测验来说,时间一般不超过 20 或 30 分钟,题目的数量一般要保证在正常的答题速度下大多数学生能够在规定的时间内完成,具体进程可以依靠题目的难度来调节。

4. 测验的方式

(1) 标准化成就测验

标准化成就测验是由政府教育部门组织相关专家编制的适用于大范围内评定个体或群体学业成就水平的测验,比如标准化考试、智力测验、学力测验、人格测验等。这类测验的命题、施测、评分等方面都有一定的标准和规定,测验的结果比较客观,可以有计划地在一定时期内针对特定的群体进行大范围测验。

学业水平考试便是一种典型的标准化成就测验，它由省级教育行政部门组织实施，依据学业质量标准，对学生学完课程后目标达成度进行终结性评价。在义务教育各学科课程标准(2022年版)中基本都对学业水平考试的“命题原则”“命题规划”“命题要求”等方面进行了规定和要求。比如，《义务教育语文课程标准(2022年版)》指出命题要“体现课程理念，严格依据学业质量要求命题，保证命题框架、试题情境、任务难度等符合学业质量要求”，以阅读与鉴赏类问题或任务为例，要求此类问题或任务“要立足文本信息的提取、归纳、概括，考查学生对作品思想内容、篇章结构、表现手法、语言风格的理解与把握，引导学生对作品的创作动机、表达效果作出合理评价”。

(2) 教师自编测验

教师自编测验是由教师根据具体的教学目标、教材内容和测验目的，为特定的教学服务，自己编制的测验方式。在编制测验前，教师需要做一些前期的准备工作。首先，教师要确定本次测验的目的，选好测验所要考查的学习结果。其次，教师要对测验所考查的课程内容有一个宏观的把握，区分出重难点，以便在测验时体现出侧重点。最后，教师要针对测验的学习结果，选择适合的题型，并对各种题型在测验中所占的比重做出合理调整。小学教师在教学过程中所组织的一些阶段性测验都属于教师自编测验。

标准化成就测验和教师自编测验并不矛盾，两者是一种相互补充的关系。标准化成就测验适用范围广泛，但针对性不如教师自编测验；教师自编测验只在小范围内适用，针对性强，但测验的效度往往不如标准化成就测验，评分的随意性也较大。在实际的测验中需要结合两者的优缺点，加以综合运用。

(二) 实作评价

实作评价(performance assessment)是教师以教学目标与评价准则为整体支撑架构，让学生通过应用知识与技能等高层次的思考历程，在建构而非简单再认或记忆的练习进程中获得深度认知、情意与技能发展的评价方式①。比如，小学语文实作评价并不是简单对字词语句的书面测评，而是要求学生对日常生活进行观察和思考，围绕一个生活场景提出语言描述的方案，然后形成具有创造性的语言作品。它是针对标准化成就测验的不足提出来的，在评价的范围、标准、目的、方式、重点等方面都与标准化成就测验有着明显的不同之处(如表7-3所示)。

表7-3　实作评价与标准化成就测验的比较

	实作评价	标准化成就测验
评价的范围	没有固定的范围，配合课堂教学内容来实施	以教材中的知识内容为主
评价的标准	评价者和被评价者协商制定，在活动前公开	由评价者决定，不公开具体内容

① 王云峰，莫显彬. 教育评价的新形式——实作评价[J]. 广西教育，2006(5)：17—18.

（续表）

	实作评价	标准化成就测验
评价的目的	培养学生的自我反思、自我管理以及动手的能力	考核学生的学习效果和教师的教学效果
评价的方式	包括教师评价、学生互评、学生自评等多种方式	以教师评分为主
评价的重点	人文底蕴、科学精神、学会学习、健康生活、责任担当、实践创新	侧重学生的知识掌握程度

实作评价是20世纪80年代之后，随着美国学者对标准化成就测验的批判而兴起的，20世纪90年代我国学者开始关注这一评价类型。根据评价的目标不同，实作评价可以分为传统的技能与技能发展水平实作评价和延展性实作评价两种，前者侧重于对传统的技能与技能发展水平进行评价，后者侧重于对根据时代的发展学生应具有的新技能与技能发展水平进行评价。下面结合小学教学实际对这两种实作评价进行简单介绍。

1. 传统的技能与技能发展水平实作评价

传统的技能与技能发展水平实作评价主要是给小学生安排一些限制性的实作任务，其特点是在操作范围上受到严格的约束与限制。比如，就一个指定的话题做五分钟的演讲，或者大声地朗诵一首诗歌。教师在进行此类实作评价时，还需要考虑一些与操作技能相关的要素，即在评价前和评价过程中应当关注的因素。比如，在评价小学生的书写技能时，要考虑学生的握笔姿势是否科学、书写笔画是否规范，以及学生对书法是否有兴趣。另外，传统的技能与技能发展水平实作评价在评价目标表述方面也有其自身的要求，具体如表7-4所示。

表7-4　表述限制性实作结果的典型的行为动词和范例性的教学目标[①]

行为动词	行为动词解读	范例性的教学目标
辨别、查找、选择、筛选等	选择正确的对象、对象的一部分、程序或属性等	选择恰当的工具分辨一段乐曲
构建、建造、设计、绘制等	按照所给的详细说明制作一个成品	设计一套服装的款式，绘制一张圆形图
演示、操作、表演、安装等	进行操作或过程演示	操作幻灯片的放映机，表演现代舞的舞步

2. 延展性实作评价

延展性实作评价是基于当前关于学生应该怎样学习的新理念而产生的。现代学习理论强调的是关注综合性的学习效果，采用综合性更强的学生活动，让学生参与到活动中去并从中获益，让他们解决更具真实性的问题[②]。为此，延展性实作评价是对传统技能与技能发展

① ［美］诺尔曼·E.格朗伦德.学业成就测评（第七版）[M].罗黎辉，孙亚玲，等译.南京：江苏教育出版社，2008：95.
② ［美］诺尔曼·E.格朗伦德.学业成就测评（第七版）[M].罗黎辉，孙亚玲，等译.南京：江苏教育出版社，2008：110.

水平实作评价的拓展和深化,它将在促进小学生认知技能、交际技能、解决问题的技能、小组合作技能、自我评价技能和独立学习技能等方面发挥重要作用。所以,恰当地运用延展性实作评价既能够提高小学生某一方面的技能,又能够增进小学生对知识的理解,促进其全面发展。将技能运用于延展性实作评价,可参考表 7-5。

表 7-5 技能运用于延展性实作评价

操作一项技能	延展性实作评价
看图编写故事	设计一个小故事,勾勒出故事情节和角色,写下这个故事,评论故事,在此基础上重写
根据指定的事物或主题绘制图画	分析该事物或主题,把握整体,注意细节,绘制完之后进行解析,进一步修改
观察、设计并建造一个鸟巢	研究你所处的地区最常见的鸟类,为其中的一种鸟设计并建造一个鸟巢,并向全班同学做出解释

(三) 成长记录袋评价

1. 成长记录袋与标准化成就测验的区别

成长记录袋(portfolio assessment)也被一些学者翻译为档案袋,主要是收集、记录学生自己、教师或同伴做出评价的有关材料,学生的作品、反思还有其他相关的证据与材料,等等,以此来评价学生①。它是新课程改革倡导的一种主要的教学评价方式,能够从德智体美劳等方面对学生进行综合考查,与传统的测验相比有一些不同之处(如表 7-6 所示)。

表 7-6 成长记录袋和标准化成就测验的区别

成长记录袋	标准化成就测验
反映学生参与的多种读写活动	依据有限的读写任务来评价学生的读写能力
让学生参与自己进步与成就的评价,并提出进一步学习的预期目标	由教师根据学生的大体情况评分
在尊重学生个体差异的基础上评价每一个学生的成就	用同一个标准评价所有学生
评价过程是合作性的	评价过程是非合作性的
自我评价是重要目标	没有自我评价方面的目标
关注学生的进步、努力与成就	只关注学生的成就
将评价与教、学结合起来	教、学、评价是分离的

① 朱慕菊.走进新课程:与课程实施者对话[M].北京:北京师范大学出版社,2002:155.

2. 成长记录袋的设计

成长记录袋的具体内容首先体现在记录袋的封面上，封面上的内容由师生协商确定，具体设计如表7－7所示。

表7－7　成长记录袋封面设计

学科_________　档案编号__________

姓名_________　年龄_________　年级班级_________　学期_________

序号	材料名称	份数	序号	材料名称	份数
	学习材料			自己的评价	
	学习过程记录			家长的评价	
	考试成绩			老师的评价	
	考试总结			同学的评价	
	学习成果			我的总结	
	点滴进步			评价情况一览表	
	师生交流			其他	

成长记录袋在设计的过程中需要注意以下一些问题。

① 成长记录袋的选择要注意经久耐用，并有一定的容量。成长记录袋是为收集学生在成长过程中所取得的成绩、所受到的评价以及对生活和学习的感悟而准备的，记录了学生的成长轨迹，是教师了解学生、学生了解自己的重要资料，具有很高的保存价值。另外，随着学生的不断成长，记录学生成长的材料也会不断增多。所以，我们在初次设计记录袋的时候一定要考虑到经久耐用和存储容量等方面的问题。

② 成长记录袋应该装些什么材料。并不是所有有关学生成长的材料都要装入成长记录袋。为了避免成长记录袋有限的空间被太多次要的材料所挤占，我们一般会在成长记录袋的封面上标明应被放入的材料类别，并对各个类别有一个相对明确的解释。总之，只有那些最能反映学生的学习情况和学习感悟的材料才能够装入成长记录袋，因为这些重要材料最能反映学生的成长历程，促进学生的不断发展。成长记录袋具体栏目的填充内容如表7－8所示。

表7－8　成长记录袋填充内容设计

编号	材料名称	具体内容
1	学习资料	新学期承诺、最优秀的作业、单元评价表、收集的学科资料、获得的奖励纪念等
2	学习过程记录	学习过程中对自己的学习方法和学习习惯等方面及时地反省和纠正
3	考试成绩	单元考试及阶段性考试的成绩
4	考试总结	每次考试后的总结分析，包括发现的有价值的思路和方法，以及对未来学习的规划等

(续表)

编号	材料名称	具体内容
5	学习成果	学习过程中形成的可见的成果,比如参加社会实践的证明、获奖证书等
6	点滴进步	学习中的习惯、方法、态度、成绩等方面的小进步
7	师生交流	师生开展的学习活动、谈心、讨论问题、课堂对话等热烈场面的记录
8	自己的评价	阶段性的对自己的学习找出的优点和不足
9	家长的评价	父母对我学习等方面的看法和要求
10	老师的评价	老师对我学习等方面的肯定、鼓励和要求
11	同学的评价	同学对我的赞赏和激励
12	我的总结	自己对这一阶段成长过程中优点与不足的全面总结
13	评价情况一览表	主要指期中/期末的学校、班级、老师、家长、同学等对自己的综合评价
14	其他	与学习有关的另外记录

③ 成长记录袋应该由谁装。这是一个十分关键的问题。这时容易走两个极端,一个是完全由教师负责,这种情况容易使学生为迎合教师的需要而产生弄虚作假的心理;另一个是完全由学生负责,由于学生的甄别意识不足,又往往会把一些无关紧要的材料装入成长记录袋。正确的做法应该是在教师的指导下学生按照既定的标准自主选择需要装入成长记录袋的材料,这也是在设计成长记录袋时对各项材料类别做具体解释的用意之一,这种解释其实就是潜在的教师指导。

④ 成长记录袋如何保管。成长记录袋的功用并不仅仅限于当下,即便在学生离开这段学习生活之后,也可以作为一种有形的记忆来激励他们不断成长,所以我们必须做好成长记录袋的保管工作。成长记录袋可以由教师保管,也可以由学生保管。但是,由于学生保护意识不强容易导致成长记录袋的遗失,所以较为妥善的做法是:在这一阶段的学习生活中,在材料放入成长记录袋之后可以暂时由教师统一保管,当学习阶段结束时再转交学生保管,并讲清保管成长记录袋的重要意义及注意事项。在成长记录袋封面上一般也应设计填写档案编号的地方,以便查找。

3. 成长记录袋评价的应用

① 及时收集整理。及时收集整理材料放入成长记录袋是进行成长记录袋评价的基础。小学生活泼好动,一些材料可能会在无意中丢失,比如获奖证书、作文稿、绘画作品等。为了防止这类事情发生,应该指导小学生将有关材料放入成长记录袋中。

② 及时评价。教师、家长及其他小学生喜欢的人对放入成长记录袋里的材料及时进行合理评价,是小学生持续不断地完善自己的成长记录袋的动力,也会吸引小学生将更多的材料主动放入成长记录袋中。需要注意的是,在对成长记录袋里的材料进行评价时要合情合理,以鼓励为主,评价方法要多样,以质性的描述式评价为主,量化评分为辅,以私下谈心为

主，公开评价为辅。另外，教师也可以把对学生在学习过程中的表现的评价放入成长记录袋中，把成长记录袋作为和学生交流沟通的窗口，案例 7－2 中教师的做法就十分巧妙。

案例 7－2

成长记录袋中的“悄悄话”①

成长记录袋内，还可以装进师生的“悄悄话”。悄悄话可以针对学生成长记录袋内的内容，也可以针对学生学习过程中的表现，不时地放一些小纸条到他们的成长记录袋中，有时是表扬和赞许的话语，有时是提醒和批评，不过语气要比较委婉，孩子们管这叫“意外的惊喜”，很有激励作用。记得班上的韦樯同学有一段时间精神恍惚，上课时神游四海，我三番五次找他谈话都没有效果，他对我还带有明显的敌意。我就给他写了一张短信放在成长记录袋里：“你曾经是我最好的朋友，我希望永远是。”他很快回复我了：“我也希望成为你永远的朋友，但是我现在对你有意见，不想和你好了。”看后我很诧异又写短信给他：“为什么？给我一个理由！！”他歪歪斜斜地写道：“有一次你冤枉我了，那次我根本没打架。”我很惭愧，真诚地写道：“对不起！我错了，能给我一个改正的机会吗？”他回复：“知错就改还是好老师。”就这样，成长记录袋成了我和孩子们交流沟通的窗口。

③ 及时总结。及时总结的主体并不仅仅是教师，还包括学生和家长，总结的时间比较灵活，视具体情况而定，一般可以一个月一次小总结，一学期一次大总结。作为教师的总结内容主要有：在这一段时期内学生的学习成绩都有哪些变化，学生的能力有哪些发展，学生和教师之间的关系是不是融洽，学生还有哪些潜力或兴趣自己没有注意到，自己在以后的教学过程中需要在哪些方面改进，等等。作为学生的总结内容主要有：在这一段时期内自己各科的学习有哪些新的变化，自己和教师、父母以及同学之间的关系是不是融洽，自己的表现和以前相比是不是有了进步，以后应该怎么去努力，等等。作为家长的总结内容主要有：孩子最近在学校里的表现和在家里的表现是不是一致，自己和孩子之间的关系是不是融洽，孩子在哪些方面需要父母引导，自己的教育方式是不是妥当，等等。

案例 7－3

一位同学的成长记录材料②

在担任课客社（学生自己组建、自己管理的组织）社长的 4 年多时间内，以“让身边

---

① 万伟，秦德林，吴永军. 新课程教学评价方法与设计[M]. 北京：教育科学出版社，2004：112.

② 柳夕浪. 学生成长记录：如何解释与分析[J]. 人民教育，2015(7)：52—55.

更多的人了解公益、支持公益、参与公益”为己任,组织“小小义工周”活动,“将公益的理念传递给校园里更多同龄人”。每年3月为“地球一小时”做公益签名活动,每年4月举办“与山那边的孩子同读一本书”活动,所有课客社成员同时行动起来:做海报、写宣传单、联系图书集中场地、筛选图书、将书送到山那边的学校。4年里累计组织捐书5000余本,每一本都是从众多捐书中精心筛选而来,希望这些书能帮助他们成长。寒暑假去儿童康复中心做义工,去敬老院做志愿者。前任社长写给年级主任、校长的信,不断激励着我挤出时间去做更多有意义的事。

④ 及时完善与调整。随着信息技术的不断发展,科学技术对教育的影响越来越大,“互联网”与成长记录袋的结合也有利于随时记录学生的成长,有利于对学生进行完整性、全面性的评价。成长记录袋是处于进行时的,当学生的记录完成时,教师和学生开展的后续工作以及个体进行的思考研究都可以载入学生的成长记录袋,完善与补充已有的记录。这种形式的成长记录持续时间长、记录过程完整,进而可以观察学生整个成长的过程。

 案例7-4

成长记录袋的“后续”[①]

“线上档案袋”也给学生提供了一个修改、完善、自我提升的过程。在四年级学生参与的“古树名木保护问题的研究”的生态道德教育社会实践中,学生的“读树、种树、写树、学树”一系列环节都可以记录在线上档案袋中。最初,上传的是一些简单的照片和树木的文字介绍,但随着活动的深入,结合自己的亲身体验,学生开始在平台上分享一些自己对于名树名木保护问题的感受与思考。在教师和古树木研究专家的指导下,学生从最开始因不理解而被动接受逐渐转变为积极使用“线上档案袋”,并向全校更多同学发起爱护树木的倡议。这是学生利用“线上档案袋”不断修改从而自我提升的过程,更是学生品德认知提升的过程。

关键术语

小学课程评价;小学教学评价;评价类型;评价方法;实施策略

① 赵敏.“线上档案袋”:德育评价的新探索[J].人民教育,2018(10):52—54.

讨论与探究

1. 讨论：如何在小学课程与教学的评价实践中协调运用多种评价方式？

2. 选择一所或几所学校开展有关小学课程与教学评价方面的调查活动。

3. 以自己或者身边的同学为评价对象，综合运用多种评价方式，拟定评价方案，开展评价活动。

4. 就目前小学课程与教学评价存在的问题开展一次网络调查，并写成报告。

5. 通过查找文献梳理小学课程与教学评价理论的最新进展，并做评论。

案例分析

1. 尝试以不同的身份对案例中的教师和学生的行为进行评价。

2. 如何指导学生在成长记录袋中对这件事进行记录。

一张废纸引发的风波[①]

“这么大的废纸，你看不到吗？赶紧捡起来！”卫生委员小诺正在检查着班级卫生。“好，好，好！”坐在座位上的小煜嘴里答应着，身体却一动不动。

“这纸，我不捡！”小煜捡起了纸，又丢下了。

“你怎么能这样？”小诺声音高了起来，“为什么你不能捡？纸在你的座位上啊！”

“这纸又不是我丢的，我为什么要捡？”

“纸不是你的，就不能捡？老师说过，看到废纸就要捡啊！”小诺说出了老师的话。

我默默地看着他们。

“在你的座位上，你还是捡吧，就算不在你的位置上，学雷锋捡一下又有什么呢？”小诺明显地放低了声音，又像是开导着小煜。

“我不捡，我不要学雷锋！”小煜突然冒出了这样一句话。此时，我看见卫生委员小诺轻轻地弯下腰，捡起了那张纸。

“许老师，小煜不肯捡纸！”小诺很委屈地走到讲台向我汇报。小煜怯怯地看了看我。为什么小煜会说出这样的话？教育为了什么？教求真，育心灵啊！“别急，也不是什么大事。我何不听听学生的心声呢，他为什么不想学雷锋？”思考了一会儿，我为自己打着气。

① 许雪梅. 一张废纸引发的风波[J]. 四川教育，2012(5)：26.

“这张废纸他该不该捡?”班会课上,我在黑板上写下这样的题目。我一写完,学生们就争先恐后地说:“看到废纸就要捡!”“想都不要想,第一时间捡起来!”“许老师,这没什么讨论的!”……听着孩子们的发言,我的心渐渐地宽慰了许多。

“许老师,我应该捡起那张废纸!”小煜突然说,“但我觉得,那……那张纸我又好像不该捡!”小煜用很低的声音说了后一句话。“嗯,你能有自己的想法很好,你说一说自己的真实想法吧。”我微笑着鼓励小煜。“这纸不是我丢的,为什么我要捡起它?应该找到丢的人,让他捡,以后他才不会再丢啊!我们要学雷锋,但这时,我觉得不该学雷锋,否则就有永远捡不完的纸!”听了小煜的心里话,全班突然安静了,大家似乎都在沉思着。

“我也觉得要找出丢废纸的同学!如果总学雷锋,那么就会总捡废纸了,如果不丢就不会有废纸!”有学生附和着。“那他已经丢了啊,他没捡,我觉得我们还是顺手捡一下比较好,这样教室就干净多了!”“还是要捡!如果人人都向雷锋学习,我想,我们教室会整洁起来。”教室顿时掌声四起。

“是啊,同学们,我们要学雷锋,学习他的助人精神,其实我们班有许多小雷锋,在默默地为班级服务着……”我趁机总结道。“小安为班级搬纯净水!”“小晴每天开灯、关灯!”……孩子们纷纷举起了例子。“细细回想,其实我们都在学雷锋啊!让雷锋精神永远在我们心中!”我边说边随手在黑板上写下“雷锋精神”四个大字。

进一步阅读的文献

1. [美]诺尔曼·E. 格朗伦德. 学业成就测评(第七版)[M]. 罗黎辉,孙亚玲,等译. 南京:江苏教育出版社,2008.

2. 万伟,秦德林,吴永军. 新课程教学评价方法与设计[M]. 北京:教育科学出版社,2004.

3. 刘良华,王小明. 指向改进的教学与评价[M]. 上海:华东师范大学出版社,2015.

4. 杨向东,崔允漷. 课堂评价:促进学生的学习和发展[M]. 上海:华东师范大学出版社,2012.

5. 王烨晖,辛涛,边玉芳. 课程评价的理论、方法与实践[M]. 北京:北京师范大学出版社,2020.

6. 王少非. 促进学习的课堂评价[M]. 上海:华东师范大学出版社,2018.

7. [美]丹奈尔·D. 史蒂文斯,安东尼亚·J. 利维. 评价量表:快捷有效的教学评价工具(第2版)[M]. 陈定刚,译. 广州:华南理工大学出版社,2014.

8. 朱雪梅. “多元交互式”教学评价[M]. 北京:北京师范大学出版社,2019.

小学课程与教学的领导和管理

- **学习目标**

1. 了解课程管理和课程领导概念的产生。
2. 理解课程管理与课程领导之间的关系。
3. 掌握并理解课程领导和教学管理的内涵、意义与特征。
4. 重点掌握小学课程领导和小学教学管理的主要内容,以及小学课程领导和小学课堂教学管理实施策略。

小学课程与教学的领导和管理是小学课程与教学论的重要内容之一。我国基础教育正在进行一场史无前例的范围广、程度深的课程改革。课程领导对基础教育改革的成功至关重要。那么,新的课程改革究竟需要什么样的课程领导?教学是教育的基本形式,是学校的中心工作。教学工作的成效有赖于学校教学管理。那么,如何理解教学管理?教师如何进行课堂教学管理?希望通过本章的学习,你可以从整体上把握小学课程与教学的领导和管理的相关埋论问题,并掌握一定的课程领导和课堂教学管理的实施策略,使自己在理论知识和实践能力两个层面都有所提高。

第一节　从课程管理到课程领导

随着我国基础教育课程改革的不断深化和以人为本管理理念的不断深入,传统的课程管理理念需要及时更新和发展,以适应时代发展的要求。为此,有学者提出了"从'课程管理'到'课程领导'"的主张[①]。从某种程度上说,课程领导是为了适应新课程改革[②]的需要而出现的课程管理范式的转型,是一种新的课程管理理念。从课程管理到课程领导,是基础教育课程改革发展的必由之路。

---

① 钟启泉.从"课程管理"到"课程领导"[J].全球教育展望,2002(12):24—28.

② 2001年,教育部颁布了《基础教育课程改革纲要(试行)》,开始了新中国成立以来的第八次规模较大的课程改革,这次新一轮基础教育课程改革被称为"新课程改革"。

一、课程管理与课程领导概念的产生

(一) 课程管理概念的产生

一般认为,课程管理概念的产生是与课程理论紧密联系在一起的。20 世纪 80 年代以前,我国由于受苏联教育理论的影响,课程问题一直被当作是教学内容来看待,课程属于教学的一个下位概念,因而在实践中存在教学意识浓厚而课程意识薄弱的现象。人们只有教学管理意识,而没有课程管理意识。教学管理成为教育管理的重要内容,课程管理没有纳入研究范畴。20 世纪 80 年代以后,随着西方课程理论的引进,课程概念才慢慢从教学概念中分化独立出来。随着课程概念从教学概念中分化独立出来,原来广泛使用的教学管理概念已不足以解释课程问题,因而课程管理概念便应运而生。在我国 20 世纪 90 年代初编写的课程论著作中,课程管理问题就已经进入研究者的视野,课程管理理论成为课程论的重要组成部分[①]。直到 2001 年国家《基础教育课程改革纲要(试行)》的颁布,才在正式的官方文件中出现"课程管理"这个概念。课程管理这一概念的出现与我国实行三级课程管理体制密切相关。由于新课程改革实行国家、地方和学校三级课程管理体制,这使得学校在有效地贯彻落实国家课程和地方课程的同时,还要根据学校的实际进行校本课程的开发。在这一背景下,课程管理问题便引起了广大教育理论工作者与实践工作者的普遍关注,课程论学科建设也取得了明显的成效。

拓展阅读 8-1

我国三级课程管理体制的建立[②]

为保障和促进课程适应不同地区、学校、学生的要求,我国实行国家、地方和学校三级课程管理。

教育部总体规划基础教育课程,制定基础教育课程管理政策,确定国家课程门类和课时,制定国家课程标准,积极试行新的课程评价制度。

省级教育行政部门依据国家课程管理政策和本地实际情况,制定本省(自治区、直辖市)实施国家课程的计划,规划地方课程,报教育部备案并组织实施。经教育部批准,省级教育行政部门可单独制定本省(自治区、直辖市)范围内使用的课程计划和课程标准。

学校在执行国家课程和地方课程的同时,应视当地社会、经济发展的具体情

---

① 廖哲勋.课程学[M].武汉:华中师范大学出版社,1991:328.

② 钟启泉,崔允漷,张华.为了中华民族的复兴 为了每位学生的发展:《基础教育课程改革纲要(试行)》解读[M].上海:华东师范大学出版社,2001:11.

况，结合本校的传统和优势、学生的兴趣和需要，开发或选用适合本校的课程。各级教育行政部门要对课程的实施和开发进行指导和监督，学校有权力和责任反映在实施国家课程和地方课程中所遇到的问题。

（二）课程领导概念的产生

当前，在课程理论和实践领域，课程领导正受到越来越多的关注。课程领导这一概念最早由美国哥伦比亚大学的帕索（Harry Passow）于 1952 年在其博士论文《以集体为中心的课程领导》(*Group Centered Curriculum Leadership*)中首次使用，但在当时并没有引起人们的重视。直到 1985 年布拉德利（Leo H. Bradley）出版《课程领导与发展手册》(*Curriculum Leadership and Development Handbook*)和随后几年内格拉索恩（Allan A. Glatthorn）出版了《课程领导》(*Curriculum leadership*)和《校长的课程领导：如何进行教学与测验》(*The Principal as Curriculum Leader：Shaping What is Taught and Tested*)这两本重要著作之后，课程领导才逐渐受到人们的重视。

在我国，如果说课程管理是随着课程论的出现自然生发而成的，那么课程领导的概念则是“舶来品”。课程领导是 20 世纪 70 年代以后伴随教育民主化运动的深入、课程领域的“范式转换”和课程变革过程研究的深化而产生的新兴课程研究领域。课程领导这一概念发端于我国学者对国外课程领导研究成果的介绍与引进。新课程改革之后，课程领导这一概念才真正被人们所熟知和提倡。因此，可以说，课程领导是伴随着新课程改革而出现的一个新的话题。课程领导这一概念的出现与新课程改革的两大重要举措是息息相关的。第一，新课程改革提出课程的三级管理，也就是改变过去课程由国家统一管理的局面，学校课程由国家、地方和学校三级管理，学校拥有了一定的校本课程管理和开发权限。第二，对于新课程改革的实施，也有一个重要的转向，就是一定程度上从“忠实取向”转向“相互适应取向”甚至是“缔造取向”，强调“用教材教”而不是“教教材”，强调教师在教学现场“生成”的重要意义①。这两大重要举措促使人们用新的视角重新审视课程中理论与实践的相关问题，催生了课程领导这一概念的产生。

（三）从课程管理走向课程领导

事实上，课程管理和课程领导二者在概念上并没有优劣之分，而且二者之间还存在着许多交融的地方，但为何如今要强调课程领导呢？这主要是因为要在课程领域中实现从管理走向领导，改变课程领域中“行政”气息浓厚、体制僵化的局面。课程管理和课程领导二者所反映的价值取向代表了新旧两种管理范式。课程管理侧重于管理的“管”，体现的是一种“控

① 靳玉乐．课程论（第二版）[M]．北京：人民教育出版社，2015：378—379．

制”,这种控制是刚性的,强调下级服从上级,注重政府、专家的权威地位和作用。在具体教育情境中,师生成为了被动服从的对象,严重抹杀了师生的主观能动性。随着课程研究的深入和新课程改革的到来,课程管理的弊端越来越凸显,势必要被更符合新课程改革精神的新管理范式所取代,而课程领导正是顺应这一形势而出现的新管理范式。课程领导侧重于管理的“理”,体现的是一种“处理、理顺、引导、帮助”,这种“处理、理顺、引导、帮助”是中性的,强调成员之间的平等地位,注重发挥成员的自主性和主观能动性。在具体教育情境中,师生和领导者之间的地位是平等的,师生作为课程领导的主体也积极参与到课程领导之中。由此,从课程管理到课程领导意味着从被动执行走向了主动诱发,从约束控制成员走向了激发引导成员,也意味着从严格的等级管理走向了团队协作,从重视目标的制定和权威的重要性走向了强调意愿和影响力。总而言之,从课程管理到课程领导,不是概念的简单替换和延伸,而是观念和理念的更新与转变,适应了社会发展的要求,能够更好地提高学校课程效能,提升学生学习成效,最终促进学生、教师和学校的共同发展。

二、课程管理与课程领导之间的关系

课程管理与课程领导之间是错综复杂的关系,二者既相互联系,又相互区别。有效地把握二者之间的联系与区别,有利于更好地促进课程实践的发展。要弄清楚课程管理与课程领导之间的关系,首先必须把管理和领导这两个核心概念的异同区分开来,这是把握课程管理与课程领导之间关系的前提条件。

(一) 管理和领导的辨析

简单来说,管理是把事情做正确,而领导则是做正确的事情。具体而言,管理和领导之间的区别如表 8-1 所示。

表 8-1 管理与领导的区别①

管 理	领 导
提供秩序和一致性	产生变化和运动
计划和预算——为未来,特别是为下一个月或下一年设立目标,确定达到这些目标的详细步骤,包括日程安排和指导方针,并为完成计划进行资源分配	确定经营方向——对未来,通常是遥远未来的情况高瞻远瞩,并为实现远景目标而制定变革战略
组织和人员配备——为完成计划要求确立一套组织体系和工作安排,为这些工作配备称职的人员,将计划告知这些人员,并由这些人员来负责执行计划,建立监测体系监督执行情况	联合群众——对需要其合作的人讲明这一既定经营方向以形成联盟,对远景目标形成共识并投身于实现这一目标

① [美]约翰·科特.变革的力量:领导与管理的差异[M].方云军,张小强,译.北京:华夏出版社,1997:4—6.

（续表）

管　理	领　导
控制和解决问题——对计划执行结果通过报告、会议等方式正式或非正式地进行监控；找出问题，然后制定计划并组织力量解决问题	激励和鼓舞——通过唤起人类非常基本但常未得到满足的需求、价值和情感，来使群众战胜阻碍变革的主要政治、官僚和资源障碍，沿着正确方向前进

从表 8－1 可以看出，管理趋向于短时间范围，而领导趋向于更长的时间范围；管理注重的是组织中的具体活动，而领导关注的是组织的战略性问题；管理侧重于抑制、控制和预见性，而领导侧重于授权、扩展和发展性，等等。虽然管理和领导有许多不同之处，但二者的联系也较为紧密，有许多相似之处：首先，领导是从管理中分化出来的。通常，领导被视为管理中较高层次的活动。其次，在现实生活中，领导活动与管理活动具有较强的相容性与复合性。管理者从事管理活动时，也承担了一定的领导工作；领导活动的目标，只有在有效的管理之下才能得以实现。最后，领导和管理都涉及对需要做的事情做出决定，建立一个能完成某项计划的人际关系网，并尽力保证任务能得以完成。从这种意义上讲，两者都是完整的行为体系，而不是属于对方的一个部分。

（二）课程管理与课程领导之间的区别

1. 理论基础的不同

课程管理是以古典管理理论为基础。古典管理理论强调对个体进行统一、科学的管理，以此来提高个体的工作效率。由于古典管理理论特别重视制度和规则在管理过程中的作用，因而它比较忽视个体的主动性和能动性。在这种理论的引导下，课程就是一个具有一定秩序的系统，学校和教师是忠实的执行者和实施者。课程领导则是以转型的领导理论为基础。领导理论的发展主要经历了以下几个阶段：首先，找寻有效领导者品质的“特质阶段”；其次，探求有效领导行为方式和领导风格的“行为阶段”；再次，从情境变化的角度去探求有效领导的“权变阶段”；最后，特别重视建立组织愿景的“转型领导阶段”①。转型领导是当前最具优势的领导模式。课程领导吸收了领导理论研究的最新成果，以转型的领导理论为基础。转型的领导理论提倡通过调动个体的主动性、积极性和创造性来共同建构和实现组织愿景。它特别尊重个体的主体地位，主张管理者要相信人、依靠人、重视人的发展，更多体现的是一种民主、合作、开放的思想。在这种理论的引导下，课程就是一个共同建构的系统，学校和教师都是课程的组织者和参与者。

2. 课程观念的不同

课程管理是一种静态、封闭的课程观。这种课程观认为，课程内容是既定的和预先设计好的，并以教材、教学大纲等文件为载体呈现出来。学校和教师只需要按照统一的要求实施就可以了，不需要对课程进行修改、变革和创新。课程领导是一种动态、开放的课程观。这

① 廖青. 课程领导与课程管理的关系及启示[J]. 上海教育科研，2008(11)：60—62.

种课程观认为,课程内容是体验和生成的,是教师和学生共同探索的过程。教师和学生是课程开发的主体,有权对课程进行一定的修改、变更和创新,以更好地适应现实需要,提高课程实践质量。

3. 所持的理念不同

课程管理倡导统一化、层次化、秩序化的理念。在这种理念引导下,课程就是一个具有一定秩序的系统,最高管理阶层是系统的管理者,学校和教师是忠实的执行者和实施者。课程领导体现的是一种民主、合作、互动、和谐、开放、多元和包容的理念。在这种理念下,课程领导偏重对课程以及与课程有关的人、财、物方面的决策、指挥和创新,较多地考虑管理中的人文、价值和发展动力因素。注重和谐环境的塑造和成员间的作用过程,注重发挥上级领导和全体教师的积极性和能动性,建立相互尊重、信任的合作伙伴关系,突出团队精神,强调课程是专家、教师和相关人员在平等的基础上共同解决问题、承担责任的过程①。

除此之外,有学者从权力主体、权力实施、决策及推行、教师观、沟通模式和动力来源等方面对课程管理和课程领导进行了详细的比较和区分(如表 8-2 所示)。

表 8-2 课程管理与课程领导的比较分析②

项目	课程管理	课程领导
权力主体	管理权力集中于管理者特权阶层,学校和教师不分享权力	实行权力分享,课程相关人员均民主分享权力,尤其是对课程实施及其结果承担责任的学校与教师
权力实施	依靠课程领导者的法定权力和自身的个人权威,以前者为主	依靠课程领导者的法定权力和自身的个人权威,以后者为主
决策及推行	课程管理者进行决策,以行政命令方式自上而下推行,学校和教师被动执行课程决策	课程相关人员民主决策,作为决策主体之一的学校和教师实施
教师观	认为教师只是既定决策、命令的执行者,缺少决策能力	相信教师具有创意和创造力,具有一定的决策能力
沟通模式	以纵向行政命令为主,有较少的自发形式的校际间横向沟通	纵向沟通之外有较大程度的校内外横向沟通和交流
动力来源	来源于外部、上司的监管与监控	决策主体自身的创意和创造力,自我驱动

(三) 课程管理与课程领导之间的联系

1. 课程领导是由课程管理发展而来

在我国理论界,一般认为课程领导是课程管理的一部分,课程领导是随着课程理论、课程管理理论研究的深入才逐渐浮现出来引起人们关注的。例如,廖哲勋和田慧生认为,课程

① 徐君.从课程管理到课程领导:课程发展的必由之路[J].课程·教材·教法,2005(6):10—12.

② 靳玉乐,赵永勤.校本课程发展背景下的课程领导:理念与策略[J].课程·教材·教法,2004(2):8—12.

领导属于课程管理范畴，是课程管理的重要职能。课程管理的领导职能是使整个管理过程中其他职能得以实现的起主导作用的推动力量[①]。可见，领导一直是课程管理的职能之一。从某种程度上来讲，课程领导是为克服传统课程管理的不足而出现的一种新的课程管理理念。虽然课程领导是从课程管理发展而来的，但它却是对课程管理的一种超越。课程领导意图超越传统课程管理中那种在官僚体制下形成的自上而下的“监控”和“管制”，摆脱学校在接受上级行政部门的指令之后才开始围绕学校的课程展开活动的被动认知局面。

2. 课程管理与课程领导具有相似之处

由于管理和领导两种职能有许多相似的地方，因而课程管理与课程领导二者之间也就不可避免地存在某些相似之处。例如，课程管理和课程领导都涉及对他人的影响，都出现在一个群体环境中，都要求与人合作，最终目的都是为课程实践服务，等等。另外，课程领导所体现的以人为本的理念也是新的课程管理理念所倡导和追求的[②]。由于课程管理和课程领导具有一定的相似之处，也有其互补之处，所以我们不需要在课程管理和课程领导之间择其一，而是要在两者之间保持一种动态的平衡，使其相辅相成，共同发生作用，从而有效地促进课程发展。如果没有与课程领导相结合，强有力的课程管理可能会变成官僚主义，令人感到压抑，为了秩序而秩序；如果没有与课程管理相结合，强有力的课程领导可能会形成狂热崇拜，为了变革而变革，甚至会使变革朝着完全不理智的方向发展。

第二节　小学课程领导

随着新课程改革的实施，课程领导受到了来自课程理论和实践领域人们的广泛关注。正确把握课程领导的内涵，明确课程领导的意义、特征和内容，掌握小学课程领导的策略，对于更好地实施小学课程与教学都具有十分重要的意义。

一、课程领导的内涵、意义与特征

（一）课程领导的内涵

课程领导是近年来伴随我国新一轮基础教育课程改革出现的新话题，随着课程研究的逐步深入，课程领导也成为大家日益关注的问题。但是关于课程领导的含义，却是仁者见仁、智者见智。钟启泉认为，课程领导是课程领导者发挥影响力和信赖权威，促进成员彼此合作，落实课程发展的行为和历程[③]。靳玉乐认为，课程领导就是以课程品质及学生学习成效的持续提升为目的，以学校行政领导为前提，由课程领导者引导成员集中更多精力关注课程和教学事务，共同创建学校课程愿景，朝着正确的目标前进，上下一心进行课程实践的活

---

① 廖哲勋，田慧生. 课程新论[M]. 北京：教育科学出版社，2003：454.

② 廖青. 课程领导与课程管理的关系及启示[J]. 上海教育科研，2008(11)：60—62.

③ 钟启泉. 课程论[M]. 北京：教育科学出版社，2007：257.

动过程[①]。张华认为,课程领导系课程变革过程中不同课程利益相关者通过民主合作而进行的创新性课程工作,旨在促进教师的专业成长和学生的个性发展[②]。李森等学者认为,课程领导是学校全体成员运用课程和组织领导理论,彼此合作推进课程开发、课程设计、课程决策、课程评价等活动的一系列行为和过程[③]。杨明全认为,课程领导是课程实践的一种方式,是指引、统领课程改革、课程开发、课程实验和课程评价等活动的行为的总称[④]。澳大利亚学者迈克弗沙(I. Macpherson)等人曾对课程领导的概念做了较为全面的阐述,认为课程领导旨在改善学校现行的课程状况,指导并促进课程改革在学校的推行,它是一种持续变化、充满活力的互动过程[⑤]。通过上述分析可以发现,课程领导的内涵随着课程变革的历史发展发生着变化,其发展至今,已经相当丰富。尽管学者们对课程领导概念的界定各不相同,但概括之,基本内涵应包括以下几个方面:一是课程领导的主体,二是课程领导的目标,三是课程领导的内容,四是课程领导的方式。课程领导的主体可以是个人,也可以是组织和团体;课程领导的目标主要是建立课程愿景,更多体现的是一种方向指引;课程领导的内容从横向来看涉及课程的各个方面,从纵向来看涉及课程的全过程;课程领导的方式主要是引导。基于以上的分析,我们将课程领导界定为:课程领导就是指在课程发展过程中,课程领导者引导和组织成员共同创建课程愿景,并在此目标指引下进行课程实践的一系列活动的行为总称。

(二)课程领导的意义

1. 有利于我国从教学管理走向课程领导

新中国成立后直至20世纪90年代末期,我国形成的课程研制模式只有教学管理。直到2001年国家《基础教育课程改革纲要(试行)》的颁布,才在正式的官方文件中出现"课程管理"这个概念。也就是说,课程管理的研究在我国也刚刚起步。课程领导的理念就更没有得到应有的普及。在新课程改革过程中,重点关注的是教师的素质和能力的提升,而课程领导并未得到应有的重视。旧的管理体制、旧的管理理念不利于新课程改革的实施,影响新课程改革全面推进。许多进入新课程改革的学校,仍然沿袭过去的管理方式"有条不紊"地靠惯性进行管理,在热闹的改革现象下,僵化的管理机制顽强地按自己的轨道运行,致使新课程改革带来的新理念、新方法在很大程度上逐渐被老的学校运行方式所同化,新课程改革对学校造成的冲击最后仅仅体现为新教材的使用[⑥]。课程领导是课程发展与改革过程的核心,是影响课程发展与改革的重要因素。因此,开展课程领导的理论研究与实践,形成课程领导的理念与实际运行机制是我国新课程改革的一项重要任务。在近几年国家颁布的《关于深化

---

① 靳玉乐.课程论(第二版)[M].北京:人民教育出版社,2015:377.

② 张华.论课程领导[J].教育发展研究,2014(2):1—9.

③ 李森,陈晓端.课程与教学论[M].北京:北京师范大学出版社,2015:202.

④ 杨明全.试论中小学校长的课程领导[J].河南教育(基教版)(上),2002(11):14—14.

⑤ MACPHERSON I, ASPLAND T, ELLIOTT B, PROUDFORD C, SHAW L K, & THURLOW G R. Theorising curriculum leadership for effective learning and teaching [J]. Curriculum and teaching, 1996(11):23 - 33.

⑥ 张廷凯.革新课程领导的现实意义和策略[J].课程·教材·教法,2004(2):13—18.

教育教学改革全面提高义务教育质量的意见》《基础教育课程教学改革深化行动方案》等文件中，都将课程领导作为课程实施过程中的重要问题给予关注，有关课程领导的理论与实践也越来越受到重视。如此一来，必将推动我国从教学管理走向课程领导，促进新课程改革的实际成效，提升学生学习品质，促进学生德智体美劳全面发展，实现立德树人根本任务。

2. 有助于校本课程的发展

自新课程改革以来，校本课程的开发、实施成为我国基础教育学校的一项重要工作。因此，教师就需要从单纯的课程实施者转变为课程的开发者、设计者和行动者。另外，在校本课程开发中，会遇到各种各样的问题，而解决这些问题需要有人在理论层面及课程实施层面成为校本课程的领导者，需要课程领导者进行规划、决策、整合资源、制定课程目标、健全学校课程各种组织、组织协调教师团队、促进教师专业发展、沟通协调、营造环境氛围、评估课程与教学等。由此观之，校本课程离不开课程领导，课程领导有利于校本课程的发展。

3. 有利于教师的专业发展

课程领导的存在，使教师不仅是单纯的课程接受者，更是课程的创造者和研究者，对教师的专业提出了更高的要求，教师参与课程领导的过程同时也是教师专业发展的过程[①]。课程领导通过课程目标的确立和课程变革的运作，促使教师认识到专业发展的重要性和必要性，同时为教师专业成长创造条件，提供专业发展平台，引领教师专业成长方向，生成专业成长动力，不断促进教师的专业发展。

4. 有利于塑造优质的课程文化

所有的人类实践都是文化性实践，都是在一定的文化背景中进行的。人类都是在文化潜移默化的指引之下行动的。优质的课程文化，有赖于课程领导的塑造。倡导领导创建一种注重创新、合作交流、积极主动、自主自律、尊重差异和多元的新生文化。这种新生文化与保守趋同、孤立隔膜、消极被动、外部监控、注重统一的传统课程管理文化形成了鲜明的对比。在课程领导创建的新生文化支持下，课程的理念和实施都将得到更新与再生，形成适应社会发展和满足学生需求的优质课程文化，助推课程实践更好地发展。

（三）课程领导的特征

特征是一个事物或者现象与其他事物、现象的区别所在。把握课程领导的特征，在理论上不仅能加深对课程领导的理解，而且在实践中也有利于对其进行有效的实施。课程领导作为一种新的管理观，与传统的课程管理相比，具有共同参与性、内源驱动性、民主平等性、发展生成性以及行为专业性等特征。

1. 共同参与性

这一特征是针对课程管理的方式而言的。传统的课程管理方式主要是一种自上而下的管理模式，强调职权、等级，注重下级对上级的服从。而课程领导的方式主要体现的是一种共同参与性，强调相互尊重和相互依赖，注重自由开放和民主参与，没有固定的谁服从于谁，

---

① 徐君.从课程管理到课程领导:课程发展的必由之路[J].课程·教材·教法,2005(6):10—12.

各方角色在不同情况下会出现转化。

2. 内源驱动性

这一特征是针对课程管理的动力而言的。传统的课程管理动力主要依靠的是外在的行政管理和监督,更多指向的是外因。而课程领导强调上级机构通过采用各种措施来激发下级机构自主做出课程决策的热情和动力,实现高水平的自我管理,更多指向的是内因,注重调动下级机构参与课程领导的主动性和积极性。

3. 民主平等性

这一特征是针对课程管理的地位而言的。在传统课程管理理念下,学校的教育工作者通常是被动接受指令来进行活动,没有更多的自主权利,体现的是一种领导与被领导的关系。而课程领导则赋予了学校教育工作者更多的权利,每一位拥有自身经验和想法,不断做出积极改变的教育工作者都能够参与其中,成为课程的领导者。

4. 发展生成性

这一特征是针对课程管理的目标而言的。传统的课程管理目标往往是静态的,一旦制定出来,课程与教学工作的重心就必须指向规定的目标,很难随着课程实施的实际情况进行调整。课程领导不是制定一个僵化的目标,而是构建一个动态生成、富有意义且可以实现的愿景。教师可以根据课程实施中的具体情况对课程目标进行调整,以便通过不断完善来推进课程实施的深化,促进学校可持续发展。

5. 行为专业性

这一特征是针对课程管理的行为而言的。传统的课程管理行为更多体现的是一种行政行为。而课程领导既是一种行政行为,更是一种专业行为。课程领导是专业的工作,徒有热情是不够的,参与者在课程与教学方面要具有比较强的专业素养,这样才能真正参与到课程领导之中,推动学校课程事务的发展。

二、小学课程领导的主要内容

小学课程领导的内容因课程领导主体的不同而有所差异,而且小学课程领导的内容在课程发展与变革的不同阶段所强调的重点也有所不同。由于小学课程领导的最终目的是要实现课程发展目标,因而小学课程领导的内容主要是围绕这一最终目的而展开的,可以归纳为以下几个方面。

(一) 创建课程发展愿景

创建课程发展愿景是课程领导的首要内容。课程发展愿景是学校师生对课程发展的共同愿望和设想。它是一个可预见的未来美好情境,不仅描绘了令人瞩目的未来,还能激发学校师生为实现目标而努力。课程发展愿景规定了课程发展的根本方向,是课程发展的根本指导思想,既是课程领导的起点,也是课程领导的终点,并制约着课程领导的全过程。一旦课程发展愿景得以确立,学校师生就能不断优化自身,持续学习。课程发展愿景应该由校长、教师、学生等多主体共同参与制定,以便让每位成员都能对课程愿景形成认同感,并积极参与其中。王红宇在《异乡人的呼唤：德韦恩·休伯纳的精神旅程课程愿景》一文中曾这样描述自己的“课程愿景”，即“让我们在海边建构学校，开展课程，这里儿童可以与阳光散步，与海浪交谈；让我们打开一个新的世界，这里有梦想、游戏、低语、笑声，甚至也有风暴；让我们创造一个，如多尔所言，‘充满灵性的’空间，这里儿童能够在异乡人的陪伴中冒险步入生活的神奇。一个不断的、永远演变的、没有终点的旅程：与儿童一起，我们永远在征途上……”[①]。需要指出的是，课程发展愿景既是课程发展的蓝图，更是一种行动，因而在课程发展愿景的构建过程中，一定要做到目标的理性化、文字的感性化和愿景的具体化。与此同时，还要把握课程发展愿景构建的基本规律：研究学校的历史与现状、分析学校学生的发展状况、摸清学生的发展需求是构建的基础；把握课程改革的基本走向是构建的方向；团队学习、头脑风暴是构建的形式；精练准确的表述是构建的关键。

（二）有效地推进课程实施

课程的实施是课程领导的一项重要内容。可以说，课程领导的目标就是要促进课程的顺利实施，提高教师的专业化水平，最终促进学生的全面发展。课程领导要促进课程的顺利实施和深入开展，就其基本内容而言主要包括以下几个方面：第一，建立课程发展与实施的相关组织，如建立课程发展委员会、课程协调和运作小组等，以便统筹安排课程的实施，提供各方面的支持，以及解决课程实施过程中所遇到的各种问题。第二，制定切实可行的课程实施方案。只有制定切实可行的课程实施方案，才能确保课程的有效实施，进而稳步地推进课程发展愿景的落实。第三，合理进行人员的分工。课程实施需要发动全校人员共同参与，因此需要课程领导者对他们进行正确合理的分工，明确各自的责任要求，并且要做到通力合作，唯有如此，课程规划才能有条不紊地实施下去。

（三）倡导与规划教师专业发展

倡导和规划教师的专业发展是课程领导的一个非常重要的内容。教师作为课程改革的中坚力量，是推动课程改革向前发展的基本动力，离开教师参与的课程改革将不能取得预期的效果。课程领导必须关注教师的课程参与情况，为课程决策和相关的科研活动、参与教材编写和推进课堂教学改革等创造条件，使教师有机会发挥自己的才华，积极反思自己的课程实践和教学实践，促进教师的专业发展[②]。在课程改革中，教师不仅仅是单纯的课程接受者，更是课程的创造者和研究者。教师是课程开发、课程实施和课程评价的重要影响因素，其专业水平对课程发展有重大的影响。因此，在课程发展中应特别注重发展教师的潜力，激发教师的内在动力，引导和促进教师的专业发展，让教师逐步成为课程的领导者。

（四）构建课程发展支持系统

课程发展需要时间、经费、资源等方面的保障，因而课程领导的主要内容之一就是要努

---

① [美]小威廉姆·E. 多尔，[澳]诺尔·高夫. 课程愿景[M]. 张文军，等译. 北京：教育科学出版社，2004：358.

② 杨明全. 革新的课程实践者：教师参与课程变革研究[M]. 上海：上海科技教育出版社，2003：179.

力构建课程发展支持系统。课程领导只有充分利用校内资源,有效沟通协调并整合校外各方资源,才能促进课程的发展。为此小学课程领导要做到以下几点:第一,了解课程发展所需要的资源并提出获取资源的计划。第二,努力向政府部门争取资源。第三,积极向社会争取资源。第四,开发和利用好学校现有资源。当然,对资源的开发与利用要"坚持育人为本,将促进学生身心发展作为首要任务,从促进学生核心素养形成和发展内在规律出发"[①],为课程发展提供有效支撑。

三、小学课程领导的实施策略

在明确小学课程领导的主要内容之后,就要采取适当的策略来促进课程领导的实施,以便为学生学习提供适合的内容和发展机会,最终促进学生全面而有个性地发展。许多学者从不同的角度提出了实施课程领导的策略。例如,游家政和许藤继提出课程领导的策略应是:①倡议并支持师生真实的探究学习;②鼓励教师主导专业的发展;③营造合作的氛围,赋予教师课程领导权力;④重新设计教育方案;⑤重新规划组织架构;⑥建立学校—社区的对话机制等[②]。钟启泉认为,课程领导的实施策略包括:①唤醒课程意识;②形成合作组织;③积累实践智慧;④提升对话能力[③]。靳玉乐和赵永勤基于校本课程发展的背景,认为课程领导的策略可以从观念革新和实践行动两个方面着手进行。观念革新包括组织观、课程观、学校观、教师观,实践行动包括远景创建、环境创设、教师专业发展和文化再生[④]。根据已有研究成果,结合新课程改革的具体实际,我们认为小学课程领导的实施策略主要包括内生策略和外促策略两个方面。

(一) 内生策略

内生策略,是指校长、教师等内在参与主体所自觉引发的,促进和推动课程领导实施的一系列措施。在小学课程领导中,校长和教师是最重要的两个参与主体,扮演着十分重要的角色,只有他们真正参与到小学课程领导之中,并各自发挥自己的作用,才能够把课程领导的各项工作落到实处,推动小学课程领导的顺利进行。因此,校长和教师的自主发展是促进小学课程领导实施的重要策略。

1. 教师要增强参与课程领导的意愿,不断提升自己的专业素养

教师课程领导的意愿,是指教师是否能够积极主动地进行课程领导,包括对校本课程的开发、对原有课程做出切合实际的改变,以及对课堂教学新的驾驭等。当前,虽然很多教师都知道课程领导的重要性及其作用,也意识到教师应该进行课程领导,但是很多教师却没有参与课程领导的意愿,即使迫于压力或者要求参与了课程领导,也是敷衍了事,参与深度不足、积极性不高,效果自然也就不明显。究其原因,主要有以下两个方面:一方面,很多教师

---

① 中华人民共和国教育部.义务教育数学课程标准(2022 年版)[M].北京:北京师范大学出版社,2022:96.

② 游家政,许藤继.校长转型课程领导的角色与任务[J].教育研究月刊,2003(4):119—132.

③ 钟启泉.课程论[M].北京:教育科学出版社,2007:261—262.

④ 靳玉乐,赵永勤.校本课程发展背景下的课程领导:理念与策略[J].课程·教材·教法,2004(2):8—12.

已经习惯了原有的教育教学方法，不希望做出改变，因而安于现状，仍然按照原来的经验进行教学；另一方面，受制于日常繁重的教学任务、日常事务、考试评比以及升学压力等现实因素的影响，使得教师没有更多的时间和精力去完成教学以外的课程领导事务。

教师是小学课程领导中的关键人物，教师对课程领导的认同感、参与课程领导的意愿，以及课程领导能力直接决定着课程领导实施的质量。因此，在学校课程实践中，必须增强教师课程领导的意愿和能力，让教师承担起相应的课程领导责任，参与学校的课程发展，成为课程领导的参与者、促动者和实施者。意识是行为的灵魂，它对行为具有重要的指导作用。只有充分调动教师参与课程领导的观念意识，让教师真正参与到课程领导中去，才能推动课程领导的顺利开展。

在课程领导中，教师所承担的多种角色对教师专业素养，特别是专业知识和专业能力提出了更高的要求。在专业知识方面，教师需要掌握课程开发、课程设计、课程评估与决策以及课程研究等方面的知识。在专业能力方面，教师需要掌握课程领导的能力，主要包括批判反思能力、课程决策能力、课程规划能力、有效交流能力、人际关系协调能力、管理能力、合作能力、随机应变能力、处理各种突发事件的能力、评估和判断各种目标及资源的优先顺序的能力等。教师可以通过自主学习、参加课程领导培训、与优秀教师和课程专家进行交流合作、自我反思、行动研究等途径来提高自己的专业知识和能力，不断提升综合素养。

 **案例 8-1**

从“执行者”到“领导者”①

几年前，学校开始开发校本课程，而我也成为了一名课程设计者。领导说了“开发课程”，那我就执行，懵懵懂懂，依葫芦画瓢，第一份课程设计方案也就这样稀里糊涂地出炉了，第一次的课堂实践也就这样过去了。只是，我隐隐约约地感觉“课程开发”和“上语文课”终究不是那么一回事。在课程设计开发的过程中，我对自己身份的一贯定位——执行者，是正确的吗？一名课程设计开发者仅仅凭借“教学概念”就能“独步天下”了吗？

我的课程身份是什么

说起我设计的那门课程“环游中国”，其实当初的想法很简单，因为我国地大物博，可以讲的不计其数，以此为课程内容，必是十分丰富。其他的我也没多想，既然领导说了“开发课程”，那我就找个好操作的主题吧。于是，我去书店抱回了一大摞的各地旅游指南的图书，依照课程领导小组给的模板，设计了方案。

① 罗芸. 从“执行者”到“领导者”[M]//上海市教育委员会教学研究室. 我们的课程领导故事. 上海：华东师范大学出版社，2013：36—38.

那次,学校的“走班课程推介会”请我为全校教师上一节我设计的走班课。我按照老习惯精心设计了教学环节,上的是《九寨沟风情》。一如既往,教学在快乐的氛围中结束了。课后,学校课程领导小组的钟老师问了我一个问题:“罗老师,学生们确实很喜欢上你设计的课程,在你的课堂上,学生们也很快乐,就像真的去旅游了一次,但是,你有没有想过课程仅仅只要激发学生的兴趣,让学生快乐就够了吗?你的课程内容,孩子们只要自己上网查一下资料或是跑一次书店就都能获得了,那他们为什么还需要这门课程呢?”

我是一个开发者

第一次,我开始意识到设计课程原来不是我想得那么简单,不是像上语文课那样,按照书上内容讲讲就行了。第一次,我正儿八经地思考:为什么要设计“环游中国”这门课程?“环游中国”要教给学生什么?我主动提出申请,参加了学校课程领导小组组织的“先锋团”活动。

“先锋团”是学校课程领导小组为了帮助教师完善自己的课程以及解决课程教学中出现的问题而组织的一部分教师的研讨活动。活动的内容有专家讲座,组员头脑风暴式的讨论,教学实践,等等。几次活动下来,专家的讲座和组内教师展开的讨论,给了我很大的启发。

在课程开发的过程中,我要思考的不仅仅是“如何教”,因为,我不是一个执行者,只要“教”就行了。我是一个开发者,必须要考虑我为什么而教?我要教给学生什么?

不能仅仅为传授知识而教,更要为提高能力而教。为什么要设计“环游中国”这门课程呢?我可以用时下流行的说法告诉自己是为了学生的全面发展而教,但这个全面发展在我的这门课程里具体指的又是什么呢?我一个人无法解答。我想到:既然平时都在说“课程是为学生的全面发展而设计的”,那或许答案就在学生那里。

在一节课上,我和同学们聊起了我们的这门课。通过与同学们聊天,我知道了真正的旅游乐趣其实是在整个旅游活动过程中的。如果孩子们在实际生活中能够和爸爸妈妈一起策划,真正地参与到旅游过程中,那他们一定会享受到其中的乐趣。我的思路开始明朗起来:“环游中国”这门课程的目标应该是帮助孩子们在实际生活中能够真正地参与到家庭旅游活动中。

孩子缺什么,就要教什么

确定了“环游中国”的课程目标后,我开始思考该教什么,才能达成这个目标。于是,我想到了家长。家长为什么不让自己的孩子参与到家庭旅游活动的策划过程中呢?这总是有原因的吧。为此,我请孩子们带回家一张调查表,上面只有两个问题:(1)在策划家庭旅游活动时,您是否也让孩子加入其中,真正参与?如果答案是否定的,请说明原因。(2)您希望孩子们在“环游中国”这门课上学到一些什么呢?收回的调查表上，第一题，家长的答案几乎都是一样的：否。原因归纳起来就是：孩子还小，缺乏这方面的知识，没有这个能力，无法参与。孩子的能力很差，自己带点什么、理个箱子都搞不清楚，更谈不上参与到旅游组织、策划过程中了。第二题，答案就是五花八门了，但将近40%的家长都提到了，希望孩子们在这门课上能够知道旅游是怎么一回事情，能够在旅游过程中解决一些力所能及的问题，不要事事都依赖家长。

面对这些数据，我知道了“环游中国”要教什么，概括地讲：孩子们最缺的，就是我要教的。

课堂中，要引导学生成为主动探索者。一系列的调查研究，让我把握住了课程的教学目标和教学内容。那“环游中国”该怎么教呢？

我以“九寨沟”这一主题为实践内容，在“先锋团”小组活动中，进行了试教。在评课时，大家先一致肯定我已经比较准确地把握住了这门课程的大方向。课程中所增加的这些部分正体现了我这门课程独有的特色。然后，又有老师提出：“这堂课在内容上是比较丰富的，既有当地风土人情的介绍，又有为一次旅游做准备的方法技能的传授。这些内容确实对孩子的实际生活很有帮助。只是，在课堂上，孩子们听得多，想得少，做得更少。他们听老师讲了这些方法，会真正运用吗？我表示怀疑。”

我仔细想想，觉得这话有道理。以往课堂中主要以讲授为主的教学方法不改不行。第二次试教时，我改变了以往在我的课堂上学生默默聆听的学习方式，而是努力使学生成为主动探索者，自己发现问题，搜集资料，进行归纳，然后解决问题。在这样的学习过程中，学生确实在很多方面都得到了锻炼。

身份转变：从“执行者”到“领导者”

回家后，我重新修订了课程目标。接着，在每个单元中，增加了更多关于技能、方法习得的内容，删除了过多的人文类的内容。最后，我将课程序列进行了调整。原先课程的每个单元是按照景点介绍、人文情况、民俗风情这样的顺序来安排的。调整后的序列为：信息视听室（当地特色介绍）、相关链接（相关知识介绍）、背包行中国（学生完成相关的设计、调查或实践等任务），这些设计使“环游中国”成为了一门真正满足学生需要的课程，我也从一个“执行者”成为了一个“领导者”。

2. 校长要重新定位自身角色，不断提高课程领导能力

校长在课程领导中发挥着举足轻重的作用，是联结国家、地方和教师课程领导的一个纽带。校长的特殊身份不仅决定了其在学校行政事务中是决策者，也使得校长在学校的课程发展中处于领导地位，其对课程领导的关注度直接决定着课程领导能否顺利地实施。由于校长是学校的主要行政领导者，行政事务占据了校长很多的时间和精力，对学校课程与教学事务投入的时间和精力相对较少，缺乏对课程领导应有的关注，进而不能充分发挥其自身的

课程领导职能。校长不但要具备一定的行政领导技巧,还应具备课程与教学的相关知识及领导能力。课程领导力是校长领导力的核心,是校长诸多能力要求中的首要能力①。作为学校中最重要的课程领导者,校长要淡化其行政职能,强调其课程领导职责,在学校课程发展中表现出强有力的领导能力,以提升课程品质、促进课程发展,使教师成长、学生进步。那么,校长在课程领导中究竟应该扮演什么样的角色呢?由于课程领导涉及课程规划、课程开发、课程实施以及课程评价等多个方面,这就需要校长在每个方面都要扮演一个重要的角色,以确保课程领导的顺利实施。校长在课程领导中应承担课程领导团队的领导者、课程规划的引领者、课程开发的先驱者、课程实施的督导者、课程评价的组织者以及其他课程领导力的挖掘者等多种角色。

提高校长的课程领导能力是促进课程领导实施的必要前提,因为校长课程领导意识的强弱、领导艺术的高低决定着课程理念的转化程度。校长的课程领导任务包括发展学校课程愿景、规划活动、发展方案、选择教材、联结课程、实施课程、促进成员发展以及课程评价与修订②。为有效完成课程领导任务,推动课程顺利实行,校长应高度重视学校的课程领导工作,努力提高自己的课程领导力。具体而言,校长可以通过转变课程理念和课程领导角色、加强课程知识学习、参加课程领导专业培训以及交流学习等途径来提高自身的课程领导能力,以推动课程领导的有效实施,实现学校办学水平和教育质量的全面提升。

(二)外促策略

所谓外促策略,是指教育行政部门、学校等外在领导机构所生发的,促进和推动课程领导实施的一系列措施。可以说,外部促进也是小学课程领导实施的重要策略。外促策略主要包括积极组织课程领导专业培训、建立学校课程发展与实施组织、营造民主合作的课程文化氛围等方面。

1. 积极组织课程领导专业培训

为了有效地促进小学课程领导的实施,教育行政部门应为教师组织课程领导的相关培训,以提供专业的引领,让越来越多的教师了解课程领导的概念,行使课程领导的权力,积极主动地参与课程领导。通过培训来推行课程领导的内涵、意义、任务等知识的普及,从而为推进课程领导的实施提供理论保障和行动指南。鉴于我国教育实际,可以以区(县)为单位,培训若干名课程领导的专家,然后再由他们负责对本区(县)各个学校推选出来的骨干教师进行培训。经过培训的骨干教师负责对本校的教师进行培训,同时负责本校课程领导的实施。为提高培训的针对性和实效性,培训内容应紧密围绕帮助教师完成与日常课程领导有关的任务和解决实际问题,培训方式要积极采取经验交流、案例分析和课堂研讨等多样化的方式。除此之外,教育行政部门还应为学校教师提供课程领导的专业引领,指导教师运作好课程领导的各个环节,为课程领导的实施和发展提供强有力的支持。

---

① 钱丽欣.校长课程领导力的提升路径[J].人民教育,2016(24):27—29.

② 黄旭钧.课程领导:理论与实务[M].新北:心理出版社,2003:205—206.

2. 建立学校课程发展与实施组织

成功的课程改革需要强有力的课程领导组织，但在许多国家的课程改革中由于没有建立起有效的课程领导组织，或者没有重视组织机构的改革，从而造成课程改革的效果不理想。《基础教育课程教学改革深化行动方案》中提出，学校要“高质量落实国家课程，建设校本课程，将课程理念、原则要求转化为具体的育人实践活动，构建体现学校办学特色的课程育人体系”。可见，建立学校课程发展与实施的组织是进行小学课程领导的必然要求。建立由校长、教师、学生代表以及校外专家与学者共同组成的课程开发与实施组织，对于促进小学课程领导的实施具有重要的作用。一方面，学校课程发展与实施组织可以统筹协调课程领域的各项活动，规划并执行课程设计、课程实施等相关事宜，评价和改进学校的课程与教学，评估及监控学生的学习，整合社会资源建立教学支援系统，并解释课程改革的方案，提供必要的专业支持，解决课程发展与实施过程中遇到的问题。另一方面，学校课程发展与实施组织也能够唤醒学校教师专业发展的需要，并以此为契机，举办一些校本的教师培训和教研活动，使教师领会新课程改革的理念，把握新课程改革的精神，并可邀请课程研究的专家和学者到校讲学，对学校的课程开发工作进行指导，为课程的顺利实施和推进创造条件。只有在学校课程发展与实施组织的管理和引领下，课程领导才能得以顺利实施和发展，进而为整个学校课程体系的发展提供经验和动力。

3. 营造民主合作的课程文化氛围

2001 年国家颁布的《基础教育课程改革纲要（试行）》明确提出，基础教育课程改革的具体目标之一是“改变课程管理过于集中的状况，实行国家、地方、学校三级课程管理，增强课程对地方、学校及学生的适应性”。三级课程管理体制的实行，赋予了学校一定程度的课程自主权，也要求学校必须担负起一定的课程领导职责。当前，很多学校并没有形成课程领导的共同文化，学校中的课程文化仍然以教师“单打独斗”式的个人主义文化占据主导，教师也没有完全形成新课程改革所倡导的合作理念。需要指出的是，学校的课程文化以及教师间的沟通与合作对教师的课程领导具有重要的影响。如果学校的课程文化浓厚，组织气氛良好，沟通和合作渠道畅通，那么教师对学校工作的热情往往比较高，同事间的交往也更加频繁和融洽，教师参与学校课程领导事务的程度也会更高。相反，如果学校没有形成课程领导的共同文化，教师间相互保留，各自封闭，在工作中不能进行很好的沟通和合作，教师彼此间的感情往往会比较淡漠，教师参与课程领导的积极性也会降低，不利于课程领导的施行和课程效能的提升。为此，学校应积极营造民主合作的课程文化氛围，努力构建教师学习共同体，调动教师个体与学校团队发展的潜力，使教师更加愉快而高效地工作，自然有助于推动课程领导顺利、有效地实施。

第三节　小学教学管理

教学是教育的基本形式，是学校的中心工作。教学工作的成效有赖于学校教学管理。

学校教学管理是学校管理的中心工作。教学管理是师生共同参与的有目的、有计划地协调教学过程中各种因素,顺利实现教学目标的活动。深入了解教学管理的内涵、意义与特征,明确小学教学管理的主要内容,掌握小学课堂教学管理的策略,能够有效地推进教学活动的实施,提高教学质量。

一、教学管理的内涵、意义与特征

(一) 教学管理的内涵

关于教学管理,学者们有着不同的表述。李秉德在《教学论》一书中指出,教学管理是以教学的全过程为对象,遵循教学活动的客观规律,运用现代科学管理的理论、原则和方法,对教学工作进行决策、计划、组织、实施、检查、指导、总结、提高,最大限度地调动教师和学生的积极性,以保证教育教学目标顺利实现的各种活动①。刘茗在《当代教学管理引论》一书中则提出,教学管理是学校管理者根据教育方针、教学计划、教学大纲的要求,根据教学工作的规律,运用现代科学管理的理论、方法和原则,通过计划、组织、检查、总结等管理环节,对教学的各个方面、各个要素、各个环节,进行合理组合,推动教学工作正常地、高效率地运转②。郭继东在《学校组织与管理》一书中将教学管理定义为:学校领导者和教学管理人员根据教育方针、课程计划、教学大纲的要求和学校教育教学规律,为完成教学任务、提高教学质量,运用现代管理的理论、方法和原则,通过计划、组织、指挥、协调、评价、反馈等手段,科学地组织、协调和使用学校教学系统中的人力、物力、财力、时间、信息等资源,以推动学校教学工作有序开展、达成教学目标的活动③。

尽管具体的文字表达有所差异,但上述观点并没有本质区别。概而言之,教学管理的内涵应包括以下几个方面:一是教学管理的主体,二是教学管理的对象,三是教学管理的规律,四是教学管理的目标。基于以上的分析,我们将教学管理定义为:学校领导者和教学管理人员,以教学的全过程为对象,遵循教学活动的客观规律和教学的基本要求,对教学过程中的各个因素进行有效的组织和协调,以保证教学目标顺利实现的各种活动。

(二) 教学管理的意义

教学管理作为学校教育教学工作的重要组成部分,对于教育发展有着十分积极的意义。具体而言,教学管理的意义主要体现在以下几个方面。

1. 有利于建立稳定的教学秩序,确保教学活动的顺利进行

有效的教学管理是建立正常稳定的教学秩序的保证。正常稳定的教学秩序不仅是教学活动得以顺利进行的基本条件,而且也是全面提高教学质量的重要保证。因此,有效的教学管理是建立稳定的教学秩序,确保教学活动顺利进行的根本性保障。在整个教学过程中,从

---

① 李秉德. 教学论[M]. 北京:人民教育出版社,2001:356.

② 刘茗. 当代教学管理引论[M]. 北京:教育科学出版社,1997:1.

③ 郭继东. 学校组织与管理[M]. 上海:华东师范大学出版社,2012:190.

备课、课堂教学、作业，到教学测验等，是一个有计划、有组织的过程。有效的教学管理能够协调教学的各个环节，理顺它们之间的关系，做到统筹安排，进而确保教学的正常秩序，保证教学活动的顺利开展。

2. 有利于调动教师工作的积极性，提高教学的效能

在教学管理中，如果仅仅依靠行政监管手段或完全依靠规章制度约束来实现管理的目的，忽略教师在教学管理中的积极作用，势必会僵化教学管理的过程，也不利于调动教师教学的积极性和主动性。教师作为教学的基本要素之一，在教学活动中既是知识的传授者，也是教学的组织管理者。在教学管理过程中，要充分发挥教师的主导作用，尊重教师的主人翁地位，以调动教师教学工作的积极性，切实提高教学效果。有效的教学管理，有利于教师教学智慧和教学艺术的发挥与运用，激发教师工作的积极性，提高教学效能。

3. 有利于教育资源的合理配置，更好地实现教学目标

教学目标是教学活动的出发点和归宿，教学管理的一切活动都指向教学目标的实现。教学涉及各种各样的资源，如课程资源、教师资源、物质资源等。有效的教学管理不仅可以合理地配置各种教学资源，发挥教学资源的最大价值，而且还有利于充分挖掘和利用各种教学资源，更好地实现教学目标。例如，《义务教育语文课程标准（2022 年版）》中提出，“学校要整合区域和地方特色资源，设计具有学校特色、区域特色的语文实践活动，落实学习任务群的目标要求，增强语文课程内容的丰富性和课程实施的开放性”①，这一规定就是希望学校通过对课程资源的有效管理，充分发挥课程资源的育人功能，进一步优化教与学活动。

（三）教学管理的特征

教学管理作为学校管理的中心工作，是提高教学质量的重要保障，需要学校全体师生员工共同参与，具有规范性、教育性、协作性和整体性等特征。

1. 规范性

教学管理是严格按照教学管理制度或者教学管理规则开展的有计划、有组织、有目的的活动，规范性是教学管理最为基本的特点。在教学工作中，依据人们对教育规律的认识，对其行为、程序等确定基本规范，并以之指导和管理教学工作，促使人们的认识和行为达到统一要求，这是教学管理的规范化。教学管理的规范化可以提高管理过程的操作性，并且可以使教学管理和教学活动在长期的互动中进行磨合与调整，从而提高教学管理的科学性。

2. 教育性

教学管理不仅是一项管理活动，也是一项教育活动。教学管理的教育性主要体现在以下两个方面：第一，管理行为本身应当发挥出其教育作用。学校是培养学生的场所，是学生学习和生活的基地。学校的教学管理制度、班级管理制度以及教师的言行举止都应当对学生产生较强的教育影响力。正所谓“教学无小事，处处皆育人”。第二，管理内容要有十分积极的教育意义。学校或者教师通过教学管理，在让学生获取文化知识的同时，还要帮助学生

---

① 中华人民共和国教育部．义务教育语文课程标准(2022 年版)[M]．北京：北京师范大学出版社，2022：54—55.

树立正确的世界观、人生观和价值观,达到立德树人的根本目的。

3. 协作性

传统的教学管理常常是教师单方面地采用管、压等办法来控制学生的问题行为,结果往往是问题行为愈来愈多、愈来愈严重。我们所说的教学管理,是以"以人为本"为核心理念的现代教学管理。现代教学管理强调教师、学生和学校等多主体相互协作、共同参与、共同建构,以取得最佳的管理效果。只有各个主体共同参与到教学管理之中,相互合作,形成合力,才能真正提高教学质量。

4. 整体性

教学是一个复杂的过程,在教学活动中包括教师、学生等人的因素,也包括内容、环境等物的因素。教学管理就是要对这些要素以及教学过程中的各个方面进行有目的、有计划和多维度的综合考虑,从整体上加以统筹把握,以取得最优化的效果,更好地实现预期的教学目标,最终促进学生全面而有个性地发展。

二、小学教学管理的主要内容

根据整个教学活动的过程,可以将小学教学管理的内容分为以下三个方面。

(一)教学计划管理

教学计划是国家教育主管部门制定的有关教育和教学工作的指导性文件。它体现了国家对学校教学工作的统一要求,是学校组织教育教学活动的重要依据,也是学校工作计划的核心组成部分。所谓教学计划管理,就是运用学校制定的具体计划去统管教学的全过程,是对学校教学工作进行全面部署的一系列活动过程。通过教学计划管理使教学活动处于最佳状态,并取得良好的教学效果。教学计划管理是小学教学管理的主要内容之一,对于确保教学工作有序进行,顺利实现教学目标具有重要的意义。按其管理职能的层次来分,教学计划管理可以分为全校教学计划管理、教研组教学计划管理和学科教学计划管理三个方面。

1. 全校教学计划管理

全校教学计划管理是对整个学校教学工作的规划和安排,它是从学校层面进行统筹兼顾,由教务处统一主持制定的。其主要内容包括三个方面:一是对教学情况进行基本的分析与评价。既要看到教学所取得的成绩,也要正视教学中存在的问题,对教学情况给予全面、客观的分析,以便为制定新计划奠定坚实的基础。二是确立新计划的目标,并明确其要求。三是提出切实可行的组织措施。全校教学计划一旦制定,就要作为教学管理过程的起始环节,认真贯彻和落实下去。

2. 教研组教学计划管理

教研组是由相同或相近学科教师所组成,以研究和改进教学为目的的学校基层组织。《教育部关于加强和改进新时代基础教育教研工作的意见》中指出,要"充分发挥教研组、备课组、年级组在研究学生学习、改进教学方法、优化作业设计、解决教学问题、指导家庭教育等方面的作用"。教研组在教学过程扮演着重要的角色,发挥着举足轻重的作用。因此,加强教研组教学计划管理以适应发展需要，是学校教学管理的应有之义。教研组教学计划管理应在全校教学计划的基础上，从教研组实际情况出发，对教学进度、集体备课、课堂教学、专题研讨等进行统一的部署，以使整个教研组的工作有条不紊，扎实推进。

3. 学科教学计划管理

学科教学计划管理，是教学管理的基础层管理，是教学计划的"前沿阵地"。学科教学计划管理应以全校教学计划管理和教研组教学计划管理为依据，结合教学大纲和教材内容的要求，对学科教学的目的、任务、要求、教学内容、教学方法、教学进度、课时分配等方面进行合理的规划和安排，促进学科教学顺利进行。

（二）教学过程管理

教学过程一般包括备课、上课、作业布置、课外辅导和成绩考评等环节。教学过程中任何一个环节的削弱和失控，都会给教学质量带来不利影响。因此，对教学过程的管理是必不可少的。教学过程管理包括以下内容。

1. 备课管理

备课是教学工作的首要环节，是上好课的先决条件，是提高课堂教学质量的重要保证。针对备课管理应注意以下几点：第一，向教师明确提出备课的具体要求。第二，采取定期与不定期相结合的办法开展教案的检查和指导工作。第三，为教师备课创造有利的环境和条件。第四，积极建立集体备课制度（或学案、学历案），并加以有效施行。

2. 课堂教学管理

课堂教学管理是保证完成教学任务取得良好教学效果的主要渠道，也是实施教学设计的基本空间。在教学过程管理的所有内容中，课堂教学管理是最重要的，也是最为关键的，直接决定着课堂教学的质量。抓好课堂教学管理，作业批改、课后辅导就可以节省大量的时间，否则会带来很多麻烦。减轻学生学业负担，提高教学质量，关键是要做好课堂教学管理，提高课堂教学效益。针对课堂教学管理应注意以下几点要求：第一，明确教师的课堂教学要求。第二，明确学生的课堂纪律要求。第三，要关注课堂生成，不断优化教学过程。在以上三点要求中，应特别关注第三点，因为课堂教学过程是一个人与人的复杂交往过程，有太多的不确定性，充满着变化和挑战，只有关注课堂的生成，在实际情境中进行随机应变的应对和处理，才能切实提高课堂教学的效益。

案例 8-2

"小画家"①

在小学低年级的一节语文课上，教师正在带领学生学习"小画家"一课。该课文的

① 石中英. 知识转型与教育改革[M]. 北京：教育科学出版社，2001：272.

主要内容是:冬天下雪了,大雪将整个原野都覆盖起来。清晨,小鹿、小鸡等小动物们都出来了,纷纷用自己的足或爪子在雪地上画出了美丽的图画。教师在完成了教学任务以后,向学生提了一个问题:为什么"青蛙"和"蛇"没有出来?不一会儿,有一个学生站起来回答说:"老师,因为青蛙和蛇没有毛衣服,怕冷,所以待在家里没出来。"老师听了以后很不高兴,用非常严厉的口吻说:"不知道就不要乱说!"在让这个学生坐下以后,老师又问全班同学:"谁知道?谁能告诉大家正确的答案?"这时候,教室里静极了,再也没有人起来回答。看到这种情形,老师说:"我告诉你们,青蛙和蛇是冷血动物,冬天需要'冬眠',所以不可能出来。这个道理等你们上初中以后就明白了。"

评析:在案例中,教师固守"青蛙和蛇是冷血动物,冬天需要'冬眠'"这个所谓的"正确答案",因而对课堂教学的管理更多体现的是控制型,对学生"青蛙和蛇没有毛衣服,怕冷,所以待在家里没出来"这个非预期和不同思维的答案没有及时抓住并进行有效利用,忽视了课堂教学过程中生成性的资源。从表面上看,教师是在对课堂教学过程进行管理,朝着教师所预期的目标发展,然而这种管理实则是不可取的,反而会达不到教师所预期的教学效果。这个案例充分说明了教师在进行课堂教学管理时,要特别注重课堂的生成,要根据课堂教学实际不断地优化和调整教学,以便真正达到提高课堂教学效果和促进学生发展之目的。

3. 作业管理

作业是对课堂教学的补充与提高,同时又是对学生课堂学习效果的检验。作业管理是教学过程管理的重要环节,也是教学管理中一项重要的常规工作。针对作业管理应注意以下几点:第一,精选作业内容,坚决克服机械、无效作业,杜绝重复性、惩罚性和超出课程标准的作业。第二,统筹调控不同学科作业数量和作业时间,做到适量且有针对性。根据教育部办公厅颁布的《关于加强义务教育学校作业管理的通知》的要求:"小学一二年级不布置书面家庭作业,可在校内安排适当巩固练习;小学其他年级每天书面作业完成时间平均不超过60分钟。"第三,作业形式多样化,阅读作业、口头作业、书面作业、实践作业等要相得益彰,课内作业与课外作业、个人独立作业与小组合作作业、统一要求作业与学生自主作业等相互补充。第四,教师要认真批改作业,尽量做到面批讲解,并及时进行反馈。第五,坚决杜绝将学生作业变成家长作业或要求家长检查、批改作业。

4. 课外辅导管理

课外辅导是对课堂教学的继续,是满足学生差异性和个性化学习的需要。实践证明,加强课外辅导管理,是教学质量大幅度提高的重要措施。课外辅导是上课的一种补充形式,但不是上课的简单重复。课外辅导除了传统的解答疑难之外,更为重要的是对学生的学习方法、学习策略以及如何高效利用时间等进行指导。针对课外辅导管理应注意以下几点:第一,因材施教。教师要针对学生的不同情况,区别对待,不能将辅导变为对全体学生的重新讲授。第二,启发诱导。课外辅导要注重发挥学生的主观能动性,对学生多进行启发,引导学生自己解决问题。第三,及时总结。课外辅导时教师要对学生存在的共同问题、典型问题等及时总结,积累经验,不断地加以改进,以利于今后的教学工作。

5. 成绩考评管理

成绩考评是教学过程中一个十分重要的环节,它对于评价学生的学习情况,检查教学效果,树立良好学风都具有重要意义。《义务教育课程方案(2022 年版)》中提出,要"全面推进基于核心素养的考试评价,强化考试评价与课程标准、教学的一致性,促进'教—学—评'有机衔接"。对成绩考评管理应注意以下几点:第一,严格控制考试次数。第二,考试内容要符合课程标准,联系学生生活实际。第三,考试成绩最好实行等级评价,严禁以任何方式公布学生成绩和排名①。第四,科学评阅,客观分析考评结果,做到及时反馈。

(三) 教学质量管理

教学质量管理,是指学校管理者依据一定的质量标准,对学校的教学过程及其结果进行全面引导、检测、评估与改进的活动。教学质量是教学管理的出发点和落脚点,是学校教学管理工作的核心内容,学校教学管理的一切工作最终都是为了提高教学质量。教学质量管理的内容主要包括制定科学的教学质量标准,对教学质量进行督导、检查和分析,对教学质量进行调控三个方面。

1. 制定科学的教学质量标准

要提高教学质量,需要一套行之有效的教学质量标准。因为教学质量标准是教学质量检查的依据,也是教学管理的基础。教学质量标准是一个多层次、多维度的复杂体系,它涉及教学工作的各个方面,既涉及教学准备,也涉及教学过程,还涉及教学结果,等等。因此,制定一套科学可行的教学质量标准并不是一件容易的事,它需要依据《义务教育质量评价指南》并结合具体学科,不断地进行探索、总结、改进和提高。

2. 对教学质量进行督导、检查和分析

对教学质量进行督导、检查和分析的目的在于总结教学中所取得的成绩,发现存在的问题,进一步提高教学质量。教学质量检查的重点内容是立德树人根本任务的落实和学生核心素养的发展状况。教学质量督导、检查的方法主要有平时检查、阶段检查、重点抽查以及全面检查等。为了切实提高教学质量,学校应有计划地将平时检查、阶段检查、重点抽查、全面检查有机结合起来,对教学质量督导、检查中所获得的资料和数据进行全面的整理、分析和评价。唯有如此,才能有效地把握教学所取得的成绩和存在的问题,提出切实可行的改进办法,促使教学质量得到进一步提高。

3. 对教学质量进行调控

调控是一种手段,提高教学质量才是目的。教学质量调控的关键在于将质量督导、检查

---

① 中华人民共和国教育部. 中共中央国务院关于深化教育教学改革全面提高义务教育质量的意见[EB/OL]. (2019-06-23)[2024-07-26]. http://www.moe.gov.cn/jyb_xxgk/moe_1777/moe_1778/201907/t20190708_389416.html.

和分析中提出的改进教学意见付诸实施,并获取反馈信息,及时进行进一步的合理调适与改进[①]。在调控过程中,不仅需要采用反馈、矫正等多种调控方式,也需要将调控纳入整个教学过程之中,使教学成为不断反馈、不断调节、不断改进的动态过程,以便在提高教学质量的基础上,促进学生全面发展。

三、小学课堂教学管理的策略

课堂教学是人才培养的第一阵地,在整个人才培养体系中居于核心地位,只有做好课堂教学管理工作,才能确保课堂教学活动的顺利进行。有效的课堂教学管理是提高教学质量,促进学生发展的重要保证。因此,在小学教学管理中要特别注重课堂教学管理。小学课堂教学管理是师生共同参与,彼此交往,有目的、有计划和多维度地协调课堂内外各种因素,顺利实现教学目标的一切活动。小学课堂教学管理,主要包括课堂教学气氛管理、课堂纪律管理、课堂教学时间管理和课堂教学交流管理四个方面。为了更好地掌握小学课堂教学管理策略,有针对性地开展课堂教学管理活动,提高课堂教学效益,推动"核心素养"落地实践,完成立德树人根本任务,下面分别谈谈这四个方面的管理策略。

(一) 课堂教学气氛管理策略

课堂教学气氛,主要是指班集体在课堂教学过程中形成的一种情绪情感状态。它直接影响着教师的教学行为、教学质量以及学生的个性发展。对课堂教学气氛的管理可以有效地激发教与学两方面的积极性,从而在教学的各个环节中形成良性循环,提高课堂教学质量。如果没有轻松、民主、和谐的课堂教学氛围,课堂教学中知识的传授、审美和道德的传递与培养等教育目的则难以有效实现。教师可以采取以下措施对课堂教学气氛进行管理,以营造良好的课堂教学氛围。

1. 强化教师的情感因素

加强对课堂教学气氛的管理,必须强化教师的情感因素,以学生发展为本,建立新型师生关系。这种关系旨在本着尊重学生自主性的精神,使学生的人格得到充分发展。教师要以实际行动关心和爱护全体学生,深入了解他们的学习和生活,与他们建立深厚的师生情感,让学生信任老师,从而亲近老师,营造良好的课堂氛围,这是教师开展课堂教学气氛管理应当遵守的基本要求。

2. 树立科学的课堂管理理念

教师在课堂上扮演着组织者和领导者的角色,具有至关重要的作用。作为管理者和领导者的教师要加强对课堂教学气氛的管理,要在课堂上采取民主管理的方法,既能体现教师的权威性,又能够调动学生积极参与课堂。研究结果表明,那些把课堂管理作为建立和维持有效学习气氛过程的教师,与那些把重点放在强调自己是权威人物或严格执行纪律的教师相比,前者更有可能成功。教师在课堂上要以尊重、理解、信任和爱护每位学生为前提,把学

---

① 袁振国.当代教育学(第三版)[M].北京:教育科学出版社,2004:240.

生当作是教学活动中的朋友，使学生产生亲切感、信任感和自信心，促使每个学生都能得到充分发展。

3. 调动学生参与课堂管理

课堂管理不仅需要教师全身心地投入，也需要调动学生参与管理课堂的积极性。让学生参与课堂管理，有利于创设良好的课堂教学氛围。教师在引导和激励学生参与课堂管理时，应充分考虑学生现有的能力水平，在培养学生具有一定的课堂管理知识和能力的基础上，再逐渐鼓励和引导学生参与课堂管理。

4. 课堂氛围与课堂教学的有机衔接

课堂氛围不是单独存在于课堂之中的，而是与课堂教学活动有着密切的联系，二者相互影响。教学活动直接或间接地影响着课堂氛围，课堂氛围也影响着课堂教学活动的开展。教师在进行课堂教学管理时，一定要把课堂教学和课堂氛围进行有机的衔接，进而促进课堂教学活动的顺利开展，提高课堂教学效果。

（二）课堂纪律管理策略

课堂纪律，是指在课堂教学中，教师为维持班级秩序、保证教学顺利进行而要求学生必须遵守的一系列行为规范。捷克著名教育家夸美纽斯特别强调纪律的重要性，认为“如果你从学校取消了纪律，你就剥夺了它的发动力”①。课堂纪律是课堂教学活动得以顺利进行的必要条件，对于实现教学目标、促进学生知识的有效获得和健康人格的发展都具有重要意义。因而，课堂纪律管埋无疑是小学课堂教学管理不可或缺的重要内容。下面就具体谈谈课堂纪律管理的三点策略。

1. 适当使用奖励和惩罚

适当使用奖励和惩罚，对于小学课堂纪律管理是必要的，而且也是十分有效的。奖励是增加期待行为出现可能的一种刺激。教师对学生的微笑、礼物以及口头表扬等都可以是对学生积极行为的奖励。例如，对于小学低年级的学生而言，如果学生积极遵守课堂纪律，上课表现优秀，那么教师可以给予他们一定的奖励，这个奖励可以是口头的表扬或赞许，也可以是笔记本、笔、奖状等实物，以此来维护课堂纪律，激励学生主动自觉地遵守课堂规则。惩罚是不受学生喜欢，但能减少非期待行为产生可能的一种刺激。教师对学生表现出生气的表情或要求其写检讨都可能是对学生违纪行为的惩罚。对于有些严重违反课堂纪律、干扰课堂教学活动正常进行的学生，可适当使用一些惩罚措施。例如，让学生下课去办公室等。一般来讲，惩罚是对那些置教师的合理要求于不顾，一直表现不良行为的学生不得已而采取的方法。

教师在使用奖励和惩罚时必须充分考虑学生的个别差异，因为同样作为奖励，对某些学生来说可能是奖励但对另一些学生来说可能并不是，惩罚也是如此。比如，将巧克力给一个不喜爱糖果的学生，那么对这个学生来讲就达不到奖励的目的。由于惩罚和奖励都具有两

---

① ［捷克］夸美纽斯. 大教学论［M］. 傅任敢，译. 北京：教育科学出版社，2014：175.

面性,因而教师要慎用和巧用这些措施。

拓展阅读 8-2

中小学教育惩戒规则(试行)(节选)

第一条　为落实立德树人根本任务,保障和规范学校、教师依法履行教育教学和管理职责,保护学生合法权益,促进学生健康成长、全面发展,根据教育法、教师法、未成年人保护法、预防未成年人犯罪法等法律法规和国家有关规定,制定本规则。

第二条　普通中小学校、中等职业学校(以下称学校)及其教师在教育教学和管理过程中对学生实施教育惩戒,适用本规则。

本规则所称教育惩戒,是指学校、教师基于教育目的,对违规违纪学生进行管理、训导或者以规定方式予以矫治,促使学生引以为戒、认识和改正错误的教育行为。

第三条　学校、教师应当遵循教育规律,依法履行职责,通过积极管教和教育惩戒的实施,及时纠正学生错误言行,培养学生的规则意识、责任意识。

教育行政部门应当支持、指导、监督学校及其教师依法依规实施教育惩戒。

第四条　实施教育惩戒应当符合教育规律,注重育人效果;遵循法治原则,做到客观公正;选择适当措施,与学生过错程度相适应。

……

第七条　学生有下列情形之一,学校及其教师应当予以制止并进行批评教育,确有必要的,可以实施教育惩戒:

(一) 故意不完成教学任务要求或者不服从教育、管理的;

(二) 扰乱课堂秩序、学校教育教学秩序的;

(三) 吸烟、饮酒,或者言行失范违反学生守则的;

(四) 实施有害自己或者他人身心健康的危险行为的;

(五) 打骂同学、老师,欺凌同学或者侵害他人合法权益的;

(六) 其他违反校规校纪的行为。

学生实施属于预防未成年人犯罪法规定的不良行为或者严重不良行为的,学校、教师应当予以制止并实施教育惩戒,加强管教;构成违法犯罪的,依法移送公安机关处理。

第八条　教师在课堂教学、日常管理中,对违规违纪情节较为轻微的学生,可以当场实施以下教育惩戒:

(一) 点名批评;

（二）责令赔礼道歉、做口头或者书面检讨；

（三）适当增加额外的教学或者班级公益服务任务；

（四）一节课堂教学时间内的教室内站立；

（五）课后教导；

（六）学校校规校纪或者班规、班级公约规定的其他适当措施。

教师对学生实施前款措施后，可以以适当方式告知学生家长。

……

第十一条　学生扰乱课堂或者教育教学秩序，影响他人或者可能对自己及他人造成伤害的，教师可以采取必要措施，将学生带离教室或者教学现场，并予以教育管理。

教师、学校发现学生携带、使用违规物品或者行为具有危险性的，应当采取必要措施予以制止；发现学生藏匿违法、危险物品的，应当责令学生交出并可以对可能藏匿物品的课桌、储物柜等进行检查。

教师、学校对学生的违规物品可以予以暂扣并妥善保管，在适当时候交还学生家长；属于违法、危险物品的，应当及时报告公安机关、应急管理部门等有关部门依法处理。

第十二条　教师在教育教学管理、实施教育惩戒过程中，不得有下列行为：

（一）以击打、刺扎等方式直接造成身体痛苦的体罚；

（二）超过正常限度的罚站、反复抄写，强制做不适的动作或者姿势，以及刻意孤立等间接伤害身体、心理的变相体罚；

（三）辱骂或者以歧视性、侮辱性的言行侵犯学生人格尊严；

（四）因个人或者少数人违规违纪行为而惩罚全体学生；

（五）因学业成绩而教育惩戒学生；

（六）因个人情绪、好恶实施或者选择性实施教育惩戒；

（七）指派学生对其他学生实施教育惩戒；

（八）其他侵害学生权利的。

第十三条　教师对学生实施教育惩戒后，应当注重与学生的沟通和帮扶，对改正错误的学生及时予以表扬、鼓励。

……

2. 制定合理的课堂规则

课堂规则是对学生课堂行为的基本要求，是最基本的课堂行为准则，具有约束和指导学生课堂行为的功能。课堂规则对于有效管理课堂纪律非常必要，这是由课堂教学所具有的错综复杂而难以预料的本质所决定的。要管理好学生的课堂纪律,就必须建立合理的课堂规则,以便让学生有章可循,找到自己言语和行为的坐标。制定课堂规则的目的,就是要对学生课堂中正当的行为进行维持和强化,对不当或违规的行为进行矫正,确保课堂教学活动顺利进行,使学生享有愉快、和谐的群体生活,让学生在良好的环境中获得健康成长。教师在制定和实施课堂规则时应注意以下几个方面:第一,以国家法律和学校的规章制度为依据,维护学生正当权利。第二,课堂规则应明确、合理、必要和可行。第三,通过师生的共同讨论再制定,体现民主原则。第四,课堂规则应少而精,内容表述应以正面导向为主。第五,课堂规则的制定要及时并不断调整。第六,遵循学生身心发展规律,尊重并保障学生的正当自由。案例 8－3 为四川省成都市温江区某小学二年级(5)班课堂规则。

案例 8－3

课堂规则

1. 提前做好课前准备,按时上课,如遇特殊情况及时告知值日生或老师。
2. 响铃后,在值日生的带领下,静等老师上课,不吵闹,不下座位。
3. 按照排定的座次入座,不得私自调换座位。
4. 上课和下课时随值日生的口令而起立、问候,向教师表达敬意。
5. 课堂上提问或回答问题要先举手,经老师允许后方可起立发言。
6. 上课回答问题时,需要把椅子还原,安静推到桌内。
7. 上课专心听讲,仔细观察,勤于思考,不看与当堂课无关的书籍,不做与课堂无关的事情。
8. 注意用眼卫生,保持正确的看书写字姿势,做到眼睛和桌面保持一尺的距离,身体和课桌之间保持一个拳头的间隔,握笔时手和笔尖保持一寸的距离。
9. 保持教室整洁,不乱丢纸屑杂物,不得随地吐痰。
10. 按时完成作业,做到书写整洁、字迹清楚、格式规范。
11. 课前课后,值日生做好教室清洁卫生,擦净黑板,整理好讲台。
12. 下课后,在值日生的带领下完成收书本、对课桌和捡垃圾。

课堂规则并非一劳永逸,经常会出现“失范”,从而造成课堂问题行为的产生。事实上,无论什么课堂,问题行为都是难以避免的。在课堂纪律管理中,最常见的就是对学生课堂问题行为进行管理。因此,掌握课堂问题行为管理策略,对于减少或控制学生课堂问题行为具有非常重要的现实意义。

课堂问题行为是指在课堂教学中发生的、违反课堂教学规则、妨碍及干扰课堂活动正常进行或影响教学效率的行为[①]。课堂问题行为往往是消极、负面的，具有普遍性，且以轻度问题行为为主。通过研究发现，某个学生的问题行为不仅影响自己的课堂学习，而且也会干扰课堂上其他同学的正常学习。一般情况下，在小学课堂中一个学生的问题行为很快就会引起相近同学也出现问题行为，而且还可能会把这种影响扩大化，导致很多学生问题行为的出现，进而干扰到正常教学的情况。可见，对课堂问题行为进行恰当的处理是小学课堂纪律管理的重要内容之一。小学生的问题行为以轻度为主，因而大部分问题行为只需要教师采取一些有效的方法进行恰当的处理便可制止或者得到改正。

① 言语提示。当小学生在课堂上出现问题行为以后，教师可以及时地给予言语提示，提醒学生要注意遵守课堂纪律，告诉他们应当做什么、不应该做什么，使学生立即改正问题行为。提示应尽量使用积极的语言，避免消极的语言。

② 非言语提示。当小学生在课堂上出现注意力涣散、做小动作、交头接耳等问题行为时，教师可以通过一些非言语提示来提醒和警告学生。非言语提示降低了教师每次都通过语言表达行为要求的需要。非言语提示主要包括目光接触、面部表情、手势、停顿、身体靠近、触摸等。这些非言语提示能够传达出清晰的（非口语）信息、暗示或指导，有利于终止问题行为的发生。

③ 鼓励和强化良好行为。鼓励和强化良好行为具有一定的导向作用。小学生良好行为一旦得到鼓励或者赞扬，就会得到强化，并逐渐巩固下来，成为课堂其他成员学习或模仿的榜样。同时，通过鼓励和强化良好行为，可抑制或终止其他问题行为的发展。

④ 故意忽视。某些学生课堂问题行为的发生是为了寻求教师或者其他同学的注意，如果教师直接干预，可能正好迎合了他们的目的。在这种情况下，教师可以有意加以忽视，以避免强化学生的问题行为，学生也就会因自觉没趣而改变其行为。例如，在学生举手回答问题时，教师可以故意忽视那些举了手但一直叫喊的学生。在这个过程中，教师不能表现出焦虑、紧张、含糊不清或趾高气扬，否则这种忽视会使正在发生的事情变得混乱，让人烦恼[②]。

⑤ 提问学生。对于小学生课堂问题行为的处理，有时可以直接提问学生本人。值得注意的是，在提问的时候问题应当恰当，即使学生没有听到前一个问题也要能够回答。这样他们就不会觉得尴尬，并自觉停止问题行为。当然，教师有时也可以提问问题行为学生的同桌，这样既可以避免问题行为学生产生尴尬，也能起到提醒和警告问题行为学生的作用，更好地实现预期的目的。

⑥ 运用同伴团体的影响力。班上有些学生的问题行为，尤其是受到同伴支持的问题行为，则需要全班行为矫正策略。在全班行为矫正中，班上所有学生的行为都以同一个规则受到强化。例如："如果所有同学都安静下来，我就讲故事。"通过发挥同伴团体的影响力来确保所增强的良好行为能获得大家的认可，进而制止或纠正已有的问题行为。

总而言之，对于小学课堂上出现的问题行为，教师在处理时，切记不要伤害学生的自尊，

---

① 施良方，崔允漷.教学理论：课堂教学的原理、策略与研究[M].上海：华东师范大学出版社，1999：290.

② [澳]比尔·罗杰斯.课堂行为管理指南[M].鞠玉翠，刘继萍，等译.上海：华东师范大学出版社，2019：119—120.

要有耐心,不可急躁武断,要慎用指责和处罚,更要防止新的问题行为出现。教师应把学生出现的问题行为看成学生在成长过程中普遍会出现的一种现象,始终保持一种平和而理智的心态,并根据具体问题行为选择适宜的处理方法,以便有针对性地解决学生的课堂问题行为,培养学生良好的学习习惯。

3. 培养学生自律的品质

当学生出现违纪行为时,教师为了约束这些行为会对学生实施压力和惩罚,这样的方式只能培养靠外部纪律而遵守规则的人。对于课堂纪律管理,最可靠和最有效的方法是培养学生自觉遵守课堂纪律的品质。我们要相信,学生有能力对自己的学习以及行为进行最大限度的规范。教师需要对学生进行详细的课堂纪律和要求的讲解,使学生对课堂的纪律和要求有清晰的认识和了解,知道在课堂上能做什么、不能做什么以及要求做什么。教师具体可以采取以下措施来培养学生自觉遵守纪律的品质:第一,通过板报、橱窗等各种途径和载体,加强对课堂纪律的宣传,加深学生对课堂纪律的认识。第二,通过评选遵规守纪标兵,激励学生积极遵守课堂纪律。第三,及时对违反课堂纪律的学生进行批评教育和引导。第四,开展以班级各项规章制度和课堂纪律为内容的知识竞赛。唯有学生养成自觉遵守课堂纪律的良好品质,课堂纪律管理才能得以顺利地实现。

 **案例 8-4**

关于一个特殊学生[①]

我班上有一个男生,从小就有多动症,很难在座位上坐超过 10 分钟,不是手脚乱动,就是嘴巴管不住,难得一节课安静。我安排他上课想说话就练字,每个星期交给我检查。如果班干部和科任教师反映他上课纪律差,就按班规处理。另外平时多表扬他。一个学期下来,原来名字都写不好的他,不但能写好自己的名字,而且纪律观念大有进步。

评析:在案例中,教师针对一个有多动症、经常违反课堂纪律的男生,采取了数项课堂管理措施,并取得了良好的效果。教师的课堂管理措施主要体现在以下三个方面:第一,用练字来克服学生上课说话。第二,严格执行课堂规章制度。第三,平时寻找机会多加表扬。在以上三个措施中,前两项都是惩罚性措施,是约束学生"失范行为"的"大棒",第三项措施运用了表扬的方法,可谓是引导学生"失范行为"调整的"萝卜"。教师的一手"硬",一手"软",对于维护课堂纪律,矫正学生的"失范行为"起到了积极作用。经过教师一个学期的努力,该生逐渐改掉了自己的"失范行为",纪律观念也大有进步。对于课堂纪律的维护,教师需要综合运用多种课堂管理措施,唯有如此,才能取得更好的效果。

---

① 林存华.课堂管理的50个细节[M].福州:福建教育出版社,2015:123.

（三）课堂教学时间管理策略

课堂教学都是在有限的时间约束下完成的，因而在课堂教学活动中如何有效分配和利用教学时间就显得十分重要。课堂教学时间管理，对于保证课堂教学的有序开展、提高课堂教学效率、促进教师专业发展以及提高教学质量都具有十分重要的意义。所谓课堂教学时间管理，就是对从课堂教学活动开始到课堂教学活动结束所花费的时间的管理，包括时间的分配、时间的利用等[①]。这里所说的课堂教学时间管理主要是指教师对课堂教学时间的管理。小学课堂教学时间管理主要包括教师教学活动的时间管理、师生互动的时间管理、生生互动的时间管理、学生自主学习的时间管理以及教师课堂管理的时间管理等主要内容。在教学活动中，教师可以采取以下策略来优化课堂教学的时间管理，提高课堂教学效益。

1. 合理利用课堂时间，最大限度地降低时间的消耗

课堂上的教学活动必须精心设计、合理安排，这样才能提高教学效率，收到良好的教学效果。但是，有的小学教师在课堂上虽然花费了很多时间，却收效甚微。例如，有的教师导入过长、有的教师不必要的板书过多、有的教师让学生反复做练习题等。因此，教师必须合理利用课堂时间，切实提高课堂时间的效益，把课堂上教师和学生有可能造成时间浪费的人为因素降到最低，保障规定的有限时间落到实处，提高课堂时间的利用效率。

在合理利用课堂时间方面，一般而言，教师的主导活动时间应为 28 分钟左右，学生独立主体活动的时间为 12 分钟左右。但是，这个时间并不是一成不变的。教师可以根据教学的具体实际，将主导活动时间进行适当的延长，但最好不要超过 35 分钟，因为至少要留些时间给学生，让他们自己进行思考和消化。

在降低时间消耗方面，教师可以采取以下措施：第一，精心地设计教学内容，做好各项课前准备工作。第二，按时上课，不迟到、不早退、不占用教学时间批评学生。第三，有效组织学生的讨论活动，注重互动效果，避免学生失控状况的出现。第四，用心设计问题，善于启发学生进行积极的思考。第五，注意语言的艺术性，既要简洁凝练，又要善于引导。

2. 把握最佳的教学时机，促进教学效果最优化

心理学家的研究成果表明，课堂上学生思维的最佳时间段是上课后的第 5 分钟—第 20 分钟。这一时间段一般认为是课堂教学的最佳时机，如果教师错失这一时机，那么就很难完成教学任务，更不会实现预期的教学目标。教师要想提高课堂的时间效率，就要在最佳思维时间段内完成主要的教学任务，处理关键性的教学问题。同时，也需要教师辅以精心设计的方法，使学生始终处于积极的专注状态，以便在保证教学活动正常开展的基础上，切实提高课堂教学效果。

3. 课堂信息量要适中，提高知识的有效性

课堂教学就是要传递给学生一定的信息，刺激学生的大脑积极思考，使学生具有活跃的状态和积极进取的心理。现代心理学认为，学生在课堂上的学习过程是一个逐渐获取信息、

---

① 李森，杜尚荣. 课堂教学管理策略研究：基于案例的分析[M]. 福州：福建教育出版社，2013：149.

加工信息,不断调节和完善认知结构的过程。教师在课堂教学中传递给学生的信息量要适度,以便切实提高知识的有效性。如果课堂上的信息量太少,就会造成教学时间的浪费;如果信息量太大,又会超出学生的承受范围,教学效果差,也会造成教学时间的浪费。因此,教师在上课之前一定要对教学信息量进行深入而细致的分析,以确保单位时间内信息量的适中。

4. 提高学生专注率,增加学生的学术学习时间

所谓专注率,是指分配时间内学生专注于某项教学活动时间所占的百分比。教师可以通过提高学生的专注率来提高学生的专注时间,进而获得最优化的成效。小学课堂教学面对的是一群心智尚未成熟的学生,他们正处于身心快速发展阶段,活泼好动,自控力不强,注意力的集中时间有限。心理学研究表明,小学生的注意力一般可持续20—30分钟,年龄越小注意力集中时间越短。基于此,教师应积极主动地采取措施来提高小学生的专注率,使学生的注意力长时间保持在课堂教学活动之中,以此来增加学生的学术学习时间。所谓学术学习时间,也称作有效学习时间,是指学生有效地完成学习任务时在学术任务上所花费的时间量。学生学术学习时间除了强调学生专注于学习活动外,还要求学生高水平地掌握学习内容。教师在进行教学活动过程中,要准确把握教学的进度和密度、教学的重点和难点、教学信息的数量和质量、教学的强度和激情度。唯有如此,学生的学习时间才会有效,学习效率才会提升,才会有效地掌握学习内容,并最终内化为自己的知识。下面是美国学者卡罗尔·西蒙·温斯坦(Carol S. Weinstein)提出的增加学生学术学习时间的三个策略,可作参考(如表8-3所示)。

表8-3 增加学生学术学习时间的策略[①]

教学进程要环环相扣	避免突然转移话题 避免"因刺激而受阻的事件":因无须注意的一件事或一个物体而脱离正在进行的活动
减少过渡时间	避免赘述和分割 使学生对过渡有所准备 确立明确的课堂常规 明确活动的开始和结束:将第一个活动进行完,宣布过渡,指导过渡,确保每一个学生注意力集中,开始第二个活动
让学生负起责任	清楚地传达任务 监督学生的进展

(四)课堂教学交流管理策略

课堂教学交流,是指教师和学生、学生与学生之间在课堂进行的信息传递。这里所说的信息既包括知识信息,也包括情感、态度、价值观等方面的信息。为了达到良好的教学效果,

① [美]卡罗尔·西蒙·温斯坦.中学课堂管理(第2版)[M].田庆轩,译.上海:华东师范大学出版社,2006:119.

师生之间应进行广泛而深入的交流，实现教学相长。课堂交流不仅包括言语交流，还包括非言语交流，它是言语交流和非言语交流相统一的过程。使用言语交流主要侧重交流认知或内容方面的意义，使用非言语交流主要侧重交流情感或相关的意义，二者是高度互补、不可分割的一个整体。教学即交流。没有交流的课堂犹如一潭死水，缺乏应有的生机和活力。巴西著名教育家保罗·弗莱雷(Paul Freire)曾说："没有了对话，就没有了交流；没有了交流，也就没有真正的教育。"[①]德国著名教育家雅斯贝尔斯(Karl T. Jaspers)也指出："教育，不过是人对人主体间灵肉交流的活动，包括知识内容的传授、生命内涵的领悟、意志行为的规范，并通过文化传递的功能，将文化遗产教给年轻一代，使他们自由地生成，并启迪其自由天性。"[②]课堂上出现的一些不利于教学活动的问题往往与师生之间交流不畅有关。有效的交流不仅可以处理课堂上的问题事件，还可以减少课堂事件的发生，更能够保证将教学内容有效地传递给学生，达到管理课堂的目的。在课堂教学活动中，教师可以采取以下策略来促进课堂教学交流的管理，确保师生之间的交流能够顺利进行。

1. 构建民主、和谐的课堂交流环境

实践证明，教师和学生之间的交流离不开环境，环境可以作用于人的感官，引起人的心智活动和行为变化。对课堂教学交流进行有效管理，教师应构建民主、和谐的课堂交流环境，这样才能让学生在课堂交流中变被动为主动，确立课堂交流的主体地位，让他们觉得学习是自己主动参与、自我建构、自我发展的活动。当课堂真正成为一个民主、公平、开放的系统时，学生的主体地位便会确立，交流便会得到扩展，随之而来的是思想的碰撞、思维的拓展、情感的升华以及自我价值感增强，课堂交流的意义也由此生成。

2. 培育润泽的课堂交流文化

有效的课堂交流管理需要润泽的课堂交流文化。"润泽的课堂"给人的感觉是教室里每个人的呼吸和节律都那么柔和。引申到教育中则表示为律动和谐、倾吐自由、轻柔滋润的状态。这种状态是人的生命自由、和谐发展的前提，也是进行有效课堂教学交流的必要条件。那么，如何培育润泽的课堂交流文化呢？可以从以下几个方面着手：首先，奉持"内隐"的教师权威。"内隐"的权威是以教师的知识、人格魅力为保障的。这种权威是基于学生的认同而获得的，它可以避免师生间的冲突，有利于建立良好的师生关系。其次，教师要倾听学生的真实话语。教师在课堂教学中要为学生创造尽可能多的机会，让学生说出自己的心声。同时，在学生说的过程中，教师要认真倾听学生发言，而不要觉得这样会浪费宝贵的课堂教学时间。最后，教师要具有同理心。教师在与学生交流的过程中要设身处地地从学生的角度去观察和分析，了解学生的心情，找出与学生产生不同看法的原因，让学生感到老师是理解自己的。

3. 注重言语和非言语交流的正确运用

课堂交流，是影响课堂教学质量的重要因素。按照交流的信息载体可以将交流分为言

---

① [巴西]保罗·弗莱雷.被压迫者教育学(30周年纪念版)(修订版)[M].顾建新，赵友华，何曙荣，译.上海：华东师范大学出版社，2014:59.

② [德]卡尔·雅斯贝尔斯.什么是教育[M].邹进，译.北京：生活·读书·新知三联书店，1991:3.

语交流和非言语交流。言语交流有口头言语交流和书面言语交流两种形式。非言语交流主要表现为面部表情、手势和体态动作等。在课堂交流中,言语由于能直接表达信息发送者的思想观点而成为师生交流的主要载体。但是,在课堂教学中,仅仅只有言语交流是不够的。因为师生是富有情感的高级动物,表达师生喜怒哀乐的众多情感单凭语言是无法达到的。师生要想把内心的情感淋漓尽致地展现出来还需要借助非言语交流。例如,在课堂教学中要制止一个开小差的学生,虽然教师用口头语言能够直接制止,但这并不是最佳的方法。如此一来,不仅打断了正常的授课进度,而且也可能会对开小差的同学造成一定的消极影响。这时,如果教师给予开小差的同学一个眼神暗示可能效果会更好。总之,在课堂教学中,教师要善于灵活运用言语交流和非言语交流,使它们恰到好处地为课堂交流服务,以提高课堂教学效益,更好地促进学生发展。

关键术语

课程管理;课程领导;教学管理;课堂教学管理;课堂问题行为

讨论与探究

1. 课程领导和课程管理二者之间有什么联系和区别?
2. 结合我国的新课程改革,谈谈你对课程领导的理解。
3. 根据小学课程领导的主要内容,试选一所小学课程领导实例进行分析和评价。
4. 访谈几位小学教师,对他们的课堂教学管理经验进行总结,并加以分析。

案例分析

根据课堂教学管理的知识,评析以下案例。

学学诸葛亮的"七擒七纵"①

那是新学期的第一堂数学课,一位坐在教室最后面的男孩儿,一上课就把一本《三国演义》摊在课桌上津津有味地看起来。我很快就发现了他的举动。于是,我笑眯眯地走到他身边,把那本《三国演义》拿到讲台上,然后仍然是笑眯眯地面向全班同学说道:"吴老师上课,明察秋毫。今天是第一堂数学课,胡某就敢在课堂上看《三国演义》,尽管他很聪明也很有胆识,敢跟老师唱'空城计',但还是被吴老师发现了。今天当着全班同学的面,我宣布处理意见:第一,不准报告

① 改编自吴宁建.课堂管理中的动态生成[J].教书育人,2007(13):38—39.

班主任;第二,我要学学'诸葛亮七擒七纵',我来个'十擒十纵',请所有同学作证……"之后的数学课,胡某果然不时地拿出那本《三国演义》来看,但每次都被我发现,在全班同学的见证下,经过"十擒十纵",胡某再也不在课堂上看课外书了,我和这个班的同学们也建立了深厚的友谊。从此,数学课成为这个班学生最爱上的一门课。

进一步阅读的文献

1. 上海市教育委员会教学研究室. 我们的课程领导故事[M]. 上海:华东师范大学出版社,2013.

2. [美]戴维·米德伍德,尼尔·伯顿. 课程管理[M]. 吕良环,译. 杭州:浙江教育出版社,2008.

3. 金京泽. 课程领导的上海探索[M]. 上海:华东师范大学出版社,2020.

4. [美]拉尔夫·泰勒. 课程与教学的基本原理[M]. 罗康,张阅,译. 北京:中国轻工业出版社,2014.

5. 万伟. 课程的力量:学校课程规划、设计与实施[M]. 上海:华东师范大学出版社,2017.

6. [美]Thomas L. Good, Jere E. Broph. 透视课堂[M]. 陶志琼,译. 北京:中国轻工业出版社,2009.

7. 董一菲. 课堂创意管理实用技巧[M]. 上海:华东师范大学出版社,2019.

8. [美]塞丽娜·帕里泽. 多维互动式课堂管理:50个行之有效的方法助你事半功倍[M]. 窦钰婷,王瑜,刘白玉,译. 北京:中国青年出版社,2019.

第九章 小学课程与教学改革的理念和动向

• 学习目标

1. 了解小学课程改革与教学改革的内涵与基本理念。

2. 了解美国、英国、芬兰、日本和中国小学课程改革的现状，掌握上述各国小学课程改革的特点。

3. 理解小学学习的本质，掌握参与式学习的有关知识，能在实践中尝试运用项目式学习、协同学习、深度学习、翻转学习等方式组织学习活动。

4. 了解当代小学教学改革新动向，能结合小学教材中的有关内容设计出体现探究教学、建构主义教学、协同教学、情境教学、多元智能教学等教学方式的教学方案。

21世纪以来，世界各国纷纷掀起小学课程与教学改革。你知道为什么各国都要进行小学课程改革吗？你了解什么是小学课程改革，什么又是小学教学改革吗？你想了解美国、英国、芬兰、日本这些国家小学课程改革的现状与特点吗？在全球化的背景下，这些国家的小学课程改革对我们有哪些启示呢？新中国成立后，我们经历了多轮小学课程与教学改革，你了解我国小学课程改革的历史和现状吗？当前，小学学习方式正经历着重要的变革，你知道小学学习的本质吗？你想掌握参与式学习的意义和具体策略吗？你想进一步了解国外小学学习方式的变革情况吗？在教学改革中出现了很多热点的实践探索，探究教学、建构主义教学、合作教学、情境教学、多元智能教学等都引人瞩目，如何理解这些改革的实践？我们在课堂教学中又该怎样合理地借鉴与应用呢？

作为一名小学教师，你一定会对这些问题有浓厚的兴趣。那么，让我们在这一章中共同来探讨和研究吧，并在解读、学习和反思的过程中，把我们头脑中产生的对小学课程与教学改革的灵感记录下来，与你身边的人分享。

第一节　小学课程与教学改革的基本理念

子在川上曰："逝者如斯夫！不舍昼夜。"世界总是处于运动之中，万物处于变化之中，正如赫拉克利特(Herakleitus)所说，世上唯有"变化才是永恒的"。课程也是一种动态的社会现象，总要随着时代、社会和学生的发展而不断与时俱进、改革创新。任何一种课程都是那个时代所追求的“国民素养”的最集中、最具体的反映。

对课程改革的探讨，是课程研究领域的一个重要课题，如果不对课程改革中一些带有规律性的东西进行研究，既无助于改革的成功，也无助于课程质量的提高。本节对小学课程改革的研究，主要集中在三个方面：小学课程改革的紧迫性、小学课程改革的内涵与基本理念，以及小学教学改革的内涵与基本理念。

一、小学课程改革的紧迫性

改革开放四十多年来，教育领域，特别是基础教育领域的改革不断取得新的突破。教育改革的核心是课程改革，21 世纪以来，基础教育课程改革力度之大和成果之显著，引人瞩目。小学课程经过多轮改革，面貌焕然一新，素质教育全面落实，课程更加聚焦学生全面而有个性的发展。但随着信息化、全球化的迅猛发展，特别是科技的飞速发展，人工智能成为当今世界最具发展潜力的领域之一；同时，脑科学研究的新发现和学习科学新突破，小学课程既面临新挑战也面临新问题，深化改革迫在眉睫。

（一）知识经济转型发展

知识经济是一种崭新的经济模式，具有很多不同于其他经济形式的特征。经济合作与发展组织认为，知识经济主要是以知识为基础，以现代科技为核心，是一种直接依据知识和信息的生产、分配及使用的经济模式。在知识经济社会，知识已成为生产力、竞争力、经济成就和社会成就的关键。所以，人力的综合素质和技术技能成为知识经济实现的先决条件。小学教育要适应新的知识经济社会，必须及时和全面地反映知识经济时代特征。在知识经济时代，传统基础教育以传授知识、掌握知识为主要目标的教育思想受到了挑战，需要取而代之的是学生中心和促进学生能力发展的新观点。小学教育是基础教育的基础，是为学生终身发展奠基的教育。知识经济社会，小学课程教学的任务已主要不是基础知识、基本技能技巧的教授和掌握，而是要着力培养学生的学习兴趣和学习习惯，开发学生的潜能，发展学生的个性，培养自主学习能力和终身学习的能力。小学阶段不仅应该通过课程与教学让学生学会学习、学会做事、学会生存、学会共处，为一生的可持续发展奠定基础，还迫切需要学会融入世界。2020 年，联合国教科文组织发布了成立 70 年以来第四个关于教育的重要研究报告《学会融入世界：为了未来生存的教育》(*Learning to Become with the World*：*Education for Future Survival*)，报告呼吁围绕相互依存和相互联系的原则重新配置教育，培养乐于助人、善解人意的人际关系，使每个人和一切都成为地球生态社区的一部分。

（二）信息化和数字化突飞猛进

当今世界，新的科技革命推进了信息化的迅猛发展，新的信息通信技术更紧密地融合，正在全面重塑各国的经济形态，飞速改变着社会的运行方式，不断深化的信息化和数字化对人类生产、生活的各个方面都产生了巨大的影响,特别是 Chat GPT 的迅猛发展,更使现代教育面临严峻挑战。21 世纪,智能技术的深度融合正引领全球教育改革的潮流,推动人才培养模式的革命。2018 年 4 月,《教育信息化 2.0 行动计划》的出台,标志着我国教育信息化迈入新的历史发展阶段。计划明确提出,将信息技术和智能技术深度融入教育全过程,推动改进教学,应用信息技术解决教学、学习、生活中问题的能力应成为师生必备的基本素质。小学课程改革需要抓住机遇,充分利用信息化和数字化给教育带来的积极影响,革新教育理念,重塑角色、重建课程与教学知识体系、再造课程学习环境,通过信息技术与课程教学的深度融合,促进学生的个性化学习、发展与评价。2020 年 10 月,中共中央、国务院发布的《深化新时代教育评价改革总体方案》明确提出:"创新评价工具,利用人工智能、大数据等现代信息技术,探索开展学生各年级学习情况全过程纵向评价、德智体美劳全要素横向评价。"2021 年 7 月,教育部等六部门发布《关于推进教育新型基础设施建设构建高质量教育支撑体系的指导意见》,明确要求普及新技术条件下的混合式、合作式、体验式、探究式等教学,探索新型教学方式。推动"三个课堂"等应用,扩大优质资源覆盖面。开发基于大数据的智能诊断、资源推送和学习辅导等应用,促进学生个性化发展。

(三) 全球化浪潮愈演愈烈

第三次全球化已经来临,本次全球化浪潮的推动力量是以 5G 为代表的通信和信息技术相结合的第四次工业革命,以及数字技术与经济的深度融合。通过建立从电脑和电脑的链接到电脑与人、人与人的数字化链接,从而构建起个人数字终端,开创性地实现了人和人、人和物、物和物的系统关联,这种关联必将极大地压缩全球化的物理空间,塑造新的社会形态。新的全球化一方面重构了全球地缘经济政治文化、社会治理与全球产业关系和产业生态,另一方面拉开了技术、市场、资金、劳动力、人才等资源全球配置的帷幕。这对教育领域的影响不仅在于要培养更多高技术人才,全面普及智能技术,提高全民的智能化素质,更在于拓宽教育视野、提高教育水平,强化全球素养,培养国际人才。美国全国教育协会(National Education Association of the United States, 简称 NEA)前主席丹尼斯(Dennis Van Roekel)认为,全球化时代使学生有机会在一个多样化和快速变化的世界中生活和工作,学校必须让年轻人了解和处理全球问题,教育工作者必须重新审视他们的教学策略和课程,以使所有学生都能在这个全球化和相互依存的社会中茁壮成长。2017 年 12 月,经济合作与发展组织发布的《PISA 全球素养框架》(*PISA Global Competence Framework*)将全球素养作为国际学生评估项目(PISA)的组成部分。2021 年 11 月,联合国教科文组织面向全球发布的《共同重新构想我们的未来:一种新的教育社会契约》(*Reimagining our Futures Together: A New Social Contract for Eeducation*)报告中也特别强调,人类需要以不同的方式思考学习,特别是要进一步思考学生、教师、知识和世界之间的关系。

(四) 脑科学研究推陈出新

人脑是人类学习的基础,但人脑也是自然界中最复杂的系统之一。20 世纪以来,随着生物科学和神经影像技术的发展，特别是神经外科参与脑科学的研究，美国、日本、欧盟等发达国家或组织纷纷推出各自的脑科学研究计划，脑科学研究获得了前所未有的进展。有专家指出，“我们正在踏入一个令人激动不已的脑科学研究发现”，“学习的过程就是大脑受来自环境的外部刺激构筑中枢神经通道的过程。……经验形塑大脑神经网络，而神经网络影响心智与行动，心智与行动又决定着个人获得什么样的新经验及如何获得这些经验”①。脑科学研究还发现了深度学习的发生机制，如以记忆为主的晶体智力所发挥的作用逐渐减弱，而真正发挥关键性作用的是情绪动机、反思与批判力等流体智力。课堂是学校教育的主阵地，在传递知识和培养高素质、创新型人才方面发挥着越来越重要的作用。“无论何种课堂教学活动形式，最终都需要脑的参与。在脑科学视域下，课堂教学的本质是以课堂内容与课程活动为媒介和以大脑神经可塑性为基础的多脑互动。”②小学阶段是学生身心脑迅速发展的关键时期，小学教育更需要基于脑科学的研究成果，引导学生科学用脑，促进学生的思维发展，激发学生的脑潜能，特别是要基于脑发展的“经验期待”，确立高阶思维发展的教学目标。

（五）学习科学的创新发展

学习科学（learning sciences）是 21 世纪认知科学研究的重要领域，也是教育科学基础研究的重中之重，学习科学的研究目标，首先是为了更好地理解认知过程和社会化过程以产生最有效的学习，其次便是为了用学习科学的知识来重新设计已有的课程教学及其他学习环境，从而促使学习者能够更有效和深入地进行学习③。近 20 年来，学习科学进入了第二个快速发展期，目前“学习科学的三个主要领域，分别继承了三代认知科学的遗产：认知主义、情境—具身认知、脑与认知研究。如今，尽管第三代认知科学变革还在向纵深发展，第四代认知科学变革的前奏也已到来”④。有学者通过对美国六大学习科学中心的分析，揭示了当前学习科学研究的重心与前沿——关于脑的生理机制研究、真实情境中的学习研究、培养高阶思维能力的研究、感官系统与高级认知的研究。同时，分析了学习科学的未来发展趋势——学习行为的科学解释、特殊群体的学习机制、高阶思维与技能培养，以及学习科学产业链的崛起，如人工智能产品、数据挖掘与管理平台和新型学习资源⑤。学习科学发展至今其核心的研究主题始终为“人是如何学习的”，在小学课程教学中，小学生是如何学习的依然是紧迫的研究主题。基于学习科学的新发现，小学生学习的研究已不能仅关注其个体认知结构的内部心理状态，如记忆、推理等，更需要进行结合真实情境的认知研究，特别是学习情境、学习互动，以及技术工具支持下的研究型、合作型学习方式的探索。

---

① 曾文婕.德育课程创新何以可能：来自脑科学的启示[J].南京社会科学，2021(2)：141—149.

② 郑丽芬，靳伟，卢春明，朱旭东.脑科学视域下课堂教学的本质、机制与实践策略[J].教育发展研究，2023(4)：56—63.

③ 尚俊杰，裴蕾丝，吴善超.学习科学的历史溯源、研究热点及未来发展[J].教育研究，2018(3)：136—145，159.

④ 李曼丽，丁若曦，张羽，等.从认知科学到学习科学：过去、现状与未来[J].清华大学教育研究，2018(4)：29—39.

⑤ 夏琪，马斯婕，尚俊杰.学习科学未来发展趋势——基于对美国六大学习科学中心的分析[J].现代教育技术，2019(10)：5—11.

二、小学课程改革的内涵与基本理念

(一) 小学课程改革的内涵

小学课程改革本质上是对小学课程系统中的理论与实践进行的有目的、有计划的改造,使其达到预期目标的过程。它往往涉及学校体制的变化和小学课程的全面修正等,其核心是价值观念的重大变化或方向调整,而且常常首先在制度层面展开。

概言之,小学课程改革是一项系统工程,包括界定目标、制定计划、设计条件、组织评价等各个方面;小学课程改革是有计划、有目的的,不是盲目、随意的,它需要遵循教育科学的规律,进行科学的规划、实验等研究工作;小学课程改革不是简单的课程内容的增删,而是产生质的飞跃,形成具有新理念的新课程。

小学课程改革具有适应和自我更新两种功能。所谓适应是指改革、调整小学课程系统以适应产生于其他社会系统的变化而带来的新的和紧迫的要求。自我更新意味着重新认识小学课程目标、课程内容、教育对象等方面,创造性地完成满足社会发展需要的任务。两大功能反映的正是小学课程改革应遵循的五条规律:第一,小学课程改革受社会发展的制约。小学课程改革是社会改革在小学教育领域的折射,社会改革是小学课程改革的动力源,小学课程改革离不开特定的社会背景。如 20 世纪末各国都在面临世纪之交的关键时刻思考未来教育发展、人才培养的问题。1997 年,党的十五大报告中明确提出要培养更多高素质的人才,培育学生的创新精神、实践能力。在此背景下,1999 年,中共中央、国务院发文提出实施素质教育,并于 2001 年正式启动第八次基础教育课程改革。第二,小学课程改革受到教育系统内部的制约。在基础教育阶段,小学与幼儿园、初中有着直接的衔接关系,改革往往不是在哪一个学段单独进行的,而是一个系统工程,因此,幼儿园课程改革和初中课程改革对小学课程改革往往有着直接的影响。如《义务教育课程方案(2022 年版)》明确提出要“注重幼小衔接,基于对学生在健康、语言、社会、科学、艺术领域发展水平的评估,合理设置一至二年级课程”①。第三,小学课程改革与科技的革新和进步密切关联。科学技术的迅猛发展,对小学课程有着直接的影响,它促进了知识的增长、学科的演化,并进一步推动小学课程的改革。如近十年来随着信息技术的快速发展,小学课程内容与课程教学方式都发生了极大的变化,小学不仅开设了信息技术课程,还将信息技术的应用贯穿于课程中,课程中广泛运用信息技术使得学生的学习更加生活化、趣味化、多样化、个性化。第四,小学课程改革受学生身心发展特点的制约。小学课程改革既要研究特定时代小学生的整体特征、个性差异,又要促进小学生全面、健康、和谐地发展。如第八次基础教育课程改革的重中之重就是改革课程内容存在的繁、难、偏、旧和过于注重书本知识的现状,加强课程内容与学生生活以及现代社会和科技发展的联系,关注学生的学习兴趣和经验,精选学生全面和健康发展必需的基础知识和技能。第五,小学课程改革与课程理论的发展有直接的相关。课程理论是课程改革的思想基

① 中华人民共和国教育部. 义务教育课程方案(2022 年版)[M]. 北京:北京师范大学出版社,2022:4.

础，如《义务教育课程方案(2022年版)》就充分体现了“教—学—评”一致性理论，课程标准中增加了教学、评价的案例。

(二) 小学课程改革的基本理念

在世界各地，课程改革都是教育界最迫切关心的问题，也是当前关于教育问题讨论的重要主题之一。如何进行课程改革，以什么样的理念指导课程改革，是应当首先认真考虑的问题。我们认为，站在宏观的角度分析课程改革的基本理念，至少可以概括为以下六个方面。

1. 课程改革的本质是转化而不是强制

不可否认，从一定意义上说，强制是重要的，课程改革政策的制定者有义务确定政策、设立标准并监督其实施。但是能不能真正地达到课程改革的目标，仅有强制是不够的。对于有效地达到改革的复杂目标来说，真正重要的是技巧、创造性思维和投入的行动。强制性的要求叙述得越详细，目标和手段就变得越狭窄，效果就可能越差。教师毕竟不是按图索骥的技术工，不管什么样的课程改革，落实到具体的教育实践情境中，几乎都要依靠教师及其合作者的技巧、能力、义务、动机、信息、见识和现场的审慎判断力。任何新的课程改革若想有成效，都需要有对新的课程改革计划的深刻理解，具有完成改革计划的技术和能力，并认真地付诸实施。所以，课程改革要赋予学校、教师以及学生更大的课程自主权。

以往的许多课程改革，由于依据不恰当的假定和前提，过于侧重强制性，因此遭受失败的命运。许多课程改革都是理所当然地将新的课程改革方案视为客观存在的物化实体，认为只要把由课程专家研究、开发的新计划传达到学校、课堂，课程改革就能生根落实。这显然是一种过于理想化的境界。事实上，课程改革方案的落实发生在各种复杂而独特的情境中，所有的改革涉及者，包括课程改革的设计者、校长、教师、学生和家长，将不同的生活经验、价值和意识形态带到这个情境中，彼此交互作用，共同转化改革的意义、创造新的课程。

总之，课程改革不是新课程模式的简单移植，不是由研究者到开发者再到教师的线性的、直接的、强制的过程，而是协商和转化的过程。学校、教师以适合他们的方式来落实改革方案。课程改革既不是产品也不是事件，而是关涉到新课程的实质建构。转化性的课程改革强调的是建构，师生在课程教学的过程中通过情境性思维、批判性反思理解课程、生成课程，共同建构课程改革的意义。转化性的课程改革不在于教条式地落实或极权式地控制，而在于因校制宜和以学生为中心创造性地实施课程，通过课程的校本化改造有效地达成改革的目标。

2. 每一个人都是课程改革的动力

加拿大著名教育家富兰(Michael Fullan)曾指出，每一个人都是改革的动力，每一个人都有责任参与建立一个良好的组织环境，使个人和集体都能不断地探究和发展，只有每一个人都采取行动，改变自己的环境，才能导致真正的改革。因此，探讨课程的起点要从了解每一个人对学校和课程改革方案的理解、能力及要承担的角色等方面着手。

校长是学校发展的关键，也是影响课程改革的动力之一。校长的价值观、献身精神和工作能力是课程改革的成功保证。相较于独权型、强制型风格的校长，民主型、转化型风格的校长无疑有助于课程改革的全面落实。这样的校长相信自己的价值和能力,勇于表明自己的立场,既敢于面对各种课程尝试,又不囿于课程改革计划。他能在学校的多元、复杂的教育情境中,与学校中的教师、学生、工作人员等一起开展课程改革的意义建构,能及时提供支持课程改革的环境和条件,规划丰富且有效的课程改革探究活动。

教师是推动课程改革的主要力量。教师的价值、信念和意识形态直接影响着课程改革的成败。例如,教师对课程知识各有根深蒂固的观念,有人坚持心理测量的传统,认为知识存在于儿童的心灵之外,儿童是可接受任何东西的容器;有人主张儿童发展的观点,认为知识是在参与解决问题的过程中产生的,儿童是主动的学习者,他们在与教师、同学的互动和对话中建构知识。教师的这些不同的观念必然会对课程改革产生不同的影响。要获得理想的改革成果,教师要认同改革理念,调整自身的知识观念。若教师的潜在信念未得到改变,这将可能成为阻碍课程改革推进的因素。只有当教师积极投入改革,在过程中学习和成长才能最终实现改革的目标。

学生是影响课程改革的又一动力源。对于学生是什么、课程改革为了什么,人们似乎不难达成共识。学生是人,是成长、发展中的人,是以学习为主要任务的人。课程是用来培养学生、促进学生发展的一种手段,课程改革归根结底是要促进学生的发展,提高人才培养质量。但真正进行课程改革时,常常"见物不见人",对学生的态度、需求、才能往往视而不见。许多课程改革表现出明显的极权性,旨在训练学生以便日后就业,视他们为手段而非目的,甚至是"产业的诱饵",仅为促进经济发展服务导致重记忆、服从和顺应,轻探究、自我管理或主动参与。

学生是有独特个性的人,是有丰富人格的人,是蕴涵巨大的创造潜力的人,是对发展有无限渴求的人,也是有着多方面需要和兴趣以及要求主动发展的人。无视学生存在的课程改革,专注于目标和操作,但不清楚操作的效率;计算成本,但不理解真正的成效,最终难免造成失败。这种对让学生一次成型的、操作性的改革的着迷正是教育危机的原因之一。当课程改革的结果是学生大面积的学业水平下降,学习积极性消退,学习精神丧失,损失的就不仅是新的课程改革计划,而是一代人的受教育质量。

3. 课程改革的核心是为学生的终身发展奠基

在学校教育中,"课程"是育人的关键载体,是学生成长的精神食粮,是师生发展的共同舞台。课程改革首当其冲的目标就是要"以学生为中心",不断更新课程理念、内容、方法和手段,解放学生的身心,养成健全人格,落实核心素养,为每个学生的终身发展奠定坚实基础。

从21世纪国际基础教育课程改革实践来看,各国的课程改革都开始将视角转向"以学生为中心"的教育理念和着眼于每一个学生的发展。如英国的新一轮基础教育课程改革就从关注"公民培养"转向了"全面育人"。其2014年版国家课程标准强调通过"造就有素养的公民",来"为学生毕业后的生活做更好的准备"。这两大课程理念不仅适应国际国内形势,使培养出的学生更具有国际竞争力,同时也更加注重学生未来的发展,从学生本位出发,强调学生通过学校教育的培养,形成强大的知识拓展和迁移能力,以便在进入社会后,能够从容应对复杂环境，解决复杂问题，成为有作为、有担当的合格公民①。

我国也发布了《义务教育课程方案(2022 年版)》。新修订的课程方案主要有三方面变化：一是完善了培养目标，全面落实习近平总书记关于培养担当民族复兴大任时代新人的要求，从有理想、有本领、有担当三个方面，明确了义务教育阶段时代新人培养的具体要求。二是优化了课程设置，整合了品德与生活、品德与社会，并调整为"道德与法治"，进行九年一体化设计；一至七年级的艺术课程以音乐、美术为主线，融入舞蹈、戏剧、影视等；科学、综合实践活动课程的起始年级提前为一年级；劳动教育、信息科技及所占课时从综合实践活动课程中独立出来。三是细化了实施要求，增加了课程标准编制与教材编写基本要求，明确了省级教育行政部门和学校课程实施的具体职责，健全了实施机制。各门课程基于培养目标，将党的教育方针具体化、细化为学生核心素养发展要求，明确各门课程应着力培养的正确价值观、必备品格和关键能力，为学生的终身发展奠基。

4. 课程改革要激发教师的专业发展活力

教师的高度决定着教育的高度。《中共中央国务院关于全面深化新时代教师队伍建设改革的意见》明确指出："教师承担着传播知识、传播思想、传播真理的历史使命，肩负着塑造灵魂、塑造生命、塑造人的时代重任，是教育发展的第一资源，是国家富强、民族振兴、人民幸福的重要基石。"②课程是教师组织教学活动的依据，它集中体现了教育教学思想和人才培养理念。学校教育都是通过课程改革来调整人才培养目标、改革人才培养模式、提高人才培养质量的。课程改革是全面落实素质教育的核心抓手，但其成败的关键还在于教师，教师是确保课程落地的关键环节和重要变量。教师不仅是新的课程理念的接受者和传播者，也是新的课程方案、标准的执行者，没有一支高素质的教师队伍就难以有课程改革的真正实施。所以，课程改革只有激发教师的专业发展活力，真正促进教师专业发展与课程改革同步跟进，才能形成教师与新课程共同成长的良好局面。

课程改革要激发教师的专业发展活力，需赋予教师更多的课程权力。教师课程权力是"在一定的教育政策空间下，教师对课程诸要素施加影响的特殊能力"。一方面，"教师作为课程的领悟者、运作者、执行者、创生者，其专业性决定了课程权力是教师的天然职权。这也是教师作为一种职业不可侵犯和剥夺的根本权力"。另一方面，"这是一种教师有意识地运用自身的课程能力和专业素养，在相应的制度规则、组织文化、伦理道德范围内最大限度地驾驭课程的特殊能力"③。教师课程权力的获得和实现应成为课程改革的题中应有之义。赋予教师课程权力，需要进一步完善课程制度保障，增强赋权力度；需要打造对话和交流机制，搭建赋权平台；需要构建合理的课程权力分配与运行机制，形成赋权抓手；需要转变学校管理模式，提高校长和教师的课程领导力，提供赋权场域；需要强化教师的课程权力意识，积极和自主建设权力共同体和专业学习共同体，提高赋权素养。

---

① 杨落娃，于伟. 英国新一轮课程改革的特征分析[J]. 社会科学战线，2019(12)：250—254.

② 中华人民共和国教育部. 中共中央国务院关于全面深化新时代教师队伍建设改革的意见[EB/OL]. (2018-01-31)[2024-07-24]. http://www.gov.cn/home/2018-01/31/content_5262688.htm.

③ 李洪修，张晓娟. 学校制度中教师课程权力的实现[J]. 教育研究，2019(5)：60—67.

5. 课程改革应植根于实施的组织和结构之中

具体实施课程改革方案的组织是学校和班级。学校不应成为权力型组织，而应成为学习社区或称学习型组织，是一个提供其成员继续学习和成长的组织。无论是校长，还是教师、学生、家长，学习社区的每一个人都应该成为学习者，拥有继续成长和发展的机会。改革方案要求于学生的，也应要求于教师。教师需要与同事、家长一起探讨教学工作、改革过程及其价值观念。在学习社区中，每一个人都可以自由地、积极地表达自己的见解，在平等的相互尊重的关系下进行沟通和对话。

教室应成为知识建构的场所，形成新的教学规范。教师要相信学生有强烈的学习欲望，尊重学生的选择、意志和行动；要倾听学生的声音，了解并关怀他们；要重视学生了解和观察世界的方式，统整学生的脑和心、思想和行动、理论和实践；要关心弱势群体，走进他们的世界，分析和批判影响他们的组织结构；要激发学生的学习热情和好奇心，鼓励他们主动探究和大胆创新，引导他们去分享、争论、建构、修正各科知识以及求知的方法。

6. 课程改革呼唤"合作文化"

课程改革本质上是一项社会改革，涉及校内外各个方面，与个人的、专业的、政治的、社会的利益密切关联。课程改革的成败不仅取决于改革计划本身的科学性、合理性、实施组织的完善性、实施人员的认同性，还取决于个体之间、群体之间、组织之间等多层次的合作。

合作文化的建立，需要重塑教师间的人际关系，应建立关怀的、信赖的和有共同目的的关系规范，要增加同事间的对话、讨论、交流和协商，同事间应合作起来，共同开发课程，研究教学，共享经验和理念，将合作精神和同事情谊体现于每天的教学生活中。21 世纪以来，教研组越来越成为教师重要的学习成长共同体。"因为长期一起工作和一起生活，这导致了教研组内部成员之间潜移默化的强大影响力，这也是教师专业成长中重要的朋辈影响力。在长期的教学观摩和学习中，教研组成员相互之间有着强大的影响力。"①但教研组内教师的合作仍有一定的局限性，面向新的课程改革要求，教师既需要静态的合作组织也需要动态的合作组织，通过建立更加多样化的合作形式真正形成课程研学的共同体。

合作还应体现于教师与学生之间。有合作精神的教师懂得尊重学生的人格，维护学生的权益，关心学生的生活，让学生参与教学过程，视学生为知识的建构者。在平等合作的过程中，教师应善于倾听学生的见解，鼓励学生独立探究和大胆质疑。教师与学生以课程为基础，共同合作设计教学方案，创设教学方法，并在此过程中，引起学生挑战和建构知识，引导他们了解外面的世界，推论原因、影响及其关联，使学生树立信心，重新定位自己的角色——学习者、研究者、合作者、行动者。

校长与教师不能对为什么进行课程改革和如何进行课程改革达成共识是影响改革成效的主要障碍之一。在学校组织中，这样的共识是非常重要的，它为改革提供了焦点和能量。今天，"共识"是许多校长常挂在嘴边的一个词，但当透过表面现象仔细看时会发现，此"共识"其实只是某个人(校长)或某个团体(校行政)的"见解"，是强加于教师和学校组织机构之

① 冉亚辉. 研学相长：中小学教研组的基本逻辑[J]. 当代教师教育，2022(4)：37—42.

上的。这种“共识”至多是一种依从，而非赞成。真实意义上的“共识”是一种反映许多人的见解，他们真正赞同的共识。共识的达成，需要校长和教师间建立真正的合作关系，改变学校中的权力关系，使教学现场的教师拥有相应的权力，能够做出课程决策。共识的形成，是一个逐渐深化，不断增强清晰度、热情、交流和责任的过程，需要认真试验、探索、再试验，把这些结合起来，合作双方变得更熟练了，思路更清晰了，共同的责任感更强了，课程改革自然成为大家共同的关注和旨趣。

综上所述，课程改革的成功进行还需要教师、学校与校外的社区、社会的广泛联系，密切合作。教师、学校应深入他们的环境，拓宽对外交流渠道，了解社会、社区、雇主、家长的观点、期望，及时感知社会环境中出现的新需求，汲取校外各界人士对学校课程改革和教育发展方向的丰富思想。

三、小学教学改革的内涵与基本理念

教学是学校教育最本质的职能，没有教学的学校简直难以想象。迄今人们对这一点已明确无疑。但是如何改进教学以切实提高学校教育质量仍是一个最为复杂的、争论激烈的问题，称教学改革是学校教育改革中的一场攻坚战，恐不为过。

（一）小学教学改革的内涵

小学教学改革是指为促进小学教育进步，提高小学教学质量而进行的小学教学制度、思想、内容、过程、方法、组织形式等方面的改革，其成效直接关系到小学生发展的水平。

小学教学改革的主体既可以是个体，也可以是群体，还可以是一个单位乃至一个国家。例如，某教师对其课堂进行研究，改变了传统的教学方式，采用了新的教学方法，就属于个人层面的教学改革。如果是一个教研组的成员都在使用某种新的教学方法，或者共同对教学内容进行了增删与变动，那么这就属于群体层面的教学改革。如果是某个小学对全校范围内的教学制度进行更新，那么我们就说它是单位层面的教学改革。如果是一个国家的中央政府部门推动的教学方式、方法、理念等的改进，那么它就属于国家层面的教学改革。

任何一次小学教学改革，都需要有一定的基础。在当代社会，心理学、社会学的发展，教育理论研究的深入，科学技术的更新，等等，都为现代教学改革提供了良好的支持。

心理学、社会学发展以后，带来了许多新的研究成果，人们对人性、人的心理特质、社会关系等认识更加清楚、深入，这对改革教学很有帮助或启迪。如关于个别差异，除了认识个人在智力、性向、情绪、感觉、知觉、人格特质方面的差异性，又有新的认识理念——认知方式、学习方式、自我观念、潜在特质等；在社会行为方面，通过亚文化、文化再生、潜在课程、潜在教学法、文化资本等新的理念来认识社会行为与社会关系。

在相当长的一段时间里，教师与学生在教学过程中如何进行互动以产生教育的效果，无论是东方或西方，向来视之漠然。在西方，课堂教学常被称为“黑匣子”(blackbox)，葫芦里卖什么药，秘而不宣。在中国传统中视之为杏坛圣地，不容外人侵犯、批评或加以研究。20世纪特别是中叶以后，教育理论研究日渐丰富，研究的层面更加广泛，开始将研究的视角转向课堂教学,学生的认知、师生的互动成为学者们新的研究旨趣。不断面世的研究成果,如进步主义教育理论、结构主义教育理论、建构主义教育理论等,有力地推动了持续不断的教学改革。

信息技术的发展、计算机的普及和互联网的逐步成熟为小学教学改革提供了前所未有的技术支持,改变了教学的模式,丰富了学生的学习。科学地运用信息技术极大地丰富了学生的学习经验,使之成为数字化时代的创造者、批判性思考者和问题解决者。同时,信息技术还帮助教师提升了教学技能和教学共同体的合作能力。美国学校网络联合会(Consortium for School Networking,简称 CoSN)发布的《2020 基础教育创新驱动力报告:挑战和趋势》(*Driving K-12 Innovation: 2020 Hurdles+Accelerators*)总结了当前基础教育创新与实践的主要趋势,"学校可以利用学生在学习过程中积累的各类数据,为课程设置、教师招聘、教与学过程、教学设备采购等提供参考。许多学校已经开始使用可视化数据查看学生学业和学校运行的结果"。"学校正在探索为每名学生提供学习支持服务。学生可以选择有关学习的各个方面,如学习的主题、进度、策略以及知识或技能的呈现方式等。"①

需要指出的是,小学教学改革与小学课程改革往往是不可分割的。小学课程改革必然要求教学也做出相应的改革,因为任何课程都是发生在课堂中的,如果没有课堂教学改革的支持,课程改革只能是空中楼阁;而小学教学改革也必须以课程改革为方向,不能违背课程改革的目标。因此,两者是相互统一的,我们在理解小学教学改革内涵的过程中,不能回避小学课程改革。

(二) 小学教学改革的基本理念

就本质而言,教学是通过教师、教材和学生三者的相互影响而求得彼此的不断变化。学生借助这种相互影响,获得新的知识、识见、技能和人生观,完善自身的人格。当然,学生是千差万别的,要使他们自由地发展各自的人格,不是一桩易事。教师必须全力以赴地认准教学促进人格发展的方向,推敲展开的程序,下功夫研究学生,进行生动活泼的教学。教学如果是真正教化性的、诊断性的、探究性的、发问性的、求异性的、交往性的,将激发学生的探究、发问和合作精神,使其成为全面发展并适应未来的社会主义建设者和接班人②。

1. 教学是教化

在学校教育中,教学是系统地传授知识和传播文化的主渠道。文化作为人类创造活动所积累的文明成果,不仅可以充当人作为主体进一步认识和改造客观世界的工具,而且能够为人自身的发展提供丰富的精神养料,即文化本身是具有双重价值的。更进一层说,文化本身是一个用历史的文明成果对人进行改造、提升的过程,即"以文教化"的过程。所谓"观乎人文,以化成天下"。如果不对人自身产生改造、提升的作用,它就只是文,而不是文化。改造、提升什么?改造、提升的正是人的人格。从这个意义上可以说,教学是一个从客观文化

① 白晓晶,张春华,季瑞芳,吴莎莎.数据驱动有情感的教学变革——《2020 基础教育创新驱动力报告:挑战和趋势》概览[J].中国现代教育装备,2020(10):1—6.

② 钟启泉.现代教学论发展[M].北京:教育科学出版社,1988:209.

价值到个人的主观精神生活的转化过程，是个人在接受文化、创造新文化的同时，内在地创造了具有文化素养的新人。因此，创造文化是手段，而通过创造来促进个人的人格“生成”和灵魂“唤醒”才是目的。由此出发，教学不可偏向于智力和技术的训练而忽视人文教化，或强调文化的工具价值而忽视甚至挤压文化的精神价值。相对于学科专业知识，小学教学更需要教学生如何做人、如何思考，为小学生打下坚实的文化底蕴，并能将相应的价值观念和思维方式渗透在学生的信仰、情感、品格、学识和气质中。

2. 教学是诊断

许多小学教师在自己的教学中，念念不忘的是自己应当教的东西：能够收集哪些基本素材，可以避免哪些重复，施教分哪几个步骤，这一类问题萦绕心中。显然，他们视教学为“治疗”，而学生的“疾病”是固定不变的。在这种情形下，学生在课堂上或心不在焉，或茫然失措，或不甚了了，也就不足为奇了。

教学是什么？教学首先应是“诊断”，其次才是“治疗”，“诊断”先于“治疗”。充分全面地了解学生在思考些什么，应是教学的前提条件。人是抱着维持自己的构造或是强化自己的构造，有所侧重地学习的，这同问题意识、自我主导相联系。因此，学生理应是教学关注的中心，学生在教学要中达到什么目的？学生究竟想学什么？我们怎样才能使学生顺利地学习与成长？总之，教是一种理解学的活动，教师要成为帮助学生学习的专家。如果说学习是改变学生的观念，那么教学就是发现学生已有的观念并帮助他们的观念得到发展。为此，教师必须通过对学生学习的研究，充分了解学生对某门学科知识的现有观念和概念模式，运用学生的观念进行教学。同时，教师要基于对学生学习环境的理解去思考什么样的条件最能促进学生的有效学习。

3. 教学是探究

符号互动理论是在20世纪中期前后发展起来的一种社会学理论，它帮助我们理解个体如何互动并创造符号世界，以及这些符号世界如何反过来塑造个体行为[①]。符号互动理论揭示了人们是如何通过符号的使用和社会互动来构建意义、认识自我和形成社会秩序等方面的过程。人们对符号的理解和解释是基于他们所处的社会环境、文化背景和个人经历等因素的，对符号所赋予的意义是通过社会互动和共识来构建的。这些意义是从探究、分析中产生的，又反过来规范我们的行为。

从符号—互动的角度分析教学过程，教室就不是“教室”，而是“学室”，课堂不是“教堂”，而是“学堂”，班级是由学生和教师在一段时间里共同创造的文化圈。教师不是学生的主导，而是向导；教学过程不是一种知识传输过程，而是一种使学生产生稳定的探究心向并积极探究的过程。教学应把要学习的知识置于多种的、具有一定复杂性的问题情境中，或镶嵌于活动背景中，使学生对知识形成多角度的丰富的理解，或结合自己原有经验来学习探究新知识，建构自己对各种问题的观点和见解，建构自己所坚持的判断和信念。这种通过高级思维

---

① WEST R L., TURNER, L H. Introducing communication theory: analysis and application [M]. 6th ed. New York: McGraw - Hill Higher Education, 2017:76.

活动学习的方式,会使学生对知识、对学习表现出更深的投入和更高的批判性,知识的对错会牵动他们的神经,而不是让他们感到无动于衷。通过教学中不断地思考、探究、分析,基于他们整合的、结构化的、灵活的、属于他们的知识经验体系,他们的思维和探究能力可以得到更好的发展。

4. 教学是发问

教学离不开提问,甚至可以说,恰当、有效的提问是课堂教学成为真正的教学的必要条件。从科学的角度说,提问是为了唤起学生自觉的学习活动,并给这种学习活动制定方向,使之持续深入地发展下去。教学中教师不应以寻求"确切的答案"为目的来提问,提问不是检验学生对已经学过的东西巩固了多少,也不是调查对今后要学习的东西知道了多少,这些都是质问。质问着眼于回答,着眼于回答是否是"正答"。教师的提问触动了学生,唤起和组织学生一面在自己头脑里产生(设计)问题,一面与教学内容对质的这种教学活动,并共同制定学习方向,这就是发问。发问着眼于学习活动和学习行为。无论结果怎样,对的、错的,会的、不会的,懂的、不懂的,都能使学习得以进行和发展。即便是"有答"或"正答",一旦推翻后也能使学习得以进行和发展。教师提问的最终目的应该是把学生培养成提问题的主体,使学生主动参与教学、勇于发问、敢于探究,由教师的启发式发问和学生的触及式发问组成真正的课堂教学的提问。

形象地说,质问是一种"检阅"形式,教师只关心设计好的、期待的、正确的回答,或只热衷于把自己预先设定好的答案、结果公之于众,这种提问方式会抹杀学生的求知欲望、探究热情,最终造成学生因教师教学设计的不当而不能或不愿积极参与课堂学习和进行有效的课堂互动。

发问发挥的是教与学的媒介作用,发问是使教授主体与学习主体交锋的过程,是使学习主体与教材交锋的过程,也是使学习主体与学习主体交锋并组织集体思考的过程。发问的功能是唤起每个学生的学习活动,并作为保障每个学生身心发展的策略来组织被唤起的学习活动。学生的发问是学生基于现有经验的困惑对事物本源的一种探索,他们用发问形式探寻世界、寻找自我。教师应该将学生的发问及其经验与兴趣作为教学活动的起点,更多地赋予学生发问的权利与机会,激励和引导学生积极发问,把课堂还给学生。

5. 教学是求异

可能每个教师在教学中都会问学生:"还有没有其他意见?""与此不同的想法有没有?"等问题,但是在这种询问的背后,教师其实事先已在自己的头脑中考虑好了"正答"或"正解",并期待学生的回答与之相符。如果得到的回答是"没有了",那么教师就会心安理得。反之,如果出现了与教师的预想相反的答案,教师却并不予重视或采纳,而是反复地问:"还有没有其他意见",直到与教师的预想相符合的答案产生为止。可以说在很多时候,"还有没有其他回答"这个问题貌似"求异",而实则"求同"。这种"求同"型教学毋宁是一种"正答主义教学",它使学生丧失的不仅是学习的兴趣,更是学习权的自我意识。

虽然学生都拥有同样一套系统,包括其感官和基本的情感,但它们是以不同方式整合成为每一个大脑，且每一个大脑都是独特的。此外，学习本身也在改变着大脑的结构，学生答得越多，就变得越独特，为了使所有的学生都能表达视觉的、触觉的、情感的或听觉的偏爱，教学应该是各式各样的、变化的、求异的。它不是寻求把教育上的所有东西都变得具有同一性，一种“权威的声音”，而是寻求各种“不同的声音”，强调“差异性”。这样的教学是“去中心”的，是“边界松散”的。换言之，在教师与学生之间、学生与学生之间，应该允许差异的存在。为了把差异，或者说是会做与不会做、懂与不懂的区别作为展开教学的原动力，必须首先着眼于差异和区别，这就是“求异”。当教师本着“求异”的精神去教学的时候，教学活动也就同时转化为促进一个个学生成长的活动。

6. 教学是交往

在教学实践中，假如我们注意一下师生关系对于学生学习的影响，那么不难发现，某些学生一旦与某门学科的任课教师关系闹僵了，这些学生往往就会对这门学科失去兴趣，甚至产生反感。显然，糟糕的师生关系使学生在教学过程中产生了消极的情感。多尔认为，教师无疑是一个领导者，但又仅仅是作为学习者团体的“平等中的首席”(first among equals)。作为“平等中的首席”，教师的作用得以重新构建，从外在于学生情景转向与情景共存。教师是内在于情景的领导者，而不是外在的专制者。当教师与学生的关系不再是主体对客体的单向灌输关系，教师不再以自己为中心包干教学，取而代之，教师与学生是一种“我与你”的“对话”关系，一种互为主体的交往关系，一种主体间边缘域关系，此时，教育主体性就真正产生了。

师生交往是一种基本的教育交往，当前师生交往中学生的主体地位有所彰显，交往过程中信息交流方式和路径呈现多元化趋势，教师也越来越重视学生将讨论、探究等方式作为交往途径。但近年来课堂教学中师生交往也出现一些异化现象。“现实教育场域中师生交往呈现形式化、单向度、祛人文性、非正义化，导致师生关系冷漠、疏远、冲突、对立，甚至出现暴力伤害事件，折射出师生交往的异化及其教育价值的遮蔽”①。究其原因，主要在于师生交往的目的过于重视其是否有助于提高学生成绩，而轻视了师生交往对教师专业发展的价值以及唤醒学生心灵、丰富学生生命发展内容、提升学生生命意志的价值。师生交往应成为生命与生命之间的相互摄养活动。在生命化师生交往中，它首先是师生生命互摄、互融、互利，共同成长，追求师生自我生命价值实现的过程。师生通过交流对话使疑惑得以解答，通过心灵碰撞使师生情感彼此交融的生命体验绵延着彼此的生命。其次，师生交往过程中教师遵循、维系和引导学生积极向上的生命意志，不断唤醒学生的自我生命意识、不断丰富学生的精神世界，逐渐使学生成为一个具备自我选择、自我创造的生命自觉之人②。全面理解交往关系的本真，激发师生的主体性，调动师生交往的内在旨趣，构建和谐共存的师生交往命运共同体，是全面推进小学课堂教学改革的要旨所在。

---

① 陈祖鹏. 师生交往的实践困境及其超越——解释学的视角[J]. 中国教育学刊，2019(9)：53—57.

② 高成. 师生交往的现实审视及其重构——基于生命哲学的视野[J]. 教育研究与实验，2016(4)：7—12.

第二节 小学课程改革现状与特点

课程是学校教育改革系统中的软件,是教育建设的重点工程,它集中、具体地体现了教育要求。课程的改革是20世纪,尤其是战后教育改革的理论家、实践者们普遍关注的重大问题。自1945年以来,由于在世界范围内发生了科学和技术、经济和政治、人口和社会结构等方面的一系列变革,所有国家都经历了极为迅猛的环境变化。教育制度的发展比过去任何时候更快,能够改变课程结构和本质的源泉也空前地增多了。这一切对课程产生了实实在在的影响。许多国家,尤其是发达国家,纷纷掀起了小学课程改革运动。

一、美国小学课程改革现状与特点

自20世纪中后期开始,围绕着保持人力资源和开发创造能力问题,各国之间开展了激烈的竞争。为了提升教育质量,满足经济、社会发展的需要,美国联邦政府以立法形式不断介入教育。1957—1967年,美国掀起了一场以"教学内容现代化"为中心的课程改革运动,主张采用学科主义课程,强调课程现代化,即着眼于充分反映现代科学的成就,强调科学的基本概念与掌握科学方法的课程设计。从20世纪60年代末至70年代,学科主义课程被认为具有强制性、驯服性、分离性,使学生"非人性化",妨碍了"完整人格"的实现,因而遭到抨击。自20世纪70年代开始,美国兴起了一场强烈关注个人价值、注重个人目的和需要的以人为中心的课程改革运动。这场课程改革运动强调人性回归及个性发展,小学生通过课程的学习,不仅具有社会技能,还能获得全面发展;不仅具有适应社会的能力,而且还能培养起建设更美好社会的能力。

然而,以人为中心的课程改革运动在倡导尊重人的价值的同时,助长了反理智主义,造成学生学业水准的低落与纪律训练的松弛。到了20世纪80年代,学科主义课程又开始复活,出现新的发展趋势,形成新学科主义课程改革运动①。1983年,美国高质量教育委员会(The National Commission on Excellence in Education,简称NCEE)发表报告《国家在危险中:教育改革势在必行》(*A Nation at Risk: The Imperative for Educational Reform*),主题是提高所有学生的学术成就。报告指出教育质量下降的问题,并列举了13项危险指标,主张小学课程应加强学术教育,尤其要注重英语、数学、科学、社会研究和计算机科学等学科,并指出这五门基础课是现代课程的核心。

20世纪90年代以后,学校教育所依赖的社会背景发生了极大的变化,伴随着人类即将迈进21世纪的门槛,以高新技术为基础的信息革命浪潮席卷了全球。新的时代对社会所需的人才提出了新的要求,个性化、创造性、自我学习能力、团队精神、合作意识、生存能力等成为对人才的基本素质要求。"教育如何适应时代的挑战"这一问题引起了美国的高度重视,

---

① 汪霞.课程改革与发展的比较研究[M].南京:江苏教育出版社,2000:172—174.

新一轮小学课程改革又逐渐兴起。

1990 年,《国家教育目标》(*National Education Goals*)改革报告拉开了美国 20 世纪 90 年代小学教育课程改革的帷幕。《国家教育目标》对美国未来教育的发展进行了规划,其中包括要求增加学生在学习时间、地点、方法上的选择性,学生在四年级结束时必须在英语、数学、科学等关键学科中显示出应有的能力,教学方法和课程都必须具有更大的灵活性,以确保美国小学生的科学、数学成绩处于世界前列。

为保证教育目标的实现,1991 年美国发布了《2000 年的美国——一种教育战略》(*America 2000——An Education Strategy*)的纲领性改革文件。在课程设置方面,文件要求将英语、数学、自然科学等课程学科确定为核心学科,并确定了“新的国家标准”,对全国四年级的学生进行统一考核。

与前几次改革相比,此次课程改革实现了如下转变:课程学习的重点明确地从英才教育转向大众教育;小学低年级和中年级采用统一的课程计划,小学高年级必修学科课时高达 70%—75%,改变了造成学业水平悬殊的区别教学;国家标准不仅规定了大纲内容和毕业考试,还规定了每门课程必要的学习时间,保证学生在必学的知识领域内具有足够的活动经验。

1993 年发布的《美国教育 2000 年目标法》(*Goals 2000: Educate America Act*)标志着新一轮小学课程改革的开始。此次改革进一步强化了教育领域的中央集权。该方案推出了八项国家教育目标,新增加了公民和政府、经济、艺术三门课程,表明国家对于公民素质要求的进一步提高。此项改革计划的重中之重是编订了全国性的课程标准,同时明确了改革目标和“时间表”,明确、具体、详细地规定了到 2000 年美国教育需要实现的目标。从 1993 年开始,根据该法案的规定,美国的诸多学科专业机构或团体迅速组织力量制定相关领域的小学课程标准。

1997 年 1 月,美国政府再次明确提出把教育置于优先发展的地位。关于如何提高教育质量,他先后几次发表改革建议和主张:要求小学要加强读写算的能力,尤其是阅读能力的培养;12 岁以上的青少年要学会使用互联网,扩大学习的领域,真正实施终身教育;重视对学生的品德教育,加强公民教育。

进入 21 世纪后,美国以教育平等和提高质量为发展主题,优化小学课程设置。2002 年,美国颁布了《不让一个孩子掉队法案》(*No Child Left Behind Act*),发动了一场涉及全美每一所中小学的声势浩大的教育改革,呼吁在教育平等的前提下提高美国中小学教育质量。该法案涉及小学的内容包括:①建立教育责任制;②给地方和学校更大的自主权;③给学生父母更多的选择;④保证每一个学生都能阅读;⑤提高教师质量;⑥检查各州小学生的课程学习成绩;⑦提高移民儿童的英语水平。法案关注小学阅读、数学和科学课程,拟通过“阅读第一”计划提高小学生的读写能力,通过资金援助和建立科学团体推动数学和科学的课程改革。

美国政府在 2007 年的国情咨文中提到四年级学生的数学和阅读成绩显著提高,而且非洲裔和拉丁裔学生的成绩达到历史最高水平。美国政府进一步提出,需要加强问责制,给予州和地区更大的灵活性,同时家长也有权利要求学校展示教学效果。

《不让一个孩子掉队法案》尽管实施成效显著,但由于各州分散的教育体系以及对改革的抵制,导致法案的实施遇到一些困难。为了改变这种状况,2009 年 6 月,美国发布了《机会平等:为美国公民和全球经济改革数学和科学教育》(*The Opportunity Equation: Transforming Mathematics and Science Education for Citizenship and the Global Economy*)报告,提出首先改革阅读、数学和科学三门课程的教学,应有更严格的课程内容要求,同时提高课程教学标准和评估水平。同年,美国政府宣布启动"力争上游"(Race to the Top)计划,承诺提供 40 亿美元的资助,加强教育的基础建设。该计划使联邦拨款从原来的配给制拨款更多地转变为竞争性拨款,以推动各州积极实施联邦政府倡导的教育改革。"力争上游"计划特别强调要培养学生的批判性思维、问题解决能力以及对知识的创造性使用的能力。

2010 年 6 月,美国颁布《州立共同核心标准》(*The Common Core State Standards*,简称 *CCSS*)(以下简称《标准》),这是美国历史上首部国家中小学课程标准。《标准》改变了美国各州各自为政、课程标准差异极大的局面,要求全美学生在基础教育阶段接受相同的教育标准。同时,增加课程标准的难度,以提升基础教育的整体水平,为学生未来发展夯实基础。《标准》主要包括英语语言艺术标准和数学标准。在新标准的实施中,联邦政府通过"力争上游"计划,对采用此《标准》的州给予资金支持。各州纷纷加强对教师的培训,并探索"跨课程阅读"(reading across curriculum)教学改革,各科老师都要肩负起培养学生阅读能力的责任。

上述一系列法案,尤其是《不让一个孩子掉队法案》的推进对提高美国基础教育的质量起到了一定的作用。但伴随着改革,这些法案的弊端开始显现,比如《不让一个孩子掉队法案》中的部分条款过于苛刻,加大了学生、教师和学校的负担;统一标准、问责制和过分重视阅读和数学学科导致应试教学,挤压了非考试科目的教学。越来越多的问题使得基础教育质量不升反降,带来了舆论和实践诸多负面影响,引发全美社会的广泛关注。

2011 年,美国颁布了《不让一个孩子掉队法案》之豁免政策,对《不让一个孩子掉队法案》不切实际的地方进行了修正。随后,又陆续颁布了一系列教育政策。其中最引人瞩目的是 2015 年颁布的《每个学生都成功法案》(*Every Student Succeeds Act*)。该法案取代了已经施行 14 年的《不让一个孩子掉队法案》,也是对 1965 年《初等和中等教育法》的再修订。

《每一个学生都成功法案》以减少《不让一个孩子掉队法案》中的刚性要求和法定约束力为前提,保留了原法案的若干基本原则;同时继承了《初等和中等教育法》中的消除种族歧视、保障弱势群体等内容,在促进教育公平和追求卓越方面有了更大的支持。这种继承、修订与创新具有连贯性与有效性,是不断完善美国基础教育政策法律体系的表现。

《每一个学生都成功法案》把提高教育质量作为基础教育的根本立场,在保留旧法案部分内容基础上,针对旧法案执行过程中出现的问题做出了修改。新法案将教育的控制权又归还给各州和地方学区,从而终结了联邦教育部主导的、以测试为基础的问责制度。新法案不强求遵从《州立共同核心标准》,建议各州统一学术标准,自行决定各州标准的尺度。新法案改变了联邦政府对学校主张严格的考核评级制度,减轻了学生、教师和学校的负担。在保留阅读、数学和科学科目的州统考的同时,新法案鼓励各州、各学区和各学校开发并实施多元评估方案,进一步强调减少不必要和无效的测验,要求不单纯以考试分数来衡量学校绩效，而是要利用多项指标来评估，如学生参与、获得并完成高级课程作业、学校氛围和安全等。新法案关注理科特别是信息技术教育，除了数学、自然科学外，同时加入计算机科学作为新的核心科目。设立"STEM 课程导师团"(The STEM Master Teacher Corps)，旨在鼓励优秀教师开发 STEM 课程，对其他教师起示范作用。新法案鼓励丰富课程内容和学习形式，强调对学生的批判性思维、合作学习、问题解决和创新能力的培养和评估，在真实学习情境中激发学生的内在学习动机，引导学生开展高水平的学习活动。

为了更好地促进美国 STEM 教育改革，2016 年美国出台了《STEM 2026：STEM 教育创新愿景》(*STEM 2026：A Vision for Innovation in STEM Education*)，报告明确提出：STEM 教育要从娃娃抓起；要建设网络化且参与度高的实践社区；课程学习中加入特别设计的游戏和探险类学习活动；构建创新技术支持的灵活且包容的学习空间；强化教学的游戏性和风险性，"传统的教学方式重视静态知识的传授，学习大多处于固定的教室中，学习内容基本以课本知识为主。在 STEM 教育模式下，教学活动被注入全新的血液，通过趣味性和风险性的教学活动，让学生在快乐中学习，能够体验到问题解决的成就感和愉悦感"①；在未来的 20 年里，学习评价的重点将是学生的持续学习能力、个人素养、学术探究能力以及终身技能学习等方面。

面对现代科学技术迅猛发展的新形势，2019 年，美国阿彭斯研究所发布《从处于危险中的国家到充满希望的国家》(From a Nation at Risk to a Nation at Hope)研究报告，推动美国基础教育重视培养"整全人"(the whole child)，关注学生的社会、情感、学术领域的整体性发展。该报告成为包括小学课程与教学在内的整个美国基础教育发展的风向标——当务之急在于纠正"唯分数"取向，更加关注学生社会性、情感与认知能力的和谐发展。报告强调"促进社会、情感和学术学习并不是教育时尚的转变，而是教育本身的实质。这不是分散对数学和英语教学的'实际工作'的注意力，而是更加关注教学如何才能成功"。

随着 5G、云计算、人工智能等新一代数字技术的应用与发展，加快建设数字社会，全面提升全民数字运用水平成为美国基础教育改革的崭新主题。美国将教育数字化转型作为新时代中小学发展的新战略，开始采取强有力的措施，加快数字人才培养。2020 年，美国国际开发署颁布《数字战略(2020—2024 年)》(Digital Strategy 2020—2024)。2021 年美国教育技术办公室开展了"启动数字素养的加速器"(Launching a Digital Literacy Accelerator)项目，旨在提升学生的数字思维能力、信息分辨能力，使其尽快成为参与程度高、分辨能力强的数字人才②。2022 年，美国教育技术办公室又发布了《推进全民数字公平》(*Advancing Digital Equity for All*)报告，学生作为未来数字技术的主导者，他们的数字素养被美国视为增强国家核心竞争力的关键。中小学课程教学开始强化学生的数字素养教育，重构学生的数字身份，推进在课程教学中加速释放学生的数字活力。

---

① 熊华军，史亚亚. 美国 STEM 教育改革的走向——基于《STEM 2026：STEM 教育创新愿景》的分析[J]. 当代教育与文化，2020(1)：47—55.

② 王景，李延平. 聚势赋能：美国教育数字化转型的新动向[J]. 比较教育研究，2023(7)：25—36，112.

20 世纪中后期开始,美国在基础教育领域的改革经历了漫长而曲折的过程,政府对基础教育的重视程度从总统亲自签署法案可见一斑。从开始的重视基础教育、提出教育公平、提高教育质量,到追求教育卓越的这一过程可以看出,美国基础教育在持续发展并不断完善。这些法案同时表明,他们对美国小学课程进行的改革是一个系统工程,而不是仅就具体学科进行改革。

近 30 多年来,美国政府在"提高教育质量,促进教育公平"的原则指导下,陆续出台了诸多教育政策,成为美国教育改革的指导原则。为了提高教育质量,设置了一些基础核心课程的课程标准供各校参考。20 世纪末课程改革关注点在具体学科,尤其是核心学科。近十多年,课程发展不断走向整合,课程的综合性加大,不仅关注知识技能,还强调培养学生的思维能力、知识应用能力和人格的发展,注重学生的社会、情感、学术领域的整体性发展。科学课程一如既往地重视培养学生的科学态度、掌握科学知识和训练实际操作的科学技能。

政府重视师资建设,加大经济资助,为教师的专业发展提供支持;重视教师的培训,深化教师职业技能,提高教师职业素养;对优秀教师要给予奖励,让优秀的人才能留在教育领域。在新一轮小学课程改革中,将问责权下放到州,由州政府制定学科标准、教师选拔标准、相关考试内容等,激发教育工作者的积极性,提高教育效能。近年来,随着以人工智能为代表的新兴技术的迅猛发展,小学课程教学也在不断重塑教育的新理念、新生态和新方法,小学生的数字能力、数字素养得到越来越多的重视。

二、英国小学课程改革现状与特点

20 世纪六七十年代,英国小学课程存在着课程范围较窄、过于专门化等诸多问题。针对这些问题,英国自 20 世纪 80 年代开始进行课程改革。

在 1980 年出版的《一种课程观》(*A View of the Curriculum*)中,皇家督学建议拓宽课程学习内容,并据此提出了八个经验领域:审美和创造、伦理、语言、数学、体能、科学、社会与政治、精神,这八种经验构成了课程的基础。

1985 年,政府公布《把学校办得更好》(*For Better School*)白皮书,提出课程改革的基本原则:小学课程应是"广泛的"(broad)、"平衡的"(balanced)、"适切的"(relevant)。

1988 年,英国通过了《1988 年教育改革法》(*The Education Reform Act 1988*),该法案被看作是英国教育史上一次里程碑式的教育改革法案,主要内容包括:实施全国统一课程,在义务教育阶段开设核心课程、基础课程和附加课程三类课程;建立与课程相联系的考试制度,在义务教育阶段举行四次全国性考试;改革学校管理体制,加强中央对教育的控制;赋予家长为子女自由选择学校的权利。法案强化了中央集权式的教育管理体制,但颁布之后,实施工作并不顺利。究其原因,主要还是由于国家课程本身的不足而引发诸多问题和矛盾。20 世纪 90 年代初的课程改革主要做的是化解矛盾的工作。1993 年,政府委托迪林爵士(Sir Ron Dearing)对国家课程和评价制度中出现的问题进行全面调查。在广泛听取各方意见的基础上,迪林发表国家课程评价报告,指出了国家课程及评价存在的主要问题:①学科课程总体分量重,要求的内容多;②具体内容解说得过细,不利于教学;③评定成绩的要求过于复杂。报告同时提出了具体的改进意见。英国政府据此对国家课程进行修订，并从 1994 年 9 月起实施新的小学课程改革方案，基本内容包括：①加强基础知识教育；②裁减国家课程内容，增加多样性和灵活性的选择；③简化评价的范围和方法；④建立统一的课程管理和协调机构。

1997 年，成立英国资格与课程局（Qualifications and Curriculum Authority，简称 QCA），就国家课程的改革开展广泛的调查和咨询，并提交了国家课程改革计划草案。

1999 年 7 月，国家课程方案终于出台；同年 9 月教育大臣宣布，英国中小学将从 2000 年 9 月起开始实施新的国家课程。

1999 年，新的国家课程标准发布，并于 2000 年 9 月正式实施。新国家课程标准旨在确保儿童在不同学科领域获得均衡和广泛的教育，强调核心学科，如英语、数学、科学、设计和技术、信息和交流技术等的重要性，同时提供其他学科和领域的学习机会。新国家课程标准强调了学习目标和能力的发展，鼓励儿童培养批判性思维、问题解决能力和合作交流技巧。此外，还强调跨学科的学习和实践技能的培养，以适应不断变化的社会和职业需求。

对英国小学而言，2007—2008 学年可被称作是新的“改革年”：国家教育行政部门重组，各种新的改革政策和法规不断被制定和实施，几乎所有学校都投身到教育改革之中。新成立的英国儿童、学校与家庭部（Department of Children, Schools and Families）致力于建立一种教育、卫生和社会服务三方面密切合作关系的同时，也对小学提出了更多新的要求。为了达到全面提高教育质量、全力促进儿童发展的目标，英国资格与课程局对信息与交流技术、公民等基础课程的内容也进行了较大的调整或改革。如：公民课加强传统价值观教育，增加了移民和机会均等方面的内容；信息课侧重于为参与世界生活做准备，强调让儿童在学习信息与交流技术的过程中，加强对技术与文化、与自身生活的联系，重视文化和历史在信息课程中的重要作用；对音体美课程内容基于儿童发展的目标进行了有针对性的增减，在音乐和艺术课程中增加了多元文化教育和民族文化认同教育的内容，要求每个儿童必须了解不同国家的文化传统；为保持世界历史和英国历史在内容上的协调和平衡，历史课程增加了本国史的内容，且第一次明确提到“大英帝国”[①]。

这一轮的课程改革加强了课程内容与儿童生活的联系，强调让学校课程适应社会需要，特别重视儿童的“生活技能”，要求学校培养出适应知识经济需求的“候选人”。

2009 年，由英国政府委托，旨在审查小学教育的课程设置和教学质量的调查报告《小学课程独立评估：总结报告》（*Independent Review of the Primary Curriculum: Final Report*）出台。该报告被视为 20 年来英国小学教育的一次重大变革。

该报告认为，小学阶段的课程必须具有小学的特征，课程要能让儿童享受到童年的成长乐趣，能鼓励儿童学习并掌握知识、技能，提升理解力，从而为他们进入更高年段的学习做好准备。从课程目标上来说，新课程强调所有孩子都能得到发展，没有一个孩子掉队；加强读写技能，在整个课程中发展并运用这些技能；提升儿童的信息素养，在课程中通过技术来改

① 严开胜，李松林．英国中学课程改革迈入新阶段[N]．中国教育报，2007-4-30(8).

善学习;通过宽广的学习领域,让儿童获得全面的发展;让孩子在学校生活中经历成功;做好幼儿园与小学及小学与初中之间的衔接。

报告建议,国家课程应该保留,并将之作为所有儿童的法定权利。报告为英国小学教育应对21世纪时代变迁提出了一系列变革课程的建议,其要旨包括促进终身学习,减少指令性规定,给学校和教师更大的灵活性。报告指出,应该废弃现行的英格兰小学课程,用一个经过"瘦身"的版本代替,在"教什么"上给学校更大的自由度。

报告强调个人发展对提高学业水准的关键作用。小学低年级强调"玩中学",注重培养学生四大核心能力:听说读写(literacy)、算术(numeracy)、信息技术(information and communications technology,简称ICT)和个人发展(personal development)。

根据这份报告,新的小学课程最大的变化之一,就是将原有的十一门法定学科(subjects)变成"六大学习领域"(areas of learning):①英语、交流与语言(外语);②数学;③艺术;④历史、地理和社会;⑤身体发育、健康与幸福;⑥科学与技术。提出六大学习领域并不是要废除像历史、地理这样的学科。这些学科的基本内容必须教好,这样学生才能够把知识联系起来。六大学习领域将整合英语、数学、科学、历史、地理等传统学科,同时会纳入更多有关信息技术、个人发展与健康、幸福的内容以及学习与生活的基本技能。学生将学习信息与证据如何支持观点,在科学与技术的学习中更加重视实践与探索能力及其评估。鼓励教师开展跨学科教学活动,增加互动性与实践性强的课程。

2013年,英国教育部颁布了《英国国家课程:关键阶段1和2框架文件》(*The National Curriculum in England: Key Stages 1 and 2 Framework Document*),也就是小学阶段的国家课程标准;2014年,又颁布了中学阶段的国家课程标准:《英国国家课程:关键阶段3和4框架文件》(*The National Curriculum in England: Key Stages 3 and 4 Framework Document*)。同年,英国教育部将两份文件合并为《英国国家课程框架文件》(*The National Curriculum in England: Framework Document*),即2014年版英国国家课程标准。

2014年版英国国家课程标准把向学生提供成为"有教养的公民"所必需的"核心知识"作为新的课程理念。国家课程不仅要让学生了解那些公认的"最好的知识",而且还要促进他们对人类的创造力和伟大成就的欣赏。

2014年版英国国家课程标准的课程目标包括宏观、中观和微观三个层次。在宏观层次上,分别对教师和学生提出了国家课程的总目标。对教师而言,旨在为他们提供核心内容框架,使他们能在更宽广的学校课程中建构起丰富多彩的课堂,促进学生知识、理解力和技能的发展。对学生而言,国家课程旨在提供最核心的知识、最有效的思维和最得体的语言,使他们学会体验和欣赏人类的创造性活动和成就。在中观层面上,为每一门学科设置了相应的学习目的和课程目标。在微观层次上,删除了之前饱受非议的成就目标"水平描述",转而以"法定性要求"和"非法定性的注意事项要求与指南"来规范学生的成就要求[①]。

2014年版英国国家课程标准在课程结构上延续了以往的科目设置,包括:核心学科(英

① 李国栋,夏惠贤.为学生毕业后生活做更好的准备——英国"2014国家课程"述评[J].比较教育研究,2015(9):85—90.

语、数学、科学)，基础学科(艺术与设计、计算机、设计与技术、外语、地理、历史、音乐、体育)和宗教教育。同时也将“烹饪与营养”教育正式纳入国家课程体系，“烹饪与营养”课程正式成为1—9年级的必修课。在强调国家基本课程必修科目的同时，学校有责任开发基于学校特色和学生兴趣的地方课程。

新一轮国家课程标准明确指出国家课程只是学校课程的一部分，学校有权利也有责任开发校本课程。在每一门学科的学习计划里，都具体标明了法定的学习内容和目标，以及非法定的，供教师参考的学习内容和评价标准。课程内容上规定了学生应该掌握的最基本、最核心的知识，裁减了大量非基础性知识。课程实施方面给予学校和教师更多的课程与教学自主权。

2020年以来，由于疫情影响带来学生课程学习上的差距，英国政府采取了一系列的改革举措以提高课程教学质量。一方面，小学阶段实施“复苏课程”(recovery curriculum)，强化语音、阅读和数学这三门核心课程，科学课程中加强实践学习，增加“个人、社会、健康与经济”(Personal, Social, Health and Economic)学科的课时。另一方面，通过加强额外的课程学习辅导提升教育质量，如学校利用政府投入的资金为学生的课程学习提供一对一或小组辅导。

为应对数字时代的发展要求，英国政府开始重视在中小学进行数字技能方面的教育与培训。2020年，英国政府正式在培养数字技能行动中行使国家教育权，将数字技能视为数字时代的核心技能，对包括小学生在内的所有英国人都强化数字技能教育，特别是提出要在中小学教育中嵌入数字技能。除了将计算机列为法定的国家课程科目，并引入“计算机科学”教育外，英国还强制推行小学和中学教授编程，要求学生从五岁起就开始学习编码和网络安全。

从英国新的小学课程改革方案中，可以看出，当前英国小学课程改革呈现出以下特点。

① 课程目标和计划追求公平与效率。追求教育公平是制定新课程标准的重要前提，也蕴含在国家课程实施的过程中，强调帮助每一个学生成为有教育素养，适应未来社会需求的人。学校和教师要了解学生的差异，尊重他们的兴趣和需求，有针对性地开展教学和评价。为提高课程实施效率和质量，课程计划整体上更加精简、更为清晰，凸显了各门学科的核心知识和技能，优化了各学科的课程标准。

② 课程开设强调基础学科知识，突出科学技术。新版国家课程标准转变以往强调技能的传统，重视科学系统的知识与能力，对三个“核心学科”在每一个关键阶段的每一个年级需要掌握的基础知识都进行了细致的规定和说明；删除了2008年版国家课程中大量的跨学科主题，课程内容组织更聚焦于学科知识。整合了生物、化学和物理的科学学科仍然作为核心学科处于重要地位。从一年级就开始开设“设计与技术”学科，旨在培养学生运用数学、科学、工程、计算机及艺术等知识设计和制作产品，解决现实生活中的各种问题。此外，直面人工智能等新一代数字技术的挑战，重视计算机科学，强化学生的数字技能教育，侧重培养学生善于利用人工智能促进学习和使用计算机的思维与创造力。

③ 课程管理强调掌握与放权，统一与灵活。新版国家课程标准整体上更加简约明了，在

国家规定的学科领域中,明确了哪些是法定的课程内容,哪些是供学校和教师参考的非法定课程内容,具体教学方法上没有统一的要求。文件一方面提高了核心课程的学习要求,另一方面在评价方面做出了改进,采用相对性评价代替传统的绝对性评价,仅仅规定某关键阶段要学的学科及其目标任务,学校和教师拥有更大的自由,可以决定某学年的具体学习计划和课程安排。

三、芬兰小学课程改革现状与特点

芬兰是一个地处北欧的小国,领土面积 33.8 万平方公里,人口约为 555 万。2000 年,经济合作与发展组织首次发布针对 15 岁学生的国际学生评估项目(Programmer for International Student Assessment,简称 PISA)的结果报告。在 43 个参与评估的国家中,芬兰学生的阅读素养、科学素养和数学素养分别位列第一、第三和第四名。自此,在每隔三年一次的 PISA 测试中,芬兰均位居前列。从某个角度来讲,芬兰令人瞩目的基础教育质量得益于其相对稳定、渐进的教育政策和长期的课程改革。

芬兰自 1917 年独立到第二次世界大战前,当时的教育系统只能满足传统的农业社会对劳动力的需求。第二次世界大战期间被纳粹德国占领,教育系统处于瘫痪状态。战后的芬兰百废待兴,积极吸纳社会力量办学,短期内重建了大量各级各类学校。

1945 年,芬兰议会成立第一个教育改革委员会——小学课程委员会(Primary School Curriculum Committee),开始关注学校课程和教学改革。1946 年,第二个委员会——教育体制委员会(Education System Committee)成立,关注教育组织体系改革,致力于推行为所有儿童提供八年义务教育的综合学校模式。改革虽然因为遇到阻力而未能付诸实践,但开始向教育公平化迈进。1956 年,芬兰议会成立第三个教育改革委员会——教育校务规划委员会(School Program Committee),明确提出建立九年制综合学校(comprehensive school)体系,将小学和初中合并为综合学校,为所有学生提供平等的教育机会。1968 年,芬兰出台《基础教育改革法案》(*Act on Basic Education Reform*),政府将综合学校系统纳入公共财政范围,所有适龄儿童均可以在任何一所综合学校接受均等的九年制基础教育。1970 年,颁布了《基础学校课程框架》(*Curriculum Framework of Basic School*),规定芬兰所有综合学校开设相同的课程,采用同一份课程与教学大纲,课程内容、教学时间分配、教材等均由国家统一规定。改革于 1972 年正式开始实施,到 1977 年南部最后一个城市建立综合学校,这场基础教育体系改革才基本完成。

综合学校改革的最主要目的是保证教育公平,让所有学生接受同等质量的教育。改革大大提高了芬兰基础教育的公平性,真正实现了教育平等的理想和目标。但综合学校普及后的 20 多年里一直存在争议,反对者认为忽视学生个体差异会影响教学质量,同时也会埋没人才。

20 世纪 80 年代,芬兰进行教育改革,国家尝试将管理权下放给地市教育行政部门、学校和教师。1983 年,颁布了《地方学校管理法》(*Local School Administration Act*),鼓励在国家准则范围内规划地方课程。1994 年,颁布的《综合学校新架构课程》(*New Framework*

Curriculum for the Comprehensive School）摒弃了过去对课程进行详细规定的做法，仅仅提供了宏观的教学目标和内容框架，地方政府和学校可以根据实际情况和特色发展需要，为学生设置多元的选修课程，鼓励学校凝练办学特色，使教育更加个性化和多元化。同时，对学生的评价也从常模参照性评价改为目标参照性评价，即对照统一的学习目标评价所有学生，而不是对学生进行个体之间的差异比较。

随着课程改革的推进，有专家指出课程改革导致学校发展的不平衡。为了缩小差异，实现教育公平，芬兰于 2001 年和 2004 年分别发布了《课时分配法令》（*Distribution of Lesson Hours in Basic Education*）和《2004 年国家核心课程》（*National Core Curriculum 2004*），对基础教育课程标准、教学科目和学生评价等进行改革，加强了国家对教育的控制权，还首次提出了"跨课程主题"（cross-curricular themes）的课程理念，将不同学科的知识和技能整合在一个主题之下，让学生在实际问题解决中获得综合性的学习体验。

《2004 年国家核心课程》强化了国家标准与指导，出台了新的课时标准，减少了选修课课时数，统一了学科教学目标，就学生评估标准做了更详细的规定。但是，地方、学校和教师对于选修科目、教学形式等仍有较大的自主权。基础教育小学阶段必修课每年最低学时为 132 课时，其中学校可以自行安排的课时占总学时的 10%。《2004 年国家核心课程》第一次明确规定了学生评价的国家标准，树立了教师作为学生评价者的主体地位，同时规定学生学习评价不能以学科测试成绩为依据，必须对照国家标准体现过程性评价，真实反映学生在整个学习过程中的参与度、合作能力和进步表现。教师对照课程标准，对学生的学习过程、学习方法和行为表现进行基于标准的评价。此外，学生自评也是评价结果的重要参考依据①。

《2004 年国家核心课程》强调"跨课程主题"的课程理念，主张跨越学科界限，以主题的方式将教学进行重新整合，帮助学生审视不同知识领域中的现象，并对主题进行解释，以培养学生的综合素质。新课程标准确立了七个方面的跨课程主题："作为人的发展""国际化与文化认同""多媒体技术与沟通""积极参与的公民和创业者""对社会环境的责任感、福利和可持续发展""交通与安全""技术与个体"，并提出了每个主题的目标以及包含的核心内容②。新课程标准重视学生的主动参与、自主学习能力的培养，鼓励学生思考、合作、解决问题和自主管理学习进程。

2016 年 8 月，芬兰国家教育委员会正式实施《2014 年基础教育国家核心课程》（*National Core Curriculum for Basic Education 2014*）。新一轮基础教育课程改革的主要原则是"平等和高质量的教育"，总目标是"培养适应瞬息万变的未来社会的人才"。新课程改革以"快乐学习""学生为中心""生活化"和"面向未来"等理念改善校园文化、课程建设、教学方式和学习评价。课程改革强调聚焦于未来社会所需要的核心素养与能力的培养，为此提出了学生需要具备的七大"横贯能力"（transversal competences），且较为详细地阐释了"现象教学"等用以培

---

① 丁慧琳. 二战后芬兰基础教育课程改革与发展研究——从集权到分权，从公平到卓越[D]. 武汉：华中师范大学，2020：41.

② 江梅. 面向未来的芬兰新课改[M]. 广州：华南理工大学出版社，2018：22.

养这些能力的学习方式。

七大"横贯能力"是对 2004 年核心课程中"跨课程主题"的继承和发展,具体包括:①思维与学会学习;②文化、交往与自我表达;③自我照顾和日常生活管理;④多模态识读;⑤信息技术素养;⑥就业与创业素养;⑦社会参与和构建可持续未来[①]。这七大能力渗透到所有学科中,贯穿于 1—2 年级、3—6 年级和 7—9 年级三个学习阶段(其中 1—6 年级是小学阶段)的课程体系。

为了实现培养学生的"横贯能力"的教育目标,2014 年新课程标准再次强调了跨学科教学的重要性,主张赋予地方政府、学校和教师更多的自主权,在低年级开设更多的选修课,选修课的具体课时数、课程内容和开设年级等由地方政府和学校决定,鼓励他们结合学校的文化和特色,设计相应的跨学科学习模块以供跨学科的现象教学[②]。

学校以源于真实生活的现象和话题为主题,将相关学科的知识重新编排,形成学科融合式的课程模块,根据年级开展对应难度的教学,让学生综合不同学科的知识,从不同学科的视角来分析和解决问题,教学重点转向整体的现象或问题。学生通过参与探究性的学习活动,如实地考察、实验、合作项目等,来理解和解决现实世界中的问题。《2014 年基础教育国家核心课程》规定,学生每学年至少参与一次基于现象的项目式学习,从不同学科的角度研究同一主题。课程标准规范了教师如何指导学生开展学习活动,强调教师对学生学习活动全过程的指导,引导学生思考工作计划的制定和实施过程,评估工作的成效及其影响因素。

新一轮课程改革提出优化学校学习环境和工作方法。除了教室和学校外,学生也要进入其他学习环境,如走进自然、访问博物馆和公司等。信息技术在学校教育活动中发挥更显著的作用,以便学生更容易地选择和进入他们的学习环境,游戏空间与其他虚拟环境也被认为是新时代重要的学习场所。鼓励在教学和学习中应用技术,每一门课程都应该提升学生的信息通信技术素养和能力,如将编程融入数学课程的教育目标中,学生要在更低的年级学习编程基础。

《2014 年基础教育国家核心课程》对评价目标、学生参与度和评价方式提出了新的要求。在评价目标上,要将学生的学习体验作为评价的主要目标,评价要体现学生学习过程中取得的进步、获得的体验以及七项"横贯能力"的拓展情况。评价不再以教师为评价主体,而是强调学生的主体作用,学生不仅要评价自己的学习,还要参与课程的开发、实施、评价以及学习环境建设的整个过程中。在评价方式上强调多元化,同时注重利用评价结果改善教学,促进学习。每位学生的学习进展信息要及时反馈给学生及其监护人。要加强学校和家庭之间的合作,使监护人积极参与学校活动的计划和实施,更有效地支持学生学习,促进学生、课堂和学校的健康发展。

为进一步推进国家课程改革,落实培养学生核心素养和未来技能的目标。2016 年,芬兰

---

① 左成光,王俊民,杨东.芬兰基础教育基于核心素养的科学课程标准探析[J].外国中小学教育,2017(10):58—66.

② 现象教学,又称"跨学科教学"或"主题教学",是在保留分科教学的基础上的一种跨学科综合教学的取向和方式,强调生活化与学生主体参与,旨在通过跨学科的方式帮助学生理解和探索现实生活中的实际问题与现象。

教育部发布《新型综合学校改革行动方案》，计划以建设合作型校园文化为重点，推动综合学校教育改革，与多元的社会教育力量开展协作，将学校打造成一个“学习型社区”。主要内容包括：组织综合学校论坛，描绘芬兰综合学校愿景；通过在职培训促进教师专业能力提升；实验、开发、创新全新学习形式和活动；为每所学校配置导师教师，帮助其他教师利用数字化信息技术和新教学方法；建立国际合作伙伴网络，积极参与国际合作①。

2017 年，芬兰启动 LUMA② 国家发展计划，旨在支持儿童和青少年在各级教育中学好科学、技术、工程和数学（STEM）学科，增强他们对 STEM 学科的兴趣。为此，创设了 LUMA 国家中心和分布于大学的多个分中心。芬兰 LUMA 项目的核心价值是“专业共享”，目标是“人人学习数学和科学”，通过 LUMA 项目组织开展的教育活动，提升儿童和青少年对 STEM 教育及未来相关职业的兴趣，使他们学习到日常生活与未来工作可能需要的相关知识和技能。LUMA 中心鼓励合作机构和个体分享他们的创意、经验和实践做法，促进和支持师生与大学和工商企业界的科技社群开展互动。中心的运行模式是基于最新的科学知识，为儿童、青少年和教师提供多样的活动选择，如为青少年学生安排科学俱乐部、营地训练和相关课程。几乎所有的 LUMA 服务活动都是免费的，一般安排在课后或假期。这些活动通过选择不同的场合，利用现有的基础设施和社区环境，设计丰富的活动流程、工具和材料，创设出可参与的、合作的、以学生为中心的、基于现象和问题的、情境式的学习氛围，最终为儿童和青少年带来沉浸式的学习体验、探索的乐趣③。

自 20 世纪 80 年代以来，芬兰基础教育保持“十年一大改”的习惯，改革具有稳定性、延续性和渐进性。在已经进行的四轮课程改革中，一直试图在集权和分权之间寻求教育管理权的平衡，其核心理念依旧秉承了芬兰历来的教育价值观，如以学生为中心，尊重每个学生的特点和价值，给予他们学习的自主权，重点培养学生的通用能力，等等。在 2014 年的课程改革中，除了国家、地方教育部门、学校三级课程开发系统外，还通过开放网站收集意见，让学生和家长参与课程开发和课程评价，把社会团体、家长、教师和学生的力量纳入其中。

在秉承教育公平原则的前提下，芬兰不断追求更高质量的卓越教育。芬兰一直坚持从学校教育入手，追求教育的公平和包容性，消除学生由于地理位置、家庭出身、生理性别等不同所带来的受教育机会以及教育水平的差异，鼓励学校为特殊需求的学生提供支持和资源，确保每个学生都能获得平等的学习机会。在追求公平的同时，芬兰小学教育强调学生的个体差异和需求，注重激发学生的学习乐趣，鼓励学生的自主学习和自主决策，提升学生的学习自主权。课程安排并不强调年级划分，而是鼓励跨年级学习和交流，使学生能够根据自己的学习进度和能力参与不同层次的学习。学生有机会参与问题解决和合作项目，培养自主学习和团队协作的能力。课程注重个性化教学，教师的角色不仅仅是传授知识，而是更加强调根据学生的兴趣、需求、能力和学习风格为其提供个性化的支持和挑战，鼓励教师为学生

① 谢银迪. 芬兰：基础教育课程改革落地(上)[N]. 中国教师报，2018-02-28(3).

② “LUMA”是 luonnontietee（自然学科）和 mathematics（数学）的缩写。

③ 人民网. 芬兰：设立国家级数学与科学教育项目[EB/OL]. (2018-10-26)[2024-07-26]. http://edu.people.com.cn/n1/2018/1026/c1053-30364621.html.

提供资源,指导和帮助学生积极参与决策和规划自己的学习过程,发展学生的学习兴趣与能力。

整合教学是芬兰基础教育改革持续多年的传统。2004 年就提出了"跨课程主题"的课程理念,2016 年开始的新一轮课程改革中提出的七项"横贯能力"则是其进一步的深化。课程改革鼓励学校开展基于现象和问题的教学,促进学生多学科知识的整合与贯通,注重培养学生的综合素养,包括学术知识、创造力、社会技能和情感发展,着力塑造适应未来社会的合作型、实用型和创新型人才。学生在围绕具体的现象主题进行研究学习的过程中加强了对社会的了解和互动,所获取的知识和技能也更加贴合于社会生活,这有利于为学生未来的就业与生活做准备。

芬兰的小学课程改革还充分利用校外资源,注重提供良好的学习环境、丰富的资源和支持,增加学生参与学习的机会,以满足学生的学习需求,并促进积极的学习氛围。课程强调将学习与实际生活联系起来,学校要充分利用社区资源,为学生提供实际应用的学习体验,以增强学生对学习内容的理解和兴趣。此外,重视培养学生的信息和通信技术素养,将学习与信息技术相结合,加强信息技术在教学和学习中的应用。例如,将编程融入数学课教育目标中,学生在低年级学习编程基础。

四、日本小学课程改革现状与特点

日本历次教育改革均是通过以每十年一次的《学习指导要领》修订为主的课程改革来实现的。《学习指导要领》的每次修订预示了未来十年日本学校教育课程的改革方向。

自第二次世界大战结束到 20 世纪 80 年代,日本小学课程改革受美国影响较大,与美国小学课程改革呈现出很多趋同的地方。1984 年,日本成立了临时教育审议会,随后三年中提交了四次咨询报告,确立了课程改革的基本目标:①培养具有丰富心灵和坚强意志的人;②培养主动适应社会变化的能力;③重视作为国民所必需的基础性和基本性素养,并充实个性化教育;④加深国际理解,同时尊重本国文化和传统。此次课程改革,试图将系统化教学和问题解决学习、分科教学和合科学习、加强基础与注重个性调和在一起,培养思考力、创造力和掌握知识、技能并重[①]。

20 世纪 80 年代的日本小学课程改革可以用一个关键词来描述,那就是"新学科主义"。所谓"新学科主义",即主张加强基础学科、更新学科内容、提高教学质量。这反映了当时社会对于培养大量高质量专门人才和普遍提高劳动者文化、科技程度的要求。新学科主义课程运动要求加强学校的基础教育和基本训练,同时强调课程的统合,以适应社会变化及知识综合化的要求。总的来说,新学科主义课程改革运动以重视基础知识、理论、方法和技能为特征,也不忽视社会需求和个人的兴趣爱好,努力形成一种使人性、理智和社会相互协调的新型课程。

1995 年 4 月,日本中央教育审议会接受了文部大臣"关于面向 21 世纪我国教育的发展

① 汪霞.国外中小学课程演进[M].济南:山东教育出版社,2000:779.

方向”的咨询，并于次年7月发表了第一次审议报告，把在“轻松宽裕”中培养孩子们的“生存能力”作为教育的根本出发点。基于这一基本思想，教育改革的基本目标是：培养学生使之具有丰富的人性，充满生机的健康体魄，具有发现问题、自我学习、独立思考、自主判断与行动、妥善处理问题、克己自律、善于与他人协调以及迅速准确地适应社会变化的能力。为此，课程改革的重点在于：严格精选课程内容，彻底贯彻加强基础知识和基本能力的方针；推进横向的、综合的学习；调整合并现有教育课程，重新构造课程体系。

1998年，日本文部省公布了《幼儿园及小学、初中课程标准方案》。这次课程标准具体修订的内容包括：①大幅度削减教育内容、削减课时，真正给予学生时间上和精神上的“轻松宽裕”，使他们能充分进行独立思考、自主学习；②强调因人而异的教学；③加强综合学习；④扩大科目设置和选修的自由度；⑤增加国际化和信息化方面的内容；⑥加强道德教育。

这次课程改革是对20世纪80年代课程改革的继续和深化，它在改革理念上的最大特点是“把儿童作为一个活生生的自我发展的人，从人性的角度来看待学校教育的职能和教师的作用，这就是‘扶助儿童的自我发展’。这是日本自明治维新建立近代公共教育制度后，教育理念上的彻底变革，标志着日本教育从统一化向个性化转变的真正开始”[①]。

与教育理念相对应，课程设置上做了较大变动。1998年，日本文部省颁布的《学习指导要领》对小学课程做了系统的规划，首次提出将培养“生存能力”作为教育目标，为此在三年级以上新设“综合学习”课程，严选学习内容，小学课程减少了理科、算术等科目的课时数，给学校和教师更大的课程自主权，以期创造宽松的环境让学生可以研究自己感兴趣的问题，培养学生的个性和能力。

应当承认，日本从20世纪80年代延续到20世纪末的小学课程改革，确实改善了“应试教育”“灌输教育”带来的弊端，在从统一化向个性化的转变中起到了很好的作用，减轻了学生的负担，营造了宽松的教育氛围。但问题也接踵而来。事实上，这段时期的小学生学业质量严重下降。有数据表明，日本小学生在PISA测验中的成绩连续下滑；小学阶段的日本学生不懂四则运算等基础的数学知识，甚至要到大学里补课。“宽松教育”理念及其影响下的课程改革被认为是日本小学生学业质量下降的罪魁祸首，其后的一段时间，反对新课程，要求终止实施新《学习指导要领》的呼声越来越高[②]。

于是，日本从2002年开始酝酿新的小学课程改革。2002—2007年，日本政府对小学课程改革的政策进行了修正，把过去呈现弹性化和大纲化的《学习指导要领》确定为必须达到的“最低标准”，即各级各类学校必须执行的指导性的教学大纲[③]。教师可以对能力强的学生补充超出教材和《学习指导要领》规定范围的内容，允许学生课外补课、聘请家教，主张学生拓展自己的学习和家庭作业。

2008年，日本文部省重新修订了《学习指导要领》，对小学课程改革目标、内容、指导方

---

① 汪霞.国外中小学课程演进[M].济南：山东教育出版社，2000：784.

② 马德益.新世纪日本中小学课程改革阻力及调适[J].外国中小学教育，2010(2)：11—16.

③ 朱婕.中小学课程标准修订的国际比较研究[D].上海：华东师范大学，2019：44—45.

法、课时安排及教学评价等都进行了重大调整。关注“学力水平”和“生存能力”成为新课程改革的重要目标,明确提出“生存能力”由“切实的学力”“丰富的人性”和“健康的体魄”三方面构成。根据新的课程改革方案,从2011年开始,日本小学生6年总课时将达到5645节,每节课45分钟,比原来的5367节增加了约5%。其中,数学、科学等核心科目课时均增加了20%以上,日语、数学、外语、社会等课时增加超过10%,而“综合学习”时间被压缩了,三年级以上的“综合学习”时间每周减少1课时。同时,课程难度增加了,尤其是英语和数学两科,如规定小学高年级阶段必须开设用英语授课的学科课,数学学科把梯形面积计算公式等重新纳入教学内容。

2017年,日本文部省颁布了新一轮课程改革的纲领性文件《幼儿园、小学校和中学校学习指导要领》,并于2020年正式施行。新的《学习指导要领》要求学校从“资质与能力”培养的视角实现每个学生的最优发展。“资质与能力”是“生存能力”的具体化,包括“知识、技能和情谊”三个维度下的三要素:“知识与技能”“思考力、判断力与表现力”和“向学力与人性”。这三个要素贯穿于各教学科目的目标和内容之中,在2017年版《学习指导要领》中得以细化、落实和整合。为了提高学生的“资质与能力”,2017年版《学习指导要领》不但对课程内容、教学和学习方式进行了大量的改动,还增加了综合实践活动,将英语课程提前至小学开设,等等。

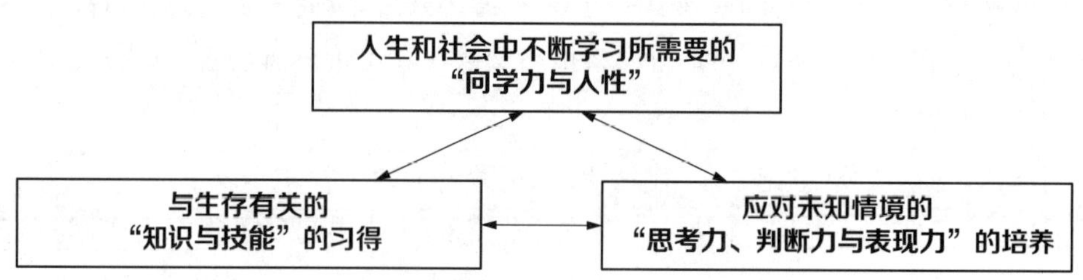

图9-1 日本小学“资质与能力”的三大要素[①]

课程内容强调“面向社会的课程”,重视课程与社会、与生活之间的联系,与此同时,注重各学科之间的关联以及各教育阶段的连续性,学习的内容和知识量在本次修订中没有削减。课程设计上不仅关注学科课程对于“资质与能力”培养的独特的学科功能,也关注跨学科课程和现实社会问题对“资质与能力”培养的作用,各学科内容相互联系,依据各学校特色设置综合实践活动和课题研究。课程设计明确各学段学生应该具备的“资质与能力”及其三要素的不同水平,注重幼儿园、小学、初中、高中各阶段的学习特点,确保课程的连贯性[②]。

新课改以学生为本,注重从学生的视角来探寻教学与学习方式,强调学生“资质与能力”三要素的培养要通过“主体性、互动式、深度”的主动学习方式来实现。“主体性学习”要求学

---

① 李婷婷,王秀红.日本新一轮基础教育课程改革新动向—文科部学省“学习指导要领”(2017)述评[J].外国教育研究,2019(3):103—116.

② 李婷婷,王秀红.日本新一轮基础教育课程改革新动向—文科部学省“学习指导要领”(2017)述评[J].外国教育研究,2019(3):103—116.

生在学习过程中结合自己的未来规划，坚持有目标地自主学习；“互动式学习”要求学生在与人合作及外界的互动式学习过程中拓展自己的认识和想法；“深度学习”要求学生运用各学科形成的“看法与想法”，发现并解决问题，形成并表达自己的想法。教师在教学中要重视学生的主动学习，依据学生个性进行多样化设计。

2017年版《学习指导要领》提出“以目标为基准”的评价理念，要求各学科均以学生“资质与能力”的培养作为评价基准，强调评价方式的多样化。学习评价从“知识与技能”“思考力、判断力与表现力”和“向学力与人性”这三个要素展开，注重学生在日常教育活动中的表现。在不同的单元和主题学习中，三个要素应根据教学过程和学习内容有所选择和侧重。评价不局限于测试和结果性评价，还应结合学习过程，通过多样化活动进行过程性评价，在评价基础上改善教学和指导计划。

从当前日本的小学课程改革来看，我们还是可以发现一些有价值并对我们有启发的地方。

第一，重视基础知识与基本素养。在2017年版的《学习指导要领》中，基础学科的课时较“宽松教育”时期有所增加。日本文部省称，增加课时并非从“宽松教育”又回到以前的“填鸭式教学”，也不是以增加教学内容为主要目的，而是为了确保学生有充足的时间去学习和探究，注重学习过程和学习质量。

第二，重视培养学生在急剧变化的社会中更好生活所必备的能力，即“生存能力”。“生存能力”的概念早在1996年就在日本中央教育审议会咨询报告中明确提出并说明其由“丰富的人性、强健的体魄和扎实的学力”三要素构成。2008年的课程改革进一步强调培养学生的“生存能力”。2017年版的《学习指导要领》进一步将“生存能力”具体化为“资质与能力”的三要素，并将三要素加以细化、落实和整合，突出“知识与技能”“思考力、判断力与表现力”和“向学力与人性”三要素之间的均衡性、结构化和关联性。

第三，课程内容强调综合性，体现真实社会情境的要求。课程改革以“面向社会的课程”为理念，认为良好的学校教育应该面向社会和世界，重视课程与社会、与生活之间的联系。强调课程要充分利用当地资源，与地区和社会合作，即“面向社会的课程”。课程设计除了明确各学科课程对“资质与能力”培养的作用外，也关注跨学科课程和现实问题对“资质与能力”培养的作用；注重各学段课程的一贯性，确保各学段之间的衔接和学习的连续性。

第四，以学生为本，支持学生成长，重视从学生视角来探寻学习方式。新课程改革对学生的学习给予了更多的关注，提出依据学生的兴趣、发展阶段等具体情况以提高学生的“资质与能力”，帮助其发展。倡导以追求学习本质为目标的“主体性、互动式和深度”的主动学习。

五、中国小学课程改革现状与特点

自新中国成立70多年以来，我国曾对小学课程进行过多次改革或调整，每次改革或调整都是依据特定的社会背景，出于特定时期的需要，试图解决小学课程、教学中存在的有关问题。若对各次的改革、调整进行细分，可以将新中国成立后至今的小学课程改革分为八个阶段。

(一) 1949—1957年:改造旧课程,建设新中国小学课程体系

这一时期共制定与修改过两次小学教学计划、三次小学的各科教学大纲,编写过两套小学通用教材。该时期又可分为两个阶段。前一阶段(1949—1952年),主要完成改造旧中国小学课程体系的任务。在新中国成立后颁布的第一个小学教学计划中取消了国民党政府规定的"党义""公民""军训"课程,规定了小学开设语文、算术、自然、历史、地理、体育、图画、音乐八门必修课程。1950年12月,成立人民教育出版社,由国家统一供应全国小学教学用书,开始了统编和统管的课程体制。第一套全国的小学教材就是人民教育出版社从已经出版的教材中选择较好的内容进行修订或改编的。

后一阶段(1953—1957年)是着眼于建设比较系统的新中国课程体系。这一阶段小学课程变动比较频繁。课程变化突出的特点是课程的时数和内容逐步精简,增设了手工劳动,力求把提高教学质量和减轻学生过重的负担,促进学生身体健康发展结合起来。人民教育出版社于1954年开始编写第二套全国通用小学教材,这套教材自1956年开始使用。

总的看来,这一时期的课程改革,在系统地总结解放初期课程设置经验的基础上,更多地着眼于探索和构建比较系统的小学课程体系,是一种以学科为中心的体系。从历史的角度看,这一体系为小学课程的进一步发展奠定了重要的基础,为新中国的教育发展带来了进步。

(二) 1958—1965年:总结经验教训,构建我国自己的课程模式

1957年开始,为纠正在学习苏联教育经验中出现的失误,总结中国社会主义革命和建设的经验,我国开始着手建立自己的教育体制。1958年,中共中央、国务院发布了《关于教育工作的指示》,规定"党的教育工作方针,是为无产阶级政治服务,教育与生产劳动相结合"。这一时期的课程改革正是在这样的教育方针指引下展开的。

1958年,教育部对现行教学计划做了必要的调整,同时要求各地因地制宜,可以酌量减少一些科目或一定科目的教学时数,除语文、数学、社会主义教育和生产劳动等科目必须开设,其他学科可以根据条件开设。但在实施过程中,出现了不少过火的、违背教育规律的做法,如随意对课程大砍大并,削弱了对基础知识、基本理论的学习和基本技能的训练;随意停课,让学生参加过多的政治运动、生产劳动等。人民教育出版社组织编写了第三套小学教材,对小学教学内容进行了大幅压缩。

在总结1958年以来经验教训的基础上,1963年又重新修订了小学教学计划和教学大纲,强调小学要重视基础知识和基本技能,语文、数学课时增加较多。人民教育出版社组织修订第四套教材。1966年"文化大革命"开始,修改后的第四套教材没有继续出版。

(三) 1966—1976年:课程发展的大倒退

"文化大革命"时期,小学正常教学秩序受到破坏,基本教材被"语录"取代,课程的科学评价标准也被取消。小学教学片面强调突出政治和联系实际,大幅度削弱基础知识,教育质量遭到破坏。

(四) 1977—1985 年:拨乱反正,恢复小学的课程秩序

1977 年党的十一大以后,我国社会主义建设事业走上了健康发展的道路,教育也很快复苏了。1978 年,教育部颁发了《全日制十年制中小学教学计划试行(草案)》,规定小学学习年限为五年。小学开设政治、语文、数学、外语、自然常识、体育、音乐、美术八门课程。新的教学计划清除了"左"的思潮的影响,剔除了到处引用语录、口号,生拉硬扯地联系政治运动、生产实际的做法。课程体系恢复了基本学科应有的地位,突出了小学阶段的基础教育性质。从全面发展的角度说,课程门类也比较齐全,小学三年级起还开设了外语。课程内容还吸收了一些现代科学技术发展的新成就,并加强了理科的实验教学。人民教育出版社组织编写、出版了配套的通用教材(第五套)。不过,这一教学计划也存在一些问题,如学制较短,只有五年,课时也较少。因此,这套课程体系是初步恢复时期的一套过渡性的课程体系。

自 1981 年起,教育工作进入调整改革的新阶段。1981 年,教育部颁发了《全日制五年制小学教学计划(修订草案)》,规定了全日制小学的学制和课程类目,制定了全国统一的教学计划和教学大纲,小学依旧实行五年制,开设十一门课程。同时,重新修订或改编五年制的小学教材。这套初步建立的课程体系,为整顿恢复教育秩序提供了标准。

(五) 1986—1993 年:小学课程改革的深化

自 20 世纪 80 年代中期开始,小学课堂改革进入了一个新的阶段。改革以实施九年义务教育制度为核心,开始向深度和广度进发,实现了课程理念、课程结构体系、课程管理上的重大突破。

1986 年,《中华人民共和国义务教育法》颁布,正式确立普及九年义务教育的制度。为适应普及义务教育的需要,国家教委于 1986 年颁发《义务教育全日制小学、初级中学教学计划(试行草案)》,规定学制分"五・四制"和"六・三制"两种。课程结构方面,分两大块,学科课程和活动(包括自习、班队会、体育活动、时事政策、班团队活动)两大块。课程管理方面,除了国家统编计划、大纲和教材外,北京、上海、浙江编写地方通用计划、大纲和教材。

1988 年,国家教委在山东召开教材规划会议,正式确立了"一纲多本"和"多纲多本"的改革方向。之后,国家教委组织力量制定了各科的教学大纲,根据教学大纲,组织编写了几套不同特色、风格的教材,并于 1990 年 9 月起在全国范围内进行较大规模的实验。至此,我国小学多样化课程方案与教材体系格局初步形成,昔日统一的课程与教材开发体制及划一的课程与教材体系已不复存在。课程改革取得了阶段性成果,课程开发方法论的转型也获得了突破性进展。

在实验过程中,逐步发现这个教学计划还有许多不足之处,主要表现在以下三个方面:①在加强德育、坚持正确的政治方向、面向广大农村、适应基础教育内部向职业教育分流的需要、因地制宜地增加职业技术教育内容等方面存在明显不足。②课程设置模式比较单一,缺乏灵活性,适应地方建设需要的课程和发展学生个性特长的课程相对薄弱。③课程内容在一定程度上脱离实际、脱离社会、脱离生活。以经济建设为中心的社会主义建设向小学课

程提出了许多新问题和新要求,如要求增加人口、环境、国防、统计等方面的知识,课程没有很好地满足这些需求。

基于存在问题,国家教委于1991年6月开始修改教学计划和教学大纲。1992年,国家教委正式颁发《九年制义务教育全日制小学、初级中学课程计划(试行)》(简称《课程计划》)和24个学科的教学大纲(试用),自1993年秋季起在全国逐步试行。

新的《课程计划》以"三个面向"和培养德、智、体全面发展的各类建设人才为指导思想,既立足于现实,又面向未来,既考虑到社会主义建设需要,也考虑到遵循学生身体和心理发展的规律,力求为学生生动、活泼、主动的发展创造条件、提供保证。调整后的课程设置有以下几方面的变化。

① 加强德育。明确提出各类课程都要进行思想政治教育的要求;安排了晨会等时间以进行时事教育。从小学三年级起开设社会课,着重进行历史、地理方面的教学,为落实和加强中国近、现代史教育和国情教育提供了课时保证。

② 课程设置增加灵活性。除国家统一安排的课程,各地还可以从当地的实际情况出发安排一小部分课程。有些课程改变了过去不顾实际情况,强求一律的做法,比如外语课程就分为两级标准,有一定的灵活性。

③ 课程内容比较全面,学科设置齐全。各门学科注意既传授知识又培养能力、发展智力。为对学生进行全面的基础教育,新的课程设置加强了美育、体育、劳动教育等薄弱环节。在"六·三"学制的课程安排中,音乐、美术、体育课的周课时总量达到了历史最高水平,共计57节,占课时总量的23.95%,劳动课的课时也比历年教学计划中的课时有所增加。

④ 课程结构趋于完整。有学科课程,也有活动课程,活动包括校内的文化、体育和科技等活动及校外社会实践活动,使课堂内外、学校内外更加紧密地结合起来;有必修课程,也有选修课程;有分科课程,也有综合课程,如社会课等,综合课程的设置有利于减少课程门类、减轻学习负担、拓宽学生的知识视野。

⑤ 通过小学的自然、社会等课程的设置,加强环境教育、人口教育。国防、交通等教育也渗透在相关学科课程和活动中进行。

⑥ 添加了职业技术教育要素。主要做法是在劳动课中培养学生良好的劳动习惯和劳动态度,掌握简单、通用的劳动技能,熟悉社会分工的各大类的情况。

用发展的眼光看,《课程计划》作为面向21世纪的育人蓝图,较以前的计划有不少改进,但仍有不合人意之处。首先,课业负担过重的问题没有得到根本性解决。由于史、地合并,小学减少了一门学科,同时还增加了一些短期课程。从课时总量看,虽然语文、数学等学科的周课时总量低于历年教学计划中的比例,但课时总量还是多。其次,地方安排的课程比例偏低,不能适应各地经济、文化的发展。再次,新课程方案在体现"健康发展个性"方面,似乎未有太大突破,需要进一步加强选修课和活动课,增加时间,放开品种,给学校和学生以更大的自由度,让学校的特色、教师的特长和学生的个性爱好得到更好的发展。

(六) 1994—1997年:适应性的课程调整

1994年6月,为减轻学生过重的课业负担,国家教委在多方听取意见,广泛调研和论证的基础上，对我国小学教学计划进行了调整。这次调整在保持小学课程计划总体结构不变的前提下，适当调整了各类课程的课时，减少了周课时总量。在这次调整中，为有利于教学秩序的稳定，各层次各类课程的变动尽可能少，避免造成课时比例大的涨落。为保证小学的德育工作和教育与生产劳动相结合的教学时间，没有调减小学思想品德、劳动课的课时；调减课时的学科有小学语文、数学、社会、自然、音乐和体育，调整后的小学学科教学每周最高时数为 26 课时；适当减少了小学活动课的课时与地方安排课程。该课程计划于 1994 年秋季开始实行。

（七）1998—2013 年：全面推进素质教育的课程改革

20 世纪 90 年代，我国小学课程虽经较大幅度的改革和发展，但从整体上看，仍难以适应社会发展变化及全面推进素质教育的要求，与人才培养需求不相适应的矛盾未得到解决。具体表现为：人才规定的多样性与课程目标单一性之间的矛盾日益突出；偏重知识记忆和学科技能，造成学生基本能力和人格发展方面的问题；地区社会的差异性与课程内容方式统一性之间的矛盾尚未解决；以选择为基本目的构建的课程内容，学习分量重、脱离实际和学生需求，使学生负担减而不轻，学生问题解决、科学探究等能力未能得以充分发展，过于强调学科及其完整性，强调面面俱到，有些科目中的少数内容尽管超出学生的接受能力，仍弃之不舍。

21 世纪是一个以知识的创新和应用为重要特征的知识经济时代，科学技术突飞猛进，国际竞争日趋激烈，国力的强弱越来越取决于劳动者的素质。面对新世纪的挑战，小学课程改革势在必行。

1998 年，教育部颁发《面向 21 世纪教育振兴计划》，要求改革教育内容和教学方法等，2000 年初步形成现代化基础教育课程框架和课程标准，新一轮课程改革的序幕由此拉开。1999 年，党中央召开了改革开放以来第三次全国教育工作会议，公布《中共中央国务院关于深化教育改革全面推进素质教育的决定》。同年，教育部出台了《基础教育课程改革纲要（试行）》，要求以培养新世纪高素质社会主义新人为旨向，由此开启了素质教育的伟大征程和课程改革的转型发展。

经过充分的酝酿，《国务院关于基础教育改革与发展的决定》于 2001 年公布。为贯彻《中共中央国务院关于深化教育改革全面推进素质教育的决定》和《国务院关于基础教育改革与发展的决定》等文件精神，也为宏观指导和统筹推进课程改革，教育部决定组织制定"基础教育课程改革纲要"。通过反复的协商、讨论，在对世界各国课程改革趋势和政策进行比较分析，对我国课程实施现状调查研究的基础上，总结了改革开放以来我国基础教育课程改革的经验，广泛听取了各方面的意见，集中了众多专家、学者及一线教师的理论思考与实践经验。

2001 年 7 月，教育部正式出台了《基础教育课程改革纲要（试行）》（以下简称《纲要》），以基础性、开放性、民主性和个性化为原则对课程结构、内容、决策、开发、实施、评价等提出了系统的改革方案。依据《纲要》的精神，新一轮基础教育课程改革实验于 2001 年秋学期启动。教育部确定了 27 个省、自治区、直辖市的 38 个国家级课程改革实验区。2002 年秋季，国家级实验区增加到 29 个省、自治区、直辖市的 42 个，另外设置省级实验区，省级实验区以县（市、区）为单位，总计约 470 个。2003 年秋季，全国又有 1 072 个县（市、区）进入新课程试验区,参与新课程的学生总数占同年级学生数的40%—50%,新课程进入从点向面过渡的阶段。2004年秋季,全国范围内有2576个县(市、区)实施义务教育新课程,约占全国总县(市、区)数的90%。2005年,义务教育阶段起始年级全面实施新课程。

为适应新时期全面实施素质教育的要求,中共中央、国务院于2010年颁布了《国家中长期教育改革和发展规划纲要(2010—2020年)》,明确了新时期推进课程改革的任务要求。为进一步落实课程改革理念,教育部于2011年重新修订了义务教育阶段的课程标准,提出了德育为先,各学科有机渗透;能力为重,知行结合;尊重学生身心发展规律等要求。这一轮课程改革开始呈现人文关怀意蕴;更加注重课程的综合性、建构性,加强了课程内容与社会生活与科技发展的联系;贴近学生个体,注重学生的个体生活经验,倡导探究式教学与合作式学习,以期培养学生的探索精神。

(八) 2014年至今:课程改革蓬勃发展

2014年3月,教育部在《关于全面深化课程改革落实立德树人根本任务的意见》中,将社会主义核心价值观纳入综合素质评价体系,提出研究制定学生发展的“核心素养体系”,突出强调个人修养、社会关爱、家国情怀,更加注重自主发展、合作参与和创新实践;要求统一编订三门小学教材,即小学道德与法治、历史和语文学科,强化了国家对这三门课程的管理和控制;提炼出不同学科的核心素养,并围绕学科核心素养修订课程标准;在课程评价上,加强了学业质量管理和国家统一考试力度。2015年9月,国务院办公厅印发《关于全面加强和改进学校美育工作的意见》,要求统筹整合学校与社会美育资源,大力改进美育教育教学。这些举措为创建育人为本的课程制度奠定了基础。2016年10月,中共中央办公厅、国务院办公厅印发的《关于加强和改进新形势下大中小学教材建设的意见》从制度层面强化了教材建设的国家意志。从2019年开始,义务教育所有年级三科教材全部使用统编教材。2017年1月,中共中央办公厅、国务院办公厅颁布的《关于实施中华优秀传统文化传承发展工程的意见》提出,要以课程教材建设为抓手,开展传承和发展中华优秀传统文化的学校教育。2017年1月,教育部印发《义务教育小学科学课程标准》。同年9月,又印发了《中小学综合实践活动课程指导纲要》,规定综合实践活动是国家义务教育规定的必修课程。2020年3月,中共中央、国务院发布《关于全面加强新时代大中小学劳动教育的意见》,要求根据各学段特点,在大中小学设立劳动教育必修课程,系统加强劳动教育。中小学劳动教育课每周不少于一课时,学校要对学生每天课外校外劳动时间做出规定。小学低年级注重围绕劳动意识的启蒙,让学生学习日常生活自理,感知劳动乐趣,知道人人都要劳动。小学中高年级则是注重围绕卫生、劳动习惯养成,让学生做好个人清洁卫生,主动分担家务,适当参加校内外公益劳动,学会与他人合作劳动,体会到劳动光荣。2022年,为全面落实立德树人根本任务,进一步深化课程改革,教育部印发了《义务教育课程方案(2022年版)》和语文等16个课程标准,并于2022年秋季学期开始执行。本次义务教育课程修订是在现行课程基础上做出的调整和深化,进一步完善了义务教育培养目标、课程设置和实施要求。具体来说呈现出以下特点。

第一,明晰新时代的人才培养目标。新的义务教育课程方案明确回答了“培养什么人、怎样培养人、为谁培养人"这一根本问题，对习近平新时代中国特色社会主义思想，中华优秀传统文化、革命文化、社会主义先进文化进课程教材，进行了系统设计和落实。在培养目标上，体现了时代要求，落实立德树人，培育和践行社会主义核心价值观，聚焦核心素养，促进学生德智体美劳全面发展，培养学生具有爱国主义、集体主义精神，热爱社会主义，继承和发扬中华民族的优秀传统和革命传统；培养初步的创新精神、实践能力、科学和人文素养以及环境意识；掌握适应终身学习的基础知识、基本技能和方法；培养健壮的体魄和良好的心理素质，养成健康的审美情趣和生活方式，成为"有理想、有本领、有担当"的社会主义建设者和接班人。

第二，强化九年一贯制合力育人。新课程方案改变修订前各学科自行确定课程理念、整体统筹不够的问题，强化课程设置、课程标准、教材以及教学等各个环节的内在关联，促进九年一贯育人合力的形成①。新课程方案将义务教育作为一个整体，"加强一体化设置，促进学段衔接，提升课程科学性、系统性"②。

第三，促进课程设置的均衡性。本次课程修订依据义务教育阶段"三有"时代新人培养目标，各门课程凝练了课程核心素养和课程目标，凸显各门课程的独特育人价值和共同育人价值。新课程方案旨在促进学生德智体美劳（五育）的全面发展，而全面发展就要求小学课程设置要保持适当的比例，因为每一门学科都有着其独特的育人价值，是其他学科无法代替的。在新的小学课程结构中，学科课程与经验课程并重，分科课程与综合课程并重，必修课程与选修课程并重。同时，对学校中各门具体学科之间的比重进行调整，降低语文、数学等课程的课时数，语文学科所占比例由原来的24%降低到现在的20%—22%，数学学科由原来的16%降到13%—15%。这些课程空间让给了其他学科，对长期处于弱势和边缘地位的体育、美育、劳育学科重新布局，并设置了校本课程和综合实践活动。均衡的课程设置为构建"五育融合"的教育生态提供了最基础的课程保障。

第四，增强课程的综合性、实践性和选择性。新的小学课程注重经验，强调对学科知识、社会生活和学生经验的整合。具体做法分为三种：一是改革综合性学科，如整合原品德与生活、品德与社会为"道德与法治"，改革艺术课程设置，以音乐、美术为主线，融入舞蹈、戏剧、影视等内容，科学和综合实践活动开设时间提前至一年级。二是设立"跨学科主题学习"活动，加强不同学科之间的整合和融通。新的课程方案提出各学科以本学科为载体，用不少于10%的课时开展"跨学科主题学习"，具有明显跨学科性的综合学习得到加强。三是在各科中增加实践活动的内容，强调"做中学、用中学、创中学"，利用主题探究、研究性学习等方式组织学生开展社会实践、服务性劳动和职业体验等实践活动，引导学生参与学科探究活动，经历建构知识、创造价值过程，体会学科思想方法，培养学生发现问题、分析问题、解决问题的能力以及交流合作的能力，增强学生社会责任感，并逐步形成创新精神与实践能力。

第五，加强课程的选择性。现行的小学课程提供各门课程课时的弹性比例和地方、学校自主开发或选用课程的空间，增强课程对地方、学校、学生的适应性，鼓励各地发挥创造性，

① 崔允漷，王涛. 培根铸魂启智润心——《义务教育课程方案(2022年版)》解读[J]. 全球教育展望，2022(4)：6—7.

② 中华人民共和国教育部. 义务教育课程方案(2022年版)[M]. 北京：北京师范大学出版社，2022.

办出特色学校。其中,地方与学校课程的课时和综合实践活动的课时共占总课时的 14%—18%。这给学校自主开发课程提供了极大的空间,鼓励各地发挥创造性,办出特色学校。

第六,强化以核心素养为导向的质量观。本次修订明确了义务教育阶段学业质量内涵,提出核心素养发展的学段学习要求,确保学业质量可评可测。学业质量标准重点描述了各学段学业成就的典型表现,尽可能覆盖核心素养的所有维度,体现了"什么情境""完成什么任务"或"具有什么表现"的要求和特点①。

当然,21 世纪以来小学课程在实践过程中也遇到了一些问题,最主要的是小学生的学业负担问题。学生学业负担过重现象一直困扰着我国的基础教育改革和发展,至今仍未能从根本上得到有效遏制,有的地方甚至还相当严重,成为我国全面推进素质教育、培养拔尖创新人才和优秀劳动者的严重阻碍,是亟待解决的一个重要且紧迫的问题②。

为此,党和国家出台了多项相关政策以解决学生学业负担过重的现实问题。2000 年,教育部发布《关于在小学减轻学生过重负担的紧急通知》,提出学校要严格按照规定的课程计划,依据儿童学习和生活规律均衡安排课程和作息时间。2001 年,国务院发布《关于基础教育改革与发展的决定》,提出继续减轻中小学生过重的学业负担,保证学生身心健康成长。2010 年,国务院颁布《国家中长期教育改革和发展规划纲要(2010—2020 年)》,明确了减负的重点在小学,指出减轻学生学业负担是全社会的共同责任,要标本兼治,综合治理,从体制机制、课程改革、招生考试、校外培训等方面全面减负。2013 年,教育部发布《小学生减负十条规定》,明确提出阳光入学、均衡编班、"零起点"教学、不留作业、等级评价、严禁违规补课等,是标本兼治学业负担的"阳光规定"。2017 年,国务院印发《国家教育事业发展"十三五"规划》,将减负单独列出,提出要"建立学业负担监测机制,切实减轻中小学生过重课业负担"。2018 年,教育部办公厅等四部门联合发布《关于切实减轻中小学生课外负担开展校外培训机构专项治理行动的通知》,国务院办公厅发布《关于规范校外培训机构发展的意见》,教育部等九部门印发《关于印发中小学生减负措施的通知》,从学校办学、校外培训机构管理、家庭教育责任和政府监管等方面具体提出了 30 条减负措施。2021 年,中共中央办公厅、国务院办公厅印发《关于进一步减轻义务教育阶段学生作业负担和校外培训负担的意见》。密集的政策文件的出台进一步加大了减负力度,明确并强化了政府、学校、家长、校外培训机构等各方责任,引导全社会树立科学教育质量观和人才培养观,以切实减轻违背教育教学规律、有损学生身心健康的过重学业负担③。2023 年,教育部办公厅印发《基础教育课程教学改革深化行动方案》,要求"转变育人方式,坚决扭转片面应试教育倾向,促进学生德智体美劳全面发展"。提出"学校以促进学生全面而有个性地发展、健康成长为目标,高质量落实国家课程,建设校本课程,将课程理念、原则要求转化为具体的育人实践活动,构建体现学校办学

---

① 吴刚平,安桂清,周文叶.新方案·新课标·新征程:《义务教育课程方案和课程标准(2022 年版)》研读[M].上海:华东师范大学出版社,2022:5—6.

② 项贤明.七十年来我国两轮"减负"教育改革的历史透视[J].华东师范大学(教育科学版),2019(5):67—79.

③ 殷玉新,郝健健.新中国成立 70 年来我国学业负担政策的演进历程与未来展望[J].首都师范大学学报(社会科学版),2019(6):172—179.

特色的课程育人体系，注重持续优化”。同期发布的《关于加强中小学地方课程和校本课程建设与管理的意见》则要求进一步确定国家课程各科目在各学段的周课时上下限，体现学段差异；明确地方课程门类数量、年级或学段分布、课时分配，注重统筹课内外学习安排，明确考试评价改革的方向、原则与基本任务。

目前，“减负”始终是小学课程改革应予以关注的一个话题。很多学校也在积极探索如何减轻学生负担，有些还取得了成功的经验。

案例 9-1

变革“敏乐”作业超市切实推进减负增效：以数学教研组作业研究为例[①]

“敏乐”作业超市是上海市闵行区中心小学一直以来实施的分层作业模式。自“双减”工作开展以来，进一步深化作业的改革。学校兼顾学生的不同需求，将作业分为“乐学基础营”“善思拓展台”“个性加油站”三个部分。

1. “乐学基础营”——做好课堂的小助手

“乐学基础营”是“敏乐”作业超市的第一个部分。在设计这部分练习的时候，定位为对课堂的补充练习。希望通过练习的巩固，将每节课的学习重点掌握得更为扎实。“双减”之下，如果学生需要完成书本和练习册的全部练习，时间会比较紧张，不能留出深入思考的时间。所以，我们会对书本和练习册的练习做整体的安排调整，将同类型的练习进行精简，再补充适合班级学情的不同练习。

2. “善思拓展台”——做好思维的小提升

“善思拓展台”是“敏乐”作业超市的第二个部分，是学生个性化选择的一个部分。这部分的作业内容由三部分组成：一是教师提供的综合性作业。教师会选择一些综合性的练习，或是练习册上的B级题放入这部分练习中，学生可以根据当天作业的完成情况和自己的需求自主选择。二是学生自主提供的趣味练习。学生在自主学习的过程中，如果收集到一些有趣、有益的数学练习，可以到学校进行面向班级的互动交流。三是数学拓展阅读。学生可以选择将这部分时间用在数学阅读上，拓宽在数学学习上的视野。

3. “个性加油站”——做好知识的小巩固

“个性加油站”是“敏乐”作业超市的第三个部分，同样也是学生个性化选择的一个部分，其中选取的题目均来自学生之前的错误解答。这一部分也不是面向全体学生的，而是有需求才做。这在很大程度上避免了出现重复、机械性的作业方式，将宝贵的时间用到学生真正适合的、有效的作业中去。

---

① 郑莹莹. 变革“敏乐”作业超市切实推进减负增效：以数学教研组作业研究为例[J]. 上海教育，2022(Z1)：139.

第三节 小学学习方式的变革

当前,无论是教育研究者还是教育实践者,都对“学习”这一话题予以了高度关注,以教为中心的课堂模式正在悄然发生着变化。小学学习的本质究竟是什么?小学学习方式将发生何种变化?国外小学学习的样态是怎样的?这些问题都是学习领域的重要话题。

一、小学学习的本质

“学习”是一个我们日常生活和工作中频繁使用的词汇,然而对学习进行系统研究,则于20世纪上半叶才兴起。学者们关于学习本质的研究,大体上从心理学、教育学以及文化学这三个视角展开。

(一) 心理学视角下的学习

在心理学视角下,学习是有机体适应环境的一种手段。不同的心理学派对学习赋予了不同的定义。行为主义心理学将学习定义为通过环境中的刺激和反馈来形成习惯性行为的过程;认知主义心理学认为学习是获取知识和信息,以及将其整合进已有知识结构的过程,学习过程是个体主动建构知识的过程;在社会文化心理学中,学习被视为与他人的互动和参与社会实践紧密相关的过程,强调学习与社会文化环境的密切关联;人本主义心理学认为学习是一种主动追求个人成长和实现潜能的过程,学习不仅仅是为了获得知识,而更是为了实现自我价值和意义的追求。这些心理学派别对学习的定义反映了不同的观点和研究方法,帮助我们更全面地理解学习过程及其在人类行为和心理发展中的重要作用。

(二) 教育学视角下的学习

在各类教育活动中,学习是最具有直观性的活动,也是人们关注最多的活动。学校和教师所施加的教育影响有没有起到预期的作用,通过对学习的观察就可以得出基本的结论。从教育学的视角来看,学习主要是研究课程与教学是如何发生作用的。在新一轮科技与产业革命的背景下,培养学生21世纪核心素养已经成为当前世界各国的广泛共识。我国正在进行的基础教育课程改革也把核心素养的培养作为落实立德树人教育方针的重要路径。张华教授从学习的角度提出,只有当学生把知识看作探究与实践对象的时候,学习的过程才是发展素养的过程①。由此可见,在教育学的视角下,学习不再是学生机械地记忆书本内容的过程,而是一个探究未知世界的过程。

(三) 文化学视角下的学习

从文化学的视角看,学习不仅是知识的获取,也是一种社会行为,与特定的文化背景紧密相连。一方面,文化传承对学习产生极其重要的影响,教育者在教学过程中会无意识地传

---

① 张华.论核心素养的内涵[J].全球教育展望,2016(4):10—24.

递其文化中的认知结构、思维方式和行为模式。另一方面，学习也是文化创新和演变的关键动力。随着知识的积累和技能的提升，个体可能会对现有文化的某些方面质疑，进而推动文化的进步和改变。可以说，文化和学习是互动、互相影响的双向过程①。理解这种相互作用有助于我们设计更符合文化背景的教育策略，以及更全面地理解社会变迁和文化演变。

在文化学视角下，学习被视为一种社会化过程，强调社会、文化环境对个体学习的影响。不同的文化环境会产生不同的学习模式和学习方式，通过这些方式，个体获取并掌握社会文化的知识和技能。当地文化背景下的学习可以加强个体的身份认同和社区凝聚力，而多元文化下的学习环境可以增进不同文化间的理解与交流②。因此，教育者应该重视和理解各种不同的文化背景，以此推动更有意义、更有深度的学习过程。

当然，以上三种视角只是主要的研究视角，对学习本质的研究，还在持续地进行着，也因此不断为我们提供一些新的思路。例如，站在脑科学的角度来看，学习的本质就是人脑神经元之间不断地建立连接的过程③。

关于学习的本质研究的基本回顾，有利于我们进一步去理解小学学习。我们可以同样站在心理学、教育学、文化学等不同的视角，把小学生的学习过程理解成小学生不断积累经验从而引起行为、能力和心理倾向的持久变化的过程，理解成小学生主动探究未知世界的过程，理解成实现个体与群体互动的过程。这些不同视角所见并不矛盾，只是从不同侧面反映了不同的认识而已，当我们要真正理解小学学习本质的时候，从多个角度出发去看，会避免走入以偏概全的误区。

二、小学学习的改变：参与式学习

（一）当前小学学习存在的问题

当前，我国很多小学都在深度推进课程与教学改革，学生的学习方式也在发生着积极的变化，但仍存在一些有待改进的地方。从观念上来看，仍然没有理解核心素养的真正内涵，沿用传统的知识观，把现有的书本上的知识看成教学的唯一起点，忽视了人的发展。在传授知识的过程中，仍以教师讲授为主，忽视了学生的主动性，由此，学习的主动权离学生越来越远，课堂的主动权在教师身上。有研究指出，这会带来两个方面的问题："一是教师是否真正愿意和真正能够把知识教给学生……二是学生是否真正愿意和真正能够得到教师所给予的知识。"④这种担心不无道理，如果没有学生的参与，任何学习都是与主体相割裂的，教师最后也会在这种缺乏对话与互动的工作情境中失去工作的热情。因此，让学生真正参与到学习中来，成为当前改变小学生学习状态的紧迫任务。

---

① ROGOFF B. The cultural nature of human development [M]. New York: Oxford University Press, 2003:2.

② BANKS J A. Diversity, group identity, and citizenship education in a global age [J]. Educational research, 2008, 37 (3):129－139.

③ 周加仙. 教育神经科学的使命与未来[M]. 北京：教育科学出版社，2016：55—65.

④ 陈时见. 参与式教学的内涵特征[J]. 教师教育学报，2014(4)：108—111，124.

(二) 参与式学习及其意义

美国心理学家班杜拉(Albert Bandura)提出了社会学习理论,在其理论体系中,人类的学习分为替代式学习(vicarious learning)和参与式学习(participatory learning)。

替代式学习是学生通过观察他人的行为来习得经验,参与式学习则是学生在亲身参与和实践的基础上实现个体与环境、群体之间的互动来习得经验。在当前背景下,小学阶段需要学习的内容比较丰富,替代式学习必不可少,但不能把替代式学习作为唯一的学习方式,参与式学习能够让学生获得深度体验,对人的发展有其独特价值,必须重视参与式学习在小学阶段的应用。

参与式学习强调学生在学习过程中的积极参与和互动,这是提高学习效率和效果的重要手段。由于参与式学习在一定程度上就是学生的主动探究,于学生而言,参与的过程就是对学习内容主动建构的过程,故能够极大地提高学生的学习动力①。此外,参与式学习能够促进学生的批判性思维发展。当学生参与到探究和讨论的过程中,他们将被鼓励去提问、评估和重塑知识,提升对知识的理解和掌握程度,培养独立思考的能力②。再者,参与式学习还有助于社会技能的培养。学生在团队合作和交流讨论中,可以学会倾听、理解他人观点,以及有效地表达自我观点的能力③。这些非智力因素又进一步促进了智力因素的发展,形成了一种良性的互动模式。

(三) 参与式学习的具体策略

参与式学习的具体策略包括自主探究、问题讨论、适时指导、展示评价等。

1. 自主探究

小学生在学习书本知识的过程中,鼓励他们联系生活实际,在生活中发现相关联的问题。围绕这些真实的问题,学生可以形成一些猜想,并以自己的方法去验证猜想,从而找到问题的答案。例如,在一所小学里同时种下两棵桂花树,到了秋天,一棵桂花树长势茂盛,花香四溢,另一棵则濒临枯萎,生机全无。这让同学们感到疑惑,也产生了浓厚的兴趣:为什么两棵树会有这么大的差异?教师抓住这个契机,让同学们猜一猜,说说引起这个现象的原因可能是什么。于是,同学们就七嘴八舌地说开来了,有的说是因为水浇得太少了,有的说是施的肥太少了,有的说是因为被虫子咬的,有的说是因为小朋友们经常来树下捣乱……教师并没有告诉学生答案,而是让大家围绕自己的猜想去设计一个验证的方案,经过讨论后将其付诸实践,最终得出了他们想要的答案。这个过程就是学生进行自主探究的过程,他们自己发现问题,并自己解决了问题,在这个学习过程中,学生就是采用了一种参与式的学习方式。

---

① 赖小林,丁振源.“做中学”:作为儿童科学教育的一种形式[J].教育研究,2005(6):89—93.

② FREEMAN S., et al. Active learning increases student performance in science, engineering, and mathematics [J]. Proceedings of the National academy of sciences, 2014, 111(23): 8410 - 8415.

③ PRINCE M. Does active learning work? a review of the research [J]. Journal of engineering education, 2004, 93(3): 223 - 231.

2. 问题讨论

参与式学习的另一种具体策略就是问题讨论，即围绕着一个话题，教师鼓励每个学生形成自己的想法，让学生把自己对现象的看法、自己的理解、自己理解问题的方式和思路等都充分表达出来。当学生愿意去表达，愿意参与到对话题的深度讨论的时候，他们就已经全身心地参与到学习中了。在一次道德与法治课教学中，教师为了让学生更好地理解世界各国的差异，就选了几位同学，每位同学作为一个国家的代言人来介绍一下自己所代表的国家。交流过程中，每个“代表”都以“我们国家”的口气来介绍，当别人对他们所代表的国家提出一些发展中的问题时，“代表们”则能够头头是道地分析出前因后果，给出具体的发展建议和发展规划。在这个学习过程中，学生需要提前主动去搜集大量的有关国家的信息，整理出一个清晰的思路。在讨论过程中，他们已经完全沉浸于那样的氛围里，这比教师的任何传授都更加有效。当然，这种问题讨论的具体策略需要一定的条件支撑，包括确定一个好的话题，创造一种能引起学生讨论兴趣的心理空间，指导学生查找资料，给学生一些正向的鼓励，等等。

3. 适时指导

学生的参与式学习，并不意味着教师的“不在场”，如果教师完全对学生不闻不问，那么这样的参与式学习也是毫无教育价值的。事实上，教师应该成为学生参与式学习的组织者、指导者和帮助者。其中，教师的适时指导尤为重要。教师的指导可以分为三个方面：一是学科概念范式的指导。学生的参与式学习需要一定的知识基础的储备，比如一个学科的特殊符号、基本概念和原理等，这是人类探索未知世界形成的一套共识，学生无法依靠自身经验去掌握它，需要教师指导学生去掌握这些内容。教师对学科概念范式进行指导，正是把学生的认知和人类的认知连接起来的一座桥梁，是学生参与式学习的前提。二是方法的指导。在学生参与式学习的过程中，学生如何提出和表述一个问题，如何使用观察、实验、访问等方式去搜集数据，如何记录自己的发现，如何以思维导图或一篇短文来描述自己的学习经历，等等，都离不开教师的指导。教师是学生学习过程中的脚手架，“授人以鱼不如授人以渔”，学生系统地掌握了方法以后，就能在各个学习领域中一展身手，受益终身。三是交往的指导。站在社会学的视角来看，课堂就是一个人际交往的场所，人与人之间的言语交往、符号交往、心理交往等无处不在，而一定空间里的人数越多，交往则越复杂。目前，国内的小学规模普遍较大，限于校舍、教师数量等因素的制约，几乎都采用大班额制，一个班级里通常有四十几个学生，他们和教师共同构成了交往的主体。参与式学习离不开主体间的交往，例如：一个学生在发言的时候，别的学生应该如何倾听？在小组合作的过程中，学生之间应该怎样共同完成一个任务？诸如此类，不胜枚举。良好的沟通和交往是保证学生参与式学习能够顺利进行下去的基础，可以让学生获得愉悦的情感体验，而这些技能也需要教师对学生进行指导。

4. 展示评价

学生采用参与式学习的方式，常常会产生精彩的学习结果，这种学习结果往往又具有个性化的特点。在一定范围内对这些学习结果进行分享和交流，是非常重要的一个环节。如果教师为了赶教学进度，认为展示评价会浪费宝贵的教学时间，从而忽视了对学习结果的展示评价,那势必会影响学生进行参与式学习的积极性,也阻碍了学生对所习得经验的进一步提升。因此,教师需要改变观念,尽可能在学生完成主动探究、问题讨论等学习环节之后,让学生以合适的方式把自己最终的学习结果在小组或班级进行展示。目前,大班额的现状可能难以保证每个学生都有展示的机会,那么,引入信息技术平台,则能快速实现成果展示,在教师的点评指导下,学生的经验将得到进一步的提升和完善。

案例 9-2

“一对一”环境下一般现在时语法复习课①

和传统教学相比,信息交互体现在人机交互、师生交互和生生交互中,它主张学生通过多种渠道获取知识,不仅注重学习成果,而且关注师生之间、生生之间的多向交流。

本节课借助了学习平台应用支持,实现了“一对一”数字学习环境。具体是指让每位学生拥有一套数字化设备(本堂课使用了 Ipad),同时享受这套设备提供的各种平台和资源,进而在教师指导下开展有效的学习。

课堂伊始,教师利用平台“翻翻卡”功能让学生自主选择网友,并对择友理由进行投票。随后,教师精心设计了视频、微信语音、聊天记录、邮件等多种方式,让学生自主、个性地选择资源包学习,一起了解新网友 Alex 的基本信息、家庭情况、兴趣爱好和周末活动,利用信息差,鼓励学生口语表达分享交流。

本节课中还运用了数据统计、小游戏、在线词典、上传照片、点赞等学生喜闻乐见的方式。人机互动的过程,不仅提高了信息技术运用能力,还极大提升了学生学习兴趣。从教师让学生学变为学生自己主动学。

信息技术为师生提供了个性化练习的平台。教师利用分类苹果—装篮的游戏,针对动词的第三人称单数形式变化进行练习,并设计短文填词的交互作业,进一步巩固学生对一般现在时情况下动词形式的变化的掌握。

通过数据统计发现,学生关于“否定形式—动词原型”(doesn’t work)错误率为80%,因此教师再次讲解语法知识点,帮助学生巩固语法规则。

然后,教师借助信息技术,创设了新颖的主题语境,改变了传统语法学习的内容。

交网友的真实语境贯穿于整堂课的每一环节,以认识 Alex 为抓手,用真实的交际活动增强学生对语用的体会和感悟。利用结交新网友这一主题语境,结合了教材五年级上册的各个单元内容,并整合了使用一般现在时的话题。

学生在这样的个性化学习、自主学习和合作学习中,增加了自信,加强了英语交流和表达的欲望,进一步掌握了一般现在时的知识点。

① 本案例节选自常州市博爱小学王姹萍老师提供的案例并有少量修改。

例如，在认识Alex环节中，教师引导学生对Alex进行信息询问：

师：Since we know little about Alex, what do you want to know about Alex? Can you ask some questions?

生1：Where does he come from?

生2：How old is he?

生3：Alex, what do you do?

生4：Is he an American?

生5：What does he like doing?

生6：What does he do at weekends?

生7：Alex, how many people are there in your family?

……

学生带着这些问题，打开平板自主、个性化地学习和同桌交流后，基于获得的信息，用创编对话或短文汇报的方式，与大家分享关于Alex的信息。教师在学生的对话、汇报中板书重点句型：肯定句："He always goes to the park."；否定句："He doesn't work at weekends."；疑问句："Where does he live now?"。

基于板书，师生回顾一般现在时的定义、结构、功能、易错点等内容，共同建立思维导图。

学生在这样的师生交流、生生交流中，梳理了语法知识点，从机械地听规则、记规则，变为主动建构语法知识网络，形成自己的语法复习体系，提升综合语用能力。

信息技术对数据的及时反馈的这一优势，为课堂提供实时导向，师生可以根据数据反馈及时掌握课堂动态。

例如，教师可以设定择友观的有关问题让学生先后两次进行投票，并对比两次在线投票结果。教师基于数据和学生进一步讨论："From the new data, we know that more students choose the reason 'hobby' instead of 'appearance'."。学生数据的变化说明教师成功引导了学生的择友观。课堂最后，教师设计创新写作的环节，让学生先选择网友，然后模仿范文进行写作。从而进一步引导学生在交网友的时候，应充分了解他人信息后，并注意甄别真假，从而实现了学科的育人价值。

三、国外小学学习方式的变革

（一）项目式学习

项目式学习（Project-Based Learning，简称PBL）是一种以学生为中心的教学方法，强调学生通过实践和探索来获取知识和技能。它最早由美国教育学家克伯屈（William H.

Kilpatrick)提出,但在很长一段时间内并没有引起人们的注意,直到 20 世纪 90 年代,人们才开始广泛关注项目式学习。汤马斯(John W. Thomas)认为,项目式学习是学生为了解决一个真实问题,使用了整理信息、问题分析等策略,最终产生经验的过程。这一概念尽管有点宽泛,却道出了整理信息、问题分析这些项目式学习的关键节点。

在项目式学习中,学生通常会围绕一个复杂的问题或挑战进行深入研究,然后设计和实施一个解决方案。项目式学习的最重要特征是学生在与真实情境互动的过程中形成自己的产品①。还有学者认为,无论是以个体的形式还是以合作的形式,只要是解决复杂问题,都应该使用项目式学习②。

实际上,对于小学生学习来说,项目选择、项目计划、项目研究、产品制作等是项目学习最主要的环节。

第一,项目选择。项目式学习首先是要选择一个合适的项目,这种项目既可以由教师提供,也可以是学生基于对某些现象的观察、思考而产生的;可以与某个学科高度相关,也可以是跨学科甚至是超出具体学科的。例如,小学生围绕"我们城市中的博物馆"这一主题而选择的项目,就是超出具体学科的。

第二,项目计划。学生围绕选定的项目要制定一个研究计划,主要包括:通过研究要解决什么问题,用什么样的方法去解决这些问题,解决问题的过程可能会碰到哪些困难,研究的过程需要哪些支持,资料如何收集,最终的研究结果以怎样的形式呈现,等等。项目计划主要是为后面的研究行动提供一个蓝图,所以项目计划需要经过学习小组讨论,也离不开教师在此过程中对学生的指导。

第三,项目研究。设计并完善好项目计划后,学生就可以进入项目研究的正式阶段了,这是项目式学习中非常重要的环节,也是他们把自己的认知转化为实践的过程。项目研究的场所可以是教室、实验室、图书馆,也可以是校外的博物馆、工厂、商店等。在项目研究过程中,经常需要教师或者家长志愿者参与进来,帮助小学生解决实际遇到的困难,教师需要提醒学生做好研究记录,更需要关注学生的生活、安全等问题。例如,很多教师认为,带领小学生外出研究时,最重要的是要让学生知道洗手间在哪里。

第四,产品制作。以完成项目的方式来进行学习,最终都要形成具体的产品,这是项目式学习最重要的特点之一。产品的形式可以多种多样,例如,在充分研究的基础上,制作出一件手工艺品、完成一篇小论文、撰写一份实验报告、设计出一个学校门口道路的绿化改造方案并提交给市政厅等,都可以视为一件产品。

项目式学习的有效性已经得到了大量研究的证实。采用项目式学习的学生在科学成绩

---

① MCMAY D V, GRADEL K, SCOTT C. Using problem based learning to develop class projects in upper level social science courses: a case study with recommendations [J]. Creative education, 2013(4):62-70.

② FISHER D, KUSUMAH Y S, DAHLAN J A, Project-based Learning in mathematics: a literature review [J]. Journal of physics: conference series, 2020(2):1-7.

上显著优于传统教学方法的学生①。此外，项目式学习可以提高学生的动机和参与度②。然而，项目式学习也面临一些挑战，如教师需要更多的准备时间，以及评估学生学习成果的复杂性③。尽管如此，项目式学习仍被认为是一种有潜力改变教育的重要学习方式。

（二）合作学习

合作学习（collaborative learning）有时也翻译为“协同学习”。钟启泉教授曾在界定这个概念时提出：通过数人的交互作用相互学习谓之“协同学习”，“协同”是以成员之间的异质性、活动的多样性为前提，通过与异质的他者交互作用而形成的活动状态④。也就是说，在合作或协同学习的时候，学生是自带了各自经验的，这种经验在学习过程中并不被排斥，相反，是学习过程中的一种重要资源。从某种意义上来讲，合作学习的本质就是分享彼此之间经验的过程。因此，学生之间的差异越大，学习的价值也就越大。日本著名学者佐藤学教授曾提出，协同学习与分组学习、集体学习之间的最大差异在于，前者追求的是尊重个体的思考和见解的多样性，而后者追求的则是小组内或者集体内的一致性⑤。

国外在小学阶段进行合作学习时关注的是共同的话题、异质的分组、观点的表达。

第一，要有共同的话题。教师结合教材上的内容，找到学生都感兴趣的话题。例如，结合小学科学课兔子胚胎的有关知识形成了“生命是如何诞生的”这一话题。全体学生都对此话题有极大的兴趣，每个学生对此也都有着自己的认识，继而，合作学习就可以深入开展下去了。共同的话题如何产生？它既可以是教师在充分调查学生兴趣的基础上结合教材内容去设计的，也可以是在课堂教学过程中教师与学生对话时即时生成的。

第二，要有异质的分组。异质的分组是合作学习的最重要特征之一。合作学习的主体，可以来自同一个班级内，也可以来自不同班级，甚至可以来自不同学段。例如，佐藤学教授在一项研究中将小学与幼儿园、中学放在一起组成复式班级，并且按照高年级的水平进行教学，其结果是实现了优质的具有发展性的协同学习，培养了学生遥遥领先的高学力⑥。同样，在芬兰、加拿大、澳大利亚等国家的一些小型学校中，通过复式班级来组织合作学习的学生也都在 PISA 测试中取得了高分。异质分组时最重要的是要关注学生个人对相关问题的理解，强调每个学生的参与。

第三，要有表达各自观点的机会。在合作学习的过程中，如何才能让每个学生参与进来？这就需要为每个学生提供充分表达自己观点的机会。例如，可以通过讨论、辩论的方

---

① GEIER R, et al. Standardized test outcomes for students engaged in inquiry - based science curricula in the context of urban reform [J]. Journal of research in science teaching, 2008, 45(8), 922 - 939.

② HAN S, CAPRARO R, & CAPRARO M M. How science, technology, engineering, and mathematics (STEM) project - based learning (PBL) affects high, middle, and low achievers differently: the impact of student factors on achievement [J]. International journal of science and mathematics education, 2015, 13(5): 1089 - 1113.

③ ERTMER P A, & SIMONS K D. Jumping the PBL implementation hurdle: supporting the efforts of K - 12 teachers [J]. Interdisciplinary journal of problem - based learning, 2006, 1(1): 40 - 54.

④ 钟启泉.“协同学习”的意涵[J].基础教育课程，2014(15)：73.

⑤ [日]佐藤学.学校的挑战——创建学习共同体[M].钟启泉，译.上海：华东师范大学出版社，2010：24.

⑥ [日]佐藤学.学校的挑战——创建学习共同体[M].钟启泉，译.上海：华东师范大学出版社，2010：24.

式,也可以通过画图、讲述等方式让学生来表达观点。总之,学生的认知方式不同,其表达的方式也是多样的。当然,在发达国家,小学一般都是小班额制,所以学生在课堂上可以获得较多的表达机会。而在中国,特别是城市的小学,一般都是大班额制,但这并不是说学生完全没有机会自由表达,比如学生可以在小组中充分表达,或者借助网络平台让学生即时表达等,这些都是值得推荐的。

在组织合作学习的过程中,还会涉及教室的安排、团队合作的技巧、合作学习的课堂规则的制定等,这些技术层面的操作,也需要在实践中予以关注。

(三)深度学习

深度学习(deep learning)这一概念最早于1976年由瑞典哥德堡大学马顿(Ference Marton)教授提出,后来比格斯(John B. Biggs)等学者又对这一概念做了更深入的研究[①]。深度学习是与浅表学习相对应的,浅表学习一般是指由于受到某种压力而产生的一种被动学习,学生并不能很好地理解所学内容,常常采用一种囫囵吞枣的方式机械地记忆相关概念和事实,所学的知识多为碎片化信息,不太能与实际相联系。而深度学习则关注学生对知识的深度理解,强调信息的整合与建构,突出知识的应用迁移,从而发展学生的高阶思维。

第一,对知识的深度理解。学生的认知过程如果是简单重复地强化记忆,那么必定会缺乏对所学内容的理解,学习过程显得枯燥乏味且知识很容易被遗忘。深度学习则与之相反,首先强调对所学内容的理解,要求学生明确核心概念,把握概念的基本特征,然后再进行记忆,因而学生对知识的记忆是可以长期保持下去的。

第二,信息的整合与建构。新旧知识之间、不同学科知识之间能否建立联系非常重要。学生不仅要在学习新知识的时候把原有知识背景和概念调动起来,更要善于发现不同学科之间的连接点和交叉点,从而可以让自己的知识不断建构成一个完整的体系。

第三,知识的应用迁移。根据先前学过的知识来对新的现象进行分析和评价,尤其是在与生活紧密相关的复杂情境中,用所学知识来解决情境中的问题,把理论和实践关联起来,而不仅仅是在"纸上谈兵",这样的学习才是深度学习。

第四,发展学生的高阶思维。在认知目标分类中,应用、分析、综合、评价等属于高层次的认知目标,小学生通过对知识的深度理解,能够把知识的关联建立起来,特别是用所学知识解决了实际问题,在这一过程中,必然要发展上述高阶思维。

(四)翻转学习

对翻转学习的系统研究,可以追溯到2000年。是年,迈阿密大学的莫林·拉赫(Maureen J. Lage)、格伦·普拉特(Glenn J. Platt)、迈克·特格里拉(Treglia Michael)发表了《翻转课堂:包容性学习环境的创设之路》(*Inverting the Classroom: A Gateway to*

① BIGGS, J B. Teaching for quality learning at university [M]. 2nd ed. Buckingham: The Society for Research into Higher Education and Open University Press, 2003:12 - 17.

Creating an Inclusive Learning Environment）一文，详细介绍了他们在教授课程时，让学生课前自学相关学习材料，课中让学生根据学习的材料进行讨论，完成知识的内化的课堂教学新模式①。对这种模式进一步完善的是美国的两位化学老师乔纳森·伯格曼（Jonathan Bergmann）和亚伦·萨姆斯（Aaron Sams），为了给缺席功课的学生补课，他们把化学课的讲授内容录制成视频，然后让学生先看视频，只有当学生在看视频遇到困难的时候，老师才会给学生以帮助，这样就避免了教师的灌输式教学，转而学生成了学习的主体②。到了 2014 年，伯格曼和萨姆斯认为之前的教学模式还存在着以教师为中心的不足，于是进一步修正了模式，学习内容不再局限于教材和大纲，并强调了学生的个性化学习，在此基础上正式提出了"翻转学习"的概念。今天的翻转学习，关键是让学生获得丰富的学习体验，核心在于促进学习的个性化，其本质是从"以教师为中心"转向"以学生为中心"。

概括来说，翻转学习的开展需要颠倒传统的教与学的过程，注重教学视频的开发和使用，课堂活动以学生探究问题和师生对话为主。

首先，颠倒传统的教与学的活动。传统的课堂，是教师先教，学生学完了以后再完成相应的作业或练习，而在翻转学习的过程中，则是学生先完成学习，然后教师再进行有针对性的指导，"教"和"学"的顺序颠倒过来了。

其次，注重开发和使用教学视频。翻转学习的开展，需要教师提前录制或选择好合适的教学微视频，将教学内容以短小的视频呈现给学生。视频中的内容，依托教材和大纲但又不限于教材和大纲，可以选择其他相关内容补充到视频中，促进学生对有关内容的理解。在此过程中，学习进度由学生自己控制，学生学习的个性化得以充分体现。

最后，课堂以学生探究问题和师生对话为主。学生依托微视频完成相关内容的学习后，可能会有反复听、反复思考后仍然不理解的难点，他们在课堂教学过程中将这些难点或困惑向教师提出来，教师与学生就此进行对话，启发学生去思考、探索，最终促成问题的解决。

翻转学习在国外是教学变革的一个重要方向，目前国内有许多小学在尝试开展翻转学习，但仍有一些实际问题需要我们进一步探讨：如何保证教师愿意投入大量精力录制高质量的微视频？学生在课前学习时怎样才能高投入？是否有防止小学生产生网络依赖的机制？教师在课堂上对学生指导的针对性和有效性是否会产生预期效果？总之，翻转学习是小学教学改革的方向之一，当前的教学改革必须顺势而为，创造出本土化的中国经验。

（五）无边界学习

"无边界"这一概念源于管理学，后作为一种新的教育理念和学习模式被引入教育教学领域。无边界学习（borderless learning）意指消除传统学校教育在人际、时空、学科、资源以

---

① LAGE M J, PLATT G J, TREGLIA M. Inverting the classroom: a gateway to creating an inclusive learning environment [J]. The journal of economic education, 2000,31(1):30 - 43.

② [美]乔纳森·伯格曼，亚伦·萨姆斯. 翻转课堂与慕课教学：一场正在到来的教育变革[M]. 宋伟，译. 北京：中国青年出版社，2015：19.

及载体等各种学习要素的固有边界后所呈现出来的融合学习的样态①。无边界学习的实质是模糊边界、柔化边界,是学习内容、学习空间、学习计划的边界突破,有助于打破当前社会与学校、教师与学生、课程与生活、知识与经验等诸多相互对立的二元结构②。

无边界学习虽然是新近提出的理论,但却有着坚实的理论基础,是在建构主义学习理论、螺旋式课程理论、最近发展区理论、学习迁移理论、跨学科和交叉学科理论、教育目标分类理论等传统教育理论基础上的再创新。

21 世纪以来,随着现代技术的快速发展,由信息化、智能化支持的泛在学习不断推进,加之新一轮基础教育课程改革持续深入带来教育理念、人才培养目标、课程体系和教学方式的变化等影响,为实施无边界学习提供了契机、动力和支持。

在小学的课程实践中存在许多显性或隐性的二元结构,如学校与社会、教师与学生、课程与生活、校内与校外、知识与经验、理论与实践等。无边界学习就是要突破课程教学中广泛存在的各种二元对立结构,更灵活和自由地进行学习,是一种具有创新性和适应性的学习方式。

无边界学习所倡导的学习模式与传统的学习模式相比在诸多方面都有所革新。

第一,师生关系的边界模糊。教师的角色更加多元,除了传授知识外,还经常与学生交流督促,引导学生学习,师生共同构成学习共同体,是学习的共同参与者。

第二,打破学科和学段的界限。在无边界学习状态下,学习不再是各学科单独条块的、线性的、封闭的系统,而是一种综合性、整体性的活动。它关注学习内容的整体性和连贯性,重视不同学段知识的衔接以及相关学科知识的联系,从而形成完整的知识网络。

第三,时空与场景、虚拟与真实的模糊。在无边界学习状态下,学习活动不再受制于时空与场景、真实与虚幻。它可以灵活采用新技术,改变传统课堂单一教学场地的限制,将物理课堂延伸到课外。学习场所可以是真实的场景,也可以是虚拟的场景。游戏与活动也可以是一种学习活动。教师与学生所负载的信息的界限不再清晰,区域资源的差异不再明显。

第四,预设与随机的模糊。在无边界学习状态下,学习活动仍有一定的预设性,但预设不是唯一不变的,更注重随机的生成和推进,学习过程中随时会有随机的活动和意外的结果发生。

第五,目标评价的模糊。由于学习活动的预设性不是唯一不变的,要求学习评价方式更加多元化,倡导运用灵活多样的评价方式评估学生的学习,从而得到符合实际情况的反馈。

不难发现,无边界学习强调学习的开放性,不再局限于特定的地点或时间,可以随时随地进行学习;强调学习的灵活性和个性化,每个人可以根据自己的兴趣、需求、学习目标、学习进度和学习风格来选择学习内容和学习路径,开展个性化学习;强调学习的多样性、学习

---

① 郑思琦. 基于无边界学习理论的高中物理力学教学研究[D]. 苏州:苏州大学,2020:3.

② 郭继业. 无边界学习的内蕴及教学实践[J]. 教育理论与实践,2022(20):47—50.

资源的丰富多样，可以通过在线课程、教学视频、学习平台等多种形式获取知识；强调学习的全球化和终身化，学生可以与来自全球各地的学生和教育者进行交流与合作，促进跨文化交流，适应不断变化的社会和经济环境。在无边界学习中，学生可以在任何时间、任何地点，利用各种资源和技术来获取知识和教育。这种打破边界、不设限的方式让教育更加自由、富有创造性。

虽然无边界学习为学生提供了更大的自由度和灵活性，但同时也需要学生具备一定的自律和学习能力，能够有效地管理学习时间和资源。教育者和教育机构在无边界学习中扮演着重要的角色，他们可以提供优质的在线教育资源和支持，帮助学生实现学习目标。

第四节　当代中外小学教学改革新动向

当代中外小学教学改革纷繁复杂，呈现出一派繁荣景象。其中较有影响的包括探究教学、建构主义教学、合作教学、情境教学、多元智能教学等。这些教学改革产生了深远的影响，也是当前小学教学改革最集中的方向，我们在本节将逐一介绍。

一、探究教学

学生的学习是自己主动发现的过程，还是被动接受的过程？对这一问题的不同回答，构成了不同的教学方式：一种是探究教学，另一种是填鸭式的灌输教学。那么，探究教学的含义是什么？探究教学要探究什么？怎样开展探究教学？我们只有理清楚这些问题，才能在实践中更好地开展探究教学。

（一）什么是探究教学

探究教学指学生在教师的指导下通过一定的科学方法、程序策略去获取知识、解决问题的过程。它不同于工厂中通过机器和操作程序生产零件的过程，因为作为探究教学的主体，教师和学生都是有血、有肉、有情感的人而非冰冷的机器，人的思维也不可能像机器操作程序那样机械、刻板。所以，我们建构的探究教学过程应该既有利于人的思维发展，又充满人性光辉，这样才能让学生的情感融入其中，才能培养出既有思维又有情感的人而非冰冷的解题机器，才能让学生今后有能力去探索和解决人生中遇到的具有情感因素的各种实际问题[①]。

探究教学的特点在于开放性、自主性、实践性和体验性。探究教学中的“探究”与科学实验中的“探究”目的不同，科学探究是为了发现知识和真理，而教学中的探究是为了让学生获得探究的方法和体验。探究教学因此呈现出以下四个特点：一是开放性。学生探究的内容是开放的，不应把学生的学习内容限制在某些方面，只要学生想到且能探究的，都可以成为

---

① 王堃.人性化探究教学模式的构建——用心理学效应构建物理探究模式[J].课程·教材·教法，2021(2)：125—131.

探究的内容。二是自主性。探究教学把学习的自主权还给学生,学生探究自己感兴趣的问题,经历自己的探究过程,得出富有个性的答案。三是实践性。探究是一种实践,学生在书本上无法进行探究,必须带着问题,通过实践获得知识,而不是间接地从知识到知识。四是体验性。探究教学注重学生自我体验和感受,通过亲历探究获得发现。取得成功是一种体验,经历失败也是一种体验;与人对话、交流、合作是一种体验,独自完成探究也是一种体验;不管哪种体验,只要是学生亲历的,对于他们的成长都是有益的。

在探究教学中,需要正确把握教师和学生的角色。

首先,教师具有多元化的角色。在探究教学中,教师不再是知识的掌握者和提供者,因为学生所探究的问题,往往是跨学科的综合性问题,是单个教师在自己的学科领域不能解决的。在学生的探究过程中,教师是帮助者、促进者、合作者、指导者和信息提供者。教师的作用在于:第一,帮助学生确定探究问题。一个好的问题,就是一次好的探究教学的开始,当学生提出探究问题后,教师要思考这个问题是否具有探究的价值,以及问题的科学性、可行性,只有达到这些基本要求后,才能进入到下一阶段的学习。第二,帮助学生形成探究方案。确定好探究的问题,接下来就要帮助学生制定探究方案,即要解决哪些具体问题、什么时候完成、借助什么样的工具等。第三,为学生提供探究方法的指导。探究需要依靠一定的方法才能展开并深入下去。从某种意义上来说,方法直接决定探究的结果,教师要自始至终为学生提供方法上的指导,与学生合作,促进学生的探究。第四,为学生提供探究信息。尽管教师不能保证为学生提供所有的知识,但教师需要提供足够的信息支持学生完成探究,比如查找什么样的资料,告诉学生什么可能会对解决问题起重要作用,有哪些资源可用,等等,只有帮助学生掌握了足够的信息,学生的探究才能顺利开展。

其次,学生是探究的主体。探究教学的关键是要把学习权还给学生,充分信任学生,把课堂真正地交给学生,相信学生在一定程度上有能力去主动地探索世界、揭示世界的奥秘,发现并创造知识,使学生成为自主的学习者、探索者。所以,探究教学中应着力鼓励学生的独立思考,特别是在当前信息化、智能化突飞猛进的境况下,要基于数字技术的支持,指导和促进学生自主与合作选择学习内容、凝练研究问题、确定学习方法及实施学习计划。学生的探究过程是别人无法替代的,即便学生探究需要花更多的时间,即便得到的是不尽如人意的答案,教师也不应该揠苗助长,而是应该耐心等待。唯有如此,学生才能获得真正的发展。与填鸭式的灌输教学相比,探究教学在效率上可能不及后者,但学生的大脑在被教师用冰冷的知识“填”满了之后,很多知识除了用到考试中去,就没有别的用处了,考试一结束,一些知识就会还给老师。因此,探究教学应该明确学生在学习中的主体地位,让学生建构起自己的知识世界。

(二)探究什么

从当前的小学课程结构来看,综合实践活动(包括研究性学习、信息技术、社区服务和社会实践)是课程结构中一个重要的组成部分,探究在综合实践活动中是一种课程形态,而不单单是一种教学方式。我们在这里不对综合实践活动进行探讨,而是就其他学科的教学进行探讨。

如前文所述，探究教学需要学生确定探究问题和探究内容。但我们需要考虑：第一，小学生的兴趣非常广泛，感兴趣的问题非常多，究竟让他们探究什么？第二，如何让探究教学与学科发生联系？探究教学作为一种教学方式，是为了达成教学目标服务的，尽管我们主张，探究的问题不一定局限在某个学科领域，但这并不意味着探究的问题就要跟那个学科毫无关系。事实上，它必定首先是在相应学科中产生出来的问题。例如，小学语文的探究教学，学生要探究的问题是从语文学科中产生的，并与语文关系非常密切的，尽管它同时也可以与科学、音乐等学科有关系。

基于以上两点考虑，为了让探究教学具有可操作性，每个学科的教师都有必要深入研究教材，确定教材中有哪些内容适合用探究的方式来开展教学，达到良好的效果。以小学语文学科为例，在当前培养学生核心素养的背景下，小学语文要以任务群的形式重新整合教材内容，为学生提供探究的对象。

（三）怎样探究

探究教学的开展有自己的程序。一般认为，探究教学包括“提出问题—收集信息—形成解释—评价结果—验证结果”这一系列过程。

① 提出问题。提出问题是探究教学的第一步，在课堂里，提出有针对性的问题可以明确学生进行探究的方向，这样的问题一般应该由学生自己提出，但教师要确保这些问题通过学生的观察以及其他渠道可以获得解决的方法。在小学课堂里，学生们常常会问“为什么”的问题，其中有些问题太过笼统，不够具体。在这种情况下，教师可以将这些问题转化为“怎么样”的问题，通过这种转化，探究的问题就会更集中、更深入，从而指引着学生进行深层次的探究。

② 收集信息。在探究过程中，为了解决质疑，学生需要通过观察、测量、实验等方法来收集需要的信息，并根据收集到的信息对探究的问题做出解释。当然，为了收集这些信息，学生可以广泛利用他人的帮助，而不完全是依靠自己动手去收集。

③ 形成解释。在实证的基础上，学生根据逻辑关系和推理，发现事件与事件之间的因果关系，这种解释需要与观察或测量、实验得到的数据相一致。解释的实质是，学生在探究的过程中，将数据、信息和已有经验联系起来，形成新的经验和认识的过程。

④ 评价结果。评价是对解释进行修正的过程。这一过程需要学生之间加强合作，因为只有通过合作、对话、交流，相互比较各自的解释，或把自己的解释同教师的认识相比较，才能深化认识，发现自身解释的不足，从而完善自己的解释。

⑤ 验证结果。验证是一个将认识付诸实践的过程。“实践是检验真理的唯一标准”，当学生将自己的探究发现放到实践中去时，会经受更多的质疑和磨炼，从而完成从理论到实践的飞跃。

案例 9-3

小学科学“奇妙的指纹”教学片段

上课伊始,教师播放了一段动画片,动画片的内容是主人公根据指纹破获案件的故事,学生们看得津津有味。

师:看了刚才的动画片你想说什么?

(学生发言踊跃。)

生:可以用指纹来抓坏人!

生:用指纹来破案。

生:我知道指纹就是我们的手指印。

……

师:那你还想知道些什么?

生:指纹有大小吗?

生:指纹是不是都不一样?那自己的指纹都一样吗?

生:双胞胎的指纹一样吗?

生:指纹有多少种?

……

“一石激起千层浪”,一段动画片内容在不经意间就激起了学生极大的兴趣,学生们提出了二十几个大大小小的问题,看来学生彻底来了兴趣。

(以“画画”激趣,趣味无穷。)

(学生对研究指纹已经来了兴趣,接着就要取指纹了。在这里往往会陷入无趣无味的“机械劳动”中,如果学生一个一个按部就班地取下指纹,那么探究的兴趣就会荡然无存,何不让学生来画画“指纹画”。)

师:要研究指纹,咱们还得先把指纹取来。老师在桌上给大家准备了一些东西(边说边出示),看谁能用桌上的东西以最快的速度取一枚既清楚又完整的指纹?

学生动手取指纹,师生交流各自取指纹的方法。

师:看来同学们的方法比老师的多,也比老师的好!老师就按你们的方法也来试一试。(师边说边拿出印泥,用最简单的方法取下自己的两枚指纹,并在指纹旁边用铅笔随意画了几笔,就变成一幅可爱的“指纹画”。)

不画不要紧,一画教室里就“炸开了锅”。同学们有的在下面叫:“啊!好可爱的小虫子。”“咦!怎么变成一幅画了?”“这么有趣的!”他们都已经忍不住想动手了。

师:同学们想不想试一试?

生:想!

师：好！同学们可以用自己想用的方法来画一幅自己想画的“指纹画”，老师想提醒大家的是要把指纹取清楚、取完整，现在请大家开始吧！

（“哗”的一声，教室里一下子就热闹开了！不一会儿，一幅幅可爱又略带童趣的“指纹画”就创作完成了！同学们都踊跃地把自己创作的“指纹画”拿上来给大家欣赏，一个个都显得兴味盎然。）

通过画“指纹画”取下了指纹，学生们学习的兴致也更加高涨了，再让他们来探究，当然是“乐在其中”了。

师：看了这么可爱的指纹画，你现在最想研究什么？

生：指纹都一样吗？

生：指纹有多少种？

生：指纹还有些什么特点呢？

……

师：用你们自己想到的办法，来研究你想研究的问题，并把研究的结果记录下来。

（学生分组研究问题，并做记录。）

师：有结果了吗？哪个组先来和大家交流一下？

生：我们研究的问题是：指纹一样吗？通过比较我们小组的指纹，我们发现每个人的指纹都是不一样的。

生：我们研究的问题是：指纹有多少种？通过比较我们发现，有的指纹是圆圆的，我们叫它“圆形”；有的像小山，我们叫它“山形”；有的有点像波浪，我们就叫它“波浪形”。

……

（多么有趣的名字，多么细致的观察。正是有了学习的热情，正是有了探究的兴趣，学生们才会乐于探究，乐在其中。）

师：学到这里，你还有其他的问题吗？

生：指纹除了这几种，其他还有没有？

生：指纹还有其他的作用吗？

生：指纹还有没有其他的特点？

二、建构主义教学

建构主义是认知心理学派中的一个分支。它强调的是个体在意义建构中的作用，其代表人物有皮亚杰、维果茨基等。建构主义理论由于重视个体在认识世界中的作用，强调主体性，因而在教育领域广为流传。

(一) 建构主义及其基本观点

建构主义者认为世界是客观存在的,而对于世界的理解和赋予的意义却是由每个人自己决定的。我们是以自己的经验为基础来建构事实,或者至少说是在解释事实,由于每个人的经验以及对经验的信念不同,对外部世界的理解便也迥异。所以建构主义更关注如何以原有的经验、心理结构和信念为基础来建构知识,强调学习的主动性、社会性和情境性,对知识、学习、学生、教师等都提出了许多新的见解。

1. 建构主义的知识观

建构主义的知识观主要有以下几点。

第一,知识不是对现实的纯粹客观的反映,任何一种传载知识的符号系统也不是绝对真实的表征。它只不过是人们对客观世界的一种解释、假设或假说,它不是问题的最终答案,必将随着人们认识程度的深入而不断变革、升华和改写,出现新的解释和假设。

第二,知识并不能绝对准确无误地概括世界的法则,提供对任何活动或问题解决都实用的方法。在解决具体问题时,知识不可能一用就准、一用就灵,需要针对具体问题的情景对原有知识进行再加工和再创造。

第三,知识不可能以实体的形式存在于个体之外,尽管通过语言赋予了知识一定的外在形式,并且获得了较为普遍的认同,但这并不意味着学生对这种知识有同样的理解。真正的理解只能由学生基于自己的经验背景而建构,取决于特定情况下的学习活动过程。

2. 建构主义的学习观

建构主义的学习观主要有以下几点。

第一,学习不是由教师把知识简单地传递给学生,而是由学生自己建构知识的一个过程。学生不是简单被动地接受信息,而是主动地建构知识的意义,这种建构无法由他人来代替。

第二,学习是学生根据自己的经验背景,对外部信息进行主动选择、加工和处理,从而获得自己的意义。外部信息本身没什么意义,意义是学生通过新旧知识经验间反复的、双向的相互作用而建构成的。

第三,学习意义的获得是每个学生以自己原有的知识经验为基础,认识和编码新信息,建构自己的理解。在这一过程中,学生原有的知识经验因为新知识经验的进入而发生调整和改变。

第四,同化和顺应是学生认知结构发生变化的两种途径或方式。同化是认知结构的量变,而顺应则是认知结构的质变。人的认知水平发展就是同化、顺应循环往复,平衡、不平衡相互交替的过程。学习不是简单的信息积累,而是认知结构的重组,学习过程不是简单的信息输入、存储和提取,而是新旧知识经验相互作用的过程,是学生与学习环境之间互动的过程。

3. 建构主义的学生观

建构主义的学生观主要有以下几点。

第一,学生并不是空着脑袋进入学习情境中的。在日常生活和以往各种形式的学习中,他们已经形成了有关的知识经验,对任何事物都有自己的看法。即使有些问题从来没有接触过,没有现成的经验作借鉴,但当问题呈现在学生面前时,他们还是会基于以往的经验与认知能力，形成对问题的解释，提出他们的假设。

第二，师生之间、生生之间，需要针对问题共同进行探索，并在探索中相互交流和质疑，了解彼此的想法。由于经验背景的差异，学生对问题的看法和理解千差万别，而这些差异本身就是宝贵的资源。建构主义虽然非常重视个体的自我发展，但也不排除外部的引导，亦即教师的影响作用。

4. 建构主义的教师观

建构主义的教师观主要有以下几点。

第一，教师是学生建构知识的忠实支持者。教师应该给学生提供复杂的真实问题，创设良好的学习环境，保证学习活动和学习内容间的平衡，培养学生的认知加工能力。

第二，教师要成为学生建构知识的引导者和帮助者，应当激发学生的学习兴趣，引发和保持学生的学习动机。教师通过创设恰当的情境和揭示新旧知识之间联系的线索，帮助学生自主建构。此外，教师还应尽可能组织协作学习，展开讨论与交流，并对协作学习过程进行引导。

（二）建构主义教学

建构主义提倡在教师指导下的以学生为中心的学习，学生通过一定的情景，借助他人的帮助，利用必要的学习资料，通过意义建构的方式获得知识。“情景”“协作”“会话”和“意义建构”是学习环境中的四大要素。①情景。学习活动是在一定的情景即社会文化背景下进行的，学习环境中的情景必须有利于学生对所学内容的意义建构。②协作。协作发生在学习的全过程，这里的协作人可以是教师、同学或其他相关人员。③会话。会话是协作过程中不可缺少的环节，是达到意义建构的重要手段之一，通过会话使每个学生的智慧为学习小组所共享。④意义建构。意义建构是整个学习过程的最终目标，所要建构的意义是指事物的性质、规律以及事物之间的内在联系。

根据以上基本要素，建构主义发展出几种典型的教学模式，它们分别是支架式教学、抛锚式教学和随机进入教学。

1. 支架式教学

支架式教学主张为学生提供一种概念框架，以帮助学生建构起对知识的理解。这种框架中的概念是为发展学生对问题的进一步理解所需要的。根据维果茨基的观点，学生的发展水平可分为现有的发展水平和潜在的发展水平，在这两个发展水平之间，存在着一个“最近发展区”（如图 9－2 所示）。在支架式教学中，教学支架必须与最近发展区相适应。如果支架搭得太低，在现有发展水平以下，则学生不能获得发展；如果支架搭得太高，超越了潜在发展水平，则学生即便“跳一跳”也摘不到“桃子”。

支架式教学的基本程序一般包括：①搭脚手架。围绕当前学习主题，按照最近发展区的要求建立概念框架。②进入情境。将学生引入一定的问题情境。③独立探索。让学生独立探索。探索内容包括：确定与给定概念有关的各种属性，将各种属性按其重要性大小顺序排列。探索初始要先由教师启发引导，然后让学生自己去分析。探索过程中教师要适时提示，帮助学生沿概念框架逐步攀升。④协作学习。进行小组协商、讨论，使原来多种意见相互矛

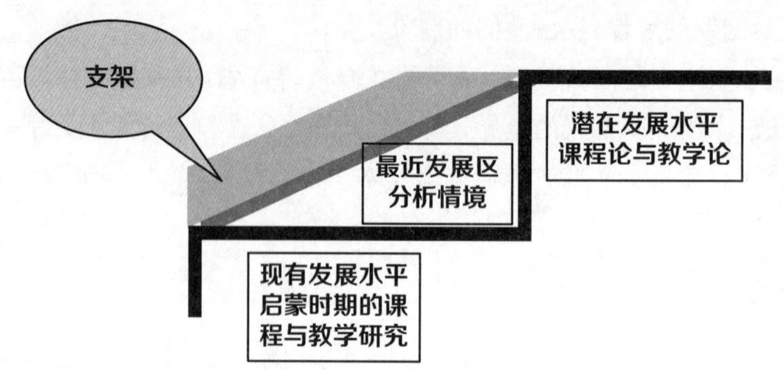

图 9-2　支架式教学与最近发展区

盾且态度纷呈的复杂局面逐渐变得明朗起来。在共享集体思维成果的基础上达到对当前所学概念比较全面、正确的理解,即完成意义建构。⑤效果评价。具体包括对学生自主学习能力进行评价;对小组协作学习所做贡献进行评价;对是否完成意义建构进行评价。

2. 抛锚式教学

抛锚式教学是建构主义的另一种教学模式。它主张使学生在完整、真实的问题情境中产生学习的需要,并通过嵌入式教学以及学习共同体成员的合作学习,亲身体验从识别目标到提出目标、达到目标的全过程。

抛锚式教学的关键是"锚"能否抛出,所谓的"锚"就是真实的、有意义的问题情境。当把这个情境呈现出来以后,学生就会在这一情境中通过自主、协作等学习方式去解决问题。所以,能否给学生提供一个真实的情境,让学生置身其中非常重要。

抛锚式教学的过程一般包括:①创设情境。设计学习发生的与现实情况相一致或类似的情境。②确定问题。让学生面临一个需要解决的现实问题。③自主学习。教师提供解决问题的线索,包括需要搜集哪些资料、从何处获取信息、现实中专家解决问题的过程是怎样的,等等,学生获得这些线索后,自主开展学习。④协作学习。在自主学习之后,教师要引导学生之间进行讨论、交流,通过头脑风暴,加深对当前问题的理解。⑤效果评价。看学生是否解决了问题,有无解决问题的真实过程,据此判断其学习效果。

 案例 9-4

"铁生锈了"教学设计①

一、教学重点与难点

教学重点:通过自主思考和小组合作学习,对比铁和铁锈,分析铁生成锈需要怎样的条件。

---

① 胡娟. 抛锚式教学模式在六年级科学课程中的应用研究[D]. 重庆:重庆大学,2019:30—34.

教学难点:融合变量的控制理念进行实验对比,探究铁生锈需要的因素。

二、教学准备

课件、导学单、试管、凉开水、花生油、砂纸、铁钉两枚(生锈、不生锈各一枚)、门合页、放大镜等。

三、教学过程

(一) 创设情境,导入新课

【导入】

师:同学们,上节课给大家留了任务——课后观察发现新买的自行车和用了很久的自行车有什么不一样?老师今天也准备了一段视频,同学们一起来看看,观察视频中的自行车有什么不一样?

【回答】

生:旧的自行车有的地方颜色变了,有的地方生锈了。

师:再请看看你们桌子上的铁钉(提前发放生锈的铁钉)。

【观察】

【提问 1】

1. 他们是怎样的铁钉?

2. 你还在哪些地方见过生锈的物品?

【思考】【回答】

生:他们是生锈的铁钉,还在钢铁厂、家里储物室等地方见过生锈的物品。

【板书】

第五节　铁生锈了

【设计意图】

引导学生直接感受铁生锈的过程,观察现象,记录分析,教师进行适度的过渡提问,激发学生互动交流,刺激其经验,引导其思考生锈条件,为后续研究生锈原因做好铺垫。同时,以实物直观导入新课,激发学生的兴趣。

实验一:辨别铁锈

(二) 设“锚”

【提问 2】

师:为什么说桌上的铁钉生锈了?没生锈的铁钉又是怎样的?那我们用什么方法验证。

(三) 解“锚”

自主思考。

【预设】

空气、酸等因素影响铁钉生锈,没生锈时铁钉表面光滑。我们可以通过对比实验的方式来验证猜测。

【展示】

取出铁、锈铁、铁锈(刮下来的)。

【观察】【思考】

【设计意图】

实验对比、观察记录发现二者的差异,了解铁锈是铁生锈时生成的物质。结论需要验证而不能凭空猜想,证据是检验猜想的有力支撑。

小组协作学习。

【引导】

要看铁锈是否是铁,除了观察外,我们还要看铁锈是否拥有铁所具有的特性来验证,寻找证据,借鉴课本资料、实验探讨填写导学单。(指出:是对比实验,注意可变因素的唯一性,以及实验注意点。)

【互学】

互学要求:

① 组员分工,记录、观察分工明确;

② 对比生锈的铁钉和没有生锈的铁钉,总结铁锈的特征。

(互学讨论)

填写导学单:铁锈不同于铁,是一种新物质,二者在颜色、硬度、光泽度等方面都存在明显差异,铁锈是红褐色,铁钉是银白色,铁锈呈无定型状态,没有铁钉硬且表面不如铁钉光滑。

【展学】

展学要求:

① 按照“我们小组来汇报”“端坐认真听”的格式进行展示。

② 按照编号 1 开头,编号 2、3 阐述,编号 4 总结的顺序进行。

【设计意图】

通过实验更加直观明显地看到变化,引导学生自学、互学、展学,养成良好的科学学习方法,促进合作探究学习,得出科学结论,提高学生的科学素养。

【小结】

铁锈与铁是差异较大的两种物质,例如硬度、颜色等。因此,铁锈、铁是两种截然不同的物质。铁锈与铁不一样,铁生锈时产生了铁锈,所以铁生锈是一种典型的化学反应。究竟是铁和谁发生的化学变化呢?接下来我们来探讨一下,弄清楚铁生锈的原理,我们也能控制铁锈的生成。

【设计意图】

教师做出最后的总结，帮助学生梳理铁锈和铁的不同之处，得出铁锈是一种新物质，帮助学生形成知识框架，正确区分铁、铁锈。

实验二：探讨铁锈形成的原因

【过渡 1】

既然大家知道了铁锈，那铁锈到底是怎样生成的？铁生锈有什么危害呢？

【回答】

铁锈是铁发生了化学变化生成的，其生成可能与水、酸、空气等有关。

【设计意图】过渡环节引入新实验，既不生硬，又巧妙地引出话题。

【展示】

铁生锈的图片。

【观看】

【设计意图】

直观展示图片，通俗易懂，便于学生理解。

【过渡 2】

同学们猜铁生锈与空气、酸等因素密切相关，接下来大家组内进行交流、讨论，设计合理可行的方案，并搜集证据开展实验来验证自己的猜测。

【聆听】

【小组互学】

互学要求：

小组分工明确，设计验证铁生锈的原因的实验方案，然后进行实验验证、总结，完成导学单。

展学要求：

① 按照“我们小组来汇报”“端坐认真听”的格式进行展示。

② 按照编号 1 开头，编号 2、3 阐述，编号 4 总结的顺序进行。

【互学、汇报】

【小结】

铁生锈与水、酸、空气都有关。

【设计意图】

同样，通过学生互学设计方案、实验验证等过程开展学习，锻炼学生的探究能力和动手实验能力，真正做到抛锚式教学模式提倡的以学生为主。

（四）迁移捡“锚”

取两根铁钉，一根置于空气中，一根用纸巾包裹紧置于封闭的塑料袋中。

要求:

① 坚持每天课后完成实验现象观察,同时完成实验记录。

② 及时地记录实验发现以及自己的观点。

③ 进行一个星期的观察后,组内成员交流不同的记录发现,分工讨论,明确结果。

【设计意图】

使课堂知识延伸到课堂外,既巩固了所学知识,又将知识加以运用,实现了教学活动开放的特点,真正做到了学习无止境。引导学生形成喜欢观察、善于思考的习惯。

(五) 评价结果

通过这堂课的学习,大家认识了铁锈,并能够辨别铁和铁锈以及了解了铁锈的生长环境,最重要的是大家通过实验验证明白了铁生锈的原因,并采用小组合作学习的方式进行探究。在此过程中,学生在语言交流、问题分析、搜集信息等方面的水平有所提高,都受益匪浅。

(六) 板书设计

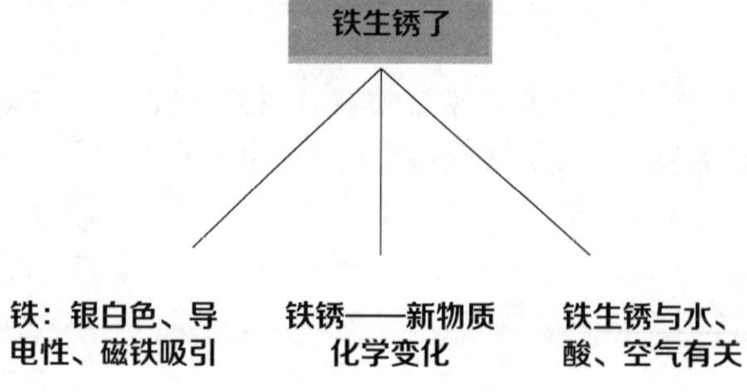

(七) 总结与反思

整节课设计以抛锚式教学模式为基础,以贴近生活的真实情境"自行车"为例导入,引出问题,并引导学生独立思考,小组互学、展学、评学进行实验探究铁锈与铁的区别,以及铁生锈的原因,整节课以学生为中心培养了学生的科学学习能力和动手实验水平,真正提升学生的科学素养。

3. 随机进入教学

随机进入教学是指教师在教学中通过对情境的创设,让学生可以随意通过不同途径、不同方式进入同一个教学内容中去,从而获得对同一事物或同一问题的多方面认识与理解。随机进入教学的关键在于,让学生从不同的角度切入同一个教学内容。在建构主义者看来,认识是具有个体性的,不同的人对同一事物会产生不同的认识,并由此构建出个性化的意义,而每个个体建构出的意义又都会对他人产生一定的影响。因此,在随机进入教学中,呈现事物的多面性是极为重要的,是随机进入教学能否取得成功的决定性因素。

以小学数学教材中的“长方体的认识”一课为例，由于长方体的特征所涉及的对象很多，有“顶点”“棱”“面”，还有“它们之间的联系”等。当学生第一次接触到长方体的时候，若让学生靠个人能力独立研究，他们很难全面、深刻地去认识长方体。此时，可采用随机进入教学的模式，即让学生从不同的角度、不同的侧面，以不同的方式对长方体进行观察、测量、分析、推理，等他们都有了自己的认识之后，再组织学生进行协作交流，获得更多的认识与理解，对所学的知识进行全面而深刻的意义建构。

随机进入教学的基本程序包括：①呈现基本情境。向学生呈现与当前学习主题的基本内容相关的情境。②随机进入学习。由于学生存在个体的差异性，因此每个学生学什么则取决于其“随机进入”学习时所选择的角度和内容。③思维发展训练。教师在这一过程中要帮助学生建立思维模型，尤其要培养学生的发散性思维，从而打开学生的思路。④小组协作讨论。学生进行小组交流，每个学生说出自己的认识，分享他人的见解，从而建构出更为完整的意义来。⑤学习效果评价。看学生是否完整地掌握了教学内容，是否达成了教学目标。

三、合作教学

合作教学是教师之间相互合作，共同完成教学活动的一种方式。当前小学课程以综合为主的特点，客观上要求教师能积极采用合作教学。

（一）合作教学的基本特点

合作至少需要强化以下三个方面。

1. 教师的自觉性与合作性

如果把合作看成一种教学组织形式，那么它不是教师自发的合作关系，而是一种自觉的合作教学。实践中教师的合作有自发合作与自觉合作之分。学校中的教育知识实际上具有一定的整体性，是一个连续统一体。因此，无论教师是否意识到，他们总是在不同程度上客观地存在一些合作，比如不同学科教师之间的知识具有一定的互补性，这就属于一种无意识的合作。同一学科教师之间的集体研讨、听课、评课等活动，必然会对每个教师的教学内容、课堂教学方式等产生一定的影响，这也属于一种无意识的自发的教师合作。

但这种自发的合作并不能称为合作教学，合作首先是一种有意识的、自觉的合作，也就是教师为了解决某个问题，共同合作开发课程内容，协作完成教学等而产生的一种合作。因此，合作指向的不是教师个体，而是由两个或两个以上的教师组成的教师团体，通常我们称之为教师小组。协同的主体之间需要有一定的合作性。

2. 合作的目的性和计划性

教师小组的合作具有明确的目的。任何一个组织，之所以能成为一个组织，在于他们有着共同的目标和利益，并且有着一致的行动原则。协同的教师小组若要成为一个稳定的团体，必须有共同的目标和一致的行动原则，而这些都依赖于他们合作的目的性。同时，为了保证目的能够得以实现，还必须制定周密的计划。

3. 合作指导对象的集体性

合作在强调教师组织化形式的同时,也强调学生的组织化形式。教学按其组织形式来分,主要包括个体教学和班级教学。教师合作指导的对象,不是某一个学生,而是整个班级甚至是超越了班级范围的更大学生群体。因此,在合作教学中,学生可以以班级为单位组织起来,也可以超越班级范围。

(二) 合作教学的基本形式

根据课程教学的实际情况,大致可将合作分为五种形式,分别为单科合作、多科合作、循环合作、主题合作和跨校合作。

单科合作是同一年级、同一学科或同一学习领域的合作。比如,某年级共有三位语文老师,而本学期的语文教学内容主要又可分为识字教学、阅读教学和作文教学三项。那么,在实践中就可以让这三位教师共同设计规划课程,然后让他们按各自的兴趣和专长分别承担其中的一项为全年级学生开展教学。这种方式比较适合于年级规模较大而教师数量又相对较少的学校。

多科合作是两个或两个以上科目或学习领域的合作。比如,学校组织参观世博会,活动可能会涉及科学、美术、信息技术等方面的知识,那么学生可以就不同学习科日和不同学习领域的问题与各科教师进行交流。这种方式比较适合于大型的活动,其优点在于学生可以根据自己的研究兴趣进行学习和研究,并且能根据需要得到各科教师的指导。

循环合作是由于教师专长不一,只能胜任所教科目中的一部分内容,因此将其分工长期固定,循环往复,依次进行的一种合作方式。这种方式可以使教师专业上的不足得到相互弥补,但由于教师长期从事某一专项的教学,因此一定程度上会阻碍教师的专业成长。

主题合作是以主题来统整各学科的合作方式。主题可以来自教师的共同讨论并接受"审议",也可以来自学生比较感兴趣的问题。我们可以把主题合作理解为针对统整的课程进行教学的一种策略。比如,"当地的水污染问题"这一主题,会涉及很多学习领域,就比较适合用主题合作的方式来开展教学。

跨校合作是校际、校内校外之间的一种合作方式。跨校合作能实现校际的师资优势互补,提高资源的使用效率,也能使学校教育进一步得到开放。但在学校之间进行合作并非易事,要得到家长和社区人士的合作,需要学校付出一定的努力。

在现行教育体制下,我们并不期望能在短期内创造出一种新的学校文化,然而当代课程教学又在呼唤着我们加强教师之间的合作,那么教师在实践中该怎么做呢?成立分工合作的教师小组、制定完整的合作计划等都是可行的策略。在合作的过程中,面对极为复杂的教学情境,我们不能忽视教师的独立性和自主性的一面。

(三) 合作教学的实践策略

1. 以教师小组的合理组成来保障合作

将合作的理念在课程教学中得到体现,其前提是有一个合作小组并营造出合作的氛围。因此,无论在观念上,还是在行动中,都必须打破以往各自为战的局面,从课前准备、到课程实施、到课后评价等方面，都需要全体小组成员共同参与。

教师小组是课程教学实施中采取合作方式的基本单位，在合作教学中显得尤为重要。教师小组按其具体组织形式，可以细化为班级教师小组、年级教师小组、学科教师小组、全校教师小组和社区教师小组等。

班级教师小组是以班级为载体，班主任和各学科教师相互配合，共同完成教学的一种组织形式。这种组织形式一般是由班主任发起和协调，各学科教师共同参与。其优势在于组织过程容易操作，教师的学科优势得以发挥，且教师所指导的是同一个班级的学生，因此便于管理。

年级教师小组是以年级为单位，教师之间围绕着某一主题而进行合作教学的一种组织形式。在学习指导的具体过程中，它不仅需要各班班主任的相互合作，还需要相关学科教师的相互合作。这种组织形式一般适用于规模比较大的年级性的主题活动，其优势在于学生的参与程度比较高，也易于发挥各学科教师的学科特长。

学科教师小组是围绕某一主题将学科的相关内容进行整合，从而也统整了教师的一种组织形式。学科教师小组又包括同学科教师小组和不同学科教师小组两种形式。同学科教师小组一般是围绕某一学科进行内容整合和教学展开，每个教师承担主题中的一个片段，分工教学。而不同学科教师小组则可以理解成是上述班级教师小组的一种特殊形态。

全校教师小组是全校范围内不同学科、不同年级的教师乃至教职人员之间相互合作的一种组织形式。全校相关教师和教职人员根据综合课程的目标、内容以及活动形式等，发挥各自的作用，共同实施课程。

社区教师小组是校内的制度化教师与校外的非制度化教师之间相互合作的一种组织形式。这种方式可以发挥学校、家庭、社区等各自的优势，能充分利用各种资源，具有一定的开放性。社区教师小组的领导者一般是校内教师。

究竟成立哪种组织形式的教师小组，因课程而异。目标决定内容，内容决定形式，教师小组是课程教学中的一种教师组织形式，是为课程教学服务的。针对不同的课程内容、不同的学生状态、不同的师资状况，可以成立不同形式的教师小组。

2. 以相对完整的协同计划来实现合作

教师小组的成立实际上是为合作提供了人员组织上的保障，但只有人员上的保障是不够的，还需要制定一个详细完整、切实可行的合作计划。一般来说，计划包括确定合适的主题单元、列出一般教学目标、设计教学程序、选用合适的教学方法与策略、列出详细的教学活动与资源、任务分配与协同合作、确定评价方式等七个部分。

① 确定合适的主题单元。在进行主题单元设计的时候，要考虑课程的需要、学生的认知能力和知识背景。完全自编的方式需要投入较多精力，在主题单元设计过程中，可以采用对教材进行改编或选用等方式，重新整合原有内容。

② 列出一般教学目标。任何协同合作，都是有目标的，目标统领内容，而评价在一定程度上也是对目标达成度的考查，因此对目标的确定是计划中不可缺少的。在制定目标时，可依据学生终身发展和社会发展需要，重视必备品格和关键能力培育，聚焦核心素养，精选课

程内容。

③ 设计教学程序。教学程序的设计,实际上就是计划大体的教学流程和教学活动,并且要设计主题单元的计划流程图。

④ 选用合适的教学方法与策略。讲授、发现、小组合作、讨论等教学方法各有特点。在方法选择上,首先要考虑内容本身的特点,还要考虑到学科的特性等因素,不能为了追求“时髦”而使方法流于形式。

⑤ 列出详细的教学活动与资源。外出参观、调查访问、课堂教学等都是教学活动的可选形式。另外,在教学活动中会使用哪些工具、设备、场地等都要计划。

⑥ 任务分配与协同合作。小组中每个合作教学的教师有什么具体任务,教哪一部分,负责哪些活动,负责教学还是管理与协调等都要在计划中加以明确。

⑦ 确定评价方式。合作教学也需要评价,既包括对学生的评价,也包括教师小组成员之间的相互评价。在计划中,要确定评价方式。

当计划都制定好以后,需要在合作教学的第一天,给学生发放一份课程纲要,告诉学生有哪些教师参与到教学中来,会用什么样的教材和辅助材料,采用什么样的方式,设计了哪些活动,将如何对学生进行评价,等等。

需要指出的是,合作教学并不意味着教师独立性和主体性的丧失,相反,它对教师的独立性提出了更高的要求,因为每个教师首先要有自己的思考,才不会迷失自我,才能在合作教学中形成有效合作。合作是独立前提下的合作,独立是合作背景下的独立,二者相辅相成。

案例 9-5

乡村老师如何以协作促发展?

“合作”是乡村学校发展的重要因素:一所优秀学校的运转离不开教师之间的合作学习、联合教研。当前,一些村小开始探索联合发展、抱团取暖的道路,通过校际交流、能力建设和资源对接提升了当地村小的活力。下面是河北省邯郸市魏县魏城镇王营小学郭丽景校长分享的合作实践案例。

一、教师协作的起点:发现需求,唤醒好奇

1. 探索之路:踩过的坑、吃过的土

从2018年开始,郭校长联合学校的老师们在教学教研方面探索改革,如参与彩虹花双师课堂、撰写教学日志和反思、应用“学思达教学法”、发起村小教师自组织等。但因老师们的工作负担、心理压力等种种原因,这些探索渐渐停滞流产。例如,学校在尝试“学思达教学法”的两个月中,老师们难以应对衍生的课堂秩序问题,难以适应提高要求的教学设计;教学日志和反思试验持续一个学期,同因工作量的增加而引发老师们的抵触情绪而搁浅。

2. 唤醒好奇:每个人的真实需求是什么

过去四年的反复尝试与波折,同样给郭校长带来了疲惫感:满怀希望地与学校老师们一起尝试和探索,但结果却非想象般顺利。于是她不经疑惑和反思:"我以为的好,是不是大家真的需要?我对自己的期待是什么?大家对自己的期待又是什么?我对大家的期待和大家对我的期待是一样的吗?我和老师们之间出现的心理差异是因为什么?"最终,回到两个问题:"我自己的成长需求到底是什么?大家在团队里的成长需求又是什么?"逐渐地,郭校长放下心里的疲惫与压抑,更多地思考着每个人的真实需求。

3. 放下期待:听见更真实的声音

郭校长思索后,创造了更多与老师们对话的机会,沉心聆听大家的心声,如老师们对学校各项制度调整、活动策划、困难应对方案等方面的想法和建议,慢慢感受、拨开团队每位老师情绪背后真实的需求与期待的支持,寻找着与聚焦自身与团队的衔接点,而不仅仅站在个人立场与校长角度看待问题。

二、纳米改变,在真实课堂困惑中创建成果

1. 聚焦核心目标的 OKR 工作表

2021 年秋,王营小学开始利用"OKR"(objectives and key results,即目标与关键成果法)工作表梳理团队工作框架,聚焦核心目标,增加行动持久性。根据学校现状,学校团队共同确定该学期核心目标为:提高学生整体成绩,平均分提升 10%,自学能力提升 10%。在实施过程中,经过不断感知、调整,团队共同发现初版 OKR 工作表目标确立模糊、评估标准不够清晰的问题。2022 年春季学期 OKR 工作目标进一步聚焦明朗,调整为:构建自主学习课堂模式,成果明确指向自主学习课堂模式的核心问题设计及协作机制。

2. 共创课:智慧与智慧的不断碰撞

学校团队经过设计 OKR 工作表的训练所逐步建立的聚焦核心目标和关键成果的思维模式,迁移至课堂和教学设计方面而萌生了"一课一得"的共创课想法。通过集体力量,发挥集体智慧,降低创造难度,使思维在碰撞中不断迭代,实现个体与团队同步的成长。

共创课为两周一轮,由于王营小学每年级只有一个班级,第一周为同学科教师共同设计共创,第二周在课堂上进行验证和研讨。四年级某位数学老师积极申请将自己的课堂作为共创课。交流后受到极大思想启发:"我在这节课上真的实现了以学生为中心,把课堂还给了学生"。

三、故事分享:为每个人搭建展示的平台

王营小学每月月末组织老师们进行对话,分享本月中自己印象最深刻的一件事情或最有成就感、闪光的瞬间,并互相交流反馈听后感和触动体会。通过"故事分享"的平台,促使学校教师自我肯定、彼此发现,建立团队间的深度联结。老师们开始主动借阅专业书籍,互相分享交流与学习。

学校的协作氛围初步形成后,郭校长发现老师们自身的深层愿景仍较模糊,便于2022年春季开学前发起教师愿景的探索活动,遵循着与制定行动目标相同的路径,启发团队发现更深层和本质的成长需求,以愿景明晰和指引行动,推动达成团队共识与目标。调整心态,放慢节奏,坚持小步子策略,从加法走向减法,一点一点在自身体验的基础上逐步积累,王营小学将围绕着新课程标准,迭代课堂教学细节设计,比如核心问题设计、学习情境设计、能力迁移设计。在已经形成的聚焦目标和成果的思维框架基础之上,于细处着手迭代与优化。逐步打破教材与学科边界,尝试与推进生活化、社会化、多元自主的合作学习模式。

四、情境教学

核心素养的本质是什么?一言以蔽之,就是学生在复杂真实的情境中解决问题的能力。“情境”成为这一轮课程改革中出现频率较高的概念,例如在《义务教育语文课程标准(2022年版)》中这一概念就出现48次之多。因此,在新课程背景下,开展情境教学是培养学生核心素养的有效途径之一。

(一) 什么是情境教学

要理解情境教学,首先要理解“情境”。情境可以分为三类:真实的情境、想象的情境和暗含的情境。真实的情境是指人们周围现实存在的他人或群体;想象的情境是指在意识中的他人或群体;暗含的情境是指他人及其行为中所包含的一种象征意义[①]。因此,情境是多

---

① 向晶.中小学情境教学课堂操作研究[D].上海:上海师范大学,2004:7.

层面的，不仅包括物理层面上的，也包括观念层面上的，还可以包括虚拟层面上的。

情境教学就是从“情”与“境”、“情”与“辞”、“情”与“理”、“情”与“全面发展”的辩证关系出发，创设典型的场景，激起学生热烈的情绪，把情感活动和认知活动结合起来所创建的一种教学模式①。情境教学是基于情境的教学，是为了调动学生的情绪并将其运用到课堂中的教学，其目的在于启发学生思维，培养学生的核心素养②。因此，情境教学最大的特点是具有情感性。裴娣娜教授认为，传统教学的“感知—理解—巩固—应用”这一掌握知识的阶段结构是一个无感情的活动结构，是“目中无人”的纯认知活动过程。而情境教学是借助丰富的想象和情感，使学生获得对事物本质和相互联系的认识③。学生是有情感的，无论是在日常生活中，还是在课堂中，这种情感都会对其行为产生影响。如果能够在教学中积极调动学生的情感因素，就容易使师生之间、学生与文本之间产生共鸣，从而达到事半功倍的教学效果。相反，如果学生没有情感投入，冰冷地面对课堂、面对教学，甚至对教学产生一种“抵制”心理，那么教学效果就会大打折扣。知识的产生具有情境性，脱离了情境的知识不免成为怀特海(Alfred N. Whitehead)所称的“呆滞的知识”，虽然为人脑所接受但往往无法加以利用。因此，教学不应成为机械的知识授受过程，而应成为知识的情境建构过程。

总之，从情境教学的观点来看，教学不但是为了学生的未来生活和工作做准备，关注学生学到了什么对以后有用的知识，也要关注学生当下的生活。情境教学以学生的情感为纽带，通过创设各种情境，把学生的生活世界和教育世界联系起来，从而促进学生的认知和情感的发展。

(二) 怎样进行情境教学

从操作水平上来说，情境教学构建了三个水平的操作系统：实体性现场操作、模拟性相似操作和符号性趣味操作。学生通过具体的操作活动，通过感性直观，发现物体的特性和关系，并借助词把它们加以区分和概括，从而获得理性认识。情境教学形象地展现了外部操作活动的内化和内部抽象符号的外化这一双向建构过程④。一方面，通过创设情境，学生外部的操作会逐渐内化，从而建构出自己的知识体系；另一方面，在情境中，学生的内部认识会不断对情境产生作用，即学习者和情境之间在进行一种持续的信息交换。

1. 准确把握学科的育人价值

小学的每个学科，都有着各自独特的育人价值，这种价值并不仅仅体现在教给学生某门学科的知识上，更体现在学生的情感发展、道德提升、态度改变等方面，如语文让学生接受文化的熏陶，数学对学生思维的培养，综合实践活动对学生探究能力和与人合作能力的培养等，都具有独特的价值。情境教学并不是为了创设情境本身，情境是为了让学生获得发展。

---

① 李吉林，田本娜，张定璋. 李吉林小学语文情境教学——情境教育[M]. 济南：山东教育出版社，2000：13—14.

② 赵屹莉. 基于情境创设的问题式地理教学设计[J]. 地理教学，2019(6)：43—46.

③ 裴娣娜. 情境教学与现代教学论研究[J]. 课程·教材·教法，1999(1)：5—8.

④ 裴娣娜. 情境教学与现代教学论研究[J]. 课程·教材·教法，1999(1)：5—8.

因此,什么样的教学内容需要创设情境,应该创设怎样的情境,这些问题都值得认真思考。教学需要情境,但并不是随意的情境设计都可以称为情境教学,只有真正把握了学科的独特育人价值,才能把握情境设计的方向,才能明晰情境创设的目的。

2. 创设情境

情境教学的核心是思维的发展,而思维的发展又是通过情感来引发的。因此,情境教学的关键在于,创设符合学生心理特点又接近学生实际生活的情境,通过这种情境把学生的认知活动与情感活动结合起来,促进学生的思维发展。

如前所述,实体性现场操作、模拟性相似操作和符号性趣味操作是情境教学的三个操作系统。这就意味着,所创设的情境可以是一种实体的现场,可以是一种模拟的情境,也可以是想象的或意境的情境。案例 9-6 就是一种实体的现场。

案例 9-6

通过情境教学分清"渴"和"喝"①

在教小学语文教材《乌鸦喝水》一课时,有"渴、喝"两个生字,教师让学生观察教师的动作、表情(舔着嘴唇,咧着嘴,无精打采的样子)。

师:请大家说说老师现在像是怎么了?

生:很渴。

师:渴了需要什么?

生:水。

师:请大家把"渴"字中的"氵"描红,然后拿起茶杯喝水,并说一说老师喝水用什么?

生:嘴巴,口。

师:请大家把"喝"字的"口"描红。

(学生通过观察老师的动作、表情,分清了"渴"和"喝"的意思,以后学生用"渴"和"喝"写词语和句子时就不会混淆。)

模拟的情境是比较多见的,小学数学、道德与法治等学科的情境教学就经常要创设这种情境,即给学生呈现一个生活场景,让学生融入场景中,在体验这种情境的过程中去解决实际问题。如在情境中,学生要到北京去参加夏令营,为此需要计算自己从学校乘坐火车到北京要多长时间,就属于这一类。还有一类是想象的情境,是通过抽象的符号、语言、想象、联想等,而不是通过实物来创设情境,这种情境在语文学科中更为多见,如案例 9-7 就属于此类情境。

① 祝辉.情境教学研究[D].上海:上海师范大学,2005:15.

在创设情境的过程中，除了要把握学科的育人价值以外，还需要把握课程标准以及基于课程标准的教学目标。任何一个教学情境的创设和使用，必须有足够的理由去证明它确实是必要的，而检验这种必要性的工具就是看情境的使用是否有利于教学目标的达成，是否让学生获得了认知、情感、能力、品格和价值观等方面的发展。

从材料的使用上来看，教师准备的教具、学生的现场表演、多媒体、教师的简笔画乃至教师的语言等都可以创设出情境。但是，教师需要把握两个原则：第一，多元化原则。在当前多媒体普及的情况下，情境创设的材料也被逐渐单一化了，教师往往只钟情于使用多媒体来创设情境，而忽视了其他材料。多媒体固然有很多优点，但它也有着自身的缺点，如程序化的设计使其无法根据教学现场的复杂情况做出及时调整，既限制了课堂教学的流程，使原本应该复杂精彩的课堂变得程式化起来，又限制了学生的思维，让学生一味跟着课件走。因此，在情境教学中，应该认识到每种材料都有其价值，要使用不同的材料来创设课堂教学情境。第二，经济化原则。很多种不同的情境都可以达成同一个教学目标，那么该如何选取呢？这里就涉及一个经济化原则，在效果同样的前提下，要选取最经济的情境创设方法，节约教学成本。有一位老师在教学《松鼠》一课时，花了一个星期的时间去寻找和制作松鼠的视频材料，试图向学生呈现松鼠的特点。其实课文中的精彩插图已经能很好地展现松鼠的外貌特征，完全可以依据插图来呈现教学情境，因此，从经济化原则来看，他的情境创设并不成功。

 案例 9-7

“沿”字怎么记①

在课堂上教学生字，我经常会问学生有什么办法记住这个生字？学生有的说编儿歌，有的说讲故事，有的说把头脑中的画面描述出来。如学“沿”字，有学生就编了一个小故事：有一个人走了很长的路，他口渴了，很想喝水。他就在周围找来找去，找到一口井，他站在井边，往井里一看有水，他很高兴，心想：可有水喝了。还有的学生把头脑中的画面描绘了出来：“沿”字的“几”是井边上的辘轳，“口”是一口井，“氵”是井里的水。通过让学生在联想的情境中识字，既有效地使学生认识了生字的音、形、义，又使学生在编故事、编儿歌或描述画面中发展了语言表达能力。

在情境教学中，一节课可能不是一个情境就能解决的，往往需要创设一系列的情境，并且要考虑情境与情境之间的连续性。任何一次成功的情境教学，总是能通过给学生呈现多种情境而让学生的思维实现从现有发展水平到潜在发展水平的提升。

① 祝辉.情境教学研究[D].上海：上海师范大学，2005：15

 **案例 9-8**

《假如给我三天光明》写作语境的课堂实践尝试[1]

《假如给我三天光明》这一作文题不适合图画、音乐等直观手段创设情境,这时能有效支配学生感知的语言描述的创设情境的方式就显得格外合适。当然,情境的创设也要追求多元化,直观的情境创设方式也可以与语言艺术描绘情境这种间接的情境创设方式相结合,这是符合儿童心理特点和情感认知活动的有效途径。但无论何种形式,都需要教师语言在其中发挥主导作用,也就是让学生注意什么、思考什么、想象什么、观察什么、表达什么等这些都要在教师语言的引导下展开,将学生的观察活动、思维活动、语言活动相结合以调节认知活动,提高感知效应。

总之,情境受到课时的教学目的、作文内容以及学生情况的制约,但单一孤立的情境是无效的,它应该以多种组合优化的形式衔接、贯穿整个教学过程。教师在教学任务确认后选择的情境应符合学生的身心特点和教学内容特点,对于注意力不容易集中的小学生来说,图画、音乐等直观手段比较适宜。

教师在备课的时候就要根据写作教学目标和写作内容从创设情境所需时间和情境作用两个标准出发以表格形式罗列各种情境教学法的优缺点并筛选出组合方案。针对《假如给我三天光明》这个案例,教师设计了以下优化情境的比较方案。

优化情境比较方案表

创设情境方式	所需时间	情境使用效果预测
A. 图片展示情境:投影海伦·凯勒和她老师的图片	无须花费太多时间	静致画面对学生触动一般,只是表现了人物的样貌,学生很难体会海伦·凯勒内心的无助和对光明的渴望
B. 音乐渲染情境:播放阿炳的乐曲《二泉映月》,引导学生在聆听凄凉婉转的二胡曲中体会他饱尝人世辛酸和苦楚的心境	无须花费太多时间	阿炳和海伦·凯勒有着相同的遭遇,但他们都是自强不息且才华横溢的人,在欣赏乐曲的过程中能让学生更真切地体会到人物的无助彷徨。如果配合其他创设情境方式,如用语言创设情境法,则音乐音量不能高于教师声音,以免喧宾夺主
C. 实物演示情境:出示盲文教具让学生感受	需要让学生上台触摸盲文教具说出感受,所耗费时间较长	学生出于好奇会把较多时间放在触摸盲文上,课堂秩序容易失控

① 陆佳玲.李吉林小学语文情境作文教学研究[D].上海:上海师范大学,2022:69—71.

（续表）

创设情境方式	所需时间	情境使用效果预测
D. 角色扮演体验情境：用红领巾把学生的眼睛蒙上，让学生想象自己就是海伦·凯勒，让他们说出面对黑暗时的感受	需要学生用语言描述自己在黑暗中的感受，有一系列师生问答环节，所需时间比较多	学生在扮演海伦·凯勒的过程中能充分进入角色，感受人物在没有色彩的世界中的无奈、彷徨、迷茫，对知识与光明的追求、渴望，进而将这种感受投射到自己的写作中
E. 语言描绘情境：设计贴合情境的导语和引导语，伴随学生的情感活动推进教学流程	不需要特意花费时间，只需将语言描述伴随其他方式穿插在教学流程中	用可知可感的语言将学生带入情境中
最终方案 A+B+C+D+E：以语言描述情境贯穿整个写作课堂并随着环节推进创设一个个连续衔接的情境 环节一，E+A：出示海伦·凯勒的照片、全黑照片与彩色风景照片对比图，并结合教师语言描绘（这样的设计让学生初步感受黑暗世界的轮廓） 环节二，B+D+C+E：教师播放《二泉映月》并用语言描述乐曲中的迷惘和淡淡的忧伤，让学生假设自己就是海伦·凯勒，用红领巾将学生的眼睛蒙上，以第一人称的口吻诉说此时的内心真实感受，让蒙着眼睛的学生触摸盲文，教师语言描述海伦在黑暗中艰苦求学求知的艰辛，以激发学生代入情境角色中 教师最后提问学生如果只剩下三天光明会怎样安排这三天以启发学生想象思考。（综合运用多种创设情境方式，节省课堂时间，使学生高效地进入情境）		

教师运用多种方式综合创造情境时，应从当堂写作课堂目标及教学重难点出发设计优化情境，《假如给我三天光明》这篇想象作文中学生最大的难点是无法进入第一人称的视角展开想象，由于经历差异很难参与到习作中“我”的情感活动中去。教师在设计的时候就要在节约时间、把控住课堂秩序的基础上从目标出发设计情境，情境的强度要逐步加深并用语言描述这一主要方式贯穿课堂，以强化学生在各个情境中的情感体验。由低难度的感悟情境到高难度的用语言描述情境、想象情境，学生的言语技能系统也逐步形成。

3. 提出问题

情境教学是与问题相联系的，如果没有问题，那么情境就会失去其应有的价值。教师在呈现给学生一个情境的同时，也把问题抛给学生，于是学生产生了想要解决问题的欲望，这是他们学习的基本动力。

 **案例 9-9**

贾斯珀系列之“邦尼牧场的援救”

“邦尼牧场的援救”从贾斯珀的朋友拉瑞教另一个朋友艾米丽学飞超轻型飞机这一情境开始,在情境中,贾斯珀和他的朋友在做去邦尼牧场钓鱼露营的旅行计划。在旅行中,贾斯珀发现一只严重受伤的鹰,鹰需要紧急抢救才能存活。全部的问题是艾米丽必须想出办法尽量帮助贾斯珀把这只受伤的鹰送到兽医那里去抢救。

下面让我们根据教学过程录像的笔录来看一下爱丽森老师在六年级的数学课堂上进行“邦尼牧场的援救”教学实际过程,观察她的课堂会启发你去思考如何在你的课堂上进行基于情境认知的教学。

爱丽森:你们有没有参加过野营?或者在森林里做过徒步旅行?有没有遇到过紧急情况?

学生:我们在加州的一座山顶上做徒步旅行时,突然空中有乌云压过,阳光不见了……

(旁白:学生们很快就会发现他们的野外经验与贾斯珀的探险挺相像。爱丽森使学生们对所要观看的探险有所准备。)

爱丽森:我们所要观看的节目是有关一个叫贾斯珀的人在野外进行徒步旅行的过程中出现紧急情况的故事。我相信你们都能帮助他解决这个棘手的意外。这个故事大约 15 分钟长。你们不必在观看的过程中做笔记,放完一遍后,我们可以返回再看。

(旁白:学生们在观看故事,同时也思考老师提出的问题。)

爱丽森:如果他们遇到贾斯珀的情况该怎么办?

爱丽森:如果你像贾斯珀一样做徒步旅行,你跟他年纪一样,你也发现了一只受伤的鹰,你会怎么办呢?

学生:我想如果我发现了那只鹰,我不会把它装进袋子里。我可能会对它进行紧急救助,我会设法帮助它。

爱丽森:好,你所面临的挑战是如何帮助我们的剧中人物。贾斯珀已经做了一些紧急救助。他懂得如何照顾动物。所以,你们的任务是想出你所能想出的最佳方法来帮助营救这只受伤的鹰。

(旁白:如果你像贾斯珀一样想让学生解决一个复杂的问题,那你如何让学生开始着手解决这个问题呢?爱丽森通过头脑风暴法启发全班学生着手解决问题。)

爱丽森:你们认为在解决这个问题时,什么事情最为重要?

学生:飞机飞到牧场要花多长时间?飞机能飞多少英里?

爱丽森:片中的一些信息将有助于你们思考。别的呢?

学生：飞机能装多少油？需要多少油？能飞多远？

爱丽森：很好！

学生：飞机能装多少东西？能不能装下那只鹰？

爱丽森：很好！现在我想让你们分成小组工作。

（旁白：这次爱丽森让学生在各自的小组里继续进行头脑风暴。学生们有很多的机会参与其中。小组的每个成员都必须发现所有的线索。教师通常会担心低水平的学生可能很难参与其中。然而，其实这种担心没有必要。）

（旁白：爱丽森提醒学生们该是进行全班讨论的时间了。每个组都有机会与全班同学分享他们的推理。）

学生：那只鹰重 15 磅。所以，我们在计算飞机的载重量时除了计算飞行员的重量、货物的重量，还要加上鹰的重量。

爱丽森：好！下一组。

学生：片中说邦尼牧场的长度只是一般飞机降落所需的 2 000 英尺的一半，所以，使飞机有足够的地方降落是十分重要的。

爱丽森：好！你们都知道。

（旁白：学生们对片中的一些数据还不是十分清楚。爱丽森鼓励他们再返回看片。）

爱丽森：我们在片中需要看什么？

学生：有多少燃料？

爱丽森：让我们再倒回去看看。

（旁白：因为学生们是第一次解决问题，爱丽森教会学生们用遥控器来控制并得到所需的具体信息。学生们很快就学会了用遥控器。他们喜欢用遥控器去寻找他们所要的信息。他们懂得什么最重要、什么能帮助他们解决问题。学生们收集了很多他们解决问题所需的信息。爱丽森鼓励他们去合理地组织他们的信息以便第二天使用。）

五、多元智能教学

加德纳在《智能的结构：多元智能理论》（*Frames of Mind：The Theory of Multiple Intelligences*）一书中驳斥了传统的智力决定论，提出多元智能理论。他在书中用大量的事实证明，个人的成就并非只受到智商的决定，一个人在某方面智能的缺乏也并不能说明他在其他方面智能也是缺乏的。1999 年，加德纳的多元智能理论被翻译到中国，恰逢中国基础教育课程改革启动阶段，多元智能理论的许多观点与新课程的观念不谋而合。多元智能教学成为新课程实践中引人关注的改革活动之一。

(一) 什么是多元智能理论

传统的智力理论认为人的智力是整体的,不可分割,多元智能理论则认为,人的智力并不是单一的和不可分解的。为了说明问题,加德纳使用了"智能"这一概念。所谓智能,"就是解决问题和(或)创造在一种或多种文化背景下受到珍视的产品的生物和生理潜能"[①]。加德纳通过研究发现,人的智能结构不仅不是一个整体,而且还是相互独立的。每个人的智能结构中包括了八种智能:一是语言智能,指的是掌握并运用语言、文字的能力;二是逻辑—数学智能,指的是逻辑推理、数学运算以及科学分析方面的能力;三是音乐智能,指的是感觉、欣赏、演奏、歌唱、创作音乐的能力;四是身体—动觉智能,指的是运用全身或身体的某一部分,包括嘴和手,解决问题或创造产品的能力;五是空间智能,指的是针对所观察的事物,在脑海中形成一个模型或图像,并加以运用的能力;六是人际智能,指的是了解他人,与人合作的能力;七是自我认知智能,指的是深入并理解自己内心世界,用以指导自己行为的能力;八是观察自然智能,指的是观察自然界中的各种形态,对物体进行辨别和分类,洞察自然或人造系统的能力[②]。

多元智能理论认为:第一,智能不是天生的,会受到后天环境的影响,随着环境的变化,人的智能结构也会发生变化,而教育是改变人的智能结构的重要条件。第二,智能结构是有差异的,尽管每个人的智能结构中都包括了八种智能,但由于受到个人生活经历的影响,人的智能结构呈现差异,有的人空间智能很强,有的人音乐智能很强,没有两个人会表现出完全相同的智能轮廓。

加德纳强调,多元智能理论并不是说每个人都是聪明的,"有些人很幸运,具有多方面的智能强项,而另一些人则不幸运,没有任何一方面的特殊强项。当然,几乎所有的人都可能在某些方面相对擅长一些。多元智能理论认为人们的特长不是平面的,也就是说某一方面可能是你的强项,另一方面可能就是你的弱项,而在其他一个或两个方面你很一般"[③]。总之,多元智能理论突破了单一的平面的智力观,为小学课程与教学改革提供了新的启示。

(二) 怎样进行多元智能教学

实践者更为关注的是,如何把多元智能理论应用到课堂中去。美国小学教师在教学实践的基础上,开发出了一种基于多元智能的简洁、实用的教学设计模式——"IDEAS"模式,包括以下五个步骤。

① 确定(identify):确定课程内容与教学目标。教师要思考:这堂课是否适合使用多种智能,以实现特定的教学目标?是否只要达到一个特定的教学目标,强调满足某个特定学生的需要?

② 发展(develop):针对每一种智能,发展一些可能的学习机会,让学生达到教师设定的

---

① 霍华德·加德纳,沈致隆.我是怎样提出多元智能理论的——《智能的结构》出版25周年纪念[J].人民教育,2008(9):6—7.

② 沈致隆.多元智能理论的产生、发展和前景初探[J].江苏教育研究,2009(9):17—26.

③ 沈致隆,霍华德·加德纳.多元智能理论在中国与世界的现状和未来[J].全球教育展望,2007(1):3—7.

目标。教师要思考如何把有效的多元智能整合到自己的教学中去。如语言智能强调，怎样才能把文字、写作、听力、讨论与语言结合到课堂中去？自我认知智能强调，怎样才能把情感、反省思考和自我评价结合到课堂中去？

③ 检查（examine）：检查并选取最适合学习目标的教学活动。从所列出的活动中，根据教育的背景，选出最可行、最有效的教学活动。同时，还可以为特殊的学生设计一些可供他们选择的活动，为那些提前完成作业的学生设计额外的活动。

④ 评价（assess）：可以用哪种教学策略来实现学习目标。教师要考虑如何将符合学习风格的教学策略和活动整合到所有的授课计划中。

⑤ 设计（set up）：设计一个有序的计划，完成课堂设计矩阵。把以上各个步骤整合起来，设计出一个矩阵，考虑教学前的一些细节情况，如教具、材料、每一项活动所需的时间等①。

案例 9－10

二年级社会课②

琳达·迪斯金（Linda Diskin）运用“模拟策略”来帮助她的二年级学生识别历史上的人物，体会重大历史事件的重要性。琳达认为该策略的核心——角色扮演是一项非常有效的学习工具，它有助于发展学生的洞察力、观察力、自我了解与移情作用（琳达教学策略的矩阵分析如下表）。琳达在上关于感恩节的单元时，她请班上所有学生从家中带一样他们最喜欢吃的水果，并让一些学生解释为什么他们喜欢吃这种水果。

琳达模拟策略的矩阵分析

	掌握型	理解型	自我表现型	人际关系型
语言智能		讨论		
逻辑—数学智能				
音乐智能				
身体—动觉智能			角色扮演（实际表演）	
空间智能				
人际智能				角色扮演（互动）
自我认知智能		观察、解释角色扮演	角色扮演，对情境个人反应	移情
观察自然智能	对食物或营养的基本认识			

① 季彩君.美国整合学习风格与多元智能的教学实践[J].教学与管理，2003(30)：86—88.

② 季彩君.美国整合学习风格与多元智能的教学实践[J].教学与管理，2003(30)：86—88.有少量改动。

在确定人们需要食物,如水果等才能生存后,琳达告诉学生他们将轮流表演美国历史上一件重要的事件——第一次感恩节。琳达先复习有关早期移民与美国土著人之间的会见,这是学生已经学过的。她让五位学生扮演土著人,拥有全部的水果,并请学生猜为什么这些人拥有这么多的水果。在学生回答后,琳达接着做进一步解释,由于土著人精于打猎和耕种,他们常有足够的食物。然后,琳达请这五位学生站到学习圈的中心,把他们所知道的有关土著人的生活表演出来。

接下来,琳达与学生讨论了早期移民抵达北美的情况,然后又选出五位学生加入到这些土著人中,让他们把所知道的有关早期移民的生活表演出来。当扮演早期移民的学生述说他们的困境时,扮演土著人的学生就与他们一起分享自己的食物,并教他们怎样耕种。

在角色扮演后,琳达组织全班进行讨论。她请学生讨论自己扮演的角色及观看这些角色扮演的感受,她用以下问题来引导和加深学生的讨论:美国土著人对于早期移民来到他们的家园,有何感受?当土著人发现早期移民几乎没有食物时,他们的感受如何?早期移民来到陌生的新土地后,发现食物短缺,有何感受?扮演这些角色,有何感受?观看第一次感恩节的一些活动,有何感受?关于第一次感恩节你还知道一些别的事情吗?你现在是否还在纪念这些传统节日及习俗?

从教学实践来说,多元智能理论强调两点:一是尽最大可能使教育个性化,即"因材施教",只不过,这里的"材"是要看学生究竟是哪种智能结构,看他喜欢怎样的学习方式;二是应用多种方式表达和传授重要的思想和概念。这样可以通过激发学生的多种智能,为扩大教育的受益面带来新的希望[①]。实际上,由于学生的差异非常明显,再加上我国小学的班额都比较大,教师在课堂上很难照顾到每一个学生,因此,应尽可能多地了解学生的智能偏好,并尽可能多地设计多样化的教学活动,以满足学生的特殊需求。

关键术语

小学课程改革;小学教学改革;小学学习方式;参与式学习

讨论与探究

1. 总结分析21世纪以来小学课程改革的主要特点。
2. 如果你是一位小学教师,你想如何改革班级学生的学习方式?

① 霍华德·加德纳,沈致隆.我是怎样提出多元智能理论的——《智能的结构》出版25周年纪念[J].人民教育,2008(9):6—7.

3. 谈一谈怎样才能将信息技术与小学课堂教学紧密结合起来。

4. 在小学语文、数学或其他学科中任选一个你感兴趣的教学内容，运用所学习的相关教学理论，设计一份教案。

案例分析

根据你对情境教学的认识，分析下面的案例。

一年级《菜园里》识字教学片段①

师：你最爱吃的蔬菜是什么呢？

师：同学们喜欢吃的蔬菜种类真多，瞧瞧，蔬菜宝宝们也来我们班级了，你们认识它们吗？我们和这些蔬菜宝宝打个招呼吧！

师：同学们，在这些蔬菜宝宝当中你最喜欢谁呢？请大家一起来“开火车”，然后把你最喜欢的蔬菜宝宝介绍给其他同学。

师：老师想请同学们帮忙来推销蔬菜，然后我们评出班级最棒推销员，奖励蔬菜宝宝一个，大家谁先来试试？

（教师组织学生集体认读生字，学生练习并且打好基础；教师将课件中的图片去掉，请学生读正确词语，人人争做推销员；争当高级推销员。）

师：同学们，蔬菜宝宝们邀请小朋友们去参观，你知道这些蔬菜宝宝都住在哪里吗？你看，茄子先生来了，我们跟着茄子先生去他家做客吧。

师：茄子先生的家到了，我们进去看看吧，大家发现茄子先生里面是什么样子呢？请大家找找茄子先生在哪个句子里，一起来读读吧。

（学生用分组学习的方式找到茄子和其他种类蔬菜的名字，通过在文中找词语和读课文的方式搜集生字和生词，拓展了解其他蔬菜的词语。）

师：同学们看食堂的厨师来采购了，我们一起帮帮忙吧。

（教师用课件出示生字，学生读出生字；升华梯度，写好生字；营造情境，观看餐桌上的菜肴；学生互赏互评，争做“厨房小能手”。）

进一步阅读的文献

1. 钟启泉. 教学设计[M]. 上海：华东师范大学出版社，2022.

2. 钟启泉，崔允漷. 核心素养与教学改革[M]. 上海：华东师范大学出版社，2018.

---

① 李聪. 情境教学视角下的小学低年级识字教学研究[D]. 呼和浩特：内蒙古师范大学，2020：39.

3. 郑太年.学习科学与教学变革[M].上海:上海教育出版社,2019.

4. 和学新,等.课程改革:新世纪的国际视野[M].北京:中国社会科学出版社,2018.

5. [德]汉纳·杜蒙,[英]戴维·爱斯坦斯,[法]弗朗西斯科·贝纳维德.学习的本质:以研究启迪实践[M].杨刚,等译.北京:教育科学出版社,2020.

6. 陈静静.学习共同体:走向深度学习[M].上海:华东师范大学出版社,2020.

7. [英]丹尼尔·缪伊斯,大卫·雷诺兹.有效教学:证据与实践(第四版)[M].杨华,沈诗扬,译.重庆:西南师范大学出版社,2020.

8. [美]大卫·库伯.体验学习:如何让体验驱动学习与发展[M].伍新春,季娇,郑秋,译.北京:人民邮电出版社,2023.

9. [美]玛丽·凯·里琪.可见的学习与思维教学[M].林文静,译.北京:中国青年出版社,2017.

10. [美]普拉卡什·奈尔,罗尼·齐默·多克托里,理查德·埃尔莫尔.重新设计学习和教学空间[M].林文静,译.北京:中国青年出版社,2020.

小学课程与教学研究的热点和反思

• 学习目标

1. 明确小学课程与教学的立德树人价值取向,了解小学生发展核心素养的基本内容。

2. 能够基于学生发展核心素养、"互联网+教学"和综合实践活动课程,开展小学课程与教学研究。

3. 理解实践取向的小学课程与教学研究范式,能够开展叙事研究、行动研究、隐性课程研究与情境教学研究。

4. 掌握小学课程与教学研究的基本方法,能够熟练运用观察法、调查法、案例研究法与经验总结法。

5. 在开展小学课程与教学研究过程中,会合理选择研究课题、设计研究方案和确定研究方法。

6. 了解小学课程与教学研究的未来发展趋势,处理好研究方法的科学性与理论联系实际等问题。

你知道"讲故事"也是科学研究吗?你认为在教学过程中就可以进行科研吗?为什么人们要把课程比作"文本"?你想成为像李吉林老师那样的行动家、理论家吗?请告诉我们你自己课堂体验的故事和你的想法,展现你迷人的教学情境和设计思路吧!课程与教学研究的问题来自教育教学实践,来自你行动过程的反思,来自你捕捉到的学生的细微的变化;课程与教学研究依赖于科学的方法,依赖于你解读教学事件独特的视角。这样,你就可以成为专家,而且是一位"临床专家"!

第一节 小学课程与教学研究的热点

课程与教学研究是推动我国小学新一轮基础教育课程改革、实现立德树人根本任务的核心和关键。进入新世纪以来,为迎接知识经济带来的挑战,加快构建符合素质教育基本要求的新课程体系,我国开始对过去的基础教育课程与教学进行系统的研究,并进行了大胆的改革和创新。当前,我国小学课程与教学研究主要针对立德树人进行课程内容与教学方式变革,探究如何培养学生的核心素养、如何进行“互联网+教学”以及如何设计并实施综合实践活动课程,研究方法主要采用实践取向的研究方法,具体包括叙事研究、行动研究、隐性课程研究以及情境教学研究等。

一、“立德树人”的价值取向

2014 年 3 月,教育部印发《关于全面深化课程改革落实立德树人根本任务的意见》,强调要高举中国特色社会主义伟大旗帜,推动社会主义核心价值观进教材、进课堂、进头脑,着力培养学生高尚的道德情操、扎实的科学文化素质、健康的身心、良好的审美情趣,努力使学生具有中华文化底蕴、中国特色社会主义共同理想、国际视野,成为社会主义合格建设者和可靠接班人①。随即,教育部成立核心素养课题组,开展“我国基础教育和高等教育阶段学生核心素养总体框架研究”。2019 年 6 月,中共中央、国务院印发《关于深化教育教学改革全面提高义务教育质量的意见》,明确要求各级各类学校要“落实立德树人根本任务”②。2019 年 10 月,中共中央、国务院印发《新时代公民道德建设实施纲要》,指出要“在全社会大力弘扬社会主义核心价值观”,“持续强化教育引导、实践养成、制度保障,不断提升公民道德素质,促进人的全面发展,培养和造就担当民族复兴大任的时代新人”,“把立德树人贯穿学校教育全过程”③。2019 年 11 月,中共中央、国务院印发《新时代爱国主义教育实施纲要》指出,“爱国主义是中华民族的民族心、民族魂,是中华民族最重要的精神财富,是中国人民和中华民族维护民族独立和民族尊严的强大精神动力”④。《义务教育课程方案(2022 年版)》指出,“义务教育要在坚定理想信念、厚植爱国主义情怀、加强品德修养、增长知识见识、培养奋斗精神、增强综合素质上下功夫,使学生有理想、有本领、有担当,培养德智体美劳全面发展的社会主义建设者和接班人”。同时强调,“义务教育课程应坚持育人为本,聚焦核心素养,变革育人方式,实现学生全面发展”。因此,立德树人成为我国小学课程与教学的根本目标,小学课程与教学研究主要针对立德树人进行课程内容与教学方式变革。

(一) 学生核心素养培养研究

任何时代与任何民族都期待其社会成员具备某些基本素养。我国古代崇尚以“礼”“乐”“射”“御”“书”“数”等“六艺”为基本教育内容,培养社会成员的六种核心素养;古希腊、古罗马的学校通过文法、修辞、辩证法/逻辑、算术、几何、音乐、天文等“七艺”的教育,培养社会成员的七种自由艺术素养。在当代中国,学生发展核心素养主要指学生适应社会发展需要和终身发展需要的必备品格和关键能力。学生发展核心素养总是通过学校教育,特别是课程与教学进行培养的。培养学生发展核心素养是落实立德树人根本任务的具体举措。

---

① 中华人民共和国教育部. 教育部关于全面深化课程改革落实立德树人根本任务的意见[EB/OL]. (2014-04-08)[2024-07-26]. http://www.moe.gov.cn/srcsite/A26/jcj_kcjcgh/201404/t20140408_167226.html.

② 中共中央、国务院. 关于深化教育教学改革全面提高义务教育质量的意见[N]. 人民日报,2019-07-09(1).

③ 中共中央、国务院. 新时代公民道德建设实施纲要[N]. 人民日报,2019-10-28(1).

④ 中共中央、国务院. 新时代爱国主义教育实施纲要[N]. 人民日报,2019-11-13(6).

1. 核心素养研究的国际背景

联合国教科文组织《教育——财富蕴藏其中》(*Learning*: *The Treasure Within*)的报告将全面发展的人解释为“会认知”(learning to know)、“会做事”(learning to do)、“会共同生活”(learning to live together)和“会生存”(learning to be)的人，现代社会成员应该具有这四种核心素养[①]。因此，学校应该让学生学会认知，使他们具备探究意识、科学精神、人文精神和批判与创造精神等；应该让学生学会做事，使他们具备发现问题与解决问题的技能，发展其创新、冒险、进取等行为方式；应该让学生学会共同生活，使他们具备认识与管理自我和他人的能力，发展为实现共同目标而进行人际交往的能力；应该让学生学会生存，使他们身心健康，具备自我实现、社会责任和法律与规则的意识。经济合作与发展组织在“素养的界定与遴选：理论和概念基础”项目的研究成果中强调，知识社会要求社会成员具有“互动地使用工具”(using tools interactively)、“自主行动”(acting autonomously)和“在社会异质团体中互动”(interacting in socially heterogeneous groups)等三种关键能力或核心素养[②]。“互动地使用工具”关注的是个体使用计算机之类的物理工具以及语言等社会文化工具，实现与世界的相互作用；“自主行动”就是个体要具有良好的自我概念以及把自身的需要和愿望转化为有目的行动的能力；“在社会异质团体中互动”强调个体与他人的互动，尤其是与自身不同的他人的互动，表现为社会适应力、社交能力、跨文化能力和软技能等。

2. 我国小学生发展核心素养

教育部核心素养课题组基于立德树人根本任务，通过实证调查研究，深入了解社会对人才的需求，准确把握各界对核心素养的期待，最终确立了我国中小学和高等学校学生发展的六大核心素养[③]。

中国学生发展核心素养分为“文化基础”“自主发展”“社会参与”三个方面。学生的“文化基础”包括“人文底蕴”与“科学精神”，“自主发展”包括“学会学习”与“健康生活”，“社会参与”包括“责任担当”与“实践创新”。“人文底蕴”表现为具有“人文积淀”“人文情怀”与“审美情趣”；“科学精神”表现为具有“理性思维”能力和“批判质疑”“勇于探究”精神；“学会学习”表现为“乐学善学”“勤于反思”，具有“信息意识”；“健康生活”表现为“珍爱生命”，具有“健全人格”，能够“自我管理”；“责任担当”表现为能够担当“社会责任”，具有“国家认同”与“国际理解”意识；“实践创新”表现为具有“劳动意识”，具备“问题解决”的能力，能够通过“技术运用”进行社会实践。上述六大核心素养既是学生成为“全面发展的人”的具体表现，也是立德树人的培养目标。

由于中国学生发展核心素养涵盖基础教育和高等教育阶段的学生发展，小学课程与教学必须根据学生的年龄特征进行科学规划与定位。如何规划与定位小学生发展核心素养的目标与发展程度，如何通过课程内容与教学活动有效培养学生发展核心素养，都是小学课程与教学研究的热点。例如，《义务教育语文课程标准(2022 年版)》强调发展学生“文化自信”

---

① 联合国教科文组织.教育——财富蕴藏其中[M].联合国教科文组织总部中文科，译.北京：教育科学出版社，1996：76，78，82，85.

② 张娜.DeSeCo 项目关于核心素养的研究及启示[J].教育科学研究，2013(10)：39—45.

③ 核心素养研究课题组.中国学生发展核心素养[J].中国教育学刊，2016(10)：1—3.

“语言运用”“思维能力”“审美创造”等核心素养,提出了各学段“识字与写字”“阅读与鉴赏”“表达与交流”“梳理与探究”等方面的发展要求;《义务教育数学课程标准(2022 年版)》认为,数学课程要培养学生“会用数学的眼光观察现实世界”“会用数学的思维思考现实世界”“会用数学的语言表达现实世界”,小学阶段学生数学核心素养主要表现在“数感”“量感”“符号意识”“运算能力”“几何直观”“空间观念”“推理意识”“数据意识”“模型意识”“应用意识”“创新意识”的发展上。

一般来说,根据小学生的年龄特征,小学阶段学生发展核心素养的目标主要定位于:①在“人文底蕴”方面,具有古今中外基本的人文常识,初步形成审美与艺术兴趣。②在“科学精神”方面,具有尊重事实与证据的求知态度,有好奇心和想象力,不怕困难,能够独立思考。③在“学会学习”方面,具有积极的学习态度和兴趣,有良好的学习习惯,能自觉、自主地学习与使用知识。④在“健康生活”方面,具有安全意识与基本的自我保护能力,有健康文明的行为习惯和生活方式,自信自爱,有一定的自制力与抗挫折能力。⑤在“责任担当”方面,具有互助精神,热爱自然,爱党爱国,能够文明礼貌、宽和待人、孝亲敬长。⑥在“实践创新”方面,具有积极的劳动态度和良好的劳动习惯,主动参加家务劳动和社会实践,有解决生活中实际问题的兴趣和热情。

3. 基于学生发展核心素养的小学课程与教学研究

我国在落实学生发展核心素养培养的过程中,强调立足学科发展学生核心素养(如 2022 年版义务教育各学科课程标准对学生核心素养的要求),使得“立德树人”更加具有可操作性。为了发展学生的核心素养,小学各学科已广泛研究如何通过本学科课程与教学发展学生核心素养,探索有效的学科教学策略。

学科课程重构主要是基于国家课程,进行课程资源或学科微课程开发。以统编版《语文》五年级上册《圆明园的毁灭》一文为例,可以基于核心素养,开发出语言能力类、思维训练类、审美艺术类和文化传承类这五类微课程①。

校本课程是对国家课程的补充,是学生常规课堂学习的拓展。苏州工业园区胜浦实验小学认为,语文核心素养是学生在积极主动的语言实践活动中建构起来,并在真实的语言运用情境中表现出来的个体言语经验和言语品质,是基于正确的情感、态度和价值观的审美情趣和文化感受能力的综合体现。基于这样的理念,该校开发了校本课程“生活中的语文”②。

在 2022 年版义务教育课程标准颁布后,立足学科发展学生核心素养的教学策略探索必定是小学课程与教学研究的热点。目前,已有许多学者和学校在小学语文、数学、英语、科学、道德与法治、体育、艺术、信息技术和综合实践活动等学科中,广泛开展了发展学生核心素养的教学策略探索。核心素养为教学改革提供了顶层设计指引,透过核心素养内涵解析与内外部因素分析,能够优化与改善教学。例如,有学者认为,空间观念是数学核心素养中

---

① 黄晓琴. 基于核心素养的小学语文微课程开发研究[D]. 重庆:西南大学,2016:59—68.

② 蒋慧钰. 以“自主发展”为切入点浅析小学语文核心素养的培养——苏州工业园区胜浦实验小学校本课程“生活中的语文”例谈[J]. 小学生作文辅导(读写双赢),2018(1):26—27.

不可缺少的组成部分，也是学生学习数学必备的基本技能。因此，既要让小学生懂得运用公式、理解概念的本质，更要让他们建立空间观念；教学中应该通过培养抽象意识，运用操作体验、想象思维等方式培养学生的空间观念，促进他们思维品质发展①。还有学者基于科学核心素养要求，融合 STEM 教育理念，开展“自制酸碱指示剂”教学改革，引导小学生参与聚焦问题、初拟方案、确立方案、测试优化、分享评价的全过程，从观念与应用、思维与创新、探究与交流、态度与责任四个方面评价学生的学习效果，提高学生的科学核心素养②。

案例 10-1

小兔请客③

一、明确计算教学的数学核心素养内涵

无论是在《小兔请客》教学设计还是组织教学中，不仅要引导学生理解和掌握整十数加减整十数的基本方法，还应当考虑计算教学中应体现哪些数学核心素养。在教学设计中，为什么要用“3＋2＝5”思考“30＋20＝50”的结果？首先，这样做，既让学生明确算理的过程，也培养学生运算能力；其次，学生对“3＋2＝5”数量关系的感悟是正确解决“30＋20＝50”的基础与关键。因此，在进行计算教学时，不仅要让学生掌握基本方法，还应该发展学生的数学核心素养。

二、树立以学生为主体的基本导向

在《小兔请客》教学过程中，要始终贯穿以学生为主体的思想。在导入环节以“小兔请客”为故事情境，以兴趣为入手奠定课堂的感情基调。在探究减法的时候，让学生通过讲故事，自己组织数学语言，组织数学信息并提出数学问题，最后解决数学问题。一年级的学生缺乏语言组织能力，会花去一部分课堂时间，但是这是一个非常必要的环节。这样做，既发展了学生的数学表达能力，又有利于学生运算能力和推理能力等数学核心素养的发展。

三、调动学生的积极性

在《小兔请客》教学设计阶段和教学实施阶段，都应该充分考虑学生的学情，激发学生积极参与。通过小组竞赛、开火车、个人比拼等三个小游戏，既回顾旧知又在学习新知前充分调动学生的积极性；在教学过程中，通过摘苹果的游戏（苹果后面藏着数学算式）让学生对课堂充满期待与兴趣；在教学过程结束时，及时对学生的课堂表现做评

---

① 叶春梅. 核心素养视角下小学数学空间观念的培养——基于小学“图形与几何”教学实例中的思考[J]. 福建教育学院学报，2020(8)：90—91.

② 赵秋燕，高翔. 基于小学科学核心素养的 STEM 案例设计——以“自制酸碱指示剂”为例[J]. 中小学数字化教学，2020(5)：17—20.

③ 杨俊. 核心素养背景下的小学数学第一学段计算教学策略探究[J]. 学周刊，2018(33)：41—42.

价,为进一步学习数学奠定基础。

四、巧用课堂评价、活用教学资源

考虑到一年级学生的身心发展特点,《小兔请客》采用趣味性的小组比赛的评价方式,根据座位情况将学生分为三组。每一组同学认真思考、积极回答问题的就可以得到一个太阳花。在最后统计哪组获胜时,教师给学生出了一个难题,如果以一朵太阳花代表十朵太阳花,那么,哪一组的小朋友获胜呢?学生的兴趣顿时又被提到了最高点,安静思考后开始三言两语地说出自己统计的结果。看似简单的小细节,既能让学生对所学知识有所巩固,同时也极大地调动了学生的学习兴趣,成为一大亮点。

从这一则小学数学教学研究案例中可以看出,计算教学是我国小学数学教学非常重要的内容,是培养学生数学思维的重点。任何学科的核心素养培养,必须借助具体学科教学内容与过程,活用教学资源;必须激发学生的学习兴趣,调动他们的学习积极性;必须瞄准学科核心素养,不断进行教学反思,从而提高教学效率。

(二)"互联网+教学"研究

互联网既为教学模式变革创造了条件,也为落实立德树人根本任务提供了丰富的教学资源。"互联网+教学"研究旨在利用互联网与"大数据"技术,开发与探索新的教学模式。"互联网+教学"模式是"互联网+"时代的教学创新。"互联网+教学"模式的突出特征是:使学生的学习活动更接近真实的人类探究过程,从而推动教学的科学化;有利于学生通过"文化重演"及"深加工""精加工"与"多维加工"活动,培养学生发展核心素养,实现立德树人。

1. "互联网+"与"互联网+教育"

"互联网+"源于中国互联网从业者根据互联网技术的当下发展状况以及未来发展趋势而定义的一个新兴词汇。我国政府发布的《2015〈政府工作报告〉缩略词注释》将"互联网+"定义为新兴的经济形态,它通过发挥互联网的集成与优化作用,达到对生产要素的最佳开发与利用,以此来提高各领域的社会生产效率以及创新能力。随着我国"互联网+"战略的提出,各个领域,当然也包括教育领域,开始不断融合互联网进行创新发展。

"互联网+"的重要支撑是"大数据"技术。"大数据技术建立了一种全新的技术和架构,它能够通过高速获取、发现和分析的方式从大量的各种类型的数据中发现价值"①。"从数据中发现价值"就是寻找数据集蕴含的事物的规律并解释事物的规律,从而帮助人们完成行动决策。2012 年 10 月,美国教育部发布的《通过教育数据挖掘和学习分析促进教与学》(*Enhancing Teaching and Learning Through Educational Data Mining and Learning Analytics*),描述了大数据技术在美国教育领域应用的现状,分析了成功的案例,指出了大数

---

① GANTZ J, REINSEL D. Extracting value from chaos [R]. Boston: International data corporation, 2011:1-12.

据技术在教育领域应用所面临的挑战，提出了在教育领域应用大数据技术的实施建议。目前教育领域的"大数据"主要包括结构化数据(如学业测试成绩及其分布、区域教育经费投入及其占 GDP 的比例等)、半结构化数据(如学生或教师编号、姓名、性别、出生日期等)和非结构化数据(如网络媒体上的视频、音频、图像、文字文本等)。大数据技术使得人们快速获得、储存、管理、处理、传输和提取"海量"的教育数据以及与教育相关的其他数据成为可能，它能够帮助人们对教育事件、教育现象和教育成效进行分析，找到教育活动中各种内部因素之间的关联性，发现教育与社会其他外部因素之间的关联性，进而确定制定教育决策与推动教育改革的突破口与抓手。

不同于早年崛起的计算机辅助教学、多媒体教学和在线教育，"互联网＋教育"正以一种全新的知识探究方式影响着人们的教育行为和学习行为。大数据技术既给教育管理与教育决策提供了数据与证据支撑，也给教学与评价提供了新的研究范式。有学者认为，打破传统的"学龄前教育—小学—中学—大学"的阶梯式教育模式，是"互联网＋教育"不同于以往教育的最大特点[①]。"互联网＋教学"是"互联网＋教育"的重要组成部分。"互联网＋教学"对学习者的"低门槛"要求，使得教育资源的占有不再是一种"专有权利"，教育资源成为一种人人可共享的公共资源；"互联网＋教学"对于提高学生的人文素养和科学素养有着很大的推动作用，是立德树人与培养学生发展核心素养的重要教学模式之一。

2. "互联网+ 教学"的"文化重演"功能

教学当然应该让学生熟悉人类知识探究的逻辑与范式。人类知识探究的逻辑与范式是在了解与查阅前人或同行已有研究成果和相关资料的基础上，观测"足够多的"事实与数据信息，从中寻找蕴含的事物规律并解释事物规律，然后通过媒体交流与发表自己的研究成果，开展争鸣。其中，最重要的是观测"足够多的"事实与数据信息。

教学只有通过人类知识探究活动的"文化重演"，才能帮助学生深度学习人类知识。"文化重演"的目的是帮助学生知道如何获得"足够多的"事实与数据，引导学生对事实、数据与知识进行"深加工""精加工"和"多维加工"。所谓"深加工"就是借助感知信息建立新旧知识的逻辑联系，使新知识真正纳入个人的原有认知框架之中；所谓"精加工"就是利用"常规"或"非常规"思维完成新知识的个性化表征，使新知识区别于原有认知框架中的知识；所谓"多维加工"就是借助多种探究情境从知识、方法、情感与价值等角度建构新知识，以完善知识结构。

在常规的学科教学过程中，虽然学生也进行一些规定的观察、感知与实验，却很少经历获得"足够多的"事实与数据的过程；同时，由于工具、资源与时空等的限制，学生除了阅读教材之外，缺乏查阅文献资料和观点交流的训练，更没有可能从"足够多的"事实与数据中寻找事物规律并解释事物规律。学生往往只从自己甚至前人的几次观察、观测或几个现象、几组数据中"领会"规律。因此，学生在常规的学科教学过程中的探究体验非常有限，很难实现"深加工""精加工"和"多维加工"，学科教学过程甚至被异化为让学生接受学科知识的过程。

---

① 刘涛. 互联网＋时代变革：社会重构、企业再造与个人重塑[M]. 北京：人民邮电出版社，2015：235—240.

基于"大数据"技术的"互联网＋教学",能够充分利用互联网方便获取信息资源、快速处理大量数据、在线与线下交流讨论渠道畅通等优势,将常规的学科教学过程的优点与"大数据"技术整合,为学生自主与合作获取"足够多的"事实与数据信息、探索规律、开展争鸣、掌握知识、领会方法与范式提供了全方位的支持。可见,"互联网＋教学"具有实现"文化重演"的功能,能够有效帮助学生进行"深加工""精加工"和"多维加工",培养他们的核心素养,真正完成立德树人根本任务。由此,针对学科教学的"互联网＋教学"模式研究成为热点。

3. "互联网+ 教学"模式研究

针对学科教学的"互联网＋教学"模式研究必须解决以下问题:如何按照学科知识探究逻辑展开"互联网＋教学"过程,如何实现线下学习与在线学习结合、课堂学习与课外学习结合和教师指导与自主探究结合。

在线下常规课堂学习过程中,学生可以及时获得教师通过讲授、演示、演算、评价等提供的帮助与指导,能够进行真实的现象观察、探究工具的使用与操作、实验的设计与观测、面对面的交流讨论、师生的情感交流等。但是,由于课堂时间、空间、节奏的限制,线下的常规课堂教学不可能充分考虑学生在知识基础、学习效率、学习风格等方面的客观差异,学生完全没有对学习材料、学习时间、学习效率、学习方式等的选择自主权,这必然导致一些学生"吃不了"而另一些学生"吃不饱"的现象。在线下常规课堂学习过程中,教师往往被视为权威,学生只是教学内容、书本以及其他媒体材料的接受者。在线学习在某种程度上解决了上述问题,但是,在线学习的最大缺陷是学生获得的只是"间接知识",没有亲身观测与动手实验以获得感性的"直接知识"的过程,过度依赖在线学习也可能违背知识探究逻辑。因此,在互联网背景下,必须探索"线下学习与在线学习结合"的混合学习模式。

在教学过程中,"教师—学生""学生—学生"和"学生—客体"之间,既可以通过常规课堂现场发生相互作用,也可以通过网络中介发生在课堂中甚至延伸到课堂外的现场和非现场的相互作用。教师可以通过与学生在线、线下的交流对话,及时解答学生的疑惑,提出挑战性问题或提供新的信息资料,引导和鼓励学生开展进一步的个性化自由探索。因此,"互联网＋教学"如何实现课堂学习与课外学习的结合、如何实现教师指导与自主探究的结合,都是值得研究的问题。

案例 10－2

"互联网＋科学教育"的教学模式创新①

皮亚杰曾断言,"知识逻辑和理性组织发展与相应的心理认知过程具有相似性"。库恩也指出,皮亚杰"对儿童的空间观、时间观、运动观或者关于世界本身的观念这样

① 袁从领,毋小勇.论"互联网＋科学教育"的教学模式创新[J].课程·教材·教法,2018(8):92—98.

一些主题的富有洞察力的研究，已经反复地揭示了儿童的观念与古代科学家所持的观念，有惊人的类似之处”。皮亚杰和库恩等科学家都倡导学生学习应该“重演”人类的认知过程。对科学的深度学习要求学生完成“深加工”“精加工”与“多维加工”的过程。这就要求学生比较完整地经历或“重演”人类科学探究的过程。

学生的认知“加工”方式跟科学家的认知“加工”方式是高度相似的。科学教育应该让学生通过“科学重演”，进行科学知识的“深加工”“精加工”与“多维加工”，经历科学探究过程、学习科学知识与方法、了解科学研究范式、形成科学精神与态度、提高创新能力。

“互联网＋科学教育”借助网络平台，学生既能够自主设计探究方案，也能够查阅科学家曾经实施的实验或实证方案、其他同学甚至其他学校设计的实验或实证方案，从而完善自己的方案。“互联网＋科学教育”的教学模式的突出特征是：使学生的科学学习活动更接近真实的科学探究过程，推动了科学教育的科学化；有利于学生通过“科学重演”及“深加工”“精加工”与“多维加工”活动，实现科学的深度学习。

“互联网＋科学教育”的教学过程应该“按照科学探究逻辑展开”，强调“线下学习与在线学习结合”“课堂学习与课外学习结合”和“教师指导与自主探究结合”。所谓“按照知识探究逻辑展开”，就是无论怎样开展科学教学或科学学习，都必须包括发现现象、提出问题、猜想假说、尝试解释、设计探究方案、收集信息、归纳分析、交流讨论与得出结论等环节。所谓“线下学习与在线学习结合”，就是充分整合常规的课堂教学与在线学习的优势，“重演”人类科学知识探究过程。所谓“课堂学习与课外学习结合”，就是利用互联网使学生课堂科学探究更加有“准备”，使学生课外科学探究的内容更加丰富。所谓“教师指导与自主探究结合”，就是教师充分利用课堂和互联网跟学生进行线下与在线互动、点拨、指导，鼓励学生线下与在线的个性化科学探究。

从这一科学教学研究中可以看出，“互联网＋教学”模式研究往往要从学科特征与探究范式出发，既发挥在线学习的优势，也要考虑传统线下学习的长处，全方位调动学生学习的积极性与主动性。

（三）综合实践活动课程研究

综合实践活动课程是一门基于学生的直接经验，密切联系学生自身的生活，体验对知识综合运用的实践性课程，具有综合性、实践性、开放性和自主性等特征。综合实践活动课程是我国新一轮基础教育课程改革的一大亮点，成为改变学生学习方式、培养学生主体意识、提高学生实践能力和创新精神的切入点。它的出现标志着我国基础教育课程结构的新突破和我国基础教育课程形态的新建构。从立德树人的角度看，综合实践活动课程是培育学生发展核心素养的重要抓手。

关于综合实践活动课程的定义,各位专家、学者从不同的视角进行了阐释,所谓见仁见智,目前仍没有统一的定论。一般来说,综合实践活动课程是指在教师的引导下,学生自主进行的学习活动,是基于学生的经验,密切联系学生自身生活和社会实际,体现对知识综合应用的实践性课程[①]。综合实践活动课程包括:研究性学习、社区服务与社区实践、信息技术教育和劳动与技术教育。自新一轮基础教育课程改革以来,关于小学实施综合实践活动课程的研究日益丰富,研究的范围和内容不断拓展。小学综合实践活动课程研究包括小学综合实践活动课程及资源开发研究和实施方式研究等。

1. 小学综合实践活动课程及资源开发研究

综合实践活动课程是课程改革中开设的一门全新的课程。该课程是一门融综合性、实践性、开放性、生成性、自主性为一体的新型活动课程,与学科课程最大的区别就是,综合实践活动没有现成的"教材",需要教师具有明确的课程资源意识,注重引导学生关注生活、关注现实、关注身边的环境,从现实生活中发现问题,提出活动主题,开发和利用广泛存在的各种课程资源,以不断丰富和充实小学综合实践活动课程内容。

由于课程资源开发和利用的研究在我国目前还处于起步阶段,广大的小学教师和其他教育工作者,无论是职前培养还是在职培训,都很少涉及课程资源的概念介绍,更不用说课程资源开发了。因此,综合实践活动课程资源开发将是研究者面临的一个崭新课题。

关于综合实践活动课程的开发,国内很多小学纷纷根据本校的实际情况进行了探索和研究,且取得了一些成果。例如,扬州市综合实践活动的实验学校,通过在实践中将综合实践活动与各学科领域紧密联系,让学科领域的知识在综合实践活动中不断延伸、综合、重组与提升,并与学生的自我、生活、社会文化、传统、科技等内容联系起来去挖掘课程资源,力求设计出贴近学生生活和经验,具有时代气息,行之有效的主题活动,取得的成果是有目共睹的。综合实践活动课程的资源需要实施者善于去发现和挖掘。

2. 小学综合实践活动课程实施方式研究

综合实践活动课程目标涉及丰富的发展领域,而其中态度、情感、技能的发展尤为突出。为此,研究者必须思考怎样建构有助于学生自主学习、探究、合作与创新的活动机制,充分重视学生对大自然、对社会生活的体验,重视观察、实验、操作等体验性和探究性的学习活动。研究者必须思考:在综合实践活动课程的实施过程中,怎样让学生获得可持续性发展的能力?怎样追求人文精神与科学精神相融合的价值取向?怎样使学生不仅认识自然和社会,而且认识自己;不仅使自己主动适应社会,而且在社会实践中不断创新,成为社会发展的促进者?这些都是小学综合实践活动课程实施方式研究必须回答的问题,当然也是小学综合实践活动课程研究的课题。

小学综合实践活动课程强调给学生提供充分的学习自由度以及各种外显的自主参与活动的条件,让学生主动实践和亲身体验,强调多种感官的参与。小学综合实践活动课程各单元都由一系列综合实践性活动贯穿而成,活动形式丰富多样,可以是实践操作、专题研究、亲

---

① 郭元祥.综合实践活动课程:设计与实施[M].北京:首都师范大学出版社,2001:9.

身体验、尝试实验等，不论是侧重观察、测量、记录、收集、整理、操作、讨论、比较、分类、分析、撰写报告或动手制作模型的科学研究活动，还是侧重社会考察、访谈等社会性活动方式，都注重引导学生进行自主探究、发现，从不同的角度对生活、社会问题和科学现象进行研究，自己去发现问题并做出结论。因此，如何使小学综合实践活动组织形式更加灵活，既有培养独立精神的个人活动，也有体现合作精神的小组活动，还有班级教学、小组合作和个人活动三者的结合，也必然成为小学综合实践活动课程研究的课题。

小学综合实践活动结束之后，怎样安排学生的自我总结环节，也是小学综合实践活动课程研究的课题。例如，学生在每次活动后应该怎样进行记录、怎样写日记和心得体会、怎样撰写调查报告和收集各种形式的实践成果，都值得研究。

二、实践取向的研究方法

从21世纪初开始，我国就开始对过去的基础教育课程与教学进行系统研究与变革，并广泛采用实践取向的课程与教学研究方法。这些实践取向的研究方法包括：叙事研究、行动研究、隐性课程研究以及情境教学研究。

（一）叙事研究

20世纪80年代以前，教育实验法、教育统计与测量法等基于逻辑实证主义或科学主义的量化研究方法（或称“量的研究”）在西方课程与教学研究中占据着主导地位。后来，随着对量化研究的“客观性”（对“多数”重复现象、过程的规律总结具有统计意义上的“真实性”）的怀疑，人们逐步认识到，课程与教学研究不能简单照搬自然科学的量化研究方法，从而开始注重艺术、人文学科和社会理论的人本主义的质性研究方法（或称“质的研究”）。所谓质的研究，是指在自然情境下收集多种资料，对社会现象进行整体性探究，归纳分析所收集的资料并形成理论，通过与研究对象互动，获得解释性理解的一种活动。20世纪80年代以后，西方课程与教学研究几乎不采用“量的研究”。质的研究包括叙事研究、行动研究、案例研究、民族志研究等具体研究方法。教育叙事研究作为质的研究的一种运用形式或方法，则是在近些年才逐渐引起我国教育界的重视，成为时兴的课程与教学研究方法之一。叙事研究的主要目的在于教师以自我叙述的方式来反思自己的教育教学活动，并通过反思来改进自己的教学行为，不断提高教育教学质量。

1. 教育叙事研究

叙事可以理解为就像“讲故事”一样。叙事普遍存在于文学艺术作品和日常生活、工作中，是人们表达思想的有力方式。因此，叙事一直受到文学、艺术和文化研究者的关注。不过，作为研究的叙事，讲的不是虚构的故事，而是实际发生过的真实故事。叙事研究的叙事者就是研究者，他以叙事的方式开展研究活动，将研究活动中如何提出问题与如何解决的过程完整地、有一定结构地“叙述”出来，研究者的理论是从具体事件及其情节中归纳出来的，往往通过“叙述”的“情节”反映出来。

教育叙事研究的方式主要有两种：一种是一线教师自身同时充当叙说者和记述者，把自已遇到了什么问题、怎样遇到这个问题和怎样解决这个问题的整个过程叙述出来。当叙述的内容属于自己的教育实践或解决某些教育问题的过程时，教师的叙事研究就成为“教师叙事的行动研究”。另一种是一线教师只是叙述者，教育研究者以教师为观察和访谈对象，记述和“解释”包括教师的“想法”或所提供的文本(如工作日志)等事件。因此，教育叙事研究是指教育研究者(包括一线教师本人或教育研究人员)以叙事的方式进行的教育研究，即教育研究者以叙事、讲故事的方式，叙述自己在研究过程中所发生的一系列教育教学事件，表达自己对教育的理解和解释的一种教育科学研究方法。教育叙事研究是教育研究者通过说出一个个“真实的故事”的方式所从事的实践性研究。教育叙事的主要目的在于关注日常教育实践与经验的意义，它切入学校中个体和集体的教育生活经验，使教育研究回归到生活本身，在理解和分享中领悟我们自身教育实践活动的意义①。

教育叙事研究所叙述的内容是已经过去的实际发生的教育事件，而不是对未来教育活动的展望。教育叙事研究十分重视叙事者和其他教育事件相关者的处境和地位，肯定叙事者和其他教育事件相关者的个人教育经验和个人教育实践的重要意义，往往采用“心理分析”技术，对某个人或某个群体的行为做出归纳性的而不是演绎性的解释。教育叙事研究日益成为许多中小学教师乐于进行的一种重要的科学研究方式。

拓展阅读 10-1

教育叙事、教育叙事研究、教师叙事研究②③④

叙事(narrative)源于文学理论，是文学要素之一。叙事所“叙”的是“事”，叙事即讲故事，讲叙事者亲身经历的事件。或者说，叙事是为了“告诉某人发生什么事”的一系列口头的、符号的或行为的序列，陈述人、动物、宇宙间各种生命事物身上已发生或正在发生的事情。教育叙事即教师讲述教育故事。这些“事”是教师所经之事，这些“故事”是教师的生活故事。教师的教育叙事就是教师讲述在教育教学实践中所遭遇的各种事件。这些事件不是转瞬即逝的，也不是淡无痕迹的，而是长久地影响着师生、影响着教育的。在叙事中，教师真实的经历通过生动的描述具有了现场感，教师独特的体验又通过场景的再现得以与他人分享。因而，教育叙事能唤起鲜活感人的印象，引起灵魂深处的颤动，诱发内心感动的涟漪。这样一来，教师所叙述的教育故事便在意义层面得到了肯定和确认。

教育叙事研究是研究者通过描述个体教育生活，搜集和讲述个体教育故事，在解构和重构教育叙事材料的过程中对个体行为和经验建构获得解释性理解的一种活动。教育叙事研究具有自己独特的研究思路和行动方式，主要特征表现

① 丁钢.声音与经验:教育叙事研究[M].北京:教育科学出版社,2008:73.

② 王枬,唐荣德.论教师的教育叙事研究[J].中国教师,2009(9):5.

③ 傅敏,田慧生.教育叙事研究:本质、特征与方法[J].教育研究,2008(5):36—40.

④ 周国韬.略论教师叙事研究[J].中国教育学刊,2005(12):4.

为聚焦于个体经验，用年代学方法表述个体经验，搜集故事，重新讲述故事，编码并确定主题，描述情境与背景，与参与者全程合作。教育叙事研究是一种质的研究方法，注重对“叙事”的研究。

教师叙事研究是指教师以叙事的方式来研究教育的问题，表达对教育的理解和解释，即通过对有意义的教育事件的描述和分析，揭示内隐于日常事件、生活和行为背后的意义和观念，使人们从故事中体验、思考和理解教育的本质与价值。

2. 叙事研究的方法

叙事研究由于其“叙述”的特殊性，因此开展叙事研究首先必须保证有“事”可“叙”；其次要对“事”进行“研究”；最后要对研究成果进行撰写成文。一般来说，叙事研究方法的具体实施步骤如下。

（1）确定研究课题

叙事研究课题的选择是十分广泛的，课题的选择应该立足于日常的教育实践，学校、课堂甚至所有存在教育事件的地方都是进行叙事研究的场所。小学教师的叙事研究更倾向于微观层面、细小的教育事件，强调对教育中特殊现象的描述、观察和解释。小学课程与教学叙事研究的课题涉及与小学教师、学生和学校领导等主体有关的教育教学事件中产生的问题以及这些主体问题解决的过程与方法。原则上讲，小学课程与教学的所有理论和实践问题都可以作为叙事研究的课题。例如，课程与教学跟学生全面发展的关系、课堂教学模式设计与选择跟学生自主发展的关系、教学评价方式跟学生和教师成长的关系、学校课程与教学管理模式跟学生和教师发展的关系等问题。但是，这些问题还过于宏观与抽象，必须把这些课题变成与细小的、常规的课程与教学事件直接关联的课题。例如，如何在小学数学或科学课程中开发人文教育价值、如何在小学语文课堂中发展学生的审美水平、怎样在小学体育课中培养学生的生命与健康意识、怎样在小学科学课中启发学生提出问题、怎样在小学课程与教学中实施“档案袋”式的评价等问题。这样，研究课题就直接与课程和教学事件联系在一起了，也是小学教师和其他主体所困惑的、所关心的问题。

（2）实施研究计划

小学课程与教学叙事研究的实施主要是在日常的教育、教学实践活动中进行的，教师既可以亲临研究现场，通过观察、访谈等形式开展叙事研究，获得他人的课程与教学事件真实的“原汁原味”的过程与情节等资料；也可以就是课程与教学事件的主体之一，因为教师非常清楚在这些事件中自己的态度与信念、困惑与构想的对策、具体的解决问题的方法与过程，以及这些课程与教学事件实际产生的结果。由于研究者深入课程与教学事件和研究过程之中，更容易透过课程与教学中的问题，解释教育教学的基本规律。

在围绕研究课题对他人的课程与教学事件进行观察和访谈的活动中,研究者要力求观察的客观性和真实性,避免"先见"或"前设"对课程与教学事件发展走向进行暗示、引导和干扰。研究者的访谈要力求"开放",使接受访谈者在研究者设计的开放性系列问题中轻松思考并回答问题,真实地叙述过去的课程与教学事件。

在围绕研究课题对自己过去的课程与教学事件进行叙事研究的过程中,研究者要整理和利用相关的资料(包括教学设计方案、实际的教学方案、具体的教学过程、教学日志文本、课堂教学录像或学生作业等),避免修改当时的想法与实际做法,真实地再现和记述自己过去的课程与教学事件。

(3) 整理分析资料

课程与教学叙事研究强调的是对课程与教学事件本身的分析,是基于原始资料、真实事实进行的符合材料实际的分析。这种研究,要让叙事者自己说话或让历史印记(过去发生的课程与教学事件和事实)自己显露出它的意义,从事件和事实本身寻找内在的"结构"。因此,在资料的整理分析过程中,要避免以研究者先入为主的抽象概念或符号去压制真实的课程与教学活动的情节和情趣,研究者要从所获得的大量资料中寻找和归纳出被研究者经常使用的看待课程与教学活动的方式或概念,突出这些课程与教学事件以及蕴含其中的教育教学思想与做法的"个性化"色彩。

(4) 诠释资料意义

叙事研究不仅仅是记录和叙述故事,更在于通过叙述不断反思自身或他人的课程与教学活动实践,形成课程的教学理念与专业精神。这种反思与追问在叙事研究看来,是对课程与教学经验的重组和理解,以及提供意义诠释的过程。课程与教学叙事研究者若想使自己的叙事研究能够令读者反思他们的教学经验,并不断归纳、总结他们的教学经验,则需要研究者对研究所获得的资料进行深度的描述和分析,并对故事和资料背后的意义进行更深层次的诠释,把实践经验与智慧进行系统化整理,批判性地检验课程与教学的信念。

(5) 撰写叙事

课程与教学叙事的撰写,既包含着研究者对所做研究的"事"的故事性描述,也包含研究者对"事"进行的讨论与分析,两者相映相成,共同构成了研究报告中细腻的情感氛围和浓郁的叙事风格。课程与教学叙事研究强调细致的描述和深刻的分析,使教师的研究得以丰富地呈现,也使叙事研究具有不同于其他研究方法的意义。

课程与教学叙事必须基于真实的课堂教学实践,关注教学实践中的"教学问题"和"教学冲突"。一份完整的课程与教学叙事必须有一个"主题"(也就是研究课题的核心问题),每个叙事所叙述的事件必须指向这一核心问题,并具有一定的典型性、情节性和可读性。在叙述"教学事件"时,研究者可以用"夹叙夹议"的方式尽可能地"描写"自己在教学事件发生时的"心理"状态,将自己对"教育"的理解以及对某个"教学事件"的反思插入到教学事件相关的环节中。

案例 10-3

老师的腰围[①]

在一所小学听一节数学课，内容是有关测量的。孩子们的桌子上摆放着长长短短的尺子。老师是个女的，胖胖的，40 来岁。讲完厘米、分米和米的概念后，她让学生测量桌子、铅笔、书本和自己手臂的长度。两分钟后，一只只小胳膊高举着，被点名的同学报出答案后，都得到了表扬，一张张小脸涨得红红的，嘴巴笑成了一朵朵花。那些没被点到名字的学生着急了，有的站起来，有的跳着脚，有的甚至爬到凳子上，高举着手，“老师，快叫我，快叫我。”看着孩子们抓耳挠腮的猴争样，我坐在边上忍不住想笑。我能理解孩子们的心情：谁不想在老师、同学面前表现一番呢？

桌子的长度报过了，铅笔的长度报过了，书本和手臂的长度也报过了，老师说，我们再找找别的东西测量一下。老师的话刚完，我旁边的那个一直没得到机会的瘦个子男孩噌地站起来，“老师，我想测测你的腰围。”

班上一下静了，同学们都转过头或侧过身看着这个瘦男孩，然后又把目光对着老师。老师低头看了一下自己的腰，然后静静地看着学生，边笑边朝那个男孩说着：“好啊，你来量吧。”

小男孩拿着尺子，飞快地跑到黑板前。他用手按住尺子的一端，让尺子在老师的肚皮上翻着跟头，可能是男孩操作不熟练，也可能是尺子太短了，跟头翻了好几趟，他才说出一个答案：“87 厘米。”

“不错，他量得很认真，答案也比较接近。”老师的话显然激起了其他同学的表现欲，她不失时机地问了一句：“其他同学有没有更好的办法测得更准确一些？”她的话音刚落，一个胖乎乎的女孩站起来说：“老师，我有，我用手。”

小女孩已开始往黑板前跑了。其他学生的目光都在追逐女孩的身影。老师问：“你用手怎么量呢？”小女孩说：“我一掌是 11 厘米，我看是几掌就知道了。”老师笑了。小女孩的手在老师的腰上“爬”，刚“爬”了一圈之后，她就报出了答案：“89 厘米。”笑容在老师的脸上绽放，班级的气氛更活跃了。“有没有更好的办法？”老师问。

教室里静悄悄的。孩子们或侧着头或趴在桌子上苦思冥想。片刻之后，前排的一个小孩站起来，“老师，你把皮带解下来，我们一量就知道了。”

我没想到这个小小的孩子会想到这种聪明的办法。老师肯定也没想到，我看到她在大笑，真正在开怀大笑。笑声仿佛长着翅膀，在教室里飞舞。老师一边笑，一边真的解下了皮带。

---

① 魏振强.老师的腰围[J].教师博览：文摘版，2005(4)：6.

小同学量出的是90厘米,这当然是最准确的一个答案。老实说,那位老师讲的课并不是完美的,但这节课却是我听过最漂亮的课。

从这一则小学数学教学叙事中我们可以看出,叙事没有对这一事件抽象的长篇理性分析,只是在关键处给出了研究者的赞许和对自己及执教教师内心活动的心理"分析"。研究者希望小学课堂教学应该具有我们在叙事文本中显著标出部分的特质:平等、愉快、热烈和自主的学习氛围,以及教师的启发追问和科学方法的学习。唯一不足的是研究者做了一个错误判断:教师没有想到用测量皮带的方法来测量腰围。其实,到学生要测量老师腰围时,为了让学生学习间接测量长度的特殊方法,教师是希望学生不仅用"以直代曲"方法测量长度,最后还要用"化曲为直"方法测量长度的。很明显,研究者不是一位小学数学教师。如果本篇教学叙事是由执教教师完成的,就不会有这一错误了。

3. 叙事研究的反思

叙事研究在我国不过经历了几十年的时间,无论从理论还是实践,都有一个不断完善和发展的过程。当前我国叙事研究,当然也包括小学课程与教学叙事研究,存在模式化、叙事文本表达形式单一等问题。有的叙事研究就故事说故事,讲完故事不去揭示故事中的理论,缺乏深度描述和必要的诠释;有的叙事研究借用一般教育和教学原理,从很宏大和高远的层面进行总结,使得叙事研究具有封闭性,其结论脱离了故事本身,显得空洞无力;有的叙事研究者主观性太强,进行过度诠释甚至错误诠释。这些倾向都应该加以纠正。

叙事研究作为一种具有广泛参与性的研究方法,连同其真实性、行动性等特点,决定了它可以被应用到教育教学的各个领域中。特别是在小学课程与教学研究活动中,如果教师既是研究者也是研究对象,而且具备一定水平的教育教学理论修养,他所进行的课程与教学叙事研究就可以在一定程度上克服叙事研究本身存在的不足。让我们在各种思想的碰撞与融合下,继续使用、反思并发展这样一种利于表达人的生活经验、发现生活的意义而具有独特魅力的教育研究方式①。

(二) 行动研究

长期以来,人们总是将"行动"和"研究"看作两个不同领域的概念,"行动"即实际工作者的实践活动;"研究"主要指专业学者、专家的科学探讨。在教育研究领域中,两者也长期处于分离状态。随着基础教育课程改革和中小学教育科研的蓬勃发展,以往的课程与教学研究模式难以弥合理论构建与解决实际问题之间的鸿沟,更无法渗透到教师的教育实践之中去。如果将教育研究者与实际教育工作者的智慧与能力结合起来,或者教育研究者参与实际教育工作者的实践活动,抑或教育研究者本身就是实际教育工作者,通过对解决某一实际教育教学问题的实践和行动进行研究,就可以克服以研究假设为研究出发点的缺陷,使研究

---

① 参考自丁丽丽.国内教育叙事研究文献综述[J].黑龙江史志,2009(17):134,138.

真正回归实践，解决理论与实践结合的问题。这种针对教育教学实践的合理性的研究就是教育行动研究。行动研究通过对理论与实践的结合正日益凸显其价值，受到许多中小学教育研究者的青睐。

1. 行动研究的内涵

教育行动研究是教育实践的参与者与教育理论工作者共同合作，为了解决实际教育教学问题的需要，在教育教学实践过程中进行的一种教育科学研究方式。教育行动研究的研究对象是当前发生的教育实践，研究者本身就是教育教学实践活动的参与者，研究的目的旨在提高教育教学行动的质量与实践的合理性，增进教育教学理论的实际应用效果。

课程与教学行动研究是一种融课程理论、教学理论与教学实践于一体的研究模式。课程与教学行动研究旨在判明现场(包括课堂内外)面临的实际问题的实质之后，提出或引出用以改善事态的教学策略并付诸行动，在实践中既完善理论与策略，也使教学实践更合理。"参与"和"行动"是行动研究的核心目的。课程与教学行动研究不同于那种研究者从局外人的角度假借现场、旨在树立普遍法则所进行的研究，是一种以"科学地发现事实"为基础、以解决课堂中的实际问题为目标的"诊断性"研究。可见，有一定教育教学理论水平的教师以研究者的身份开展实践，是最理想的课程与教学行动研究方式。

课程与教学行动研究要求课程与教学研究者与行动者应共同参与课程与教学的研究活动。因为教师总是置身于真实的、动态的教育教学情境中的，能够在教与学的互动过程中，依据经验直觉地对方案的可行性和理论的有效性做出判断。因此，"由行动者研究"是课程与教学行动研究所提倡的，即教师自己开展课程与教学行动研究。课程与教学行动研究过程应该指向实际的教育教学情境，并与实践活动或行动保持一致，即所谓"为行动而研究"和"在行动中研究"。在课程与教学行动研究中，研究者要在实际的课堂情境中，在促进课程与教学实践更加合理化、教学实际工作质量得到改进的基础上，从行动者的角度来反思和构建价值体系和理论体系，从而完善实践策略体系。

拓展阅读 10-2

行动研究中常见的问题

一、没有"问题"的研究

行动研究的价值追求主要是解决实践问题，并使教师在研究中获得发展。但在实践中，一些自以为在做行动研究的教师，他们研究的不是自己实践中遇到的问题，而是"感觉很有理论价值"的问题；还有一些教师号称自己在做行动研究，但所进行的却是常规的教务工作，最后的"研究成果"其实是一份工作总结，这类研究没有针对自己实践的特定问题，只有所谓的"行动"，我们认为这种"研究"不能被看作是"行动研究"。

二、没有"行动"的研究

有些所谓的行动研究者没有开展任何实质性的研究行动，最后却拿出一份洋洋洒洒几千字的论文,研究成果可谓丰硕。但这种所谓的“行动研究”,既没有对自己实践中的问题进行反思与分析,也没有采取“行动”对问题进行干预,因此,这种研究是没有行动的研究,它与行动研究的旨趣相去甚远。

三、没有“成果”的研究

有些教师确实认识到了行动研究能改善自己的实践,能帮助自己解决实践中的一些问题,同时也希望在研究中提高自我,因而实实在在地开展了研究活动,也取得了一定的效果。但如果没有及时记录行动研究过程中的有关材料,缺乏对所做研究的资料收集、整理和分析,没有形成与自己的研究实践相一致的书面材料,我们认为这是没有“成果”的研究,是不完整的行动研究。

---

2. 行动研究的策略

任何理论和方法,只有正确理解和恰当运用方能在实践中彰显其价值。当前行动研究在实施过程中产生的问题,既有认识上的误区,也有实践方面的误区,这些问题不解决,势必影响行动研究的效果。要使行动研究真正成为小学教师行之有效的课程与教学行动研究方法,则要注意以下几点。

(1) 选择课题

课题选择是开展研究的第一步,研究课题的选择在很大程度上关系研究的成败。对于初次运用行动研究的教师,在选题时要注意两条标准:一是避免选自己实际上“无能为力”的课题;二是课题应该与改善行动联系在一起。

课程与教学行动研究可以是教例研究、问题研究或课题研究。教例研究是教师把重心转向对自身教学工作经验教训的回顾与反思上,围绕大量鲜活的教学实例展开研究。教师既改进自己的教学工作,也从事课程与教学研究,把“行动”与“研究”有机地结合起来。问题研究是一种使“教学”与“研究”一体化的课程与教学行动研究类型。教师工作中每天都会遇到教学实践方面的疑难问题,这些大大小小的问题都可能成为课程与教学行动研究的对象或课题。教师发现可研究的问题之后,首先需要对研究课题的范围和性质加以界定,寻找各种理论与实践的问题研究视角,然后开展行动研究。教师在解决各种课程与教学问题的过程中,总会发现某些问题相互牵连。对这些相互牵连的小问题的整体关注,就意味着这些小问题会成为一个比较大的课题。我们可以称之为课题研究。

(2) 制定计划

行动研究的计划要具体,观察记录要细致,并有持续性。计划的具体要求为:①明晰的研究目的,或者说探究问题的明确性。例如“学习英语过程中易犯的错误”这一研究目的,就可以更明晰地表述为“学习英语过程中易犯错误的分类”。这样,研究就不仅可以将易犯错误罗列出来,而且可以对易犯错误进行分析。②计划中包含明确的目标、步骤并规定相应的研究方法和措施。即不能笼统地说“研究中使用访谈观察法”，而应该具体指出在哪个阶段使用了哪种观察技术，在哪些阶段对哪些对象进行了访谈。③计划的持续性。计划的持续性是指研究者要对被观察群体或情境的变化进行持续的观察，比较研究前、研究过程各阶段以及研究后的变化。在此方面，观察记录和反省对观察者最有帮助。

进行教例研究时，教师首先需要把教学工作中发现的问题以及处理问题的全过程写成教例，进而围绕教例展开对问题与策略的研讨和分析，并通过对同类教例的研究总结出一定的课程与教学策略，然后在此基础上形成“教例研究报告”。教例研究可以是针对一节具体的课堂教学进行教学设计、教学行动和教学反思的课例研究，也可以是一个单元或更长期的教学设计、教学行动和教学反思的系列课例研究。在教例研究中，教学反思最为重要。因此，在制定研究计划时，教师要考虑自己有没有教学回顾和回忆的依据。例如，与教例有关的教案、教学日志、其他文本资料、教学录像、同行评价、学生反馈信息、能说明学生学习成效的材料等。

进行问题研究或课题研究时，教师要通过观察、调查或理论研究，分析教学中问题的成因或症结所在，根据自己教学的实际情况（包括学生、教师自身、学校、家庭、社区等方面的条件）形成解决问题的设想和方案，并实施教学设计、教学行动，收集系统的证据（包括能说明学生学习成效的材料、学生的反馈信息、同行和自我评价信息等）以说明研究方案中提出的教学措施的具体效果。最后通过自我反思和与同事进行讨论，使研究结果得以升华。

（3）完成报告

由于课程与教学行动研究是在特定的条件和背景下，针对特定的对象，由特定的教师完成的课程与教学行动，其实践与行动的合理性是有条件的。也就是说，课程与教学行动研究不是从广泛的、普遍的教育教学情境中获得普遍的规律，而是着眼于对某一教师、学校或群体的某种教学行动的研究。因此，许多研究者认为“个案研究报告”或案例研究报告是最有效的报告形式。但是，案例研究报告既可为研究者本人、合作伙伴、本单位同事这些“当事人”报告结果，并为今后的课程与教学研究工作留下依据，还能帮助其他课程与教学研究者这些“局外人”全面了解解决某一问题、某一成功方法的背景、过程、条件等，使“局外人”能在相似情境或其他情境中，从案例研究报告中获得启示，思考、反省他们自己要解决的问题。

 **案例 10-4**

小学阅读教学：一个行动研究[①]

香港东华三院冼次云小学在 1998 年开始参加香港跃进学校计划。笔者与该校校长和核心小组成员商讨在校内开展行动研究，同年 12 月，笔者到校通过工作坊向教师介绍行动研究的目的和方法，引导教师讨论行动研究的范围及重点。结果，教师在

---

① 李子建，高慕莲，梁邵丽红. 小学阅读教学：一个行动研究[EB/OL]. (2010-12-03)[2024-02-16]. https://www.pep.com.cn.

1999—2000 学年,在中文和英文两个学科中开展行动研究,并初步总结经验;2000—2001 学年,学校继续以行动研究方式在中、英、数三科进行探究。

• 讨论决定行动研究的主题

行动研究的第一步是找出问题所在。由于教师的关注点各有不同,所以需要花不少时间才能找到共同感兴趣的研究课题。同时,由于部分教师认为学生的中、英文阅读表现不太理想,故笔者除了向教师介绍阅读理论外,也介绍了一些西方阅读研究的经验,例如,研究造成阅读成绩不佳的因果关系。

• 调查研究学生阅读习惯与存在的问题

教师初步决定以阅读作为行动研究主题。他们决定设计一份问卷,调查学生的阅读习惯。问卷的内容包括学生喜欢阅读的图书类别及影响阅读兴趣的因素两方面。由于第一次问卷调查以全校学生为对象,笔者在与教师商讨后,决定重新设计另一份问卷,在四年级(4)班抽取阅读能力高、中、低各十位学生回答问卷。最后再选部分学生面谈,以深入了解他们的阅读兴趣。

调查结果显示,学生以阅读中文书为主,童话、侦探、寓言都是他们较喜欢的种类。阅读过程中,学生认为最大的问题是字词太深(57%)及不明白内容(40%),而四年级学生中大部分(82.5%)都说他们喜欢看书,而且喜欢与别人分享(97.5%),部分学生表示与别人分享时,可以增加自信心(35%)及感觉比别人优秀(22.5%)。

• 综合解决方法和发展行动方案

教师从搜集到的资料数据中,初步认为学生的阅读兴趣不是问题所在,教师应该着眼于培养学生的阅读能力。经进一步讨论后,初步定下学校行动研究的主题是"找出提高阅读能力的策略",行动方案是:①教授阅读策略(针对学生认为字词过深及内容不明等问题);②采用合作模式(针对学生喜欢与人分享、互相学习的特点);③制定可量度成效的方法和工具(包括前测、后测、学习日志、观察、访谈等)。

在设计和实施行动方案的准备过程中,学校开始引入任教四年级的教师参与活动。笔者发现负责设计行动方案的教师与任教的教师缺乏沟通,任教的教师根本不知道行动研究主题背后的理论基础。经大家商议后,推迟了原定实施行动研究的时间,让任教的教师重新接受培训及阅读有关理论后,再决定下一步计划。

• 进行先导计划或全面实施行动方案

任教的四位教师决定行动方案仍以阅读策略为主,以五节独立的阅读课进行(于四月和五月隔周连堂进行),分别针对分辨文类、找提示词、中心句、段意等策略。综合有关阅读理解策略的研究,将有效的阅读理解策略归纳为五项:明确文章重要信息、资料概括、进行推理、拟写问题和监控理解等。

针对学生的认知心理发展水平,笔者与教师商讨后认为:四至五年级的学生宜先学习明确文章重要信息及资料概括；教学理念是以学生为中心；教学策略是以引导为主，鼓励学生参与，配合适当的教学活动及打破传统的教师串讲的习惯。预期的效果包括学生能通过系统地讲授文章内容，提升他们的阅读理解、分析能力；教学方式是鼓励小组内同侪互相学习，彼此支持；而教师专业发展方面是通过行动研究增加教学交流机会及营造协作气氛，掌握反思教学的技巧。

- 评鉴行动研究的成果

行动研究过程中教师通过不同的方法进行反思、总结经验，然后调节教学策略，目的是帮助学生掌握阅读的策略，提高阅读理解的能力。除了研究前后的阅读理解能力测验和观摩课堂教学外，还开展了行动评价活动：①在行动研究结束后，对学生进行问卷调查及小组访谈（同班两三位一组，共四组），对教师进行访谈（参与行动研究的四位教师）。②在学期结束前，对整个行动研究进行检讨及为未来一年的探究工作做出部署及建议。此外，教师在每节授课完毕后都要求学生写该节课的学习日志，让学生自己反思所学，教师也从中反思所教。教师对学生在日志中对该节的评价非常重视，因为可作为调整教学策略的参考，也能通过学生的反思了解他们在哪方面已掌握，有哪些问题仍需要教师进一步阐述和解释。

- 行动研究的过程

……

- 前测、后测

……

- 学生学习日志分析

……

- 观课

……

- 教师的访谈结果要点

① 行动研究面对的挑战。

② 行动研究的成果。

③ 未来同类型研究的建议。

④ 整体研究的感受。

- 总结会议重点

在学期结束前的一次关于行动研究的总结会议上，教师对行动研究的看法，有不少是与前述的教师访谈内容相近的。他们的看法大致可分类为行动研究的收获、限制与困难、对部署和支援的启示。

- 跟进的行动研究（2000—2001 学年）

(三)隐性课程研究

1. 隐性课程的内涵

学校的文化传统、规范的校园设施、独具特色的校园布局、催人奋进的校风、积极向上的班风、整洁的校园环境和良好的师表形象等,往往会对小学生产生积极的正面影响。这一点愈来愈受到大家的重视,被教育研究者概括为环境育人。而这些育人的学校环境,也被称为校园文化环境。但是,在一些小学,尤其是办学条件较差的小学,对环境育人不够重视,甚至不愿意在建设校园文化环境方面花功夫。其实,校园文化环境是小学课程与教学的重要组成部分,现代教育理论称之为隐性课程①。隐性课程,也称"潜在课程"或"隐蔽课程",是指通过学校物质环境、文化环境、人际环境有意或无意地传递给学生,对学生的身心产生潜移默化的影响,从而促进或干扰教育目标、课程目标和教学目标实现的非公开性的教育经验。

隐性课程是学校情境中以间接的、内隐的方式呈现的课程。隐性课程同显性课程共同构成教育课程的两大内容。虽然隐性课程在学校教育中没有被列入课程计划,但却在潜移默化地影响学生身心发展。隐性课程和显性课程一样,内容十分广泛,涉及学校的方方面面和各种行为。在物质层面上,包括校园环境(自然环境、人为环境等)、教学环境(教学设施、教室布置、桌椅排列等)、生活环境等;在行为层面上,包括言行举止(教职员工的言行、学生的言行等)、人际交往方式(学生间、教师间、师生间、教师与家长间、社区与学校间的交往)等;在制度层面上,包括制度规章(学校管理体制、学校组织机构、班级的管理与运行方式)、规约、惯例等;在观念层面上,包括意识观念(校风、办学方针、教学风格、教学观念、教学指导思想、学校传统)、价值取向、道德情感、行为模式等。这些都属于学校隐性课程。

2. 隐性课程研究与实施现状

隐性课程是当今课程理论研究中的一个崭新的领域。虽然我国中小学一直比较注重校园文化环境建设,但是没有明确提出隐性课程的概念。例如,"非智力因素"的开发与利用等研究,就具有开发和利用隐性课程的特点。隐性课程概念及其研究于20世纪80年代引入中国,引起了教育理论界的兴趣。进入90年代,在研究国外已有成果的基础上,国内学者开始就隐性课程的概念界定、隐性课程的特点和功能、隐性课程与显性课程的关系等方面问题,开展了理论与实践的探讨,有关隐性课程研究的成果异彩纷呈,从而在国内掀起了一股研究隐性课程的热潮。在新旧世纪之交,先后颁布了《面向21世纪教育振兴行动计划》和《中共中央国务院关于深化教育改革全面推进素质教育的决定》等纲领性文件,拉开了以推进素质教育为核心的教育改革序幕。新的课程观、教学观也对隐性课程十分重视,教育工作者又从新的视角审视和研究隐性课程。

目前,对隐性课程的研究已渐入微观领域,深入到教学过程、班集体建设、各学科课程中隐性课程因素的开发和利用等方面,教育理论工作者也试图从心理学、社会学、文化人类学、哲学等多角度出发,全方面地展开隐性课程研究。我国的隐性课程研究虽然取得了一些成

---

① 徐亚康.隐性课程的开发与实施[J].贵州教育,2004(3):2.

果，但不少小学管理人员和教师完全没有隐性课程这一概念，更不用说很好地利用和实施隐性课程了。因此，在教育实践中，教师和学校往往是不自觉地利用一些隐性课程因素，并获得了一些教育教学效果。

3. 隐性课程及资源的开发和实施

在小学学校层面，关于显性课程的研究主要集中在显性课程开发和实施方面。任何显性课程和所有教育过程都具有隐性课程的效应，不管教师是否意识到。合理地开发和实施隐性课程及资源将会对教育教学产生意想不到的效果。

图 10－1　校园文化石语录

隐性课程及资源的开发和实施，要在充分尊重学生主体地位的前提下进行，而不能因此增加对学生的控制。在开发和实施过程中，应努力为学生营造自由、民主、开放的学习与生活氛围。

隐性课程及资源的内容是相当广泛的。学校的建筑物、设备、景观及空间布置等都会对学生产生潜移默化的影响。校风，班风，教师的师表形象、治学态度、人生观，社会制度中的价值观念、意识形态，校园文化，校内民主氛围，等等，都是隐性课程的重要内容。因此，不同的学校可根据自身的条件合理开发和实施隐性课程。

开发与实施隐性课程及资源，虽然是学校或教师有意识的行为，但不能像显性课程那样，将目标、任务告诉学生，而应“悄悄地”进行。虽然隐性课程也要讲目标和效果，但不可刻意地追求，否则就会“暴露”自己的意图，把隐性课程弄成了显性课程，从而失去了隐性课程的优势。多年的教育实践，尤其是德育实践证明，由于学生好奇心和逆反心理的存在，你越要求他这样或那样，他就偏不这样或那样；反过来，你越禁止什么，他就越要去做。隐性课程的优势就在于，把有关的情景营造出来，让学生置身其中，自由地、自主地进行选择和判断。学生自己感受、领悟到的积极的东西，会留下深刻印象，甚至影响终身。这种润物细无声的教育，正是隐性课程的特点和优势所在。

 案例 10－5

隐性课程资源开发和利用的实践研究——以小学英语教学为例①

一、加强理论学习，做好实验调查

1. 加强理论学习

确立研究小学英语隐性课程资源开发与利用这一问题的立论依据及理论基础。

---

① 汤毅. 隐性课程资源开发和利用的实践研究——以小学英语教学为例[J]. 新课程研究旬刊，2016(6)：30—32.

2. 做好实验调查

前期调查从学生的兴趣、生活经验、认知水平和学生反映的英语教学现状出发，了解学生在语言学习过程中体现出的情感态度、动机、策略、情境等隐性因素产生的隐性课程资源合理开发和利用情况。

后期调查是在课题研究过程即将结束时进行的，通过调查，分析实验班和对照班学生的英语学习状况、英语课堂现状，整理、收集数据，分析学生所表现出来的学习习惯、策略、能力和发展的改变情况。

二、探讨课堂教学，相互听课，集体评议

采取“相互听课，集体评议”的方法，每位教师根据自己所制定的研究内容上好实践课，向同组教师展示课题实施进程，其他教师听完后做出口头评价与书面评价，与上课教师进行切磋以求共同进步，并为课题组积累一定的资料。

三、营造学习氛围，着力建设校园英语文化

1. 增加校园英语标牌、标示

在校园里增添部分英语标牌、标示，走廊上挂放一些中英对照的名人名言，形成双语的视觉效果，更从思想品德教育上给学生潜移默化的影响。

2. 营造班级英语文化氛围

班级英语文化氛围的营造是课程资源开发与运用的主阵地。通过班级的英语标示、学习园地、英语角、黑板报、班级教室的布置和“everyday English” “one new word a day, one sentence a week”等形式进行课程资源开发与运用。

3. 运用现代化教学设施

多媒体教室、电子白板等现代化的教学手段为英语教学提供了有利条件，促进了英语教学的改革与发展，为吸收先进的教学思想和教学经验提供了更加便利的途径。

四、开发英语课程资源，调动学习积极性

动员学生挖掘身边的有用资源，开展丰富的“寻找英语”活动，学生走上街头，寻找商铺店名的英语，寻找广告中的英语；学生走进生活，寻找电器与化妆品等中的英语；学生走进课本书籍里，寻找数学中的英语，寻找科学与音乐等课中的英语，一起分享；在班上建立“阅读角”“学习角”，介绍课文背景知识、学习方法、英语国家的文化习俗与风土人情，给英语教学提供丰富的课程资源，不仅营造良好的英语学习氛围，还使学生感受到英语无处不在，学好英语可以帮助我们更好地认识世界。

五、开展丰富多彩的英语活动，激发学习兴趣

(1) 合理利用课前 5 分钟，丰富小学生的英语知识。

(2) 开展英语展示活动，激发学生表现欲望。

六、潜心解读教材，挖掘文本内涵，打造有效课堂

(1) 通过对教材的创造性处理，开发教材的第二生命。

(2) 个体智慧的碰撞与梳理,同题异构教学。

(3) 挖掘课堂教学资源,巧用动态的生成性资源。

七、小主题研究,培养探究意识,展示综合运用风采

组织学生开展小主题研究、探究活动,拓展英语课程资源。开展小主题研究的实践活动是指根据教材内容设计的课内专题活动,旨在通过活动引导学生主动参与学习,主动参与探究,掌握知识体验过程,形成技能。

(四) 情境教学研究

情境教学已成为当前课堂教学的重要理论之一,情境的价值与功能已得到广泛的认可,并在教学实践中具有了积极的作用。无论是直观具体的直观情境,还是引发思维的问题情境、激发情感的情感情境、引发想象的拓展情境、引领实用的迁移情境,都具有突出的教学功能。2022 年版义务教育课程方案与各学科课程标准都强调,应加强课程内容与学生经验、社会生活、生产劳动、社会实践的联系,注重培养学生在真实情境中综合运用知识解决问题的能力,充分发挥实践的独特育人功能。例如,《义务教育语文课程标准(2022 年版)》强调真实语言情境中学习与运用语言。

1. 情境教学的内涵

情境与情景同义,即为具体场合的情形、景象或境地。而所谓的情境教学,是指在教学过程中为了达到既定的教学目标,从教学需要出发,引入、制造或创造与教学内容相适应的具体场景或氛围,引起学生的情感体验,帮助学生迅速而正确理解教学内容,促进他们的心理机能全面和谐发展,提高教学效率的教学方法。实际上,情境教学是从教学的需要出发,教师依据教材创造以形象为主体、富有感情色彩的具体场景或氛围,激发和吸引学生主动学习,从而达到最佳教学效果的一种教学方法①。

在我国,对情境教学的研究,是从 1978 年江苏省南通市小学语文特级教师李吉林进行情境教学法实验正式开始的。李吉林老师在小学语文教学实践的基础上,以“情”为经,以“境”为纬,通过各种生动、具体的生活环境的创设,拉近了学科教学与学生现实生活的距离,为学生的主动参与、主动发展开辟了现实的途径。最初,李吉林老师的情境教学以“创设情境,进行片段语言训练”为主。由于在课堂教学中展示了生活情景,学生学习热情很高,教学效果显著。后来,李吉林老师确定了“带入情境,提供作文题材”的主题,引导学生在创设的教学情境中,通过观察、角色扮演等操作性尝试,获取作文题材,以自己的所感去表达。在“运用情境,进行审美教育”的实验阶段,李吉林老师又将情境教学和审美教育统一于语文教学中。她的《情境教学实验与研究》《情境教育的诗篇》等专著,开创了我国情境教学的新局面。

在小学情境教学实践中还涌现出许多成功的典范,如魏书生老师、马芯兰老师等。他们

---

① 张淑贤. 浅议新课程条件下的情境教学[J]. 长春师范学院学报,2004(9):154—156.

在自身的教学实践中很好地运用了情境教学,充分发挥了情境教学的功用。

2. 情境教学研究策略

(1) 以“情”为纽带开展研究

情境教学提出的新的教育观念和教学论,解决了长期以来因注重认知、忽视情感而带来的逻辑思维和形象思维不能协同发展的问题,有效地提高了学生的思维品质。其可贵之处在于以“情”为纽带,在审美体验的乐趣中培养学生爱祖国、爱人民、爱科学、爱劳动、爱社会主义的思想情操,为孩子做一个堂堂正正的中国人打下坚实的品德、情感、意志基础。通过情境给予学生的不仅仅是生动活泼的新知识,而且是一个健康丰富的精神世界①。

小学应该是充满情感和智慧的世界,是充满生机与乐趣的儿童天地。小学各学科教学不是单纯的符号记忆,教师应该设法让学生的情感充分参与到学习的认知过程之中,教师在为学生打好基础的同时,让他们体验到人类文明史的进程、人类创造世界的灿烂光辉,从中获得一种精神的力量,如此日积月累,最终转化成学生内心世界的精神财富。小学情境教学正是利用了学生的情感,培养了学生审美的、道德的、理智的高级情感。

(2) 丰富“境”的内涵的研究

李吉林老师的研究给我们做了很好的示范。考察其研究成果,主要是从文学理论角度切入的,如她的“情境”概念就来源于古代文艺理论。在中国,最早提出“情境”一词的,是唐朝诗人王昌龄。在《诗格》中,他提出“诗有三境”,即“物境”“情境”“意境”。在小学语文教学中,李吉林老师常常利用文字表意情境、生活情境、文本情境等在课堂营造实体情境、模拟情境、语表情境、想象情境、推理情境。这些做法还需要进一步在小学语文和其他学科教学活动中发展与创新,是值得研究的课题。

李吉林老师认为“情境”指有情之境。她在吸纳王昌龄的“情境”概念内涵的基础上吸收刘勰的“心物交融说”和王国维的“境界说”,认为情境是通过教学和教育过程所创设的“有情之境”,是一种人为优化的适于学生需要的典型环境。正因为如此,情境教学才特别重视情感的设置、虚拟情境的创设,强调情境的优化、形象化、典型化及审美化等,并在此基础上创立了情境教学体系。

(3) 向其他学科辐射的研究

李吉林老师为推动我国教育事业的发展做出了重要贡献。情境教学研究由语文教学为核心向其他学科辐射,由内而外,扩展到语文以外学科和整个中小学教育。例如,情境教学法在道德与法治、音乐、美术、数学等学科中的运用已经较为成熟。迄今,情境教学研究已经取得丰硕的成果,开创了我国情境教学的新局面。

小学语文情境教学常常运用暗示导向、情感驱动、角色效应、心理场整合等原理。那么,在其他学科教学中,应该怎样运用各种暗示手段并产生联动,以不同形式、不同途径渲染亲切、愉快、智慧及蓬勃向上的氛围,让学生潜能得到充分的发展?怎样运用情感驱动,使学生主动积极地投入认知活动?怎样运用角色效应,让学生扮演或担当角色或不知不觉地

---

① 李吉林.情境教育的诗篇[M].北京:高等教育出版社,2004:213—214.

进入角色,全身心地投入到学习活动中去？怎样运用心理场整合使学生愉快地置身其中,也让教师即时感受到教学成功的快乐？这些问题都需要在小学其他学科教学研究中进行探究。

案例 10-6

大海,大海①

教学要求

(1) 引导学生感受、想象大海的“美”“大”与“富有”。

(2) 学会本课生字:海,只,过,点,太阳,边。体会“大海,大海像只摇篮”“太阳,月亮也睡在里边”等诗句的美。

(3) 有感情地朗读课文,并能背诵。

教学过程

1. 指导学生自学课文,学会自己提出问题

(1) 引导:小朋友读读想想,再看看图。(展示大海图)例如:大海像只摇篮,你就问自己“大海怎么是只摇篮呢?”“白帆点点是什么意思?”(启发学生提问的主动性;提示提问的方法,引起学生对课文内容的思考)

(2) 鼓励学生提出疑问。

2. 创设情境,引导学生解决提出的疑问,以体会诗句含义

(1) 语言描述,带入情境,体会“摇篮”的意思:小朋友很小很小的时候,从妈妈肚子里生出来,不会坐也不会站,就躺在摇篮里,妈妈常常坐在摇篮边,给你们哼着歌。说到这儿,小朋友好像回到小时候,睡在摇篮里。(老师轻轻哼着《摇篮曲》)

宝宝睡觉了……妈妈坐在摇篮边,摇呀,摇呀,就这样,我们慢慢长大。

(2) 指点:大海常常掀起大浪,一会儿浪头掀上去,一会儿又落下来,这就像什么呢?

(3) 启发:我们在妈妈的摇篮里长大,那谁在大海的摇篮里长大,想想大海里睡着哪些小宝宝?

(4) 凭借画面,引导学生想象大海里的情景。想想看,你们是不是好像看到真的大海,看见鱼宝宝、虾宝宝都在大海的摇篮里渐渐长大,小鱼变成大鱼,小海龟变成大海龟。(引导学生想象美好的情境,使课文的内容变成动态可见的形象)

大家齐读:“大海,大海像只摇篮。”

【点评】 通过语言描绘,儿童生活经验结合图画再现,进入情境理解词句。

---

① 李吉林.上《大海,大海》一课[N].中国教育报,2007-8-17(5).

3. 师生共同创设情境,通过剪贴画,体会诗句的含义和画面

(1) 描述:大海里睡着鱼宝宝、虾宝宝,许多许多的海产宝宝;那海上又有什么呢?

(2) 我们这些小渔民的船也都开到大海里去。(学生纷纷把自己的船贴在大海的背景图上,图上已呈现"白帆点点")

(3) 启发:我们的船很大很大,比房子大的船,怎么变成小点点?(学生猜想)我们的船开进大海,在大海里越开越远,最后变成一点一点,很多很多的船变成很多的小点点,这就叫什么呢?("白帆点点")

教师指点:因为海太大太宽了。近看大,远看小,越远越小。

(4) 师生继续共同创设情境,让情境连续:我们这些船开到大海里做什么?你们捕到鱼虾了吗?从哪儿知道?(学生把课前自己画的鱼虾、海龟、海星放到船里体会"鱼虾满船")

【指点】啊,鱼宝宝、虾宝宝都被捕上来了,这都是大海给我们的。

(5) 我们捕的鱼、虾多吗?哪个字眼告诉我们?("满")

(6) 语言训练,引导运用。

白帆点点;也可以说点点白帆。

(7) 有感情地朗读全诗:

大海,大海,像只摇篮,摇过去,白帆点点,摇过来,鱼虾满船。

(8) 大海多大多宽,太阳月亮怎么也睡在里边?

(教师贴上"太阳""白云"的剪纸,联系学生生活经验,使学生理解那是太阳、月亮的倒影)通过说话训练,加深理解:白天,太阳。朵朵白云也。(贴上"月亮""星星"剪纸。说话训练:晚上,月亮,还有什么也睡在里边?星星也。)

齐读课文。

【点评】情境是连续的。情境不可虚设,需紧密结合语言的理解和运用,并感受课文的美。

4. 师生共同总结感受

学了这一课,我们觉得大海怎么样?大海。(大海很大,大海很美,大海物产真丰富。大海真是我们人类的一个大仓库啊!)

5. 朗读全诗,背诵

第二节　小学课程与教学研究的基本方法

一、研究课题的选择

（一）研究课题的分类与来源

课题选择就是研究者在开始研究之前，确立的研究范围、内容和方向，即要进行什么核心内容的小学课程与教学研究？要解决小学课程与教学活动和理论中的什么问题？在课题选择后，课题名称要简明，表述确切，术语使用恰当，使人一目了然。

一般来说，小学课程与教学活动和理论包括以下几类研究问题：①我国小学课程的历史演变，涉及小学课程方案的历史演变、小学学科课程标准与课程目标的历史演变、小学学科课程内容与教材的历史演变和小学课外活动形式与内容的历史演变。②小学课程的国际比较，涉及小学课程方案的国际比较、小学学科课程标准的国际比较、小学学科课程内容与教材的国际比较和小学课外活动形式与内容的国际比较。③小学学科课程内容研究，涉及小学学科知识研究和小学学科学习活动研究。④小学学科教学模式与教学过程研究，涉及小学学科教学模式研究、小学学科教学过程研究和小学学科教学过程单因子实验。⑤小学学科教学方法与教学媒体研究，涉及小学学科教学方法研究和小学学科教学媒体研究。⑥小学课程与教学评价，涉及小学课程评价、小学教学评价和小学学业评价。

上述课题都比较宏大，有的是理论问题，有的是应用问题。每一类课题的研究方法与范式是不同的，有的侧重文本分析，有的需要行动研究，有的必须进行定量研究，有的要采用质的研究方法。研究者要根据自己的特长和资源条件，选择其中某一类问题的某一个方面的问题，按照这类问题特定的方法与范式进行研究，做到“小题大做”。例如，可以在“小学学科教学模式研究”方面确定“小学数学推理情境设计的行动研究”的课题，可以在“小学学科教学过程单因子实验”方面确定“小学语文教学中学生自主活动时间的单因子控制实验”的课题。

小学课程与教学的研究课题可以分为以下几个来源：①来源于科研规划。此类课题主要是根据国家、省、市、县教育行政和科研部门的规划，对基层下达的具体的关于课程与教学的课题，而有些则是在上级拟定的诸多研究项目中，由基层学校根据自己的实际需要与可能来自选的项目。②来源于学校教学实际。教学实际是课程与教学科研课题最基本的来源。在日常的学校教育、教学管理中存在许多至今尚未解决的问题，使得广大小学教师和校长对此深感困惑，如关于某一学科学习中的后进生转化问题、学生对某些学科厌学的问题等。此类问题比比皆是。在日常的教育教学活动中，如果我们能够将这些实际的问题作为课程与教学研究的课题加以深入研究，则会逐步找出解决问题的方略。③来源于对理论的应用。“没有理论指导的行动是盲目的行动”，教师通过教育、心理学理论，可以透过教学现象、学习现象，认识并把握内在的规律。应用相应的理论去解决实际教学中的问题本身就是科研。例如，运用心理健康理论来研究如何排除学生学习某些学科的心理障碍、运用“动机迁移”来转化某一学科学习中的后进生等,这都是很好的研究课题。

拓展阅读 10-3

研究问题、研究课题①

所谓问题,就是客观事物间的矛盾在人们头脑中的反映。在人的认识活动中,问题是由"已知"通向"未知"的桥梁。教育科学研究是对教育未知领域的探索,是不断提出问题、解决问题和认识教育规律的过程。所谓教育科研的课题,就是针对教育科学领域内具有普遍性、规律性的问题进行研究的题目,而且有明确而集中的研究范围、目的和任务。有人说"问题即课题",其实问题与课题是有区别的,并不是所有的问题都是课题。比如说今天到场的有几位男教师?这是一个问题,但这个问题只要数一下就可以解决,不必要搞一个课题。那么,哪些问题可以称之为研究问题,进而会确定为研究课题呢?

一、课题中的问题必须旨在探索两个或多个变量之间的关系

课题总是探索两个或多个变量之间的关系,因此能够成为课题的问题不能仅仅含有一个变量。例如,"五年级(4)班语文和数学成绩优秀的女生有多少?"这种问题根本不需要决定变量之间的关系,只要记录、统计下来就可以了,所以不能作为研究问题,更不能作为研究课题。但如果将问题改变为"五年级(4)班语文和数学成绩优秀的女生是否可能多于男生"或者"为什么五年级(4)班语文和数学成绩优秀的女生多于男生"就不同了,这种陈述建立了变量之间的关系,是确定性别这一变量在智商下的差异情况。

二、课题中的问题必须明确地陈述出来并需要复杂的研究过程

课题和问题的区分不仅表现在含义上,而且表现在形式上。问题都是问句形式,课题除个别特殊情况下用问句表述,一般都是陈述句式。例如:"学生行为习惯的研究"这个问题就不够明确,什么学生?什么行为习惯?为什么要研究它?在问题题目中体现不出来。改成"流动儿童不良作业习惯的矫正研究"就显得比较明确。课题通常可用提问的形式提出。例如,智商与学习成绩的关系是什么?学生是否从直接提问的教师那里比不直接提问的教师那里学到更多的东西?加大词汇量是否有利于培养学生的英语语感?另外,进行小课题研究,必须围绕"问题"这一主线展开。开展小课题研究往往会经历这样一个历程:没有问题—产生问题—提出很多问题—选择有价值的问题—形成小课题—组织实施—解决问题—产生新的问题。

三、课题中的问题必须是需要探究的有价值的且具有可检验性

课题是专业性的、有价值的、需要探究的问题。每位教师每天在学校里都会

① 选自韩国存:《问题与课题的一般区别》。

碰到大量的问题，如上课问题、备课问题、学生作业问题、班级管理问题等。可以说，教书育人的每个环节，都是实实在在的问题。从教育工作者的角度看，这些问题都是专业性问题。做科研是有目的的，它要追求某种价值的实现。科研有没有价值和研究的问题是否有价值是分不开的。中小学教育科研课题是对教师发展最有价值的问题，并不是所有的问题都需要探究。常规的生活和工作问题，许多是靠常识、习惯和已有经验就能很好解决的。但也有问题是常识、习惯和已有经验解决不了的，这就得诉诸科学研究。科学研究是解决问题的一种独特方式。同时，问题又是要研究讨论并加以解决的矛盾、疑难，因此所研究的问题必须具有可检验性。也就是说，它必须具有利用收集资料回答问题的可能性。如果提出这样一个课题：《人死了之后有灵魂存在吗？》就无法检验。问题通常分理论与实践两大类，理论问题，关于"是什么""为什么"的问题，即事实问题、价值问题；实践问题，关于"做什么""怎么做"的问题，即操作问题、实证问题。而小课题研究一般是研究实践问题。

只有具备了上述这些特征，提出的问题才能称之为研究问题。诚然，课题和问题虽有内容和形式上的区分，但二者之间也有十分密切的联系。一方面，问题是课题构成的主要因素，是课题的前身，提出问题就是课题研究的开始；另一方面，课题来源于问题，课题中含有科研性的问题，研究课题就是对问题做出科学的判断和回答。

（二）课题选择的策略

目前，小学教师进行课程与教学研究的组织形式大致有三种：一是"统一课题，集体研究"；二是"统一课题，分散研究"（含自行组建 2—3 人小组）；三是"自选课题，自行研究"。这三种形式有其各自的特点，教师可根据课题的需要以及自身的条件采取相应的组织形式。但不管哪种形式，课题选择都应该考虑可操作性。通常课题选择应采取以下策略。

1. 发挥自身优势

小学教师进行课程与教学科研课题的选择，要从教学工作实际出发，选择自己熟悉的、体会深刻的、占有资料多的、感兴趣的课题，使研究的范围和难度适合自己和所在学校的条件与优势。

2. 选题大小适中

所谓选题大小适中就是所选题目既要有一定的研究价值，又能被自己所驾驭。大小适中包括两层含义：一是难度适中；二是范围适中。难度适中是指所选课题要符合自身的能力和水平。题目不能好高骛远，不能贪大求全，当然也不要太肤浅，要难易适度，恰到好处。所谓范围适中，就是课题研究的面不要太大。做科研同上课一样，要突出重点、目标专一，不能四面出击。课题研究范围太大,则内容较多,研究就会广而不深,中心不突出。当然,强调范围小一点,并不是说越小越好,还要考虑研究的价值。通常,最好的做法是以小角度研究大问题。因此,在选择课题上可以采取"先小后大""先易后难"的做法。为缩小研究范围,可以把大的研究课题化为若干小课题,分别从不同的角度去研究。

二、课题研究方案设计

(一)课题研究方案

课题研究方案是指如何进行课题研究的具体设想,是开始进行课题研究工作的思路和框架。科研方案也称为"科研计划"或"开题论证报告"。小学课程与教学研究课题方案的设计,就是规划一种科研工作的思路。设计课题研究方案有助于研究者整理研究思路,使课题具体化,且有助于对课题做进一步的评估。方案设计得越好,越有助于研究工作的成功。

课程与教学研究课题方案的设计主要包括:课题名称的表述、课题研究的目的和意义、课题研究的指导思想和原则、课题研究的范围、课题研究的实施、研究成果及其表现形式、课题研究的组织与管理七个方面。

(二)课题方案设计策略

课题研究方案的设计过程是一个复杂的研究过程,应注意以下两个方面的问题。

1. 课题方案的设计要具有科学性

课题研究方案的设计必须在掌握一定的科学理论和大量教育教学事实依据的基础上进行,设计应符合教育科研方法的要求,特别是要符合所选课题类别特定的研究方法与研究范式。课题研究方案的设计要充分考虑研究人员的研究能力、研究条件和经费情况,做到切实可行,具有可操作性。

课题研究方案的设计是研究工作的谋划,不可能一开始做到尽善尽美。所以,课题方案只能是在研究工作的实施过程中逐步完善,并随着研究工作的进展而不断修改,包括预期之外的新发现、新设想,教师可以在研究过程中根据发展的需要对原有方案(包括对课题标题、名称的表述)进行调整。

2. 课题方案的设计要明确、具体

制定课题研究方案必须明确、具体。越明确、越具体的课题研究方案则越能起到其应有的导向作用,也有利于研究人员按照研究方案有步骤地、有序地、有分工地顺利完成预先确定的研究目标和研究内容。

制定课题研究方案必须实事求是地从课题研究的内容和目标出发,根据研究任务的规模、性质、难度和研究的条件等因素来考虑,仔细查阅相关文献资料,充分了解开展课题研究所需要的物质、经费和文化环境,充分发挥研究人员的集体智慧,认真讨论方案并明确分工。

三、研究方法的确定

要有效地开展教育科研活动,就必须懂得并能够熟练地运用一些基本的教育科学研究

方法。方法的科学性、可靠性将直接影响研究过程与结果的有效性和公信度。

小学课程与教学研究的方法非常多，常用的主要有观察法（包括叙事研究）、调查法、案例研究法（包括个案研究、叙事研究和行动研究）、经验总结法。

（一）观察法

观察法是指研究者在比较自然的条件下，通过感官和辅助工具，在一定时间和空间内进行的有目的、有计划的考察并描述教育现象的方法。教学观察是指研究者（通常情况下为教师）凭借自身的感官和辅助工具，在教学活动的自然状态下，对研究对象（学生）学习活动进行的有目的、有计划的观察与研究的一种方法。

观察法是小学教师开展课程与教学科研活动的重要方法之一。观察法作为一种研究方法由来已久，可以说任何联系实际的科学研究都离不开观察。我们所熟知的苏联著名教育家马卡连柯和苏霍姆林斯基、我国著名教育家陈鹤琴等都曾成功地运用观察法进行教育科学研究。

运用观察法进行观察研究大致包括以下程序：①明确观察的目的和意义。要确定在观察中需要了解些什么情况，搜集哪些方面的事实材料，回答清楚为什么观察这一问题。②确定观察对象。确定观察对象一方面要考虑研究的具体要求，另一方面要考虑对象的典型性、代表性，同时还要确定观察的时间、地点、内容和方法。③准备相关资料。通过检索资料、专家访谈等方式，搜集有关观察对象的文献资料，并进行阅读分析，对所要观察的条件有一个基础的认识，为观察做好最充分的准备。④编制观察提纲。观察提纲的编制有利于让观察者对每一次观察的目的、任务、要收集什么资料等做到心中有数，以增强观察的针对性，提高观察实效。⑤实施观察。该环节是观察研究的核心环节，观察实施的好坏直接影响到研究的成败，因此，在观察实施过程中，要进行有计划、有步骤、全面而系统的观察。⑥收集、记录资料。记录是观察的关键，如果没有全面而真实的记录，那么不论观察的前期工作做得多么充分、严密，都将徒劳无功。⑦整理与分析资料。观察所得的原始材料都是混乱、庞杂的，对其进行及时的整理尤为重要。资料整理的过程也是研究者进行进一步思考、分析的过程。⑧撰写研究报告。依据观察所得的材料，写出陈述观察结果的报告。对某一教育现象的本质及发展变化的规律进行分析、探索。

（二）调查法

所谓调查法是指在科学方法论和教育理论的指导下，运用问卷、访谈、测试等方式，有目的、有计划、系统地搜集有关教育问题或教育现状的资料，从而获得有关教育现象的科学事实，并形成关于教育现象的科学认识的一种方法。

在课程与教学研究中，调查法有着广泛的适用范围。例如，调查法既可以用于研究学生学习的困难、教师教学中遇到的问题等，也可以用于了解课程实施的现状、某地区某所学校教学条件、教师和学校管理人员的教育理念和态度等。总之，调查法是课程与教学科研中一种效益高且不受时空限制的、最常用的方法之一。运用恰当的话，它可以为研究者提供研究对象的第一手资料和数据,也可以为教育行政部门制定课程与教学政策、实施教学改革提供事实依据。

教育教学调查是一种有目的、有计划的活动,需要按照一定的程序来进行。概括来说,开展调查主要有以下几个步骤:①确定调查课题及其目的。研究者在进行课程与教学调查之前,首先要确定调查的目的是什么,要解决什么问题。广大小学教师应该把教学实践中遇到的亟须解决的问题作为调查研究的课题。②确定调查手段和方法。依据研究课题的性质、目的和任务确定调查对象、选择适当的调查方法和手段。③拟定调查提纲,制定调查方案。调查提纲是调查过程中搜集资料的依据,事先必须拟定好。此外,要依据调查提纲选择合适的调查工具(如设计问卷、访谈提纲、编制测试)等。最后制定具体的调查方案。④进行试探性调查。正式调查前,先进行试探性的调查(前测),以获得被调查对象的一般性认识,并据此修改调查提纲及工作方案,为正式调查做准备。⑤实施调查。依据修订后的调查提纲和方案,运用已定的调查工具开展调查:发放、回收问卷或测试,实施访谈、座谈等,并获得所需要的资料和数据。⑥整理、分析调查材料。对于课程与教学调查所得的原始材料进行整理、分析,使之系统化和条理化,以便找出材料之间的联系和存在的问题,得出调查结果,并提出解决问题的措施。⑦撰写调查报告。对所研究的问题做出解释,给出结论,提出进一步改进课程与教学的意见、建议和措施。

(三)案例研究法

案例研究法也是课程与教学研究中一种常用的方法,它是对个体教师最直接、最简单的一种研究方法。所谓案例研究法是指研究者对单一研究对象(一个特定的学生、教师、班级、学校或地区、一种课程和教学方案、一个教学事件、一个课堂活动过程等)进行深入而具体的研究的一种方法,是研究者如实地叙述某一事件的发生、发展、变化过程,并以此作为资料进行研究的一种方法。因此,个案研究、叙事研究和行动研究都属于案例研究。

例如,由于学生个体的差异性,在一所学校和一个班级中,总会有个别学生存在学习困难或行为偏差等异常问题。教师采用常规的教育教学方式往往难以奏效,因此,需要借助个案研究法对此部分学生进行全面深入的研究,予以特殊的处理,以便找出解决问题的方法。个案研究的结果往往适合相似的个体对象,不具有一般性和推广性。

叙事研究和行动研究都是针对特定对象(特定的学生、教师、班级、学校或地区等)的事件、活动和行为进行的研究,其研究的结果一般仅仅是典型的案例,对其他研究者具有参考和借鉴价值,不具有一般性和推广性。因此,叙事研究和行动研究也属于案例研究。

案例研究法的实施具体包括以下步骤:①确定案例研究对象。研究者应对案例问题行为进行界定,选择典型的人或事作为研究对象。例如,某学生学习非常刻苦、认真,但某些学科的学习成绩却平平甚至比较差等,就可以作为一个个案研究课题加以研究。②收集案例研究资料。要全面而系统地收集、了解与案例相关的一切资料。收集资料的方式是多种多样的,可以采用书面调查、访谈、查阅教学日志等文本资料的方式,也可采取观察(观察个体行为、观摩听课、参与活动与事件等)、测验、评定等方法。③整理分析案例资料,形成案例研究报告。将收集到的原始资料进行整理、分析、反思等，并在此基础上形成案例研究报告(包括叙事研究或行动研究报告)。如果是进行个案研究，在这个阶段应该诊断个案对象问题的症结所在，形成初步的假设。

以下步骤是对个案研究而言的。①拟订方案。对问题做出明确的诊断和提出假设后，需有针对性地提出解决个案对象问题的策略和措施。②实施方案。在实施过程中，要通过多方面的信息和资料来检验先前的诊断结论和假设。要依据实际情况及时调整、校正、补充、完善现行的计划，切不可机械教条，按照原计划生搬硬套。③形成结论。针对实施方案实施后的效果，对研究进行评估、讨论，得出研究结论，提出意见、建议，撰写个案研究报告。

(四) 经验总结法

所谓经验总结法，就是指教师根据教育教学实践提供的事实，分析、概括教育教学的现象，使之上升到理论的高度，从而发现具有普遍指导意义的教育教学规律的方法。它是广大一线小学教师教育科研中普遍使用的一种方法。

教师在运用经验总结法开展课程与教学科研工作时，应从以下几方面着手：①积累。总结是对过去教学工作的回顾和分析，因此总结的前提是要有前段实践工作经验的积累。教师的积累主要来源于两个方面：一方面是教师在教学中进行的实践和探索，另一方面是教师在平时的教学过程中留心记录下的零思碎感。这些内容就为教师以后总结教学经验、探索教学的规律打下了基础。②提炼。所谓提炼就是指要把教学过程中的那些局部的、零碎的、偶然的、孤立的感性材料进行反复的分析，加以“去粗取精、去伪存真、由此及彼、由表及里”的改造，从中找到教学的规律。③完善。对经验进行分析和抽象之后，并不意味着总结的结束，根据“认识—实践—再认识—再实践”的观点，研究者还要将经验应用于教学实践中，并对经验进行不断的评价和修改。修改经验是完善经验必要的一步，也是经验总结法重要的一步。只有不断修改和完善经验，才能使经验越来越具有科学性。

拓展阅读 10-4

课题申报

申报我国各类教育科学规划课题，必须高举中国特色社会主义伟大旗帜，以马克思列宁主义、毛泽东思想、邓小平理论、“三个代表”重要思想、科学发展观、习近平新时代中国特色社会主义思想为指导，推动教育科学为教育事业发展服务、为教育强国建设服务。

各类教育科学规划课题要体现鲜明的问题导向和创新意识，密切跟踪国内外学术发展和学科建设的前沿和动态，力求具有现实性、原创性、开拓性和较高的学术思想价值。

各类教育科学规划课题申请书的主要内容如下。

(1) 数据表(包括课题名称、关键词、课题类别、负责人信息、主要参加者信息、预期最终成果和申请资助经费);

(2) 负责人和课题组主要成员近五年来主持的相关重要研究课题(必须提供课题立项和结题证书、证明复印件);

(3) 课题设计论证(这是申报书的核心部分,包括选题依据、研究内容、思路方法、创新之处、预期成果和参考文献);

(4) 研究基础和条件保障(包括课题负责人的学术简历、课题研究基础、负责人承担的各级各类科研项目、与已承担项目或博士论文的关系、完成课题研究的条件保障);

(5) 预期研究成果;

(6) 经费预算;

(7) 经费管理;

(8) 课题负责人所在单位意见。

从课题研究所属学科范围或学科分类看,小学课程与教学研究属于"基础教育"类别。因此,申报书主要由学术造诣较高的课程与教学论专家评阅。在选题依据方面,专家主要考察选题的学术价值或应用价值,以及课题组对与申报课题相关的国内外课程与教学研究状况的总体把握程度;在课题设计论证方面,专家重点考察申报课题的研究内容、基本观点、研究思路、研究方法、预期成果和创新之处;在研究基础和条件保障方面,专家主要考察课题负责人的前期研究成果、核心观点及社会影响。

一般来说,申报课程与教学研究课题时,都需要课题组特别是负责人前期进行理论准备,以保证课题的前沿性和研究设计的科学性;都需要前期的校本教学实践研究或校本课程开发等,以提供相关的前期研究成果。

第三节　小学课程与教学研究的现状和反思

一、研究的发展趋势

课程与教学作为一个专门研究领域,正在从研究内容和研究范式两个维度发生变化。从研究内容来看,由于存在主义、人本主义、建构主义、后现代主义等哲学思潮的影响,课程研究内容由"课程开发"研究为主转向"课程开发"研究与"课程理解"研究的整合;从研究范式来看，由于后现代主义对科学主义的批判和现象学、解释学在社会科学的广泛应用，课程研究范式由“量的研究”转向“量的研究”与“质的研究”的整合。小学课程与教学研究也在这两个维度发生着变化。

(一) 研究内容的基本取向

在行为主义心理学的指导下，过去的“课程开发”研究者往往把“课程”作为名词的“curriculum”，即静态的“跑道”(race course)来理解，使得“课程”成了“预先设定的、由学生记诵的教学内容或教材”或作为“有系统的、有计划的学习活动”。前者使得小学课程成了外在于小学生的学习材料，从而忽略了学生与教师动态的经验和体验，关注的是学生学习的结果；而后者的这类活动也仅仅强调外显的、可测的学校和教育行政部门规定的“公共活动”，关注的是学生学习的行为标准，忽略了小学生个体内在经验的探索活动。这样的课程对小学生来说不仅是“预定性的”，而且是“限制性的”。把课程看成静态的“跑道”使“一代代的教育家都受到这样的教育，他们均认为课程是一个实质性的对象，是一些我们要去贯彻的课程计划，或者是一些我们必须去遵循的教学指南。”①

20世纪70年代初开始流行起来的人本主义心理学，从一开始起就关注学校课程本质的问题。人本主义心理学家关注的不是学生学习的结果(这是行为主义者所关心的)，甚至也不是学生学习的过程(这是认知心理学家所关心的)，而是学生学习的起因，即学生学习的情感、信念和意图等——这些是使一个人不同于另一个人的内部行为。按照人本主义的观点，如果小学课程内容对小学生没有什么个人意义的话，学习就不大可能发生；小学课程与教学的意义不是内在于课程与教学之中的，而是小学生个人赋予其上的；怎样呈现课程内容和教学活动并不重要，重要的是要引导小学生从课程和教学中获取个人自由发展的经验。因此，人本主义者至少主张课程中情感与认知的整合，希望赋予课程内容以个人意义。

建构主义者则认为学习在本质上是学生主动建构心理表征的过程。心理表征包括结构性知识或经验(在众多情境中抽象出的规范的、有内在逻辑系统的基本概念和原理)与非结构性知识或经验(在具体情境中形成的不规范的、非正式的知识或经验)。他们认为，在课程活动中，教师和学生都在分别以自己的方式建构对世界的理解，教学过程是师生的合作性建构过程。按照建构主义的观点，小学生不是空着脑袋进入教室的，因为个体从出生就开始了探索环境、顺应环境的活动，在这种活动中，对事物形成了丰富的经验，并建构了个体特定的认知图式。每个人都在以自己的经验为背景建构对事物的理解，只能理解到事物的不同方面或某些方面，不存在唯一正确的全面的理解。因此，小学课程与教学的本质是，通过学生之间、师生之间的合作、交流与讨论，使他们了解彼此的见解，了解那些不同观点的基础。

后现代主义者认为，不同知识背景、生活经历的人会有不同的知识建构，而这些知识对他们来说都是有价值的。当代哲学家卡尔·波普尔(Karl R. Popper)对科学认识成果的权威性提出了质疑，对现代知识观进行了全面、深刻的批判。他认为，“我们是真理的探索者，但

① SLATTERY P. Curriculum development in the postmodern era [M]. New York: Routledge, 1995:56.

不是真理的占有者"[①];现代知识观人为地将社会分成能发现真理的高贵人群和只能分享真理的低贱人群,长此以往,人类文化将走向"单质化"和"同一化"。在后现代的背景下,科学与修辞、意识形态的界限变得模糊或消失,知识与偏见、科学与文学、理性与直觉、理智与情感、东方与西方等的层次变得不稳定,各种话语都有了合法性;各种文化、话语、学科都是语境性的或境遇性的,人们没有必要对它们中的任何一个进行"立法",而是采取"解释"或"解读"。

在课程研究领域,课程理论家威廉·派纳主张对"课程"一词的理解应该回到该词的词根——动词"currere"。"currere"意为"跑",或者"跑的过程与经历"。"currere"一词不仅包括外显的活动,也包含隐蔽的个体内在经验的探索活动,这种内在经验的探索活动即是对意义和价值主动追索的"心路历程"。派纳指出:"课程不只是制造知识的学科(包含目标设计),也是个体内在经验和外界环境相互作用的经验改造与意义的建构","课程就是所有学习经验(包括认知、情意、外在的和内在的生活经验)"[②]。这样,"课程"强调的是学生在"跑道上奔跑的动态过程和经验累积,它成为一个过程、一种活动,或者如派纳所说的'一种内心的旅行'"[③]。派纳认为:"人的经验的中心是其特殊性,在某种意义上说甚至是其古怪性。科学的规律和抽象不能把握个体经验的独立性。"[④]"'currere'是提供一种知觉、情感和思考的生活'经验',而不是一种模仿性或机械性的'活动'。也就是说,它是必须透过自身生命体验和自觉的一种生活历程,此'经验'的学习不是被'预定'好的,而是在其周边的生活世界中所感、所思的具体行动"[⑤]。

因此,课程成为一种"文本",对这种"文本"不同角度的"解释"或"解读",就产生了将课程置于更加广泛的社会、政治、经济、文化、种族等背景上来"理解"的丰富多彩的"课程理解"话语。"课程理解"的本质是从"技术兴趣"转向"解放兴趣"。哈贝马斯把人类的认识兴趣分为三种:技术兴趣、实践兴趣和解放兴趣。"解放兴趣"是人类对"解放"和"权力赋予"的兴趣,是"人类对自由、独立和主体性的兴趣,其目的就是把'主体从依附于对象化的力量中解放出来'"[⑥]。

在"课程理解"取向的课程研究过程中,人们也最终不可能摆脱"课程开发"的实际性和技术性研究活动,因此,课程研究内容由"课程开发"研究为主转向"课程开发"研究与"课程理解"研究的整合。在这样的背景下,小学课程与教学研究必须解决以下问题:怎样实现师生共同参与课程、共同承担课程的责任?怎样在课程与教学中将思维、情感与行动进行整合?怎样从生活走向课程、从课程走向社会?怎样把课程内容与学生的基本需要及生活、情感和理智密切联系起来?怎样在课程与教学活动中,既让学生认识世界,也认识自我?

---

① [英]卡尔·波普尔.客观知识——一个进化论的研究[M].舒炜光,等译.上海:上海译文出版社,1987:50.
② 袁桂林.派纳论"概念重构"和"理解课程"[J].外国教育研究,2003(1):1—8.
③ 汪霞.课程研究:现代与后现代[M].上海:上海科技教育出版社,2003:62.
④ 单丁.课程流派研究[M].济南:山东教育出版社,1998:277.
⑤ 袁桂林.派纳论"概念重构"和"理解课程"[J].外国教育研究,2003(1):1—8.
⑥ [德]哈贝马斯.认识与兴趣[M].郭官义,李黎,译.上海:学林出版社,1999:13.

(二) 研究范式的基本取向

后现代主义对现代知识观的哲学基础“科学主义”提出了质疑，反对文化霸权，主张各种话语权力的平等。后现代主义认为，科学范式不是唯一正确的、占主导地位的知识形态，认知过程是作为认识主体的人的主动建构过程，并不是只有符合经验和通过实证的知识才是有价值的。科学知识的文化霸权，使文化失去了多样性，阻碍了人类文化的正常发展。后现代主义认为，文化需要交流，多样的文化之间的“对话”是人类文化发展的条件。

在这样的基础上，后现代主义建立新知识观和方法论。“在后现代文化中，科学/修辞以及科学/意识形态之间的界限变得模糊或消失了；事实/虚构、知识/偏见、科学/文学、精确/借喻、理性/直觉以及男性/女性的层次被打乱，变得不稳定了。”[①]这些正预示着人们必须从人类文化整体的角度，对人类知识进行历史的、容忍社会差异的、容忍话语含混和冲突的分析。因此，社会科学和人文学科的许多定性的研究方法或“质的研究”方法也为后现代主义所肯定。

用后现代主义的视角看，“科学主义”化是现代学校课程的最显著特征。一方面，在科学分析方法的理智主导下，学校课程也逐渐成为“加工学生”的过程，忽视了对学生心灵和精神的培育，甚至成为约束学生生命冲动的桎梏。另一方面，“科学控制”的思想左右着学校课程与教学的研究，使课程与教学研究主要采用自然科学的研究方法，运用数理统计手段，只倡导所谓的“量的研究”。问题是，在许多文化现象中，由于环境的复杂与开放，人们所“发现”的定量的“规律”是不是真的能够“重复”？人们在完成不完全归纳的过程中，多少相同的事件才算足够“多”？我们真的可以忽略那些我们认为次要的因素的影响而得到结论吗？研究者真的能够保持价值中立吗？答案是否定的。

在后现代主义为“质的研究”的合法性辩护的过程中，课程与教学的研究范式也发生了转变，人们广泛采用叙事研究、行动研究、民族志研究等方法。与此同时，人们也深信自然科学的“量的研究”方法仍然是不可或缺的方法。因此，课程与教学研究范式由“量的研究”转化为“量的研究”与“质的研究”的整合。在这样的背景下，小学课程与教学研究应该既追求“量”的客观性，又追求“质”的丰富性；既采用问卷、测试、量表、实验等工具和方法，并应用科学方法处理信息和数据，又采用观察、访谈、参与、合作等方法，并应用反思、解释、对话、协商等方法达成共识。

二、研究存在的问题与反思

当前，随着基础教育课程改革的进一步深入以及广大小学教师专业发展要求的逐步提高，我国小学课程与教学的研究成绩斐然，研究的学科体系日渐成熟，研究成果空前繁荣，研究队伍逐渐壮大。然而，目前我国小学课程与教学研究中依然存在一些不尽如人意的地方，值得我们反思。

---

① [美]史蒂芬·贝斯特，道格拉斯·科尔纳. 后现代转向[M]. 陈钢，等译. 南京：南京大学出版社，2002：18.

(一)研究方法的科学性问题

新一轮的基础教育课程改革实施及教师自身专业发展的要求,致使小学教育工作者的科研意识逐渐增强,对于小学课程与教学的研究也日渐丰富起来。但由于大多数小学教师自身专业水平还不太高,又缺乏必要的教育学、心理学、课程理论和教学理论等方面的指导,导致其研究活动和所获得的结论没有足够的说服力。特别是在采用一些目前流行的、前沿的研究方法时,许多教师对这些方法的理解还不全面,或者夸大了这些研究方法的作用,或者应用时仅仅是"穿靴戴帽",或者过度诠释,甚至把叙事研究和行动研究的结论概括为一般规律。

其实,许多课程与教学的研究方法都有局限性。例如,叙事研究本身也存在以下几个方面的不足:①叙事研究需要征得研究对象的配合,而人的社会性、特殊性和复杂性决定了一个陌生的人不可能在很短的时间内向你吐露真心。因此,为了让被试在心理上认同、支持你的研究,就需要一个彼此熟悉的过程。②由于人的本性的顾及或其他原因,叙事研究很难获得研究对象真正的想法。③研究者的目的很容易受到叙事者故事的影响而偏离。④叙事研究受到研究者的个人倾向的影响。⑤叙事研究对研究者具有很高的要求[①]。另外,叙事研究常常把研究者的教育理念隐含在细碎的教育事件中,需要读者自己体会、理解,因此,容易忽视教育理论对一般教师教育教学行动的重要指导作用。

许多教师在应用某一方法实施研究的过程中,由于肤浅的了解,产生了种种误区,导致研究过程贻笑大方。例如,在应用行动研究时,确实有人随意地想象行动研究,以为只要教师在教育实践中有所"思考",就已经执行了行动研究;或以为只要小学教师与大学或研究机构的研究人员一起"合作",就算是地道的行动研究。这导致行动研究在不同的情境中不同程度地被误解和滥用。不少人纷纷夸示"本研究使用行动研究法",却不知行动研究的实质为何物,导致在实施"行动研究"的过程中产生了种种误区。概括起来,教师在实践中开展行动研究主要存在以下问题:①没有"问题"的研究。行动研究的价值追求主要是解决实践问题,并使教师在研究中获得发展。但在实践中,一些自以为在做行动研究的教师,他们研究的不是自己实践中遇到的问题,而是"感觉很有理论价值"的问题;还有一些教师号称自己在做行动研究,但所进行的却都是常规的教务工作,最后的"研究成果"其实是一份工作总结,这类研究没有针对自己实践的特定问题,只有所谓的"行动",这种"研究"不能看作是"行动研究"。②没有"行动"的研究。有些所谓的行动研究者没有开展任何实质性的研究行动,最后却拿出一份洋洋洒洒几千字的论文,研究成果可谓丰硕。这种所谓的"行动研究",既没有对自己实践中的问题进行反思与分析,也没有采取"行动"对问题进行干预,因此,这种研究是没有行动的研究,它与行动研究的旨趣相去甚远。③没有"成果"的研究。有些教师确实认识到了行动研究能改善自己的实践,能帮助自己解决实践中的一些问题,同时也希望在研究中提高自我,因而实实在在地开展了研究活动,也取得了一定的效果。但由于没有及时记

① 冯晨昱,和学新.教育叙事研究的研究[J].学科教育,2004(6):1—9.

录行动研究过程中的有关材料，缺乏对所做研究的资料收集、整理和分析，没有形成与自己的研究实践相一致的书面材料。这是没有“成果”的研究，是不完整的行动研究①。

(二) 理论联系实际问题

长期以来，小学课程与教学研究中理论脱离实际的现象十分严重。正如顾明远教授所讲的“十年教育理论发展是很快的，但是还不够，还有缺点，还有理论脱离实际问题，也存在实际缺乏理论问题”。这是由于课程与教学的理论与实践研究始终固守自己的“领地”，不相往来的原因所致。这导致了理论研究过于“思辨”而不能指导实践，实践研究成为“经验的总结”，缺乏理论的高度，这种现象在小学课程与教学的研究中是普遍存在的。

造成课程与教学研究理论脱离实际的原因主要是课程与教学理论的研究者没有走出书斋，不能深入教育教学的实际中去调查和做研究；没有直面课程与教学的实际问题，在实践中发现问题、解决问题、研究问题，从而提出对课程与教学的实践有价值和指导意义的理论。在课程与教学的实践领域，一线教师多是在办公室里做“书斋式”“注解式”的研究，从书本到书本，所以其研究成果的价值是十分有限的。也有一些小学实际工作者面对自己身边有实际研究价值的课题却不加以研究，而是跳出实践以外去做纯理论性的研究，其结果也是收效甚微的②。

因此，小学课程与教学的研究者应该走出“书斋”，走向教育教学的实践中去进行研究。例如，为很多教师所推崇的行动研究法即是一种很实用的教育科学研究方法。

目前，有些小学存在着为做科研而做科研的倾向。所选择的研究课题严重脱离学校教育教学的实际，一些小学教师为了评定职称而选择课题进行研究，这难免造成科研的盲目性和一些研究者急功近利、追求时髦、做表面文章的后果，所做的研究也大多是“假、大、空”，毫无实践价值，缺乏针对性、方向性和操作性，仅仅是“思辨性”的论述而已。主要表现在以下五个方面：一是重复性课题研究多，独创性课题研究少；二是表现性课题研究多，潜心深层次问题研究少；三是在课题组成员中“坐车”的多，真正参与研究的少；四是在实验报告中，内容写得多，但实际操作与跟踪材料少；五是课题研究数量多，而“新”“精”型研究成果少③。

小学课程与教学研究必须克服存在的问题，提倡理论联系实际，开展团队合作，在充分理解各种研究方法的优劣和适用条件的基础上，多采用叙事研究、行动研究等“质的研究”方法。

关键术语

叙事研究；行动研究；隐性课程；情境教学；课程理解

---

① 袁志芬．教师作为行动研究者的尴尬与反思[J]．中小学教师培训，2004(11)：32—33．

② 徐世贵．中小学教师教育科研[M]．沈阳：辽宁民族出版社，2001：12．

③ 徐世贵．中小学教师教育科研[M]．沈阳：辽宁民族出版社，2001：12．

讨论与探究

1. 根据一个小学优秀教师的成长经历,完成一篇教育叙事研究论文。
2. 设计一个小学课堂教学改革的行动研究方案。
3. 设计一个小学某一学科的课堂情境教学方案。
4. 怎样实现师生共同参与课程、共同承担课程的责任?
5. 目前我国小学课程与教学研究存在的主要问题是什么?

案例分析

请根据行动研究的特点、方法,分析本章案例 10 - 4。

进一步阅读的文献

1. 丁钢. 声音与经验:教育叙事研究[M]. 北京:教育科学出版社,2020.
2. 刘六生. 教育研究与设计[M]. 北京:科学出版社,2024.
3. 李吉林. 为儿童的学习:情境课程的实验与建构[M]. 北京:外语教学与研究出版社,2008.
4. 张华. 综合实践活动课程的国际视野[M]. 石家庄:河北教育出版社,2019.
5. 张虹. 义务教育阶段拓展性课程的区域行动研究[M]. 杭州:浙江工商大学出版社,2022.
6. 仲秋月. 小学数学教师基本功:成就卓越的六项修炼[M]. 苏州:苏州大学出版社,2021.
7. [美]克雷格・A. 莫特勒. 行动研究方法:全程指导[M]. 重庆:重庆大学出版社,2022.